고려시대 관동 유람과 문화

한국중세사학회 연구총서 12

고려시대 관동 유람과 문화

김 창 현 지음

혜안

들어가며

사람들은 일을 하고 휴식을 취하고 취미를 즐기고 음식을 먹고 잠을 자는데, 각자 다양한 생활 방식으로 살아간다. 처지에 따라 하루의 대부분을 노동에 시달리는 사람도 있고, 취미 활동을 즐기는 사람도 있다. 근대화 내지 산업화 시기에는 근로가 강조되면서 휴식 시간과 여가 활동은 사치로 여겨지는 분위기였다. 하지만 근래는 노동 시간이 단축되고 주 5일제가 시행되고 연휴가 늘어나고 휴가가 보장되고 개인의 소소한 행복이 중시되고 SNS 참여가 활발해지면서 여가와 취미 활동이 강조되는 분위기인데 특히 여행이 각광을 받고 있다.

여행은 시간과 돈이 들어가니 여유가 없으면 선뜻 나서기 어렵다. 장거리, 장시간 여행은 더욱 그러하다. 일이 없거나 여가가 있어야 여행을 떠날 수 있고, 여정에 나서면 교통, 숙소, 음식 등을 현지에서 해결해야 한다. 여행에는 계급성, 계층성, 세대성이 투영되어 있는 것이다. 하물며 신분제 사회의 전근대의 여행은 누구든지 언제든지 가능한 것이 아니어서 신분성을 강하게 띠고 있었다. 전근대 여행은 유遊해서 견見 내지 람覽한 것으로 나타나니 '유람遊覽'으로 표현될 수 있는데 신분성이 투영되어 있었다. 근래 전근대의 일상생활과 여가 활동과 유람 문화에 대한 연구가 늘어가고 있는데 특히 자료가 많이 남아 있는 조선시대의 그것에 대한 연구가 활발하다.

그런데 고려시대 사람들의 일상, 취미, 유람 등은 조선시대의 그것에 비해 아직 잘 알려지지 않았다. 이는 자료의 결핍과 그로 인한 연구의 부족에 기인하지만 이러한 한계를 극복해 그러한 분야에 관한 연구가 필요하다. 이에 고려시대 유람을 주제로 하되 활발한 양상을 보인 관동을 대상으로 『고려시대 관동 유람과 문화』라는 제목을 내걸고 조명하려 한다. 자료 결핍을 극복하기 위해 관인들이 읊은 시詩를 비판적으로 과감히 활용하려 한다. 고려시대 관동關東은 철령 동쪽 일대를 지칭했으니 태백산맥 동쪽 일대에 해당하는데, 산수山水가 험하면서 빼어나 사람이 생활하기 어려운 측면과 감상하기 좋은 측면이 공존했다. 이 지역에 대한 기존의 연구는 군사·행정적인 측면 및 나말여초 호족과 불교에 치중되어 있는 반면 유람, 생활, 문화 등에 대한 접근이 많이 부족해 전환이 필요하다. 이에 고려시대 관동의 유람과 문화를 연구함으로써 이 일대의 경관, 생활, 문화, 신앙 등에 대한 이해를 심화하고, 이를 통해 고려시대 생활사, 문화사, 여행사, 지역사 등의 발전에 이바지하려 한다.

본 저서 『고려시대 관동 유람과 문화』는 한국학중앙연구원 한국학진흥사업단의 한국학 총서 사업 지원을 받아 수행한 연구의 성과인데, 한국중세사연구의 중심인 한국중세사학회의 연구총서로 도서출판 혜안에서 출간하게 되었다. 인문학 저서를 과감히 지원해준 한국학중앙연구원, 그리고 출간을 허락해준 한국중세사학회와 도서출판 혜안에게 깊이 감사를 드린다.

2023년 가을에
저자 **김 창 현** 씀

차 례

서 론

　고려시대 사람들의 일상생활, 여가와 취미 활동, 여행 등 생활과 문화는
조선시대의 그것에 비해 아직 잘 알려지지 않았다. 이는 그러한 분야에
관한 역사 자료의 부족과 그로 인해 연구가 부족하기 때문이지만 이러한
한계를 극복해 그러한 분야에 관한 연구가 필요하다. 이에 본 연구는 고려시
대 관동關東 일대의 유람과 문화를 연구함으로써 관동의 풍경, 생활, 의식주,
문화, 신앙 등에 대한 이해를 심화시키려 하며, 이를 통해 고려시대 생활사,
문화사, 여행사, 지역사 등의 발전에 이바지하려 한다. 조선시대 유람에
대해서는 그것을 다룬 개인의 일기, 유람기 등이 많이 남아 있어 그것에
대한 연구가 꽤 활발하다. 특히 조선 사람들의 관동과 금강산에 대한 유람
기록과 회화가 많이 남아 있어 그에 대한 소개와 연구가 활발하게 이루어졌
다. 조선시대 유람 기록에는 고려시대와 관련된 내용도 꽤 들어 있다. 그러므
로 고려시대 국토 유람, 특히 관동 유람에 대한 본격적인 연구가 필요하며
이는 조선시대 유람 연구에도 도움을 줄 수 있다.

　연구대상 시기와 지역은 고려시대 관동關東 일대이다. 시기는 고려시대이
지만 신라와 조선도 필요하면 언급할 수 있다. 이곡은 그의 「동유기東遊記」(『가
정집』)에 따르면 철령관鐵嶺關을 넘었고 철령 동쪽 강릉제주江陵諸州를 '관동關
東'이라 일컫는다고 했는데, 당시는 『고려사』 지리지에 의거하면 동북면(동
계)을 강릉도江陵道라 했다. 그러하니 고려시대는 철령(철령관) 동쪽의 동북

면 일대를 '관동'이라 했다.[1] 즉 관동은 태백산맥 동쪽 일대에 해당한다. 오늘날에는 태백산맥 동쪽을 '영동嶺東'이라 부르지만 고려시대에는『고려사』지리지에 따르면 성종 때 10도道에서 경주慶州와 금주金州가 관할하는 지역을 '영동도嶺東道'라 칭했다. 그러하니 태백산맥 동쪽 지역에 대해서 고려시대 시점에서는 '영동'이 아니라 '관동'이라 불러야 타당하다.

고려시대 관동은 대체로 동계(동북면)에 해당하므로 연구 대상지역도 대개 동계(동북면)에 속했다. 단, 평해는 관동지역에 속하고 원래 경상도 소속이지만 고려말에 강릉도에 소속되므로 연구 대상에 포함하려 한다. 정선은 명주(강릉)의 속현으로 동계에 속했을지라도 엄밀한 의미의 관동은 아니지만 문화적으로 관동과 연결되는 측면이 있어 언급하려 한다. 교주도는 개경에서 금강산·철령 방면의 통로여서, 특히 회양 일대는 금강산 서쪽 방면을 끼고 있어 필요한 경우 언급하려 한다.

고려시대 관동에 대한 연구는 군사와 행정 측면에 대한 연구가 많았다. 고려시대 양계兩界의 축성은 곧 설진設鎭을 의미해 제진諸鎭 혹은 제주진諸州鎭은 곧 제성諸城으로 무장도시武裝都市였고, 양계에는 방어사 혹은 진장鎭將이 임명되는 진鎭과 현령이 임명되는 현縣이 있었고, 제진諸鎭을 도호부가 거느렸다.[2] 고려 동계東界의 성립과 관련해 국초 이래의 북계가 현종초부터 동계(동북면)와 북계(서북면)로 확연히 구분되었다고 한다.[3] 양계兩界를 관할하는 지방관으로 목종 무렵에 도순검사를 거쳐 현종 무렵부터 병마사가 설치되었고, 몽골이 동북면에서 화주 이북을 탈취해 쌍성총관부를 설치하면서 그 이남은 강릉도라 불리며 안집사·존무사 등이 파견되었고 쌍성총관부를 축출해 수복한 지역인 삭방도의 통치는 강릉도 존무사가 겸하다가 분리되기도 했으며, 양계에 병마사는 군사·민사적인 기능을 지녔는데 군사적인 기능

1) 우왕 14년에 嶺 東·西를 아울러 交州江陵道로 삼았는데(『고려사』권58, 지리지3, 교주도), 이 嶺 역시 鐵嶺을 의미한다.
2) 이기백,「고려 양계의 주진군」『고려병제사연구』, 일조각, 1968, 239~268쪽.
3) 최정환,「고려시대 5도 양계의 성립」『경북사학』21, 1998, 20~30쪽.

이 주된 것이었고 감창사監倉使와 분도장군分道將軍이 파견되었다고 한다.[4]
양계 병마사의 기능이 외관과 근본적인 차이가 없다는 견해도 있다.[5] 동계에
는 수군 및 해방海防을 관장하는 도부서都部署로 진명도부서와 원흥도부서가
있었다.[6]

양계의 감창사는 현지의 수요에 충당되는 양계의 조세와 창고를 관장했을
뿐만 아니라 지방장관으로서의 기능도 지녀, 양계는 병마사와 감창사에
의한 이원적二元的 통치체계를 가지고 있었다고 한다.[7] 동계는 등주登州를
중심으로 그 북부와 남부가 다른 연원을 지녀 다른 형태로 편제되어, 등주
및 그 이남 지역은 대개 신라 때부터 군현이 편성되었던 지역으로 5도
지역과 동일한 주현州縣−속현屬縣 체계가 적용되었던 반면 등주 이북 지역은
대개 신개척지로 주진州鎭 중심으로 편성되었다고 한다.[8] 동계는 내부에
삭방도, 연해도, 명주도 등 3개의 도道가 설정되어 감창사가 파견되었고,
몽골에게 화주 일대를 상실하면서 충청도의 영월과 평창, 경상도의 평해·덕
원·영덕·송생이 동계로 이속移屬되었고 이 동계는 강릉도로 칭해졌으며,
화주 일대가 수복되어 이곳이 삭방도로 불리며 동북면을 의미하는 경향을
보이고, 강릉도는 교주도와 묶여 교주강릉도로 운영되는 경향이 나타났다.[9]
관동에 해당하는 동계(동북면)의 주진州鎭, 도호부, 감창사, 병마사의 상호
관계에 대해서는 아직 구체적이지 못해 좀더 고찰이 필요하다.

고려시대 관동 유람에 대한 연구는 많이 부족한 실정이며, 특히 고려
초·중기의 경우는 기본 자료의 한계 때문인지 더욱 그러하다. 고려 초·중기
관동 유람 시詩 중에는 김극기의 시가 가장 자세하다. 김극기는 신종 3년부터

4) 변태섭, 「고려양계의 지배조직」 『고려정치제도사연구』, 1971, 209~235쪽.
5) 김남규, 「양계의 병마사와 그 기능」 『고려양계지방사연구』, 1989, 11~44쪽.
6) 김남규, 「도부서의 성격」 『고려양계지방사연구』, 1989, 45~83쪽.
7) 김남규, 「고려 양계의 감창사에 대하여」 『사총』 17·18, 1973, 233~247쪽.
8) 윤경진, 「고려전기 동계 북부 지역 州鎭의 설치 과정」 『한국중세사연구』 31, 2011, 231쪽.
9) 윤경진, 「고려말 조선초 동계의 운영체계 변화와 도의 재편」 『한국중세사연구』 44, 2016, 237~255쪽.

14

다음해까지 대략 1년간 동북면에서 관원으로 근무하고 순력하면서 많은 시들을 남겼는데, 화주 병마사영에 근거하면서 북으로 화주 일대에서 남으로 울진 일대까지 순력했다.[10] 고려말기에 관동을 유람한 대표적인 인물은 안축과 이곡이었다. 최해는 지순 신미년(1331, 충혜왕1) 맹동孟冬에 쓴 관동록후제關東錄後題(『졸고천백』)에서, 김무적집金無迹集(김극기집)을 열람했는데 관동기행關東紀行이 많아 남김없이 갖추어졌다고 여겼지만, 당지當之(안축)의 관동록(관동와주)을 보니 사의詞意가 정묘精妙하고 모두 무적無迹(김극기)이 말하지 않은 것이어서 탄상歎賞한지 오래다고 했다.

이곡은 1348년(충목왕 4)에 원에서 고려로 돌아왔지만 공민왕을 지지한 결과 충정왕대에 실각 상태에 빠져 도피성 관동 유람을 떠났는데, 충정왕 원년 8월에 개경을 출발해 금강산을 구경하고 동계를 북쪽에서 남쪽으로 내려와 9월에 경상도 평해에 도착해 처가인 영해에서 휴식을 취하고 친향인 한산으로 향했다.[11] 보다 다양한 시기와 다양한 인물의 관동 유람에 대한 연구가 필요하다.

유람에는 교통과 숙박시설이 중요한데 오지가 많은 관동의 경우 더욱 그러하다. 동계의 교통로와 관련된 연구를 보면, 양계兩界의 역도驛道는 남도南道와 유사한 것도 있었고 순純국방지대의 것도 있었는데 동계의 경우 삭방도朔方道가 그것이었으며, 양계의 역도 명칭은 남도와 달리 감창사監倉使 등의 외관 파견 및 활동범위로 사용되었으며, 양계의 육로망 상호간, 남도와의 연결망 역할을 하는 영로嶺路가 마련되었고, 대규모 군량 수송은 해운에 의지했으며, 동계의 원흥진과 진명현 운송권역은 육운과 해운이 결합하는 곳이었다.[12] 동계 지역에는 총 45곳의 군현 가운데 39곳에 68역이 위치했는데, 명주에는 10곳의 역이 위치하고 있었던 반면 북계와는 달리 2곳 이상의

10) 김창현, 「고려의 문인 김극기의 생애와 편력」, 『한국인물사연구』 20, 2013, 115~126쪽.
11) 김창현, 「가정집 시 분석을 통한 이곡의 인생여정 탐색」, 『한국인물사연구』 22, 2014, 145~161쪽.
12) 한정훈, 「고려전기 양계의 교통로와 운송권역」, 『한국사연구』 141, 2008, 123~154쪽.

역이 설치된 군현의 비율이 높지 않았고 역이 설치되지 않았던 군현도 6곳이나 존재했다.[13) 관동 유람자들이 어떠한 역원驛院과 숙소를 이용했는지 보다 구체적이고 세밀한 연구가 요구된다. 관동 유람에는 다양한 관청과 빼어난 누정이 등장하는데 이에 대한 문화적 접근도 필요하다.

고려시대 관동은 산수山水의 빼어남과 불보살 주처住處 신앙으로 인해 불교사원이 많이 운영되었고, 오대산 신앙과 금강산 신앙이 각광을 받았고, 신선 신앙과 민간 신앙이 혼재되어 있었다. 이곡은 관동 유람에서 금강산, 금란굴, 낙산사, 강릉의 문수당과 한송정寒松亭과 등명사燈明寺를 구경하고 우계현羽溪縣과 삼척현을 거쳐 울진에 도착해 성류사聖留寺를 구경했다.[14)

관동 남부지역의 행정과 문화 중심지는 강릉이었다. 범일과 굴산문은 강릉 김주원계의 후원으로 성장했고 신라 왕실의 지원을 받으면서 발전했고 화엄 계통의 낙산사와 삼화사 등을 포섭했다고 한다.[15) 나말여초 굴산문은 불교만이 아니라 유교의 왕도정치를 통해 국민단합을 꾀하고, 풍수지리설을 이용해 지역민에게 명당자리를 각인시켜 소속감을 강화하고, 성황신앙을 통해 주민의 결속을 다졌다.[16) 범일의 제자 개청은 민규閔規의 희사를 받아 보현산사로 옮기고 순식을 후원세력으로 삼았으며, 궁예 및 신라왕실과 관계를 맺어 굴산문을 발전시켰지만 왕건과는 소원한 관계였다고 한다.[17) 범일은 김주원계가 아니었고 명주 토착세력의 후원보다 명주 외관으로 내려온 진골귀족의 지원을 받아 굴산사를 개창하고 신라 왕실과의 인연을 바탕으로 중앙 귀족의 후원하에 더욱 발전시킬 수 있었으며, 제자 개청은 명주 토착호족과 밀접하게 연관되어 그 후원을 받아 굴산문을 발전시켰으며 왕건 정부와 등지지 않았다고 한다.[18) 범일의 제자 중에 행적은 도당 유학

13) 정요근, 「고려시대 역 분포의 지역별 불균등성」 『지역과 역사』 24, 2009, 15~23쪽.
14) 김창현, 「고려시대 금강산과 그 불교신앙」 『지역과 역사』 31, 2012, 199~259쪽.
15) 정동락, 「범일의 굴산문 개창과 성장기반 조성」 『신라사학보』 35, 2015, 65~93쪽.
16) 김흥삼, 「나말여초 굴산문 신앙의 여러 모습」 『역사와 현실』 41, 2001, 151~180쪽.
17) 김흥삼, 「나말여초 굴산문 개청과 정치세력」 『한국중세사연구』 15, 2003, 187~216쪽.
18) 신호철, 「후삼국시대 명주호족과 굴산사」 『한국고대사탐구』 9, 2011, 111~140쪽.

이후 중앙의 정치권력과 밀착해 불법을 홍포하려 했고, 개청은 보현산사에서 지내면서 중앙의 권력과 손을 잡지 않았다고 한다.[19] 굴산사, 지장선원, 등명사 등 강릉 일대 사원이 신앙의 측면과 유람의 측면에 있어서 상호성과 괴리성을 고찰하는 연구가 필요하다.

    관동 남부지역에서 고중세 신앙 중심지는 단연 오대산이었다. 신라 자장은 당에 건너가 장안에 가면서 문수보살의 상주처인 오대산에 들러 문수 신앙을 체험해 신라의 동북방에도 오대산을 설정했다고 한다.[20] 신라 자장은 공空 사상의 체현자인 문수보살에 대한 외경심을 품고 당 오대산을 순례했지만 신라에 돌아와서는 오늘날 오대산에서 문수를 친견하지 못하고 태백산을 문수의 상주처로 설정했으며, 신라의 통일 후에 오대산에 5만 진신眞身이 상주한다는 믿음이 전개되었다고 한다.[21] 자장은 당 유학 시절에 오대산을 들른 적이 없었지만『문수열반경』에 바탕한 문수 신앙을 지녔고, 만년에『화엄경』의 영향을 받아 신라 오대산 또는 태백산에 문수의 상주처를 설정하고자 했다고 했고, 신라하대에 도입되는 중국 오대산 신앙은 화엄과 밀교에 의해 윤색된 문수 신앙이었다고 한다.[22] 오대산 사적事蹟의 시대배경은 신라 중대中代가 아니라 하대下代였는데, 오대산과 관련해 나오는 자장 관계기사는 후대의 화엄가華嚴家에 의한 윤색이고, 보질도태자의 입산과 진여원의 개창시기는 신라하대 왕위쟁탈 시기와 관련이 있고, 오대산사적에 나오는 화엄결사의 내용이 신라중대가 아닌 나말여초의 화엄결사와 관련이 있기 때문이라 한다.[23] 오대산 신앙은 신라 자장에 의해 문수보살의 상주처로 주목되기 시작하고, 보천과 효명에 의해 문수 신앙의 계승과 밀교 등의 영향을 받아 성덕왕 4년(705) 진여원의 개창을 거쳐 8세기 중엽에 5방5불의

---

19) 조범환,「나말려초 선승의 이상과 현실 - 굴산문 출신의 행적과 개청 선사를 중심으로」
    『한국사상사학』 57, 2017, 226~247쪽.
20) 신종원,「자장의 불교사상에 대한 재검토」『한국사연구』 39, 1982, 1~25쪽.
21) 김영미,「자장의 불교국토사상」『한국사시민강좌』 10, 1992, 1~18쪽.
22) 남동신,「자장의 불교사상과 불교치국책」『한국사연구』 76, 1992, 1~45쪽.
23) 김복순,「신라 하대 화엄의 1례 - 오대산사적을 중심으로」『사총』 33, 1988, 1~24쪽.

배치와 그에 맞는 독경과 예참을 갖추게 되었다고 한다.[24] 『삼국유사』에서 오대산신앙을 신라에 전한 이가 자장이라고 한 것은 설화적 성격이 강하며, 『삼국유사』 오대산 기록의 원본과 『오대산사적』의 원본은 8세기 후반 이후에 쓰여졌고 신라인이 당의 오대산을 인식하기 시작한 것도 8세기 후반이어서 이 이후에 오대산이 신라 땅에 이식되었으며, 고려전기에도 오대산 신앙이 계속 이어졌지만 미미하다가 보살주처 신앙의 유행으로 인해 13세기 후반~14세기에 많은 기록이 나온다고 한다.[25] 『삼국유사』 오대산 관련 항목에서 「오만진신」은 산중고전山中古傳을 다른 자료를 참조해 일부 내용을 가감한 것이고, 「태자전기」와 「오류성중」은 오대산에 전하는 자료의 내용을 발췌하여 정리한 것이고, 「문수사석탑기」는 기존의 기록을 그대로 전재轉載한 것이라고 한다.[26]

강릉 일대의 보살상과 월정사탑은 제작 양식과 시기를 둘러싼 논란이 많다. 월정사 팔각구층탑은 요금계遼金系 탑의 영향을 받았다는 견해,[27] 월정사의 9층석탑은 9~10세기에 신효거사信孝居士와 신의두타信義頭陀에 의해, 그 앞의 약왕보살상은 신의두타信義頭陀에 의해 조영되었으리라는 견해[28]가 있다. 강릉 일대에서 한송사지(원래명칭 문수사) 보살상이 10세기 전반경에, 신복사지 공양상이 10세기 후반경에, 월정사 공양상이 11세기 전반경에 제작되었으며, 월정사 공양상은 전칭傳稱되어 온 약왕보살이 아니라 문수보살이라는 견해가 있다.[29] 강릉 일대에서 한송사지(원래명칭 문수사) 국보 24호 상(문수보살상)과 보물 81호 상(보현보살상)이 먼저 만들어지고 그 다음에 신복사지 보살상이 그 영향을 받아 만들어졌는데 요 양식의 11세기

---

24) 박미선, 「신라 오대산신앙의 성립시기」『한국사상사학』 28, 2007, 131~156쪽.

25) 박광연, 「한국 오대산신앙 관련 자료의 재검토」『사학연구』 118, 2015, 204~226쪽.

26) 최연식, 「삼국유사 소재 오대산 관련 항목들의 서술 양상 비교」『서강인문논총』 44, 2015, 111~134쪽.

27) 고유섭, 「조선탑파의 양식변천」『조선탑파의 연구』, 열화당, 2010.

28) 강병희, 「문헌으로 본 월정사 팔각구층석탑」『월정사 팔각구층석탑의 재조명』, 월정사성보박물관, 2000.

29) 최성은, 「명주지방의 고려시대 석조보살상에 대한 연구」『불교미술』 5, 1980.

18

작품이었으며, 그 다음에 약왕보살로 보이는 월정사 보살상이 그 보살상들의 영향을 받아 조성되었는데 요의 영향이 감지되면서도 고려화가 진행된 상태로 12세기에 만들어졌고, 보살상 아래에서 성송원보聖宋元寶(1101년)와 숭녕중보崇寧重寶(1102~1106)가 발굴된 점도 월정사 보살상과 탑의 12세기 제작 가능성을 높여준다고 한다.30) 고려중기 13세기에 유연有緣이 대규모 중영重營을 할 때 9층탑을 조영하고 사찰의 이름을 문수사에서 월정사로 개칭했다는 의견도 있다.31) 또한 월정사탑이 10세기말에 건립되었고 고구려 계 다각다층탑 양식을 기본으로 하면서 부분적으로 신라탑의 제작기법이 혼재되었으며, 탑 앞의 공양상은 문수보살로 추정된다는 견해도 있다.32)

오대산 신앙에 대한 연구는 이처럼 풍부하게 이루어졌지만 신라시대를 대상으로 집중되어 있는 반면 고려시대를 대상으로 한 것은 많지 않아, 고려시대 오대산 신앙에 대한 보다 깊은 연구가 필요하며, 강릉 보살상과 월정사 9층탑의 건립 양식과 시기에 대해서도 의견이 분분해 다각도의 고찰이 요구된다.

관동 북부지역의 신앙 중심지는 금강산과 금란굴과 양주(양양) 낙산사였 다. 노영이 그린 아미타구존도 뒷면 불화는 고려 태조가 금강산 배점拜岾에 올라 담무갈曇無竭에게 예배하는 장면을 묘사한 금강산도였다.33) 금강산-담 무갈신앙의 완성 시기는 고려 태조 때가 아니라 원간섭기였다고 한다.34) 금강산은 원래 풍악楓岳(楓嶽), 개골산 등으로 불리다가 불경에 나오는 담무갈 (법기) 보살의 주처인 기달산(지달산) 내지 금강산으로 인식되면서 고려후기 로 가면서 '금강산金剛山'이라 즐겨 불렸으며, 금강산 일대에는 수많은 불교사

30) 권보경, 「고려전기 강릉일대 석조보살상 연구」, 『사림』 25, 2006.
31) 송일기, 「오대산 월정사 팔각구층석탑 출토 전신사리경의 고찰」, 『한국도서관·정보학 회지』 33-3, 2002.
32) 홍대한, 「월정사 팔각구층석탑의 조탑배경과 건립시기 연구」, 『한국선학』 38, 2014, 167~198쪽.
33) 문명대, 「魯英筆 아미타구존도 뒷면 불화의 재검토」, 『고문화』 18, 1980, 2~12쪽.
34) 염중섭, 「'魯英 筆 고려 태조 담무갈보살 예배도'의 타당성 검토」, 『국학연구』 30, 2016, 554~592쪽.

원이 자리했는데, 장안사, 유점사, 보덕굴, 정양사(정양암), 보현암은 선종
계열, 발연사는 유가종(법상종) 계열, 마하연은 분황종(원효종) 계열로 판단
되며, 정양사는 담무갈도량, 유점사는 53불佛 도량, 보덕굴은 관음도량,
발연사는 미륵도량이었으며, 금강산 사원은 담무갈 신앙, 53불佛 신앙, 관음
신앙, 미륵 신앙 등 다양한 신앙적 특성을 지녔으면서, 금강산의 대표적
신앙대상은 담무갈과 53불이었으며, 내금강을 대표하는 사원은 장안사였고,
외금강을 대표하는 사원은 유점사였다.[35] 안축은 강릉도존무사로서 동계
지역을 순력하면서 금강산 지역에서는 주로 통주 금란굴을 포함한 해금강
일대를 유람했고, 이곡은 천마령과 배점拜岾을 넘어 표훈사, 정양암을 구경하
고 신림암新林菴과 삼불암三佛菴을 경유하고 장안사에 묵고는 금강산을 빠져
나왔으며, 철령을 넘어 등주를 거쳐 통주 금란굴(관음보살 주처) 등 해금강
일대를 유람하며 남하해 고성 삼일포三日浦에 이르러 미륵당彌勒堂과 사선정四
仙亭을 구경하고 양주에 이르러 관음보살을 알현했다.[36] 이성계는 지지
세력과 함께 공양왕 때 금강산에서 미륵하생을 기원하는 불사佛事를 거행해
왕위에 오르기를 꿈꾸었다. 고려시대, 특히 고려후기에 금강산은 국내는
물론 세계적으로도 유명해져 사람들이 즐겨 유람하는 곳이었으니 더욱
치밀하게 연구할 필요성이 제기된다.

　양주(양양) 낙산사는 신라 의상이 개창한 이래 고려시대에도 관음도량의
본산이어서 관동 유람의 주된 곳의 하나였다. 의상은 신라 동북변경의 최북
단 양양지역을 관음상주처로 정착시키고 낙산사를 창건함으로써 이 지역의
민심을 신라 조정으로 귀일시키고자 했다고 하며, 신라 하대에는 선종 사굴
산문의 조사 범일에 의해 낙산사에 정취보살이 모셔져 사굴산문의 영향력이
낙산사에 미쳤다고 하며, 고려시대에는 낙산사와 이곳의 유물을 지키기
위한 노력이 지속되었다고 한다.[37] 도의道義는 신라 하대에 당에 유학해

35) 김창현, 「고려시대 금강산과 그 불교신앙」 『지역과 역사』 31, 2012, 199~258쪽.
36) 김창현, 「고려시대 금강산과 그 불교신앙」 『지역과 역사』 31, 2012, 199~258쪽.
37) 鄭東樂, 「나려시대 양양지역의 불교문화 - 낙산사·진전사를 중심으로」 『민족문화논

오대산에 들어가 문수의 감응을 받고 서당 지장과 백장 회해의 심인을
받고 귀국해 설악산 진전사에 은거해 염거에게 부촉하니 염거가 설악산
억성사에서 전법했고, 염거의 제자 체징에 의해 장흥 보림사에서 가지산문이
개창되었지만, 진전사는 고려시대에도 중시되어 선승들의 순례지였다고
한다.[38] 낙산사는 신앙과 유람의 측면이 잘 결합된 곳인 반면 진전사는
신앙의 측면이 강한 곳이었으니 이러한 시각의 접근이 필요하다.

고성 삼일포의 매향비는 용화회주龍華會主 미륵의 하생下生을 기다리며
원간섭기 동계(강릉도)의 광범위한 곳에 매향한 사실을 알려주어 주목된다.
매향埋香은 연해지역에서 행해진 특수성을 지녔고 대개 미륵 신앙에 기반했
지만 미타 신앙과 관련된 사례도 있었으며, 삼일포 매향비는 강릉도존무사
이하 강릉 지사·판관, 양주 부사副使, 등주 부사副使, 통주 부사副使, 흡곡
현령, 간성 현령, 삼척 현위, 울진 현령, 정선 감무 등 지방관들이 주도하여
강릉 정동촌정正東村汀, 양주 덕산망德山望, 흡곡현 단말을短末乙, 간성현 공수진
公須津, 삼척현 맹방촌정孟方村汀, 울진현 두정豆汀, 평해군 해안사동구海岸寺洞
口, 동산현洞山縣 문사정文沙汀, 압융현押戎縣 학포鶴浦 등 동해안의 여러 곳에
매향한 기념비였는데, 현실적으로는 지역 안보와 민의 안집安集을 기원한
것이라고 한다.[39] 삼일포의 매향비는 미륵하생 신앙의 산물인데, 삼일포의
미륵당 및 사선四仙 전승지傳承地와 더불어 미륵 신앙과 신선 신앙(특히 사선
신앙)의 결합을 보여주는 사례로 보이며, 강릉도의 사선四仙 유적이라 전해지
는 곳들은 통주 총석정과 사선봉, 고성 삼일포, 간성 영랑호, 고성과 간성에
걸친 명사鳴沙, 강릉 경포대·사선비四仙碑·한송정寒松亭 등으로 동해안을 따라
분포하는데, 이는 신라의 북방 진출에 따라 신라 화랑이 동해안 루트를
따라 북쪽 변경까지 국토를 순례한 데에서 유래했을 가능성이 있다.[40]

총』 21, 2000, 225~289쪽.
38) 鄭東樂, 「나려시대 양양지역의 불교문화 - 낙산사·진전사를 중심으로」 『민족문화논
총』 21, 2000, 225~289쪽.
39) 채웅석, 「여말선초 향촌사회의 변화와 매향활동」 『역사학보』 173, 2002, 95~123쪽.
40) 김창현, 「고려시대 금강산과 그 불교신앙」 『지역과 역사』 31, 2012, 252~256쪽.

관동의 사선四仙 관련 유적은 신라의 신선 신앙과 고려의 그것이 만나는 곳이었으므로 이에 대한 깊은 고찰은 고려 신선 신앙의 성격을 밝히는 데 기여하리라 생각한다.

고려시대 관동은 산수山水가 험하면서 빼어나 사람이 생활하기 어려운 측면과 감상하기 좋은 측면이 있었으며 토착민과 이주민이 공존하고 독자적인 재정을 지녔다. 관동의 산수와 관동인의 생활에 대한 보다 다양한 고찰이 필요하다. 고려인들의 관동 유람 기록에는 생태적인 묘사도 포함되어 있어 당시 관동의 환경과 생업의 일면을 엿볼 수 있다. 관동의 기후, 토양, 작물, 특산물이 어떠했는지 유추해 볼 수 있다. 관동의 빼어난 경관과 특수한 생산물이 이 지역 대중에게는 오히려 부담을 가중시켜 족쇄로 작용한 측면도 있었다. 관동 경관이 지닌 다양한 측면을 들여다 볼 필요가 있는 것이다.

고려 관동에 대한 기존의 연구는 군사, 행정적인 면에 집중되어 있고, 나말여초의 호족·굴산문·오대산에 치우쳐 있는 반면 유람, 풍경, 생활, 문화 등에 대한 접근이 많이 부족하다. 그러하니 관동의 유람, 풍경, 문화 등에 대한 연구를 수행하려 하되 고려 전시기에 걸친 시간적 균형을 추구하려 한다. 윤관 9성 등 고려의 국경 관련 문제는 연구도 꽤 되어 있지만, 워낙 시각 차이가 크고 복잡하게 얽혀 있어서 본 과제의 주제와 관련이 많은 부분 위주로 언급하려 한다.

관동關東 내지 동계(동북면)와 관련해, 연대기 자료인『고려사』와『고려사절요』를 기본으로 하면서 주된 주제가 고려시대 유람과 문화이므로 문집류와『동문선』,『신증동국여지승람』, 개인의 묘지명, 고승의 비문 등을 적극적으로 활용하려 한다. 임춘의『서하집』, 이규보의『동국이상국집』, 진화의『매호유고』, 이승휴의『동안거사집』, 최해의『졸고천백』, 안축의『근재집』, 이곡의『가정집』, 정추鄭樞의『원재집』, 이색의『목은집』, 이달충의『제정집』, 원천석의『운곡행록』, 권근의『양촌집』, 이인로의『파한집』, 최자의『보한집』 등에는 관동 유람과 관련된 내용이 기록되어 있다. 관동과 관련한 유람기로는 임춘의「동행기東行記」(『서하집』), 안축의「관동와주關東瓦注」(『근재집』),

이곡의 「동유기東遊記」(『가정집』) 등이 있다. 김부의(김부철), 임춘, 김극기, 진화, 이승휴, 안축, 이곡, 정추, 이달충, 원천석 등은 관동을 순력 내지 유람하며 시詩를 남겼는데, 특히 김극기의 시가 가장 풍부하다. 유자량庾資諒 이 고려중기에 관동에 파견되었을 적에 낙산 관음을 예배한 일이 그의 묘지명에 기재된 사례처럼 개인 묘지명에도 관동 관련 기록이 담겨 있다. 식영암息影菴이 삼척 삼화사 기문記文을 쓰고, 진각국사眞覺國師 천희千熙가 낙산과 금강산을 유람한 사례처럼 승려들이 관동 일대의 사원을 기록하거나 그 사원에 머물고 유람하면서 남긴 행적이 『동국여지승람』이나 고승비문이 나 시문집에 기록되어 있다. 조선시대 사람들도 김시습과 남효온 등처럼 관동 일대를 유람하며 기록을 남겨 『매월당집』(김시습)과 『추강집』(남효온) 등에 실렸는데 이러한 기록도 참고하려 한다. 조선시대 관동 관련 고지도와 회화도 참고자료로 활용하려 한다.

고려시대에 유람 기록을 남긴 자는 관리와 승려였다. 관리는 지방에 파견되어 공무를 수행하면서 여가에 유람을 한 경우가 대부분이었다. 관직 이 없는 상태에서의 유람으로는 임춘, 원천석 등이 있었다. 이곡은 관직 상태에서 동유東遊했지만 공무가 아니라 정치적인 피신 차원이었다. 여행에 있어서, 관직을 띤 상태와 띠지 않은 상태, 공무 상태와 비공무 상태가 어떻게 다른지에 유의하려 한다.

먼저 고려시대 관동의 연혁과 특징을 살펴보려 한다. 다음으로 고려 초·중기 관동 유람기와 고려말기 관동 유람기를 고찰하려 한다.[41] 다음으로 관동 여행의 교통과 숙박을 살펴보려 한다. 다음으로 관동 남부와 오대산의 신앙, 관동 북부와 금강산의 신앙, 이성계의 금강산 미륵불사, 삼일포 매향비 에 대해 조명하려 한다. 그리고 관동 유람기에 나타난 경관과 인식을 살펴보 려 한다.

---

41) 고려초기 관동 유람 기록은 남아 있는 것이 매우 적어 고려중기와 하나로 묶어 고찰한다.

제1장
고려시대 관동의 연혁과 특징

머리말

　고려시대 관동關東은 사람들이 유람하기를 선호하는 지역이었는데, 지리적으로는 철령鐵嶺(철령관鐵嶺關)의 동쪽 일대를 의미했고, 행정적으로는 동계東界(동북면東北面)에 속했다. 관동은 동계(동북면)의 대부분을 차지했고, 철령 서쪽 지역의 일부도 동계(동북면)에 속했지만 시기에 따라 변화가 있었다.

　고려의 동계(동북면)와 북계(서북면) 지역은 원래 고구려 영토였다.[1] 신라 진흥왕이 북진정책을 펼쳐 황초령과 마운령 일대까지 북진해 순수비巡狩碑를 세웠지만 고구려의 반격으로 신라의 국경이 금강산 남쪽으로 후퇴했다. 고구려가 당과 신라 연합군에 의해 멸망당한 후 고구려 영토는 신라와 당의 분쟁 지역으로 되었고, 신라가 금강산 이북으로 다시 진출했다. 발해가 건국해 남진함에 따라 신라와 국경을 접했는데, 대동강~원산만(영흥만)라인 정도였다. 발해가 북청 지역으로 추정되는 곳에 남경을 설치했고, 신라가 정천군井泉郡(훗날 고려의 용주湧州)에 탄항관문炭項關門을 쌓아 양국의 국경이 형성되었다.[2] 후삼국시대에 궁예의 고려·마진·태봉을 이어 왕건의

---

[1] 東界는 본래 高勾麗 舊地였고, 北界는 본래 朝鮮 故地였다가 삼국시대에 고구려 소유가 되었다. 『고려사』 권58, 지리지 3, 東界·北界.

고려가 대동강~원산만 이북으로 진출하면서 북계와 동계가 형성되고 확장되어 갔다.

신라가 당과 함께 고구려와 백제를 침멸侵滅해 그 땅에 구주九州를 설치했다. 본국本國 계내界內에 3주州(상주尙州, 양주良州, 강주康州)를, 백제의 옛 땅에 3주(웅주熊州·전주全州·무주武州)를 설치했고, 옛 고구려 남계南界에 3주를 설치했는데 서쪽으로부터 한주漢州, 다음 동쪽은 삭주朔州, 또 다음 동쪽은 명주溟州라 했다.[3] 고려는 대개 신라의 삭주朔州와 명주溟州에 기반하여 동계를 설치했다.

고려시대에 철령 이북은 삭방도朔方道가 되고, 이남은 강릉도江陵道가 되는데, 혹 삭방도라 칭하고, 혹 강릉도라 칭하고, 혹 합하여 삭방강릉도朔方江陵道, 강릉삭방도江陵朔方道라 하고, 또 혹 연해명주도沿海溟州道라 칭해, 나누어지기도 하고 합해지기도 하여, 비록 연혁칭호沿革稱號가 같지 않지만 고려 초부터 말년에 이르기까지 공험公嶮(공험진) 이남, 삼척三陟 이북을 통틀어 동계東界라 했다고 한다.[4] 울진도 동계에 포함되었기 때문에 대개 울진 이북을 동계라 칭했다고 보아야 한다.

고려시대 관동의 유람과 문화에 접근하려면 기본적으로 관동의 연혁에 대한 이해를 필요로 한다. 이에 고려시대 관동의 연혁과 특징을 동계를 위주로 하여 고찰하려 한다. 고려 동계의 행정과 영역은 몽골의 침략과 쌍성총관부 설치를 기점으로 하여 변화하고 중간에 윤관의 9성 건립과 철폐로 변하므로, 이를 기준으로 하여 초·중기, 9성 건립기, 말기로 구분해 살펴보기로 한다.

---

2) 조이옥, 『통일신라의 북방진출 연구』, 서경문화사, 제4장.

3) 『삼국사기』 권34, 雜志3, 지리1. 九州가 관할한 郡縣은 無慮 450개였다고 한다.

4) 『고려사』 권58, 지리지3, 東界.

1. 고려 초·중기 관동의 연혁과 특징

고려의 동계는 신라의 삭주朔州와 명주溟州에서 유래했다. 고려 성종 14년
에 경내境內를 나누어 10도道로 삼으면서 화주和州·명주溟州 등 군현郡縣으로
삭방도朔方道를 삼았으며, 춘주春州 등 군현으로써 삭방도에 속하게 했다.[5]
철령의 서쪽 일대인 춘주(춘천) 등도 삭방도에 속했다. 정종靖宗 2년에 삭방도
를 동계東界라 칭하면서 북계北界와 더불어 양계兩界를 이루었고 문종 원년에
동북면東北面이라 칭했다. 동계 내지 동북면은 혹 동면東面·동로東路·동북로東
北路·동북계東北界라 칭하기도 했다. 명종 8년에 이르러 동계 내지 동북면을
연해명주도沿海溟州道라 칭했고, 춘주 등은 춘주도春州道라 칭하면서 떨어져
나가더니 후에 동주도東州道라 칭했고 원종 4년에 교주도交州道라 칭했다.[6]
이로써 동계 혹은 동북면 혹은 연해명주도는 관동으로서의 성격을 명확히
지니게 되었다. '연해명주도'라는 명칭은 동해를 따라 형성된 동계 내지
관동의 성격을 잘 보여준다.

고구려 땅 장령진長嶺鎮 혹은 박평군博平郡이 고려초에 '화주和州'가 되고
성종 14년에 '화주和州 안변도호부安邊都護府'로 개칭되고 현종 9년에 '화주방어
사和州防禦使'로 강등되어 본영本營이 되었고, 신라 삭정군朔庭郡이 고려초에
'등주登州'라 칭하고 성종 14년에 단련사團練使가 설치되고 현종 9년에 '금명今
名'(안변도호부安邊都護府 등주登州)으로 고쳤다.[7] 고려시대에 현종 9년 이전에
는 화주에 안변도호부가 설치되어 화주가 계수관으로 삭방도(동계)의 중심
이었던 반면 현종 9년 이후에는 안변도호부가 등주로 이동하면서 등주가
계수관으로 삭방도(동계)의 중심이 된다. 삭방도(동계)는 북남으로 길게
형성되었으므로 화주는 북쪽에 치우쳐 관할 지역을 관리하기 어려워 그
남쪽인 등주로 이동했다고 여겨진다. 또한 지방제도가 성종 때 군사적인

---

5) 『고려사』 권58, 지리지3, 東界와 交州道.
6) 『고려사』 권58, 지리지3, 東界와 交州道.
7) 『고려사』 권58, 지리지3, 東界.

편제에서 현종 때 행정적인 편제로 바뀌는 영향이 반영되었다고 볼 수 있다.

현종 9년 이후를 기준으로 고려 동계에는 령領 도호부都護府 1개와 방어군防禦郡 9개와 진鎭 10개와 현縣 25(속현 포함)개가 있었다.8) 안변도호부安邊都護府 등주登州는 령領 도호부였고, 화주和州·고주高州·의주宜州·문주文州·장주長州·정주定州·예주豫州·덕주德州·명주溟州는 방어군防禦郡이었고, 원흥진元興鎭·녕인진寧仁鎭·요덕진耀德鎭·장평진長平鎭·용진진龍津鎭·영흥진永興鎭·정변진靜邊鎭·운림진雲林鎭·영풍진永豐鎭·애수진隘守鎭은 방어진防禦鎭이었고, 진명현溟縣·금양현金壤縣·흡곡현歙谷縣·고성현高城縣·간성현杆城縣·익령현翼嶺縣·삼척현三陟縣·울진현蔚珍縣은 주현主縣이었다.

령領 도호부인 안변도호부 등주는 본래 고구려 비열홀군比列忽郡[일운一云 천성군淺城郡]인데 신라 진흥왕 17년에 비열주比列州로 삼아 군주軍主를 두었고, 경덕왕이 삭정군朔庭郡이라 고쳤다. 고려초에 등주登州라 칭했고, 성종 14년에 단련사團練使를 두었고, 현종 9년에 '금명今名'(안변도호부 등주)으로 고쳤다.9) 등주가 현종 9년에 삭방도(동계)의 계수관이 된 것이었다. 등주는 별호別號가 삭방朔方인데 성묘成廟(성종) 때 정한 것이었고, 국도國島를 지녔다.10) 안변도호부 등주는 령領 방어군防禦郡 9와 진鎭 10[사使3 장將7]과 현령관縣令官 8을 관할했고, 속현 7개를 거느렸다.11)

안변도호부 등주의 령領 방어군防禦郡 9개는 화주和州, 고주高州, 의주宜州, 문주文州, 장주長州, 정주定州, 예주豫州, 덕주德州, 명주溟州였다. 화주는 본래 고구려의 땅으로 혹 장령진長嶺鎭이라 칭하고, 혹 당문唐文(堂文)이라 칭하고 혹 박평군博平郡이라 칭했는데, 고려초에 화주和州로 삼고, 성종 14년에 화주和州 안변도호부安邊都護府로 고치고, 현종 9년에 강등해 화주방어사和州防禦使라

8) 『고려사』 권58, 지리지3, 東界.
9) 『고려사』 권58, 지리지3, 東界, 安邊都護府 登州. 한편 『삼국사기』 권34, 雜志3, 지리1 朔庭郡에 따르면, 고구려 比列忽郡을 신라 眞興王이 차지해 치세 17년(梁 太平元年)에 比列州로 삼아 軍主를 두고, 孝昭王 때 築城(둘레 1180步)하고, 경덕왕이 改名(朔庭郡이라 改名)했는데, 지금 登州라 했다.
10) 『고려사』 권58, 지리지3, 東界.
11) 『고려사』 권58, 지리지3, 東界.

하여 본영本營으로 삼았다.12) 화주는 안변도호부로서의 지위를 누리다가 현종 9년에 방어사로 강등된 것이었다. 화주는 횡강橫江을 지녔다.13) 고주는 옛 덕녕진德寧鎭[일운一云 홍원군洪源郡]인데, 성종 14년에 고주방어사高州防禦使로 삼고, 현종 19년에 봉화산鳳化山 남쪽에 성을 쌓아 주치州治를 옮겼다.14)

의주宜州는 본래 고구려 천정군泉井郡[일운一云 어을매於乙買]인데, 신라 문무왕 21년에 그것을 취하여 고쳐 정천군井泉郡으로 삼았고, 고려초에 용주湧州라 칭했고, 성종 14년에 방어사防禦使를 두었고, 후에 지금 이름(의주宜州)으로 고쳤고, 예종 3년에 성성을 쌓았다. 별호別號는 동모東牟[성종 때 정함]이고, 또 의춘宜春·의성宜城이라 호칭했다. 요해처要害處로 철관鐵關이, 해도海島로 죽도竹島가 있었다.15) 『삼국사기』에서, 정천군井泉郡은 본래 고구려 천정군泉井郡인데 문무왕 21년에 고구려 천정군泉井郡을 취하고 경덕왕이 정천군井泉郡이라 개명해 탄항관문炭項關門을 쌓았는데 지금 용주湧州라고 했으니,16) 인종 후반에도 용주湧州라 불리다가 그 후에 의주宜州로 바뀐 것이었다. 문주文州(훗날 문천)는 옛적에 주성姝城이라 칭했고, 성종 8년에 문주방어사文州防禦使로 삼았고, 후에 의주宜州에 합병되었다.17)

장주長州[일운一云 가림椵林, 단곡端谷]는 현종 9년에 장주방어사長州防禦使로 삼았고 후에 고쳐 현縣으로 삼아 정주定州에 예속시켰다. 정주定州는 옛적에 파지巴只라 칭했고[일운一云 선위宣威], 정종靖宗 7년에 정주定州 방어사로 삼아 관문關門을 설치했다. 별호別號는 중산中山이고, 비백산鼻白山을 지녔다[춘추에 강향降香해 축행제祝行祭를 지냄]. 예주豫州는 예종 11년에 예주豫州 방어사로 삼았고 후에 정주定州에 예속시켰다. 덕주德州는 문종 9년에 비로소 선덕성宣德城을 쌓아 진鎭(선덕진宣德鎭)으로 삼았고 후에 덕주德州 방어사를 칭했다.18)

---

12) 『고려사』 권58, 지리지3, 東界.
13) 『고려사』 권58, 지리지3, 東界.
14) 『고려사』 권58, 지리지3, 東界.
15) 『고려사』 권58, 지리지3, 東界.
16) 『삼국사기』 권34, 雜志3, 지리1.
17) 『고려사』 권58, 지리지3, 東界.

명주溟州는 본래 예국濊國[일운一云 철국鐵國, 예국蘂國]이었다. 고구려가 하서량河西良[일운一云 하슬라주何瑟羅州]이라 칭했고, 신라 선덕왕善德王이 소경小京으로 삼아 사신仕臣을 두었고, 이 지역이 말갈에 잇닿은 까닭에 태종왕(무열왕) 5년에 경京을 혁파해 주州로 삼아 도독都督을 두어 진호鎭護했고, 경덕왕 16년에 '금명今名'(명주溟州)으로 고쳤고, 혜공왕 12년에 복고復古했다. 고려 태조 19년에 동원경東原京이라 호칭했고, 23년에 또 명주溟州로 삼았고, 성종 2년에 하서부河西府라 칭했고, 5년에 명주도독부溟州都督府라 고쳤고, 11년에 다시 고쳐 목牧으로 삼았고, 14년에 단련사團練使로 삼았고, 후에 또 방어사防禦使로 고쳤다.[19] 명주溟州는 별호別號가 임영臨瀛이고, 오대산五臺山, 대령大嶺(대관령), 경포鏡浦가 있었다.[20]

명주(강릉)는 원래 예국濊國으로 신라 때 하서량(하슬라) 소경小京, 하서량주河西良州, 명주溟州라 칭했고, 고려 태조 때 동원경東原京, 성종 때 하서부河西府 혹은 명주도독부溟州都督府 혹은 명주목溟州牧을 칭하며 관동의 중심지로 자리하다가 성종 14년에 명주溟州 단련사團練使, 후에(아마 현종 9년) 방어사로 강등되어 행정 중심지로서의 위상이 약화되었다. 이는 안변도호부가 성종 14년에 화주에, 현종 9년에 등주에 설치된 것에 조응한 결과로, 고려의 행정·군사 체제가 정비되면서 삭방도(동계)의 중심지가 남쪽에서 북쪽으로 이동한 것이었다. 고려가 삭방도(동계)의 경영에서 행정, 문화적인 측면보다 국방·군사적인 측면을 더 중시한 결과였다. 명주가 방어사로 되었지만 그래도 동계에 있어서 금강산 이남에서 거의 유일한 방어군防禦郡으로서 상당한

---

18) 『고려사』 권58, 지리지3, 東界.

19) 『고려사』 권58, 지리지3, 東界.

20) 『고려사』 권58, 지리지3, 東界. 오대산에 대해, 五峯이 環列해 大小 均敵하기 때문에 명명한 것이며, 西臺의 아래에 泉이 있어 용출하는데 漢水의 근원이라고 했다. 한편 『삼국사기』 권34, 雜志3, 지리1에는, 溟州는 본래 고구려 河西良(一作何瑟羅)인데, 후에 신라에 속했고, 賈耽 『古今郡國志』에 이르기를, "지금 신라 北界 溟州는 대개 濊의 古國이다. 前史에 扶餘를 濊地라고 한 것은 대개 오류이다"라고 했고, 善德王 때에 小京으로 삼아 仕臣을 두었고, 태종왕 5년, 唐 顯慶 3년에 何瑟羅가 靺鞨에 地連하다며 京을 혁파해 州로 삼아 軍主를 두어 그것을 鎭했고, 경덕왕 때 고쳐 溟州로 삼았고, 지금 그대로 따랐다고 했다.

위상을 차지했다.

안변도호부 등주의 영진領鎭 10개[사使3 장將7]는 원흥진元興鎭, 녕인진寧仁鎭, 요덕진耀德鎭, 장평진長平鎭, 용진진龍津鎭, 영흥진永興鎭, 정변진靜邊鎭, 운림진雲林鎭, 영풍진永豐鎭, 애수진隘守鎭이었다. 원흥진은 정종靖宗 10년에 생천栍川에 성을 쌓아 진鎭으로 삼아 진사鎭使가 있었고, 녕인진[일운一云 청원淸源]은 현종 22년에 설치했고, 요덕진은 일명一名 현덕진顯德鎭으로 현종 3년에 비로소 성보城堡를 축조했는데, 진사鎭使가 있었다. 장평진은 옛적에 질달叱達이라 칭했고 광종 20년에 비로소 성보城堡를 축조해 진장鎭將이 있었으며, 용진진은 옛적에 호포狐浦였고 고려초에 지금 이름(용진)으로 고쳐 진鎭을 삼고, 목종 9년에 축성했고, 후에 문주文州에 예속했고, 별호別號는 용성龍城이며, 영흥진은 옛적에 관방수關防戍라 칭했고 문종 15년에 비로소 성보城堡를 축조했고, 정변진은 현종 22년에 설치했고 비류수沸流水가 있괴[춘추에 강향降香해 축행제祝行祭를 지냄], 운림진은 현종 6년에 성보城堡를 쌓았고, 영풍진은 본래 증대이甑大伊이고 목종 4년에 설치했고 후에 고쳐 현縣으로 삼았고, 애수진은 옛적에 이병梨柄이라 칭했고, 성종 2년에 축성해 문주文州에 초예初隸했는데, 진장鎭將이 있었다.[21]

안변도호부 등주의 령領 현령관 8개는 진명현鎭溟縣, 금양현金壤縣, 흡곡현歙谷縣, 고성현高城縣, 간성현杆城縣, 익령현翼嶺縣, 삼척현三陟縣, 울진현蔚珍縣이었다. 진명현은 일운一云 원산현圓山縣이고 또 수강水江이라 이름했는데, 현종 9년에 지금 이름(진명)으로 고쳐 현령관으로 삼았고 후에 의주宜州에 예속했다.[22] 금양현(통주)은 본래 고구려 휴양군休壤郡[일운一云 금뇌金惱]인데, 신라 경덕왕이 지금 이름(금양)으로 고쳐 군郡으로 삼았고, 고려초에 현령을 두었으며,[23] 난도卵島가 있었다.[24] 흡곡현은 본래 고구려 습비곡현習比谷縣[습비탄

---

21) 『고려사』 권58, 지리지3, 東界.

22) 『고려사』 권58, 지리지3, 東界.

23) 『고려사』 권58, 지리지3, 東界. 한편, 『삼국사기』 권34, 雜志3, 지리1에는 金壤郡이 본래 고구려 休壤郡인데 경덕왕이 改名했고 지금 因之했다고 되어 있다.

24) 『고려사』 권58, 지리지3, 東界.

30

현習比吞縣]인데, 신라 경덕왕이 습계習磎라 개명해 금양군金壤郡 영현領縣으로
삼았고, 고려가 지금 이름(흡곡)으로 고쳐 잉속仍屬했고(금양군에 속하게
했고), 고종 35년에 현령을 두었고, 천도穿島가 있고, 별호는 학림鶴林이었
다.25) 고성현은 본래 고구려 달홀達忽인데, 신라 진흥왕 29년에 주州로 삼아
군주軍主를 두었고, 경덕왕이 지금 이름(고성)으로 고쳐 군郡으로(고성군으
로) 삼았고, 고려가 현령관으로(고성현으로) 삼았고, 별호는 풍암豐巖이고,
삼일포三日浦와 온천溫泉이 있었다.26) 간성현은 본래 고구려 수성군䢘城郡[일
운一云 가라홀加羅忽]인데 신라 경덕왕이 고쳐 수성군守城郡이라 했고, 고려가
지금 이름(간성)으로 고쳐 현령을 두었고, 후에 승격해 군郡으로 삼아 고성高
城을 겸임했다. 별호는 수성水城이었다.27) 익령현은 본래 고구려 익현현翼峴縣
[일운一云 이문현伊文縣]인데, 신라 경덕왕이 지금 이름(익령)으로 고쳐 수성군
守城郡 영현領縣으로 삼았고, 현종 9년에 현령을 두었고, 고종 8년에 단병丹兵을
능히 방어했다고 하여 양주방어사襄州防禦使로 승격했고, 41년에 강등해 현령
으로 삼았고, 44년에 적적賊賊에게 항복함으로 인해 또 강등해 덕녕감무德寧監務로
삼았고, 원종 원년에 지양주사知襄州事로 승격했다. 별호는 양산襄山이고,
동해신사東海神祠를 지녔다.28) 삼척현은 본래 실직국悉直國인데, 신라 파사왕
때 내항來降했고, 지증왕 6년에 주州를 삼아 군주軍主를 두었고, 경덕왕이
지금 이름(삼척)으로 고쳐 군郡으로 삼았고, 성종 14년에 척주단련사陟州團練
使로 고쳤고, 현종 9년에 강등해 현령으로 삼았다.29) 별호는 진주眞珠이고,
태백산太白山[신라가 오악五岳의 북악北岳으로 삼음]이 있고, 황지黃池[낙동강
의 근원]가 있었다.30) 울진현은 본래 고구려 우진야현于珍也縣[일운一云 옛
우이군于伊郡]인데, 신라 경덕왕이 지금 이름(울진)으로 고쳐 군郡으로 삼았

25) 『고려사』 권58, 지리지3, 東界.
26) 『고려사』 권58, 지리지3, 東界.
27) 『고려사』 권58, 지리지3, 東界.
28) 『고려사』 권58, 지리지3, 東界.
29) 『고려사』 권58, 지리지3, 東界.
30) 『고려사』 권58, 지리지3, 東界.

고, 고려가 강등해 현縣으로 삼아 령令을 두었다. 울릉도鬱陵島를 지녔다.31)

고려 때 등주와 령領 군현郡縣의 속현을 살펴보자. 안변도호부 등주는 속현屬縣이 7개로 서곡현瑞谷縣, 문산현汶山縣, 위산현衛山縣, 익곡현翼谷縣, 파천현派川縣, 학포현鶴浦縣, 상음현霜陰縣이었다. 서곡현은 본래 고구려 경곡현原谷縣[일운一云 수을탄首乙呑]인데 신라 경덕왕이 지금 이름(서곡)으로 고쳐 삭정군朔庭郡 영현領縣으로 삼고, 현종 9년에 잉속仍屬했다. 문산현汶山縣은 본래 고구려 가지달현加支達縣인데, 신라 경덕왕이 청산菁山이라 개명해 삭정군 영현으로 삼았고, 고려초에 지금 이름(汶山)으로 고쳤고 현종 9년에 잉속仍屬하고 후에 문산文山이라 고쳤다. 위산현은 고구려 때 칭호가 미상이고 현종 9년에 내속來屬했다. 익곡현은 본래 고구려 어지탄현於支呑縣인데 신라 경덕왕이 익계翊谿라 개명해 삭정군 영현으로 삼았고 고려가 지금 이름(익곡)으로 고쳐 잉속仍屬했다. 파천현은 본래 고구려 기연현岐淵縣인데 신라 경덕왕이 지금 이름(파천)으로 고쳐 금양군金壤郡 영현으로 삼았고 현종 9년에 내속來屬했다. 학포현은 본래 고구려 곡포현鵠浦縣인데 신라 경덕왕이 지금 이름(학포)으로 고쳐 금양군 영현으로 삼았고 현종 9년에 내속來屬했다. 상음현은 본래 고구려 살한현薩寒縣인데, 신라 경덕왕이 지금 이름(상음)으로 고쳐 삭정군 영현으로 삼았고, 현종 9년에 잉속仍屬했다.32) 선종 8년 9월에 도병마사都兵馬使가 아뢰어, 안변도호부 경내境內 상음현霜陰縣은 최상으로 변지邊地 요해要害가 되니 성루城壘를 쌓아 외구外寇를 방어하기를 요청하니 이를 따랐다.33) 신라 삭정군(비열주)은 5개의 영현領縣 즉 서곡현瑞谷縣·난산현蘭山縣·상음현霜陰縣·청산현菁山縣(문산현汶山縣)·익계현翊谿縣을 관할했던34) 반면 그 후신인 고려 등주는 7개의 속현 즉 서곡현·문산현汶山縣·위산현衛山縣·익곡현翼谷縣(익계현翊谿縣)·파천현派川縣·학포현鶴浦縣·상음현霜陰縣을 거느렸다.

---

31) 『고려사』 권58, 지리지3, 東界.
32) 『고려사』 권58, 지리지3, 東界.
33) 『고려사절요』 선종 8년 9월.
34) 『삼국사기』 권34, 雜志3, 지리1.

고려 때 금양현金壤縣(통주)의 속현屬縣은 3개인데 임도현臨道縣, 운암현雲岩縣, 벽산현碧山縣이었다. 임도현은 본래 고구려 도림현道臨縣[일운一云 조을포助乙浦]인데, 신라 경덕왕이 지금 이름으로 고쳐 금양군 영현領縣으로 삼았고, 고려가 '잉지仍之'(내속來屬했다고 해야 함)했으며, 운암현은 본래 고구려 평진현현平珍峴縣[일운一云 천현遷峴]인데, 신라 경덕왕이 '편험偏險'이라 개명해 고성군高城郡 영현으로 삼았고, 고려가 지금 이름(운암)으로 고쳐 내속來屬했으며, 벽산현은 본래 고구려 토상현吐上縣인데, 신라 경덕왕이 '제상堤上'이라 개명해 금양군 영현으로 삼았고, 고려가 '잉지仍之'(지금 이름으로 고쳐 내속來屬했다고 해야 함)했다.35) 신라 때 금양군金壤郡의 영현領縣은 5개 즉 습계현習谿縣·제상현隄上縣·임도현臨道縣·파천현派川縣·학포현鶴浦縣이었던36) 반면 고려 때 금양현金壤縣의 속현屬縣은 3개 즉 임도현臨道縣·운암현雲岩縣·벽산현碧山縣이었던 것이다.

고려 때 고성현高城縣의 속현屬縣이 2개인데, 환가현豢猳縣과 안창현安昌縣이었다. 환가현은 본래 고구려 저수혈현猪迗穴縣[일운一云 오사압烏斯押]인데, 신라 경덕왕이 지금 이름(환가)으로 고쳐 고성군 영현으로 삼았고, 고려에 이르러 잉속仍屬했고, 문종 때에 현치縣治를 양촌陽村에로 옮겨 해적을 누르는 요충으로 삼았다고 하며, 안창현은 본래 막이현莫伊縣인데 현종 9년에 지금 이름(안창)을 칭해 내속來屬했다고 한다.37) 신라 때 고성군高城郡은 본래 고구려 달홀達忽인데 진흥왕 29년에 주州를 삼아 군주軍主를 두었고 경덕왕이 개명(고성군이라 개명)했고 지금 그것을 따랐고, 영현領縣은 2개인데 환가현豢猳縣과 편험현偏嶮縣(고려 운암현雲巖縣)이었다.38)

간성현杆城縣(수성군守城郡의 후신)의 속현은 1개 즉 열산현烈山縣인데, 열산현은 본래 고구려 승산현僧山縣[일운一云 소물달所勿達]이고, 신라 경덕왕이

---

35) 『고려사』 권58, 지리지3, 東界.
36) 『삼국사기』 권34, 雜志3, 지리1.
37) 『고려사』 권58, 지리지3, 東界.
38) 『삼국사기』 권34, 雜志3, 지리1.

동산童山이라 개명해 수성군守城郡 영현으로 삼았고, 고려가 지금 이름(열산)으로 고쳐 잉속仍屬했고, 별호는 봉산鳳山이었다.39) 익령현翼嶺縣(양주襄州)의 속현은 1개 즉 동산현洞山縣인데, 동산현은 본래 고구려 혈산현穴山縣이고, 신라 경덕왕이 지금 이름(동산)으로 고쳐 명주溟州 영현으로 삼았고, 고려 현종 9년에 (익령현에) 내속來屬했다.40) 고구려 수성군㳆城郡을 신라 경덕왕이 수성군守城郡으로 개명한 것이 '지금'(고려 내지 인종대) 간성현杆城縣인데, 신라 때 그 수성군守城郡의 영현이 2개로 동산현童山縣(고려 열산현烈山縣)과 익령현翼嶺縣이었다.41) 고려 때 간성杆城(수성守城)의 위상이 신라 때에 비해 떨어진 반면 익령翼嶺의 위상은 신라 때에 비해 높아졌다.

  신라 때 명주溟州의 영현領縣이 4개 즉 정선현旌善縣·속제현棟隄縣(동제현棟隄縣)·지산현支山縣(고려 연곡현連谷縣)·동산현洞山縣이었다.42) 고려 때 명주溟州의 속현이 3개인데, 우계현羽溪縣과 정선현旌善縣과 연곡현連谷縣이었다. 우계현은 본래 고구려 우곡현羽谷縣인데 신라 경덕왕이 지금 이름(우계)으로 고쳐 삼척군의 영현으로 삼았고, 현종 9년에 명주에 내속來屬했고, 별호는 옥당玉堂이었다. 정선현은 본래 고구려 잉매현仍買縣인데 신라 경덕왕이 지금 이름(정선)으로 고쳐 명주溟州 영현으로 삼았고, 현종 9년에 그대로 명주에 속屬하도록 하고, 후에 승격해 군郡으로 삼았고, 별호는 삼봉三鳳이었다. 풍혈風穴이 있는데 얼음을 두면 경하經夏하고, 그 옆에 또 수혈水穴이 있어 남강수南江水가 이에 이르러 나뉘어 지중地中으로 들어간다고 했다. 연곡현連谷縣은 본래 고구려 지산현支山縣인데, 신라 경덕왕이 구명舊名을 그대로 따라 명주溟州 영현으로 삼았고, 현종 9년에 지금 이름(연곡)을 칭하여 그대로 명주에 속하도록 했다[현인縣人 언전諺傳하기를 옛 양곡현陽谷縣이라 함].43)

---

39) 『고려사』권58, 지리지3, 東界.
40) 『고려사』권58, 지리지3, 東界.
41) 『삼국사기』권34, 雜志3, 지리1. 童山縣은 본래 고구려 僧山縣인데 경덕왕이 改名했고 '지금' 烈山縣이고, 翼嶺縣은 본래 고구려 翼峴縣인데 경덕왕이 改名했고 '지금' 因之했다.
42) 『삼국사기』권34, 雜志3, 지리1.

정선현은 태백산맥의 서쪽에 위치했지만 신라 때 명주의 영현이었다가 고려 때 명주의 속현이 되었으니, 신라를 이어 고려 때에 명주(강릉)의 영향권 안에 위치했다.

고려 삼척현三陟縣은 속현을 거느리지 않았다. 신라 때 삼척군三陟郡은 본래 실직국悉直國으로 파사왕 때에 내항來降했고, 지증왕 6년 즉 양梁 천감天監 4년에 주州를 삼아 이사부異斯夫로 군주軍主를 삼았고, 경덕왕이 삼척군으로 개명했으며, 영현領縣이 4개인데 죽령현竹嶺縣·만경현滿卿縣(만향현滿鄕縣)·우계현羽谿縣(羽溪縣)·해리현海利縣이었다.[44] 신라 때 삼척군은 실직국에서 유래해 4개의 영현을 거느려 위상이 높았던 반면 고려 때 삼척현은 거느리는 속현이 없어 위상이 낮았다. 고려 때 울진현蔚珍縣은 속현을 거느리지 않았다. 신라 때는 울진군蔚珍郡의 영현이 1개로 해곡현海曲縣(해서현海西縣)이었다.[45] 신라 울진군은 영현 1개를 관할했던 반면 고려 울진군은 속현을 거느리지 않아 신라 때에 비해 위상이 낮아졌다.

교주도의 동쪽 일대는 동계의 북부지역과 밀접한 관련이 있었다. 교주도交州道는 본래 맥지貊地인데 후에 고구려 소유가 되고 신라를 거쳐 고려에 이르러 성종 14년에 경내境內를 나누어 10도道로 만들 때 춘주春州 등 군현郡縣으로써 삭방도朔方道에 속하게 했고, 명종 8년에 비로소 춘주도春州道를 칭했고 후에 동주도東州道를 칭했고, 원종 4년에 교주도交州道를 칭했다.[46] 교주交州는 본래 고구려 각련성군各連城郡[객련성군客連城郡 : 일운一云 가혜아加兮牙]인데 신라 경덕왕이 고쳐 연성군連城郡으로 삼았고, 고려초에 이물성伊勿城이라

43) 『고려사』 권58, 지리지3, 東界.
44) 『삼국사기』 권34, 雜志3, 지리1. 竹嶺縣은 본래 고구려 竹峴縣인데, 경덕왕이 改名했고, 지금 未詳이며, 滿卿(一作鄕)縣은 본래 고구려 滿若縣인데, 경덕왕이 改名했고, 지금 未詳이며, 羽谿縣은 본래 고구려 羽谷縣인데, 경덕왕이 改名했고, 지금 因之했으며, 海利縣은 본래 고구려 波利縣인데, 경덕왕이 改名했고, 지금 未詳이라고 한다.
45) 『삼국사기』 권34, 雜志3, 지리1. 海曲(一作西)縣은 본래 고구려 波且縣인데, 경덕왕이 改名했고, 지금 未詳이라고 한다.
46) 『고려사』 권58, 지리지3, 交州道. 領郡은 8개이고[防禦郡 1, 知事郡 2, 屬郡 5], 縣(領縣)은 20개라고 했다.

칭했고, 성종 14년에 지금 이름(교주)으로 고쳐 단련사團練使로 삼았고, 현종 9년에 고쳐 방어사防禦使로 삼았다.47) 교주의 요해처는 2개로 철령鐵嶺과 추지령楸池嶺이고, 또 의관령義館嶺과 덕진명소德津溟所[사전祀典에 실림]가 있었다.48)

춘주春州는 본래 맥국貊國인데 신라 선덕왕善德王 6년에 우수주牛首州[우두주牛頭州]로 삼아 군주軍主를 두었고, 문무왕 13년에 수약주首若州[일운一云 수차약首次若, 오근내烏斤乃]라 칭했고, 경덕왕이 삭주朔州로 고쳤고, 후에 광해주光海州로 고쳤다. 고려태조 23년에 춘주春州로 삼았고, 성종 14년에 단련사를 칭해 안변부安邊府에 속했는데 주인州人이 도로의 간험艱險으로 인해 왕래에 어려워, 신종 6년에 이르러 최충헌에게 뇌물을 주어 승격해 안양도호부安陽都護府가 되었고 후에 강등해 지춘주사知春州事가 되었다.49) 춘주의 별호는 수춘壽春[성종 때 정함]이고 또 봉산鳳山이라 호칭했고, 소양강昭陽江을 지녔다.50) 고려의 춘주는 안변도호부에 속했다가 신종 때 무인집권자 최충헌에 의해 승격되어 안변도호부에서 떨어져 나갔던 것이다.

신라 때 연성군連城郡은 영현領縣 3개 즉 단송현丹松縣(남곡현嵐谷縣)과 질운현軼雲縣과 희령현狶領縣을 관할했던51) 반면 그 후신인 고려 때 교주交州는 속군屬郡 2개와 현縣(속현屬縣) 4개 즉 장양군長楊郡·금성군金城郡·남곡현嵐谷縣·통구현通溝縣·기성현岐城縣·화천현和川縣을 거느렸다.52) 장양군은 본래 고구려 대양관군大楊管郡[일운一云 마근압馬斤押]인데, 신라 경덕왕이 고쳐 대양군大

---

47) 『고려사』 권58, 지리지3, 交州道. 한편 『삼국사기』 권34, 雜志3, 지리1에서 連城郡은 고구려 各(一作客)連城郡인데 경덕왕이 改名했고 지금 交州라고 했다.

48) 『고려사』 권58, 지리지3, 交州道.

49) 『고려사』 권58, 지리지3, 交州道, 春州 ; 『고려사』 권129, 최충헌전. 한편 『삼국사기』 권34, 雜志3, 지리1에 따르면, 朔州는 賈耽의 『古今郡國志』에 이르기를, 句麗의 東南, 濊의 西가 古 貊地인데 대개 지금 新羅 北 朔州라고 했다. 善德王 6년, 唐 貞觀 11년에 牛首州로 삼고 軍主를 두었다(一云하기를, 文武王 13년, 唐 咸亨 4년에 首若州를 설치했다고 함). 경덕왕이 고쳐 朔州로 삼았는데, 지금 春州라고 했다.

50) 『고려사』 권58, 지리지3, 交州道.

51) 『삼국사기』 권34, 雜志3, 지리1.

52) 『고려사』 권58, 지리지3, 交州道.

楊郡으로 삼았고, 고려가 지금 이름(장양)으로 고쳐 교주에 내속來屬시켰으며, 금강산金剛山을 지녔다[일운一云 풍악楓岳, 개골皆骨. 천봉千峯 설립雪立하고 고준高峻 기절奇絶하고 사찰이 심히 많고 이름이 중국에 알려짐]. 금성군은 본래 고구려 모성군母城郡[일운一云 야차홀也次忽]인데 신라 경덕왕이 고쳐 익성군益城郡으로 삼았고 후에 지금 이름(금성)으로 고쳤고, 현종 9년에 승격해 군郡으로 삼았고 후에 강등해 현縣으로 삼아 교주에 내속來屬시켰고, 예종 원년에 감무監務를 설치하고 후에 령令을 설치했고, 고종 41년에 다시 강등해 감무를 삼았고 44년에 도녕道寧이라 칭했다. 남곡현은 본래 고구려 적목진赤木鎭[일운一云 사비근을沙非斤乙]인데 신라 경덕왕이 단송丹松이라 개명해 연성군連城郡 영현으로 삼았고 현종 9년에 지금 이름(남곡)으로 고쳐 그대로 교주에 속하도록 했다. 통구현通溝縣[通口縣]은 본래 고구려 수입현水入縣[일운一云 매이현買伊縣]인데 신라 경덕왕이 지금 이름(통구)으로 고쳐 기성군岐城郡 영현으로 삼았고 현종 9년에 교주에 내속來屬했다. 기성현岐城縣은 본래 고구려 동사홀군冬斯忽郡인데 신라 경덕왕이 지금 이름(기성)으로 고쳐 군郡을 삼았고 고려초에 이르러 강등해 현縣으로 삼아 교주에 내속來屬했으며, 보리진菩提津을 지녔다. 화천현은 본래 고구려 수성천현藪狌川縣인데 신라 경덕왕이 수천藪川이라 개명해 대양군大楊郡 영현으로 삼았고, 고려초에 지금 이름(화천)으로 고쳐 교주에 내속來屬했다.[53]

신라의 삭주朔州는 영현領縣 3개 즉 녹효현綠驍縣(홍천현洪川縣)·황천현潢川縣(횡천현橫川縣)·지평현砥平懸을 관할했는데,[54] 그 후신인 고려의 춘주는 속군屬郡 2개와 현縣(속현屬縣) 9개 즉 가평군嘉平郡·낭천군狼川郡·기린현基麟縣·조종현朝宗縣·인제현麟蹄縣·횡천현橫川縣·홍천현洪川縣·문등현文登縣·방산현方山縣·서화현瑞禾縣·양구현楊溝縣을 거느렸다.[55]

53) 『고려사』 권58, 지리지3, 交州道. 한편 岐城郡은 본래 고구려 冬斯忽郡인데 경덕왕이 改名했고 지금 因之하고 領縣이 1개인데 通溝縣이었으며, 通溝縣은 본래 고구려 水入縣인데 경덕왕이 改名했고 지금 因之했다고 한다. 『삼국사기』 권34, 雜志3, 지리1.
54) 『삼국사기』 권34, 雜志3, 지리1.
55) 『고려사』 권58, 지리지3, 交州道.

　가평군嘉平郡[加平郡]은 본래 고구려 근평군斤平郡[일운一云 병평並平]인데 신라 경덕왕이 지금 이름(가평)으로 고쳤고, 현종 9년에 춘주에 내속來屬했고, 화악산花岳山과 청평산淸平山을 지녔다. 낭천군狼川郡은 본래 고구려 성천군狌川郡[일운一云 야시매也尸買]인데, 신라 경덕왕이 지금 이름(낭천)으로 고쳤고 고려초에 춘주에 내속來屬했고, 예종원년에 감무監務를 두고 양구楊口를 겸임했다. 기린현基麟縣은 본래 고구려 기지군基知郡인데 고려가 지금 이름(기린)으로 고쳐 춘주에 내속來屬했다. 조종현朝宗縣은 본래 고구려 심천현深川縣[일운一云 복사매伏斯買]인데 신라 경덕왕이 준천浚川으로 고쳐 가평군 영현으로 삼았고, 고려가 지금 이름(조종)으로 고쳤고, 현종 9년에 춘주에 내속來屬했다. 인제현麟蹄縣은 본래 고구려 저족현猪足縣[일운一云 오사회烏斯回]인데 신라 경덕왕이 희제狶蹄로 개명해 양록군楊麓郡 영현으로 삼았고, 고려가 지금 이름(인제)으로 고쳐 춘주에 내속來屬했다가 후에 회양淮陽에 소속된다. 횡천현橫川縣은 본래 고구려 횡천橫川[일운一云 어사매於斯買]인데 신라 경덕왕이 황천潢川으로 개명해 삭주朔州 영현으로 삼았고, 고려가 다시 횡천橫川이라 칭하고 그대로 춘주에 속하도록 했다가 후에 원주에 속하며, 별호는 화전花田이었다. 홍천현洪川縣은 본래 고구려 벌력천현伐力川縣인데 신라 경덕왕이 녹효綠驍라 개명해 삭주朔州 영현으로 삼았고, 현종 9년에 지금 이름(홍천)으로 고쳐 그대로 춘주에 속하게 했고, 인종 21년에 감무를 두었으며, 별호는 화산花山이었다. 문등현文登縣은 본래 고구려 문견현文見縣[일운一云 근시파혜斤尸波兮]인데 신라 경덕왕이 지금 이름(문등)으로 고쳐 대양군大楊郡 영현으로 삼았고, 현종 9년에 춘주에 내속來屬했다가 후에 회양에 이속移屬한다. 방산현方山縣은 본래 고구려 삼현현三峴縣[일운一云 밀파혜密波兮]인데 신라 경덕왕이 삼령三嶺으로 개명해 양록군楊麓郡 영현으로 삼았고, 고려가 지금 이름(방산)으로 고쳐 춘주에 내속來屬했다가 후에 회양에 속한다. 서화현瑞禾縣[瑞和縣]은 본래 고구려 옥기현玉歧縣[일운一云 개차정皆次丁]인데 신라 경덕왕이 치도馳道라 개명해 양록군楊麓郡 영현으로 삼았고, 고려가 지금 이름(서화)으로 고쳐 춘주에 내속來屬했다가 회양에 속하며, 별호는 서성瑞城이다. 양구현楊溝縣은

38

본래 고구려 양구군楊口郡[일운—云 요은홀차要隱忽次]인데 신라 경덕왕이 고쳐
양록군楊麓郡으로 삼았고, 고려가 지금 이름(양구)으로 고쳐 춘주에 내속來屬
했고, 예종원년에 감무를 두었는데 낭천狼川 감무로써 내겸來兼했다.56)

경상도의 일부가 고려말기에 동계에 편입된 적도 있었다. 고종 46년에
화주和州·등주登州·정주定州·장주長州 4주州가 몽고에 몰沒했기 때문에 경상도
의 평해平海·덕원德原(영해寧海)·영덕盈德·송생松生을 쪼개어 명주도溟州道에
예속시키고, 충렬왕 16년에 또 덕원德原·영덕盈德·송생松生을 동계東界에 이예
移隷했던 것이 그것이었다.57) 이 중에 평해는 관동지역으로 간주되기도
했다.58)

고려에서 동계(동북면)와 북계(서북면), 즉 양계兩界를 총괄해 지배한 자는
각각 병마사兵馬使로, 변경지대여서 군사분야 통치가 주된 전공이면서도
민사분야에 대한 통치도 행했다. 동북면과 서북면의 병마사는 성종 관제에
서 병마사兵馬使 1인(3품), 지병마사知兵馬事 1인(3품), 병마부사兵馬副使 2인(4
품), 병마판관兵馬判官 3인(5,6품), 병마녹사兵馬錄事 4인으로 이루어졌고, 정종
靖宗 5년에 녹사 1원員을 줄였고, 경인년(무신정변) 이후에 무신이 용사用事해
양계 방수장군防戍將軍이 비로소 병마판관을 겸했는데 신종이 원년 5월에
승격하여 부사副使를 삼았다.59) 동서북면東西北面 즉 동북면과 서북면에는
감창사監倉使도 두어졌다.60) 중도호부中都護府는 문종이 정한 관제에서 사使
1인(4품 이상), 부사副使 1인(5품 이상), 판관 겸 장서기掌書記 1인(6품 이상),
법조法曹 1인(8품 이상)을 두었고 후에 단지 사使·사록司錄을 두거나 사使·법조
法曹를 두었는데61) 안변도호부가 이에 해당했다. 방어진防禦鎭은 문종이 정한

56) 『고려사』 권58, 지리지3, 交州道. 한편 신라 때 嘉平郡은 領縣 1개 즉 浚水縣(朝宗縣)을
관할했고, 楊麓郡(고려 陽溝縣)은 領縣 3개 즉 狶蹄縣(麟蹄縣)과 馳道縣(瑞禾縣)과 三嶺縣
(方山縣)을 관할했고, 大楊郡(고려 長楊郡)은 領縣 2개 즉 藪川縣(和川縣)과 文登縣을
관할했다. 『삼국사기』 권34, 雜志3, 지리1.
57) 『고려사』 권57, 지리지2, 경상도.
58) 『신증동국여지승람』 평해, 望洋亭, 蔡壽 記.
59) 『고려사』 권77, 외직 兵馬使 ; 『고려사절요』 권14, 신종 원년 5월.
60) 『고려사』 권77, 외직 監倉使.

관제에서 사使 1인(5품 이상), 부사副使 1인(6품 이상), 판관 1인(7품), 법조法曹 1인(8품 이상)이었고, 혹은 문학文學 1인과 의학醫學 1인을 가치加置해 차례대로 강학講學과 질병치료를 맡겼는데,[62] 방어주防禦州는 방어진防禦鎭에 준했을 것이다. 제현諸縣은 문종 관제에서 령令 1인(7품 이상), 위尉 1인(8품 이상)이었고, 고종 43년에 제현위諸縣尉를 혁파했다. 제진諸鎭은 문종 관제에서 장將 1인(7품 이상), 부장副將 1인(8품)이었다.[63]

양계兩界를 관할하는 지방관으로 목종 무렵에 도순검사를 거쳐 현종 무렵부터 병마사가 설치되었고, 양계에 병마사는 군사·민사적인 기능을 지녔는데 군사적인 기능이 주된 것이었고 감창사監倉使와 분도장군分道將軍이 파견되었다고 한다.[64] 동계에는 수군 및 해방海防을 관장하는 도부서都部署로 진명도부서와 원흥도부서가 있었다.[65] 양계의 감창사는 현지의 수요에 충당되는 양계의 조세와 창고를 관장했을 뿐만 아니라 지방장관으로서의 기능도 지녀, 양계는 병마사와 감창사에 의한 이원적二元的 통치체계를 가지고 있었다고 한다.[66] 동계는 내부에 삭방도, 연해도, 명주도 등 3개의 도道가 설정되어 감창사가 파견되었다.[67]

양계에서 병마사는 계界 전체의 군사와 민사 모든 분야를 관장했고, 감창사는 소도小道 내의 조세를 비롯한 민사문제를 다루었고, 분도장군이 병마사의 지휘를 받으면서 소도小道 내를 순행하여 주수州守를 통할하였으며, 양계는 조세를 현지에서 군수로 전용했는데 이 조세와 군자를 감창사가 전담했고, 동계에서 감창사가 파견된 소도小道 즉 명주도, 삭방도, 연해도가 재정단위였

---

61) 『고려사』 권77, 외직 中都護府.
62) 『고려사』 권77, 외직 防禦鎭. 知州郡 員吏는 品秩이 防禦鎭과 동일했는데 후에 다만 知事와 判官을 두거나 知事만 두었다(『고려사』 권77, 외직 知州郡).
63) 『고려사』 권77, 외직 諸縣·諸鎭.
64) 변태섭, 「고려양계의 지배조직」 『고려정치제도사연구』, 1971, 209~235쪽.
65) 김남규, 「도부서의 성격」 『고려양계지방사연구』, 1989, 45~83쪽.
66) 김남규, 「고려 양계의 감창사에 대하여」 『사총』 17·18, 1973, 233~247쪽.
67) 윤경진, 「고려말 조선초 동계의 운영체계 변화와 도의 재편」 『한국중세사연구』 44, 2016, 237~255쪽.

으며, 동계의 민전조세는 원칙적으로 군수에 충당되었고 동계의 주변지역인 경상도와 교주도의 미곡 일부가 동계의 군수로 조달되었으며, 동계에는 둔전과 염분이 광범위하게 존재했다고 한다.[68] 분도장군의 주수州守에 대한 통할은 대개 군사적인 분야에 그쳤을 것이다.

동계는 등주登州를 중심으로 그 북부와 남부가 다른 연원을 지녀 다른 형태로 편제되어, 등주 및 그 이남 지역은 대개 신라 때부터 군현이 편성되었던 지역으로 5도 지역과 동일한 주현州縣—속현屬縣 체계가 적용되었던 반면 등주 이북 지역은 대개 신개척지로 주진州鎭 중심으로 편성되었다.[69]

서북면(북계)이 동북면(동계)보다 중시되었지만 동북면병마사가 서북면 병마사보다 관할 범위와 권한이 더 컸다. 왜냐하면 북계(서북면)에서 서경과 그 관할 지역은 서경유수가 거의 다 통치해 서북면 병마사는 그 방면에 대한 지배력이 제한적이었고 안북부와 그 관할 지역에 주로 지배력을 행사했기 때문이었다. 반면 동북면병마사는 동북면에 대한 지배력을 온전히 행사할 수 있었다.

동북면에는 서북면처럼 중앙 어사대에서 어사御史가 파견되어 병마사의 지휘를 받았다. 조위총趙位寵이 서경西京에서 병력을 일으키자 예부낭중 최균崔均으로 동북로 도지휘사都指揮使를 삼아 가서 제성諸城을 효유曉諭하도록 하니 최균이 등登·화和 등 수십성數十城에 역저歷抵하고 돌아오던 도중에 보룡역寶龍驛에 이르렀을 때 예부시랑을 권수權授받아 병마부사兵馬副使에 충임되어 병마사와 합하여 서경을 공격하라는 왕명을 받자 즉시 화주영和州營으로 들어갔는데, 이날 밤에 조위총의 장將인 김박승金朴升·조관趙冠 등이 와서 공격하자 낭장郞將 이거李琚가 문을 열어 들이니 최균과 병마사 대장군 이의李儀, 어사御史 지인정智仁挺이 잡혀 최균, 이의李儀 및 막료幕僚 군료軍僚(군교軍校)가 모두 해害를 당했다.[70] 고종 44년 5월에 동북면병마사가 보고하기를,

---

68) 위은숙, 「고려전기 동계지역의 지배체제와 재정구조」 『전근대 동해안 지역사회의 운용과 양상』, 경인문화사, 2005, 75~121쪽.

69) 윤경진, 「고려전기 동계 북부 지역 州鎭의 설치 과정」 『한국중세사연구』 31, 2011, 231쪽.

분사어사分司御史 안희安禧가 영풍永豊 산곡山谷에 매복해 동진병東眞兵을 협격挾
擊해 병장兵仗·안마鞍馬 및 사로잡힌 남녀·우마牛馬 등을 획득했다고 했다.[71]
이는 동북면병마사 예하에 중앙에서 파견된 분사어사分司御史(분대어사分臺御
史)가 존재해 병마사를 보좌하며 감찰활동을 수행했음을 알려주는데, 병마사
를 견제하는 역할도 했을 것이다.

동북면 감창사 또한 서북면처럼 설치되어 활동했다.[72] 문종 3년 3월에
동북로東北路 감창사監倉使가 아뢰기를, 교주交州 방어판관 이유백李惟伯이 성지
城池를 선리繕理하고 기계器械를 수비修備함에 제군諸郡에서 제일第一이고, 그가
거느린 연성連城·장양長楊 이민吏民 등이 말하기를, 이유백이 부임 이래 권농勸
農하고 민을 구휼해 비록 질만秩滿해 교대에 해당하지만 유임시켜 주기를
바란다고 하니 왕이 가상히 여겨 상서이부尚書吏部에 부付했다.[73] 문종 6년
3월에 제制하기를, 동북로 여러 주진수변州鎭戍邊의 졸卒이 해를 이어 가뭄과
기근에 시달리니 병마감창사兵馬監倉使 및 수령관首領官으로 하여금 분도分道해
진휼하도록 했다.[74] 인종 19년 7월에 명주도溟州道 감창사監倉使 이양실李陽實
이 사람을 파견해 울릉도蔚陵島에 들어가 과핵목엽菓核木葉의 이상異常한 것을
취하여 헌상했다.[75] 문종 11년에 판判하기를, 사심관事審官이 귀향歸鄉해 폐단

---

70) 『고려사』 권99, 崔均傳.

71) 『고려사』 권24, 고종 44년 5월. 서북면병마사 소속 分臺御史(分司御史 : 行臺御史)는
   다음 사례에서 확인된다. 조위총이 서경에서 起兵하자 兵馬使 車仲圭가 延州로 달려가
   다가 雲畔驛에서 雲州人에 의해 살해되니 分臺監察御史 林擢材와 錄事 李唐就 등이
   印을 지니고 延州에 이르자, 延州人이 玄德秀의 동생인 宣旨別監 龍虎軍將軍 玄利厚로
   權行兵馬使事를, 玄德秀로 權監倉使事를, 李唐就로 그대로 兵馬錄事를 삼고 部署를
   易置하고 嚴兵하여 연주를 지켰다(『고려사』 권99, 玄德秀傳). 원종 10년 10월에 西北面兵
   馬使營 記官 崔坦·韓愼, 三和縣人 前校尉 李延齡, 定遠都護 郎將 桂文庇, 延州人 玄孝哲
   등이 林衍 주살을 명분으로 삼아 龍岡·咸從·三和人을 불러모아 咸從縣令 崔元을 죽이고
   밤에 椵島에 들어가 分司御史 沈元濬, 監倉(監倉使) 朴守奕, 京別抄 등을 죽이고 叛하자
   西北面兵馬使 洪祿遒이 달아나 還京하니 國子祭酒 張鎰로 대신했다(『고려사』 권26,
   원종 10년 10월 및 11년 8월).

72) 『고려사』 권77, 백관지2, 外職, 監倉使.

73) 『고려사』 권7, 문종 3년 3월.

74) 『고려사』 권80, 식화지3, 賑恤, 水旱疫癘賑貸之制.

75) 『고려사』 권17, 인종 19년 7월.

을 만드는 경우, 안렴사按廉使와 감창사監倉使가 경사京師에 추송推送해 과죄科罪하라고 했다.76) 문종 18년 2월에 제制하기를, 구례舊例에 준准하여 춘추 외산제고사外山祭告使를 10여도餘道에 파견했는데, 사명使命이 번다煩多하고 역로驛路가 조폐凋弊하니, 지금부터 동북양계東北兩界 감창사監倉使와 패서도浿西道 안찰사按察使가 모두 제고사祭告使를 겸하고, 산남제도山南諸道는 예전대로 사使(제고사祭告使)를 파견해 항식恒式으로 삼도록 했다.77) 등주登州 성황신城隍神이 누차 무쬬에게 강림해 기이하게 국가 화복禍福을 적중했는데 삭방도감창사朔方道監倉使 함유일咸有一이 그 사사祠에 나아가 국제國祭를 행하면서 읍揖만 하고 배拜하지 않으니 유사有司에게 탄핵을 받아 파직되었다.78) 명종 3년 윤정월에 칠도七道 안찰사按察使와 오도五道 감창사監倉使로 모두 권농사勸農使를 겸하도록 했다.79) 이처럼 감창사는 재정과 진휼만이 아니라 포폄, 권농, 산천제사 등에도 관여했다.

남쪽 지역은 안찰사按察使가 파견되었지만 안찰按察에 치중한 반면 경京, 도호부, 목牧 등 계수관界首官이 주현主縣과 속현屬縣을 관할하며 일반적인 행정업무를 수행했기 때문에 안찰사의 권한이 제한적이었다.80) 반면 양계 지역은 병마사가 모든 분야를 담당했다. 그래서 권한이 크고 업무가 많았기 때문에 그 예하에 분대어사分臺御史를 두고 관할 지역이 몇 개의 분도分道로 나뉘어 장군과 감창사가 파견되었는데, 업무 보조의 측면과 권한 분산·견제의 측면을 지녔다. 서북면에는 안북대호부의 사使가, 동북면에는 안변도호부의 사使가 파견되어 계수관으로 기능해 병마사를 도우며 견제했다.

이의민의 아들 이지영李至榮이 삭주분도장군朔州分道將軍이 되었는데, 구례

---

76) 『고려사』 권75, 선거지3, 銓注, 事審官.

77) 『고려사』 권8, 문종 18년 2월.

78) 『고려사』 권99, 咸有一傳 ; 咸有一 묘지명.

79) 『고려사』 권79, 식화지2, 農桑.

80) 구산우는 고려시대 계수관이 界內의 首官으로서 관내 군현을 정점에서 실질적으로 지휘해 명실상부하게 권역별로 아우르는 지방단위 내지 거점도시였다고 보았다. 구산우, 「고려시기 계수관의 지방행정 기능과 위상」 『역사와 현실』 43, 2002.

舊例에 장군(분도장군)은 반드시 병마지휘兵馬指揮를 받든 연후에 도내道內를 순행巡行했지만 이지영이 외기畏忌 없이 자기 마음대로 출입했다. 감창사 합문지후閤門祗候 최신윤崔莘尹이 봉사奉使해 삭주朔州에 도착했는데, 이지영이 영명迎命하지 않고 공관公館에서 설복褻服으로 함께 식사하다가 홀연히 손으로 최신윤을 잡아 구살毆殺하려 하자 최신윤이 가까스로 도망쳤다. 이지영이 최신윤의 의물衣物을 취하여 불태우고 휘하 나장螺匠 1인을 죽이고 뜻을 거스르는 자를 문득 죽였다고 한다.[81] 분도장군이 병마사의 지휘 내지 허락을 받아 도내道內를 순행巡行했는데, 무인이 권력을 장악한 무인정권기에는 분도장군이 병마사의 지휘권을 무시하는 경향도 나타났던 것이다. 감창사는 품질이 그리 높지 않은 관원이 임명되었지만 봉사奉使해 파견되었기에 예우받았는데, 역시 무인정권기에는 분도장군에게 무시당하는 경향이 있었다.

의종 11년에 왕이 울릉鬱陵이 땅이 넓고 토양이 비옥하고 구舊에 주현州縣이 있어 민民을 거처하게 할 만하다고 듣고 명주도溟州道 감창監倉 김유립金柔立을 보내 가서 보도록 했다. 김유립이 돌아와 아뢰기를, 촌락村落 기지基址 7곳이 있고, 석불石佛·철종鐵鍾·석탑石塔이 있고, 시호柴胡·호본蒿本·석남초石南草가 많이 생산되지만, 암석이 많아 민이 거처할 수 없다고 하니, 마침내 논의를 그만두었다.[82] 명주도 감창사가 울진현 관할 울릉도에 민이 거처할만한지 직접 탐방했던 것이다.

문종 6년 6월에 동여진東女眞 고지문高之問 등이 항해航海해 와서 삼척현 임원수臨遠戍를 공격하니, 수장守將 하주려河周呂가 병력을 거느리고 성성城을 나가 군軍에 말하기를, 저들이 많고 우리가 적지만 스스로 몸을 아끼지

81) 『고려사』 권128, 이의민전.
82) 『고려사』 권58, 지리지3, 東界, 蔚珍縣. 鬱陵島는 울진현 正東 海中에 있는데, 신라 때 于山國을 칭했고, 한편으로 武陵, 한편으로 羽陵이라 했고, 地가 사방 百里이고, 지증왕 12년에 來降했으며, 고려태조 13년에 그 島人이 白吉土豆를 시켜 方物을 바쳤다고 한다. 한편으로 이르기를, 于山과 武陵은 본래 二島로 서로 거리가 멀지 않아 風日淸明하면 望見할 수 있다고 한다. 김유립의 보고에 따르면, 島 中에 大山이 있어 山頂으로부터 向東해 가서 바다까지 一萬余步이고, 向西해 가서 바다까지 一萬三千余步이고, 向南해 가서 바다까지 一萬五千余步이고, 向北해 가서 바다까지 八千余步였다.

않고 싸우면 반드시 승리하리라 하고 방패를 안고 칼을 빼어 진격했다. 마침 안변도호판관安邊都護判官 김숭정金崇鼎이 관할 제수諸戍를 순행巡行하고 있던 차에 근경近境에 이르니 적적賊이 그 각성角聲을 듣고 구원병이 곧 이르리라 여겨 놀라 어지러워지자 하주려 군대가 승리를 타서 공격해 10여급餘級을 사로잡아 베니 적적賊이 달아나 무너졌다.[83] 안변도호부 관원이 관할 제수諸戍를 순행巡行했고 삼척현 임원수臨遠戍도 그 대상이었으니, 안변도호부가 계수관으로서 그 관할 지역에 대한 군사적인 지휘권을 행사하고 있었으며, 이는 관할 고을의 일반 행정에 대한 통제력도 지녔음을 시사한다. 춘주春州는 성종 14년에 단련사를 칭해 안변부에 속했는데 주인州人이 도로의 간험艱險으로 인해 왕래하기 어렵자 신종 6년에 이르러 최충헌에게 뇌물을 주어 안양도호부安陽都護府로 승격했다. 춘주는 안변도호부에 소속된 시절에는 도로가 험난함에도 불구하고 업무로 인해 안변도호부를 왕래해야 했으니, 안변도호부가 계수관으로서 관할 고을에 대해 광범위하게 통제력을 발휘했음을 알려준다. 안변도호부의 임무와 권한은 동북면 병마사, 분도장군, 감창사와 겹치는 부분이 있었다고 여겨진다.

2. 예종대 9성의 건립

예종 2년(1107) 윤10월 임인일(20일)에 장차 여진을 정벌함으로 인해 순천관順天館 남문에 이어해 열병閱兵하고 은포銀布와 주식酒食을 나누어 하사하고 윤관尹瓘으로 원수元帥를, 오연총吳延寵으로 부원수副元帥를 삼았다. 11월 임자일 초하루 동지冬至에 일식日食이 발생했다. 경오일(19일)에 서경에 행차했는데, 당시 일관日官이 아뢰기를 마땅히 서경에 이어해 장수將帥를 파견해야 한다고 했기 때문이었다. 계유일(22일)에 어가가 자비령慈悲嶺에 이르러 술자

---

83) 『고려사』 권7 및 『고려사절요』 권4, 문종 6년 6월. 이보다 한달 앞 선 5월에 東女眞酋長 高之問 등 25인이 와서 土物을 헌상했었다.

리를 마련했고, 을해일(24일)에 서경에 이르렀다.[84] 12월 임오일 초하루에
왕이 위봉루威鳳樓에 나아가니 윤관과 오연총이 삼군장사三軍將士를 거느려
차례대로 입정入庭해 배배拜하자 부월鈇鉞을 하사해 파견했다.[85] 12월 병신일
(15일)에 윤관이 여진을 공격해 대파大破하고 제장諸將을 보내 지계地界를
정하고 웅주雄州·영주英州·복주福州·길주吉州 4주 성城을 축조했다.[86]

예종 2년 12월 윤관의 여진 공략과 웅주, 영주, 복주, 길주 4성城의 축조
과정을 자세히 살펴보자. 12월 을유일(4일)에 윤관, 오연총이 동계東界에
이르러 장춘역長春驛에 병력을 주둔했는데 군軍이 무릇 십칠만十七萬(부르기
를 이십만二十萬)이었다. 병마판관 최홍정崔弘正·황군상黃君裳을 나누어 보내
정주定州·장주長州에 들어가 속여서 여진추장에게 이르기를, 국가가 장차
허정許貞과 나불羅弗 등을 방환放還하려 하니 너희들은 와서 명령을 들으라고
하니, 추장이 이를 믿었다. 이에 고라古羅 등 400여인餘人이 이르자 술로써
취하게 하여 복병을 동원해 그들을 섬멸했다. 그 중에서 장힐자壯黠者 50~60
인이 의심해 관문關門에 이르러 들어오려 하지 않자 병마판관 김부필金富弼과
녹사錄事 척준경拓俊京으로 하여금 분도分道해 매복하게 하고 또한 최홍정崔弘正으
로 하여금 정기精騎로써 호응하도록 하여 그들을 거의 다 사로잡아 죽였다.[87]

12월 을미일(14일)에 윤관이 스스로 5만3천명으로써 정주定州 대화문大和門
을 나가고, 중군병마사中軍兵馬使 김한충金漢忠이 3만6천7백명으로써 안릉수安
陵戍를 나가고, 좌군병마사左軍兵馬使 문관文冠이 3만3천9백명으로써 정주定州
홍화문弘化門을 나가고, 우군병마사右軍兵馬使 김덕진金德珍이 4만3천8백명으
로써 선덕진宣德鎭의 안해수安海戍·거방수拒防戍의 사이를 나가고, 선병별감船
兵別監 양유송梁惟竦과 원흥도부서사元興都部署使 정승용鄭崇用과 진명도부서부
사鎭溟都部署副使 견응도甄應陶 등이 선병船兵 2천6백으로써 도린포道鱗浦를 나갔

84) 『고려사』 권12, 예종 2년.
85) 『고려사』 권64, 예지6, 軍禮, 師還儀.
86) 『고려사』 권12, 예종 2년.
87) 『고려사절요』 권7, 예종 2년 12월.

다. 윤관이 대내파지촌大乃巴只村을 지나 반일半日 동안 행군하자 군용軍容이 심히 왕성함을 여진이 보고 모두 달아나 오직 축산畜産이 포야布野했고, 문내 니촌文乃泥村에 이르자 적적賊이 동음성冬音城에 입보入保했다. 윤관의 명령을 받은 병마검할兵馬鈐轄 임언林彦과 최홍정崔弘正이 정예精銳를 거느려 급히 공격 해 파주破走시켰다.[88]

12월 병신일丙申日(15일)에 좌군左軍이 석성石城 아래에 도착해 여진 둔취屯聚를 보고 역자譯者 대언戴彦을 보내 항복하기를 설득했지만 여진이 거절하고 석성石城에 들어가 항전하니, 화살과 돌이 비처럼 쏟아져 군軍이 전진할 수 없었다. 윤관이 척준경에게 이르기를, 해가 기울려 하여 일이 급하니 그대가 장군 이관진李冠珍과 함께 공격하라고 했다. 척준경이 석성石城 아래에 이르러 갑옷을 입고 방패櫓를 지니고 적중賊中에 돌격해 들어가 추장 수인數人 을 격살擊殺하니, 윤관 휘하가 좌군과 연합해 공격해 죽기로 싸워 대패大敗시 켰다. 또한 최홍정崔弘正·김부필金富弼과 녹사錄事 이준양李俊陽을 보내 이위동 伊位洞을 공격해 적적賊의 역전逆戰에도 한창 걸려 이겨내 1200급級을 베었다. 중군中軍이 고사한高史漢 등 35촌村을 격파해 380급級을 베고 230인을 사로잡 았고, 우군右軍이 광탄廣灘 등 32촌을 격파해 290급級을 베고 300인을 사로잡았 고, 좌군左軍이 심곤深昆 등 31촌을 격파해 950급級을 베었다. 윤관이 대내파지 大乃巴只로부터 37촌을 격파해 2120급級을 베고 500인을 사로잡았다.[89] 녹사 유영약庾瑩若을 파견해 승리를 보고하니 왕이 기뻐해 유영약에게 7품 관직을 하사하고, 좌부승지左副承旨 병부낭중 심후沈侯와 내시內侍 형부원외랑 한교여 韓皦如에게 명해 조詔를 하사해 장유奬諭하고 윤관, 오연총 및 제장諸將에게 물건을 하사했다.[90]

윤관이 또한 제장諸將을 나누어 파견해 지계地界를 획정畫定하고, 또한 일관 日官 최자호崔資顥를 파견해 몽라골령蒙羅骨嶺 아래에 상지相地해 성랑城廊 950간

88) 『고려사절요』 권7, 예종 2년 12월.
89) 『고려사절요』 권7, 예종 2년 12월.
90) 『고려사절요』 권7, 예종 2년 12월.

間을 축조해 '영주英州'라 호칭하고, 화곶산火串山 아래에 상지相地해 992간間을
축조해 '웅주雄州'라 호칭하고, 오림금촌吳林金村에 상지相地해 774간間을 축조
해 '복주福州'라 호칭하고, 궁한이촌弓漢伊村에 상지相地해 670간間을 축조해
'길주吉州'라 호칭했으며, 또한 호국인왕사護國仁王寺와 진동보제사鎭東普濟寺를
영주성英州城 안에 창건했다.[91] 윤관이 여진을 정벌할 때 문관文冠이 좌군병마
사左軍兵馬使로서 종군해 석성石城을 공격해 이기고 복주성福州城을 축조했다고
한다.[92] 영주성은 몽라골령 아래에, 웅주성은 화곶산 아래에, 복주성은
오림금촌에, 길주성은 궁한이촌에 축조되었고, 영주성 안에 호국인왕사와
진동보제사가 건립된 것이었다.

　예종 3년(1108) 정월 을축일(14일)에 윤관과 오연총이 정병精兵 팔천八千을
거느리고 가한촌加漢村 병항瓶項 소로小路를 나가는데 적적賊이 총박叢薄 사이에
매복해 윤관 군軍이 이름을 기다리다가 급히 공격하니 군졸軍卒이 모두 무너
져 오직 10여인餘人이 남아, 적적賊이 윤관 등을 수겹으로 포위했는데 오연총이
유시流矢에 적중되어 형세가 심히 위급했다. 척준경이 용사勇士 10여인餘人을
거느려 그 동생인 낭장郎將 척준신拓俊臣의 만류에도 불구하고 구원에 나서
돌진突陣해 10여인餘人을 격살擊殺하고, 최홍정崔弘正과 이관진李冠珎 등이 산곡
山谷으로부터 병력을 이끌고 와서 구원하니 적적賊이 포위를 풀고 도주하자
추격해 36급級을 베니, 윤관 등이 일만日晩에 영주성英州城에 환입還入했다.[93]
계유일(22일)에 여진추장 공형公兄 아로환阿老喚 등 403인이 진진陣 앞에 나아와
항복을 요청했다. 병자일(25일)에 여진남녀 1460명 남짓이 또 좌군에 항복했
다. 정축일(26일)에 적적賊 보기步騎 2만萬이 와서 영주성英州城 남쪽에 주둔해
도전했다. 윤관이 임언林彦과 더불어 말하기를, 저들이 많고 우리가 적어
형세상 대적할 수 없으니 다만 마땅히 고수固守할 뿐이라고 했다. 척준경이

91) 『고려사절요』 권7, 예종 2년 12월.
92) 『고려사』 권97, 文冠傳.
93) 『고려사절요』 권7, 예종 3년 정월. 윤관이 눈물을 흘리면서 척준경의 손을 잡고
　　말하기를, "지금부터 내가 그대를 자식처럼 보리니, 그대는 나를 부친처럼 보아야
　　한다"고 하고 承制하여 閣門祗候를 제수했다.

말하기를, 만약 출전出戰하지 않아 적병敵兵이 날마다 늘어나고 성중城中 식량이 다하고 외원外援이 이르지 않으면 장차 어찌 하겠습니까 하고는 '감사사敢死士'를 거느리고 성을 나가 싸워 19급級을 베고 개환凱還하자 윤관 등이 누루樓를 내려가 맞이하고 손을 끌며(잡으며) 서로 절[拜]했다. 윤관과 오연총이 이에 제장諸將을 거느리고 중성대도독부中城大都督府에서 회합하는데, 권지승선權知承宣 왕자지王字之가 공험성公嶮城으로부터 병력을 거느리고 도독부都督府로 나아가다가 노추虜酋 사현史現 병력과 조우해 싸워 실리失利해 탄 말을 잃었거늘, 척준경이 경졸勁卒을 인솔해 가서 구원해 패배시키고 개마介馬를 취하여 돌아왔다.[94) 중성대도독부中城大都督府는 몽라골령 영주성, 화곶산 웅주성, 오림금촌 복주성, 궁한이촌 길주성 중에서 가운데 위치하고 규모가 가장 큰 웅주성을 지칭한 것으로 보이니, 이때는 웅주성이 대도독부로서 개척 영토의 중심지였다.

이처럼 척준경은 예종 2년 12월~3년 정월에 석성과 영주 일대 전투에서 혁혁한 공로를 세웠다. 척준경이 그의 전기에, 예종 2년에 중군병마녹사中軍兵馬錄事로서 윤관을 따라 동여진을 정벌해 석성石城·영주英州에서 싸워 크게 승리하니 윤관이 승제承制해 그를 합문지후閤門祗候에 제배했다고 하는데,[95) 바로 그러한 공로와 그에 따른 포상을 의미했다.

예종 3년 2월 임진일(11일)에 여진이 웅주雄州를 포위하니 최홍정崔弘正이 문을 열고 출격出擊해 대패大敗시켜 80급級을 사로잡아 베고 거마車馬·병장兵仗을 셀 수 없을 정도로 많이 획득했다.[96) 2월 임진일(11일)에 여진병女眞兵 수만數萬이 와서 웅주성雄州城(웅주雄州)을 포위하자 최홍정崔弘正과 사졸士卒이 사문四門을 열고 일제히 나가 분격奮擊해 대패大敗시켜 80급級을 사로잡아 베고 병거兵車 50여량餘兩, 중거中車 200량兩, 마마馬 40필匹을 획득했고 그 나머지 병장兵仗 획득은 셀 수 없을 정도로 많았다. 당시 척준경이 성중城中에 있었는

94) 『고려사절요』 권7, 예종 3년 정월.
95) 『고려사』 권127, 叛逆1, 拓俊京傳.
96) 『고려사』 권12, 예종 3년.

데, 주수州守가 척준경에게 말하기를, 성城을 지킨 지 날이 오래되어 군향軍饗
(군량)이 장차 다하려 하는데 외원外援이 이르지 않으니, 공公이 만약 성을
나가 병력을 거두어 돌아와 구원하지 않으면 성중城中 사졸士卒 중 생존자唯類
가 없을까 두렵다고 하니, 척준경이 사졸士卒 파의破衣를 입고 밤에 성을
줄 타고 내려와 정주定州에 귀歸하여 정병整兵해 통태진通泰鎭을 경유해 야등포
也等浦로부터 길주吉州에 이르러 적적賊을 만나 싸워 대패大敗시키니, 성중城中
사람들이 감읍感泣했다.97) 척준경이 또 길주吉州에서 싸워 공로를 세워 공부
원외랑을 제수받았다고 하는데98) 그 전투와 관련이 있었을 것이다.

예종 3년 2월 갑오일(13일)에 상서尙書 류택柳澤으로 함주대도독부사咸州大
都督府使를 삼고 영주英州·복주福州·웅주雄州·길주吉州 4주 및 공험진公嶮鎭 방어
사防禦使를 두었다.99) 상서尙書 류택柳澤으로 함주대도독부사咸州大都督府使를
삼고 부사副使·판관判官·사록장서기司錄掌書記·법조法曹·의사醫師 등 관원을 두
고 또한 영주英州·복주福州·웅주雄州·길주吉州 4주 및 공험진公嶮鎭에 방어사防
禦使·부副 및 판관判官을 두었으며, 또한 함주咸州 및 공험진公嶮鎭에 성을 쌓았
다.100) 영주성, 복주성, 웅주성, 길주성에다가 함주성과 공험진성이 추가됨
으로써 윤관이 개척한 6성이 이루어졌다. 이에 따라 행정·군사 편제도 조정
되어 함주가 여기에 대도독부가 설치되어 使가 두어짐으로써 웅주성(대도독

---

97) 『고려사절요』권7, 예종 3년 2월 ; 『고려사』권96, 윤관전. "時 俊京(拓俊京)在城中,
    州守謂之曰, 城守日久 軍饗將盡 外援不至, 公若不出城收兵還救, 城中士卒恐無唯類, 俊京服
    士卒破衣 夜縋城而下 歸定州, 整兵道通泰鎭 自也等浦至吉州, 遇賊與戰大敗之, 城中人感泣"
    부분이 좀 문제이다. 이 부분이 원래 자리라면 척준경이 웅주성에 있다가 위기에
    빠진 웅주성을 구하기 위해 定州에 가서 구원병을 이끌고 길주에서 여진병을 물리치고
    웅주성(혹은 길주성)으로 오자 웅주성(혹은 길주성) 사람들이 감읍한 것이 된다.
    그 부분이 원래 자리가 아니고 척준경의 길주성 관련 전투를 편찬 과정에서 웅주성
    전투 관련에 잘못 삽입했을 수도 있는데, 그렇다면 척준경은 길주성에 있다가 성이
    함락위기에 빠지자 定州로 가서 구원병을 이끌고 길주로 돌아와 여진병을 격퇴하니
    길주성 사람들이 감읍한 것이 된다.
98) 『고려사』권127, 叛逆1, 拓俊京傳. 왕은 척준경이 누차 戰功을 세웠기 때문에 그
    부친 檢校大將軍 拓謂恭을 內殿에 召見해 勞問하고 酒食 및 銀 1錠·米 10碩을 하사했다.
99) 『고려사』권12, 예종 3년 2월.
100) 『고려사절요』권7, 예종 3년 2월.

부 지위를 잃음)을 대신해 6성을 통솔하게 되었고, 영주성, 복주성, 웅주성, 길주성, 공험진성에는 방어사가 두어졌다. 웅주성이 여진 공격을 자주 받자 그 남쪽의 함주성으로 대도독부를 옮긴 것으로 볼 수 있다. 이로써 동계는 기존의 안변도호부와 그 관할 및 신설의 함주대도독부와 그 관할로 이루어지게 되었다.

2월 무신일(27일)에 윤관이 여진을 평정해 육성六城(영주·복주·웅주·길주·함주·공험진)을 신축新築한 것으로 인해 그 아들 윤언순尹彦純을 파견해 봉표奉表해 칭하稱賀했고, 도검할都鈐轄 좌부승선左副承宣 예부낭중 임언林彦으로 하여금 기記를 지어 공로를 칭송해 영주남청英州南廳에 걸도록 했고, 공험진公嶮鎭에 비碑를 세워 계지界至로 삼았다.[101] 이 국경비가 세워진 곳은 공험진의 선춘령先春嶺이었다.[102]

윤관이 임언林彦으로 하여금 여진 정벌과 6성 축조의 일을 기록해 영주청벽英州廳壁에 쓰도록 했는데 그 내용은 아래와 같다.

여진女眞은 국가(고려)에 대해 강약强弱 중과衆寡하여 그 세勢가 현격하게 다른데 변비邊鄙를 엿보고 넘겨보다가 숙종 10년에 틈을 타서 난亂을 꾀하여 우리 사민士民을 많이 죽이고 포승으로 묶어 노예로 삼은 자 역시 많았다. 이에 숙종이 혁연赫然히 군대를 정비해 장차 대의大義에 의지해 토벌하고자 했지만 애석하게도 그 공로를 이루지 못하고 영원히 돌아가셨다.

금상今上(예종)이 지위를 이어 3년간 거상居喪해 겨우 상담祥禪을 끝내고 좌우에게 이르기를, 여진은 본래 구고려勾高麗의 부락部落으로 개마산盖馬山 동쪽에 취거聚居해 대대로 공직貢職을 닦아 우리 조종祖宗 은택을 깊이 입었는데 일일一日에 배반背畔해 무도無道하니 선고先考(숙종)가 심히 분노했다. 일찍이 듣건대 고인古人이 대효大孝를 칭稱한 것은 그 뜻을 잘 계승할 뿐이니, 짐朕이 지금 다행히 달제達制를 끝내 국사國事를 비로소 실펴보니 어찌 의기義旗를 들어올려 무도無道를 정벌해 한번에 선군先君의 수치를

---

101) 『고려사』 권12 및 『고려사절요』 권7, 예종 3년 2월 ; 『고려사』 권96, 윤관전.
102) 『고려사』 권58, 지리지3, 동계.

씻지 않으리오. 이에 명령해 수사도守司徒 중서시랑평장사 윤관尹瓘으로
행영대원수行營大元帥를 삼고, 지추밀원사 한림학사승지 오연총吳延寵으로
부원수副元帥를 삼아 정병精兵 30만萬을 거느려 정토에 전념하도록 했도다.
… 양공兩公이 일찍이 이에 뜻을 두다가 명령을 듣고 분격憤激해 옹병擁兵하여
동하東下하는데 출사出師 날에 몸에 갑주甲胄를 착용해 미처 무리와 맹세하기
전에 눈물이 턱을 적시며 명령을 따랐다. 적경賊境에 들어감에 미쳐 삼군三軍
이 분호奮呼해 일당백一當百해 마른 나무와 대나무를 부러뜨리듯이 하니
어찌 족히 그 쉬움을 비유하리오. 6천여급餘級을 참수斬首했고, 그 궁시弓矢를
실어 진진陣 앞에 와서 항복한 자가 오십천五十千(오만五萬) 남짓이었고, 그
흙먼지를 바라보고 넋을 잃어 궁북窮北으로 분주奔走한 자는 이루 다 헤아릴
수 없었다. 오호, 여진의 완우頑愚는 그 강약중과强弱衆寡의 세勢를 헤아리지
않고 이처럼 스스로 멸망을 취했도다. 그 지地는 방방 삼백리三百里로, 동쪽으
로 대해大海에 이르고, 서북으로 개마산盖馬山에 끼이고, 남쪽으로 장주長州·
정주定州 2주에 접한데, 산천山川이 수려秀麗하고 토지가 고유膏腴해 오민吾民
을 거주시킬 만한데 본래 구고려勾高麗의 소유로 그 고비古碑 유적이 아직
존재한다. 대저 구고려勾高麗가 그것을 전에 잃고 금상今上이 후에 그것을
획득하니 어찌 천天이 아닌가. 이에 육성六城을 새로 설치하나니, 일一은
'진동군鎭東軍 함주대도독부咸州大都督府'라 하여 병민兵民이 1,948 정호丁戶이
고, 이二는 '안령군安嶺軍 영주방어사英州防禦使'라 하여 병민兵民이 1,238 정호
丁戶이고, 삼三은 '영해군寧海軍 웅주방어사雄州防禦使'라 하여 병민兵民이 1,436
정호丁戶이고, 사四는 '길주방어사吉州防禦使'라 하여 병민兵民이 680 정호丁戶
이고, 오五는 복주방어사福州防禦使라 하여 병민兵民이 632 정호丁戶이고,
육六은 '공험진방어사公嶮鎭防禦使'라 하여 병민兵民이 532 정호丁戶인데, 현달
하여 현재賢材가 있어 능히 그 임무를 감당할 만한 자를 선발하여 진무하도록
했도다.[103)

이에 따르면, 육성六城은 진동군鎭東軍 함주대도독부(병민兵民 1,948 정호丁

---

103) 『고려사』 권96, 윤관전. 한편 『고려사』 권58, 지리지3, 東界의 세주에 예종 3년 2월에
都鈐轄 林彦이 지은 英州記에 실린 六城을 기재했는데 내용이 『고려사』 윤관전에
실린 것과 동일하다.

戶), 안령군安嶺軍 영주방어사(병민 1,238 정호), 영해군寧海軍 웅주방어사(병민 1,436 정호), 길주방어사(병민 680 정호), 복주방어사(병민 632 정호), 공험진방어사(병민 532 정호)였다. 병민兵民 정호丁戶 수를 보면 함주대도독부, 웅주방어사, 영주방어사, 길주방어사, 복주방어사, 공험진방어사 순으로, 함주대도독부가 가장 많은데 6성을 통할했기에 당연하다고 하겠다.

그런데 민지閔漬가 찬술한 『강목綱目』에, "윤관尹瓘이 구성九城을 축조해 남계민南界民을 옮겨 채워 함주咸州를 진동군鎭東軍이라 호칭해 호戶 일만삼천一萬三千을 두고, 영주英州를 안령군安嶺軍이라, 웅주雄州를 영해군寧海軍이라 호칭해 각각 호戶 일만一萬을 두고, 복福·길吉·의宜 삼진三鎭은 각각 호戶 칠천七千을 두고, 공험公嶮·통태通泰·평융平戎 삼진三鎭은 각각 호戶 오천五千을 두었다고 한다.[104] 최해『동인지문사륙』에 윤관이 여진을 정벌해 그 땅을 취하여 성지城池를 축설築設해 정호丁戶를 실입實入한 것을 끝마치고서 아들인 지장사랑知將仕郎 윤대원尹大原·녹사錄事 윤언순尹彦純을 보내 공적을 임금에게 헌상한 표문이 실려 있다.[105] 이 표문에, 동여진을 대파大破 평정平定해 성지城池 육소六所를 축조해 성지聖旨에 의거해 명칭을 정했다면서 그 6개를 나열했고 명칭과 인원수는 영주청벽의 것과 동일한데, 단 '병민兵民' 표기가 없고 복주방어사의 경우 육백팔십六百八十 정호丁戶로 되어 있어 약간의 차이가 있다. 그런데 이 표문에 세주가 달리기를, 윤관전尹瓘傳에, 구성九城 폭원輻員이 칠일정七日程인데, 대大 삼주三州인 함주咸州·영주英州·웅주雄州는 각각 일만호一萬戶, 중中 이주二州인 길주吉州·복주福州는 각각 칠천호七千戶라 했고, 소小 삼진三鎭인 공험진公嶮鎭·통태진通泰鎭·평융진平戎鎭은 호수가 누락되어 있다. 윤관 6성에 대한 내용이, 민지『강목』과 최해『동인지문사륙』세주는 유사한데 정호丁戶를 호戶 내지 인人으로 환산한 것일 수도 있고, 각 성城의 인원을 사민徙民만이 아니라 거주·주둔 총수로 표시했을 수도 있다.

예종 3년 3월 기묘일(29일)에 여진이 와서 영주성英州城 밖에 주둔하니

---

104) 『고려사』권58, 지리지3, 東界. 세주.
105) 『東人之文四六』(최해) 권10, 「伐女眞取其地築設城池實入丁戶詑獻功表」(林彦 찬술).

관군이 출전해 패배시키고 20급級을 베고 병장兵仗 및 말 8필을 획득했다. 경진일(30일)에 윤관이 포로 346구口와 말 96필과 우牛 300여두餘頭를 바쳤다. 윤관이 또한 의주宜州·통태通泰·평융平戎 3성城을 축조했고, 남계민南界民을 옮겨 신축新築 구성九城을 채웠다.106)『고려사』윤관전은 의주宜州 및 통태通泰· 평융平戎 2진鎭과 함주·영주·웅주·길주·복주·공험진에 성을 쌓아 북계北界 구성九城으로 삼아 모두 남계민南界民을 옮겨 채웠다고 하여 이것들을 구성으로 파악했고 구성이 한꺼번에 축조된 것처럼 기술했다.

『고려사』지리지는 윤관의 구성에 대해, 함주咸州 이북이 동여진에게 몰沒 하니, 예종 2년에 평장사 윤관으로 원수元帥를 삼고, 지추밀원사 오연총으로 부副하게 하여, 병력을 거느리고 여진을 공격해 내쫓아 구성九城을 설치하고 공험진의 선춘령先春嶺에 비석을 세워 경계로 삼았다고 했다. 동계에 예종조 에 설치한 대도호부大都護府가 1개, 방어군防禦郡이 4개와 진鎭이 6개였는데, 함주대도독부咸州大都督府(대도호부), 영주·웅주·길주·복주(방어군 4개), 공 험진·통태진通泰鎭·평융진平戎鎭·숭녕진崇寧鎭·진양진眞陽鎭·선화진宣化鎭(방 어진 6개)이 그것이라고 했다.107)

예종 3년 여름4월 임오일(2일)에 윤관으로 문하시중 판상서이부사判尙書吏 部事 지군국중사知軍國重事를, 오연총으로 상서좌복야 참지정사를 삼고, 내시 낭중內侍郞中 한교여韓皦如를 보내 조서고신詔書告身 및 자수안구紫繡鞍具 구마廐 馬 2필을 가지고 웅주에 이르러 나누어 하사했다. 무자일(8일)에 여진이 책책柵을 설치해 웅주성을 포위했다.108) 4월 기축일(9일)에 윤관과 오연총이 개환凱還하니 왕이 명령해 고취군위鼓吹軍衛를 갖추어 맞이하게 하고 대방후 보俌와 제안후 서偦를 보내 동교東郊에서 노연勞宴하고, 윤관과 오연총이 경령 전景靈殿에 나아가 복명復命하고 부월鈇鉞을 환납還納하니, 왕이 문덕전에 나아 가 윤관, 오연총 및 재추를 전殿에 오르도록 해 변사邊事를 친문親問해 밤이

106)『고려사』권12, 예종 3년.
107)『고려사』권58, 지리지3, 東界.
108)『고려사』권12, 예종 3년.

되어 끝났다. 계묘일(23일)에 병마부원수兵馬副元帥 오연총에게 부월鈇鉞을
주어 가서 웅주를 구원하게 했다.[109] 김의원金義元은 예묘睿廟(예종)가 선지先
志를 받들어 여진을 동벌東伐할 때 병마판관으로 종군해 시석矢石을 무릅쓰고
사졸士卒 선봉이 되더니, 여진이 웅주를 포위하자 김의원이 성城을 수비하며
연전連戰해 여러 차례 군공을 세웠다.[110] 5월 계축일(4일)에 오연총이 웅주에
이르러 여진을 공격해 파주破走시켰다.[111] 웅주가 27일 동안 포위를 당해,
도지병마검할사都知兵馬鈐轄使 임언林彦, 도순검사都巡檢使 최홍정崔弘正 등이 제
장諸將을 거느리고 병력을 나누어 고수固守해 싸우기를 날이 오래니 인마人馬
가 곤핍困乏해 장차 무너지려 했는데, 오연총이 문관文冠·김준金晙·왕자지王字
之 등으로 하여금 정예精銳 1만萬을 거느려 4도道로 나누어 수륙水陸으로 함께
나아가 오음지령烏音志嶺·사오령沙烏嶺 아래에 이르자 적적賊이 먼저 영두嶺頭를
점거했지만, 아병我兵이 다투어 올라가 급히 공격해 191급級을 베니 적적賊이
북쪽으로 달아났다가 다시 결진結陣해 거전拒戰하고자 하니, 관군이 승리를
타서 힘껏 싸워 대패大敗시켜 291급級을 베니 적적賊이 마침내 책책柵을 불태우고
달아난 것이었다. 오연총이 성(웅주)에 들어가, 성중城中 장사將士가 구원병을
기다리지 않고 문득 출전해 많이 살상을 당해 사기士氣를 저상沮喪하도록
한 것을 질책해 차등 있게 처벌했다.[112]

  저옹곤돈세著雍困敦歲(무자년, 예종 3)에, 북적北狄이 경토境土를 내침來侵하
니 이탄지李坦之의 부친 이연후李延厚가 비장裨將으로 전전轉戰해 적敵을 물리쳐
웅주성雄州城에 입거入據했는데(예종 2년 이래의 상황으로 판단됨), 고립무원
했지만 적敵에게 포위된 지 이세二歲(2년)를 지나도 견수堅守해 항복하지
않았거늘, 도로가 비격否隔해 한 개사介使도 그 사이에 내왕來往하는 자가
없었다. 이탄지가 경사京師(개경)에서 부친이 포위당한 것을 듣고 양식을

---

109) 『고려사』 권12, 예종 3년.
110) 金義元 묘지명.
111) 『고려사』 권12, 예종 3년.
112) 『고려사』 권96, 오연총전 ; 『고려사절요』 권7, 예종 3년.

마련해 길을 건너 정주진定州鎭에 이르러서 동포同包 장형(장형長兄)을 만나 부친의 안부를 물었다. 그는 부친이 병들어 위급함을 알고 걸어서 원흥진元興鎭에 이르러 전수강轉輸舡을 빌려 타서 100명가량과 함께 노를 저어 화도花嶋를 돌아 대성戴星하여(별을 이고) 방두포邦頭浦에 이르러 정박해 강舡에서 내려 웅주성 남문으로 들어가 제장諸將을 만나보고 부친 소재를 물어 막차幕次에 나아가 부친을 만났다. 부친이 말하기를, "너의 이형二兄과 이생二甥이 가까이[近] 정주定州에 있지만 몹시 두려워해 포복蒲伏해 오히려 한 번 보러 오지 못하거늘 뜻하지 않게 나의 계자季子가 혈혈단신으로 가시덩굴을 헤치고 호혈虎穴을 지나서 나를 보러왔구나"라고 했다. 부친이 경숙經宿해 위독해 막차幕次에서 세상을 뜨자 장狀으로써 행영도통行營都統에게 고하니, 도통都統이 상구喪具를 마련해 돕고 또한 군졸로 하여금 성문 밖 고상지高爽地로 상喪을 옮기게 하여 상문다비桑門茶毗의 예禮에 의거해 7일이 지나고서 뼈를 수습해 상자에 담아 등에 지고 장차 돌아가려 했다. 경적勁敵이 개미처럼 붙어 그 성城을 공함攻陷하려 해 승승乘勝 돌전突戰함에 미쳐 둔도遁逃의 지地가 있지 않아 몸을 빼어 망주亡走해 강애江涯를 따라 도림포桃林浦에 이르러 읍혈泣血 서천誓天하여 경국京國에 돌아올 수 있어 경성京城 북쪽에 안장安葬했다.[113]

예종이 3년 7월 을묘일(7일)에 신중원에 행차했고, 행영병마원수 문하시중 윤관에게 명해 다시 여진을 정벌하게 했다. 계해일(15일)에 상서尙書 고영신高令臣으로 서북면병마사를, 상서尙書 최연崔衍으로 동북면병마사를 삼았다. 계유일(25일)에 행영병마판관 어사御史 신현申顯 등이 주사舟師로 영인진寧仁鎭에서 적적賊을 공격해 20급級을 베었다. 병자일(28일)에 동계에 사신을 보내 문두루도량文豆婁道場을 진정사鎭靜寺에, 사천왕도량四天王道場을 비사문사毗沙門寺에 개설해 변구邊寇를 기양祈禳하게 했다.[114] 8월 을유일(6일)에 유사有司에게 명해 등주登州 장리長吏 복색服色 등차等差를 제정했는데 행영병마사의 요청을 따른 것이었다. 정해일(10일)에 오연총이 돌아오니 왕이

---

113) 李坦之 묘지명.
114) 『고려사』 권12, 예종 3년.

문덕전에 인견引見해 변사邊事를 친히 묻고 연회를 하사해 위로했다. 무자일 (11일)에 약사경藥師經을 문덕전에서 강설해 변구邊寇를 기양祈禳했고, 병마판 관 왕자지王字之와 척준경拓俊京이 여진과 함주·영주에서 싸워 33급級을 베었 다. 경인일(13일)에 구도점군사九道點軍使를 나누어 파견해 장사壯士를 선발했 고, 행영병마원수 윤관이 벤 머리 31급級을 바쳤다. 계사일(16일)에 병마판관 유익庾翼과 장군 송충宋忠과 신기군神騎軍 박회절朴懷節 등이 여진과 길주에서 싸워 전사하니 유익에게 병부시랑 지어사대사를, 송충에게 상장군 병부상서 를 추증했다. 9월 무신일 초하루에 윤관에게 작위 영평현개국백鈴平縣開國伯을 하사하고, 오연총에게 양구진국攘寇鎭國 공신호를 더했다. 계해일(16일)에 행영병마판관 왕자지·척준경이 여진을 사지령沙至嶺에서 공격해 27급級을 베고 3인을 사로잡았다.[115]

예종 4년(1109) 정월 기유일(4일)에 동계 행영병마녹사 왕사근王思謹·하경 택河景澤 등이 여진과 함주에서 싸워 전사했다.[116] 2월 기축일(14일)에 연등이 라 왕이 봉은사에 갔고, 경인일(15일) 연등대회라 제왕諸王·재추·시종侍從을 중광전에서 연회했는데, 술자리가 무르익자 좌우에게 명해 춤추도록 함에 평장사 김경용金景庸 등이 춤추니 승선 임언林彦이 거짓 취한 척하며 물러나 말하기를, 동변東邊이 편안하지 않은데 차마 춤출 수 있으리오 했다.[117] 2월 을미일(20일)에 불정도량佛頂道場을 문덕전에 친설親設했고, 왕이 동계 진발장군進發將軍 왕유충王維忠을 인견引見하고 휘하 장교將校 이상에게 술 및 은병銀瓶 2개를 하사하고 박회절朴懷節 전사의 공로를 추념追念해 처자妻子에게 은병銀瓶 2개와 능라사견綾羅紗絹 15필을 하사했다.[118] 2월 무술일(23일)에 우간의대부 이재李載가 상소하기를, 지금 군국軍國이 다고多故해 여서黎庶가 편안하지 않은데, 상上이 두 아우를 책봉한 것으로 인해 여러 차례 군신群臣과

---

115) 『고려사』 권12, 예종 3년.
116) 『고려사』 권13, 예종 4년 정월.
117) 『고려사』 권13, 예종 4년 2월.
118) 『고려사』 권13, 예종 4년 2월.

연악宴樂하고 어사대부 최계방崔繼芳에게 명해 춤추도록 하고, 또 연등연燃燈宴을 해가 높아 끝내되 평장사 김경용金景庸에게 명해 춤추도록 했다며 비판했다. 또한 지금 동번東蕃이 공전攻戰을 그치지 않아 둔병屯兵을 철거하지 않으면서 근래 거짓으로 사현史顯을 보내와 화호和好를 요청하자 국가(고려)가 이를 믿어 사신을 파견해 요遼에 고하여 그 구성九城을 돌려주고자 하니 심히 옳지 않다고 했다. 2월 계묘일(28일)에 이여림李汝霖을 요遼에 보내 동계구성東界九城 신축新築을 아뢰었다.[119] 3월 신해일(7일)에 행영병마녹사 장문위長文緯 등이 여진과 숭녕진崇寧鎭에서 싸워 38급級을 베었다. 3월 계축일(9일)에 동계 행영병마별감行營兵馬別監 승선 임언林彦, 시랑侍郎 왕자지王字之, 원외랑 척준경 등이 폐사陛辭하니 왕이 중광전에 나아가 주식酒食을 하사하고 임언林彦에게 안마鞍馬를 하사했다. 3월 을묘일(11일)에 행영병마판관 허재許載·김의원金義元 등이 여진과 길주관吉州關 밖에서 싸워 30급級을 베고 그 철갑우마鐵甲牛馬를 획득했다.[120] 허재는 예묘睿廟(예종)가 동비東鄙에 용사用事함에 미쳐 병마녹사로 종군해 왕왕 준위儁偉한 공로를 세우고 구성九城이 척정拓定되자 병마판관으로 길주에 들어가 지켜 왔다.[121]

예종 4년 3월 신유일(17일)에 동계녹사東界錄事 하준河濬이 폐사陛辭하니 오서대烏犀帶 1개를 하사했다.[122] 4월 병자일(2일)에 왕이 묘통사에 행차했다.[123] 4월 무인일(4일)에 동계 병마부원수兵馬副元帥 오연총이 폐사陛辭하니 왕이 경령전에 나아가 부월鈇鉞을 친히 주어 파견했다.[124] 4월 갑신일(10일)

119) 『고려사』 권13, 예종 4년 2월.
120) 『고려사』 권13, 예종 4년 3월.
121) 허재 묘지명. 許載는 일찍 고아가 되어(부친을 여의어) 事母 善孝했지만 家貧 母老해 祖業을 계승할 수 없어 外高祖 三韓功臣 金兢廉 門蔭에 의탁해 吏가 되었다. 肅廟(숙종) 때에 鐵州防禦判官으로 出任했는데 理行第一이었다. 京輦에 돌아오자 入內宦하여 睿廟(예종)에게 深知한 바가 되어 무릇 事의 大小로 國體에 관련된 것은 모두 參預했다고 한다.
122) 『고려사』 권13, 예종 4년 3월.
123) 『고려사』 권13, 예종 4년 4월.
124) 『고려사』 권13 및 『고려사절요』 권7, 예종 4년 4월 ; 『고려사』 권64, 예지6, 軍禮.

에 재추 및 6상서尙書 이상이 각기 미米 2석石을 내어 신중원에 재齋를 개설해 전쟁승리를 기도했다. 4월 을유일(11일)에 동지추밀원사 허경許慶을 보내 평양平壤 목멱木覓·동명東明 신사神祠에 제사하고 문두루도량文豆屢道場을 흥복사興福寺·영명사永明寺·장경사長慶寺·금강사金剛寺 등에 개설하고, 또 문하시중 윤관과 추밀원부사樞密院副使 유인저柳仁著를 창릉昌陵에 보내 제사해 전쟁승리를 기도했다. 4월 임진일(18일)에 친히 봉은사·미륵사에 재齋를 개설해 전쟁승리를 기도했다.125) 4월 갑진일(30일)에 동여진이 다시 사현史顯을 보내 관새款塞 청화請和했다.126) 5월 경술일(6일)에 행영병마行營兵馬가 아뢰기를, 여진이 선덕진宣德鎭을 침략해 인물人物을 살략殺掠했다고 했다.127) 5월 임자일(8일)에 여진의 변경 침략으로 인해 법왕사에 행차해 행향行香하고 근신近臣을 나누어 보내 제신묘諸神廟에 기도했고, 갑인일(10일)에 문하시중 윤관에게 명해 묘사廟社 및 구릉九陵에 나아가 전쟁승리를 기도하게 했다.128)

여진과의 전투 중에서 길주성 전투가 가장 치열했다. 여진이 원근遠近 제부諸部를 모아 길주(길주성)를 수월數月(누월累月) 동안 포위하고 성城에서 거리 10리里에 소성小城을 쌓고 6책柵을 세워 공성攻城하기를 심히 급하게 하니 성城이 거의 함락당할 뻔했다. 병마부사兵馬副使 이관진李冠珍 등이 사졸士卒(군졸軍卒)을 훈려訓勵해 일야一夜로 중성重城을 다시 쌓아 지키고 싸웠지만 역역役役이 오래고 세세勢가 다하고 사상死傷이 심히 많았다.129) 허재가 구성九城의 역역役役에서 중군녹사中軍錄事(곧 병마판관으로 승진)로 길주성을 지킬 때 여진이 와서 공격하니, 허재가 병마부사兵馬副使 이관진李冠珍 등과 함께 수월數月 동안 고수固守했는데 성城이 거의 함락되려 하자 사졸士卒을 독려해 일야一夜로 중성重城을 다시 축조해 방어하자 로로虜(여진)가 물러나니, 이 공로로 감찰어사監察御史에 임명되었다고 한다.130)

---

125) 『고려사』 권13, 예종 4년 4월.
126) 『고려사』 권13, 예종 4년 4월.
127) 『고려사』 권13, 예종 4년 5월.
128) 『고려사』 권13, 예종 4년 5월.
129) 『고려사』 권96, 오연총전 ;『고려사절요』 권7, 예종 4년 5월.

허재許載는 여진 정벌에 병마녹사로 종군해 전공을 세웠는데 구성九城이 척정拓定되자 병마판관으로 길주에 들어가 지켰다. 그 당시 구성九城 중에서 오직 길주가 노경虜境(여진 지경)에 가장 가까웠기 때문에 노로虜(여진)가 길주를 공격해 날마다 심하니 원수元帥가 요속僚屬과 더불어 모두 분연奮然히 구원하고자 하기를 두 번, 세 번에 이르렀지만 이기지 못했다고 한다. 이에 노로虜(여진)가 승리를 타서 날마다 경병勁兵으로써 와서 그 성을 공격하니 거의 노로虜(여진)에게 패배를 당할 뻔했는데, 허재가 홀로 기발한 생각을 내어 사람들로 하여금 일야一夜로 독려해 중성重城을 설치하니 노로虜(여진)가 모두 담락膽落해 물러났다. 허재가 영성고수嬰城固守하기를 무릇 130여 일餘日이었다. 노로虜(여진)가 마침내 납관納款해 청화請和하기를 심히 절실하게 하니 국가가 허락한 연후에 (허재가) 반명反命(복명復命)했다. 2천千의 남은 무리(병력)로써 6만萬의 예봉銳鋒을 물리쳐 삼군三軍이 수령首領을 온전히 보존한 것은 모두 허재의 힘이었다고 한다.[131] 적병賊兵이 날마다 왕성해 길주를 공격하자 원수元帥가 김의원金義元(병마판관)을 불러, 길주가 고위孤危 무원無援해 선전善戰하지 못하는 자가 지키면 장차 적賊의 소유가 될 것이라며 그곳을 진진鎭하도록 했다. 김의원이 지병마사知兵馬事 이관진李冠珎, 병마판관 허재許載 등과 함께 성에 들어가 성을 수비했다. 적賊 거수渠帥가 원근遠近 낭류狼類를 불러모아 수겹으로 포위해 연월連月 동안 풀지 않았는데, 김의원이 사졸士卒과 감고甘苦를 같이 하며 일야日夜로 견수堅守했다. 원수元帥 구원병이 패배하자 적賊이 승리를 타서 일일一日에 충붕衝棚으로 성성城을 치고 바람을 타서 종화縱火하니 성성城이 무너져 거의 함몰陷沒될 뻔했는데 김의원이 1인을 격살擊殺하고 꾸짖자 적賊 무리가 조금 물러났고, 마침 해가 질 무렵이라

---

130) 『고려사』 권98, 허재전.

131) 許載 묘지명. 지금 主上(인종)이 즉위해 論功한 詔에서 말하기를, "오직 吉州를 지킴이 더욱(특히) 어려웠으니, 外援이 오지 않고 賊攻이 점점 急해 城이 壞하여 장차 함락되려 해 勢迫 甚危하고 力窮 難支해 계책이 나올 곳이 없었는데 卿(허재)이 몸소 疲卒을 독려해 비밀리에 重墻을 축조해 橫身 登陴해 冒矢해 敵을 막아, 二千의 餘衆으로써 六萬의 銳鋒을 물리쳐 師를 보전함은 오직 그대의 힘이었다"라고 했다.

김의원이 사졸士卒을 독려해 중성重城 26간間을 쌓았다. 아침이 되어 적賊이 바라보고는 탄복해 이로부터 성을 빼앗으려는 의지가 없어 청화請和하자 김의원이 허락하지 않았지만 조정朝廷이 만민萬民을 위해 허락했다고 한다.[132]

길주가 9성 중에 여진 지경에 최근最近 즉 가장 가까웠다고 허재 묘지명에 되어 있는데 주인공의 업적을 강조하는 묘지명의 특색으로 인한 측면이 있다고 여겨지며, 길주와 공험진이 여진 지경에 가까우면서도 공험진이 더 그러했을 것이다. 길주성 전투에서 허재 묘지명은 허재의 활약을, 김의원 묘지명은 김의원의 활약을 강조했는데 그들은 이관진의 지휘를 받고 있었다. 지병마사知兵馬事 내지 병마부사兵馬副使 이관진李冠珎, 병마판관 허재許載·김의원金義元 등이 군사를 지휘해 길주성을 힘겹게 지키고 있었던 것이다. 여진 병력이 길주성을 오래 포위해 치열하게 공격하자 이관진, 허재, 김의원 등이 예종 4년 초반 무렵에 중성重城을 쌓아 방어했는데, 이에 근거해 길주를 중성中城 대도독부에 비정해서는 곤란하다.

예종 4년 5월 경신일(16일)에 여진의 길주 포위로 인해 오연총이 병력을 인솔해 구원했지만 군대가 크게 패배했다.[133] 오연총이 길주성의 심각한 위기를 듣고 분연憤然히 가고자 해 왕으로부터 다시 부월鈇鉞을 받아 병력을 이끌고 길주를 구원하러 행군해 공험진에 이르자 적賊이 길을 막아 엄격掩擊하니 우리 군대가 크게 패배해 장졸將卒이 갑옷을 던지고 흩어져 제성諸城에 들어갔는데 함몰陷沒 사상死傷(살획殺獲)됨이 이루 셀 수 없을 정도로 많았던 것이다. 오연총이 장狀을 갖추어 스스로 탄핵해 죄를 빌었다.[134]

---

132) 김의원 묘지명. 그 圍守 때에 賊이 매양 臨風號噪하자 衆이 모두 失色했지만 김의원은 顔色 自若해 더욱 土卒을 독려하니 衆이 이에 安定하고 모두 義勇에 탄복했고, 대저 孤軍 危城으로써 群醜百萬으로 하여금 拔城 意가 없도록 하여 叩闕 請和하도록 한 것은 김의원의 힘이라고 했다. 班師함에 미쳐 詔하여 吉州道 兵馬員에게 備禮 復命하도록 해 慰諭를 곡진히 더했고, 頒爵함에 미쳐 將士가 모두 爭功했지만 오직 김의원은 그러하지 않았고, 刑部員外郎으로 옮겼다고 한다.

133) 『고려사』 권13, 예종 4년 5월.

134) 『고려사』 권96, 오연총전 ;『고려사절요』 권7, 예종 4년 5월. 公嶮鎭은 오연총전에 기재되고 고려사절요에는 기재되지 않았다. 오연총 군대가 길주를 구원하러 가면서 그 북쪽의 공험진을 경유한 것은 길주로 오는 여진 병력을 차단하기 위해서였을

예종 4년 5월 갑자일(20일)에 왕이 문덕전에 이어해 재추를 불러 변사邊事를 의논했다.[135] 오연총이 여진에게 대패했기 때문에 구원하러 을축일(21일)에 동계 병마원수兵馬元帥 윤관을 서북로西北路(동북로東北路의 오류)에 파견했다.[136] 5월 병인일(22일)에 재추 및 문무상참관文武常參官에게 명해 동변사의 東邊事宜를 의논해 아뢰도록 했다.[137] 군신群臣을 선정전宣政殿에 모아 여진에게 구성九城을 돌려주는 가부可否를 물었다. 초初에 의론하는 자가 모두 말하기를, 여진 궁한리弓漢里 밖은 연산벽립連山壁立해 오직 통通할 수 있는 소경小徑 하나가 있어 만약 관성關城을 설치해 소경小徑(병항瓶項)을 막으면 그 근심이 영원히 끊어진다고 했는데, 그 공취攻取함에 미쳐 수륙水陸 도로가 왕래에 통하지 않음이 없어 전에 듣던 바와 아주 달랐다. 여진이 굴혈窟穴을 잃자 보복하려 원지遠地 군추群酋를 끌어들여 해를 이어 내공來攻했는데 성城 험고險固로 인해 졸발猝拔할 수 없었지만 싸워 지키느라 아병我兵 상실자喪失者가 역시 많았다. 또한 척지拓地가 크게 넓고 구성九城 상호 거리가 요원遼遠하고 계동谿洞이 황심荒深해 적적賊이 매복해 왕래를 초략抄掠함이 잦았다. 국가가 병력징발이 다단多端해 중외中外가 소요騷擾하고 더하여 기근 질역疾疫이 발생해 원망탄식이 일어나고, 여진도 염고厭苦해 사使를 파견해 청화請和하여 구지舊地를 돌려주기를 요청했는데, 군신群臣 의논이 많이 이동異同하고 왕이 유예猶豫하며 결정하지 못했다. 간의대부 김연金緣이 말하기를, "인주人主가 토지를 취함은 본래 육민育民하고자 하는 것인데 지금 성城을 다투어 사람을 죽이니 그 지地를 돌려주어 식민息民하는 것만 같지 못합니다. 지금 주지 않으면 반드시 거란과 틈이 생깁니다"라고 했다. 왕이 말하기를, 무엇 때문인가 했다. 김연이 말하기를, "국가가 초初에 구성九城을 축조할 때 사使가

것이다.

135) 『고려사』 권13, 예종 4년 5월.

136) 『고려사』 권13, 예종 4년 5월 ; 『고려사』 권96, 윤관전. 왕이 近臣에게 명해 金郊驛에서 윤관을 餞別하도록 했다. 윤관전에는 "女眞圍吉州 延寵與戰大敗 王又遣瓘救之"라고 하여 오연총이 길주에서 대패했기 때문에 윤관이 구원하러 간 것처럼 기재되어 있지만 오연총은 길주로 가던 중에 공험진에 이르러 대패한 것이었다.

137) 『고려사』 권13, 예종 4년 5월.

거란契丹에게 고하여 표칭表稱하기를 여진 궁한리弓漢里는 아我 구지舊地이고 그 거민居民은 역시 아我 편맹編氓인데 근래 변경 침략을 그치지 않았기 때문에 수복收復해 그 성城을 축조한 것이라고 했습니다. 표사表辭가 이와 같았는데 궁한리弓漢里 추장酋長이 거란 관직을 받은 자가 많기 때문에 거란이 아我가 망언妄言한다고 여겨 반드시 책양責讓을 더할 것입니다. 우리가 만약 동쪽으로 여진을 방비하고 북쪽으로 거란을 방비하면 신臣은 구성九城이 삼한의 복福이 아님을 걱정합니다"라고 했다. 왕이 그렇게 여겼다.[138] 5월 신미일(27일)에 장군 양선良善이 병력을 이끌고 동계東界로 나아가니 은병銀瓶 2개를 하사했다. 계유일(29일)에 좌승선左承宣 심후沈侯를 파견해 동계군사東界軍士를 선유宣諭하고 은병銀瓶 40개를 나누어 하사했다.[139]

6월 을유일(12일)에 여수慮囚했고, 윤관과 오연총이 병력을 인솔해 길주를 구원하려다가 여진 청화請和를 듣고 정주定州로 돌아왔다.[140] 윤관과 오연총이 포위된 길주를 구원하기 위해 정주定州로부터 병력을 거느리고 길주로 나아가다가 행렬이 나복기촌那卜其村에 이르렀는데, 함주사록咸州司錄 유원서兪元胥가 말을 달려와 보고하기를, 여진 공형公兄 요불裹弗 사현史顯 등이 성문을 두드리며 말하기를, 아배我輩가 작작昨에 아지고촌阿之古村에 이르자 태사太師 오아속烏雅束이 청화請和하고자 아我로 하여금 병마사兵馬使에게 전고傳告하게 했지만 교전으로 인해 감히 입관入關하지 못하니 청컨대 사람을 아장我場에 보내 태사太師(오아속)가 유諭한 바를 상실詳實 전고傳告하도록 해주시오 했다고 하니, 윤관 등이 이를 듣고 성城(정주성)으로 환입還入한 것이었다. 익일翼日에 병마기사兵馬記事 이관중李管仲을 적장賊場에 보내 여진장女眞將 오사烏舍에게

138) 『고려사절요』권7, 예종 4년 5월. 이 기사는 『고려사절요』에서 東界兵馬元帥 尹瓘을 파견하는 기사와 將軍 良善이 領兵해 東界로 나아가는 기사 사이에 있으니, 5월 병인일(22일)에 宰樞 및 文武常叅官에게 명해 東邊事宜를 의논해 아뢰도록 한 조치에 수반된 것으로 보인다. 한편 『고려사』윤관전에는 "裹弗等遂來 請還九城地" 기사 바로 다음에 "初朝議以得瓶項 塞其徑 狄患永絶 及其攻取 則水陸道路 無往不通 與前所聞絶異…"라는 내용을 실으며 小徑을 '瓶項'이라 지칭했다.

139) 『고려사』권13 및 『고려사절요』권7, 예종 4년 5월.

140) 『고려사』권13, 예종 4년 6월.

말하기를, 강화講和는 병마사가 오로지할 수 있는 바가 아니니 마땅히 공형公
兄 등을 파견해 천정天庭에 입주入奏해야 한다고 하니, 오사吳舍가 크게 기뻐했
다.141) 병술일(13일)에 제제하기를, 근래 동수東陲(동쪽 변경)가 편안하지
않아 군마軍馬가 피폐疲斃한데, 이는 지세地勢가 쇠폐衰廢해 그렇도록 한 것이
라, 마땅히 음양비술陰陽祕術로써 기양祈禳해야 하니, 그 사천태사원司天太史員
및 산관散官 등은 각기 봉사封事를 올리라고 했다.142) 무자일(15일)에 왕이
보살계菩薩戒를 건덕전乾德殿에서 받았고, 제제하기를, 근일近日에 변환邊患이
군박窘迫해 군민軍民이 노고勞苦하니 군신君臣이 함께 발원해 지성至誠으로
맹서해 천天에 고하여 조종祖宗 훈계訓誡의 일을 행하려 한다며 유사有司에게
주의奏議하도록 하고, 또한 근신近臣에게 명해 나누어 진봉산進奉山·구룡산九龍
山에 기도하게 했다.143) 평장사 최홍사崔弘嗣·김경용金景庸, 참지정사 임의任懿,
추밀사樞密使 이위李瑋가 선정전宣政殿에 입대入對해 윤관·오연총·임언林彦 패
군敗軍의 죄를 극론極論했다.144) 요불裊弗·사현史顯 등이 다시 함주咸州에 이르
러 고하기를, 우리들은 입조入朝를 원하지만 때가 바야흐로 교전하니 의구疑懼
해 감히 입관入關할 수 없으니 관인官人으로써 서로 인질 삼기를 요청하자
윤관 등이 공옥孔沃·이관중李管仲·이현異賢 등을 인질로 보냈다.145) 병신일(23
일)에 재상·대간·육부六部를 불러 구성九城 돌려주기를 의논했는데, 평장사
최홍사崔弘嗣 등 28인은 모두 가可하다고 했고, 예부낭중 박승중朴昇中과 호부
낭중 한상韓相은 불가不可하다고 했다.

6월 기해일(26일)에 동번사東蕃使 요불裊弗·사현史顯 등이 내조來朝했다.146)
6월 경자일(27일)에 선정전宣政殿 남문에 나아가 요불·사현 등 6인을 인견引見
해 내유來由를 선문宣問했다. 요불 등이 아뢰기를, "옛적에 아태사我太師 영가盈

141) 『고려사』 권96, 윤관전 ; 『고려사절요』 권7, 예종 4년 6월.
142) 『고려사』 권13 및 『고려사절요』 권7, 예종 4년 6월.
143) 『고려사』 권13 및 『고려사절요』 권7, 예종 4년 6월.
144) 『고려사절요』 권7, 예종 4년 6월 ; 『고려사』 권96, 尹瓘傳.
145) 『고려사절요』 권7, 예종 4년 6월 ; 『고려사』 권96, 尹瓘傳.
146) 『고려사』 권13, 예종 4년 6월.

64

歌가 일찍이 말하기를, 아조종我祖宗은 대방大邦(고려)으로부터 나와 자손에
이르렀으니 의義가 귀부歸附에 합당하다고 했고 지금 태사太師 오아속烏雅束
역시 대방(고려)을 부모의 국가로 여겼습니다. 갑신년(1104, 숙종 9) 사이에
궁한촌인弓漢村人 중에 태사 지유指諭를 따르지 않는 자를 거병擧兵해 징계하니
국조國朝는 아我가 범경犯境했다고 여겨 출병出兵해 정벌하고 다시 수호修好를
허락했기 때문에 끊임없이 조공朝貢했는데, 생각지 않게 거년去年에 대거大擧
입입入하여 아我 모예耄倪(노인과 아동)를 죽여 구성九城을 설치해 유망流亡으로
하여금 지귀止歸할 곳을 없도록 했기 때문에 태사가 아我로 하여금 와서
구지舊地를 요청하도록 했습니다. 만약 구성을 돌려주어 생업生業에 안정하도
록 한다면 아등我等이 고천告天해 맹서하여 세세世世 자손에 이르도록 삼가
세공世貢을 닦고 또한 감히 와력瓦礫이라도 경상境上에 던지지 않겠습니다”라
고 했다. 왕이 위유慰諭하고 주식酒食을 하사했다.147) 가을7월 을사일(2일)에
재추 및 대성臺省·제사지제고諸司知制誥·시신侍臣, 도병마판관 이상, 문무삼품
이상을 선정전宣政殿에 모아 구성九城 돌려주는 가부可否를 선문宣問했는데
모두 아뢰기를 “가可”라고 했다. 이에 병오일(3일)에 선정전 남문에 나아가
요불褭弗 등을 인견引見해 구성 돌려주기를 허락하자, 요불이 감읍感泣해 배사
拜謝하니 왕이 물건을 하사해 돌려보내고, 내시內侍 김향金珦에게 명해 경상境上
에 호송護送하게 하고 원수元帥 등에게 조詔하여 구성 돌려주는 뜻을 유諭했다.148)
정사일(14일)에 중서시랑평장사 임의任懿로 권판동북면병마權判東北面兵馬事 겸
행영병마사行營兵馬使를 삼고, 우간의대부 김연金緣으로 부副하도록 하였
다.149) 무오일(15일)에 우란분도량盂蘭盆道場을 장령전長齡殿에 개설했다.150)
　7월 신유일(18일)에 행영별마별감行營兵馬別監 승선承宣 최홍정崔弘正, 병마

147) 『고려사』권13 및 『고려사절요』권7, 예종 4년 6월. 『고려사』의 “在甲申年間 弓漢村人不
　　順太師指諭者 擧兵懲之” 부분이 『고려사절요』에는 “頃有弓漢村人 自作不靖 本非太師指
　　揮”라고 되어 있다.
148) 『고려사』권13 및 『고려사절요』권7, 예종 4년 7월.
149) 『고려사』권13 및 『고려사절요』권7, 예종 4년 7월.
150) 『고려사』권13, 예종 4년 7월.

사병馬使 이부상서 문관文冠이 여진추장女眞酋長 거위이居熨伊 등에게 선유宣諭하
기를, 너희가 만약 구성을 요청한다면 마땅히 전약前約처럼 천天에 서고 서고誓告해
야 한다고 했다. 추장酋長 등이 함주문咸州門 밖에 단壇을 설치해 고천告天해
맹서하기를, 지금 이후 구부九父의 세世에 이르도록 악심惡心이 있지 않고
연연連連 조공朝貢하리니, 이 맹세를 어기면 번토蕃土가 멸망하리라 라고 했다.
맹세가 끝나자 물러났다. 최홍정 등이 비로소 구성을 철거하되, 길주로부터
시작해 차례대로 구성九城 전구戰具 자량資糧을 내지內地에로 거두어들이니,
은인狄人(여진족)이 기뻐해 그 우마牛馬로써 오민吾民 유기遺棄 노유남녀老幼男
女를 실어 돌려보내 한 명도 살상殺傷이 없었다.[151] 윤관과 오연총이 돌아오는
데, 왕이 승선承宣 심후沈侯를 중로中路에 파견해 그 부월鈇鉞을 거두니 윤관
등이 복명復命할 수 없어 사제私第로 돌아갔다.[152]

 7월 임술일(19일)에 임의任懿 등이 사辭하니 왕이 중광전에 나아가 부월鈇鉞
을 친히 주고 안마鞍馬·의복衣服·채단彩段을 하사했고, 이 날에 동계 숭녕진崇寧
鎭·통태진通泰鎭 성성을 철거했다.[153] 갑자일(21일)에 소재도량消災道場을 건
덕전에 5일 동안 개설했고, 영주英州·복주福州·진양진眞陽鎭 성성을 철거했
다.[154] 을축일(22일)에 김상우金商祐로 호부상서 한림학사를, 유재劉載로 좌산
기상시를 삼았고, 함주咸州·웅주雄州·선화진宣化鎭 성성을 철거했다.[155] 이처
럼 예종 4년 7월 19일에 숭녕진·통태진 성을, 7월 21일에 영주·복주·진양진

---

151) 『고려사』 권13 및 『고려사절요』 권7, 예종 4년 7월. 崔弘正 등이 이미 九城 軍民兵仗을
  收入해, 任懿 등의 行이 느려 疆場의 事를 하나도 措置함이 없어 傳騎를 헛되이 번거롭게
  하니 時人이 기롱했다고 한다. 『고려사』 권95, 任懿傳.
152) 『고려사절요』 권7, 예종 4년 7월 ; 『고려사』 권96, 尹瓘傳.
153) 『고려사』 권13, 예종 4년 7월.
154) 『고려사』 권13, 예종 4년 7월. 한편 『고려사』 지리지 동계편에 따르면, 예종 4년에
  英州, 福州, 眞陽鎭 城을 철거해 그 땅을 여진에게 돌려주었으며, 훗날 英州는 吉州에
  병합되었고 福州는 元에 沒해 禿魯兀이라 칭했다고 한다.
155) 『고려사』 권13, 예종 4년 7월. 한편 『고려사』 지리지 동계편에 따르면 예종 4년에
  咸州, 雄州, 宣化鎭 城을 철거해 그 땅을 여진에게 돌려주었고, 咸州는 후에 또 元에
  沒했다가 哈蘭府라 칭했고, 雄州는 후에 吉州에 병합되었고, 宣化鎭은 후에 收復되어
  吉州에 병합되었다.

성을, 7월 22일에 함주·웅주·선화진 성을 철거했다. 『고려사』 병지에는 예종 4년에 동계 숭녕진崇寧鎭·통태진通泰鎭 2진鎭 성을 철거했고, 영주·복주· 함주·웅주 4주 및 진양진眞陽鎭·선화진宣化鎭 2진鎭 성을 철거했다고 되어 있다.156) 여기에는 공험진 성은 언급되지 않았다.

『고려사』 지리지3에 따르면, 함주대도독부咸州大都督府는 오랫동안 여진에 의해 점거한 바가 되었는데, 예종 2년에 원수元帥 윤관 등에게 명해 병력을 거느려 격축擊逐해 3년에 주州를 설치해 대도독부大都督府를 삼고 진동군鎭東軍 이라 호칭하고 대성大城을 축조해 남계南界 정호丁戶 1948을 옮겨 그것을 채웠고, 4년에 성城을 철거해 그 지地를 여진에게 돌려주었다. 영주英州는 예종 3년에 주州를 설치해 방어사防禦使로 삼고 안령군安嶺軍이라 호칭했으며, 4년에 성城을 철거해 그 지地를 여진에게 돌려주었고, 후에 길주吉州에 병합되 었다. 웅주雄州는 예종 3년에 주州를 설치해, 방어사로 삼고 영해군寧海軍이라 호칭했으며, 4년에 성城을 철거해 그 지地를 여진에게 돌려주었는데, 후에 길주吉州에 병합되었다. 길주吉州는 오랫동안 여진에 의해 점거한 바가 되었 는데 궁한촌弓漢村이라 호칭했으며, 예종 3년에 주州를 설치해 방어사로 삼고, '육년六年에 중성中城을 축조했고(사년四年에 중성重城을 축조했고 : 필자 견 해)', 이윽고 그 땅을 여진에게 돌려주었다고 한다[길주吉州는 북쪽에, 웅주雄州 는 남쪽에 있었음]. 복주福州(훗날 단주端州)는 오랫동안 여진에 의해 점거한 바가 되어 오림금촌吳林金村이라 호칭했는데, 예종 3년에 주州를 설치해 방어 사로 삼고, 4년에 성을 철거해 그 지地를 여진에게 돌려주었고, 요해처는 2개로 이판령伊板嶺(주州 동북에 있는데 즉 마천령磨天嶺)과 두을외령豆乙外嶺 (주州 남쪽에 있는데 즉 마운령磨雲嶺)이었다. 공험진公嶮鎭은 예종 3년에 축성

---

156) 『고려사』 권82, 병지2, 城堡. 예종 4년 8월 갑술일(2일)에 神騎軍士가 東界로부터 돌아오니 왕이 重光殿 西樓에 나아가 위로하며 말하기를, 東役의 敗는 將帥의 過이니, 朕이 어찌 너희들의 노고를 잊으리오 했다(『고려사』 권13). 任懿가 돌아오니 왕이 重光殿에 引見했다(『고려사』 권95, 任懿傳). 예종 4년 11월 계묘일(3일)에 乾德殿에서 視朝했는데, 간의대부 李載·金緣, 어사대부 崔繼芳 등이 出班해 尹瓘·吳延寵·林彦 敗軍 의 죄를 다스리기를 요청했지만 윤허하지 않자, 11월 무진일(28일)에 宰相 崔弘嗣·李頲 ·任懿 등이 臺諫과 더불어 尹瓘 등 죄를 다시 요청했다(『고려사』 권13).

築城해 진鎭을 설치해 방어사로 삼고, '육년六年에 산성山城을 축조했다'[일운一云 '공주孔州', 일운一云 '광주匡州'. 일운一云하기를 선춘령先春嶺 동남, 백두산白頭山 동북에 있다고 함. 일운一云하기를 소하강변蘇下江邊에 있다고 함]고 한다. 통태진通泰鎭은 예종 3년에 축성해 진鎭을 설치하고 4년에 성을 철거해 그 지地를 여진에게 돌려주었다. 평융진平戎鎭은 예종 3년에 축성해 그것을 설치했다. 숭녕진崇寧鎭은 예종 4년에 성을 철거해 그 지地를 여진에게 돌려주었다. 조양진眞陽鎭은 예종 4년에 성을 철거해 그 지地를 여진에게 돌려주었다. 선화진宣化鎭은 예종 4년에 성을 철거해 그 지地를 여진에게 돌려주었고, 후에 수복해 길주吉州에 병합되었다고 한다.[157] 공험진에 예종 육년六年에 산성을 축조했다는 부분은 오류일 수도 있다.

『고려사』 지리지는 이어서 언급하기를, 구사舊史를 살펴보건대, 구성九城의 지地는 오랫동안 여진에 의해 점거된 바가 되었는데, 예종 2년에 원수 윤관·부원수 오연총에게 명해 병력 17만을 거느려 여진을 격축擊逐하도록 하니 분병分兵해 땅을 경략해, 동쪽으로 화곶령火串嶺에, 북쪽으로 궁한령弓漢嶺에, 서쪽으로 몽라골령蒙羅骨嶺에 이르기까지 아강我疆으로 삼고, 몽라골령蒙羅骨嶺 아래에 성랑城廊 990간間을 축조해 '영주英州'라 호칭하고, 화곶산火串山 아래에 992간間을 축조해 '웅주雄州'라 호칭하고, 오림금촌吳林金村에 774간間을 축조해 복주福州라 호칭하고, 궁한촌弓漢村에 670간間을 축조해 '길주吉州'라 호칭했으며, 3년 2월에 함주咸州 및 공험진公嶮鎭에 성을 쌓았으며, 3월에 의주宜州·통태通泰·평융平戎 3성城을 축조했다. 이에 여진이 그 굴혈窟穴을 잃어 보복하고자 원지遠地 군추群酋를 끌어들여 해를 이어 내침來侵하니 아병我兵 상실자喪失者가 역시 많고 또한 척지拓地가 이미 넓고 구성九城이 상호 거리가 요원遙遠하고,

157) 『고려사』 권58, 지리지3, 東界. 길주에 대해 "睿宗三年 置州 爲防禦使. 六年 築中城, 尋以地 還女眞"이라는 기사 때문에 일부 연구자들이 윤관의 中城 대도독부를 길주에 비정하는 듯한데 동의하기 어렵다. '六年 築中城'은 예종 4년 7월에 여진에게 길주성을 양도한 것과 모순되니 '六年'은 오류로 판단된다. 예종 4년 5월에 여진이 길주성을 포위해 공격하자 이관진, 허재가 길주성에 重城을 쌓아 방어했으니, '六年 築中城'은 '四年 築重城'의 오류로 판단된다.

여진이 수차 총박叢薄에 매복해 왕래를 초략抄掠하니, 국가 병력징발이 다단多端해 중외中外가 소요騷擾했고, 4년에 여진 역시 사使를 파견해 청화請和했다. 이에 길주로부터 시작해 차례대로 구성九城 전구戰具·자량資糧을 내지內地에 거두어들이고 마침내 숭녕崇寧·통태通泰·진양眞陽 3진鎭 및 영주·복주 2주州 성을 철거하고, 또 함주·웅주 2주州 및 선화진宣化鎭 성을 철거해 돌려주었다고 했다.[158]

『고려사』 지리지는 이어서 평론하기를, 이로써 고찰하건대 함주·영주·웅주·복주·길주·의주宜州 6주 및 공험公嶮·통태通泰·평융平戎 3진鎭, 이것이 구성九城의 수數인데, 성을 철거해 여진에 돌려준 때에는 의주宜州 및 공험公嶮·평융平戎 2진鎭은 없고 숭녕崇寧·진양眞陽·선화宣化 3진鎭이 더 나타나고, 치호置戶의 수數 또한 각기 동일하지 않아 이것도 의문이 갈만하다고 했다. 또한 의주宜州의 지地는 정주定州 이남에 있어 반드시 여진을 격축擊逐한 이후에 설치할 필요가 없으니, 때마침 성보城堡를 창축創築했기 때문에 병칭倂稱해 '구성九城'이라 한 것이고, 그래서 철거의 수數에 들어 있지 않은 것이라 보았다.[159]

『세종실록』 지리지에는 경원慶源은 고古 공주孔州이고 혹 광주匡州라고 칭했는데 오랫동안 호인胡人에 의해 점거되었는데, 고려 대장大將 윤관尹瓘이 호인胡人을 축출해 공험진방어사公嶮鎭防禦使를 두었다고 했다. 본조(조선) 태조 무인년에 덕릉德陵·안릉安陵이 있음으로 인해 승격해 경원도호부慶源都護府로 삼아 성을 수리하느라 땅을 파다가 인印 1개를 얻었는데 그 문文에 '광주방어지인匡州防禦之印'이 새겨져 있었다고 한다. 백두산白頭山 아래에서 나온 물이 북류北流해 소하강蘇下江이 되고 공험진선춘령公嶮鎭先春嶺을 지나 거양성巨陽城에 이르러 동쪽으로 120리里 흘러 수빈강愁濱江(두만강 북쪽에 위치)이 되어 아민阿敏에 이르러 바다로 들어간다고 했다. 경원慶源의 사경四境은 북쪽으로 공험진公嶮鎭과의 거리가 칠백리七百里이고, 동북으로 선춘현先春峴과의 거리가 칠백여리七百餘里이며, 공주성孔州城은 아오지성阿吾知城 남쪽 두만강변豆滿

---

158)『고려사』 권58, 지리지3, 東界.
159)『고려사』 권58, 지리지3, 東界.

江邊에 있는데 옛 경원부慶源府라고 했다. 동림성東林城은 동쪽으로 두만강豆滿江을 끌어당기고, 동림성으로부터 북쪽 5리 쯤에 소다로영所多老營 기基가 있고, 그 북쪽 30리에 회질가탄會叱家灘(두만강의 하류)이 있고, 강江을 넘어 10리 대야大野 중에 대성大城(현성縣城)이 있고, 그 북쪽 90리 산상山上에 옛 석성石城 '어라손참於羅孫站'이 있고, 그 북쪽 30리에 허을손참虛乙孫站이 있고, 그 북쪽 60리에 유선참留善站이 있고, 그 동북 70리에 토성기土城基가 있는데 곧 '거양성巨陽城'으로 본래 고려대장高麗大將 윤관이 쌓은 것이라고 했다. 거양巨陽으로부터 서쪽으로 60리 거리에 있는 '선춘현先春峴'은 곧 윤관이 비석을 세운 곳인데, 그 비석 사면四面에 서書가 있어 호인胡人이 그 글자를 박거剟去했지만, 후에 어떤 사람이 그 밑을 팠더니, '高麗之境(고려지경)' 네 글자가 있었다고 한다.[160]

윤관 9성은 그 대상부터 논란이 있어 왔다. 윤관이 예종 때 동여진과 전쟁하면서 성을 쌓은 곳은 영주英州·웅주雄州·복주福州·길주吉州·함주咸州·의주宜州, 공험진公嶮鎭·통태진通泰鎭·평융진平戎鎭인데 반해, 고려가 성을 철거해 여진에게 돌려준 곳은 길주吉州, 숭녕진崇寧鎭, 통태진通泰鎭, 영주英州, 복주福州, 진양진眞陽鎭, 함주咸州, 웅주雄州, 선화진宣化鎭이었다. 쌓은 성 중에서 의주宜州, 공험진公嶮鎭, 평융진平戎鎭은 돌려준 대상에 포함되지 않았는데 의주宜州는 윤관이 여진을 몰아내 개척한 곳이 아니므로 공험진과 평융진만 문제로 남는다. 돌려준 성 중에서 숭녕진·진양진·선화진은 윤관 군대가 축성했음이 기록되지 않았지만 성을 철거해 돌려주었으니 윤관 군대가 성을 철거하기 이전에 축조했었을 것이다.

윤관 군대가 쌓은 성과 돌려준 성이 차이가 나는 것은 여진과의 전쟁 과정에서 성의 축조와 운영에 변화가 생겼기 때문일 것이다. 윤관이 동여진을 몰아내고 지계地界를 획정劃定하면서 성을 쌓은 곳은 4개로 영주(몽라골령 아래), 웅주(화곳산 아래), 복주(오림금촌), 길주(궁한이촌)였으며, 그리고 나서 함주와 공험진에 성을 쌓았다. 이 6성城 즉 영주, 웅주, 복주, 길주,

---

160) 『세종실록』 권155, 지리지 함길도 길주목 경원도호부.

함주, 공험진이 영주청英州廳 벽壁에 쓰여졌다. 이 6성을 기본으로 하면서 다른 곳에 추가로 축성이 이루어졌고 여진과의 화해가 성립하자 9개의 성을 돌려주었다고 여겨진다. 윤관이 개척한 9성은 영주성, 웅주성, 복주성, 길주성이 먼저 축조되고, 그 다음에 함주성과 공험진성이 축조되고, 그 다음에 숭녕진성, 진양진성, 선화진성이 축조되었으며, 여진과의 화해가 성립되자 이 성들을 여진에게 양도한 것으로 판단된다. 단, 공험진성이 여진에게 양도된 기록이 없는 것은 9성 중 최북방의 이 진성이 화해 성립 이전에 여진에게 함락되었기 때문일 것이다.

윤관 9성의 위치에 대해서도 논란이 많다. 실학자들은 함경도 길주 이남 설을 주장했다. 일본인 학자들은 함흥 설을 제기했지만 신빙성이 부족하다. 한국 연구자들은 길주 일대로 보려는 경향이 있는데 두만강 이북으로 보려는 경향도 있다.161) 고려와 조선 시대 유람 기록을 통해 보다 면밀한 분석과 조명이 필요하다.

윤관 9성에서 함주성, 영주성, 웅주성, 복주성, 길주성, 공험진성, 이 6성은 그 지地가 방方 삼백리三百里로, 동쪽으로 대해大海에 이르고, 서북으로 개마산 蓋馬山에 끼이고, 남쪽으로 장주長州·정주定州에 접했다. '방方 삼백리三百里'는 각 성의 사방 삼백리를 의미한다는 견해가 있는데, 『동인지문사륙』 세주에 구성九城 폭원輻員이 칠일정七日程이라 한 것에 의거하건대 타당하다고 생각한 다.162) 이 개마산은 백두산과 개마고원 일대를 지칭한 것으로 여겨진다. 윤관 9성의 위치를 비정함에 있어서 가장 먼저 생겨난 4성 즉 영주성, 웅주성, 복주성, 길주성을 기본으로 삼아야 한다. 영주는 몽라골령 아래에, 웅주는 화곶산 아래에, 복주는 오림금촌에, 길주는 궁한이촌에 건립되었다. 당시는 4성 중에 웅주가 가장 규모가 크고 중심을 이루어 '중성中城 대도독부' 의 위상을 지녔으며 화곶이라는 곶[串]을 지니고 '영해군寧海軍'이라 불리게

---

161) 김구진, 「공험진과 선춘령비」, 『백산학보』 21, 1976 ; 방동인, 「윤관구성재고」, 『백산학 보』 21, 1976 ; 허인욱, 「고려 중기 동북계에 대한 고찰」, 『백산학보』 59, 2001.

162) '方 三百里'에서 方은 각 城의 중심점부터 양 끝까지 합한 개념(지름과 유사한 개념)이었 을 수도 있다.

되니 동해 바닷가에 자리했다. 오림금촌의 복주는 『동국여지승람』에 따르면
훗날의 단주端州 즉 단천端川에 해당한다. 영주는 몽라골령 아래에 자리하고
'안령군安嶺軍'이라 불리게 되니 산악 지역에 자리했다. 그러하니 웅주를
기준으로 영주는 웅주 서쪽 방면의 산악 지역에, 복주는 웅주의 남쪽에,
길주는 웅주의 북쪽에 위치했다. 길주는 이 4성 중에서 가장 북쪽에 위치해
여진과 치열한 전투가 자주 벌어진 곳인데, 후술하듯이 공민왕 때 쌍성총관
부를 몰아낸 이후인 공양왕 2년에 웅길주등처雄吉州等處 관군민만호부管軍民萬
戶府를 설치하면서 웅주와 길주가 통합되고 수복된 선화진宣化鎭도 여기에
병합된다. 『동국여지승람』에 따르면 조선시대 길주가 궁한촌에서 유래하고
이시애 난 후에 길성과 명천과 경성鏡城 등으로 분리되면서 혼동이 발생한다.
길성현은 후에 길주목을 회복하고 이 길주목의 치소는 명천 남쪽의 장덕산
서쪽 기슭에 위치하는데, 공양왕 2년 웅길주만호부의 치소로부터 유래했을
수도 있다. 『여지도서』에 따르면 길주목 객관의 명칭이 '웅성관雄城館'이고,
웅평역雄坪驛이 주州(길주치소) 남쪽 5리에 있다고 했는데 이는 조선시대
길주목 일대가 원래 웅주 일대였음을 시사한다. 함경도 지도를 보면 성진항
을 사이에 두고 남쪽의 성진시(김책시)와 북쪽의 곶串이 보이는데, 이 곶의
나루가 『해동지도』를 보면 '유진楡津'이고 그 남쪽 맞은편에 성진城津이 위치
한다. 성진 쪽은 성진항이고, 유진 쪽은 유진항이라 할 수 있다. '유진楡津'에서
동해 바다로 갈고리처럼 튀어나온 곳이 곧 웅주성이 자리한 화곶산의 화곶火
串으로 여겨진다. 화곶산은 『여지도서』에 주州(길주치소) 남쪽 42리에 있다
고 하는 설봉산雪峯山이 동해로 달리는 부분에 해당하지 않나 싶다. 웅주성은
화곶을 지닌 화곶산 기슭에 자리했으니 이 산의 북쪽 기슭 혹은 남쪽 기슭에
위치했을 것이다. 『해동지도』를 보면 '유진'의 서쪽 인근에 임명역臨溟驛이
나오고 그 북쪽 산 서너에 다초사多初社·해창海倉이 나오는데, 각각 화곶산의
남쪽과 북쪽 기슭에 해당하리라 여겨진다. 윤관의 웅주성은 화곶산의 남쪽
기슭에 해당하는 임명역 일대 혹은 화곶산의 북쪽 기슭에 해당하는 다초사·
해창 일대에 위치했으리라 짐작된다.

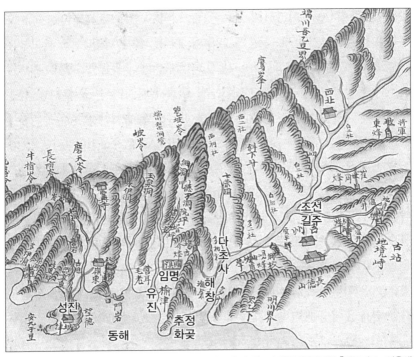

그림 1. 윤관 축조 웅주성이 자리한 화곶산 기슭의 화곶 추정지(규장각한국학연구원『해동지도』 이용해 필자가 작성함).

　윤관의 4성 중에 웅주성은 조선시대 길주목 일대(길성+명천)에, 길주성은 조선시대 길주목의 북쪽 일대(경성鏡城 일대)에, 영주성은 조선 길주목의 서쪽 일대(갑산 일대)에, 복주성은 조선시대 단천 일대에 해당하리라 본다. 그런데 여진의 공세가 맹렬해지고 웅주·복주가 정주定州와의 거리가 멀어 연락이 어려워지자 복주와 정주 사이에 진동군鎭東軍 함주성을 쌓아 대도독부를 웅주에서 함주로 옮겨 새로운 지휘부로 삼았고, 길주성의 북쪽에 새로운 교두보로 공험진성을 쌓았다. 공험진은 두만강 가에 위치했다고 여겨지는데 조선시대 경원慶源(공주孔州, 광주匡州에서 유래), 온성穩城, 회녕會寧(알목하斡木河에서 유래), 종성鍾城(금 남경 인근) 등에 걸치는 곳이었으리라 짐작된다. 공험진의 영역은 두만강을 넘었을 수 있다.

3. 고려말기 관동의 연혁과 특징

고종 45년(1258)에 몽고병蒙古兵이 침략해 오자 용진현인龍津縣人 조휘趙暉
와 정주인定州人 탁청卓靑이 반반叛하여 병마사兵馬使 신집평愼執平을 죽이고 화주
和州 이북으로써 몽고에 부附하니 몽고가 쌍성총관부雙城摠管府를 화주和州에
설치하고 조휘趙暉로 총관摠管을, 탁청卓靑으로 천호千戶를 삼아 그것을 다스렸
다.163) 화주和州는 고종 때 몽고에 몰몰沒하여 쌍성총관부가 되니 화주가 그로
인해 등주登州에 합해졌지만 여전히 방어사防禦使를 칭하였다.164) 고종 46년
에 충청도의 영월寧越·평창平昌으로써 (동계에) 내예來隸했다가 후에 그 도道
에로 환속시켰다. 원종 4년(1263)에 (동계를) 강릉도江陵道라 칭했다. 충렬왕
16년(1290)에 영월·평창으로써 다시 (강릉도에) 내속來屬했다.165) 고종 때
정평定平 이남 제성諸城이 몽병蒙兵 침요侵擾를 당해 강릉도江陵道 양주襄州로
이우移寓하고, 간성杆城으로 재이再移한 지 거의 40년인 충렬왕 24년(1298)에
각기 본성本城으로 환환還했다.166) 금양현金壤縣은 충렬왕 11년(1285)에 통주방
어사通州防禦使로 승격했다.167) 간성현杆城縣은 후에 승격해 군군으로 삼아
고성高城을 겸임하다가, 공양왕 원년(1389)에 두 군군으로 쪼개었다.168) 삼척
현三陟縣은 우왕 3년(1377)에 지군사知郡事로 승격했다.169)

몽골이 고려를 침략해 고종 45년에 화주에 쌍성총관부를 설치함으로써

---

163) 『고려사』 권58, 지리지3, 東界.

164) 『고려사』 권58, 지리지3, 東界.

165) 『고려사』 권58, 지리지3, 東界. 한편 『삼국사기』 권34, 雜志3, 지리1에 따르면, 奈城郡은
   본래 고구려 奈生郡으로 신라 경덕왕이 改名했고 지금 寧越郡인데, 領縣이 3개 즉
   子春縣·白烏縣·酒泉縣이라고 한다. 子春縣은 본래 고구려 乙阿旦縣인데, 경덕왕이
   改名했고 지금 永春縣이고, 白烏縣은 본래 고구려 郁烏縣인데, 경덕왕이 改名했고
   지금 平昌縣이고, 酒泉縣은 본래 고구려 酒淵縣인데 경덕왕이 改名했고 지금 因之했다
   고 한다.

166) 『고려사』 권58, 지리지3, 東界, 安邊都護府 登州.

167) 『고려사』 권58, 지리지3, 東界.

168) 『고려사』 권58, 지리지3, 東界.

169) 『고려사』 권58, 지리지3, 東界.

고려의 국경선은 남쪽으로 후퇴해 안변도호부 등주가 최전방으로 되었다. 축소된 동계의 영역과 자원을 보충하기 위해 충청도의 영월과 평창을 동계로 편입했다. 명주溟州는 방어사防禦使에서 원종 원년(1260)에 공신 김홍취金洪就 향鄕으로 인해 경흥도호부慶興都護府로 승격되었다.[170] 이렇게 동계의 중심지가 등주에서 명주(강릉)로 이동되면서 등주의 위상이 하락하고 강릉의 위상이 상승되었다. 그 결과 원종 4년(1263)에 동계를 강릉도라 칭하게 되었으며, 충렬왕 34(1308)에는 경흥도호부가 강릉부江陵府로 개칭되었다.[171] 이러한 흐름에 대한 우려도 나타났으니, 충숙왕 원년(1314) 정월 갑인일에 왕이 강릉도존무사江陵道存撫使 치사置司 명주溟州가 새塞(변방)와의 거리가 심히 멀다며 교教하여 등주登州로 옮겨 북방을 진鎭하게 했다.[172] 강릉도존무사 영營이 명주(강릉)에 두어졌다가 북방 진수鎭守를 강화한다는 명분으로 등주로 옮겨진 것이었다.

공민왕 5년(1356) 5월에 공민왕이 기철 등을 숙청하자마자 밀직부사密直副使 유인우柳仁雨로 동북면병마사를, 전전前 대호군大護軍 공천보貢天甫와 전전前 종부령宗簿令 김원봉金元鳳으로 동북면 병마부사兵馬副使를 삼아 쌍성등지雙城等地를 수복하도록 했으며, 정인鄭絪으로 강릉교주도江陵交州道 도지휘사都指揮使를 삼았다. 6월 기미일에 쌍성인雙城人 조도적趙都赤이 내조來朝하니 금패金牌를 하사해 고려쌍성지면高麗雙城地面 관군천호管軍千戶를 제수했다.[173] 7월에 동북면병마사 유인우가 쌍성을 함락하고 총관 조소생趙小生과 천호 탁도경卓都卿이 도주하니 화주和州·등주登州·정주定州·장주長州·예주預州·고주高州·문주文州·의주宜州 및 선덕진宣德鎭·원흥진元興鎭·영인진寧仁鎭·요덕진耀德鎭·정변진靜邊鎭 등을 수복했는데, 함주咸州 이북이 고종 무오년(1258, 고종 45)으로부터 원元에 몰沒되었다가 모두 수복한 것이라고 한다.[174] 7월에 추밀원부사樞密院

---

170) 『고려사』 권58, 지리지3, 東界, 溟州.
171) 『고려사』 권58, 지리지3, 東界, 溟州.
172) 『고려사』 건34, 충숙왕 원년 정월.
173) 『고려사』 권39, 공민왕 5년 5월 및 6월.
174) 『고려사』 권39, 공민왕 5년 7월.

副使 유인우가 쌍성을 공파攻破해, 지도地圖에 의거하면 화주·등주·정주·장주· 예주·고주·문주·의주宜州 및 선덕진·원흥진·영인진·요덕진·정변진 등 제성 諸城을 수복했는데, 이에 앞서 삭방도朔方道에 도련포都連浦로 계계界를 삼아 장성長城을 축조해 정주定州·선덕宣德·원흥元興 3관문關門을 설치했었고, 원에 몰沒한 지 무릇 99년이었다가 이에 이르러 비로소 수복한 것이라고 한다.175) 공민왕 5년에 강릉도를 강릉삭방도江陵朔方道라 칭했는데,176) 쌍성총관부를 몰아내 영토를 수복하고, 나아가 윤관이 개척한 땅의 상당 부분까지 차지해 영역이 확대된 결과였다.

공민왕 5년 8월 임자일에 첨의평리 황순黃順으로 강릉삭방도江陵朔方道 도순 문사都巡問使를 삼았다.177) 공민왕 9년에 (강릉삭방도를) 삭방강릉도朔方江陵道 라 칭했다.178) 공민왕 11년(1362) 12월 계미일에 수춘군壽春君 이수산李壽山으 로 동북면 도순문사都巡問使를 삼아 여진강역女眞疆域을 정했다.179)『고려사』 지리지 동계편에는 수춘군 이수산으로 도순문사를 삼아 강역疆域을 정하고 다시 동북면東北面이라 호칭했고, 공민왕 9년에 삭방강릉도朔方江陵道라 칭했 다고 되어 있지만,180) 수춘군 이수산이 강역을 정한 시기는 공민왕 11년 12월이었다. 공양왕 원년에 강릉부를 승격해 대도호부大都護府로 삼았다.181) 압록강 중상류 지대로 동북면과 서북면의 경계인 강계와 니성 일대도 공민왕 때 확보했는데, 공민왕 10년에 독로강만호禿魯江萬戶를 칭하고 18년에 강계부 江界府로 고쳐 만호부로 삼았고, 공민왕 18년에 니성만호부泥城萬戶府를 설치한 것이 그것이었다.182)

---

175)『고려사』권58, 지리지3, 東界.
176)『고려사』권58, 지리지3, 東界.
177)『고려사』권39, 공민왕 5년 8월.
178)『고려사』권58, 지리지3, 東界.
179)『고려사』권40, 공민왕 11년 12월.
180)『고려사』권58, 지리지3, 東界.
181)『고려사』권58, 지리지3, 東界, 溟州.
182)『고려사』권58, 지리지3, 北界, 江界府·泥城府. 林土·碧團은 본래 모두 女眞이 居한 곳인데, 공민왕 6년에 泥城萬戶 金進 등을 파견해 여진을 擊走해 林土를 고쳐 陰潼이라

동계와 교주도는 고려말 관계가 더욱 밀접해진다. 교주交州는 충렬왕 34년에 철령구자鐵嶺口子 파절把截에 공로가 있다고 하여 회주목淮州牧으로 승격했다가, 충선왕 2년에 제목諸牧을 태汰하면서 강등해 회양부淮陽府로 삼았다.[183] 충숙왕 원년에는 교주도交州道를 회양도淮陽道라 칭했다.[184] 우왕 14년에 령嶺(철령) 동東·서西를 병합해 교주강릉도交州江陵道를 삼고 충주忠州 관할의 평창군平昌郡을 내속來屬시켰다.[185]

화주和州는 고종 때 몽고에 몰沒해 쌍성총관부로 되니 그로 인해 등주登州에 합해졌지만 여전히 방어사를 칭하다가 후에 통주通州에 병합되고 충렬왕 때 복구復舊되었고, 공민왕 5년에 군대를 파견해 수복해 화주목和州牧으로 삼고 18년에 승격해 화녕부和寧府로 삼고 토관土官을 설치했다.[186] 화주는 쌍성총관부의 본영이 설치되어 번성을 누렸던 곳이었기 때문에 고려에 의해 수복된 후에도 중심부의 기능을 유지했던 것이다.

공민왕 5년에 반원개혁을 단행하면서 고려가 쌍성총광부를 공략해 화주 이북을 수복했다. 정주定州는 방어사였다가 공민왕 5년에 도호부都護府로 승격되었다.[187] 함주咸州는 원에 몰沒해 '합란부哈蘭府'라 칭하다가, 공민왕 5년에 구강舊疆을 수복할 때 지함주사知咸州事로 되었고 이윽고 만호부萬戶府로 고쳐 영營을 두어 강릉도·경상도·전라도 등의 군마軍馬를 모아 방수防守했고, 18년에 승격하여 목牧으로 삼았다. 함주는 별호가 함평咸平이고, 요해처가 2개로 함관령咸關嶺(부府 북쪽에 있음)과 대문령大門嶺(홍헌洪獻에 있음)이었다. 복주福州는 우왕 8년에 단주안무사端州安撫使로 바뀌었다고 한다. 공양왕 2년에 웅길주등처雄吉州等處 관군민만호부管軍民萬戶府를 설치했다[길주는 북

하고 碧團을 예속시켜 南界人戶를 抄하여 채웠다고 한다.
183) 『고려사』 권58, 지리지3, 交州道. 한편 淮陽 소속 麟蹄縣은 공양왕 원년에 監務가 두어진다.
184) 『고려사』 권58, 지리지3, 交州道.
185) 『고려사』 권58, 지리지3, 交州道.
186) 『고려사』 권58, 지리지3, 東界, 和州.
187) 『고려사』 권58, 지리지3, 東界. 한편, 豫州는 防禦使였다가 후에 定州에 예속되었다. 長州는 防禦使였다가 후에 고쳐 縣으로 삼아 定州에 예속되었다.

쪽에, 웅주는 남쪽에 있음]. 수복된 선화진宣化鎭은 길주에 병합되었다고 한다. 고주高州(방어사)를 공민왕 5년에 지주사知州事로 고쳤다. 장평진長平鎭 (진장鎭將)은 공민왕 6년에 진鎭을 고쳐 현縣으로 하여 령令을 두었으며, 용진 진龍津鎭은 문주文州에 예속되었다가 우왕 5년에 갈라서 현령을 두었으며, 애수진隘守鎭은 문주文州에 초예初隸되었다가 공민왕 9년에 고주高州에 예속되 었다. 북청주부北靑州府는 이 지역이 원에 몰沒되어 삼산三散(삼살三撒)이라 칭해지다가 공민왕 5년에 구강舊疆을 수복할 때 안북천호방어소安北千戶防禦所 를 설치했고 21년에 북청주北靑州로 고치고 만호부萬戶府로 삼았다. 갑주부甲州 府는 본래 허천부虛川府인데 오랫동안 여진에 의해 점거한 바가 되고 누차 병화兵火를 겪어 인거人居가 없다가, 공양왕 3년에 비로소 갑주甲州라 칭해 만호부를 설치했다. 동계에 공민왕 이후에 설치한 부府(만호부)가 2개였는데 북청주北靑州와 갑주甲州였다.[188]

고려말기에 동계 내지 동북면은 강릉도, 강릉삭방도, 삭방강릉도 등으로 도 불렸다. 철령의 동쪽과 서쪽을 합쳐 즉 철령 서쪽의 교주도(회양도)를 끌어들여 교주강릉도라 불린 적도 있었다. 공민왕이 동계 북부를 수복한 이래 동계는 정주도호부, 함주 만호부 내지 목, 웅길주만호부, 북청주만호부, 갑주만호부, 화주목 내지 화녕부가 설치되고, 강릉부가 대도호부로 승격되 면서 중심이 여러 곳으로 분산되었다.

맺음말

고려시대 관동 내지 동북면 범위에서 남쪽 끝은 울진 혹은 평해여서 명확한 반면 북쪽 끝은 불명확한 측면이 있다. 고려전기에 정주定州가 여진과 의 관문關門으로 기능했던 시기가 많았지만 윤관이 9성을 개척하면서 그

---

188) 『고려사』 권58, 지리지3, 東界. 文州는 宜州에 합병되었다가 충목왕 원년에 다시 갈라(쪼개어) 설치(防禦使)했다.

북쪽으로 확장되었다. 윤관 군대가 쌓은 성과 돌려준 성이 차이가 나는 것은 여진과의 전쟁 과정에서 성의 축조와 운영에 변화가 생겼기 때문일 것이다. 윤관 9성이 기능한 시기에는 동계가 기존의 안변도호부(등주)와 그 관할에다가 함주대도독부와 그 관할로 이루어졌는데, 정주定州 일대도 함주대도독부 관할로 편입되었을 수 있다. 9성을 여진에게 돌려준 후 정주定州가 다시 관문으로 기능했다. 몽골의 침략으로 동계의 북쪽 경계는 혼란을 거듭하다가 화주에 쌍성총관부가 설치되어 몽골의 직할령이 된다. 공민왕의 반원개혁 일환으로 쌍성총관부를 몰아내면서 길주 일대와 그 너머까지 확장했으니 윤관 9성의 상당 부분을 회복한 것이었다.

고려 동북면의 행정 구조는 병마사, 감창사, 안변도호부사, 방어사, 진장鎭將, 현령 등으로 이루어졌다. 군사적 업무는 병마사와 분도장군과 안변도호부사가 주로 맡았고 방어사 등도 관여했다. 동북면 병마사가 동북면을 총괄하는 한편 안변도호부사도 계수관으로서 동북면에 대한 통제를 행사했다. 감창사도 본래의 분야인 재무를 중심으로 진휼, 포폄, 권농, 산천제사 등 다른 업무에도 관여했다. 분대어사(분사어사)는 중앙 어사대에서 파견되었는데 병마사 예하에서 주로 감찰 업무를 담당했다. 병마사, 안변도호부사, 감창사, 분대어사, 분도장군은 서로 보완하는 관계이면서 견제하는 관계이기도 했는데, 무인정권기에는 분도장군이 월권을 행사하기도 했다.

관동 내지 동북면에서 북쪽 지역의 중심지는 안변도호부(화주 혹은 등주)였고, 남쪽 지역의 중심지는 방어사 혹은 도호부 명주(강릉)였는데, 유람객은 오대산, 한송정, 경포, 등명사 등을 지닌 명주를 선호했다. 동북면 내지 관동에서 고성, 통주, 양주, 삼척 등은 행정적인 위상은 높지 않았지만, 다음 장에서 언급하듯이 고성은 금강산을, 통주는 금란굴을, 양주(양양)는 낙산사를, 삼척은 서루(죽서루)를 지녔기에 유람의 측면에서는 위상이 높았다.

제2장
고려 초·중기 관동 유람기

머리말

　고려시대 여러 지역 중에서 철령 동쪽의 관동關東 지역은 사람들이 선호한 유람지였다. 관동은 고려의 동쪽 방면에 백두대간과 동해 사이에 북에서 남으로 길쭉하게 형성되어 산과 하천과 바다의 경관이 지극히 빼어난데다가 종교적 사상적인 성지聖地가 많았기 때문이었다.

　고려시대는 교통이 편리하지 않았기에 여행하기가 그리 쉽지 않았는데 험준한 산들이 많은 관동지역이 더욱 그러했다. 관동지역에 거주한 사람들은 가까운 명승지를 그리 어렵지 않게 찾아갈 수 있었던 반면 다른 지역에 거주한 사람들은 따로 시간을 내어 관동을 찾기 어려웠다. 그래서 관동 유람은 대개 동북면에 파견된 관직자가 근무하면서 여가 활동의 일환 혹은 순찰 활동의 일환으로 이루어졌다.

　고려시대, 특히 고려전기前期 사람들의 여가와 취미 활동, 여행 등은 아직 잘 알려지지 않았다. 이는 기본적으로 남아 있는 자료의 부족에 기인한 것이지만 자료를 체계적으로 분석해 조명한다면 상당히 알아낼 수 있다고 생각한다. 이에 고려 초·중기 관동 유람 기록을 분석해 당시 고려인의 여행문화를 조명하려 한다. 먼저 초·중기 관동 유람 경향을 살펴보려 한다. 그 다음에 사족士族이지만 관직자도 아니고 급제자도 아닌 무직자 임춘의 동행기東行記를 다루려 한다. 그 다음에는 평생 말단관직자로 지낸 김극기의 관동 유람, 은거와 출사出仕를 반복한 이승휴의 삼척과 강릉 유람을 조명하려 한다.[1]

1. 고려 초·중기 관동 유람 경향

고려 초·중기에 사람들이 관동을 유람한 것에 대하여 관동의 북부, 중부, 남부로 나누어 살펴보기로 하자. 관동의 북부지역을 보면 금강산이 주요 대상의 하나였다. 조선중기 『여지승람』에 따르면, 금강산金剛山은 장양현長楊縣의 동쪽 30리에 있고, 부府(회양부)와의 거리는 1백 67리이고, 산은 이름이 다섯 가지 즉 금강金剛·개골皆骨·열반涅槃·풍악·기달怾怛로 백두산의 남쪽 줄기인데, 모두 1만 2천봉峯으로, 바위가 우뚝이 뼈처럼 서서 동쪽으로 푸른 바다를 굽어보며, 산 안팎에 모두 108개의 절이 있는데, 표훈사表訓寺·정양사正陽寺·장안사長安寺·마하연摩訶衍·보덕굴普德窟·유점사楡岾寺가 가장 이름난 사찰이라고 한다.[2]

신라 경순왕이 고려에 항복하기를 모의하니, 왕자王子가 말하기를, "나라의 존망은 반드시 천명이 있는 것이니, 마땅히 충신·의사義士와 백성의 마음을 수습하여 스스로 굳게 지키다가 힘이 다한 뒤에 그쳐야 한다며 반대했다. 경순왕이 고려에 항복하기를 요청하니, 왕자가 울부짖으며 금강산으로 들어

1) 김극기의 관동 유람에 대해서는 김창현, 「고려의 문인 김극기의 생애와 편력」(『한국인물사연구』 20, 2013)의 일부를 참조했다. 김극기의 글은 『신증동국여지승람』, 『동문선』, 『보한집』, 『대동운부군옥』 등에 흩어져 실려 있는데, 김건곤 편, 『김극기유고』(한국정신문화연구원, 1997)에 체계적으로 실려 있어 도움이 된다. 이승휴에 대해서는 진성규·김경수 편, 『이승휴연구논총』(삼척군, 1994)이 도움된다.

2) 『신증동국여지승람』 淮陽 산천. 한편 금강산 명칭에 대해, 북한에서는 8세기 당나라의 중 청량국사 징관이 화엄경을 주석하면서 '금강'을 우리나라의 금강산으로 보았지만, 굳고 굳은 천연의 바위들이 층층이 겹쌓인 뭇봉우리들이 하늘중천에 높이 솟아 금강석처럼 빛나는 그 모습에 비겨 생겨났다고 언급했다. 평양출판사, 『금강산일화집』, 2005, 224쪽.

가 바위에 의지하여 집을 만들고 삼베옷 입고 푸성귀를 먹으며 여생을 마쳤다고 한다.[3] 경순왕의 왕자는 신라 왕자로서 금강산에 들어가 은둔한 것이지만 고려의 영역에 속한 금강산에서 생활한 것이었고, 고려인들의 금강산 인식에 상당한 영향을 미쳤다고 생각한다.

학사 권적權適은 송에 유학해 급제하고 돌아와 예종의 환대를 받아 국자박사를 제수받았고 사방四方에 사使로 파견되기를 요청해 제영題詠이 자못 많았다.[4] 권적이 풍악楓岳으로 가는 안선로安禪老를 전송하면서 시를 읊기를, "강릉江陵은 날이 따뜻해 꽃이 초발初發하지만 풍악은 날씨가 추워 눈이 아직 녹지 않았으리, 도리어 상인上人의 산수山水 벽癖을 웃나니, 능히 거처를 따라 소요逍遙하지 못함을"이라고 했다.[5] 권적이 예종말~인종대에 강릉에서 풍악(금강산)으로 가는 안선로安禪老를 전송했던 것이다. 승려 안선로는 산수 벽癖을 지녔다는 평가를 받을 정도로 빼어난 산수를 찾아 다녔고, 특히 금강산 유람을 선호했다고 여겨진다.

이인로가 서술하기를, 개골皆骨은 관동 명산名山인데, 봉만峰巒 동학洞壑이 암석이 아닌 것이 없어 그것을 바라보면 먹[墨]을 뿌린 것과 같고, 암서자岩棲者는 모두 객토客土로써 틈을 메운 연후에 고과苽菓를 종시種蒔하여 그것을 먹을 수 있다고 했다. 옥당玉堂 전치유田致儒가 장절杖節해 이 산을 경유하다가 제題하여 읊기를, "초목草木이 미미하게 생겨나 대머리의 터럭같고, 연하烟霞가 절반 걷혀 어깨 드러낸 의복과 같아, 우뚝하게 모두 뼈(개골皆骨)여서

---

3) 『신증동국여지승람』 淮陽 산천.

4) 『보한집』 상권.

5) 『보한집』 상권, "江陵日暖花初發 楓岳天寒雪未消 翻笑上人山水癖 未能隨處作逍遙". 한편 이 시와 동일한 내용(단, '花初發'이 '花先發'로 되어 있음)이 『동문선』 권19, 七言絶句에 「江陵送安上人之楓岳」이라는 이름으로 실려 있는데 『동문선』의 그것은 작자가 金富儀처럼 배치되어 있어 문제이다. 『동문선』 권19, 七言絶句에서 「登智異山」이 金富儀의 작품이고, 그 다음에 「洛山寺」, 「江陵送安上人之楓岳」, 「水多寺」, 「僧舍晝眠」이 오고, 그 다음에 고조기의 작품 「寄遠」이 온다. 「洛山寺」는 『신증동국여지승람』 양양편에 의거해 김부의의 작품으로 보이지만, 「江陵送安上人之楓岳」은 보한집에 의거해 권적의 작품이고, 「水多寺」도 이승휴의 글에 의거해 권적의 작품이고, 나머지 「僧舍晝眠」도 권적의 작품으로 추정된다.

홀로 외롭고 깨끗해, 응당 육산肉山이 온통 대비大肥한 것을 웃으리라"라고
하였다.6) 의종 23년 정월 무오일 초하루에 왕이 조하朝賀를 받고 신료 하정표
賀正表를 대신 지어 재추와 근시近侍 국학문신國學文臣에게 보이니, 이에 금내육
관문신禁內六官文臣 등이 표문을 올려 어제御製를 축하하자 왕이 기뻐해 주과酒
果를 하사하고 항두行頭 직한림원直翰林院 전치유田致儒를 내시內侍에 속하게
했다.7) 의종 24년 8월에 무신정변이 발생하자 졸오卒伍가 봉기蜂起해 상서우
승(종3품) 김돈시金敦時, 대사성 이지심李知深, 봉어奉御(정6품) 전치유 등을
살해했다.8) 그러하니 전치유가 앞의 시를 지은 때는 의종 24년(1170) 8월
이전, 더 나아가 의종 23년 정월 초하루 이전의 의종대였다. 전치유는 의종대
에 개골산(금강산)을 찾아 그 풍광을 시로 읊었던 것이다.

최자崔滋에 따르면, 풍악은 모두[皆] 골립骨立해 흙이 없어 이로 인해 이름하
여 '개골皆骨'이라 했고, 담무갈보살曇無竭菩薩 진신眞身이 거주하는 곳으로,
거승居僧이 비록 행行이 없더라도 역시 성도成道하는데, 제주祭酒 이순우李純祐
가 동북면병마사가 되어 이 산을 지나며 제題하여 1절絶을 지었다. 이에
최자崔滋의 외왕부外王父(외조부) 김례경金禮卿이 그것에 차운次韻하기를, "위
언韋偃이 당년當年에 괵산虢山에 묻혀 변하여 모두 골骨이 되어 천天에 의지해
차갑네, 고탱참절高撑巉絶해 바라보면 그림 같고 응당 단청丹青은 옛 필단筆端
이리라"라고 하자 제주(이순우)가 칭상稱賞하기를 그치지 않았다. 외왕부(김
례경)가 이것으로는 오히려 미진未盡해 여회餘懷가 있다며 다시 1절絶을 짓기
를, "무갈無竭(담무갈) 진신眞身이 이 산에 거주하고 환幻하여 장차 고골枯骨이
구름 끝에 걸리려 하고, 무행無行 거승居僧의 눈眼으로 하여금 아침·저녁으로
묘관妙觀에 들어가는 것을 서로 보고자 하게 하네[부도浮屠에 백골관白骨觀이

---

6) 『파한집』 하권 ; 『신증동국여지승람』 准陽 산천 금강산.
7) 『고려사』 권19 및 『고려사절요』 권11, 의종 23년 정월.
8) 『고려사절요』 권11, 의종 24년 8월 ; 『고려사』 권128, 정중부전. 卒伍가 蜂起해 判吏部事
致仕 崔褒偁, 판이부사 許洪材, 동지추밀원사 徐醇, 지추밀원사 崔溫, 尚書右丞 金敦時,
국자감대사성 李知深, 비서감 金光中, 이부시랑 尹敦信, 衛尉少卿 趙貴, 大府少卿
崔允諧, 시랑 趙文振, 內侍少卿 陳玄光, 시어사 朴允恭, 병부낭중 康處約, 都省郎中
康處均, 奉御 田致儒, 祇候 裴縉·裴衍 등 50餘人을 수색해 죽였다.

있음]"라 하고는 "종전從前에 가려운 곳을 이미 긁었소"라고 했다.9) 동북면병
마사 이순우와 그 막료 김례경이 명종 후반에 풍악(개골산) 즉 금강산을
지나며 시를 읊었던 것인데,10) 최자의 외조부 김례경은 풍악(개골산)이
당唐의 화가로 산수화에 빼어난 위언韋偃이 죽어 그 뼈가 모두 금강산이
된 것처럼 그림 같다고 찬미했고 또한 무갈無竭 진신眞身 즉 담무갈曇無竭보살
이 주처해 무행無行 거승居僧도 묘관妙觀에 들어갈 수 있다고 읊었다.

금강산을 대표하는 사찰은 정양사正陽寺였다. 정양사는 표훈사의 북쪽에
있으니 곧 이 산의 정맥正脉이고 그런 까닭에 그렇게 이름 지었고, 지계地界가
고형高迥해 산의 내외 제봉諸峯이 하나하나 다 보인다고 한다. 언諺에 이르기
를, 고려 태조가 이 산에 오르자 담무갈曇無竭이 암석 위에 현신現身해 방광放光
하니, 태조가 신료를 거느려 정례頂禮하고 그로 인해 이 절을 창건하였고,
그런 까닭에 절 뒤 언덕을 '방광대放光臺'라 하고, 앞 령嶺을 '배점拜岾'이라
했다고 한다.11) 태조 왕건이 진짜 금강산을 방문했는지는 확실하지 않지만,
궁예왕의 마진·태봉 시기에 수도 철원에서 가까운 금강산을 찾았을 수
있고, 왕위에 오른 후 변방을 순력할 때 찾았을 수 있다.

정양사는 현종 무렵 최사위에 의해 중창된다. 최사위崔士威는 한남도漢南道
광주목廣州牧 관내 수주水州(수원) 사람인데, 현종 무렵 왕명을 받들어 시의時宜
를 독단獨斷했다. 그가 삼보三寶와 궁실宮室을 조립造立한 것이 3곳인데 현화사
玄化寺와 봉은사奉恩寺와 대묘大廟였다. 또 스스로 아뢰어 허락을 얻어 사사寺舍
와 궁□宮□를 창립創立 수영修營한 것이 15곳인데, 보제사普濟寺 금당金堂 및
나한전羅漢殿, 의왕사醫王寺 사중원寺衆院, 서경西京 사천왕사四天王寺, 서경 장락
궁長樂宮과 대조진전大祖眞殿, 연주경내延州境內 진북영화사鎭北靈化寺, 선주宣州

---

9) 『보한집』 상권.
10) 李純祐는 『고려사』와 『고려사절요』에 따르면, 의종 17년 9월에 장원으로 급제해
   文名을 떨치며 명종 15년(1185) 7월에 中書舍人 知制誥에 임명되었고, 그 후 國子祭酒
   諫議大夫를 역임하다가 명종 26년(1196) 4월에 大司成으로 최충헌에 의해 살해당한다.
   그러하니 그가 국자제주로서 동북면병마사로 나간 때는 명종 15년 7월~26년 4월
   사이였다.
11) 『신증동국여지승람』 淮陽 佛宇 正陽寺. 또 眞歇臺가 있었다.

신중사神衆寺, 진도현珍嶋縣 점찰원占察院, 시진현市津縣 경내境內 포천미륵원布川
彌勒院, 낭천군狼川郡 개통사開通寺·계성사啓星寺, 개차근산皆次斤山 정양사正陽寺,
수주水州 자복사資福寺, 송림현경내松林縣境內 보현경관普賢鏡舘 등이었다.[12] 최
사위가 현종 무렵에 다수의 사원과 궁실을 건립했는데 그 중에 낭천군狼川郡
개통사開通寺·계성사啓星寺, 개차근산皆次斤山 정양사正陽寺가 관동과 관련이
있었다. 을축년(인종 23) 12월 15일에 질병으로 인해 47세로 사망하고 정묘년
(의종 1) 10월에 묘지명이 찬술된 최유항崔褎抗은 대사大師 중서령中書令 양간공
揚簡公의 예손裔孫인데 그 선조는 낭천군狼川郡으로부터 수주水州로 옮겨 마침
내 수주水州 사람이 되었다고 한다.[13] 이 대사大師 중서령中書令 양간공揚簡公은
내사령內史令을 역임하고 태사太師를 추증받고 시호 정숙貞肅을 받은 최사위[14]
로 판단된다. 그러하니 최사위는 수주(수원) 사람이지만 그 조상이 낭천狼川
즉 화천에서 유래했다. 최사위가 낭천군狼川郡에 개통사開通寺와 계성사啓星寺
를 건립 혹은 중창한 것은 그러한 이유 때문이었을 것이며, 나아가 낭천에서
가까운 개차근산皆次斤山 즉 금강산에 정양사正陽寺를 건립 혹은 중창하게
되었을 것인데, 그는 낭천과 금강산 일대를 유람했으리라 여겨진다.

　금강산 정양사를 가려면 통상 장안사를 거쳤다. 이곡李穀은 장안사 중흥重
興 비문[15]에서, 금강산의 뛰어난 경치는 천하에 이름이 났을 뿐만 아니라
실로 불서佛書에도 실려 있으니, 그 화엄경에 말하기를, '동북쪽 해중海中에
금강산金剛山이 있어, 담무갈보살曇無竭菩薩이 1만 2천 보살과 함께 항상 반야般
若를 설법한다고 했다. 옛날에는 동방 사람들이 이것을 알지 못하고 선산仙山
이라 지칭하다가, 신라 때부터 탑묘塔廟를 증희增餼해 이에 선감禪龕이 애곡崖谷
에 가득하게 되었다고 했다. 장안사가 그 기슭에 위치해 한 산의 도회都會가
되는데, 대개 신라 법흥왕 때에 창건했고 고려 성왕成王(성종) 때에 중흥重興했

---

12) 崔士威 묘지명.
13) 崔褎抗 묘지명.
14) 崔士威 묘지명 ;『고려사』권94, 최사위전.
15) 『가정집』권6, 金剛山長安寺重興碑 ;『신증동국여지승람』淮陽 佛宇 長安寺.

다고 했다. 장안사 구유舊有의 전田은 국법國法에 의거해 결結로 계산하면
1,050결인데, 함열현咸悅縣과 인의현仁義縣에 있는 것이 각각 200결, 부녕扶寧·
행주幸州·백주白州에 있는 것이 각각 150결, 평주平州·안산安山에 있는 것이
각각 100결이니 곧 성왕(성종)이 희사한 것이고, 염분鹽盆은 통주通州 임도현林
道縣에 있는 것이 1소所이고, 경저京邸는 개성부開城府(개경)에 있는 것이 1구區
이고, 그 시전市廛에 사肆(점포)를 만들어 남에게 빌려준 것이 30간間이라고
했다. 장안사는 신라 법흥왕 때 창건은 믿을 수 없지만 진흥왕 무렵 창건된
것으로 보이며 고려 성종 때 중창되었는데, 훗날 사례로 보아 내금강을
찾는 사람들의 관문 역할을 했을 것이다.

금강산 마하연摩訶衍도 고려초에 개경에 알려져 있었다. 비구比丘 거빈巨貧
과 교광皎光이 함께 발원해 해동종 왕륜사의 비로자나毗盧遮那 장륙금상丈六金
像을 주성鑄成하고자 동량棟梁(보시를 권유)했는데 거빈이 그 일을 주관하고
교광이 도왔다. 뜻대로 잘 되지 않자 거빈이 개골산皆骨山에 들어가 도道를
닦다가 병신년(996) 8월 15일에 이르러 마하연방장摩訶衍方丈 북수北岫에서
산 채로 그 몸을 다비茶毗하니 교광이 영골靈骨을 수습해 상자에 담고 짊어져
서 경사京師(개경)로 돌아와 사람들에게 단시檀施를 권유하자 상방上方으로부
터 진신搢紳·사士·서인庶人에 이르기까지 재물을 시납하니 이 장륙금상丈六金
像 주조를 마칠 수 있었다. 교광이 이 상像을 주조하기를 성묘成廟(성종)
어우御宇 팔년八年(즉위년칭원) 즉 송 단공원년端拱元年 무자년(988)부터 시작
해서 정유년(997)에 이르러 무릇 10년이 걸려 완성했다고 한다.[16] 고려초에
승려들은 개경과 개골산(금강산)을 왕래하며 유람과 수련을 하고 있었던
것이며 개경 왕륜사와 금강산 마하연이 교류하고 있었다.

풍악산 발연수鉢淵藪 진표골장비석[17)]이 승안承安 4년 기미년(1199, 신종
2) 5월에 건립되었으니 풍악(금강산)의 발연수는 무인정권기에 관심을 받는
사찰이었다. 그런데 그 비명碑銘은 광종 무렵에 찬술되고 현종대에 이자림李子

16) 『東國李相國全集』 권25, 王輪寺丈六金像靈驗收拾記.
17) 『풍악산 鉢淵藪 진표골장비명』;『삼국유사』 권4, 義解, 關東楓岳鉢淵藪石記.

琳(이가도李可道)이 서書했을 수도 있어서[18] 그랬다면 발연수는 고려초에도 진표의 성지로서 순례 대상이었을 것이다.

표훈사는 신라의 승려 능인能仁·신림神林·표훈表訓 등이, 보덕굴은 고려(고구려) 안원왕 때 보덕이 창건했다고 한다.[19] 선승 승형承逈이 금 태화泰和 8년 무진년(1208, 즉위칭원 희종 5)에 개골산 유점사榆岾寺에 주석했다. 강묘 즉정康廟卽政 3년(계유년, 1213, 즉위칭원 강종 3) 겨울에 상上(강종)이 승형을 비전秘殿에 불러들여 선록禪錄을 점파點破하고, 중사中使인 내시內侍 대관서령大官署令 소경여邵敬輿가 왕명을 받들어 승형의 거주 정사精舍를 중수重修하고, 계유년에 금상今上(고종)이 즉위해 선지先志를 계승해 2년 갑술년(1214, 즉위칭원 고종 2)에 낙성법회(보덕굴 중수 기념)를 개설하도록 했는데, 승형이 일찍이 풍악楓嶽 보덕굴普德崛에 우거할 적에 있었던 이몽異夢이 효험을 본 것이라고 한다.[20] 이로 보아 고려 초·중기에 보덕굴을 찾는 유람객도 꽤 있었으리라 짐작된다. 표훈사는 고려 초·중기에 잘 확인되지는 않는다.

금강산은 고성 방면으로도 걸쳐 있었다. 고성의 외금강에 유점사가 위치했는데, 민지閔漬 기記에 신라 남해왕 때 건립되었다는 이야기[21]는 믿을 수 없지만 신라 때 사찰로 여겨지며 고려로 이어졌다. 의묘毅廟 22년 무자년(1168, 유년칭원 의종 22)에 자순資順이 묘향산으로부터 유점사에 와서 거처했으며, 그를 계승한 혜쌍惠雙이 개창改創하려 하자 서군西郡(혹은 서도西都) 양처사梁處士가 조정에 알려 그 연못을 메워 당우堂宇를 500여간餘間 규모로 크게 지었다. 명묘明廟(명종) 기유년(1189, 유년칭원 명종 19)에 조계대선사

---

18) 김창현, 「발연사 진표비문과 무위사 형미비문의 쟁점 규명」『한국중세의 사상과 문화』, 경인문화사, 2022.
19) 『신증동국여지승람』准陽 불우. 능인과 표훈과 신림은 화엄 의상 계통의 승려였다.
20) 寶鏡寺 원진국사 비문. 承逈은 曦陽山 鳳嵒寺에 출가하더니 廣明寺 選佛場에 합격한 후 강릉 오대산에 나아가 文殊를 예배하고 청평산에 가서 眞樂公(이자현)의 유적을 방문하고 文殊寺記를 보고는 聞性庵에 머물면서 능엄경을 열람했고 그 후 개골산 유점사를 맡았다.
21) 『신증동국여지승람』고성군 佛宇 榆岾寺 ; 이능화, 『조선불교통사』榆岾寺月氏金像 및 金剛山榆岾寺史蹟記.

익장益藏이 와서 거처하니 사방에서 학자學者가 구름처럼 모여들었다. 내시內侍 사재시승司宰寺丞 소경여邵敬輿가 강왕康王(강종) 말년인 계유년(1213, 유년 칭원 강종 2)에 왕명을 받들어 법을 묻고 다향茶香을 하사하고 백은白銀 1천근千斤을 시납해 수리하는 한편 구적舊蹟을 주제로 시 12수首를 읊었다.[22] 유점사는 고려중기에 두 차례 정도 중창되었고 소경여가 이 절을 찾아 시 여러 편을 지었다.

최자崔滋의 외왕부(외조부)가 고성高城 객루客樓를 주제로 시를 짓기를, "창窓을 닫아도 오히려 해기海氣가 있고 베개에 기대도 역시 파도 소리가 있네, 관개冠蓋(높은 관료)가 사선四仙 자취를 찾는데 강호江湖는 '삼일三日(삼일포三日浦)'이라는 이름이네(冠蓋四仙迹 江湖三日名)"라고 했는데, 최자는 이에 대해 이 련聯은 격고의진格高意盡하다고 평가했다.[23] 고성高城의 단혈丹穴은 군郡 남쪽 11리에 있는데, 속전俗傳에 사선四仙이 놀던 곳이라고 한다.[24] 이인로李仁老는 이 단혈에 대해, "자연紫淵이 깊고 깊어 붉은 해가 목욕하고, 만장萬丈 광도光熖가 양곡暘谷에 뜨네. 새벽노을이 돌을 덥혀 무지개가 바위를 뚫고, 증烝하여 만든 단사丹砂가 몇 곡斛이 됨을 알고, 곱고 고운 가을 물에 부용芙蓉이 나오고 교교皎皎한 옥 평상에 전촉箭鏃이 드리웠네. 푸른 물결 다한 곳에 동문洞門이 열려, 일경一徑이 삼모三茅 복복腹을 둘러싸네. 하늘은 멀고 육지는 끊겨 난학鸞鶴이 멀고, 유유悠悠한 선악仙樂으로 금공琴筌을 듣네, 생각하건대 옛적 유안劉安은 옥골玉骨이 가벼워 구름 사이에 닭과 개가 서로 뒤쫓았네, 선仙 자취를 세인世人이 알까 두려워 베개 안에 보록寶籙을 감췄네, 내가 일찍이 자하편紫霞篇(황정경 편명)을 읽었는데 백병白柄을 가지고 황독黃獨(황약자黃藥子) 찾은 것을 부끄러워하네, 화로 안에서 이미 불로 치수錙銖를 시험해 정鼎 안에 곧바로 용호龍虎를 항복시키네, 총총하게 말을 타고 갈 필요 없으니, 산중에서 몇 사람을 우연히 만나 보리오"라고 읊었다.[25] 고성

22) 이능화, 『조선불교통사』 「金剛山楡岾寺史蹟記」.
23) 『보한집』 상권.
24) 『신증동국여지승람』 高城 산천.

유람에서는 '사선'이 남겼다는 자취를 찾는 것이 유행이었던 것 같다.

관동지역의 북부에서 금강산과 더불어 유람객에게 인기를 끈 곳은 금란굴과 총석정을 지닌 금양金壤(통주通州)이었다. 금란金蘭 총석정叢石亭에 대해 산인山人 혜소慧素가 기기記를 지었는데 문열공文烈公(김부식)이 이를 놀리기를, 이 사師는 율시律詩를 짓고자 한 것인가 했다.[26] 승려 혜소가 쓴 총석기記가 유포되었고 김부식도 그것을 보았던 것이다.

고조기高兆基가 금양金壤에서 묵으며 시를 지어 읊기를, "새는 상림霜林에서 새벽에 지저귀고 바람은 평상에 잠든 객客을 놀라게 하여 깨우네, 처마에는 남은 반쪽 달이 보이고 꿈은 한 물가의 하늘에 끊겼네, 낙엽이 귀로歸路를 매우고 차가운 가지에 숙연宿煙이 걸렸네, 강동江東 행行이 아직 다하지 않았는데 가을이 수존水村 변邊에 다하네"라고 하였다.[27] 또한 고조기가 운암현雲嵒縣에서 지은 시에, "바람이 호산湖山에 드니 일만 구멍이 부르짖고, 숙운宿雲이다 돌아가니 변방 하늘이 높네. 창공에 매鷹가 곧바로 백천척百千尺 날아오르니 어떤 작디작은 티끌이 우모羽毛를 더럽히리오"라고 하였다.[28] 최자가 『보한집』 상권에서 학사 고당유高唐愈(고조기)가 운암雲嵒에 서書한 시를 소개했는데, 『동문선』 및 『동국여지승람』의 그것과 동일한 내용이다.[29] 고조기의 운암雲嵒 시는 고려중기에 이미 회자되고 있었던 것인데, 최자는 이 시詩를 관觀하면 사의辭意가 호장豪壯해 과연 지절志節로 명재상名宰相이 되고 삼조三朝를 역사歷仕했다고 평가했다. 탐라 출신의 고조기[30]가 예종 혹은 인종 무렵에 고려의 변경인 금양(통주) 지역에 부임해 이 일대를 유람하며 시를 지었던 것이다.

무인정권기 김극기는 금양현金壤縣(통주通州)의 총석정을 유람해 그것을

---

25) 『신증동국여지승람』 高城 산천, 이인로 詩.

26) 『보한집』 상권.

27) 『동문선』 권9, 「宿金壤縣」. 이 시가 『동국여지승람』 通川 題詠에는 절반만 실려 있다.

28) 『동문선』 권19, 「書雲嵒鎭」 ; 『신증동국여지승람』 通川 題詠.

29) 단, '萬竅呼'(보한집)가 다른 서적에는 '萬竅呼'라 되어 있다.

30) 高兆基(高唐愈)의 대략적인 경력은 『고려사』 권98, 고조기전에 실려 있다.

주제로 시 4개를 남겼고, 금양金壤을 읊은 제영題詠 1개를 남겼다.[31) 또한
김극기는 금양현(통주)을 다시 찾아 「총석정叢石亭 이학사지심운李學士知深韻」
시를 남겼으니,[32) 학사 이지심李知深이 총석정을 찾아 시를 읊었음을 알
수 있다. 의종 5년 8월에 왕이 기사騎士를 후정後庭에 끌어들여 격구擊毬하자
정언正言 이지심李知深이 복합伏閤해 2일 동안 역쟁力爭했고,[33) 의종 14년 5월에
이지심이 동지공거同知貢擧로 과거를 주관했고,[34) 무신정변 때 죽임을 당했으
니, 이지심이 총석정을 찾은 때는 인종 말엽 혹은 의종대로 판단된다.

　이규보는 관동에 봉사奉使하러 가는 전우군全右軍을 전송하는 서문[35)에서,
자신이 들건대 산수山水의 기이·수려는 관동이 최상인데, 금란金蘭의 총석叢石
·단혈丹穴, 고성高城의 삼일포三日浦, 익령翼嶺의 낙산洛山 같은 것은 눈으로
보지 못한 봉래蓬萊·방장方丈을 능가한다고 생각한다고 했다. 자신이 한 번
볼 수 있다면 비록 죽더라도 한恨이 없는데, 다만 진참塵墋을 채찍질하지
못하고 천리千里가 멀어 공허 울적하게 동망東望할 뿐이라고 했다. 지금
족하足下가 용절龍節을 지니고 황화皇華를 빛내며 경장輕裝을 떨치며 간다고
말하니 술을 따라 전송한다고 했다. 그곳 청의淸漪에 대해 시를 지어 바람
편에 부쳐 동해東海 산수로 하여금 안계眼界(시야)에 삼열森列할 수 있다면
족足하니, 어찌 반드시 친히 감상해야만 하리오 하면서, 군자群子가 전별시를
짓고 자신이 서序로써 관冠한다고 했다. 이규보는 고려의 산수山水에서 관동
이 최상인데 그 중에서도 금란의 총석·단혈, 고성의 삼일포, 익령의 낙산을
대표로 꼽았다.

　무인정권기 김구金坵도 동북면 북부 고을에 대한 시를 남겼다. 『동국여지
승람』 홍원현洪原縣 제영題詠에 "땅이 궁벽져 구름안개가 예스럽고"를 싣고
김구의 다음과 같은 원래 시를 소개했다. "땅이 궁벽져 구름안개가 옛스럽고,

　31) 『신증동국여지승람』 권45, 通川郡 樓亭 叢石亭 및 通川郡 題詠.
　32) 『동문선』 권13, 「叢石亭 李學士知深韻」. 이 시에서 四仙 신앙이 엿보인다.
　33) 『고려사』 권17, 의종 5년 8월.
　34) 『고려사』 권73, 선거지1, 科目1.
　35) 『東國李相國全集』 권21, 送全右軍奉使關東序.

낮은 들판에 수목樹木이 평평하네, 장안長安(개경)에 얼마면 이를 수 있는지 아는가, 머리를 돌리니 정情을 이길 수 없네".36) 『동국여지승람』의 항목 홍원洪原은 함흥의 북쪽에 위치해 김구가 부임하기 불가능하다. 고원군高原郡이 옛 덕녕진德寧鎭으로 홍원군洪源郡이라고도 하는데, 고려 광종 24년에 비로소 성을 쌓고, 성종 14년에 고주방어사高州防禦使로 하였다가, 현종 19년에 봉화산鳳化山 남쪽에 성을 쌓고 읍 청사를 거기로 옮겼다고 한다.37) 이로 보아 김구의 앞 시는 홍원洪源으로도 불렸던 고주高州(덕녕진德寧鎭)에 대해 읊었던 것으로 보인다. 김구金坵(김백일金百鎰)는 부녕현인扶寧縣人으로 고종조高宗朝(고종 19년 5월)에 지공거 김인경金仁鏡(김양경金良鏡)이 주관한 과거에서 제이인第二人 급제로 합격하고 정원부定遠府 사록司錄에 보임되었는데, 동현同縣 사람인 황각보黃閣寶가 김구에 대해 서운한 감정을 품어 세루世累를 집어내어 유사有司에게 고소하니 그 재주를 중시한 권신權臣 최이崔怡(최우)의 구원 시도에도 불구하고 제주濟州 판관으로 고쳐 임명되어 부사副使 최자崔滋 밑에서 근무했다.38) 이 정원부定遠府는 동북면 정주定州의 별칭 혹은 오류로 보이니, 김구는 몽골과의 전쟁기인 고종대에 동북면 정주定州 사록으로 근무하며 고주高州(덕녕진德寧鎭)에 대해 시를 지었다고 여겨진다.

관동에서 중부 지역을 살펴보자. 관동지역의 중부에서 유람객에게 인기를 끈 곳은 낙산사를 지닌 익령翼嶺(양주襄州) 즉 양양이었다. 양양襄陽의 낙산사洛山寺는 오봉산에 신라 승려 의상義相이 건립했고, 전상殿上에 전단관음상栴檀觀音像 하나를 봉안해 역대歷代로 숭봉崇奉했는데 자못 영이靈異가 있었다고

---

36) 『신증동국여지승람』 권49, 함경도 洪原縣, 題詠.
37) 『신증동국여지승람』 권48, 함경도 高原郡. 공민왕 5년에 知州事로 고쳤고, 본조(조선) 태종 13년에 지금의 이름(高原)으로 고치고 郡으로 만들었다.
38) 『고려사』 권106, 金坵傳. 고종 19년 5월에 翰林學士承旨 金仁鏡이 知貢擧, 翰林學士 金台瑞가 同知貢擧로 進士를 취하여 文振 등 29인과 明經 2인에게 及第를 하사했으니(『고려사』 권73, 選擧1, 科目1), 김구는 고종 19년 5월에 급제한 것이었다. 한편 김구는 權直翰林으로 書狀官에 충당되어 元에 가고 오며 北征錄을 찬술했고, 翰院에서 8년 동안 있었고 堂後를 거쳐 閤門祗候를 제수받았고 國學直講으로 옮겼는데, 崔沆의 圓覺經 조판을 풍자해 좌천되었다가 원종 4년에 右諫議大夫에 제수된다(金坵傳).

한다. 고려 헌종 원년(1095) 2월 신묘일(25일)에 송상宋商 황충黃冲 등 31인이
자은종慈恩宗 승려 혜진惠珍과 함께 오니 왕이 근신近臣 문익文翼에게 명해
헌개軒盖를 갖추어 혜진을 영접하게 하여 보제사에 머물게 했는데, 혜진이
항상 말하기를, 보타낙산성굴普陀落山聖窟을 보기 위해서 왔다며 가서 관람하
기를 요청했지만, 조의朝議가 끝내 허락하지 않았다.[39] 송 승려 혜진이 그토
록 관람하고자 원했던 고려의 보타낙산성굴은 익령(양주)의 낙산 성굴을
지칭한 것으로 여겨지고 있으니 이 낙산사와 성굴은 송에까지 알려질 정도로
유명했다. 더욱이 혜진은 미륵을 숭배하는 자은종(법상종)의 승려인데도
낙산사 관음성지를 알현하고자 했으니 더욱 그러하다.

　고려 승려 익장益莊이 낙산사기를 남겼다.[40] 익장은 이규보가 「익장益莊·원
이元伊·담령淡靈·대헐大歇 각위선사各爲禪師 관고官誥」를 찬술했으니[41] 무인정
권기 선사禪師였다. 익장의 낙산사 기문을 소개하면, 양주襄州 동북쪽 강선역
降仙驛의 남리南里에 낙산사가 있고 절 동쪽 수리數里 쯤 되는 큰 해변海邊에
굴이 있어, 그 높이는 100척尺 가량이고 크기는 곡식 만곡萬斛의 배[舟]를
용납할 만하고, 그 아래에 바다 파도가 항상 출입해 측량할 수 없는 골(골짜
기)이 되었는데, 세상에서는 관음대사觀音大士가 머무는 곳이라 한다. 굴
앞에 50보步쯤 되는 해중海中에 자리 하나를 위에 펼 만한 암석이 있어 수면에
나왔다가 잠겼다가 하는데, 옛적에 신라 의상법사가 친히 성용聖容(관음)을
보고자 암석 위에 정근精勤히 좌정해 배계拜稽하기를 이칠일二七日(14일) 동안

39) 『고려사』 권10 및 『고려사절요』 권6, 헌종 원년 2월. 고려가 송 승려 혜진이 낙산
　　성굴을 예배하는 것을 허락하지 않은 것은 혜진이 고려의 산천과 교통과 요새를
　　관찰함으로써 혹시 고려의 국방에 해를 끼칠까 염려했기 때문일 것이다.
40) 『신증동국여지승람』 襄陽 佛宇, 낙산사. 世祖(조선 세조)가 이 절에 행차하였다가,
　　殿舍가 비좁고 누추하다고 하여 명령하여 신축하니 매우 굉장해졌다고 한다. 한편,
　　양양 權金城은 雪岳 頂에 있고 석축이며, 둘레는 1천 1백 12척이고 높이는 4척이었는데
　　지금은(조선초기) 반쯤 무너졌고, 세상에 전해 오기로는, 예전에 권씨 김씨 두 집이
　　여기에 피란한 까닭으로 이름하였다고 하며, 洛山寺記(익장 낙산사기)에, 天兵이
　　우리 강토에 난입하자 이 고을에서 설악산에 성을 쌓아서 방어했다고 한 곳이 이곳인
　　듯하다고 했다. 『신증동국여지승람』 襄陽 고적.
41) 『동국이상국전집』 권34, 敎書·麻制·官誥, 益莊元伊淡靈大歇各爲禪師官誥.

하였으나 볼 수 없자 해중海中에 투신投身했다고 한다. 그러자 동해룡東海龍이 부출扶出해 암석 위에 올려놓았고, 대성大聖(관음)이 곧 굴窟 중에서 팔과 손을 펴서 수정염주水精念珠를 주면서 말하기를, "내 몸은 친히 볼 수 없고 다만 굴窟 위로부터 가서 쌍죽雙竹이 솟아난 곳에 이르면 그곳이 나의 정상頂上 이니 여기에 하나의 전殿을 조영해 상설像設을 안배하라"라고 했고, 용龍 역시 여의주如意珠와 옥玉을 바쳤다고 한다. 법사(의상)가 주珠(여의주)를 받고 나와서 쌍죽이 솟아나 서 있는 곳이 있어 그곳에 전殿을 창건해 용이 바친 옥玉으로써 상像(관음상)을 만들어 봉안하였는데 곧 이 절이라고 했다. 태조(왕건)가 나라를 세우고 봄가을에 사자使者를 보내 3일 동안 재를 설행하 여 치경致敬했고, 그 후에 갑령甲令에 서書하여 항규恒規로 삼았으며, 수정염주 및 여의주는 이 절에 보관해 보물로 전했다고 한다. 계축세癸丑歲[42])에 천병天兵 이 우리 강토에 난입하자 이 주州(양주)는 설악산에 성을 쌓아 방어했는데, 성이 함락되자 사노寺奴가 수정염주水晶念珠 및 여의주如意珠를 땅에 묻고 도망 쳐 조정에 고하였다. 천병이 물러가자 사람을 보내 그것을 취하여 내전內殿에 보관하였다고 한다.

『삼국유사』 낙산 부분에 따르면, 옛적에 의상법사義湘法師가 비로소 당唐으 로부터 돌아와 대비大悲(관음) 진신眞身이 이 해변海邊 굴窟 안에 거주함을 듣고 인하여 명칭을 '낙산洛山'이라 했다. 대개 서역西域에 보타낙가산寶陀洛伽山 이 있고 이것을 '소백화小白華'라 하고 곧 백의대사白衣大士(관음) 진신眞身 거주처이기 때문에 이것을 차용해 이름한 것이었다. 의상이 칠일七日 동안 재계齋戒하고 좌구座具를 새벽 물 위에 띄우자, 천룡팔부天八部가 시종해 굴崛 안에 인입引入해 의상이 참례參禮하니, 공중에서 수정염주水精念珠 1관貫을 내어서 주자 의상이 받아서 물러나고, 동해룡東海龍 역시 여의보주如意寶珠 1과顆를 바치니 의상이 받들어 나왔다. 다시 칠일七日 동안 재계齊戒하니 이에 진용眞容(관음진신)을 만나보았는데, 진용이 이르기를, "좌상座上 산정山 頂에 쌍죽雙竹이 솟아나온 그 곳에 전殿을 지어야 마땅하다"라고 했다. 의상이

---

42) 癸丑歲를 1253년(고종 40)으로 보면 이 天兵은 몽골군이 된다.

듣고 굴嘔을 나와 과연 죽竹이 땅속으로부터 용출한 것이 있어 이에 그곳에 금당金堂을 짓고 소상塑像을 만들어 안치했는데, 원용圓容 여질麗質이 근엄하기가 천생天生같았으며, 그 죽竹은 도로 사라졌다. 바야흐로 곧바로 진신眞身이 거주함을 알아 이로 인하여 그 사찰을 이름하기를 '낙산洛山'이라 하였으며, 의상은 받은 두 주珠(수정염주와 여의주)를 성전聖殿에 진안鎭安하고는 떠나갔다. 후에 원효법사元曉法師가 계종繼踵하여(발꿈치를 이어서) 와서 첨례瞻禮하기를 구求하고자 하였다. 처음에 남교南郊 수전水田 중에 이르니, 어떤 한 백의여인白衣女人이 벼[稻]를 베고 있어 원효가 희롱하며 그 벼[利]를 요청하니 그 여인이 벼[稻]가 거칠다고 희답戱答했다. 원효가 또 나아가 다리[橋] 아래에 이르니 한 여자가 월수백月水帛을 빨고 있어 물을 요청하자 그 여자가 그 더러운 물을 떠서 바치니 원효가 엎어 버리고 다시 시냇물을 떠서 마셨다. 당시에 들판 중의 소나무 위에 한 청조靑鳥가 있어 소리 지르기를, "그만두라, 제호화상醍醐和尙!"이라 하고는 홀연히 숨어 나타나지 않았는데, 그 소나무 아래에 탈해脫鞋(벗어놓은 신발) 한 짝이 있었다. 원효가 사찰에 도착했는데, 관음 좌座 아래에 또 전에 본 탈해脫鞋 한 짝이 있어, 바야흐로 전에 조우한 성녀聖女가 곧 진신眞身(관음진신)임을 알았다. 때문에 당시 사람들이 그 소나무를 일러 관음송觀音松이라 했다. 원효가 성굴聖嘔에 들어가 진용眞容(관음)을 다시 보고자 했지만 풍랑風浪이 크게 일어 들어갈 수 없어 떠나갔다고 한다.[43] 낙산은 의상과 원효의 전설이 깃든 관음의 성지여서 고려인의 마음과 방문을 이끌었다.

익장의 낙산사기에, 세상에 전하기를, "사람이 굴 앞에 이르러 지성으로 배계拜稽하면 청조靑鳥가 출현한다"고 한다고 했다. 명종 정사년(명종 27)에 유자량庾資諒이 병마사가 되어 10월에 굴 앞에 도착해 분점焚點 배계拜稽하니, 청조靑鳥가 꽃을 물고 날아와서 울면서 복두幞頭 위에 그 꽃을 떨어뜨렸다면서, 세상에서 드물게 있는 일이라 여긴다고 하였다.[44]

---

43) 『삼국유사』 권3, 塔像, 洛山二大聖.
44) 『신증동국여지승람』 襄陽 佛宇 낙산사.

유자량庾資諒은 금성錦城의 무송茂松 출신인데, 청소년 시절에 호관虎官(무관武官)들과 사귄 덕분에 무신정변에서 무사할 수 있었다. 그는 혹 동남을 염찰廉察하고 동북을 병월秉鉞해 위풍威風이 미치는 곳이 두려워했지만 인신仁信으로 구제했기 때문에 민民이 편히 여겼고, 항상 선군사選軍使로 군정軍政을 들어 행했는데 그 청사廳事 위 의주敬柱가 스스로 일어섰다고 한다. 세상에 전하기를, 낙산에 청조靑鳥가 있어 알성자謁聖者가 적합한 사람이 아니면 나타나지 않는다고 하는데, 유자량이 관동에 원수(병마사)로 통솔할 때 낙산에 도착해 관음을 지성으로 예배하니 두 청조靑鳥가 꽃을 물고 와 옷 위에 떨어뜨리고 바닷물 일국一掬 가량이 용솟음쳐 그 정頂을 씻었다고 한다.[45)]

낙산사에 대해 유자량의 시에, "바다 벼랑 고절高絶한 곳, 그 중에 낙가봉洛迦峯이 있다네, 대성大聖(관음)은 머물러도 머문 것이 아니고, 보문普門은 봉封해도 봉한 것이 아니라네, 명주明珠는 내가 욕심내는 것 아니고, 청조靑鳥는 적합한 사람이 만나는 것이라, 다만 원컨대 큰 물결 위에서 친히 만월용滿月容(관음)을 우러러보기를"이라 하였다.[46)] 낙산사에 대해 김부의金富儀(김부철)의 시에, "한번 높은 해안海岸에 등림登臨하고, 머리를 돌리니 다시는 구舊진로塵勞가 없어, 대성大聖(관음) 원통圓通의 이치를 알고자 해, 산근山根에 격노激怒하는 파도를 듣네"라고 하였다.[47)] 김부의와 유자량은 낙산사를 찾아 관음의 이치를 알거나 관음의 진신을 만나보고자 했다.

---

45) 『동국이상국집』 권36, 庾資諒 묘지명. 毅廟 때 山東이 寢盛했는데, 유자량은 나이 16세에 貴門子弟와 交契하기를 약속하면서 虎官 御牽龍行首 吳光陟·李光挺 등을 끌어들여 참여시키고자 하니 衆이 수긍하지 않자, 私遊 중에 文虎를 俱備하지 않으면 반드시 후회하리라 하니, 衆이 모두 그렇게 여겨 그들을 참여시켰다. 庚寅亂에 文臣이 거의 蕩盡했지만 무릇 入交契者는 모두 벗어날 수 있었는데 吳李二將이 힘껏 營救했기 때문이었다. 유자량은 나이 若干에 宰相 子로서 守宮署丞에 直補했고 大樂署丞, 龍岡縣令, 御史, 尙衣奉御, 侍御史, 戶部郎中, 御史雜端, 大府少卿, 兵刑部侍郎, 大府卿 知三司事, 判大府司宰事 大子詹事, 判閤門 知茶房事를 역임했다. 崇慶二年 癸酉(강종 2년)에 引年乞退해 銀靑光祿大夫 尙書左僕射로 得謝했다.

46) 『신증동국여지승람』 襄陽 佛宇 낙산사. 한편 유자량의 이 시가 『동문선』 권9, 五言律詩 洛山寺에는 釋益莊의 시로 되어 있다.

47) 『신증동국여지승람』 襄陽 佛宇 낙산사 ; 『동문선』 권19, 洛山寺.

낙산사에 대해 김극기의 시에, "다행히 묘경妙境을 찾아 부평浮萍처럼 떠돌다가 머무르니, 징려澄慮 명관冥觀해 일만 생각이 공空하네, 물결 밑 달은 누가 상하를 구분하리, 봉우리 끝 구름은 스스로 서동西東을 점占하네, 금당金堂 속 가상假像을 문득 우러러 보지만, 석굴石窟 안 진신眞身을 이미 보았다네, 상사相師(의상)의 재齋 칠일七日을 기다리지 않아도, 마음은 원願에 응해 정정定하여 먼저 통通하네"라고 하였다.[48] 김극기가 익령현의 낙산사를 찾아 가상假像(관음상)을 금당 안에서 우러러보고 진신眞身(관음진신)을 석굴 안에서 뵌다며 상사相師(의상義相)가 7일 동안 재계한 것보다 먼저 통하기를 기원한 것이었다.

낭중郎中 함자진咸子眞이 낙산을 주제로 44운韻 시를 지었는데,[49] 이 낙산은 양주(양양) 낙산사를 지칭한 것으로 보인다. 기미년(1199, 신종 2) 중하仲夏에 진강공晉康公(최충헌) 저택에 천엽千葉 류화榴花가 흐드러지게 피니, 진강공이 한림 이인로, 한림 김극기, 유원留院 이담지李湛之, 사직司直 함순咸淳, 선달先達 이규보를 불러들여 시를 짓도록 했다.[50] 사직司直은 첨사부詹事府의 정7품직이었다.[51] 그러하니 함자진咸子眞 즉 함순咸淳은 기미년(1199, 신종 2) 중하仲夏 이후에 낭중으로 양주(양양) 일대에서 근무하며 낙산을 구경하고 시를 지은 것이었다. 임춘은 명주(강릉)와 동산洞山을 거쳐 익령翼嶺(양주)에 진입하며 풍광을 읊고 낙산에 이르러 의상과 원효의 관음 알현을 회상했는데,[52] 이 지역에 근무하는 친우 함순을 방문하는 것을 겸했을 것이다.

정숙공貞肅公(김인경金仁鏡 : 김양경金良鏡)이 좌승선左承宣으로 나가 동북면

48) 『신증동국여지승람』 권44, 襄陽 佛宇 낙산사.
49) 『보한집』 상권. 최자는 무릇 留題는 辭簡義盡으로 佳를 삼아 반드시 誇多耀富할 필요가 없다면서, 함자진의 낙산 시, 李允甫의 佛影 시, 叅政 朴寅亮의 '題僧伽窟二十韻'을 들고는, 모두 事實를 紀하면 辭가 繁하지 않을 수 없어 亭臺樓觀 題詠 같은 것은 단지 一兩聯에 寫景하기를 畵처럼 하여 眼界에 森然해 그것을 읽으면 口가 倦하지 않고 心이 厭하지 않아 吟玩 遣興할 뿐이라고 했다.
50) 『보한집』 중권. 咸淳은 恒陽人 咸有一의 아들이었다. 『고려사』 함유일전.
51) 『고려사』 권77, 백관지2, 東宮官.
52) 『서하집』 권5 및 『동문선』 권65, 東行記(임춘) ; 『서하집』 권3, 翼嶺途中口占.

병마사가 되었는데 그 대신에 제주祭酒 이공로李公老가 후설喉舌(승선)이 되었음을 듣고 시를 지어 부치기를, "천리에서 서신이 하늘 기러기 편에 돌아왔는데 신승선新承宣이 구승선舊承宣을 대신했다네, 재주 없어 배척당해도 부끄러움을 견딜 수 있어 오히려 황조皇朝를 향해 현현을 얻음을 축하하네"라 했다.[53] 새벽에 일어나 읊기를, "옥장玉帳 등등燈이 잔잔殘하여 수향睡鄉에 들어가 강안康安(강안전康安殿)에서 친히 자포赭袍를 받들어 빛났네, 문전門前 새벽 각角이 혼혼渾하여 무뢰無賴해 운소몽雲霄夢 일장一場을 열파咽破하네"라고 했다.[54] 일찍이 낙산落山에서 축성재祝聖齋가 끝나자 시를 지어 읊기를, "화축華祝 정성이 각천覺天을 움직이고 화로를 받든 쌍루雙淚가 향연香烟을 적시네, 곧바로 귀학龜鶴 삼천세三千歲를 가지고 환산해 오황吾皇(고려 황제) 제일년第一年이라 하네"라 했다.[55] 김인경(김양경)은 경주 사람으로 명종 때 을과제이인乙科第二人으로 급제해 직사관直史館에 임용되었고 여러 관직을 거쳐 기거사인起居舍人으로 옮겼으며, 고종초에 조충趙冲이 거란병을 강동성에서 토벌할 때 판관으로 종군해 공로를 세워 예부낭중으로 옮기더니 전공을 인정받아 추밀원우승선에 발탁되었다. 그는 고종 14년에 동진東眞이 정주定州와 장주長州를 침략하자 지중군병마사知中軍兵馬事로 의주宜州에서 싸워 패전하고 다음해에 참소를 받아 상주목사尙州牧使로 폄출당했다.[56] 이로 보아 김인경이 동북면병마사로 나가 지은 시는 고종 14년에 지중군병마사知中軍兵馬事로 동진과 싸울 무렵에

53) 『보한집』 중권 ; 『동문선』 권20, 賀新承宣李公老.
54) 『보한집』 중권 ; 『동문선』 권20, 曉起.
55) 『보한집』 중권.
56) 『고려사』 권102, 김인경전. 김인경이 상주목사로 폄출당하자 故舊가 1인도 相送하는 자가 없었고 오직 門生이 郊에서 餞送했다고 한다. 한편, 김인경의 부친 金永固는 興郊道館驛使가 되었는데 公淸慈惠해 一人에게도 笞를 가하지 않았다. 후에 龜州甫仗이 되었을 때 金甫當이 起兵해 패배하자 김영고가 연루되어 寧州獄에 갇혀 死刑에 해당했는데 興郊 吏民이 處置使에게 나아가 涕泣하며 貸하기를 요청하니 처치사가 차마 주살하지 못해 京으로 械送했다. 承宣 李俊儀가 평소 김영고와 친선해 營救하니 김영고가 벗어날 수 있었다. 하지만 第宅이 이미 官에 적몰되어 妻子가 飢寒해 의탁할 것이 없었는데 興郊吏가 또 米帛을 거두어 후하게 보냈다. 김영고는 벼슬이 閤門祗候에 이르렀다.

그림 2. 양양 낙산사(필자 촬영)

지은 것으로 여겨진다.

낙산 관음상의 복장이 몽골군에 의해 훼손되자 다시 채워지고 이규보가 진양후(최우)를 대신해 「낙산관음복장수보문洛山觀音腹藏修補文」을 찬술했다. 이 글에서, 동해東海의 빈濱, 낙산洛山의 상上에 하나의 승경勝境이 있어 청정해 티끌이 없어 수월수상水月睟相(수월관음)이 이에 기탁했다고 했다. 그런데 완융頑戎이 더할 나위 없이 무지無知해 바야흐로 횡행橫行 침략해 심지어 불우佛宇 범상梵相도 잔훼殘毁를 입지 않은 것이 없어서 우리 대성존구大聖尊軀 (관음상)도 역시 그러해, 비록 형체는 겨우 보존했지만 복중腹中의 진장珍藏은 모두 다 수로搜露 산돈散頓해 텅 비게 되었다고 했다. 이에 심원경心圓鏡 2사事 및 오향五香·오약五藥·색사금낭色絲錦囊 등 중연衆緣을 갖추어 그 복복服을 채워 완전하게 회복해 이전에 비해 결손이 없다고 했다.[57] 낙산사에 관음상이 봉안되어 있었고 몽골·동진 군대에 의해 그 복장服藏은 약탈당했지만 형체는 망가지지 않았던 것인데, 이 관음상은 사람들에게 낙산사를 찾도록 한 주요

---

57) 『東國李相國全集』 권25, 雜著, 洛山觀音腹藏修補文[幷頌. 代崔相國行 今晉陽侯也].

요인의 하나였을 것이다.

관동에서 남부지역을 살펴보자. 관동지역의 남부에서 인재가 많이 배출되고 유람객에게 인기를 끈 곳은 명주(강릉)였다. 순식(왕순식), 관경, 김예(왕예), 김상기, 김인존(김연), 김고金沽(김인존의 아우), 김진金縝, 최유崔濡 등 명주(강릉) 출신 인물들이 정치적으로, 종교적으로 활발한 활동을 전개함에 따라 고려인의 명주(강릉)와 그 풍경에 대한 관심을 불러일으켰다. 명주(강릉)에는 오대산, 한송정, 경포대 등 이름난 명승지가 많아 사람들의 유람을 자극했다.

한송정寒松亭은 강릉부江陵府 동쪽 15리에 있는데, 동쪽으로 큰 바다에 임하고 푸른 소나무가 울창했다. 정자 반畔에 다천茶泉, 석조石竈, 석구石臼가 있는데 곧 술랑선도述郎仙徒가 노닐던 곳이라고 한다. 악부樂府에 '한송정곡寒松亭曲'이 있다. 세상에 전하기를, 이 곡曲이 바닥에 글씨로 쓰여진 슬瑟이 표류해 강남江南에 이르렀지만, 강남 사람이 그 사詞를 이해하지 못했는데, 고려 광종 때 국인國人(고려인) 장진산張晉山이 강남에 사신으로 가니 강남 사람이 그것을 묻자, 장진산이 시를 지어 그것을 해석하기를, "달 밝은 한송寒松 밤, 물결 고요한 경포鏡浦의 가을, 슬피 울며 오고 또 가니 모래 갈매기 하나는 믿음이 있구나"라고 했다고 한다.58) 장진산이 지은 이 시와 동일한 시가 『동문선』 권19에 제목이 「한송정곡寒松亭曲」으로, 작자는 장연우張延祐로 실려 있으니 장진산은 곧 장연우였다.59) 장진산 즉 장연우가 사신으로 간 강남은 부친 장유張儒의 경력으로 보아 중국 강남, 구체적으로 오월吳越이 었을 것이다. 강릉의 한송정과 경포는 광종대 혹은 그 이전부터 노래로 불려질 정도로 사람들을 끌어들인 명승지였다고 하겠다.

---

58) 『신증동국여지승람』 강릉. "月白寒松夜 波安鏡浦秋 哀鳴來又去 有信一沙鷗".

59) 『청장관전서』 권34, 淸脾錄3, 寒松亭曲에서도 張晉山과 張延祐를 동일 인물로 보았다. 한편 張延祐는 瀛州 尙質縣 사람인데, 부친 張儒는 신라말에 吳越에 避亂했다가 還國하니 華語 이해로 인해 광종이 누차 客省을 제수해 매양 中國使가 이를 때마다 반드시 張儒로 하여금 儐接하게 했다고 한다. 장연우는 현종 때 皇甫兪義와 함께 건의해 京軍 永業田을 빼앗아 祿俸에 충당하도록 했다가 상장군 崔質 등의 정변으로 유배당하기도 했다. 『고려사』 권94, 皇甫兪義傳 및 附 張延祐.

고려중기(예종 무렵) 승려 계응戒膺과 혜소惠素(慧素)는 대각국사의 제자인
데 한송정을 주제로 시를 지었다. 계응이 한송정에 대해 시를 남기기를,
"옛적에 누구 집의 자子가 삼천三千으로 벽송碧松을 심었는가, 그 인골人骨은
이미 썩었지만 송엽松葉은 오히려 무성한 모습이네"라고 했다. 혜소가 이에
화和하여 읊기를, "천고千古 선유仙遊는 멀고 창창蒼蒼하게 홀로 송松이 있구나,
다만 남은 샘[泉] 밑의 달[月]에서 비슷하게 형용形容을 생각하네"라고 했다.[60]
무인정권기 이인로는 한송정寒松亭이 옛적에 사선四仙이 유遊한 곳으로 그
도徒 삼천三千이 각기 소나무 한 그루를 심으니 지금까지 푸르게 무성해
불운拂雲하고 아래에 다정茶井이 있다고 했다.[61]

무인정권기 김극기金克己의 한송정에 대한 시에, "외로운 정자가 바다를
베개 삼아 봉래蓬萊를 배우고, 지경이 깨끗해 먼지 조각이 깃듦을 허용하지
않네, 경徑에 가득한 백사白沙는 걷노라면 눈[雪]이고, 송성松聲은 패[珮]처럼
맑아 옥구슬을 흔드는 듯하네, 이르기를 사선四仙이 종상縱賞한 곳이라 하는데,
지금도 남은 자취가 참으로 기이하구나, 주대酒臺는 기울어 푸른 풀에 묻혔고,
다조茶竈는 지금 쇠락해 푸른 이끼 끼어 황폐하네, 양쪽 언덕 야당野棠은 흐드러지
게 피어 공空하고 누구를 향해 지고 누구를 향해 피나, 내가 여가에 탐력探歷해
그윽한 흥취를 놓아 종일 술 석 잔을 질펀하게 기울이네, 앉아서 기機를
다 알아 이미 물物을 잊고, 갈매기가 사람 곁에 날아내려 오네"라고 했다.[62]

경포대鏡浦臺에 대해, 김극기 시에 "대臺를 쌓아 벽포碧浦를 베개 삼으니
올라가 조망함을 어찌 오래 사양하리, 부서지는 파도는 노래 따른 부채를
움직이게 하고 상서로운 폭풍은 춤추는 소매를 표표飄飄하게 날리네, 하河가
옥진玉塵을 기울여 이야기하게 하고 바다가 은굉銀觥을 넘쳐 술을 마시게
하네, 사선四仙 마음을 알지 못해, 금고今古에 서로 비추는지 아닌지"라고

---

60) 『파한집』 중권. 한편 혜소의 이 시를 『신증동국여지승람』 권44, 강릉 樓亭 寒松亭에는
    李仁老詩라며 실었지만 착오로 보인다.
61) 『파한집』 중권.
62) 『신증동국여지승람』 권44, 강릉 樓亭 寒松亭, 金克己詩.

했다.63) 또한 경포대에 대해, 김극기는 "허량虛涼한 경포대에 수석水石이 다투어 얽혀 도네, 버들 제방은 푸른 안개와 합하고 모래 언덕은 백설白雪(흰 눈 같은 모래)이 쌓였네, 물고기는 상점象簟을 불며 가고 새[鳥]는 교반鮫盤을 떨어뜨리며 오네, 선유仙遊는 아득해 어디로 갔는가, 땅에 가득히 초록 이끼가 끼여 공空하네"라고 했다.64)

이승휴는 강릉江陵에 부임해 두[二] 상霜이 장차 변하려 하는데 관청 일이 한가로워지자 강산을 유상遊賞하러 다니다가 경포대 근처에서 후죽필병朽竹 筆柄을 습득해 고조古調 1편篇을 지어 제공諸公 안하案下에게 부쳤다. 읊기를, "청강淸江이 출렁거려 넘치고 벽산碧山이 첩첩하고 중中에 한 봉峯이 있어 봉집鳳戢하는 듯한데 행인行人이 가리키며 '경포대鏡浦臺'라고 말하네, 육월六月 에 금풍金風이 삽삽하게 불고 낭간琅玕(죽竹)이 삼심森深해 울창해 숲을 이루네, … 종횡으로 암석嵒石 사이에 (낚시 혹은 그물을) 던지나니 신물神物이 꾸짖는 것을 누가 습득하리오, 나는 지금 관한官閑해 하나의 일도 없어 수색水色 산광山光이 음흡飮吸을 더하고 수기선승搜奇選勝해 움직여 돌아가기를 잊은데, 지비地秘 천간天慳이 눈썹 사이에 걸렸네, 고기잡이배의 자子는 어느 곳에서 오는가, 도롱이를 절반 벗고 부들 삿갓을 썼네, 서로 농수弄水해 가고 가서 유심幽尋해 우연히 도화桃花를 좇아 들어가니 선아仙娥가 맞이해 웃으며 추파秋 波를 돌리네, 때에 금단金丹을 한 알씩 나누고 겸하여 동관彤管에게 증여하네" 라고 했다.65) 경포와 경포대의 빼어난 풍광, 그리고 경포에서의 고기잡이와 뱃놀이가 잘 묘사되어 있다.

등명사燈明寺는 강릉부 동쪽 30리에 있었다. 김돈시金敦時의 시에, "사찰이 창파滄波를 눌러 멀리 아득한데, 올라 임臨하니 바다 중앙에 있는 듯하네, 발[簾]을 걷자 죽竹 그림자가 성기면서 빽빽하고, 베개에 비스듬히 기대니

---

63) 『신증동국여지승람』 권44, 강릉 樓亭 鏡浦臺, 金克己詩.
64) 『신증동국여지승람』 권44, 강릉, 題詠 八詠. 김극기가 강릉 일대를 읊은 시들 중의 8개는 특히 애송되어 강릉의 '八詠'으로 알려진다.
65) 『동안거사집』 行錄 2, 朽竹筆柄 寄館翰諸公[并序].

그림 3. 강릉 객관 임영관(필자 촬영)

여울 소리가 억양抑揚하네, 밤에 경루經樓가 고요한데 향불이 식어가고 달이 빈탑賓榻에 밝아 갈건葛巾이 서늘하네, 좋은 경치에 머물 인연 없음을 아쉬워해, 종일토록 혼혼하게 입[口]을 위해 바쁘네"라고 하였다.[66] 김돈시는 무신정변 때 졸오卒伍에 의해 죽임을 당하므로 무신정변 발생 이전에 이 시를 쓴 것이었다. 등명사에 대해 김극기의 시에, "금승金繩의 도道가 벽련봉碧蓮峯을 두르고 복각複閣 층대層臺가 멀리 허공에 의지했네, 그윽한 나무는 그늘을 만들어 하시夏市를 맞이하고 늦은 꽃은 아름다움을 남겨 춘공春工을 돕네, 봉간鳳竿 그림자는 천 봉우리 달에 걸리고, 어고魚鼓 소리는 만 골짜기 바람에 전하네, 고인高人이 설야雪夜 들음을 가장 추억하고 화로 재는 발백撥白해 불이 홍紅과 통하네"라고 했다.[67] 이승휴가 등명사 판상板上 시에 차운次韻하기를, "호사好事 금오金鰲가 옥봉玉峯을 이고[戴하고] 용출하는 푸른 파도가

---

66) 『신증동국여지승람』 강릉 불우. 등명사는 현재 등명낙가사이다.
67) 『신증동국여지승람』 강릉 불우, 등명사, 김극기 시. 원간섭기 이곡도 「동유기」에 따르면 등명사에 와서 일출을 구경한다.

그림 4. 강릉 등명사(필자 촬영). 일출의 명소로, 현재 낙가사

솟구쳐 허공을 문지르네, 물결이 학수鶴瘦를 이룬다고 승려僧가 과격誇格하고 이슬은 천간天慳에서 나왔노라 땅이 타공詫工하네, 닭이 울지 않은 때에 누樓가 해日를 얻고 신蜃(이무기)이 처음 뿜어낸 곳에 바다가 번풍飜風하네, 탑대塔臺가 기치奇致해 서로 아는 것 같아 모름지기 아침 해가 만이홍萬嶼紅함을 기다리네"라고 했다.[68] 등명사는 일출의 명소였던 것이다.

　오대산五臺山은 강릉부 서쪽 1백 40리에 있고, 동쪽이 만월滿月, 남쪽이 기린麒麟, 서쪽이 장령長嶺, 북쪽이 상왕象王, 중앙이 지로智爐인데, 오봉五峯이 환열環列하고 대소大小 균적均敵한 까닭에 오대라 이름하였다.[69] 대관령大關嶺은 부府(강릉부) 서쪽 45리에 있고 이 주州(강릉)의 진산鎭山인데, 여진의 장백산長白山에서부터 구불구불 남쪽으로 뻗어내리면서 동해東海 가를 차지한 것이 몇인지 모르나 이 령嶺이 가장 높고, 부의 치소에서 50리 거리이며

---

68) 『동안거사집』 行錄 2. 次燈明寺板上韻.
69) 『신증동국여지승람』 강릉 산천. 조선 세조대왕이 12년에 關東에 행차하다가 이 동구에 寶輦을 머물고, 과거를 베풀어 陳祉 등 18명을 뽑았다.

대령大嶺이라 부르기도 한다.70) 『삼국유사』에 따르면, 범일梵日의 문인門人인 두타頭陀 신의信義가 오대산에 와서 장사藏師(자장慈藏) 휴식의 장소를 찾아 암庵을 창건해 거처했고, 신의信義가 죽자 오랫동안 황폐화한 그 암庵을 수다 사水多寺 장로長老 유연有緣이 중창重創해 거처해 점차 대사大寺를 이루었는데, '금今' 월정사月精寺가 그것이었고 이 절의 오류성중五類聖衆과 구층석탑九層石塔 은 모두 성적聖跡이라고 한다.71)

순식順式은 태조(왕건)가 신검神劍을 토벌할 때에 본주本州 장군으로서 명주 溟州로부터 그 병력을 거느리고 회합해 신검과 전투해 격파했다. 태조가 순식에게 이르기를, "짐朕의 꿈에, 이승異僧이 갑사甲士 3천을 거느리고 이른 것을 보았는데, 다음날에 경卿이 병력을 거느리고 와서 도우니 이것은 그 감응이로다"라고 했다. 순식이 아뢰기를, "신臣이 명주를 출발해 대현大峴에 이르렀는데 이승사異僧祠가 있어 제사를 지내 기도하였으니, 상上이 꿈꾼 것은 반드시 이 때문입니다"라고 하니, 태조가 기이하게 여겼다고 한다.72) 명주장군 순식은 대현(대관령)과 오대산을 자주 찾았으리라 여겨지며, 순식 휘하에 적어도 3천명 병력이 있었고 대관령에 이승異僧 신사가 있었음을 알려준다.

무인정권기에 수묵화가 유행했고 오대산도도 그려졌다. 비서감秘監 정이 안丁而安이 문장에 심오하고 묵죽墨竹에 최묘最妙한데, 일찍이 후가侯家에 한 화족畵簇이 있어 중사衆史가 모두 그 도본圖本에 어두웠다. 비감(정이안)이 그것을 보고서 말하기를, 이는 유빈객劉賓客 시詩라 하고는 그 시를 읊조려 그 화畵와 비교하니 한 터럭의 차이도 없었다. 인因하여 말하기를, 사대부士大 夫는 휘소揮掃해 의례히 시詩로 본본本을 삼나니, 만약 그 도圖를 답습하면 화공畵工이라 했다.73) 진보궐陳補闕(진화陳澕)이 오대산五臺山에 유遊하며 읊기

---

70) 『신증동국여지승람』 강릉 산천 大關嶺. 서쪽으로 京都(한양)와 통하는 大路가 지나갔 다.

71) 『삼국유사』 권3, 塔像, 臺山五萬眞身 및 臺山月精寺五類聖衆.

72) 『신증동국여지승람』 강릉 인물.

73) 『보한집』 중권.

를, "당년當年에 화畵(그림) 속에서 오대五臺를 보았을 때 구름 걷혀 창취蒼翠해
고저高低가 있더니, 지금 만학萬壑 쟁류처爭流處에 오니 도리어 구름 뚫은
길이 미迷하지 않아 기쁘네"라고 했다면서,[74] 최자崔滋는 이는 고인古人이
이른바 '대경對境 상화想畵'라고 평가했다. 진화가 오대산을 그림으로 보아
오다가 실제로 올라 느낀 점이 많았던 것인데, 이를 통해 진화가 활동한
무인정권기에 오대산 그림이 그려져 유통되었음을 알 수 있다. 진화의 이
시는 『매호유고梅湖遺稿』에도 '유오대산遊五臺山'이라는 제목으로 실려 있는
데[75] 당시 진화가 왕사王事로 인해 관동에 가서 지은 것이라고 한다. 진보궐陳
補闕 즉 진화가 왕사王事로 인해 치악雉岳 서쪽을 지나다가 소나무와 삼나무가
음밀蔭密하고 수석水石이 유기幽奇해 마음으로 그것을 사랑해 동洞 중으로
들어가 아자兒子를 데리고 계석溪石에 앉아 있는 한 노승老僧을 만나 시를
주고받았다.[76] 진화는 왕사王事로 인해 오대산을 왕래하는 길에 치악산을
거쳤던 것으로 보인다.

　권적權迪(權適)은 예종~의종대에 활약한 인물인데 강릉과 오대산 일대에
대한 여러 편의 시를 남겼다. 그는 안동부 사람인데 19살 임진세壬辰歲(1112,
예종 7)에 과거에 급제했고 부우父憂(부친상)를 겪고 나서 복제服除하자 청평
산淸平山 문수사文殊寺에 유遊하여 거사居士 이자현李資玄을 알현해 평생 도우道
友가 되어 그로부터 선결禪訣을 받았고, 20살에 북원北原(원주) 개선사開善寺에
유遊하여 기신론起信論을 읽고 감오感悟했다. 정화政和 5년(1115, 예종 10)에
송에 유학해 7년(1117, 예종 12)에 상사급제上舍及第해 귀국해 좌우위녹사左右
衛錄事에 임명되었다. 청도淸途를 역사歷仕하고 국학國學에 근무하다가 임인년
(1122, 예종 17)에 명주溟州(강릉)를 수守하고 을사년(1125, 인종 3)에 우정언右
正言 지제고知制誥를 제수받았다. 그 후 여러 관직을 거쳐 계해년(1143, 인종

---

74) 『보한집』중권. 陳澕의 동일한 시가 『동국여지승람』 강릉 산천에 五臺山 항목으로,
　　『동문선』권20에 '遊五臺山'으로 실려 있는데, 단 '自覺穿雲路不迷'라 하여 '自覺'이
　　다르다.
75) 『梅湖遺稿』詩, '遊五臺山'. 시 내용이 다른 기록과 약간 차이가 있다.
76) 『보한집』하권.

21) 12월에 좌간의대부를 거쳐 갑자년(1144, 인종 22) 정월에 검교상서우복야檢校尚書右僕射를 더하고 2월에 나가 동북면 병마부사兵馬副使가 되었다.[77] 이로 보아 그가 강릉과 오대산 일대에 대한 시를 남긴 때는 그가 명주(강릉)를 다스린 예종 17년(1122)~인종 3년(1125) 사이와 동북면 병마부사로 근무한 인종 22년 무렵으로 판단되는데, 전자일 가능성이 더 크다.

권적權適이 풍악楓岳으로 가는 안선로安禪老를 전송하면서 시를 읊기를, "강릉江陵은 날이 따뜻해 꽃이 초발初發하지만 풍악은 날씨가 추워 눈이 아직 녹지 않았으리"라고 했다.[78] 권적이 봄철에 강릉에서 근무하면서 풍악(금강산)으로 가는 승려 안선로安禪老를 전송한 것인데, 강릉이 금강산보다 날씨가 따뜻함을 알려준다.

대관령에 대한 권적權迪의 시를 김극기가 차운次韻했으니,[79] 권적이 대관령에 대한 시를 지은 것이었다. 진부역珍富驛은 령嶺(대관령) 서쪽에 있고 부치府治(강릉치소)에서 1백 리 거리였다.[80] 학사 권적權適이 진부역을 주제로 읊기를, "고역古驛 이름이 진부珍富인데 이름 진부珍富는 뜻이 무엇인가, 설雪이 쌓여 산에 옥玉이 충만하고 류柳가 떨어 길에 금金이 많다네, 시내에 잉어가 붉은 비단처럼 도약하고 촌村에 연烟이 벽라碧羅처럼 흩어지고, 눈 앞에 쌍雙 호장戶長은 빈모鬢毛(살쩍 털)가 은루銀縷처럼 화려하네"라 했다.[81] 권적이 대관령과 오대산으로 진입하는 길목인 진부역을 지나며 경관과 인물을 읊은 것이었다.

수다사水多寺 벽상壁上에 백의白衣(백의관음) 화정畫幀(화탱)이 걸려 있는데 학사 권적權迪이 강릉을 수守할 때에 그 옆에 찬제贊題를 지어 이르기를,

---

77) 권적 묘지명.

78) 『보한집』 상권. 이 시의 절반이 『동국여지승람』 강릉 題詠에도 權迪 詩로 실려 있는데, '初發'이 '先發'로 되어 있다.

79) 『신증동국여지승람』 강릉 산천.

80) 『신증동국여지승람』 강릉 역원 珍富驛.

81) 『보한집』 중권. 學士(권적)가 "내가 특별히 戱作한 것이어서 俳談과 유사하다"라고 말했다고 한다. 권적의 이 시 본문은 『동국여지승람』 강릉 역원 珍富驛에도 권적 시로 실려 있다.

"열흘 동안 우설雨雪이 내리고 광풍狂風이 부니 홀로 무료無聊하게 소각小閣 중에 앉아, 백의白衣 관자재觀自在에 의지해 일회一廻 첨례瞻禮하니 만연萬緣이 공空하네"라고 했다.[82] 그 사자嗣子인 학사 권돈례權敦禮가 친의사襯衣使로 이곳에 이르러 발미跋尾하여 이르기를, "이 시詩는 대개 경계庚癸의 제際에 사대부士大夫가 궤수詭隨하지 않을 수 없었지만 홀로 가군家君(부친)이 일읍一邑 (강릉)에서 충의忠義를 지켜 항상 스스로 마음에 관자재觀自在 연독緣督으로 경經을 삼아 비록 당시 혼란했지만 그 마음에 족足히 묶임이 없었음을 지칭한 것이다"라고 했다.[83]

권적은 이처럼 수다사 백의관음을 찬미했는데, 그의 관음에 대한 믿음은 유래가 있었다. 학사 권적權適이 입조入朝해 송 갑과甲科에 발탁되니 천자(송 황제)가 가상히 여겨 곧바로 화관華貫을 제수하고 양구楊球로 하여금 관고官誥 를 서書하게 하고 옥축玉軸·금령金鈴으로 장식하게 하여 그것을 하사했다. 다음해에 권적이 표문을 올려 돌아가기를 요청하니 황제가 허락했다. 장차 떠나가려 하니 상자相者가 말하기를, 그대는 재고才高 명박命薄해 나이가 40을 넘기지 않고 지위가 4품을 넘지 않으리니 마땅히 대승경大乘經을 송頌하여 산록算祿에 자資하라고 하니, 권적이 마음으로 그렇게 여겨 3일을 약속해 법화法華(법화경)를 암송했다. 황제가 앞으로 불러 암송하도록 했는데 한 글자도 착오가 없자 황제가 가탄嘉嘆해 관음상觀音像 1정幀과 법화서탑法華書塔 1정幀을 하사했다. 권적에게 2남 1녀가 있었는데 1녀는 곧 최자의 조모祖母여 서 관음상(관음도)은 최자 조가祖家에 전해졌고, 권적의 장자 권돈례權敦禮는 관고官誥를 전했고, 차자次子는 부도浮屠(승려)가 되어 법화탑法華塔(법화서탑) 을 전했는데, 몰沒하자 이 탑塔이 방외인方外人에게 유전流傳해 있는 곳을

82) 『동안거사집』行錄 1, 水多寺留題幷序]. 권적 贊題 詩 원문은 "經旬雨雪且狂風 獨坐無聊小閣中, 賴有白衣觀自在 一廻瞻禮萬緣空"이다. 한편, 『동문선』 권19, 七言絶句에 「水多寺」 라는 제목으로 "經旬雨雪且狂風 獨坐無聊小閣中, 賴有白衣觀自在 一回瞻禮萬緣空"이라 는 시가 실려 있는데 작자가 金富儀처럼 여겨지도록 배열되었지만 이 시는 이승휴가 목격했듯이 권적의 작품으로 보아야 한다.
83) 『동안거사집』行錄 1, 水多寺留題[幷序]. '庚癸의 際'는 庚寅(1170, 의종 24)의 무신 난과 癸巳(1173, 명종 3)의 김보당 난을 의미한다.

알지 못했다. 최자가 상락上洛(상주)을 수守할 때에 미면사米麵社를 신수新修해 만덕산萬德山 도려道侶를 요청해 설회說會했는데, 어느날 혼시昏時에 홀연히 노승老僧이 법화탑을 지니고 문에 이르러 통알通謁하여 이르기를, "나는 권학사權學士(권적) 내손內孫으로 사군使君(최자)과 연척連戚이라, 내가 이 탑을 전傳하여 비장秘藏하여 온 지 오래인데, 그대가 연사蓮社를 창건한다고 들었기 때문에 와서 이것을 헌정하오"라고 했다. 때마침 영재鈴齋에 이른 도려道侶들 속에 있던 만덕사주萬德社主 천인天因이 이를 듣고 놀라 감탄하고는 시를 지어 찬미하기를, "여래如來가 옛적 영취산靈鷲山에서 연화묘법蓮華妙法을 삼주三周로 베푸는데, 이때 보탑寶塔(다보탑)이 땅속으로부터 솟아나 고불古佛(다보여래)이 찬탄讚歎하기를 어쩌나 은건殷虔했는지"라고 했다.[84] 권적은 관음과 법화탑에 대한 신앙을 지녀 오다가 수다사 관음을 예배하면서 감격해 시를 남겼던 것이다.

김극기金克己가 대관령에 대한 권적權迪(권적)의 시를 차운한 시에, "대관산大關山이 높아 푸른 동해에 임하고, 만학萬壑의 물이 흘러나와 천봉千峯을 두르네, 두려운 길 하나가 교목喬木에 걸려, 긴 이무기처럼 얽혀 무릇 몇 겹인지, 가을 서리는 기러기가 지나기 전에 내리고, 새벽 해는 닭이 처음 우는 곳에 돋네, 절벽 붉은 노을은 낮에서 밤까지 이어지고, 그윽한 벼랑에 검은 안개가 음陰에서 청청晴으로 이어지네, 손을 들면 옥두병玉斗柄을 부여잡을 듯하고, 발足을 드리우면 은황수銀潢水를 더럽힐 듯하네, 어떤 사람이 촉도난蜀道難을 해부解賦하리오, 이백李白이 떠나간 후에는 권부자權夫子(권적)라네"라고 하였다.[85] 김극기는 강릉을 돌아보며 읊은 시에서, 홀연히 비조飛鳥 밖을 조망하니 멀리 푸른 봉우리가 떠 있네, 물어 알았구나, 오대산이 공반空畔에 취규翠虯처럼 서려 있음을, 문수文殊는 부감浮鑒처럼 원圓하고 백월白月은 징류澄流처럼 비추네, 단심檀心이 건앙虔仰하면 일일이 구하는 바를 이루네, 어찌 영경靈境을

---

84) 『보한집』 하권. 天因은 나이 17살에 進士科에 발탁되고 賢關에 旋入해 그 해 겨울 考藝에서 第一生이 되고 謝世해 萬德社에 投하여 剃髮해, 道行이 日進해 一家의 法이 되었다고 한다.

85) 『신증동국여지승람』 강릉 산천 五臺山, 金克己次權迪詩.

108

두드림을 사양하리, 임금의 천만세千萬歲를 축원하네"라고 했다.86) 김극기는 대관산(대관령)과 오대산에 올라 풍광을 감상하고 문수보살을 찬미했다.

이승휴가 을축년(1265, 원종 6) 8월 상순上旬에 대산臺山(오대산) 절정絶頂에 올라 놀이삼아 1절絶을 짓기를, "등림登臨하니 모든 곳이 멀리까지 보이고 돌아가려다가 머무니 뜻이 다시 더해지네, 사람이 사군使君 청淸이라 말함이 가소可笑로워 산수山水를 만날 때마다 청렴할 수 없다네"라고 했다.87) 이 시는 이승휴가 강릉에 서기로 근무할 때 지은 것으로 보이며 사군使君 즉 강릉도안집사 혹은 강릉수령과 함께 오대산에 올랐던 것으로 여겨진다. 이승휴가 불호佛護 혜화상慧和尙에게 부친 서書에서, 지난 겨울에 어떤 납자衲子 가 오대산으로부터 법희송송法戲頌과 서序를 부치니 일부一部로 인합引合하여 일회一廻 읽어 완미玩味해 싫증나지 않았다면서, 이승휴 자신은 행년行年이 75세가 지나 인신人身이 후매朽邁해 당하堂下에 달려가 도착할 수 없어 서여緖餘 를 친히 듣는 것으로 한정할 뿐이라고 했다.88) 이 글은 이승휴가 만년에 삼척현 두타산 기슭에 은거한 때에 쓴 것으로, 오대산의 승려와 교류하고 있었다.

이승휴가 원종 5년 11월 3일에 동지冬至·팔관八關·원정元正과 폐하조제소회 연陛下朝帝所廻輦 4표表를 받들어 길에 올라 경京(강도)에 가노라 횡계역横溪驛에 이르렀는데, 안집安集 김학사金學士가 진주부眞珠府(삼척현) 리吏에게 명해 상 친孀親(과부 모친)이 우우寓하는 초당草堂을 수즙修葺하도록 한 것을 듣고 등명승 통燈明僧統 시운詩韻을 차용借用해 2수首를 지어 사례謝禮하여 이르기를, "백두白

---

86) 『신증동국여지승람』 권44, 강릉대도호부, 題詠, 「竝水穿沙洲」. 前人(김극기) 詩, "手奉天上詔 星軺稅溟州, 事成辭柳幕 驅馬便迴輈, 側聞鯨海畔 煙景足淸遊, 賞心磨不盡 乘興欲冥搜, 却忘北去路 南住良悠悠, 緣岡歷石磴 云云(竝水穿沙洲), 樹樹掛玄狄 波波翻白鷗, 彷徨恣探玩 萬象搖寸眸, 四郞今安在 陳迹只自留, 仙亭壓溪口 佛宇昂嶺頭, 步步失塵境 雲靄空四周, 爽若凌倒景 騎鸞訪蓬丘, 忽望飛鳥外 遙岑碧浮浮, 問知五臺山 空畔蟠翠虬, 文殊圓淨鑑 白月寫澄流, 檀心若虔仰 ——成所求, 何辭叩靈境 祝聖千萬秋".

87) 『동안거사집』 行錄 2, 八月上旬 登臺山絶頂 戲作一絶. "登臨盡處放遐瞻 欲返還留意更添, 人導使君淸可笑 每逢山水未能廉".

88) 『동안거사집』 雜著一部, 寄佛護慧和尙.

頭가 처음으로 장서掌書(장서기)를 제수받아 가서 현후賢候(賢侯)를 만날 수 있어 영광이었네"라고 했다.[89] 11월 5일에 눈[雪]을 무릅쓰고 수다사水多寺에 이르러 숙박해 그 벽상壁上에 오도자吳道子의 진적眞迹인 백의白衣(관음) 화탱畫幀이 걸려 있는 것과 그것에 대한 권적의 글과 그 아들 권돈례의 글을 읽고 비개悲慨를 이기지 못해 차운해 두 편을 지었는데, "하늘에 넘치는 옥삼玉糝(눈 비유)을 가벼운 바람이 롱弄하니 도리어 당시當時 일망중一望中과 흡사하고, 예禮가 끝나 고벽古壁 백의白衣를 보니 묵룡墨龍이 여전히 허공虛空에서 화化하려 하네"라고 했고, "다만 황권黃卷에 영풍英風을 포포하니 어찌 다시 꿈속에서 주공周公을 보리오, 수월水月이 벽간壁間에 보묵寶墨으로 머무니 사람으로 하여금 우사遇事해 문득 관공觀空하도록 하네"라고 했다.[90] 이승휴는 경흥도호부(강릉)에서 장서기로 근무하면서 동지, 팔관회, 설날을 축하하는 표문과 폐하(원종)가 몽골황제(쿠빌라이칸) 처소에 조회했다가 돌아옴을 축하하는 표문을 지어 강도로 가져가는 도중에 대관령을 넘어 횡계역과 수다사에 들러 시를 남겼던 것이다.

김극기는 강릉에 대한 시를 많이 남겼는데 특히 「녹균루綠筠樓」, 「한송정寒松亭」, 「경포대鏡浦臺」, 「굴산종崛山鐘」, 「안신계安神溪」, 「불화루佛華樓」, 「문수당文殊堂」, 「견조도堅造島」는 강릉 팔영八詠으로 알려져 회자되었다.[91] 그는 녹균루, 한송정, 경포대, 굴산사, 안신계, 불화루, 문수당, 견조도 등을 유람했던 것이다.

김극기는 이 「문수당」 시에서, "영상嶺上 문수당은 능허凌虛해 화량畫梁을 일으켰구나, 해조海潮는 벼락처럼 묘후妙吼를 내고 산월山月은 물 흐르듯 자광慈光을 비추네"라고 했다. 『신증동국여지승람』 권44, 강릉 불우佛宇에는 문수사文殊寺가 부府(강릉부)의 동쪽 해안에 있다고 했으며, "사찰을 두른 요계瑤溪

---

89) 『동안거사집』 行錄 1, 「十一月初三日奉冬至八關…」. 冬至·八關·元正과 陛下朝帝所廻輦 四表에 대해, 中書省이 明年 正月 上旬에 이르러 一時에 設科하니 二處가 榜頭하고 一이 第二에, 一이 第三에 居했다고 한다.

90) 『동안거사집』 行錄 1, 水多寺留題[幷序]. "漫天玉糝弄輕風 却似當時一望中, 禮罷白衣瞻古壁 墨龍猶欲化虛空" / "但於黃卷飽英風 那復周公見夢中, 水月壁間留寶墨 令人遇事輒觀空". 周公은 권적을 비유한 듯하다.

91) 『신증동국여지승람』 권44, 강릉대도호부, 題詠.

와 옥잠玉岑, 청량淸涼 경계境界가 고古부터 지금까지 같네, 공空을 찾아 곧바로 오르니 송성松性을 알고 물物에 응하여 장허長虛하니 죽심竹心을 보네, … 사화使華가 해마다 유승幽勝을 찾아 연하煙霞에다가 땅이 깊더라도 상관하지 않네", "유인幽人이 보산寶山 중中에 연좌宴坐해 한 심지[炷] 침연沈烟이 순궁舜躬을 축祝祝하네, 천녀天女가 꽃을 뿌려 향기가 땅을 덮고 야신夜神이 나무를 펴서 그림자가 허공을 침범하네, 처마끝 영월嶺月이 주공朱栱에 흐르고 침상枕上 계운溪雲이 벽롱碧櫳을 수嗽하네, 반야半夜에 동창東窓이 객몽客夢을 놀라게 하고 금오金烏(태양)가 바다에서 용출해 하늘을 쏘아 붉네"라는 김극기의 시 2개를 소개했다. 한편 김극기가 강릉에 대해 읊은 시에서, "사랑四郎이 지금 어디에 있는가, 진적陳迹이 다만 스스로 남았네, 선정仙亭이 계구溪口를 누르고 불우佛宇가 영두嶺頭에 솟았네"라고 했는데,[92] 이 '선정'은 한송정을, 이 불우는 문수당(문수사)을 지칭한 것으로 보인다.

김극기가 삼척을 유력하며 지은 시가 『동국여지승람』 삼척의 누정樓亭 죽서루竹西樓 항목 1개, 제영題詠 항목에 2개가 실려 있다.[93] 죽서루 항목에 실린 시에서, "도기道氣가 전투全偸해 장관長官을 정정靖靖하고 관여官餘에 흥미興味가 가장 유한幽閑하네, 유루庾樓에 저녁달이 상床 아래를 침범하고 등각滕閣에 아침구름이 동동棟 사이에서 일어나네, 학학鶴이 세차게 반회盤廻해 원도遠島에 투투投하고 별두鼈頭가 세차게 층만層巒을 때리네, 신시新詩는 맑아 인골人骨을 기이하게 여기지 않고, 구부려 놀란 시내[溪]를 듣고 우러러 산을 보네"라 했다. 제영題詠 항목에 실린 시에서, "객로客路가 험하여 파악破顔이 적다가 누樓에 오르니 기쁨을 얻어 편시片時로 한가하네, 땅은 정경靜境을 진사塵沙 밖으로 나르고 하늘은 더불어 수석水石 사이에서 청유淸遊하네, 넘실거리는 파광波光은 아침에 해[日]를 토하고 음음陰陰한 야기野氣는 저녁에 산을 가라앉

92) 『신증동국여지승람』 권44, 강릉대도호부, 題詠, 「竝水穿沙洲」. 前人(김극기) 詩, "…四郎 今安在 陳迹只自留, 仙亭壓溪口 佛宇昂嶺頭, 步步失塵境 雲霞空四周, 爽若凌倒景 騎鸞訪蓬 丘…".

93) 『신증동국여지승람』 권44, 삼척 題詠 및 樓亭 竹西樓. 이에 따르면 죽서루는 객관 서쪽에 위치했고 아래로 五十川이 흘렀다.

히네, 때가 맑아 다시 도두刀斗를 듣지 않고 목적초가牧笛樵歌가 홀로 왕환往還하네"라 했다. 또한 "수운水雲이 한 군郡(삼척현)을 장藏하여 진앙塵鞅 왕래가 드무네, 객관客館이 단학丹壑에 임림臨하고 인가人家가 취미翠微에 거주하네, 빈蘋(개구리밥)에 바람이 석석淅淅하게 불고 죽竹에 이슬이 미미靡靡하게 뿌리는데, 한 조각 한가로움 중의 한恨은 낙휘落暉(석양)를 매달(묶을) 새끼줄이 없음을"이라고 했다.[94] 김극기가 삼척에서 골짜기에 임하고 대나무를 지닌 객관의 누樓에 즐겨 올라 풍경을 감상했음을 알려주는데 이 루를 김극기 당시에도 이미 '죽서루竹西樓'라 불렀을 수 있음을 시사한다.

이승휴가 원종 6년에 안집사安集使 병부시랑 진자사陳子俟를 모시고 진주부眞珠府(삼척현) 서루西樓에 올라 판상板上 시에 차운했는데 진자사 역시 진주부(삼척현) 사람이었다.[95] 이 차운시에서 "반공半空 금벽金碧이 가파르게 타고[駕] 엄영掩映 운단雲端이 동영棟楹에서 춤추네, 취암翠嵒에 비스듬히 기대어 곡곡鵠이 날아오르는 것을 보고 단함丹檻에서 굽어보며 움직이는 물고기를 세네, 산이 평야를 둘러싸 둥글게 계界를 이루고 현縣(삼척)이 고루高樓를 만들어 별도로 명칭이 있네, 잠簪(벼슬)을 던져 즐겁게 송로送老하고 싶지만 형촉螢燭을 가지고 군명君明을 돕기를 바라네"라고 했다. 또한 "등림登臨하니 장기壯氣가 가파르게 두斗하고 권박卷箔 운연雲煙이 채영彩楹을 두르네, 벽랑碧浪이 파문破紋하니 물고기가 다투어 도약하고 백사白沙에 전篆을 이루며 새가 한가로이 가네, 농사籠紗로 일찍이 춘지구春池句를 걸어놓았고 장월杖鉞로 돌아와 주금명晝錦名을 드리우네, 연진설염撚盡雪髥해 하필下筆하기 어려워 도리어 사俟(후侯: 진자사陳子俟)가 미명彌明에 대對함을 기뻐함이 부끄럽네"라고 했는데, 진자사가 감창監倉으로 일찍이 여기에 유遊한 적이 있었다.[96]

---

94) 刀斗는 軍中의 그릇을 지칭하니 전쟁을 상징한다.

95) 『동안거사집』行錄 2, 陪安集使兵部陳侍郞(諱子俟) 登眞珠府西樓 次板上韻 公亦此府人也.

96) "…斜倚翠嵒看鵠擧 俯臨'舟'(丹?)檻數魚行…", "…籠紗曾掛春池句 杖鉞還垂晝錦名, 撚盡雪髥難下筆 却慙'俟'(侯?)喜對彌明[公以監倉曾遊]". 籠紗는 감창사를, 杖鉞은 병마사 내지 안집사를 상징했다. 晝錦은 비단옷을 입고 낮에 다닌다는 뜻이니 錦衣還鄕을 의미한다. '春池句'가 걸려 있었다는 것으로 보아 진자사가 감창사로 봄철에 삼척현 서루에 올라 오십천 호수를 내려다보며 시를 지은 것이 이 서루에 걸려 있었던 것으로

그림 5. 삼척 오십천과 죽서루(필자 촬영)

진자사는 감창사로 강릉도를 순찰하다가 고향 삼척현에 들렀었고, 이어서 안집사로 강릉도를 순찰하다가 고향 삼척현에 들렀던 것이다. 김극기와 진자사와 이승휴의 사례에 보이듯이 삼척현에서는 절벽과 하천에 접한 객관 서루(죽서루)가 주된 유람 장소였다.

삼척현에서 두타산 삼화사와 중대사도 통일신라 이래 유서가 깊은 곳이었다. 식영암息影庵(고려말 승려) 기記에 따르면, "산(두타산)은 군郡(삼척) 서북 30리里에 있어 웅장하게 하예遐裔를 타넘고 대해大海를 공림控臨해 기세氣勢가 대굴臺崛과 면긍綿亘한다. 산(두타산)은 동쪽으로 거학巨壑과 면면面面하여 끝없는 긴 능선이 달리고 비스듬히 굽이치는 대계大溪가 중中에 맑고 깊게 흘러 바다(동해)로 들어간다. 지산支山이 있어 기복起伏하여 동쪽으로 뻗어 50보步 미치기 전에 또 굴절屈折하여 남쪽으로 가파르게 솟아 한 봉峯을 이루고 그 봉峯 아래 땅 40묘畝가 계溪의 북쪽에 있어 융연隆然하고 평평하다. 신라말에 삼신인三神人이 있어 각기 아주 많은 요오僚伍를 거느려 여기에 모여 서로

여겨진다.

함께 모의하여 옛 제후회맹諸侯會盟의 예禮와 같은 것이 있었는데 오래되어 떠나갔다. 토인土人이 이로 인하여 그 봉峯을 명명해 '삼공三公'이라 했다. 근래[頃]에 사굴산闍崛山 품일조사品日祖師가 있어 그 곳에 가서 불사佛祠를 건립해 역시 '삼공三公'으로 방榜을 걸었다. 태조(왕건)가 용비龍飛해 이 사찰에 칙령을 내려 적명籍名 녹안錄案해 후사后嗣에 전하도록 했으니 기이하다. 대저 신인神人이 점위占位해 그 징조를 나타냈고, 조사祖師(품일)가 그 터에 절을 지었으니 그 상서로움을 알았고, 신성왕神聖王(태조 왕건)이 삼토三土(후삼국)를 회화會和하기에 미침에 그 효응效應이 분명히 드러난 것이라, 이로써 사목寺目을 고쳐 '삼화사三和寺'라 했다".[97] 삼화사는 굴산사 품일品日(범일梵日)에 의해 건립된 삼공사三公寺에서 유래한 사찰인데, 이승휴는 은거지가 이 삼화사의 이웃이어서 이 절을 왕래하며 지냈다.[98]

두타산 중대사 터에서 신라하대에 화엄승 결언이 주도해 제작한 철제 노사나불이 발견되어 현재 삼화사에 봉안되어 있다.[99] 이승휴가 두타산의 중대동中臺洞을 찬미하며 그 경치를 주제로 십사관十四觀 시詩를 지었는데,[100] 중대동은 중대사가 있었기 때문에 생겨난 명칭이었을 것이다. 원간섭기에 이곡이 진주眞州(삼척현) 중대사를 방문해 이승휴가 지은 시 '웅관십사雄觀十四' 즉 '십사관十四觀'을 목격했는데,[101] 아쉽게도 이 '십사관'시는 아직 발견되지 않고 있다.

『동국여지승람』 울진蔚珍의 제영題詠에 실린 '황사유기수恍似遊淇水'는 김극기의 영죽시咏竹詩 "낭간琅玕(대나무)을 삼수묘三數畝에 조만早晩에 비로소 옮

97) 『신증동국여지승람』 권44, 삼척도호부 佛宇 三和寺, 息影庵 記.
98) 『동안거사집』 雜著一部, 葆光亭記(이승휴) 및 看藏寺記(이승휴) 및 看藏庵重創記(崔瀣).
99) 이 철불은 삼화사 철불로 알려져 있는데 중대사 철불로 보아야 한다. 이 철불에 대해서는 서지민, 「삼화사 철조노사나불상의 도상적 의의와 조성배경에 관한 고찰」 『신라문화』 49, 2017 ; 김창호, 「동해시 삼화사 철불 조상의 역사적 의미」 『경주문화연구』 5, 2002 ; 김창호·한기문, 「동해시 삼화사 철불 명문의 재검토」 『강좌미술사』 12, 1999 ; 정영호, 「삼화사 철불과 삼층석탑 불교미술사적 조명」 『문화사학』 8, 1997이 참고된다. 현재 삼화사는 옛 중대사 영역으로 옮겨진 사찰이다.
100) 『동안거사집』 잡저, 「보광정기」.
101) 『稼亭先生文集』 권14, 古詩, 「留別眞州中臺寺古長老」.

겨 심으니, 두사杜舍에 처음으로 벽壁을 뚫고 한정韓亭에 점차 담장을 나오네,
물物이 생生함은 원래 자득自得하는 것이니 천의天意를 끝내 어찌 말하리오,
황홀하게 기수淇水에서 노니는 것과 흡사해(怳似遊淇水) 아름답게 초록이 원園
에 가득 차네"에서 온 것이었다.102) 이로 보아 울진에는 대나무가 유명했던
것 같다. 사관史館 이윤보李允甫가 불영佛影을 주제로 일백운一百韻을 지었
다.103) 이 불영은 울진 백암산 불영사佛影寺(불귀사佛歸寺)를 지칭한 것으로
보이는데,104) 불영사 일대가 100운韻으로 찬미될 정도로 절경이었음을 알려
준다.

　고려 초중기에 고려인이 관동 유람에서 즐겨 찾은 곳은 금강산, 금양(통
주), 익령(양주), 명주(강릉), 삼척, 울진 등이었다. 금강산에서는 정양사,
장안사, 마하연, 발연수, 유점사 등이 풍광과 성지로 인기를 끌었다. 금양(통
주)에서는 금란굴과 총석정이, 익령(양주)에서는 낙산사가 유람객을 불러모
았다. 명주(강릉)에서는 한송정, 경포, 등명사, 오대산 등이, 삼척에서는
서루(죽서루) 등이, 울진에서는 불영사 등이 유람객이 자주 찾은 명승지였다.

2. 임춘의 동행기

　임춘林椿은 고려의 동쪽 지역을 유람하며 「동행기東行記」를 지었는데,105)
급제하지도 못하고 벼슬하지도 못한 처지에서 유람에 나선 것이었다. 그의
「동행기」를 소개하면 아래와 같다.

　　세상에서 산수山水를 논하는 자는 강동江東으로 수지秀地를 삼지만 자신은

---

102) 『신증동국여지승람』 권45, 울진현 題詠, 「怳似遊淇水」, 金克己詠竹詩.
103) 『보한집』 상권.
104) 佛歸寺는 백암산에 있는데 신라승 의상이 창건했다고 한다(『신증동국여지승람』 울진
　　불우). 佛影寺와 佛歸寺가 동일한 사찰임은 柳伯濡의 「天竺山佛影寺記」 참조.
105) 『서하집』 권5 및 『동문선』 권65, 東行記(임춘).

홀로 믿지 않아 말하기를, 조물자造物者는 굳게 마음에 여탈與奪하지 않나니 어찌 기꺼이 일방一方에 사사로움을 두리오. 남국南國에 유遊함에 미쳐 무릇 기승奇勝으로 절특絶特 자명自名한 것은 모두 다 그윽히 찾아 싫컷 본 바여서 천하의 기관奇觀은 거의 이에서 벗어나지 않는다고 생각했다. 또 떠나서 동東으로 갔는데 명주溟州·원주原州의 지경부터는 풍토風土가 특변特變해 산이 더욱 높고 수水가 더욱 맑고 천봉千峯 만학萬壑이 기이함을 자랑하고 수려함을 겨루며 민民이 그 사이에 거처해 모두 측경側耕 위확危穫해 황연怳然히 일세계一世界를 별조別造한 것 같아, 저번에 편력한 곳은 마땅히 모두 손양遜讓 굴복해야 해 감히 더불어 겨룰 수 없다. 그러한 후에 혼돈씨混沌氏가 청탁淸濁을 비로소 판별해 곤륜崑崙 방박磅礴해 홀로 응결凝結해 이를 만들었음을 안다.

죽령竹嶺의 서쪽 20리 남짓에 물이름 당진唐津이 있는데 아래에 세석細石이 많아 모두 원숙圓熟 청색靑色이고 색철色徹 수벽水碧하고 침침沉沉해 소리가 없어 물고기를 꼬리 백개까지 세면서 석간石間에서 희롱할 수 있으며, 좌우에 모두 암석이 적치積峙해 벽립壁立 만잉萬仞해 붉은 듯 푸른 듯하며, 애곡崖谷의 형세가 입을 벌린 듯 웅덩이인 듯 질埃인 듯 혈穴인 듯하며, 기이한 풀과 아름다운 전箭(대나무)이 섞여 생겨나 이어져 그림자가 거꾸로 물 밑에 비추어, 대략 이와 같아 그 기려奇麗를 형용할 수 없다. 단안구斷岸口에서 하마下馬해 석벽石壁의 지址에서 배(舟)를 띄웠다. 그 지경이 지나치게 맑아 오랫동안 머물 수 없어 시 하나를 읊어 그것을 제題하고는 떠났는데, "벽수碧水가 질펀해 색色이 쪽(藍)과 유사하고 영映이 청벽靑壁에 파波해 가파른 암벽에 거꾸로 비추고 표연飄然히 만리萬里 동정객東征客이 홀로 추풍秋風에 한 폭幅의 돛(帆)에 걸렸네"라고 읊었다. 자신이 동매東邁한 이래 거철車轍 마적馬迹이 미치는 곳이 많았지만 청절淸絶의 지지地址가 이곳을 넘는 것이 있지 않았다. 만약 경읍京邑에 가까이 두면 귀유貴遊가 반드시 날마다 증가해 천금千金으로 다투어 매입하려 할 터인데, 궁벽해 황양荒壤에 위치해 사람이 찾음이 드물고 때때로 렵부獵夫 어로漁老가 지나가면서 돌아보지 않는데, 이는 반드시 천天이 장차 비秘하여 우리들 궁수窮愁한 사람을 기다린 것이리라.

명주溟州 남령南嶺에 올라 북쪽으로 해반海畔으로 나가니 소성小城이 있어

'동산洞山'이라 했는데 인민人民 취락聚落이 소연蕭然해 심히 궁벽했다. 그 성城에 올라 조망하니 저녁 무렵 어둡고 아득한데 길 옆 어사漁舍에 등화燈火 은현隱顯해 사람으로 하여금 회향懷鄉 거국去國해 쓸쓸히 감극感極해 슬퍼지는 것이 있었다. 밤에 전사傳舍에 숙박했는데, 벽壁에 의지해 위좌危坐하니 강성江聲이 굉굉해 그치지 않고 천둥과 번개가 쳐서 사람의 모발毛髮을 서게 했다. 이를 주제로 시를 짓기를, "거민居民이 적막하고 바다 파도가 절반이고 백장百丈 봉두峰頭에 아름다운 초譙(망루)가 꽂혀 있네, 돛(帆) 그림자가 가벼이 날아 어시魚市가 트이고 낭화浪花가 쟁축爭蹙해 해문海門이 아득하네, 정안征鞍이 황혼월黃昏月을 차갑게 띠고 객침客枕이 반야半夜 동안 조수(潮)로 빈번히 시끄럽네, 오강정吳江亭 상망上望에 못지 않아 단풍丹楓과 녹귤綠橘이 장교長橋에 비추네"라고 했다.[106]

새벽에 촌村 닭(雞)의 한번 울음을 듣고 행行하여 낙산洛山의 서쪽을 지났다. 길에 고송孤松이 있어 절목節目이 뇌라磊砢하고 지간枝幹이 굴반屈盤해 땅에 그늘을 드리우며 주위周圍한 것이 수십보數十步였다. 기이하도다, 소나무의 기괴奇怪함이여, 세상에 다시 이와 같은 것이 있을까. 동천洞天이 유적幽寂해 운수雲水가 침침沉沉해 거의 인간人間의 지경이 아니고 선령仙靈의 거처여서 고사高士의 일적逸迹이 완연히 있었다. 내(임춘)가 옛적 신라 원효元曉·의상義相 두 법사法師가 선굴仙窟 중에서 관음을 친히 알현한 것을 감동했는데, 골골骨骨이 평범하고 기기氣氣가 속되어 만나지 못하고 돌아감을 스스로 탄식하며, 유사遺事를 묻고자 했지만 그 산이 길고 물이 흐름을 헛되이 볼 뿐이고, 수백년 동안 고가故家 유속遺俗이 다했다(없어졌다). 이에 두 절絶을 지어 마음으로 생각하기를, "일찍이 듣건대 거사居士 노유마老維摩는 석장을 날려 능공凌空해 만리萬里를 통과하는데, 이미 문수文殊를 보내와 문질問疾했으니 응당 일 없이 비야毗耶(비야성)를 나가지 않으리(원효를 지칭)", "석장을 날려 홀로 해안에서 진眞을 찾아 친히 묘상妙相을 첨망瞻望해 허무虛無를 나왔네, 대사大士가 영응靈應을 돌릴 인연이 아니었으면 어찌 신룡神龍 1과顆 주珠를 얻을 수 있었으랴(의상을 지칭)"라고 했다.

간성捍城(杆城) 이북은 유력遊歷한 바가 아직 없어 세상에서 전전傳하는

---

[106] 洞山縣은 강릉과 양양의 사이에 위치했는데 綠橘이 있었으니 날씨가 온화했기 때문일 것이다.

총석叢石·명사鳴沙 같은 것은 모두 눈으로 보지 않았으니, 지금 강동江東에서 본 것은 진실로 대창大倉의 한 제패稊稗일 뿐이라, 다 본다면 비록 만곡萬斛의 피皮를 다하고 천토千兎의 한翰(붓)을 닳게 하더라도 어찌 능히 기술하리오, … 대장부가 주유周遊 원람遠覽해 팔극八極을 휘척揮斥해 장차 그 가슴속 수기秀氣를 넓힐 뿐이라. 내(임춘)가 만약 명검名檢의 안에 질곡桎梏한다면 반드시 능히 그 기이奇異를 궁채窮採하여 그 아지雅志를 상창하지 못했으리라. 천天이 나에게 후厚함이 많음을 볼 수 있다. 월月 일日에 모某가 기기記한다.107)

임춘은 죽령을 넘어 당진唐津을 구경하고 명주(강릉) 남령南嶺을 거쳐 북쪽으로 나아가 동산洞山(동산현)에서 숙박하고 익령翼嶺 낙산에 진입한 것이었다. 그는 동산洞山이 궁벽한 어촌이면서 어시魚市가 열리는 광경을 목격했고, 강과 바다가 만나는 봉우리에 망루를 지닌 성城이 솟아 있음을 보았고, 낙산에서 기괴한 고송孤松에 반했고 의상과 원효가 선령仙靈의 거처에 들어가 관음보살을 친견했다며 부러워했고, 간성 이북은 유람하지 못해 총석叢石·명사鳴沙 등을 구경하지 못한 것을 아쉬워했다.

그가 익령翼嶺 도중에 시를 짓기를, "만리萬里 동오東吳 땅으로 가고 가서 수애水涯에 들어가니, 산천이 승지勝地가 많고 풍속이 화華와 통하지 않네, 유계幽薊 봉강封疆이 멀고 방심房心 분야分野가 머네, 새벽에 가서 해시海市를 관람하고 포晡(오후 4시 무렵)에 어가漁家에서 반우飯寓했네, 마馬가 여위어 채찍을 길게 소모하고 봉峯이 많아 길이 다시 아득하네, 천형天形이 거야巨野를 두르고 성세城勢가 포사襃斜를 베개 삼네, 험준을 타고 넘으며 비탈(坂)에 임함을 생각하고 위태를 타니 뗏목(槎)에 접하는 듯하네, 노루가 잠자며 밀록密麓에 웅크리고 새(鳥) 자취가 평사平沙에 도장 찍혔네, 구름이 끊어져 산이 횡대橫黛하고 바람이 뒤집으니 물결이 추화皺花하네, 차가운 숲에 처음으로 낙엽이 떨어지고 낙일落日(석양)에 어슴푸레 노을이 붉게 지네, 유乳가 생겨나는 벼랑은 혈穴이 많고 조수(潮)가 뚫은 암석은 저절로 우묵하네, 황혼

107) 『서하집』 권5 및 『동문선』 권65, 東行記(임춘).

에 호시虎兕와 노닐고 대낮에 사슴과 조우하네, 누관樓觀이 오정鼇頂에 당當하고 교기郊圻가 견아犬牙와 접하네, 풍년에 신귀神鬼에 제사하고 진산珍産에 어하魚鰕가 풍부하네, 천수淺水에 추운 오리가 뜨고 유림幽林에 저녁 갈까마귀가 지저귀네, 요사妖祠에서 초무楚舞를 헌정하고 외로운 (외딴) 수成(초소)에 호가胡笳를 부네, 역역役役히 사향思鄕해 꿈꾸고 아득히 실로失路해 탄식하네, 서신이 드물어 기러기에 매고 객客이 오래도록 두꺼비처럼 결핍하네"라고 했다.108) 관동을 중화와 다른 동오東吳에 비유하면서 관동 동산현에서 익령(양주)으로 가는 도중에 산과 바다에 접한 이 지역의 풍광을 세밀하게 묘사했다.

한편 임춘은 익령翼嶺으로 부임하는 함순咸淳을 전송하는 서문을 지었다.109) "지금 삼도三刀의 꿈을 꾸어 동쪽으로 회호淮湖에 원轅하니 뜻을 같이하는 자가 합하여 전별餞別하는데, 함군咸君(함순)이 항상 독립獨立의 아래에 있다가 하루아침에 멀리 떠나가니 뜻이 슬퍼하지 않을 수 없다며, 날마다 나(임춘)의 이광離曠의 회懷를 위로하고 나의 행역行役의 로勞를 걷어주었나니, 내가 그대의 망望이 아니면 장차 누가 망望하리오" 했다. 이에 임춘이 술잔에 술을 따라 들며 유諭하기를, "지금 천자(고려 임금)가 그대의 가세家世를 청백淸白하다고 여겨 잠시 소군小郡에 굴屈하게 하여 지친 민民을 다스리도록 한 것이라, 때문에 조정에 동고東顧의 근심이 없어 장차 그 추봉질치追鋒疾置로 조詔를 내려 불러들임을 보게 되리니, 또 어찌 정위庭闈에 권연眷戀해 아녀兒女 태도를 본받으리오, 내가 오랫동안 세상에서 배척당해 제생諸生과 함께 궐闕에 나아가 항소抗疏해 제혼帝閽에 부르짖어 그대가 동東으로 감을 돌아오도록 할 수 없지만, 이미 이 모임에 참예했으니 말이 없을 수 없어 이에 끌어당겨 서序하고, 좌자坐者 약간인若干人이 붓을 잡아 함께 시를 지어 말간末簡에 기紀하여 그 떠나감에 준다"라고 했다. 임춘이 관동을 유람한 것은 친우 함순咸淳의 익령 부임과 관련이 있었을 터이니, 임춘은 함순이 익령에 부임하자 친우도 방문할 겸하여 관동 유람에 나선 것이라 볼 수 있다.

---

108) 『서하집』 권3, 翼嶺途中口占.
109) 『서하집』 권5 및 『동문선』 권83, 送咸淳赴翼嶺序(임춘).

3. 김극기의 관동 유람

김극기가 지은 작품으로 『동인지문東人之文 사륙四六』 권10과 『동문선』
권31에 「하책왕태자표賀冊王太子表」가, 『동인지문사륙』 권13과 『동문선』 권31
에 「하왕태자수책전賀王太子受冊牋」이 실려 있다. 그 내용은 '금월今月' 15일에
왕태자를 책립冊立하고 이 달 26일에 의봉문儀鳳門에 이어해 천하에 대사大赦해
중외中外 조하朝賀를 받는 것이었다. 그런데 『동인지문사륙』 권10 「하책왕태
자표賀冊王太子表」에는 "신경신사월神庚申四月 동북면병마사행東北面兵馬使行", 『동
인지문사륙』 권13 「하왕태자수책전賀王太子受冊牋」에는 "동북면병마사행東北
面兵馬使行"이라는 세주가 달려 있다. 그러니까 이 표문表文과 전문牋文은 신종
경신년 4월 15일에 태자를 책봉하고 26일에 대사大赦하자 동북면병마사가
그것을 축하하는 표表를 임금에게, 전牋을 태자에게 올린 것이었다. 『고려사』
세가에 따르면 신종 3년 4월 경자일(15일)에 훗날의 희종을 태자에 책봉했으
니 동북면병마사가 바로 이 일을 축하한 것이었다. 김극기는 경신년(1200,
신종 3) 4월에 동북면병마사를 위해 이 표문과 전문牋文을 찬술했는데 동북면
병마사 휘하의 관원으로서 행한 것으로 판단된다.[110]

동북면과 서북면의 병마사는 성종 관제에서 병마사兵馬使 1인(3품), 지병마
사知兵馬事 1인(3품), 병마부사兵馬副使 2인(4품), 병마판관兵馬判官 3인(5,6품),
병마녹사兵馬錄事 4인으로 이루어졌으며, 정종靖宗 5년에 녹사 1원員을 줄였다.
경인년(무신정변) 이후에 무신이 용사用事해 양계兩界 방수장군防戍將軍이 비
로소 병마판관을 겸했는데 신종이 원년 5월에 승격하여 부사副使를 삼았
다.[111] 이로 보아 김극기는 동북면병마사영의 병마판관 혹은 병마녹사로
근무했다고 여겨지는데, 그의 관력으로 보아 병마녹사로 근무했을 가능성이
더 크다.[112]

---

110) 김창현, 「고려의 문인 김극기의 생애와 편력」『한국인물사연구』 20, 2013. 한편
　　 김극기는 新年을 축하하는 「賀年起居表」와 「賀表」(『동문선』 권31)도 찬술했는데 동북
　　 면병사영의 관원으로서 쓴 것으로 보인다.
111) 『고려사』 권77, 외직 兵馬使 ; 『고려사절요』 권14, 신종 원년 5월.

120

또한 김극기는『동문선』권31에 따르면「함성절일하표咸成節日賀表」를 지어
성상폐하聖上陛下의 '금월십일일今月十一日 함성절咸成節'을, 「수기절일하전壽祺
節日賀牋」을 지어 왕태자전하王太子殿下의 '금월팔일今月八日 수기절壽祺節'을 축
하했는데,[113] '호절虎節'·'호도虎韜' 등의 표현으로 보아 역시 동북면병마사영
에서 근무할 때 찬술한 것으로 보인다. 함성절은 신종 원년 7월 정미일(11일)
에 왕(신종)의 생일을 '함성절咸成節'이라 한 데에서[114] 유래했다. 수기절은
희종이 태자에 책봉된 것이 신종 3년 4월 경자일(15일)이었으니 그 이후에
정해진 것인데 그의 생일이 5월 8일이었으므로[115] 신종 3년 5월 8일에
정해졌을 것이다. 그러므로「함성절일하표咸成節日賀表」는 신종 원년 이후의
7월 11일 함성절을 위해, 「수기절일하전壽祺節日賀牋」은 신종 3년 5월 8일
수기절을 위해 찬술된 것이었다.

　김극기는 신종 원년(1198) 7월 이전에는 동북면병마사영에 근무할 수
없었다. 최소한 신종 3년(1200) 4월에는 동북면병마사영 관원으로 근무하고
있었고, 3년 5월에도 여전히 근무하고 있었다. 그러면 김극기는 언제 동북면
병마사 휘하의 관원이 되었던 것일까? 김극기가 내한內翰(직한림)으로 기미
년(신종 2) 5월에 개경 최충헌 집에서 천엽유화千葉榴花 시를 지었으니[116]
이때 그는 한림으로 개경에 머물고 있었다. 그가 철령鐵嶺에서 "(철령이)
거세巨勢로 관동關東을 진호하네, … 동위冬威로 춘春이 차갑고"라 읊었는데[117]
동위冬威가 남아 춘春이 차갑다고 했으니 봄인데도 쌀쌀한 철령을 넘었다.
따뜻한 봄이라도 철령처럼 북부지역의 높은 산악 지대는 겨울처럼 추울

---

112) 兵馬判官은 5, 6품에 해당한다고 하지만 중앙의 6, 7품보다 나은 직책이라 보기는
　　어렵다. 許載가 鐵州防禦判官을 거쳐 入內宦 즉 內侍로 일하다가 여진정벌군에 兵馬錄事
　　로 종군하고 兵馬判官으로 승진한 사실(허재 묘지명)이 참고된다.
113) 「咸成節日賀表」를 보면, 관원을 파견해 表文을 받들어 성상폐하의 금월(7월) 11일
　　咸成節을 축하한다고 했다.
114) 『고려사』 권21, 신종 원년 7월.
115) 희종 즉위년 5월 경오일(8)에 王生日 壽祺節을 '壽成'으로 고친다(『고려사』 권21).
116) 『東國李相國全集』 권9, 古律詩.
117) 『신증동국여지승람』 권47, 회양도호부 산천, 鐵嶺.

수 있음을 고려해야 한다. 이 시는 그가 동북면으로 발령받자 개경을 떠나 철령을 지나며 지은 것으로 보인다. 그는 신종 3년 1월 혹은 2월 무렵의 인사에서[118] 동북면으로 발령받아 준비기간을 거쳐 2월 무렵에 동북면병마 사영으로 향해 2~3월 무렵에 철령을 넘어 본영에 도착했을 것으로 여겨진다. 그런데 신종 3년 4월에 태자 책봉과 사면 행사가 생겼다. 이에 동북면병마사 영에서 근무하던 김극기가 병마사를 대신해 축하 표문을 지었고 병마사영의 관원(김극기도 포함되었을 수 있음)이 그것을 가지고 개경에 와서 4월 26일 조하朝賀에 참여했다.

김극기는 동북면 근무가 마음에 들지 않아 더 나은 관직을 원했다. 이는 그가 수상에게 구관求官하는 시 「상수상시上首相詩」(『동문선』 권18)에 잘 드러 난다. "중영衆英이 진발振拔된 것 모두 부러워 고적孤迹이 쇠궁衰窮해 홀로 가련하구나, 류벽柳壁에 좌융佐戎한지 비록 반임半稔(반년)이지만 화전花塼에 서 휘한揮翰한 것은 다년多年이었네, 신관新官 고적考績은 비록 뒤에 있을지라 도 구서舊署 논공論功은 마땅히 앞에 위치했으리, 처음에는 하류下流와 더불어 익퇴鷁退를 달게 여기려 했지만 홀연히 전례前例를 듣고 앵천鶯遷을 희망하네, 혹시 일수一手로 도주陶鑄하는 은혜를 입는다면 증질增秩이 칠품七品에 연계되 더라도 어찌 거리끼리오" 했다.

많은 인재들이 좋은 자리에 발탁된 반면 배경이 없어 변방에서 쇠궁衰窮해 가는 신세를 한탄했다. 동북면 유영柳營(병마사영)에 근무한 지 반년밖에 되지 않았지만 이전에 화전花塼 즉 한림원에서 여러 해 동안 근무한 공로를 참작해 수상이 인사행정을 행할 때 자신을 더 나은 자리로 발령내 달라고 요청했는데 7품도 마다하지 않겠다고 했다. 그는 중앙 직책을 7품이라도 원하고 있었다. 당시 수상은 평장사 판이부사인 문신 조영인趙永仁으로 판단 되지만[119] 김극기의 진퇴는 실질적인 인사권자인 무인집권자 최충헌에게

---

118) 兩界 兵馬使, 知兵馬事, 兵馬副使는 『고려사』 세가에 의하면 春夏番의 경우 대개 1월 혹은 2월에, 秋冬番의 경우 대개 7월 혹은 8월에 임명되었는데 그 속관도 유사했으리라 여겨지지만 업무공백을 고려해 부임시기에 차이를 두었을 수도 있다.

119) 신종 3년 12월을 기준으로 그 이전은 평장사(→시중) 판이부사 趙永仁이, 그 이후는

달려 있었다. 병마사와 그 속관은 다른 지방관과 달리 임기가 원래 6개월이었
으므로[120] 김극기가 동북면에서 근무한 지 6개월이 되는데도 이동시켜
줄 기미가 보이지 않자 수상에게 구관求官하는 시를 부쳤던 것으로 보인다.
하지만 그의 희망과는 달리 후술하듯이 그는 동북면에서 봄과 여름과 가을을
겪었으므로 연임된 듯하다. 그의 동북면 근무는 신종 3년 3~4월 무렵부터
다음해 3~4월 무렵까지 대략 1년간으로 여겨진다. 김극기는 동북면 병마사
영에 부임하자 이곳을 중심으로 근무했다.[121]

『신증동국여지승람』 권49, 안변도호부의 제영題詠, 형승形勝, 누정樓亭 북루
北樓, 학교 향교鄕校, 사묘祠廟 성황사城隍祠에는 김극기의 시가 하나씩 실려
있는데,[122] 이 안변도호부는 등주登州를 가리킨다. 학교 향교 시에서는, "생각
하건대 옛적의 사신詞臣이 장영將營에 부임하니 유관儒官 백도百堵가 일시에
완성되었네, … 지금까지 한 지경에 호준豪俊이 많고 문화文花가 장장鏘鏘해
마음대로 봉명鳳鳴하네"라고 했다. 사묘 성황사 시를 보면, 곡산鵠山에 위치한
이 성황사는 국전國典에 올라 중앙에서 사람이 파견되어 제사했고 수한水旱
등의 조화를 기원하는 대상이었다. 이 곡산鵠山은 등주의 진산鎭山인 학성산鶴
城山을 지칭한 것으로 보인다.

김극기의 시는 『신증동국여지승람』 권48, 영흥대도호부 고적의 북루北樓
와 정변진靜邊鎭과 평주진平州鎭에도 실려 있다. 북루에서는 "수석樹石 총중叢中
의 자취루紫翠樓, 홍애紅埃가 일어나지 않고 녹음綠陰이 빽빽하네, … 죽로竹露가
뿌리니 갠 낮에도 비雨를 이루고 송풍松風이 부니 여름[暑天]에도 추秋를 만드

평장사 판이부사 崔詵이 수상이었다(『고려사』 권21). 김극기 시의 내용으로 당시
수상은 문장이 뛰어난 문신임을 알 수 있다.

120) 『고려사』 권77, 백관지 외직 병마사.

121) 김극기는 이 시절에 동북면병마사 屬官이 新帥(新兵馬使)를 축하하는 狀, 新帥가 朝天하려
는 舊帥(舊兵馬使)에게 주는 狀, 定州分道將軍이 新帥에게 올리는 狀도 찬술했는데(『東人之
文 四六』 권13, 「東北面兵馬屬官賀新帥狀」·「新帥與舊帥狀」·「定州分道將軍上新帥狀」), 新
帥는 "氣蓋山西 分兵柄於花營 暢國威於柳塞"라는 내용으로 보아 山西 즉 무신이었다.

122) 형승에서는 "前對鵠山平似案 下臨鯤壑杳如盃"라고 했다. 누정 북루에서는 "누가 玉帳을
열어 河魁를 베개삼나, 漢將 旌幢이 갔다가 돌아오네, 北虜가 위엄을 두려워해 모두
落膽해 行看해 다투어 紫關을 두드리네"라고 했다.

네"라고 했으니 여름철에 읊은 것이었다. 이 북루北樓는 화주和州 관부의
누각으로 여겨진다. 정변진靜邊鎭에서는 "옥삭玉槊이 처마를 침범하는 듯
자소紫篠가 모여 있고 금전金鈿이 섬돌 곁에 있는 듯 황화黃花가 떨어져 있네,
담장 너머 멀리 단풍丹楓 나무가 보이는데 어느 곳 임원林園이 사가謝家와
같은가"라 했으니 국화와 단풍의 가을에 읊은 것이었다. 평주진平州鎭은
본래 영흥진永興鎭으로 고려 문종 15년에 비로소 성보城堡를 쌓았는데 조선
태조 2년에 화녕부를 영흥부로 고치면서 영흥진을 평주진으로 개칭했다고
한다. 그러하니 평주진에 실린 시는『대동운부군옥』권17 심영心瑩에 실린
'영흥로상永興路上'이 원래 제목이라 하겠다. 이 시는 김극기가 영흥永興(영흥
진)으로 가는 도중에 지은 것인데, 국화와 단풍이 한창인 늦가을에 읊은
것이었다.

　김극기는 동북면병마사영에 머무는 데 그치지 않고 관할 지역을 순력했다.
흡곡현歙谷縣의 천도穿島를 읊었으니[123] 흡곡현과 천도를 들렀다. 「파천현우
서派川縣偶書」[124]를 보면, 매미와 제비가 활동하고 보리를 벤 후 싹이 돋아나고
초색草色이 하늘까지 뻗은 여름철에 파천현(등주의 속현)에 머물렀다. 금양
현金壤縣(통주通州)의 총석정叢石亭을 유람해 그것을 주제로 한 시 4개를 남겼고
금양金壤을 읊은 제영題詠 1개를 남겼는데,[125] 기재奇才 즉 자신이 적절히
등용되지 못함을 한탄했다.

　김극기는 안변도호부(등주), 금양(통주) 일대에서 남하해 간성, 익령(양
주), 명주(강릉), 삼척, 울진 순으로 순력했다가 북으로 돌아왔다. 그런데
그가 후술하듯이 양구, 낭천 일대를 순력한 사실이 있어 문제이다. 그가
간성에서 서쪽으로 방향을 틀어 태백산맥을 넘어 갔다 온 것인지, 태백산맥
서쪽에 먼저 진입하고서 나중에 태백산맥을 동쪽으로 넘어와 간성으로
진입한 것인지 애매하다. 그가 간성현杆城縣의 소파령所坡嶺에 대해, "웅기雄奇

---

123)『신증동국여지승람』권45, 歙谷縣 산천 穿島.
124)『동문선』권13,「派川縣偶書」.
125)『신증동국여지승람』권45, 通川郡 樓亭 叢石亭 및 通川郡 題詠.

는 조금 석파령石破嶺과 닮고 공반空畔에 참암巉巖이 자취紫翠를 가로질렀네, 굽은 객로客路는 몇 번이나 우직紆直해 뱀처럼 삼백리三百里를 내달렸네"라 읊었으니,126) 간성의 서쪽 경계 소파령을 통해 태백산맥을 왕래한 것이었다.

김극기가 양구楊口에 대해, "새벽 밥 지어 먹고 동쪽으로 달리는데 도리道里 가 더욱 험난하네, 령嶺 잔도[棧]가 가파른 산을 뚫고 시내[溪] 징검다리가 흐르는 물을 뛰어넘네, 험한 산길로 취록翠麓에 오니 동구洞口가 점차 관한寬閑 하네, 각성角聲과 패영旆影이 멀리 교림喬林 사이에 나오니, 비로소 알았구나 읍중邑中 리吏가 나를 맞이하러 바야흐로 관關을 지남을, 언뜻 운수현雲水縣을 보니 강만岡巒이 절반 회환回環하고, 상마桑麻는 사삼리四三里이고 가옥은 교목 喬木 만만에 접해 있네, 공중을 타넘어 객관客館이 서 있는데 금벽金碧이 찬란히 빛나네, … 옥위玉薇(꽃)는 남쪽 섬돌에 의지해 피고 붉은 꽃이 가벼이 눈처럼 날려 가득하네, 송풍松風이 삽삽하게 불어 더위[暑]를 씻고 죽일竹日은 교묘하 게 간사함을 밝히네, 도리어 이것이 동부洞府인가 의심하는데 진환塵寰이 아님을 누가 알리오, 사군使君이 청운靑雲 언彦인데 검은 머리로 아직 상투를 틀지 않아, 오히려 유벽柳壁 객客이 서리[霜]처럼 흰 귀밑털에 마른 몰골을 지녀 가련하네, … 동암東巖에 사안謝安처럼 기녀를 부르니 사좌四座에 아리땁 게 나열하네"라고 읊었다.127) 낭천狼川에 대해, "고군古郡은 벽계碧溪에 빈濱하 고 청산靑山은 사린四隣인데, 일조一條 동주로東湊路에 천리북정인千里北征人이 네"라 읊었다.128)

김극기가 양구를 읊은 시에서 자신을 '유벽柳壁 객客'이라 했고, 양구 인근 고을인 낭천을 읊은 시에서 "한 줄기 동주로東湊路에 천리북정인千里北征人"이라 했으니, 그는 병마사영의 관원으로서 양구와 낭천을 순력한 것이었다. 그

126) 『신증동국여지승람』 권45, 杆城郡 산천 所坡嶺. 金克己詩 : "雄奇少似石破嶺 空畔巉巖橫 紫翠, 彎彎客路幾紆直 一帶蛇奔三百里, 屢看樹杪掛猿狖 遙認林間藏虎兒, 何須更說蜀道險 校量未省誰難易". 所坡嶺은 간성의 서쪽 59리에 위치하며 石破嶺이라고도 했다고 한다. 소파령 내지 석파령은 진부령과 미시령 사이의 고개였다.
127) 『신증동국여지승람』 권47, 양구현, 題詠, 「岡巒半回環」, 金克己詩.
128) 『신증동국여지승람』 권47, 낭천현, 題詠, 「靑山是四隣」. 金克己詩 "古郡碧溪濱 云云(靑山 是四隣), 一條東湊路 千里北征人".

시기는 더위가 있고 꽃이 피었다가 날린다고 했으니 여름철로 추정된다.[129)

　신종 3년(1200) 4월 15일에 태자를 책봉하고 26일에 의봉문에서 대사大赦해 중외中外 조하朝賀를 받았는데, 김극기가 동북면병마사를 위해 이 행사를 축하하는 표表와 전箋을 찬술했는데 그 자신이 직접 이것을 가지고 개경을 방문했을 수 있다. 그랬다면 그는 안변도호부 등주의 병마사영을 출발해 철령을 넘어 개경으로 들어가 축하 글을 올리고 4월 26일 의봉문 행사에 참여했고, 그리고 나서 개경을 출발해 낭천, 양구 일대를 순력하고 소파령을 넘어 간성으로 진입해 순력을 이어갔을 것이다. 신종 6년까지 춘주와 그 속현이 안변부(등주) 소속이었으니,[130) 그 때문에 김극기가 춘주의 속현인 낭천, 양구 일대를 순력한 것이었는데 춘주(춘천)에 들렀는지는 확인되지 않는다.

　김극기는 간성 이남 지역으로 순력을 이어간다. 그가 간성현의 청간역淸澗驛에 대한 3개의 시를 남겼는데,[131) 첫째 시에는 "위루危樓가 벽연碧烟 끝에 있어 함檻에 엎드려 지나는 새를 엿보며 가을이 아직 되지 않았는데 상기爽氣가 많고 여름에도 염위炎威가 적으며 매미소리가 늦은 바람에 부서지고 갈까마귀 그림자가 잔조殘照에 거꾸로 나네"라 했으니 여름철에 읊은 것이었

---

129) 한편, 김극기는 金化에 대해, "古郡이 深洞에 의지하고 官이 한가해 白日이 아득하네, 산에 매미(蟬)가 적막하게 울고 들에 제비(燕)가 너울너울 춤추네, 檻에 넘도록 丹菓를 드리우고 廳에 닿도록 綠莎가 길다랗네"라고 읊었다(『신증동국여지승람』 권47, 金化縣 題詠). 平康縣의 丹林驛에 묵으면서 2개의 시를 읊었는데, 하나는 "秋聲은 颯爽해 鄕心을 움직이고 馬首는 悲涼해 客吟을 넘네, 一陣 晩風의 溪畔路에 표표히 黃葉이 疎林에서 춤추네"라 했고, 다른 하나는 "度整해 다시 嵛을 지나니 가을 햇빛이 나무 끝으로 올라오네, 갈대꽃(荻花)이 바람에 날려 흰색을 희롱하고 楓葉은 이슬이 엉기어 붉네"라 했다(『신증동국여지승람』 권47, 평강현 驛院 丹林驛). 김극기의 이 시들은 가을철에 지은 것으로 여겨지니 그의 양구, 낭천 순력과 관계가 없는데 그가 과거급제 직후에 金化, 平康 지역에 근무하면서 지었을 수 있다.
130) 춘주가 안변부에 속하니 춘주 사람들이 道塗가 艱險해 왕래에 어렵다고 여겨 신종 6년에 최충헌에게 뇌물준 결과 춘주가 안양도호부로 승격된다(『고려사』 권58, 지리지 3, 교주도, 춘주).
131) 『신증동국여지승람』 권45, 杆城郡. 이에 따르면 청간역은 간성의 남쪽 44리 바닷가에 위치했는데, 셋째 시에서 "雲端落日欹玉幢 海上驚濤倒銀屋"이라 한 데에서도 알 수 있다.

126

다. 익령현(양주)의 상운역祥雲驛과 강선역降仙驛을 주제로 읊었는데,132) 상운역에 들러 "천거千車 백설白雪처럼 조사繰絲하는 땅이고 만경萬頃 황운黃雲같은 보리 벤 계절이네"라 했으니 보리 벤 직후의 여름에 지은 것이고, 강선역에서 "제비는 비 머금은 버들을 스쳐 날고 매미는 바람 띤 괴槐(홰나무)를 양산으로 삼네"라 했으니 제비와 매미의 계절에 지은 것이었다. 또한 익령현의 낙산사를 찾아 가상假像을 금당金堂 안에서 우러러보고 진신眞身을 석굴 안에서 뵌다며 상사相師(의상義相)가 7일 동안 재계한 것보다 먼저 통하기를 기원했는데,133) 남하 도중의 여름이거나 북상 도중의 가을이었을 것이다.

김극기는 익령을 거쳐 명주(강릉)에 도착했다. 『신증동국여지승람』권44, 강릉대도호부 불우 등명사燈明寺 조항134)에 "금金 줄의 도道가 벽련봉碧蓮峯을 두르고 복각複閣 층대層臺가 멀리 허공에 의지했네, 그윽이 우거진 나무는 그늘을 만들어 하시夏市를 맞이하고 늦은 꽃은 아름다움을 남겨 춘공春工을 돕네"라는 김극기의 시가 소개되었으니, 김극기는 여름에 명주 등명사를 찾은 것으로 보인다.

그는 명주(강릉)에 대한 시를 많이 남겼는데,『동국여지승람』강릉 제영題詠에, 「계전효일명雞前曉日明」과 「병수천사주並水穿沙洲」, 그리고 팔영八詠으로 「녹균루綠筠樓」, 「한송정寒松亭」, 「경포대鏡浦臺」, 「굴산종崛山鐘」, 「안신계安神溪」, 「불화루佛華樓」, 「문수당文殊堂」, 「견조도堅造島」로 실려 있다.135) 「계전효일명雞前曉日明」에서는 "물에는 차가운 거울 색깔(빛깔)이 펼쳐지고 소나무에는 성난 파도 소리가 부서지네"라 했는데, 날씨가 차가웠는지, 물이 거울처럼 맑아 차갑게 느껴졌는지 애매하다. 「병수천사주並水穿沙洲」는 『동국여지승람』 편찬자가 시 내용의 한 구절을 뽑아 만든 제목이지, 실제로는 강릉의 전체적

132) 『신증동국여지승람』권44, 양양도호부 驛院.
133) 『신증동국여지승람』권44, 양양도호부 佛宇 洛山寺.
134) 이에 따르면 燈明寺는 부(강릉부)의 동쪽 30리에 있었으며, 金敦時의 시에 절이 창파를 눌러 아득하고 바다 한복판에 있는 듯하다고 했고, 이곡이 이곳에서 해돋이를 보았으니 동해 바닷가에 위치했다.
135) 『신증동국여지승람』권44, 강릉대도호부, 題詠.

인 풍광을 묘사했다. "손으로 천상天上 조詔(임금 조서)를 받들어 성초星軺가
명주溟州에서 세금을 징수하네, 일을 완수하니 유막柳幕을 사辭하여 말을
몰고 수레를 돌리네, 듣건대 경해鯨海 두둑에 연경煙景이 청유清遊할 만하다고
하여, 감상하며 유력遊歷해도 다하지 않아 흥興을 타서 아득히 찾으려 하네,
북쪽으로 가는 길을 잊어 유유히 남쪽에 머무네, 연강緣岡의 돌 비탈길을
지나고 물과 나란히 사주沙洲를 뚫네, … 방황彷徨하며 마음대로 탐완探玩하고
만상萬象이 마디 눈동자에 흔들리네, 사랑四郎(사선)이 지금 어디에 있는가,
진적陳迹이 다만 스스로 남았네, 선정仙亭이 계구溪口를 누르고 불우佛宇가
영두嶺頭에 솟았네, 걷고 또 걸으니 진경塵境을 잃고 운하雲霞가 공空하게
사방을 둘러쌌네, … 홀연히 나는 새 밖을 바라보니 멀리 푸른 봉우리가
떠 있네, 물어 알았네, 오대산五臺山이 공반空畔에 취규翠虯처럼 서려 있음을,
문수文殊는 부감浮鑒처럼 원圓하고 백월白月은 징류澄流처럼 비추네, 단심檀心이
건앙虔仰하면 일일이 구하는 바를 이루네, 어찌 영경靈境을 두드림을 사양하
리, 임금의 천만세千萬歲를 축원하네"라고 읊었던 것이다.

　김극기는 임금 명령을 받들어 명주에서 세금 관련 일을 완수한 후에
'유막柳幕'을 떠나 사선四仙 유적과 불교 사원 등 강릉의 곳곳을 유람했는데,
특히 효험이 많은 오대산을 유람하며 감명을 많이 받아 임금을 위해 축원했
다. '유막柳幕'은 병마사영兵馬使營인데 병마사 관원이 순찰하러 다니면 곧
움직이는 행영行營이 되었다.

　「녹균루綠筠樓」 시에서, "나는 녹균루를 사랑해 한성寒聲이 길게 추秋를
흔드네"라 했으니 녹균루를 가을에 방문했다. 「한송정寒松亭」 시에서 "내가
사랑하는 한송정이여, 고표高標가 한청漢青에 의지했구나, … 사선四仙 유상처
遊賞處를 탐력探歷해 퇴령頹齡을 위로하네", 「경포대鏡浦臺」 시에서 "선유仙遊는
아득해 어디 갔는지 땅에 가득 한 초록 이끼가 공空하네"라고 했으니 한송정
과 경포대는 사선四仙 내지 신선 신앙이 깃들어 있었음을 알려준다. 「굴산종崛
山鐘」에서는 "소리가 멀리 퍼지는 굴산종崛山鐘이여 범일사梵日師가 주조한
것이네"라 했으니 굴산사에 범일이 주조한 범종이 있었고 김극기가 그것을

128

목격했음을 알려준다.「문수당文殊堂」시에서는 "영상嶺上 문수당은 능허凌虛해 화량畫梁을 일으켰구나, 해조海潮는 벼락처럼 묘후妙吼를 내고 산월山月은 물 흐르듯 자광慈光을 비추네"라 했으니, 강릉 문수당은 고개 위에, 해조海潮 소리가 들리는 곳에 위치했음을 알려준다. 다른「한송정寒松亭」시136)에서 "길圈에 가득 찬 백사白沙는 걸음마다 눈雪"이라 했는데, 하얀 모래가 눈같다는 표현으로 여겨진다.『신증동국여지승람』권44, 강릉대도호부 불우에는, 문수사文殊寺가 부府(강릉부)의 동쪽 해안에 있다며, "사찰을 둘러싼 요계瑤溪와 옥잠玉岑이여 청량淸凉 경계境界가 옛과 지금이 같네"와 "반야半夜 동창東窓에 객몽客夢을 놀라 깨우고 금오金烏(태양)가 바다에서 용출해 하늘을 쏘아 붉네"라는 김극기의 시 2개를 소개했다. 이 시의 대상인 강릉 해변의 문수사는 앞의 문수당과 동일한 곳으로 여겨진다. 김극기는「대관령 차권적시次權迪詩」에서 "가을 서리는 기러기 지나가기 전에 내리고"라 했으니137) 대관령을 가을에 찾았는데, 대관령을 거쳐 오대산 중심부로 왕래했을 것이다.

김극기는 바닷가, 견조도堅造島, 녹균루, 경포대, 한송정, 안신계安神溪, 불화루佛華樓, 문수당(문수사), 등명사, 굴산사, 대관령, 오대산 등 명주의 명승지를 공무의 여가 내지 세금관련 임무 완수 후에 유람했는데, 등명사 방문은 여름으로 여겨졌고 나머지 대부분은 가을이었다. 김극기는 여름에 강릉에 도착해 가을까지 공무를 수행하고 유람을 했던 것이다. 또한 김극기는 삼척에 대한 제영題詠 2개와 누정樓亭(죽서루)에 대한 시를 남겼고,138) 울진에 대한 제영을 남겼으니139) 삼척과 울진을 들렀다. 가을에 강릉에서 삼척과 울진으로 이동한 것으로 보이는데 공무와 유람을 겸했을 것이다.

김극기는 가을에 울진에서 출발해 삼척과 명주를 거쳐 북상하며 익령, 간성, 고성, 금양(통주)을 다시 들렀던 것으로 보인다. 익령현(양주)의 제영題

136)『신증동국여지승람』권44, 강릉대도호부, 누정, 한송정.
137)『신증동국여지승람』권44, 강릉대도호부 산천 대관령.
138)『신증동국여지승람』권44, 삼척도호부 題詠 및 樓亭 竹西樓. 죽서루는 객관 서쪽에 위치했고 아래로 五十川이 흘렀다.
139)『신증동국여지승람』권45, 울진현 題詠.

詠 2개에서 읊기를,140) 하나는 "일찍이 객비客轡를 멈춰 잠시 준순逡巡했다가 마馬를 도약해 거듭 찾으니 경치가 다시 새롭네"라 했고, 다른 하나는 "새塞를 검열하느라 윤제輪蹄로 몇 번 순력하려 생각했는가, 풍연風烟 만상萬狀은 시詩를 따라 새롭네, 산성山城의 달은 풍남楓枏 위에 떠 있고 수사水榭는 조행藻荇의 빈濱에 구름을 드리웠네"라 했다. 이를 통해 김극기가 공무로 동북면을 순력했음을 알 수 있다. 익령현을 두 번 들렀는데, 여름에 남하할 때와 가을에 북상할 때였을 것이며 북상 때는 단풍이 든 것으로 보인다.

김극기의 간성현의 청간역清澗驛141)에 대한 둘째 시는 "관동 산수향山水鄕에 과객過客이 어조魚鳥에 섞였고 귀로歸路는 인심人心과 비슷해 험중險中에 평지가 적네, 석양夕陽이 마두馬頭에 기울고 서새西塞의 달이 처음으로 비추네, 피곤해 침상에 거꾸러지니 추호秋毫처럼 태산太山이 작네"라 했으니 강릉 방면으로 내려갔다가 안변도호부(등주) 방면으로 돌아가는 도중에 피곤한 몸을 청간역에서 쉬면서 지은 것이므로 가을철에 지은 것으로 보인다. 고성현高城縣의 통달역通達驛에 들러 읊기를, "연양煙楊이 땅에서 나와 금사金絲를 떨며 몇 행인行人에게 별리別離를 주었는가, 숲 밖에 한 매미가 객한客恨을 알아 석양의 나뭇가지에서 우네"라 했다.142) 매미가 울고 버들가지가 황금빛을 띠는 계절에 들렀는데 가을 무렵이었을 것이다. 고성현의 명사鳴沙를 산책하며 읊기를, "마馬를 버리고 한가롭게 해상정海上汀을 거니는데 한사寒沙가 책책策策하며 사람을 좇아 소리내네, 감상感傷이 무정물無情物에도 이르니, 가련하구나 너는 왜 불평不平하는가"라 했는데,143) '한사寒沙'라는 표현으로 보아 가을에 해당한 듯하다. 김극기는 금양현(통주)에 진입해 「총석정 이학사지심운李學士知深韻」 시를 남겼는데,144) 한기寒氣가 피부를 에는(침투하는) 계절에 총석정에 들렀으니 늦가을 내지 초겨울에 해당한 듯하다. 김극기는

---

140) 『신증동국여지승람』 권44, 양양도호부 題詠.
141) 『신증동국여지승람』 권45, 杆城郡.
142) 『동문선』 권19, 通達驛.
143) 『신증동국여지승람』 권45, 高城郡 산천 鳴沙.
144) 『동문선』 권13, 「叢石亭 李學士知深韻」. 이 시에서 四仙 신앙이 엿보인다.

금양(통주) 등을 거쳐 병마사 본영으로 돌아왔을 것이다.

김극기는 신종 6년 11월 무렵에 금에 사신 가므로 그 이전에 동북면에서 개경으로 돌아왔다. 병마사 속관의 임기가 6개월이지만 그는 연임되어 신종 4년에야 개경으로 돌아온 것으로 보인다. 그가 은계역銀溪驛에서 시를 짓기를,[145] "험하게 철령鐵嶺을 내려와 그윽이 은계銀溪를 찾네, … 홀연히 버들 밖 역驛을 보니 위구危構가 방제芳堤에 잇닿아 있네, 숲이 깊어 야조野鳥가 부르고 나무가 빽빽해 산선山蟬(산 매미)이 우네, 소연蕭然히 언덕 꼭대기에 앉으니 오월五月에 바람이 쓸쓸하네"라 했다. 그는 이 역에서 잠들어 꾼 꿈을 읊기를, "부앙俯仰하며 몸에 날개가 생겨 천계天鷄를 따라 고서故棲(옛 거처)를 찾으니, 볼품없는 갈葛 치마 입은 녀女(딸)와 초라한 쑥대머리 처妻가 문을 나와 함께 소매를 잡아당기며 처음에 웃다가 도리어 슬피 우네, '각각 오래 보지 못했거늘 고삐를 돌림이 어찌 매우 늦었나요', '내가 좀 잘못했소', 놀라 기뻐하며 앞으로 서로 끌어당겼네"라고 했다.

그는 동북면병마사영 방면에서 5월에 철령을 넘어 도원도桃源道로 교주(회양) 소속인 은계역에 들른 것이었다.[146] 그가 은계역에서 꾸었다는 꿈은 집에서 그를 기다리는 딸과 아내를 묘사한 것으로 보이니, 철령을 넘어 은계역에 들어서자 조만간 개경으로 들어가 아내와 딸을 만나리라는 부푼 기대감을 꿈을 빌어 토로한 것으로, 개경으로 향하고 있었음을 시사한다.[147] 그는 3~4월 무렵까지 동북면 근무를 끝내 인수인계를 완료하고 5월에 철령을 넘어 은계역을 지나 개경으로 돌아온 것이었다.[148]

---

145) 『신증동국여지승람』 권47, 회양도호부 驛院 銀溪驛. 金克己詩 "…蕭然坐岸幘 五月風凄凄, 境閑却思睡 欹枕松檻西, 俯仰体生翼 天鷄尋故棲, 伶俜葛裙女 索莫蓬鬢妻, 出門共挽袖 初笑還悲啼, 各□無久瞻 回轡何大稽, 我時鑣一錯 驚喜前相携, 是日雨初足 臨窓鳴竹鷄, 驚起了無有 撫心空慘悽, 因知人間事 覺夢一樣齊, 莫得得與喪 相去如雲泥…".

146) 銀溪驛은 회양부의 서쪽 5리에, 철령은 회양부의 북쪽 39리에 위치했다(『신증동국여지승람』 권47, 회양도호부 驛院·山川). 銀溪驛은 개경 방향의 桃源道에 속했다(『고려사』 권82, 병지 站驛).

147) 김극기가 5월에 철령을 넘어 양구, 낭천 일대를 순력했을 가능성도 따져 볼 수 있지만 특별한 이유 없이 杆城과 그 이남 지역보다 먼저 양구, 낭천 일대를 순력했을 가능성은 적다.

4. 이승휴의 삼척과 강릉 유람

이승휴는 14살에 자부慈父(부친)가 세상을 뜨니 종조모從祖母인 대복경大僕卿 임천부林天敷의 비妃 북원군부인北原郡夫人 원씨元氏에게 양육되고 하과장夏課場 때 박항朴恒, 박추朴樞와 함께 공첩公牒을 지니고 낙성재도회소樂聖齋都會所 연미루燕尾樓에 유유遊遊했다. 임자년(1252, 고종 39) 봄에 문청공 최자崔滋 문하門下에서 급제하고 근친歸覲하러 진주부眞珠府(삼척현)에 왔다. 다음해(고종 40)에 호병胡兵(몽골군)이 길을 막아 해를 이어 물러나지 않으니 이로 말미암아 경경京(강도)으로 돌아갈 수 없어 상향桑鄕에서 고식姑息했는데, 문청공(최자)과 원씨(종조모)가 세상을 뜨니 연하輦下(강도)에 반원攀援의 세력이 없고 또 동번역적東蕃逆賊에 의해 노략질당해 가자家資를 탕진蕩盡해 자진自振할 수 없어 그로 인해 두타산록頭陀山麓 귀동龜洞 용계龍溪의 측측側에 띠[茅]를 엮어 집을 지어 거주해 궁경躬耕하며 모친을 모셨다.[149]

이승휴는 강릉江陵 전사군田使君이 소장한 '명황안기도明皇晏起圖'에 대한 시를 지었는데, 강릉 전사군은 곧 강릉 사군使君 전문윤田文胤으로 그가 시 짓기를 권유했기에 지은 것이었다.[150] 이승휴는 요전산성에서 무릉도武陵島 (울릉도)를 조망하며 시를 짓는다.[151] 계축년(1253, 고종 40) 가을에 호구胡寇 (몽골군)를 피함으로 인해 일방一方이 진주부眞珠府(삼척현) 요전산성蓼田山城에 모여 지켰다. 이 성의 동남 방면은 명발제천溟浡際天해 사방에 애극涯極이 없고 중中에 한 산이 있어 운도연랑雲濤烟浪 사이에 부침浮沈 출몰하고 신혼미

---

148) 김극기는 제비가 날아다니는 시절에 桃源驛(송림)에 들러 "古驛橫塘上 林湍繞戶庭, 鸎捎花蔟蔟 鷰突柳亭亭, 野色侵門碧 山光落檻靑, 回頭瞻漢闕 涕淚忽交零"이라는 시를 남겼다(『신증동국여지승람』 권12, 장단도호부 驛院 桃源驛). 이 시는 그가 병마사영 근무를 끝내고 개경으로 돌아올 때, 아니면 국왕 혹은 태자 관련 행사를 축하하느라 개경을 왕래할 때 지었을 것이다.

149) 『동안거사집』 行錄 1, 病課詩. 이승휴의 생애에 대해서는 劉璟娥, 「李承休의 生涯와 歷史認識－『帝王韻紀』를 中心으로」, 『고려사의 제문제』, 삼영사, 1986이 참고된다.

150) 『동안거사집』 行錄 1, 江陵田使君所蓄明皇晏起圖. 田使君이 이어서 화답하는 시를 지었다. 明皇은 당 현종을 지칭한다.

151) 『동안거사집』 行錄 1, 望武陵島行.

무진혼매無晨昏媚해 하고자 함이 있는 듯 했는데, 부로父老가 이르기를 무릉도武陵島라고 했다. 강릉 전사군田使君이 이승휴에게 명해 시를 짓도록 하니 비어鄙語로 형용한다며 무릉도 시를 지은 것이었고, 전사군도 이에 화답하는 시를 지었다. 전문윤은 원종 원년 9월에 개원改元을 축하하러 정언正言(종6품)으로 몽고에 파견되므로[152] 그는 고종 40년 무렵에 명주溟州(강릉) 방어사防禦使로 근무하다가 몽고군 침략으로 인해 진주부(삼척현)로 이동해 몽고군을 방어하면서 이승휴를 만나게 된 것이었다. 단, '명황안기도明皇晏起圖'에 대한 시는 이승휴가 삼척현에서 지었을 수도 있고, 강릉을 방문해서 지었을 수도 있다.

계해년(1263, 원종 4) 추월陬月(음력 1월) 상순上旬에 이르러 이승휴 가家에 전염병이 돌아 홀어머니嬬親가 의상儀床의 위에 있어 기침하며 숨을 헐떡거려 조석朝夕을 바라기 어렵고 장획臧獲(노비)이 혹 물고자物故者가 있고 나머지 (나머지 장획) 역시 병들어 일어날 수 없어 사령使令 하나 없어 홀로 탕약湯藥을 밤낮으로 시중들면서 겸하여 장획臧獲을 간호했다. 여월如月(음력 2월) 중순中旬에 이르러 질병이 점차 완화되자 승순承順의 여가에 날마다 전계前溪에 유遊했는데, 때에 촌수村叟가 있어 이승휴가 그를 어렵게 여겨 그 언급을 추推하여 풍영諷詠에 전파되도록 답答했는데 무릇 122운韻이어서 그것을 이름해 '병과시病課詩'라 했다. 이승휴는 자신이 율신자고律身自苦해 경개耿介로 움직여 세상에서 용납되지 않지만 또한 원천우인怨天尤人하지 않고 운명처럼 편안함을 자신과 뜻을 같이하는 자가 알아주기 바랄 뿐이라고 했다.[153] 이승휴는 이 '병과시'에서, "날마다 시문柴門을 나가 계溪의 근원으로 산보散步하네, 계변溪邊에 미麋(큰사슴)와 록鹿(사슴)이 점차 친숙해 함께 무리를 이루며, 서로 더불어 계수溪水를 희롱하고(장난하고) 오랫동안 앉으니 푸른 이끼가 따뜻하네"라고 했다.[154]

---

152) 『고려사』권25, 원종 원년 9월.
153) 『동안거사집』行錄 1, 病課詩.
154) 『동안거사집』行錄 1, 病課詩. "日日出柴門 散步溪之源, 溪邊麋與鹿 漸熟還同群, 相與弄溪水 坐久蒼苔溫".

이승휴가 임서林棲해 계곡 시냇물을 마신 지 이미 12년인 계해년(1263, 원종 4) 동월冬月에 병부시랑 이심李深이 안집사安集使로 관동에 출진出鎭했는데, 평소 알지 않았지만 한번 말하자 친선해 그가 말하기를, 궁산窮山에서 헛되이 늙으며 군신君臣의 의義를 저버리는 것이 옳지 않다며 이승휴에게 마馬를 지급하면서 권유해 낙洛(강도)으로 들어가도록 했다. 그 다음해 갑자년(1264, 원종 5) 정월에 이승휴의 이좌주貳座主로 상국相國인 봉암蓬庵 황보기皇甫琦(당시 이미 해정解政)가 차자箚子를 올려 동문원수제同文院修製에 임명되도록 했지만 탄식하면서 말하기를, 이는 한관閑官이고 하물며 도목都目에 매우 많은 사람들이 있어 어느 때에 어부魚符를 찰 수 있느냐면서, 이승휴에게 시를 지어 문지제상文地諸相과 죽당竹堂 제학사諸學士에게 헌정해 (좋은) 관직을 구求함이 좋다고 했다. 이에 이승휴가 시를 지어 일일이 헌정했다.155)

이李·류柳·최崔·한韓(이장용李藏用, 류경柳璥, 최윤개崔允愷, 한취韓就) 네 상국相國이 원종 5년 6월 하순에 함께 차자箚子를 올리고 유내상兪內相(승선 유천우)이 천총天聰(원종)에 힘껏 아뢰니, 7월 8일로 판判하여 이승휴를 경흥도호부慶興都護府(강릉) 판관判官 겸 장서기掌書記에 임명했다. 이에 이승휴가 이 달 하순에 도都(강도)를 나와 상향桑鄕(삼척현)에 귀근歸覲하고 8월 상순에 이르러 부府(경흥도호부 : 강릉)에 나아가니, 안집사 중서中書 김록연金祿延이 죽헌竹軒에 앉아 죽헌을 주제로 시를 지어 보였다. 이에 이승휴가 차운해 2수首를 헌정했는데,156) 그 차운시에서 현후賢侯(김록연)가 죽竹을 편애偏愛함을 괴이하게 여기지 않나니 허심虛心이 사물에 응하여 그렇게 만들기 때문이라고 했다.

---

155) 『동안거사집』行錄 1, 求官詩. 이승휴가 求官詩를 준 대상은 慶源 侍中 李藏用, 始寧 平章 柳璥, 判樞 崔允愷, 樞使 韓就, 內相 兪千遇, 直講 崔寧, 少卿 元傅, 少卿 許珙, 翰林 朴恒, 그리고 大博 崔守璜, 史館 金承戊(김인경의 손자), 史館 洪侹였다. 元傅가 中原官記로 있을 때 領內儒生을 모아 夏課場을 열어 무릇 120명쯤이 참여했는데 이승휴가 당시 나이 17살로 이 모임에 客赴했었다.

156) 『동안거사집』行錄 1, 次韻安集使金中書[諱祿延]題竹軒[幷序]. 溟州는 원종 원년에 功臣 金洪就 鄕으로 인해 慶興都護府로 승격하고, 충렬왕 34에 江陵府로 고친다. 『고려사』 권58, 지리지3, 溟州.

134

　이승휴가 11월 3일에 동지冬至·팔관八關·원정元正과 폐하조제소회연陛下朝帝所廻輦 네 표표를 받들어 길에 올라 경京(강도)에 가노라 횡계역橫溪驛에 이르렀는데, 안집安集 김학사金學士(김록연)가 진주부眞珠府(삼척현) 리吏에게 명해 홀어머니[嫠親]가 우寓하는 초당草堂을 수즙修葺하도록 한 것을 듣고 등명 승통燈明僧統 시운詩韻을 차용借用해 2수首를 지어 사례謝禮하였다. 읊기를, "차마 이슬 적시는 홍련막紅蓮幕을 사辭하여 풍고風高 백설白雪 정程(程)을 강답强踏했네", "백두白頭가 장서掌書(장서기)를 처음 받고 가서 현후賢侯(김록연)에게 예우를 받아 영광일 뿐이네, … 명命이 운로雲路에 통하니 마음이 먼저 뚫리고 은혜가 훤당萱堂에 미치니 돌봄이 어찌 가벼우리"라고 했다.157) 안집사 김록연이 이승휴의 홀어머니를 돌보아 준 것을 이승휴가 횡계역에서 듣고 감사하는 시를 김록연에게 헌정했던 것이다.

　이승휴는 11월 5일에 눈[雪]을 무릅쓰고 수다사水多寺에 이르러 숙박했다. 벽壁에 백의白衣 화정畫幀(화탱)이 걸려 있는데 오도자吳道子의 진적眞迹이고, 학사 권적權迪이 강릉을 수守할 때 이 그림 옆에 찬제贊題를 지어 이르기를, "열흘이 지날 동안 우설雨雪이 내리고 광풍狂風이 불어 소각小閣 안에 무료無聊하게 홀로 앉아, 백의白衣 관자재觀自在에게 의지해 일회一廻 첨례瞻禮하니 만연萬緣이 공空하네"라고 했다. 그 사자嗣子 권돈례權敦禮 학사가 친의사櫬衣使로 이곳에 이르러 발미跋尾하여 이르기를, "이 시詩는 대개 경계庚癸의 제際에 사대부士大夫가 궤수詭隨하지 않음이 없었는데, 홀로 가군家君이 충의忠義를 한 읍邑에서 지켜 항상 자심自心이 관자재觀自在 연독緣督으로 경經을 삼아 비록 당시 요양擾攘했지만 그 마음을 묶어놓을 수 없었음을 가리킨다"라고 되어 있었다.158) 이승휴가 이를 읽고 비개悲慨를 이기지 못해 차운해 시를

<hr/>

157)『동안거사집』行錄 1, 十一月初三日 奉冬至八關元正與夫陛下朝帝所廻輦四表[中書省 至明年正月上旬 一時設科 二處榜頭 一居第二 一居第三] 登途如京 至橫溪驛 ….
158)『동안거사집』行錄 1, 水多寺留題[幷序].「初五日 冒雪抵宿是寺, 壁上懸白衣畫幀 乃吳道子之眞迹也, 權學士迪守江陵時 作贊題于其傍云 "經旬雨雪且狂風 獨坐無聊小閣中 賴有白衣觀自在 一廻瞻禮萬緣空", 其嗣子敦禮學士以櫬衣使由此跋尾云 "此詩蓋指庚癸之際 士大夫莫不詭隨 獨家君守忠義於一邑 常以自心觀自在緣督爲經 雖當時擾攘 無足累其心尒"」.

짓기를, "예禮가 끝나 백의白衣를 고벽古壁에서 우러러보니 묵룡墨龍이 여전히 허공虛空에 화化하려 하네", "수월水月이 벽간壁間에 보묵寶墨으로 머물러 사람으로 하여금 우사遇事해 문득 관공觀空하게 하네"라고 했다.159) 이승휴는 권적과 권돈례 부자의 수다사 백의관음에 대한 글에 감동해 역시 관음을 찬미했던 것이다. 그는 경京(강도)에 들어가 다시 행자行字 운韻을 사용해 읊기를, "10년 동안 강호江湖에 방랑放浪하다가 경연京輦에 재유再遊해 어떤 영화榮華가 있는가"라고 했다.160) 그가 강릉도안집사와 경흥도호부(강릉)를 대표해 축하표문을 지어 그것을 가지고 전시수도 강도江都로 향한 것이었다.

이승휴는 네 종류의 축하표문을 가지고 갑자년(1264, 원종 5) 11월 팔관회 무렵에 강도에 도착한다. 을축년(1265, 원종 6) 정월에 폐하(원종)가 상조上朝로부터 돌아오자 사使를 파견해 진사陳謝하는데, 사관史館 홍저洪佇가 서장관書狀官으로 선발되어 가게 되니, 소경少卿 이숙진李淑眞, 어사御史 설공검薛公儉, 국박國博 최수황崔守璜, 한림 김승무金承戊, 한림 최양崔壤이 동문同文 고밀高密 택宅에 모여 전별하면서 겸하여 이승휴를 불렀는데, 이날 대설大雪이 비로소 갰다. 다음날에 고조古調 1편篇을 지어 제공諸公에게 사례하고 홍군洪君(홍저)에게 권면勸勉하며 읊기를, "제공諸公이 단양자丹陽子(홍저)를 전별餞別하고자 하면서 겸하여 강릉 노서기老書記(이승휴)를 불렀네"라고 했다.161)

이승휴가 관차官次(강릉 관청)로 돌아가면서 다시 전운前韻을 사용해 3수首를 지어 옥당玉堂 김승무金承戊·최양崔壤을 유별留別하고 겸하여 자서自敍했다.162) 도중에 황려黃驪 북루北樓를 경유하며 저숙抵宿했기 때문에 황려黃驪 북루北樓 판상板上 시에 차운하기를, "저물녘에 풍고風高가 두려워 주舟가 물을 건너지 못해 방인傍人이 지도指導해 한한閑閑하구나" 했다.163) 이승휴는

---

159) 『동안거사집』 行錄 1, 水多寺留題. "漫天玉糝弄輕風 却似當時一望中, 禮罷白衣瞻古壁 墨龍猶欲化虛空", "但於黃卷飽英風 那復周公見夢中, 水月壁間留寶墨 令人遇事輒觀空".
160) 『동안거사집』 行錄 1, 入京復用行字韻. 또한 이승휴는 雪中에 蓬庵相國이 玉粲 베풀어줌을 사례하는 시를 지었고, 直講 崔寧의 詠雪詩 三十韻에 次韻했다.
161) 『동안거사집』 行錄 1, 謝餞詩.
162) 『동안거사집』 行錄 2, 還官次 復用前韻作三首 留別 ….

136

이렇게 황려(여주)를 거쳐 강릉으로 돌아와 근무를 이어갔다.

이승휴가 안집사 병부시랑 진자사陳子俟를 모시고 진주부眞珠府(삼척현) 서루西樓에 올라 판상板上 시에 차운했는데 진자사 역시 이 부府(진주부 : 삼척 현) 사람이었다.164) 이 차운시에서, "반공半空에 금벽金碧이 가파르게 타서 오르고[駕] 햇빛 덮은 구름자락(운단雲端)이 동동·영영楹에 춤추네, 취암翠嵒에 비스듬히 기대어 곡곡이 나는 것을 보고 붉은 난간에서 구부려 내려다보며 어행魚行을 세네, 산이 평야를 둘러싸 둥글게 경계를 이루고 현縣이 고루高樓를 만들어 별도로 이름이 있네, 문득 투잠投簪해 그대로 송로送老하고자 하지만 형촉螢燭을 가지고 군명君明을 돕기를 바라네"라고 했다. 또한 "등림登臨하니 장기壯氣가 두斗(북두)처럼 가파르고 권박卷箔하니 운연雲煙이 채영彩楹을 감싸 네, 벽랑碧浪이 파문破紋해 어魚가 다투어 도약하고 백사白沙에 전篆을 이루며 새가 한가로이 나네, 농사籠紗로 일찍이 춘지春池 구句를 걸어놓았고 장월杖鉞 해 돌아와 주금晝錦 명名을 드리우네"라고 했는데, 진자사陳子俟가 감창監倉(감 창사)으로 일찍이 여기에 유遊한 적이 있었다. 6월에 안집安集 진시랑陳侍郎을 모시고 정선현旌善縣에 유遊했는데 대수大水에 의해 격리되어 수일數日 동안 머물면서 판상板上 시에 차운하기를, "오정五丁이 일찍이 석우행石牛行을 위하 여 운근로雲根路 금성錦城을 착파鑿破했다네, 첩첩한 가파른 산이 안中과 떨어 져 바깥을 얽어싸고 하나의 강江이 북北을 두르면서 남南으로 가로지르네, 구슬을 뿜는 계溪가 인설人舌을 열류咽留하고 먹물을 뿌리는 운雲이 우정雨情을 그침이 없네, 사자四字 단서丹書가 서로 엄영掩映하니 모름지기 이 동洞이 신청神淸임을 아노라"라고 했다.165) 이를 통해 정선 객관이 북쪽과 남쪽으로 흐르는 강물로 둘러싸였음을 알 수 있다. 경흥도호부(강릉) 장서기 이승휴가 안집사 진자사陳子俟를 모시고 관할 고을인 삼척, 정선 등을 순력하면서 풍광을 유람했던 것이다.

163) 『동안거사집』 行錄 2, 次黃驪北樓板上韻[路由此樓抵宿而作].
164) 『동안거사집』 行錄 2, 陪安集使兵部陳侍郎[諱子俟] 登眞珠府西樓 次板上韻 公亦此府人也.
165) 『동안거사집』 行錄 2, 六月 陪安集陳侍郎 遊旌善縣 爲大水所隔留數日 次板上韻.

이승휴가 등명사燈明寺 판상板上 시에 차운하기를, "호사好事 금오金鼇가 옥봉玉峰을 이고[戴] 위로 용솟음치는 푸른 파도가 허공을 문지르네, 물결이 학수鶴瘦를 이룬다고 승僧이 과격誇格하고 이슬이 천간天慳을 내니 땅이 타공詫工하네, 닭이 아직 울지 않은 때에 누樓가 해[日]를 얻고 신蜃(이무기)이 처음 뿜은 곳에서 바다가 번풍飜風하네, 탑대塔臺가 기치奇致해 서로 아는 듯하고 모름지기 아침 해(태양)가 만万(萬)으로 홍紅하기를 기다려야 하네"라고 했다.[166) 8월 상순에 대산대臺山(오대산) 절정絶頂에 올라 장난삼아 1절絶을 짓기를, "등림登臨해 진처盡處에서 멀리 조망하고 돌아가려다가 머무니 의미가 다시 더하네, 사람이 말하기를 사군使君이 청清하다고 하지만 가소可笑해, 매양 산수를 만날 때마다 렴廉할 수 없다오"라고 했다.[167) 이승휴는 강릉 관청에 근무하면서 등명사와 오대산을 유람했는데, 오대산에는 사군使君 즉 안집사를 모시고 간 것이었다.

이승휴는 강릉에서 근무하고 유람하면서도 강도 관료들과의 끈을 유지하고자 했다. 그는 강릉에 한 번 부임해 이상二霜이 장차 변하려 한다면서 관한官閑 사간事簡하고 진연塵緣 두절斗絶해 강산江山에 유상遊賞해 동동하면 문득 기이함을 찾아다니다가 경포대鏡浦臺 근처에서 후죽필병朽竹筆柄을 습득했다. 자격姿格이 출진出塵해 청완清婉하여 사랑할 만하여 자비自袐할 수 없다며 고조古調 1편篇을 지어 관한館翰 제공諸公에게 부쳤다. 제제題하고 봉封하여 멀리 부치나니 뜻이 매우 깊어 썩은 것도 오히려 풍십風什을 도울 수 있다면서, "원컨대 공公들이 봉래궁蓬萊宮을 휘향揮向해 성대聖代 중흥업中興業을 지분脂粉하기를, 원컨대 공公들이 팔화전八花磚을 휘향揮向해 광음狂吟해 얼굴 씻고 낮에 삼접三接하기를, 군君은 정사당동政事堂東에 구총舊叢이 있음을 보지 않는데, 하나하나 모두 담로湛露를 머금어 젖었네"라고 했다.[168) 그는 강도江都의

---

166) 『동안거사집』行錄 2. 次燈明寺板上韻. "…塔臺奇致如相識 須待朝曛万頃紅". '万頃紅'에서 '万'은 곧 萬인데 '方'(바야흐로)의 오류일 수도 있다.

167) 『동안거사집』行錄 2, 八月上旬 登臺山絶頂 戱作一絶.

168) 『동안거사집』行錄 2, 朽竹筆柄 寄館翰諸公[幷序].

138

지인知人들이 그를 중앙 관직으로 끌어주기를 바라면서 이 글을 지어 보냈던 것이다.

이승휴는 서기아정書記衙庭 중中에 백백(잣나무)을 심고 이로 인해 1절絶을 서書했는데, "손수 두 그루를 심어 은근殷勤히 돌보아 소정小庭에 그윽함을 더하여 얻기를 꾀하네, 타년他年에 오부烏府(어사대)에서 거듭 서로 보면 함께 관동을 향해 구유舊遊를 말하리라"라고 했다.169) 그는 관동 강릉에서 서기로 근무하면서도 중앙정부의 어사대에서 근무하기를 희망하고 있었다.

이승휴는 원종 6년 11월 초길初吉에 동지冬至·팔관八關, 두 표문을 받들고 경京(강도)에 가는데, 마상馬上에서 지난해 봉표奉表 때 행자行字 운韻을 기억해 사용하여 본부本府(경흥도호부 : 강릉) 제계선諸桂仙에게 부쳐 읊기를, "해마다 봉표奉表해 추위[寒]를 무릅쓰고 행行하는데 이졸吏卒이 밖까지 서로 따르니 영광스러워, 야반夜半에 급히 번거롭게 몇 역驛을 불렀나, 해[日]가 기울어 조급한 그림자가 장정長程(程)을 달려, 설령雪嶺을 돌이켜 생각하니 정신이 아직도 두렵고 얼어붙은 하천을 건널 수 있어 뜻이 이미 가볍네, 군군郡을 다스림에 기쁨이 적음을 군군君은 웃지 말라, 타년他年에 바야흐로 이때 정情을 알리라"라고 했다.170) 겨울에 눈 덮인 대관령을 넘기 두려웠음이 잘 드러나 있다. 강도에 도착한 이승휴는 황黃·이李 두 영공令公이 창수唱諛한 십什(시편詩篇)에 차운했다.171)

강도에 도착해 머물던 이승휴는 12월 상순에 다스리는 곳(강릉)으로 돌아가려 하면서 장구長句 팔운八韻을 지어 한림翰林 김지진金之眞에게 증여했다.172) 여기에서 이승휴는 '돌아보아 죽당竹堂을 향해 환금環錦을 부치네(顧向

169) 『동안거사집』 行錄 2, 書記衙庭中種柏因書一絶.
170) 『동안거사집』 行錄 2, 十一月初吉 奉冬至八關兩表[皆居第二 元正則勅除賀表] 如京. 冬至·八關 兩表는 심사에서 모두 第二에 居했고, 元正의 경우 勅하여 賀表를 면제했다.
171) 『동안거사집』 行錄 2, 次韻黃李兩令公唱諛之什[幷序]. 慶原 李侍中이 陛下를 받들고 上國에 朝하여 眞親을 結하고 장차 '復舊都'하려 하고 四韻長句 一篇을 지어 蓬庵 皇緑野와 더불어 約連墻卜宅하니 蓬庵이 屬和하여 그 意를 굳건히 하니, 이승휴가 盛事를 伏覩하고 依韻하여 一首를 이루어 奉呈했다.
172) 『동안거사집』 行錄 2, 十二月上旬 將還所理 謹賦長句八韻 奉贈金翰林之眞. "大手文章是世

竹堂環錦寄)'라고 했는데, 이승휴가 서기書記(경흥도호부 장서기)를 사임했기 때문에 그렇게 읊은 것이었다. 이렇게 이승휴는 강도에서 경흥도호부(강릉) 장서기 사임을 요청하고 강릉으로 돌아와 사임했다.

병인년(1266, 원종 7) 정월에 대설大雪이 열흘 동안 내렸는데, 안집安集 진시랑陳侍郎이 진주부眞珠府(삼척)에 있으면서 고조古調를 지어서 보이니 이승휴가 차운해 봉정奉呈하기를,[173] "춘설春雪이 열흘 동안 쏟아지니 처마가 새어 물방울이 비처럼 떨어지네, 쌓인 옥玉이 장丈만큼 깊고 한기寒氣가 순주醇 酒를 죽이네, 회오리바람이 때 없이 그쳐 (눈이) 쌓여 두斗에 이르고자 하네, 지척咫尺 왕래가 막혀 안석에 기대어 앉아 장시간 손을 소매에 집어넣어 다만 눈송이가 바람에 날림을 보네, 아직 문門에서 버들이 흔들림을 감상하지 못하고 원근遠近이 일반一般으로 평평해 교郊와 수岫를 변별하지 못하네, … 문을 닫아 다만 독서讀書할 뿐, 주舟를 타서 어찌 친우를 방문하리오, 귀밑 흰털이 다연茶煙을 다스려 천품泉品으로 육우陸羽를 평가하네, 현사賢俟(현후賢 俟 : 진자사)를 받들어 읊조린다면 소금솜[鹽絮](눈)이 모두 진구陳舊라오"라고 했다. 이승휴가 서기에서 물러나 삼척현에 머물던 중에 삼척현에 온 안집사 진자사陳子俟를 만난 것이었다.

이승휴가 2월 3일에 부府(경흥도호부 혹은 진주부眞珠府)를 출발해 조천朝天 하는데(강도로 가는데), 제삼전정第三餞亭에 이르러 등명승통燈明僧統 천석天錫 을 수首로 하는 운석명유韻釋名儒 5, 6인이 전별했다. 이승휴가 이에 이별하며 구호口號하기를, "2년 동안 군郡(강릉)을 다스렸지만 성취가 없어 부끄러워, 백百으로 중中하지 못하고 단지 일청一淸했네, 조천朝天함에 장물長物이 없음을 말하지 말라, '가슴에 충만하게 오히려 호산好山을 실어서 가네'[일작一作 : '송

傳 壯元仙後壯元仙, 雷馳洛下洒千首 龍臥嶺南幾十年, 忽被雲霄垂玉詔 直從蘿月涉花堝, 吟廻浩渺胸吞澤 醉更風流面洒泉, 柏署明朝誇朧操 藥階他日賞春妍, 牽來驥子令追電 打起鵬 雛俾擊天, 顧向竹堂環錦寄[辭書記故云] 佇分蓮燭草綸宣, 長鳴出塞情何限 莫惜風前下一鞭". 한림 金之眞은 『首楞嚴經環解刪補記』의 발문을 쓴 金之瑱과 동일 인물로 여겨진다. 한편 이승휴는 다시 前韻을 사용해 同年 國博 崔守璜·典鐵 金承戊를 留別하며 시를 읊었고, 次韻해 翰林 安裕의 贈別에 답하는 시를 읊었다.
173) 『동안거사집』行錄 2, 丙寅正月 大雪彌旬 安集陳侍郎在眞珠府 賦古調示之 謹次韻奉呈.

정松汀 경포鏡浦를 가슴에 실어 가네']'라고 했다.[174] 그는 등명사의 승통 천석天錫 등의 전별을 받으며 이렇게 강도江都로 향했다.

이승휴는 다시 강도로 들어와 중앙관직을 얻기 위해 분투해야 했다. 그가 유내상兪內相 즉 내상內相(승선) 유천우에게 올린 시에서, 자신이 비재非才로 강릉에 패죽佩竹해 누차 연막정과蓮幕政課의 거擧를 입었지만 과기苽期(瓜期)(임기) 미만未滿에 사임해 화도花都(강도)에 들어오니 풍금근당楓禁芹堂과 군국 삼관軍國三官이 함께 수천首薦을 진술한 것이 두 번이었다며, 자신의 문림이간 文林吏幹이 어찌 모두 다 당금當今 진용進用의 사람들보다 하下이리오, 또한 각하閣下에게 수지受知한 것이 하루아침이 아닌데 이처럼 여러 정政(인사)에서 임용되지 않음은 거의 명박命薄이라면서 등용되지 못하면 전원으로 돌아가겠다며 시를 헌정했다.[175]

맺음말

태조(왕건)가 금강산을 올랐을 때 담무갈曇無竭보살이 현신現身하자 예배하고 그 자리에 정양사正陽寺를 세웠다고 전해지는데, 정양사는 현종 무렵에 최사위崔士威에 의해 중창된다. 동북면병마사 이순우李純祐와 그 막료 김례경金禮卿이 풍악을 지나며 시를 주고받았는데, 특히 김례경은 풍악에 담무갈보살이 거처해 무행無行 거승居僧도 묘관妙觀에 들어갈 수 있다고 했다. 전치유田致儒도 장절杖節해 개골산을 경유하며 시를 지었다. 금강산 장안사는 성종 때 중창되었고, 마하연도 성종 무렵에 개경과 교류하고 있었다. 풍악산 발연수鉢淵藪는 진표의 성지로 무인정권기에 각광받았는데 고려초에 이미 그러했을 수도 있었다. 유점사는 고려중기에 두 차례 정도 중창되었고 왕명

---

174) 『동안거사집』行錄 2, 二月初三日 發帝朝天 至第三餞亭 燈明僧統法諱天錫爲首 韻釋名儒五六人也 僕乃軒眉而就 陶然而別 口號曰. "二年爲郡媿無成 百不能中只一淸, 莫導朝天無長物 滿胸猶載好山行[一作松汀鏡浦載胸行]".

175) 『동안거사집』行錄 2, 上兪內相詩[幷序].

을 받든 내시內侍 소경여가 이 절을 찾아 시 여러 편을 지었다. 금란굴과 총석정을 지닌 금양金壤(통주)도 유람객에게 인기를 끌어, 총석정叢石亭에 대해 산인山人 혜소慧素가 기記를 지었고, 고조기가 금양金壤에서 시를 지었고, 이지심李知深이 총석정을 찾아 시를 지었으며, 김극기가 총석정을 유람해 그것을 주제로 시 여러 개를 남겼다. 익령翼嶺(양주襄州)도 낙산사를 지녀 유람객이 선호하는 곳인데, 승려 익장益莊이 낙산사기를 남겼다, 유자량庾資諒이 병마사로 관동에 나가 낙산을 들러 관음을 예배해 청조靑鳥 출현 설화를 남겼다. 김부의金富儀, 김극기, 함순咸淳, 김인경金仁鏡(김양경) 등이 낙산사를 찾아 관음을 예찬하였다.

명주(강릉)에서는 한송정, 경포, 등명사, 오대산 등이 사람들이 자주 찾는 명승지였다. 광종대에 장진산張晉山(장연우)이 한송정寒松亭과 경포鏡浦를 노래했고, 예종 무렵에 계응과 혜소가 한송정을 노래했고, 무인정권기 이인로와 김극기가 한송정을 주제로 언급하거나 읊었다. 김극기와 이승휴가 경포를 찾아 시를 지었다. 김돈시와 김극기와 이승휴가 등명사를 찾아 시를 지었다. 김극기가 굴산사와 문수당(문수사)에 대한 시를 남겼다. 권적은 명주에 나가 근무했는데 대관령과 진부역과 수다사水多寺에 들러 시를 지었고, 그 아들 권돈례도 수다사를 찾았다. 진화陳澕가 오대산도五臺山圖를 보고 나서 직접 오대산에 올라 풍경을 감상했다. 김극기와 이승휴도 오대산에 올라 시를 지었고, 이승휴는 횡계역과 수다사를 찾아 시를 짓기도 했다. 삼척에서는 서루西樓가 가장 선호하는 명승지였는데, 김극기와 이승휴가 찾아 시를 남겼다. 두타산 삼화사三和寺는 통일신라 이래의 고찰古刹이었는데 이승휴가 그 이웃에 은거해 주변을 탐방했다.

임춘林椿은 고려의 동쪽 지역을 유람하며 「동행기東行記」를 지었다. 그는 남쪽 지역을 여행하다가 죽령竹嶺을 넘어 당진唐津을 유람하고 나서 명주溟州(강릉) 남령南嶺을 넘어 북쪽으로 나아가 동산洞山에서 숙박하고 익령翼嶺(양양)의 낙산으로 진입했다. 김극기는 신종 3년 3~4월 무렵부터 다음해 3~4월 무렵까지 대략 1년간 동북면 병마사영兵馬使營을 중심으로 근무하면서 관할

지역을 순력했다. 그는 안변도호부와 금양(통주)과 고성 일대를 유람했고, 양구·낭천 일대를 순력했고, 간성, 익령(양주), 명주(강릉), 삼척, 울진 순으로 순력했다가 북으로 돌아왔는데, 그 과정에서 대상 지역의 명승지를 유람해 많은 시를 남겨 동북면 내지 관동 일대의 풍광과 실상을 알려준다. 이승휴는 과거에 급제했지만 몽골군의 침략으로 인해 외가 삼척현 두타산 기슭에 은거하며 주변을 유람했고, 경흥도호부(강릉) 판관 겸 장서기에 임명되어 강릉에서 근무하면서 강릉, 삼척, 정선 일대를 순력 내지 유람했다.

제3장
고려말기 관동 유람기

머리말

여행 내지 유람은 개인의 취미이기도 하지만 인간 삶의 중요한 요소이다. 몸과 마음을 건강하게 만드는 삶의 활력소이면서 자연과 국토와 사람들을 이해하는 과정을 제공하며 느낀 것을 읊고 기록한 시詩, 기記 등을 남기기도 한다.

우리나라는 산과 물이 적절히 어우러져 경관이 빼어난 곳이 많다. 특히 관동은 산수山水가 빼어나 고려 사람들이 유람하기를 갈망하는 지역이었는데 고려말기로 가면서 금강산 신앙이 크게 유행하면서 더욱 그러한 지역으로 자리매김했다. 금강산의 여러 사원, 통주 금란굴, 고성 삼일포, 간성 영랑포, 양주 낙산사와 관음굴, 강릉 경포대·등명사·오대산, 삼척 죽서루, 울진 취운정翠雲亭, 평해 망양정 등이 유람 선호 대상이었다.

고려시대에 관동 유람 기록을 남긴 사람들은 대개 사족士族과 승려였는데 고려말기 사람으로는 안축安軸, 이곡李穀, 정추鄭樞, 원천석元天錫, 나옹화상懶翁和尙 등이 대표적이다. 안축은 충혜왕 때 강릉도 존무사로, 정추는 공민왕 중반에 동북면병마사영의 관원으로 근무하면서 관동 일대를 유력遊歷했다. 이곡은 충정왕 때 정치적 위기에 빠지자 관동으로 피신하면서 이 일대를 유람했고, 원천석은 고향 원주에 거처하다가 원간섭기에 금강산 유람을

하고 공민왕 말기에 관동 여행을 했다. 나옹화상은 몽골 원에 유학하고
돌아와 금강산과 오대산 사원에 주석하고 관동 일대를 유람했다.

　고려말기 관동유람기는 이 시기 관동의 자연과 문화 등을 이해하는 데
중요한 요소이다. 그러면 고려말기 안축, 정추, 이곡, 원천석, 나옹화상의
관동 여행을 조명해 보기로 한다.[1] 안축과 정추는 시간적으로는 차이가
있지만 동계를 다스리는 관원으로 근무하면서 유람했다는 공통점 때문에,
이곡과 원천석은 관동에서의 행적이 공무가 아니라는 공통점 때문에 하나로
묶어 살펴보기로 한다. 나옹화상은 승려라는 특징에 주목해 독립적으로
편제해 살펴보기로 한다.

1. 안축과 정추의 관동 유람

　안축安軸의 관동 시찰과 유람은 그의 「관동와주關東瓦注」[2]에 정리되어 있다.
'관동와주'는 시詩와 기기로 이루어져 있는데, 시는 대개 시간 순 내지 경유
순으로 되어 있어 배열을 들여다보면 여정을 알 수 있다. '관동와주'에 따르면,
안축은 천력天曆 3년(1330, 충혜왕 즉위) 5월에 왕명(충혜왕의 명령)으로
강릉도존무사江陵道存撫使에 임명되어 이 달 30일에 송경松京(개경)을 출발해
백령역白嶺驛에 숙박했다. 철령을 넘어 6월 3일에 철령관鐵嶺關에 들어가고
화주和州 본영本營에 도착했다.[3] 개경을 떠난 지 4일만에 철령관을 거쳐

---

1) 이곡의 관동 여행에 대해서는 김창현, 「가정집 시 분석을 통한 이곡의 인생여정
　탐색」, 『한국인물사연구』 22, 2014의 일부를 참조했다.
2) 『근재선생집』 권1, 關東瓦注. 안축의 관동에 대한 인식에 대해서는 김풍기, 「謹齋
　安軸의 詩文에 나타난 江原道論 -『關東瓦注』를 중심으로」, 『강원문화연구』 17, 1998이
　참고된다. 한편 안축은 關東別曲을 지어 鶴城(鶴浦) 원수대·穿島·國島, 총석정·金幱窟·
　四仙峯, 三日浦 四仙亭·彌勒堂·三十六峯, 仙遊潭·永郎湖, 雪嶽東洛山西襄陽 降仙亭·祥雲
　亭, 臨瀛(江陵) 鏡浦臺寒松亭·燈明樓, 五十川竹西樓·翠雲樓·越松亭·望槎亭 등을 노래했
　다(『근재집』 권2, 補遺, 歌辭). 안축의 경기체가 작품에 대해서는 고정희, 「원복속기
　신흥사대부의 계급의식과 안축의 경기체가」, 『한국문화』 30, 2002가 참고된다.
3) 桃源道의 白嶺驛(湍州 소속)과 朔方道의 鐵關驛(高州 소속) 노선을 이용했다(『고려사』

화주에 도착한 것인데, 이 화주는 옛 등주였다. 화주제성和州諸城이 몽골령이 되자 화주和州의 읍치가 등주登州 고지古地로 이동했다. 즉 기존의 화주는 원의 쌍성으로 되고, 등주登州가 고려의 새로운 화주和州로 되었다. 영동嶺東 (철령 동쪽)은 강릉도江陵道였고, 영서嶺西(철령 서쪽)는 회양도准陽道(교주도 交州道)였으니,[4] 강릉도 존무사는 영동(철령 동쪽 방면) 강릉도를 존무存撫하는 임무를 맡았다.

안축은 강릉도 존무사로서의 일을 수행하기 위해 화주(등주)에서 남하했는데, (통주와 고성을 거쳐) 양주襄州 공관公館에 묵었고 안창역安昌驛과 흥부역興富驛과 삼척을 거쳐 평해平海 공관公館에 묵었으며, 북상해 선유담仙遊潭(간성杆城에 위치)[5]을 거쳐 화주(등주)로 돌아왔다. 화주(등주)에 머물면서 가을을 보냈는데, 그 일대의 명소를 둘러보았다. 화주(등주) 압융현押戎縣의 동쪽 대해大海 중에 해안에서 10여리餘里 떨어진 곳에 있는 국도國島를 구경했는데, 남쪽으로부터 화주에 돌아오자 화주수和州守 김군金君이 압융현押戎縣에서 교영郊迎해 이 섬을 방문하기를 권유했기 때문이었다.[6] 또한 안축은 죽도竹島 (의주宜州에 위치)를 찾아 「죽도시竹島詩」 2수首와 그 서序를 남겼는데, 무오년 (1258, 고종 45) 병란兵亂 때 삭방朔方 12성城이 죽도에 입보入保했다가 조휘趙暉와 탁정卓正이 반란해 적敵을 끌어들이고 민물民物을 구략驅掠해 적에 투항함에 이로 말미암아 제성諸城이 모두 패배해 화주和州 제성지諸城池가 몰실沒失한 것을 지금도 모두 수복하지 못하고 있으며, 몰래 도망해 귀국한 자들을 수집收執해 등주고지登州古地에 합처合處했다고 했다.[7] 화주(등주) 학포현鶴浦

권82, 병지 站驛).

4) 『고려사』 권58, 지리지 交州道 및 東界.

5) 仙遊潭은 『신증동국여지승람』 권45, 杆城郡 山川 조항에 실려 있다.

6) 안축은 만약 叢石亭을 먼저 구경했다면 이 섬을 구경하지 않는 편이 좋다며 자신은 이미 이르고서 후회한다고 했으며, 好事者가 모두 말하기를 關東 形勝에서 國島가 최고라 하여 遊賞者로 하여금 舟楫을 갖추고 酒餚과 妓樂을 실어 農을 방해하고 民을 해치니 一方이 괴로워한다고 했다. 이로 인해 長句六韻詩 1篇을 지어 後來者의 誡로 삼는다며 "仙島遙疑駕六鼇 茫茫去路隔雲濤…"라 읊었다. 한편 안축은 '和州鷹坊人羅鷹示余'라는 시를 지었으니 화주에도 鷹坊人이 있어 鷹을 잡았음을 알 수 있다.

7) 「竹島詩 二首 幷序」 『근재집』 권1. 和州가 고종 때 몽고에 沒되어 雙城摠管府로 되니

縣 동쪽의 원수대元帥臺를 찾아 읊었는데, 둘레 7, 8리의 호수 가운데에 위치한
소도小島에 그 대臺가 있었다.

안축의 이어지는 일정이 금강산 일대 유람이다. 동산현洞山縣 관란정觀瀾亭
을 찾아 시를 남겼는데, 이 현은 양주襄州(익령현)의 속현이었다.[8] 그런데
원의 천자가 보낸 향사香使를 영접하러 9월 13일에 북행北行해 통주通州 북쪽
20리쯤의 총석정叢石亭에서 사신使臣 즉 원 황제의 향사香使를 위해 연회를
열었다. 안축은 해금강을 따라 남하해 양주 일대에 이르렀다가 해금강을
따라 북상해 총석정에 이른 것이었다. 그는 흡곡현歙谷縣 남쪽에 자리한
천도穿島(흡곡현에서의 거리가 15리)를 구경하고[9] 남하해 통주 남쪽의 금란
굴金幱窟을 찾았다. 이어서 '등주고성회고登州古城懷古'와 '고성도중소헐高城道中
小歇'과 '금강산金剛山' 시를 연이어 지었는데, '등주고성 회고'는 금란굴에서
고성高城으로 내려오는 도중에 등주 고성古城을 회고하면서 지었을 수도
있고, 금란굴에서 등주고성 즉 당시 화주로 올라가 지었을 수도 있다. 어느
경우든 고성高城으로 내려와 금강산으로 들어가 "골骨이 봉만峯巒에 서니
검극劍戟처럼 밝고 거승居僧은 재齋가 끝나니 좌정해 경영함이 없네, 어찌하나
산 아래 생민生民 무리가 첨망瞻望하며 때때로 콧마루를 찡그리며 가니"라
읊었다.[10] 그는 금강산 아래 사람들이 금강산 사찰에 대해 때로 불만을

州(和州)가 登州에 합쳐졌다가 通州에 병합되었다가 충렬왕 때 復舊(登州에 합쳐짐)되
었다가 공민왕 5년에 出師 修復해 和州牧으로 되고 18년에 和寧府로 승격되었다.
宜州에 要害處로 鐵關이, 海島로 竹島가 있었다(『고려사』 권58, 지리지, 東界). 竹島가
杆城에도 있는데(『신증동국여지승람』 권45, 杆城郡 산천조), 이 섬은 宜州의 竹島와
다른 곳이다. 한편 鄭樞의 「長正戌途中」 시에 "海邊山勢竦戈矛 一卒當關萬卒憂 須信舟人
皆敵國 可憐襄邑置和州[戊午趙暉之亂 杆城以北 蕭然丘墟 集朔方遺民男女 居之襄州之野
號和州]"라 한 것(『원재집』 상권), 고종시 定平 이남 諸城이 蒙兵의 侵擾를 당해 江陵道
襄州로 移寓하고 杆城으로 再移했던 것(『고려사』 권58, 지리지 東界 安邊都護府登州)으
로 보아 화주·등주가 襄州나 杆城으로 이동한 적도 있었다.

8) 『고려사』 권58, 지리지 東界, 安邊都護府 登州, 翼嶺縣.
9) 통주 총석정에서 북쪽으로 올라가 화주에 들렀다가 남하해 穿島를 구경했을 수도
   있고, 통주 총석정에서 북쪽으로 올라가 곧바로 穿島를 구경했을 수도 있다.
10) 『근재집』 권1, 「金剛山」 "骨立峯巒劍戟明 居僧齋罷坐無營 如何山下生民類 瞻望時時蹙頞
   行".

그림 6. 노영의 목판양면 불화(국립중앙박물관 소장) 중의 금강산보살도

148

품었다고 언급한 것인데 아쉽게도 금강산 내부에 대한 자세한 소개를 남기지 않았다.

이후 안축은 화주(등주)로 올라왔다가 지순원년至順元年[11](1330, 충혜왕 즉위) 10월 8일에 왕명을 받들어 개경으로 가기 위해 화주를 출발했다. 이날에 고산역孤山驛(위산衛山)과 철령鐵嶺을 지나 은계역銀溪驛(교주交州)에서 숙박했다.[12] 9일에 다림역多林驛과 송간역松澗驛(남곡嵐谷)을 거쳐 10일에 임단역林丹驛(단림역丹林驛 : 남곡嵐谷)에 숙박했다. 풍림역楓林驛(풍천역楓川驛 : 동주東州)을 지나 용담역龍潭驛(동주東州 : 철원)에 숙박하고 십일일十一日(십이일十二日의 오류)에 왕계역王溪驛(옥계역玉溪驛의 오류 : 장주章州)과 징파도澄波渡(장주漳州(章州) : 연주連州)를 지나 백령역白嶺驛(단주湍州)에 숙박하면서 곡령鵠嶺(송악松嶽)을 바라보았다. 그리고 도원역桃源驛(송림松林)을 지났으니 개경으로 돌아온 것이었다.[13]

그런데 안축의 시는 '과도원역過桃源驛' 다음에 '제야除夜'와 '원일元日'과 '차통주객사시운次通州客舍詩韻'이 이어지며, '제야除夜' 시[14]는 그 내용으로 보아 내일 아침 50세를 맞이하는 세모歲暮(제야除夜)에, 즉 1330년 마지막 날의 밤에 개경이 아니라 여행길에 묵은 객관에서 지은 것이었다. 그러하니 그는 10월 13일 쯤에 개경에 들어와 얼마동안 머물다가 11월 무렵에 개경을 출발해 다시 강릉도 존무사로 복귀해 객관에서 1330년 제야除夜를 보내고 1331년 50세 원일元日 즉 설날을 맞이한 것인데 그 객관은 통주객사通州客舍로 보인다. 안축은 통주에서 남하해 관목역灌木驛(열산列山)[15]을 거쳐 영랑포永郞浦(간성

11) 5월에 원 황제가 大明殿에서 尊號를 받고 至順으로 改元하고 天下에 大赦했다(『고려사』 권36, 충혜왕 즉위년 5월조).

12) 「是日過鐵嶺」 시(『근재집』 권1)에서 "巨嶺橫空半 東西路此分 登高笑前將 負險怯孤軍…"이라 읊었다.

13) 朔方道의 孤山驛 - 鐵關驛과 桃源道의 銀溪驛 - 松間驛 - 丹林驛 - 楓川驛 - 龍潭驛 - 玉溪驛 - 白嶺驛 - 桃源驛 노선을 이용한 것이었다. 『고려사』 권82, 병지 站驛 참조. 징파도는 漳州(連州)에 있었다. 『고려사』 권58, 지리지 交州道 東州, 漳州.

14) 『근재집』 권1, 關東瓦注. "燈殘古館轉幽幽 客路難堪歲暮愁 夢罷明朝年五十 夜深高臥數更籌".

15) 灌木驛은 列山 즉 烈山에 위치했다(『고려사』 권82, 병지 站驛 삭방도). 烈山은 간성군

에 위치)에서 범주泛舟했으니 해금강 일대를 시찰 내지 유람한 것이었다.

그런데 영랑포에서 지은 「영랑포범주永郞浦泛舟」 시 다음에 「운암현정雲巖縣亭에 유遊함」과 「차운次韻해 장수재유거張秀才幽居를 주제로 지어 부침」과 「오월이십오일 화주和州로부터 남행南行해 중도에 비를 만나 마상馬上에서 지음」 시가 이어진다. 안축은 후술하듯이 평해에서 지은 「기제단양북루시寄題丹陽北樓詩」의 서序에서 금년今年 하사월夏四月에 기성箕城(평해平海)으로부터 상향桑鄕, 즉 고향 홍주(순흥)에 귀근歸覲할 때 도중에 단양丹陽(영해寧海)에 들러 북루北樓를 방문했다고 한다.16) 그러하니 그는 간성 영랑포에서 북상해 운암현정雲巖縣亭(운암현은 통주의 속현)17)에서 노닌 것이 아니라, 간성 영랑포에서 남하해 강릉, 삼척, 울진을 거쳐 평해(기성)로 들어갔고 4월에 단양(영해)을 거쳐 고향 홍주에 들어가 귀근歸覲하고는 강릉, 간성, 고성을 거쳐 통주의 속현 운암현雲巖縣의 정亭에서 노닌 후 화주(등주)에 들어간 것으로 여겨진다.

그리고 그 해 5월 25일에 화주(등주)를 출발해 남행南行했다. 이날 비 때문에 흡곡歙谷 객관에 묵었고, 다음날(26일) 비 때문에 통주에 머물다가 비가 개자 고성高城으로 향해 옹천瓮遷 길을 지나며 시를 읊고18) 고성에 들어가 고성객관에 묵었다. 옹천瓮遷은 통주와 고성 사이에 자리해 바다에 임臨한 석산石山 절벽으로 말이 병행並行할 수 없을 정도로 좁고 구불구불한 길이 산복山腹을 휘감은 요해처였으니19) 바다에 닿은 금강산이었다. 안축의 해금강 일대 여행은 이어져 (27일에) 고성객관을 출발해 고성 북쪽 7, 8리의 삼일포三日浦를 찾아 사선四仙의 자취를 더듬었다. 그리고 남하하면서 29일에

<hr>

북쪽 35리에, 영랑호는 간성군 남쪽 55리에 있었다(『신증동국여지승람』 권45, 간성군 산천·고적).

16) 平海의 별칭이 箕城이고, 寧海(禮州 : 德原)의 별칭이 丹陽이었다(『신증동국여지승람』 권45, 평해군 및 권24, 寧海都護府). 안축은 福州(안동) 관할 興寧縣(興州 : 順興) 사람이었다(『고려사』 권109, 안축전).

17) 雲巖縣은 通州(金壤縣)의 속현이었다(『고려사』 권58, 지리지 東界, 金壤縣).

18) 『근재집』 권1, 「瓮遷路」.

19) 『신증동국여지승람』 권45, 통천 산천. 瓮遷은 통천군 남쪽 65리에 위치했다.

그림 7. 간성 청간정(규장각한국학연구원 소장 관동십경). 현재 고성 소재. 원래는 만경대

마상馬上에서 시를 읊어 수한水旱으로 인한 흉년을 근심하고 간성杆城에 들어가 객관客館에 묵었다. 그리고 간성 남쪽 청간역淸澗驛의 만경대萬景臺를 찾아 시를 읊었다.[20]

안축은 간성에서 이후의 행로로 보아 강릉을 거쳐 삼척으로 들어갔다. 6월 13일에 진주眞珠(삼척) 남강南江에서 뱃놀이를 했고,[21] 6월 17일에 삼척三陟 서루西樓를 찾아 시를 읊었다. 취운정翠雲亭(취운루翠雲樓)을 찾아 옛날을 회고하면서 기뻐했는데[22] 이곳은 선사군仙槎郡 즉 울진蔚珍에 위치했다. 울진

20) 淸澗驛은 간성군 남쪽 44리 海岸에 위치했고, 萬景樓는 淸澗驛 동쪽 數里의 突起한 石峯에 위치했다(『신증동국여지승람』 권45, 간성군 驛院 및 樓亭). 안축은 「題淸澗驛萬景臺 次許獻納詩韻」 시 다음에 「鹽戶」 시를 지어 민에게 부담을 가중한 고려의 權鹽 제도(충선왕이 만든 것)를 비판했다. 權鹽 제도로 인해 바닷가 고을에서 고통받는 사람들을 목격했는데 정부시책에 따라 소금제작을 독려해야 하는 자신의 처지를 한탄했다.

21) 眞珠는 삼척의 별호였다(『고려사』 권58, 지리지 동계 삼척현).

22) 안축은 「翠雲亭記」『근재집』 권1에서 皇慶壬子(1312, 충선왕 4년) 春에 單騎로 仙槎郡에 遊할 적에 그 남쪽 白沙平堤에 亭이 있으면 좋겠다고 생각했는데 泰定丙寅年間에 存撫使 朴公이 이곳에 新樓를 지은 덕분에 지금 다행히 이 방면에 出鎭해 이 樓를

에서 남하해 월송정越松亭과 평해平海 망사정望槎亭을 찾아 시를 읊었는데, 월송정도 평해에 위치했다.[23] 평해를 출발해 7월 1일에 울진으로부터 삼척으로 향했다. 정선旌善에 들어가 공관公館에서 묵은 후 임영臨瀛(강릉)에 들어가 공관公館에 묵었다.[24] 한송정寒松亭(강릉에 위치)을 거쳐 남하해 태백산(삼척에 위치)에 올랐다. 강릉으로 북상해 7월에 비를 무릅쓰고 강릉부江陵府를 출발했다. 양주襄州를 거쳐 8월 4일에 북행北行해 영랑호永郎湖(간성에 위치)에서 뱃놀이했고 삼일포三日浦(고성에 위치)를 다시 찾아 놀았으니 해금강을 다시 구경한 것이었다. 북상해 화주(등주)로 돌아와 비목批目을 보고 축하하는 시를 지었다. 8월에 개경으로 나아가고자 했지만 왕명이 있어 추제秋祭를 행하기 위해 남행南行해 경포鏡浦(강릉에 위치)에서 뱃놀이하고 낙산洛山(양주襄州에 위치)을 찾아 시를 지었으니 다시 해금강을 따라 내려온 것이었다. 그리고는 지순 2년(1331, 충혜왕 원) 9월 17일에 파임罷任해 개경으로 향해 순충관順忠關과 도원역桃源驛(송림松林)과 송간역松澗驛(남곡嵐谷)을 지났으니 이 직후 도원도桃源道를 이용해 개경으로 돌아온 것이었다.

다음으로 정추鄭樞(정공권鄭公權)의 관동 유람[25]을 『원재집』 상권 시詩에

오르게 되었다며 기뻐했다. 仙槎는 蔚珍의 별칭이었다(『신증동국여지승람』 권45, 강원도 울진현).

23) 『신증동국여지승람』 권45, 平海郡. 안축은 「寄題丹陽北樓詩 幷序」『근재집』 권1에서 그가 關東遊覽 이후에 관동 樓臺山水의 美가 極해 지금부터 四方에서 稱하는 奇勝의 地는 容目함이 없으리라 생각해, 箕城(平海)에 이르자 丹陽北樓의 美를 칭찬하는 자가 있었지만 믿지 않았는데, 今年 夏四月에 箕城(平海)으로부터 桑鄕 즉 고향 순흥에 歸覲할 때 도중에 丹陽(寧海)에 들러 北樓를 방문하니 그 奇觀勝致가 모두 貪翫할만해 關東과 다른 것이 적어서, 그 形勢를 관찰하니 대개 丹陽(寧海)은 關東의 尾에 위치해 境이 서로 接하고 그 山水의 美는 關東보다 넘친다고 했으며, 南(영해 남쪽)에 觀魚臺가 있는데 그가 20년 전에 遊한 곳이라고 했다. 그리고 지금 6월에 또 箕城(平海)에 이르자 이 樓 즉 丹陽(寧海) 北樓에 다시 오르고자 생각했지만 그러할 수 없어 시를 지어 부친다고 했다.

24) 臨瀛은 강릉(명주)의 별호였다(『고려사』 권58, 지리지 동계 溟州). 강릉도존무사 안축이 정선을 방문한 것은 정선이 엄밀하게는 관동이 아니지만 강릉도 소속이었기 때문에 순력한 것이었다.

25) 정추 詩의 양상과 관동 기행시에 대해서는 이성호, 「圓齋 鄭樞와 그의 詩에 관한 小考」『한국한문학연구』 18, 1995가 참고된다.

실린 차례대로 살펴보자. 그는 계묘년 11월 19일에 지은 시에서, 거년去年
이날에 임진臨津을 나가서 피난해 살아서 숭인문崇仁門으로 들어오기를 생각
하지 못했거늘, 금년 이날에 남산南山 언덕에 임臨하여 조망하고 거닐며
눈물을 많이 흘리는데 부소扶蘇(부소산 : 송악산)가 봉鳳처럼 날아올라 명당明
堂을 감싸안고 오관五冠(오관산)이 우뚝 서서 궁창穹蒼을 문지른다고 했다.
공민왕 10년(신축년, 1361) 10월 홍건적의 침략으로 왕과 조정이 11월 병인일
(19일)에 피난해 임진을 건넌 일을 정추가 계묘년(1363, 공민왕 12) 11월
19일에 회고하면서 읊은 것이었다. 『원재집』에는 이 시 다음에 「만경대萬景臺
를 주제로」부터 「동산관사洞山官舍를 주제로」까지 그가 안변부를 거점으로
관동을 순찰하고 유람하면서 지은 시가 실려 있다.

  정추의 관동 편력은 후술하듯이 공민왕 13년 봄부터였다. 그가 어떠한
직함과 임무를 띠고 관동에 파견되었는지 명확하지 않은데 그의 관력으로
추론해 보자. 공민왕 6년 9월에 제도諸道에 염철별감塩鐵別監을 나누어 파견하
자 우간의右諫議 이색李穡, 기거사인起居舍人 전록생田祿生, 우사간右司諫 이보림李
寶林, 좌사간左司諫 정추鄭樞 등이 상서上書해 염철별감의 폐단을 논했다.[26]
이때 정추는 좌사간(종5품)으로서 논의에 참여한 것이었다. 그는 공민왕
10년 10월 홍건적 제2차 침략으로 인한 왕의 남천 때 복주(안동), 상주,
청주 등에서 왕을 수행했는데[27] 대간직을 띠고 있었던 것으로 보인다.
공민왕 15년 4월에 좌사의대부左司議大夫 정추鄭樞, 우정언右正言 이존오李存吾
가 상소해 신돈辛旽을 논하니 왕이 크게 노해 정추를 폄출해 동래현령東萊縣令
으로, 이존오를 폄출해 장사감무長沙監務로 삼았다.[28] 이때 정추는 좌사의대
부(종3품)로서 신돈 논핵에 참여한 것이었다. 그는 이러한 경력에 의거하건

---

26) 『고려사』권79, 식화지2, 塩法 ; 『고려사절요』권26, 공민왕 6년 9월. 충렬왕 34년에
   충선왕이 좌우 司諫을 좌우 獻納으로 고쳐 정5품으로 승격시켰고, 공민왕 5년에
   다시 좌우 司諫으로 고쳐 종5품으로 강등시켰다. 『고려사』권76, 백관지1, 門下府.

27) 『원재집』상권 詩, 「福州旅舍 次韓祭酒韻」~「淸州 觀陽陂洪政丞夜試貢士 用全同年韻」.

28) 『고려사』권41 및 『고려사절요』권28, 공민왕 15년 4월. 공민왕 5년에 司議大夫를
   다시 諫議大夫로 개칭하고 종3품으로 승격했으며, 공민왕 11년에 다시 右左 司議大夫로
   고쳤다. 『고려사』권76, 백관지1, 門下府.

대 3품 혹은 4품의 중앙관직(아마 대간직)을 띠고 동북면에 파견된 것으로 보인다.

정추의 관동근무 성격을 좀더 따져 보자. 그가 울진蔚珍 객사客舍의 노수老樹에 대해 읊기를, "선사仙槎[울진 고호古號] 노수老樹는 나이를 기억하지 못할 정도로 많아 나무가지가 철룡鐵龍처럼 서로 구련鉤聯하네, 해마다 이곳에 성초星軺가 지나가며 누樓에 올라 응비應費 주주酒가 샘[泉]과 같고 청가淸歌 묘무妙舞가 운우雲雨처럼 흩어지네, … 서원西原(청주) 광객狂客이 미치고 또 미쳐 황혼黃昏에 상대相對해 면면하게 생각하네"라고 했다.29) 동산객사洞山官舍에서 차운하기를, "절節을 받들어 춘풍春風에 국문國門(도성문)을 나오고 깃발을 날리며 추만秋晩에 강촌江村을 찾네"라고 했다.30) 심내사沈內舍[東老]와 삼화三和(삼화사) 혜총장로惠聰長老에게 부친 시에서 "관동關東 산수굴山水窟은 형승形勝이 사방四方에 전전傳하는데 비록 왕사王事로 분주奔走하지만 오유遨遊하면 곧 지선地仙이네"라고 했다.31) 그는 성초星軺로서 절節을 받들어 관동에 나가 왕사王事를 수행한 것이었으니 왕을 대리하는 사使로서 관동에 파견된 것인데, 동북면 병마사兵馬使 혹은 지병마사知兵馬事 혹은 병마부사兵馬副使의 직함을 띠고 있었다고 여겨진다.32)

그러면 정추의 관동 편력을 살펴보기로 하자. 그는 만경대萬景臺를 주제로 한 시에서 "일말一抹이 하늘을 가로질러 검고 창명滄溟이 눈[眼] 밑에 궁窮하네, 처음에 산이 안개 속에 숨었나 의심했는데 점차 파도가 공중에 뜬 것을 인식하네, 새[鳥]는 홍몽鴻濛 안에 끊어지고 용龍은 황양潢漾 중에서 읊조리네,

---

29) 정추는 西原(청주) 사람이었다.

30) 「次洞山官舍韻」.

31) 「寄贈沈內舍三和惠聰長老[東老]」. 이 시 제목이 원문에 「寄贈沈內舍三和惠聰長老東老」로 되어 있지만 '東老'는 沈內舍에 대한 세주로 보아야 한다. 沈內舍는 곧 內舍 沈東老인 것이다.

32) 兵馬使는 성종 8년에 東西北面에 두어졌는데, 兵馬使는 1인 3품(玉帶紫襟)으로 斧鉞을 親授해 赴鎭해 閫外를 專制하도록 했으며, 知兵馬事 1인 역시 3품이고, 兵馬副使는 2인 4품이고, 兵馬判官 3인은 5, 6품이고, 兵馬錄事는 4인이었다. 『고려사』 권77, 백관지 2, 外職.

장범長帆을 누가 빌려준다면 만리까지 바람을 타서 가기를 원하네"라고 했다.[33] 이 만경대는 관동지역 간성杆城 청간역淸澗驛의 만경대로 보인다.

양주襄州(양양) 강선역降仙驛을 주제로 한 시에서 "마두馬頭 정패旌旆가 연하煙霞를 떨어내고 수점水店 산촌山村에는 홍백화紅白花이네, 우정郵亭 좋은 풍경을 편애偏愛하고 천千 그루 소나무 아래에 물결이 모래를 이네"라고 했다.[34] 열산현사列山縣舍에서 차운해 목은牧隱(이색) 학사에게 부치기를, "정수庭樹가 음음陰陰을 이루어 날이 진정 길고 계화階花는 말없이 이슬 맺혀 향기를 머금네, 세마細馬의 조천로朝天路를 생각해 알아 양류楊柳가 솜털을 날려 상양上陽에 가득 차네"라고 했다.[35] 홍백화紅白花, 계화階花, 버들 솜털 등의 묘사로 보아 봄철이었다.

정추가 고성군高城郡 벽상壁上 시에 차운하기를, "공관空館이 빛나 잠들지 못하게 호광湖光이 밤새도록 밝네, 새벽 붉은 노을이 원수遠水에서 생겨나 욱일旭日이 동영東瀛으로 솟아오르네, 처마 사이로 산이 횡말橫抹하고 천애天涯에 물결이 접평接平하네"라고 했다.[36] 금란굴金蘭窟을 찾아 읊기를, "금란굴金蘭窟을 방문하기 위해 당주棠舟를 해문海門에 놓으니, 큰 파도가 지축地軸을 품고 신물神物이 운근雲根을 포위하네, 안개가 단청색丹靑色을 적시고 천天이 각삭刻削 흔적을 이루네, 연煙(안개) 중에서 해오라기가 하강하는 것을 보고 백의존白衣尊(관음) 만나보기를 생각하네[속俗에서 말하기를, 이 굴이 관음觀音 거주 장소라고 함]"라고 했다.[37] 관음보살 거주처로 알려진 금란굴(통주 소재)을 찾은 것인데, 백의존白衣尊 즉 관음보살에게 예배를 했을 것이다. 원수대元帥臺에서 차운하기를, "경요輕橈를 저어 서서히 돌며 층대層臺에 오르

33) 『신증동국여지승람』 간성 누정에 따르면 萬景樓가 淸澗驛 동쪽 數里에 있다면서, 突起해 層層한 것이 臺와 같은 石峯이 있어 그 높이가 數十仞이고 臺의 동쪽에 小樓를 지었는데 臺 아래는 亂石이 높이 우뚝 솟아 海滋에 꽂혀 바람이 불면 놀란 파도가 암석 위를 어지럽게 쳐 눈처럼 사방으로 날려 흩어져 진정으로 奇觀이라 했다.

34) 「題襄州降山驛」.

35) 「次列山縣舍韻 寄牧隱學士」.

36) 「次高城郡壁上韻」.

37) 「金蘭窟」.

니 해[日]가 창명滄溟을 쏘아 천天이 거꾸로 열리네, 압융押戎(압융수押戎戌)으로
머리를 돌리니 멀지 않고 난주蘭舟가 또 밝은 달을 실어 도네"라고 했다.38)
　정추는 거점인 안변부(등주)로 돌아온다. 안변安邊 관사官舍에서 차운하기
를, "등주·화주 왕사往事는 각성角聲 중에 있어 멀리 봉두峯頭에 올라 벽공碧空을
바라보네, 땅이 금원金源에 접해 산이 극戟(창)과 유사하고 하늘이 상역桑域에
낮아 바다에 바람이 불지 않네, 신랑愼郞(신집평愼執平) 기旗가 넘어진 것이
천년 한恨이고 윤상尹相(윤관)은 비碑를 세워 일대一代 영웅이 되었네, 동편東偏
의피류衣皮類(여진족)에게 기어寄語하나니, 우리 왕은 신무神武하지만 흥융興戎
하기를 싫어한다네[일작一作 : 내가 어찌 너와 흥융興戎하기를 좋아하랴]"라고
했다.39) 조휘趙暉와 탁정卓正(탁청)의 난으로 병마사 신집평愼執平이 해를
입은 일을 한탄하는 한편 시중侍中 윤관尹瓘이 동진東眞에 척지拓地해 애석崖石
에 각비刻碑한 일을 찬미한 것인데 안변부가 동북면 병마영兵馬營이 소재한
곳이어서 나온 감회라고 볼 수 있다.
　몽골이 화주 지역에 쌍성총관부를 설치하자 화주가 등주로 이동했었는데,
고려가 공민왕 5년에 쌍성총관부를 몰아내 수복하자 화주를 원래 위치로
이동하고 '화주목和州牧'이라 하면서 등주는 화주와 갈라서고 안변도호부
지위를 유지한다.40) 공민왕 5년 이후 동북면의 중심지는 안변도호부(등주),
화주목(화녕부), 강릉부였는데 정추의 주된 근무지는 안변부(등주)였던 것
이고 이곳을 거점으로 관동을 편력했던 것이다.
　정추는 안변부 방면에서 바닷가를 따라 남하하며 국도國島와 만경대 등을
구경한다. 「백구白鷗」 시를 짓기를, "내가 백구조白鷗鳥(흰 갈매기)를 사랑하나
니 만리萬里 파도를 흔들고 끌며 나네, 날고 울며(지저귀며) 화락和樂해 살면서
망라網羅(그물)를 근심하지 않네, 가련可憐한 염주炎洲 취翠(물총새)여 우모羽毛
가 그 몸을 죽이나니, 옆에서 엿보며 탄환을 끼우고 있으니 내왕來往을 빈번하

---

38) 「次元帥臺韻」.
39) 「次安邊官舍韻」.
40) 『고려사』 권58, 지리지3, 東界. 和州牧은 공민왕 18년에 和寧府로 승격된다.

게 하지 말거라"라고 했다. 화등역和登驛 도중에 읊기를, "국도國島는 봉래蓬萊를 파破하고 연파煙波는 하한河漢과 통하네, 비가 개니 꽃이 물가에 가득하고 하늘이 활豁하니 물결이 공중에 나네, 쇠뇌[弩]를 짊어짐이 향리鄕吏를 괴롭게 하고 갓끈을 드리운 것이 조옹釣翁에게 부끄럽네, 기관奇觀이 곳곳마다 만족하니 이에 흥취가 다하기 어렵네"라고 했다.41) 간성杆城 관사官舍에서 차운하기를, "가목佳木이 숲을 이루어 관館이 그윽하고 층헌層軒에서 물가를 굽어보며 도道를 어찌 닦으리오, 고연孤煙이 일어나는 곳에 물결이 옥蓋을 시끄럽게 하고 세우細雨가 갠 때여서 산이 누樓에 가깝네, 관청의 부서簿書는 완료하는 날이 없고 군軍의 공치供偫는 몇 년에 쉬리오, 만약 창명수滄溟水를 거꾸로 쏟아붓는다면 인정人情을 다 씻어 구주九州를 깨끗하게 하리"라고 했다. 청간역淸澗驛 만경대萬景臺에서 차운하기를, "청간淸澗 동강東岡의 만경대萬景臺에, 커다란 파도가 하늘을 쪼개어 오네, 장부丈夫 고문鼓吻이 능히 이와 같다면 장상將相 후왕侯王이 잔을 드는 것과 같네", "가절佳節에 해상대海上臺에 등림登臨하니 냉연冷然히 혼渾하여 어풍御風해 오는 것과 흡사하네"라고 했다.42) 양주襄州 도중에 읊기를, "정화汀花가 흐드러지게 피어 춘의春衣를 비추고 깃발이 청산靑山을 둘러싼데 백조白鳥가 나네"라고 했다.43)

정추는 강릉에 도착해 경포鏡浦, 오대산 금강담金剛潭·월정사·문수사 등을 유람한다. 그가 강릉 경포 도중에 읊기를, "철국鐵國 산하山河가 장壯하고 명주溟州 화목花木이 깊네, 미풍微風에 물고기가 소沼에 있고 낙일落日에 새가 숲에 들어가네, 주도周道가 예로부터 말미암음을 생각하고 장송長松은 지금까지 차탄하네, 청루靑樓는 흩어져 터[址]가 없어 춘春에 고요하게 한탄하네"라고 했다.44) 강릉 횡계역橫溪驛을 주제로 한 시에서, "일오日午에 계정溪亭 음기陰氣

---

41) 이 和登驛은 안변부(등주)의 동쪽 50리에 위치한 火燈驛(『신증동국여지승람』권49, 안변부 역원)과 동일한 역으로 판단된다.

42) 「次淸澗驛萬景臺韻」. "冷然渾似御風來"는 一作 "怳如身與化人來"라 했다.

43) 「襄州道中」.

44) 「江陵鏡浦途中」. 세주에 달기를, 江陵은 古鐵國인데, 男女가 서로 생각해 魚腹送書하는 것은 곧 이 지역 故事라고 했다.

그림 8. 강릉 경포(경호). 필자 촬영.

가 응결하고 사시四時에 청녀靑女(청소옥녀靑霄玉女 : 상霜 관장 여신)가 위릉威
稜을 지니네, 산목山木이 춘春인데도 잎이 없음이 괴이한데 사람들이 말하기를
가지끝에 밤마다 얼음이 언다고 하네"라고 했다.[45] 「금강담金剛潭」 시에서
읊기를, "금강담수金剛潭水가 푸르고 맑아 종전從前 관冠 위의 먼지를 다 씻네,
월정月精(월정사)을 향해 고탑古塔을 보려 생각하는데 석양夕陽 화죽花竹이
진정으로 사람을 시름겹게 하네"라고 했는데,[46] 이 금강담(금강연)은 오대산
구역의 연못이었다. 「월정사月精社」 시에서 "자장慈藏(慈藏) 고사古寺에 문수文殊
가 있어 탑塔 위를 천년 동안 새鳥가 날지 않네, 금전金殿이 문닫아 향전香篆이
차가운데 잔승殘僧은 걸미乞米하러 가서 언제 돌아오나"라고 했다.[47] 대산臺山

---

45) 「題江陵橫溪驛」.

46) 「金剛潭」, "金剛潭水碧鳞鳞 洗盡從前冠山塵, 擬向月精看古塔 夕陽花竹政愁人". 원재집에
    는 '冠山塵'으로, 『동국여지승람』 강릉 산천 金剛淵에는 '冠上塵'으로 되어 있는데
    '冠上塵'이 옳을 것이다.

47) 「月精社」, "慈藏古寺文殊在 塔上千年鳥不飛, 金殿闔扉香篆冷 殘僧乞米向何歸". 『원재집』
    에는 '慈藏'으로, 『동국여지승람』 강릉 불우 月精寺에는 '慈藏'으로 되어 있다.

158

(오대산) 문수사文殊社에 숙박하며 짓기를, "밤이 고요한데 풍쟁風箏이 반공半空에 울리고 단청丹青 고전古殿에 불등佛燈이 붉네, 노승老僧은 우통于筒(산정山頂에서 나오는 물)의 미味를 말하기를 좋아하는데 지수智水를 주면 누가 담농淡濃을 따지리오"라고 했는데,48) 이 오대산 문수사文殊社는 월정사 위의 상원사와 같은 사원으로 판단된다. 「출산出山」 시에서, "산경山徑이 험하여 석석石에 릉稜이 있고, 천인倩人이 부마扶馬해 능경凌競하고, 출산出山하는 마마가 황진黃塵 속에 가득하네"라고 했는데,49) 오대산을 나오면서 지은 것으로 판단된다. 그의 이러한 유력은 여전히 봄철에 해당했다.

　정추는 이어서 삼척, 울진, 평해를 유력한다. 그가 삼척 죽서루竹西樓를 주제로 읊기를, "죽서竹西 처마 그림자가 청류清流에 출렁이고 담상潭上 산광山光이 소루小樓에 가득하네, 가절佳節에 원유遠遊는 감개感慨가 많아 사양斜陽에 떠나가려다가 다시 지류遲留하네, … 협안夾岸 홍하紅霞(도화桃花)에 춘春이 또 노老하고 각角을 부는 소리가 진주眞州(삼척현)를 찢으려 하네"라고 했다.50) 울진 관사官舍에서 차운하기를, "선사仙槎에 들어가면서부터 흥취가 무궁하고 주렴을 걷으니 춘사春思가 공중 박운薄雲에 닿네, 숲과 격隔한 고첩古堞에 창명滄溟 일日이 보이고 언덕 곁 성긴 울타리에 양류楊柳 바람이 부네, 고요하게 새[鳥]는 꽃 그림자 속으로 돌아오고 맑게 사람들은 죽竹 그늘 중에서 말하네, 만약 월月 아래에서 돛을 올려 가도록 한다면 어찌 고추高秋에 학鶴이 롱籠에서 나올 뿐이랴"라고 했다.51) 평해平海 망양정望洋亭을 주제로

---

48) 「宿臺山文殊社」, "夜靜風箏響半空 丹青古殿佛燈紅, 老僧愛說于筒味[水名 出山頂] 智水與之誰淡濃".

49) 「出山」, "山徑崎嶇石有稜 倩人扶馬尙凌競, 出山滿馬黃塵裏 哎殺欽崟松下僧".

50) 「題竹西樓[三陟]」, "竹西簷影漾清流 潭上山光滿小樓, 佳節遠遊多感慨 斜陽欲去更遲留, 曾聞有客搥黃鶴 今恨無人狎白鷗, 夾岸紅霞春又老 角聲吹欲裂眞州". 『원재집』과 『신증동국여지승람』 삼척 누정에는 '紅霞'로, 『동문선』 권16에는 '桃花'로 되어 있다. 『원재집』과 『신증동국여지승람』 삼척 누정에는 '角聲吹欲裂眞州'로, 『동문선』 권16에는 '角聲吹徹古眞州'로 되어 있다.

51) 「次蔚珍官舍韻」, "自入仙槎興不窮 捲簾春思薄雲空, 隔林古堞滄溟日 傍岸疏籬楊柳風, 寂寂鳥歸花影裏 蕭蕭人語竹陰中, 若教月下楊帆去 奚啻高秋鶴出籠[一作要知獨夜情鍾處 松月娟娟透綺籠]".

읊기를, "망양정望洋亭 위에 한참 서 있노라니 춘만春晩이 추秋와 같아 뜻이
슬퍼지네, 해중海中 풍무風霧가 나쁨을 알아 삼송杉松의 동쪽 향한 가지가
자라지 않았네, 만학萬壑 천암千巖이 비스듬히 이어져 열리고 곁 산이 귀거歸去
하고 곁 산이 오네, 구름이 거침巨浸에서 생겨 하늘을 다 감싸고 바람이
보낸 놀란 파도가 해안을 쳐서 도네"라고 했다.[52] 평해군루平海郡樓에 있는
근재謹齋 안문정공安文貞公(안축安軸) 시詩의 수구首句에 "공관公館이 많이 유울幽
盎하니 옷을 걷어올려 후정後亭에 오르네"라는 구절의 뜻에 정추가 반대하여
그 시에 차운하기를, "이 누樓(군루郡樓)에 올라 보니 어찌 수고롭게 북정北亭에
오르랴, 주렴을 말아올리니 야색野色이 보이고 안석에 기대니 송성松聲이
들리네, 노수老樹는 안개에 젖어 자색을 띠고 요잠遙岑은 비에 씻겨 푸르네,
상군相君(안축)이 벽락碧落(푸른 하늘)에 돌아가려 섭의攝衣 행行을 헛되이
생각했네"라고 했다.[53] 그가 이번 평해를 유람한 때는 봄이 이미 막바지에
다다른 만춘晩春이었다.

정추는 평해에서 울진, 삼척 방면으로 올라온다. 울진 객사客舍 노수老樹에
대해 읊기를, "선사仙槎[울진 고호古號] 노수老樹는 나이가 기억하지 못할 정도
로 많아 나무가지가 철룡鐵龍처럼 서로 구련鉤聯하네, 해마다 이곳에 성초星軺
가 지나가며 누樓에 올라 응비應費 주酒가 샘[泉]과 같고 청가淸歌 묘무妙舞가
운우雲雨처럼 흩어지네, … 서원西原 광객狂客(정추 자신)이 미치고 또 미쳐
황혼黃昏에 상대相對해 면면하게 생각하네"라고 했다. 삼척 죽서루竹西樓에서
자옥산紫玉山 심내사沈內舍에게 증여하기를, "어떤 사람이 누樓를 지어 교목喬木
을 굽어보게 했는지, 황혼黃昏에 일소一笑하며 홀로 섰네, 처마 앞 수죽修竹은
수천간數千竿이고 함함檻 밖 징강澄江은 오십곡五十曲이네, 두타산頭陀山은 높아
황홀恍忽에 의지하고 관음사觀音寺는 고古하여 많이 옹울蓊鬱하네, 장공長空은
담담淡淡해 새[鳥]가 왕래하고 미파微波는 맑아 물고기가 출몰하네, 몇 사람이

52) 「題平海望洋亭」.

53) 「平海郡樓 有謹齋安文貞公詩, 其首句云 公館多幽盎 褰衣上後亭, 予反其意 次其韻」, "登覽玆
樓得 何勞上北亭, 捲簾還野色 隱几亦松聲, 老樹煙凝紫 遙岑雨洗靑, 相君歸碧落 徒想攝衣
行".

그림 9. 삼척 객관(우)과 죽서루(좌). 죽서루는 관아와 객관의 서쪽에 위치. 대숲에 고찰이 숨겨진 듯 있었음. 사진은 필자 촬영

나보다 앞서 이곳을 등림登臨했는지, 내가 와서 회고懷古하며 상심傷心하네, 주기珠璣 난간欄干은 홍벽紅壁으로 가득하고 화和하고자 하지만 할 수 없어 공空하게 고음苦吟하네, 강江 중의 물은 맑고 련漣하고 강江 가의 안岸은 양전良田이 많네[일작一作 : 강江이 만약 관개灌漑하면 양전良田이 되네], 자옥수타紫玉首陁(심동로)는 말이 찬상讚賞할만데 제방堤防이 실계失計하면 반드시 소연騷然하리라"라고 했다.[54]

그는 강릉으로 올라와 여러 불교사찰 등을 방문하고 객관에 묵는다. 그가 강릉동루江陵東樓에서 대월對月해 느낌이 있어 읊기를, "대관大關(대관령) 이동以東은 천하에서 드물고 명주溟州의 늙은 나무에는 앵鶯(꾀꼬리)이 어지러이 나네, 맑은 새벽에 기마騎馬해 초제招提(사찰)를 방문하고 빈관賓館으로 돌아오니 날이 이미 비 내리네, 누樓에 오르니 월색月色이 눈처럼 희고 철적鐵笛을 한 번 부니 산이 찢어지려 하네, 난간欄干에 두루 기대어 정말로 간절하게

---

54) 「三陟竹西樓 贈紫玉山沈內舍」. 세주에 달기를, 此君(紫玉山 沈東老)은 자칭 '紫玉首陁'라고 하는데 首陁는 農夫를 의미하는 梵글이라고 했다.

달에게 묻노니 천년 동안 몇 번이나 원결圓缺했나, 밤이 깊어 사방을 돌아보아
도 사람이 적막하고 성城에 까마귀가 까악까악 울고 진塵이 조용하네, 소성小
星이 빛나며 달月과 빛을 다투고 운한雲漢이 종고終古토록 문장文章처럼 환히
빛나네, 환히 빛나는 문장文章이 만방萬方에 임하려는데 부운浮雲이 가리고자
하여 상심하네, 어찌 장검長劍을 얻어 궁창穹蒼에 기대리, 고래 파도가 하늘에
접하여 아득해 끝이 없네, 화부산花浮山은 비스듬히 이어져 가색佳色을 맺네,
유신庾信 장군은 진실로 영웅이지, 천년동안 탁월해 기공奇功을 찬양받네(강
릉에 유신사庾信祠가 있음)"라고 했다.55)

　　정추는 금강산을 유람한다. 열산列山으로부터 장차 금강산金剛山 유점사楡岾
寺로 가려면서 구령狗嶺 도중에 읊기를, "구령狗嶺 연하煙霞가 기름지고 니대尼
臺 수목樹木이 모여 있네, 위태롭게 오르자 산이 다시 끌어안고 탐승探勝하는데
길이 어찌 험난한지, 숲을 지나니 꽃이 모자에 떨어지고 벼랑을 가니 돌이
말안장에 부딪치네, 저 노준정盧儁井을 사랑하나니 천년 동안 마른 적이
없다네"라고 했다.56) 유점사楡岾寺[황원皇元이 사액賜額해 대보덕수성사大報德
壽聖寺라 함]에 대해 읊기를, "유점楡岾 신라新羅 사찰, 봉峯이 모이고 수水가
구불구불한 곳에, 기基를 처음 연 자는 노대수盧大守[준휴]이고 황폐를 부흥한
자는 정중관鄭中官[미벽리米薜里 승지承旨]이네, 사액賜額 황은皇恩이 무겁고 제
비題碑 성덕聖德이 너그럽네, 능인能仁(석가불)은 건축乾竺(천축)에서 이르고
호법護法은 월씨月氏(월씨국)에서 왔네, 오조烏鳥(까마귀)가 쪼아 한천寒泉을 먹고
(마시고) 용龍이 보전寶殿에 옮겨 열었네, 목어木魚가 매달려 펄떡거리고 철봉
鐵鳳이 서서 날개짓하네, 명완茗椀은 승僧을 머물러 이야기하도록 하고 송창松
窓은 불佛을 안아 잠들도록 하네, 종鍾에 물을 부으면 들건대 강우降雨한다고
하괴이 사찰에 종鍾이 있어 가뭄을 만나 그것에 물을 부으면 비가 내린다고
함], 탑塔을 두르면 깨달아 하늘을 버티네, 죽竹은 황혼黃昏 후에 색깔 나고,

55) 「江陵東樓 對月有感」. "庾信將軍信英雄 千載卓犖稱奇功"은 一作 "庾信將軍喚不聞 風作浪湧
　　空銷魂"라 했다.
56) 「自列山將之金剛山楡岾寺 狗嶺道中」.

계溪는 취밀翠密 중에 소리 나네"라고 읊었다.[57]

그는 간성杆城, 양주襄州, 강릉, 삼척 방면으로 남하한다. 그가 명파역明波驛을 주제로 읊기를, "두 소나무 첨반簷畔에 수水가 공중에 잇닿은데 봉도蓬島를 운연雲煙 중에 한번 조망하네, 북래남거北來南去 객客이 다소多少인지 산화山花가 무수無數하게 춘풍春風에 웃네"라고 했다.[58] 장정수長正戍 도중에 읊기를, "해변海邊 산세山勢가 과모戈矛(창)처럼 우뚝 솟아 일졸一卒이 관關을 맡아 만졸萬卒 근심을 담당하네, 모름지기 믿는 주인舟人이 모두 적국敵國이라 가련可憐하게 양읍襄邑(양주襄州)에 화주和州를 두었었네"라고 했다.[59] 세주에 달기를, 무오년 조휘趙暉의 난에 간성杆城 이북이 소연蕭然히 구허丘墟가 되니 삭방朔方의 유민遺民 남녀를 모아 양주襄州의 들판에 거주하게 하여 '화주和州'라 했었다고 했다. 그가 연곡현連谷縣 정자亭子에서 읊기를, "외일畏日(두려운 해 : 여름 해) 장도長途에 땀이 상裳(치마)에 침투한데 헌軒에 당면해 하마下馬하니 나무가 서늘함을 제공하네"라고 했다.[60] 연곡현連谷縣은 명주(강릉)의 속현으로 조선 강릉부의 북쪽 30리에 위치했는데[61] 현재 강릉시 연곡면과 주문진읍 일대에 해당한다.

그는 삼척과 정선 일대를 유력한다. 교가역交柯驛을 주제로 읊기를, "사모紗帽를 봉두蓬頭에 눌러 써서 정亭 앞 벽루碧流에 비추네, 수광水光은 산에 비를 내리고자 하고 야색野色은 맥맥麥이 추秋보다 먼저 익으려 하네, 노마駑馬(怒馬)는 나이가 오히려 장壯한데 정홍征鴻은 저물어도 쉬지 않네, 자유自由롭게 파도를 따라 호탕浩蕩한데 누가 사구沙鷗(갈매기)를 어지럽힐 수 있으리오"라고 했고,[62] 용화역龍華驛을 주제로 읊기를, "모帽에 가득한 황진黃塵과 소매에 가득

---

57) 「楡岾寺[皇元賜額大報德壽聖寺]」.
58) 「題明波驛」. 明波驛은 이곡의 東遊記(『가정집』권5)에 따르면 安昌縣亭과 高城 사이에 위치했고, 『세조실록』권38, 세조 12년 윤3월 임오조에 따르면 杆城 소속이었고, 『신증동국여지승람』杆城 驛院에 따르면 烈山縣 북쪽 20里에 위치했다.
59) 「長正戍途中」, "海邊山勢竦戈矛 一卒當關萬卒憂, 須信舟人皆敵國 可憐襄邑置和州[戊午趙暉之亂 杆城以北 蕭然丘墟 集朔方遺民男女 居之襄州之野 號和州]".
60) 「連谷縣亭子」.
61) 『신증동국여지승람』권44, 江陵大都護府.

한 풍風에 정안征鞍을 잠시 풀어 나무 그늘 안에 놓네, 우인郵人은 마馬를 재촉하며 사람을 급히 부르고 일말一抹 모하暮霞(저녁노을)로 산이 붉게 물드네"라고 했다.[63] 교가역交柯驛(橋柯驛)과 용화역龍華驛(龍化驛)은 삼척 소속이었다.[64] 정선군루旌善郡樓에서 차운하기를, "마제馬蹄(말발굽)는 종일 산을 움켜쥐어 가서 박모薄暮에 침봉성沈鳳城(정선군旌善郡)에 내투來投하네, 압록鴨綠 일호一蒿(일고一篙)가 요동치고 양장羊腸 천인千仞이 구름에 의지해 가로질렀네, 정庭은 공空하여 오직 금영禽影에 접함을 보고 누樓는 멀어 권객倦客 정情을 잊음을 감당하네, 수혈水穴과 풍암風岩을 누가 너에게 만들었나, 가장 가련하게도 서暑에 당當해 여청餘淸이 있네"라고 했다.[65] 이 노정은 더운 여름철에 해당했다.

정추는 고성, 등주, 정주定州 방면으로 북상한다. 그가 삼일포三日浦(고성 소재)에서 차운하기를, "일호一湖 형승形勝이 천天으로부터 이루어져 삼십육봉三十六峯이 추秋에 다시 맑네, 중류中流에 주舟를 띄워 노를 젓지 않으면 어찌 분명한 남석南石 자字를 보리오, 정亭 앞에 비가 지나가 명사鳴沙가 울리고 포구浦口에 추秋가 깊어 낙목落木이 소리내네, 안상安祥 당일사當日事를 자세히 묻나니 신선神仙도 만족하는 풍정風情이네[안상安祥은 국선國仙과 동유同游한 자임]"라고 했다.[66] '남석南石 자字' 부분에 대한 세주에 "호중湖中 석봉石峯의 암석 위에 단서丹書 육자六字가 있어 이르기를, '술랑도남석행述郎徒南石行'

62) 「題交柯驛」, "紗帽壓蓬頭 亭前照碧流, 水光山欲雨 野色麥先秋, 駑馬年猶壯 征鴻暮不休, 自由波浩蕩 誰得擾沙鷗". 『원재집』에는 '駑馬'로, 『동국여지승람』 삼척 역원에는 '怒馬'로 되어 있다.

63) 「題龍華驛」.

64) 『고려사』 권82, 병지2, 站驛, 溟州道.

65) 「次旌善郡樓韻」, "馬蹄終日攫山行 薄暮來投沈鳳城, 鴨綠一蒿搖□動 羊腸千仞倚雲橫, 庭空唯見接禽影 樓逈堪忘倦客情, 水穴風岩誰造汝 最憐當暑有餘淸[郡有風岩水穴 沈鳳城 郡別號]". 정선군에 風岩과 水穴이 있다고 했고, 沈鳳城은 정선군 別號라고 했다. 정추가 정선을 편력한 것은 정선이 동북면 소속이어서 병마사영 관원으로서 시찰한 것이었다.

66) 「次三日浦韻」, "一湖形勝自天成 三十六峯秋更淸, 不有中流舟蕩南石行 那看南石字分明「湖中有石峯 其石上有丹書六字云述郎徒南石行」, 亭前雨過鳴沙響 浦口秋深落木聲, 細問安祥當日事 神仙也是足風情[安祥與國仙同游者]". 『동국여지승람』 고성 산천 三日浦에도 실려 있다.

이라 한다"라고 했다. 그는 정주定州 도중에 읊기를, "정주관定州關 밖에 풀이
우거지고 사적沙磧에 사람이 없어 해[日]가 서쪽으로 기우네, 바다를 지나는
성풍腥風(비린 바람)이 전골戰骨에 불고 백유白楡가 많은 곳에서 마馬가 자주
우네"라고 했다.[67] 이 여행은 가을에 해당했다.

『원재집』에 따르면 「정주도중定州途中」 바로 다음에 「임의역臨漪驛을 주제
로」·「우계낙풍역羽溪樂豐驛을 주제로」가 이어지는데 시점이 문제이다. 정추
가 임의역臨漪驛을 주제로 읊기를, "비탈의 맥麥(보리)이 곡우穀雨 전에 바람에
엎어지니 전두田頭가 벌고伐鼓해 풍년을 기도하네, 울릉蔚陵은 참으로 아름답
지만 홍도洪濤를 싫어해 모첨茅簷에 앉아서 사랑해 백연白煙이 가로지르네"라
고 했다.[68] 임의역은 이곡의 「평해객사시平海客舍詩에 차운함」 다음에 이어지
는 「임의정시臨漪亭詩에 차운함」[69]에 보이는 임의정臨漪亭이 평해平海에 소재
한 것으로 보이므로 평해 소속으로 추정된다. 정추가 우계羽溪 낙풍역樂豐驛을
주제로 읊기를, "신마信馬가 명사鳴沙에서 느릿느릿 돌아가고 계풍溪風이 불어
우雨가 나의羅衣를 적시네, 정후 앞 유수流水는 바다가 멀지 않고 산 아래
두전豆田은 묘苗(싹)가 진정 드무네"라고 했다.[70] 이 두 시는 늦봄 혹은 초여름
에 지은 것이었다. 그러하니 「임의역臨漪驛을 주제로」는 만춘晚春에 지은
「평해망양정平海望洋亭을 주제로」의 앞 혹은 뒤에 아니면 「평해군루平海郡樓에
근재안문정공謹齋安文貞公 시詩가 있어 … 여반기의予反其意 차기운次其韻」의
앞 혹은 뒤에 배열되어야 하고, 「우계낙풍역羽溪樂豐驛을 주제로」는 「죽서루竹
西樓를 주제로」의 앞 혹은 뒤에, 아니면 「삼척죽서루三陟竹西樓에서 자옥산심
내사紫玉山沈內舍에게 증여함」의 앞 혹은 뒤에 배열되어야 한다.

『원재집』에 「심내사沈內舍·삼화혜총장로三和惠聰長老[동로東老]」에게 기증寄

---

67) 「定州途中」.
68) 「題臨漪驛」, "陂麥釃風穀雨前 田頭伐鼓禱豐年, 蔚陵信美洪濤惡 坐愛茅簷橫白煙". 穀雨는
    24節氣의 여섯째로 淸明과 立夏 사이인데, 양력으로는 4월 20일 혹은 21일이 된다.
69) 『가정집』 권20, 「次平海客舍詩韻」·「次臨漪亭詩韻」·「次寧海北凉樓詩韻」.
70) 「題羽溪樂豐驛」. 羽溪 樂豐驛은 역로망에서 溟州道에 속했다. 『고려사』 권82, 병지2,
    站驛, 溟州道.

贈하며」가 「우계낙풍역羽溪樂豐驛을 주제로」 다음에 배열되어 있는데 시간
순으로는 「정주도중定州途中」 다음에 와야 한다고 생각한다. 정추가 심내사沈
內舍와 삼화三和 혜총장로惠聰長老에게 기증寄贈하기를, "관동 산수굴山水窟은
형승形勝이 사방四方에 전전하네, 비록 왕사王事로 분주奔走하지만 오유遨遊해
곧 지선地仙이네, 마음 모아 항상 고삐를 어루만지고 승험乘驗해 돌면서 채찍
을 재촉하네, 반기半期 300일 동안 사행沙行한 노로路가 일천一千이라[평해平海부
터 함주咸州까지 일천리一千里 남짓임], 물결은 암석 위 풀에 흔적을 남기고
구름은 경鏡(거울) 중의 하늘에 그림자를 드리우네, 맑은 새벽에 바다가
더욱 푸르고 고추高秋에 꽃이 더욱 곱네, 바람을 거슬러 송松이 쓰러져 덮고
비로 인해 막혀 안岸에 선박을 보관하네, 물고기는 괴이하게 주舟를 삼킬
만큼 크고 용龍은 가련하게 보물을 안고 잠자네, 나는 근본이 나졸懶拙해
나아가기를 구하면서 도리어 천연遷延하네, 비둔肥蹠해 복복腹을 어루만짐이
마땅하고 비영蜚英(뛰어남)에 부끄러워 협견脅肩(어깨를 으쓱거림)하네, 문
을 막고 국화 길[徑]을 열어 선탑禪榻에 다연茶煙을 날리네, 일흥逸興해 도출陶秫
을 생각하고 안심安心해 원련遠蓮을 사랑하네, 매륜埋輪해 이로二老를 따라
낙도樂道하며 종년終年하고저"라고 했다.[71] 정추는 함주咸州까지 유력한 이후
에 시를 지어 내사內舍(내서사인內書舍人) 심동로沈東老와 삼화사 혜총장로惠聰
長老에게 부친 것이었다.

정추가 차운次韻해 오밀직吳密直에게 헌정하기를, "공公의 명덕明德에 힘입
어 위位가 신신晨辰(방성房星 : 동방청룡의 하나)에 해당하는데 병객病客은 관문關門
에 협진浹辰(12일) 동안 누웠네, 귀마歸馬를 명년明年에 마침내 하사하기를
원하나니 게으르게 마음을 수양하는 수袖(비법)를 영원히 가르쳐 주기를"이
라고 했다.[72] 오밀직吳密直이 보내온 시詩에 명년明年 귀마歸馬의 어語가 있었기

---

71)「寄贈沈內舍三和惠聰長老[東老]」, 「關東山水窟 形勝四方傳, 奔走雖王事 遨遊卽地仙, 會心
常按轡 乘險旋催鞭, 日半期三百 沙行路一千[自平海至咸州 一千餘里], 浪痕岩上草 雲影鏡中
天, 淸曉海逾碧 高秋花更鮮, 遡風松偃蓋 阻雨岸藏船, 魚怪吞舟大 龍憐抱寶眠, 予生本懶拙
求進却遷延, 肥蹠宜捫腹 蜚英媿脅肩, 閑門開菊徑 禪榻颺茶煙, 逸興思陶秫 安心愛遠蓮,
埋輪從二老 樂道以終年". 二老는 內舍 沈東老와 삼화사 惠聰長老를 지칭한다.

때문에 언급한 것이었다. 그는 아마 관문關門으로 사용된 정주定州 혹은 함주咸州에서 오밀직의 시를 받아보았을 것이다.

정추는 양주襄州, 동산현洞山縣, 흡곡현歙谷縣 일대를 유력한다. 정추가 양주루襄州樓 위에서 차운하기를, "해안산海岸山은 박혁朴赫(신라시조) 전前부터 몇 번이나 흥폐興廢를 보면서 금년今年에 이르렀는가, 추秋가 한 들판을 담그니 홍도紅稻에 버금가고 해[日]가 오봉五峯(낙산洛山)을 비추니 자주색 안개가 생겨나네, 덕녀德女(관음) 고거故居는 사莎(사초)가 섬돌을 덥고 효공曉公(원효) 유적遺迹은 나무가 하늘에 이어지네, 누樓에 올라 상사몽相思夢을 의결擬結하니 꿈속에서 여전히 마땅히 냉천冷泉을 떠서 따르리[관음보살이 녀女로 대작代作해 도稻를 베니 원효화상圓曉和尙이 인因하여 냉천冷泉을 취하여 마시고 그녀와 더불어 희학戱謔했다는데 대개 이곳의 고사故事임]"라고 했다. 또 (양주루襄州樓 위에서) 차운하기를, "풍류風流가 앞에 미치지 않음을 스스로 부끄러워해 제시題詩해 갑진년甲辰年(1364, 공민왕 13)을 기념하나니, 산에 기댄 누관樓觀은 호壺 중의 땅이고 수水 곁의 여염閭閻은 그림 속의 연煙(안개)이네, 미분未分하게 경鯨(고래)을 끌어 벽해碧海를 평온하게 하고 무심無心하게 학鶴을 타서 청천靑天에 오르네, 영랑호永郞湖 반畔이 가객佳客을 이끄니 대도大道를 내가 장차 곡천谷泉에서 배우리"라고 했다.[73] 그의 관동 편력이 갑진년 즉 1364년(공민왕 13)임을 알려준다.

그가 동산洞山 관사官舍에서 차운하기를, "절節을 받들어 춘풍春風에 국문國門(도성문)을 나오고 깃발을 날리며 추만秋晚에 강촌江村을 찾네, 사행沙行은 대일帶日해 혼渾하여 안개와 같고 물역物役은 새벽부터 해서 곧바로 저녁에 이르네, 임하林下 야화野花는 피고 또 지고 저두渚頭 연랑煙浪은 토吐했다가 삼키네, 무너질 듯이 달리는 만학萬壑은 창해滄海로 나아가니 신하 무리가 지존至尊에게 조朝하는 것과 비견될만하네"라고 했다.[74] 동산현洞山縣은 양양

---

72) 「次韻呈吳密直」, "賴公明德位當晨 病客關門臥浹辰, 歸馬明年願終賜 永敎疏懶養心袖[來詩有明年歸馬之語 故云]".

73) 「次襄州樓上韻」.

襄陽의 속현으로 조선 양양부襄陽府 남쪽 45리에 위치했다.75) 흡곡歙谷 관사官舍
에서 차운하기를, "제도諸道에서 공무에 힘쓰느라 낮과 밤을 겸하고 도리어
사첩詞牒을 보아 새벽에 첨가하네, 이 방邦은 옛적부터 일이 없다고 일컬어져
앉아서 유화幽花가 주첨畫簷에 떨어지는 것을 세네"라고 했다.76) 그가 국문國門
즉 개경성문을 나섰을 때에는 봄이었지만 이번 동산현洞山縣을 찾았을 때에는
만추晚秋였다.

  그는 이어 강릉부와 동산현을 유력한다. 강릉 관사官舍에서 차운하기를,
"관동에 행편行遍하기를 거의 일년一年인데 요즈음 누차 조천朝天하는 청몽淸夢
을 꾸네, 노로路는 백조白鳥가 나는 창주滄洲 반반畔에 돌고 가家는 귀아歸鴉가
나는 낙경落景 변邊에 있네, 다만 심배深杯를 쥐어 세월歲月을 녹이려 할 뿐이고
가구佳句를 가지고 운연雲煙에 답하지 않네, 벽壁 사이에 다소多少의 시詩와
웅필雄筆이 있어 장금腸錦으로 한이적선翰李謫仙에 응하네[벽壁에 가정稼亭(이
곡)이 제題한 것이 있음]"라고 했다. 또 (강릉 관사에서) 차운하기를, "심추深秋
에 낙일落日하는 북빈성北濱城에서, 앉아 호산湖山을 대對하니 무한無限 정정이
라, 장사壯士는 신능검주神能劍呪를 지녔고 선승禪僧은 종성鍾成을 속여 쫓겨났
네, 삼로三老가 바람을 거슬러 가는 것을 아득히 보고 도리어 사선四仙 요월행搖
月行을 생각하네, 내가 광명狂名을 백세百世에 떨치고자 하지만 천天이 맑아
하나의 도掉(노)가 공명空明을 치네"라고 했다.77) 노기老妓에 대해 읊기를,
"한등寒燈 고침孤枕에 눈물을 무궁無窮하게 흘리나니 금장錦帳 은병銀屏이 어제
의 꿈 속이었네, 색色으로써 사인事人하다가 끝내 버려져 환선紈扇을 가지지
못해 서풍西風을 원망하네"라고 했다.78) 동산洞山 관사官舍를 주제로 읊기를,
"문비門扉를 오랫동안 잠갔다가 나를 위해 여니 담장을 나서자 수죽修竹이
이끼 낀 정庭에 가득하네, 남산南山에 비가 지나가니 북산北山에 비가 내리고

74) 「次洞山官舍韻」.
75) 『신증동국여지승람』 권44, 襄陽都護府.
76) 「次歙谷官舍韻」.
77) 「次江陵官舍韻」.
78) 「老妓」.

구름이 창해滄海를 찌는 것을 누워서 보네"라고 했다.79) 그의 이번 강릉
유력 때는 관동에 편력한 지 거의 1년이 되어가는 심추深秋 즉 만추晩秋였다.
그는 동산현을 거쳐 안변부(등주)로 올라와 관동 근무를 끝내고 겨울 무렵에
개경으로 돌아왔을 것이다.

2. 이곡과 원천석의 관동 유람

1) 이곡의 관동 유람

이곡李穀의 관동 여행을 살펴보기로 하자. 그의 관동 여행은 그의 「동유기東
遊記」에 정리되어 있고, 『가정집』 권19·20에 실린 그의 시도 「숙도원역宿桃源驛」
이하는 대개 시간과 경유지 순으로 관동 유람을 담고 있어80) 이 두 부류를
이용하기로 한다. 이곡은 지정至正 9년 기축년(1349, 충정왕 1)의 추秋(8월)에
장차 금강산金剛山에 유遊하려고 8월 14일에 송도松都(개경)를 출발했다. 도원

---

79) 「題洞山官舍」. 이 시 다음에 「宿驪興淸心樓」 시가 실려 있는 것으로 보아 「題洞山官舍」가
    정추가 관동에서 근무하고 유람하면서 지은 마지막 시로 판단된다.
80) 『가정집』 권5, 東遊記 및 권19·20, 律詩. 이곡은 원과 고려를 왕래하며 활동하더니
    50세인 至正 7년 정해년(1347, 충목왕 3)에 원에 갔다가 무자년(1348, 충목왕 4)에
    고려로 돌아오고 覲親하러 고향 韓山에 내려와 稼亭에 머물면서 기축년(1349, 충정왕
    원년) 仲夏(5월) 旣望(16일)에 부여를 여행해 舟行記를 썼고 개경으로 올라왔다가
    신변의 불안을 느껴 8월에 관동으로 피신한 것이었다(『가정집』 연보 ; 『가정집』 권18·
    19 律詩 및 권5, 舟行記·東遊記. 『고려사』 권109, 이곡전). 한편, 『가정집』 권19 律詩는
    충목왕 4년(1348)~충정왕 원년(1349)의 작품인데, 적어도 '次許郎中詩韻'부터는 충정
    왕 원년(1349)에 해당한다. 『가정집』 권20, 律詩('次三陟西樓八詠詩韻'부터 '寧海留贈'까
    지)는 충정왕 원년~2년의 작품인데, 적어도 「寄辛草亭」까지는 충정왕 원년 말엽에
    해당하고, 적어도 「次金山寺壁上韻」부터는 충정왕 2년(적어도 '訥齋見和復作一首'까지
    는 春)에 해당하는데 마지막 시 '寧海留贈'의 하한은 충정왕 2년 10월이다. 이곡은,
    모친(興禮府 즉 蔚州 사람)이 40년간 과부로 살다가 至正 10년(1350, 충정왕 2) 10월
    임인(20일)에 83세로 卒해 12월 병신(15일)에 韓原 즉 韓山에 묻혔으니(李自成 처
    이씨 묘지명), 적어도 10월에는 寧海에서 한산에 돌아왔던 것인데, 모친장례 후
    보름만에 한산에서 신묘년(1351, 충정왕 3) 1월 1일에 54세로 卒한다(『가정집』 연보.
    『고려사』 권109, 이곡전).

역桃源驛(송림松林)에 숙박하면서 "과객過客이 풍악楓岳(금강산)에 영험을 구하러 가나니"라 읊었고, 중추中秋(8월 15일)에 오계역五溪驛(장주章州 옥계역玉溪驛으로 추정됨)에 숙박하면서 "노로路가 관동關東을 향해 산수山水가 멀고"라고 읊었고, 철원鐵原을 거쳐 김화역金化驛과 금성현金城縣과 통구通溝에 숙박했으니, 도원도桃源道를 이용한 것이었다.[81]

8월 21일에 통구를 지나 천마령을 오르면서 '노로路가 통구通溝 지경을 지나 점차 기이하고'라 읊었고 천마령天磨嶺 위에 올라 금강산을 바라보며 시를 읊었고, 금강산 아래 장양현長陽縣에서 숙박했는데 금강산에서의 거리가 30여리餘里였다.[82] 개경에서 출발한 지 대략 1주일 정도에 통구에 도착해 천마령을 넘어 금강산 유람을 시작한 것이었다. 8월 22일에 금강산에 등산登山해 배점拜岾에 오르니 이른바 일만이천봉一萬二千峯을 역역歷歷히 셀 수 있었다. 무릇 이 산에 들어가려면 반드시 이 점岾을 경유해야 하는데 등점登岾하면 산(금강산)을 보고 산(금강산)을 보면 깨닫지 못한 채 계상稽顙하기 때문에 '배점拜岾'이라 했으며, 이 점岾에 옛적부터 옥屋이 없고 누석累石하여 대臺를 만들어 휴게에 대비했다. 미오未午에 표훈사表訓寺에 도착해 조금 휴식하고는 어떤 사미沙彌의 인도로 등산登山해 정양암正陽菴에 오르니 풍악楓岳 제봉諸峯을 한꺼번에 다 볼 수 있어 산(금강산)의 형승形勝을 보려고 온 뜻을 만족시켰다고 한다. 보덕관음굴普德觀音窟에 가고자 하면 날이 저물어 산중山中에 머물 수 없어 신림암新林菴과 삼불암三佛菴을 경유해 계곡물을 따라 내려와 저녁에 장안사長安寺에 다다라 묵었다. 다음날인 23일 새벽에 출산出山했는데 장안사로부터 천마서령天磨西嶺을 넘어 다시 통구通溝에 이르러 숙박했다(두 번 왕래하며 통구에 숙박함). 무릇 입산자入山者는 천마이령天磨二嶺(천마령 둘)을 경유하는데, 등령登嶺하면 망산望山하기 때문에 령嶺을 넘어 입산入山하는 자는 처음에는 절험絶險을 염려하지 않다가 산으로부터 령嶺을 넘은 후에

---

81) 桃源驛, 玉溪驛, 東州(철원)와 金化와 金城의 각 驛은 桃源道에 속했다(『고려사』 권82, 站驛).

82) 長陽縣은 금강산을 지닌 長楊郡(『고려사』 권58, 지리지 교주도 교주)과 동일한 고을로 판단된다.

그것이 어려움을 안다며, 서령西嶺이 조금 낮지만 등강登降 30여리餘里가 심히 험해 그것을 '발단髮斷'이라 한다고 했다. 「천마서령天磨西嶺에 올라」 시83)에서 도 속俗에서 '발단령髮斷嶺'이라 하는데 령嶺 위에서 풍악楓岳을 조망할 수 있다는 세주를 달았다.84) 이것이 천마령으로 시작해 천마서령으로 끝난 이곡의 내금강 유람인데 통구에서 숙박했다가 21일에 통구에서 출발해 내금강을 유람(장안사 1박)하고 23일에 통구로 돌아와 숙박했으니, 2박 3일 내지 3박 4일 코스였다. 일정이 빡빡해 정상인 비로봉에 오르지 못한 것은 당연하고 보덕굴과 마하연도 보지 못했다.

8월 24일에 통구에서 북상해 회양부淮陽府에 이르러 숙박하고 1일을 머물 렀으며, 26일에 철령을 올라 철령관鐵嶺關을 넘어 복령현福靈縣에 숙박했다.85) 27일에 등주登州에 도착해 2일 동안 머물렀는데 지금 화주和州라 칭한다고 했으니 당시 화주는 곧 등주였다.86) 30일에 일찍 화주(등주)를 출발해 학포구 鶴浦口로부터 배를 타고 해안에서 10리 쯤 떨어진 국도國島를 구경했다. 포구浦 口(학포구鶴浦口)로부터 배를 타서 학포鶴浦에 들어가 원수대元帥臺에 오른 후 현관縣館(학포현관鶴浦縣館)에 이르러 숙박했다.87)

9월 초하루(1일)에 이곡은 흡곡현歙谷縣 동령東嶺을 넘어 천도穿島에 들어가 고자 하다가 바람이 불지 않아 배를 띄울 수 없어88) 해변을 따라 통주通州에 이르러 총석정叢石亭과 사선봉四仙峯을 구경하고는 통주(고古 금란현金蘭縣)에

---

83) 『가정집』 권19. "絶嶺橫空鴈過難 嶺頭廻首一長歎 從敎雲霧埋楓岳 我已登臨恣意看".
84) 이를 통해 천마령이 머리카락이 끊어지는 듯 느낄 정도로 심히 험해 '髮斷嶺'이라 속칭했음을 알 수 있다. 天磨山에 위치한 이 嶺에 올라 금강산을 바라보면 斷髮해 出世하고 싶어져 '斷髮嶺'이라 부르게 되었다는 속설이 널리 퍼지는데(『신증동국여지 승람』 권47, 회양도호부 산천), 이곡의 이야기가 원형에 가깝다고 생각한다.
85) 鐵嶺은 國東의 要害인데 이른바 "一夫當關 萬夫莫開"이기 때문에 嶺 以東의 江陵諸州를 '關東'이라 일컫는다고 했다. 당시는 鐵嶺(혹은 鐵嶺關) 동쪽을 關東이라 했던 것이다.
86) 이는 몽골이 和州 이북을 빼앗아 쌍성총관부를 설치해 지배했기 때문이었다.
87) 이곡은 鶴浦縣亭에서 安謹齋(安軸)의 詩를 보고 시를 지었다.
88) 『가정집』 권19에서 「次歙谷客舍詩韻」은 이곡이 歙谷客舍에 들렀음을 말해주지만 「次三 日浦四仙亭詩韻」 다음에 실려 있는데 「鶴浦縣亭有安謹齋詩」 다음에 위치해야 시간의 흐름에 부합한다.

숙박했다. 명일明日(9월 2일)에 관음보살의 주처住處라는 금란굴金蘭窟(통주 소속)을 구경하고 임도현林道縣에 숙박했다. 9월 3일 고성군高城郡에 도착했는 데, 그는 처음에 동유同遊의 사람들과 약속하기를 반드시 유점楡岾(유점사)에 이르러 이른바 종鍾과 불상佛像을 구경하리라 했었지만, 행行이 멀고 길이 험하며 마馬가 모두 등[背]과 발굽에 병들어 혹 낙후자落後者가 있었기 때문에 다시 등산登山할 수 없어 유점사楡岾寺 구경은 포기했다. 이를 통해 그와 일행이 유점사(특히 종鍾과 불상)를 간절히 보고 싶어 했음과 말을 타고 여행했음을 알 수 있으니, 여정은 말을 고려해 파악해야 하며 다른 사족士族 여행객도 마찬가지였다. 4일에 삼일포三日浦에 이르러 미륵당彌勒堂(소서小嶼 소재)과 사선정四仙亭(호湖 중의 한 도島에 소재)을 구경하고는 안창현정安昌縣 亭을 지나 명파역明波驛에 묵었다. 9월 5일에 고성高城에 숙박해 6일까지 체류했다. 9월 7일에 고성을 출발해 열산현列山縣 객사客舍를 거쳐 간성杆城에 들어가 선유담仙遊潭에서 술자리에 참석하고 청간역淸澗驛을 지나 만경대萬景 臺에 올라 술을 마시고 인각촌사仁覺村舍에 묵었다. 9월 8일에 영랑호永郎湖(간 성 소속)에서 뱃놀이한 후 낙산사洛山寺(양주襄州 소속)에 이르러 백의대사白衣 大士(관음보살)를 알현하고 저녁에 양주(양주객사)에 이르러 숙박했다.[89] 중구重九(9월 9일)에 비 때문에 양주襄州에 체류하며 누樓 위에서 국화주를 마셨다. 9월 1일부터 8일까지 통주 총석정叢石亭·사선봉四仙峯·금란굴, 고성 삼일포의 미륵당과 사선정, 간성의 선유담과 만경대와 영랑호를 유람했으니 통주부터 간성까지 이어지는 바닷가의 해금강 일대를 구경한 것이었는데 사람과 말이 지쳐 원래 목표에 들어 있던 외금강의 유점사는 갈 수 없었지만 관음도량으로 유명한 양주의 낙산사는 참배할 수 있었다.

9월 10일에 양주를 출발해 상운역祥雲驛을 거쳐 동산현洞山縣에 묵으며 관란정觀瀾亭에 들렀고, 11일에 연곡현連谷縣에 숙박했다. 12일에 강릉에 도착 하니 강릉존무사江陵存撫使 성산星山 이군李君이 경포鏡浦에서 기다려 배를 타서

89) 『가정집』 권19에서 「次萬景臺詩韻」은 「永郎湖 次安謹齋詩韻」 앞에 위치해야 시간적으로 자연스럽다.

가무歌舞하고는 해가 서쪽으로 지기 전에 경포대鏡浦臺에 올랐으며 강릉 객사客舍에 숙박했다. 13일에 비 때문에 강릉에 체류했다. 14일에 강릉객사를 출발해 강릉의 문수당과 한송정寒松亭을 구경하고 한송정 남쪽의 안인역安仁驛에 숙박했다. 15일에 강릉 등명사燈明寺에 이르러 일출대日出臺를 구경하고는 바다를 끼고 이동하다가 강촌江村에서 휴게하고서 령嶺을 넘어 우계현羽溪縣에 숙박했다. 십이일十二日(십육일十六日의 오류)에 삼척현三陟縣에 숙박하고, 명일明日(9월 17일)에 서루西樓(죽서루)에 올라 '오십천팔영五十川八詠'을 구경하고 교가역交柯驛에 이르러 바닷가 절벽의 원수대元帥臺에 올라 술을 마시고 이 역의 역사驛舍에 숙박했다.[90] 십팔일十八日(9월 18일)에 옥원역沃原驛에 숙박하고, 19일에 울진蔚珍에 도착해 1일 동안 머물렀다. 21일에 일찍 울진을 출발해 이 고을 소속의 성류사聖留寺와 성류굴聖留窟과 영희정迎曦亭[91]을 구경하고는 월송정越松亭(평해平海 소속)을 거쳐 평해군平海郡에 도착했다.[92]

이곡은 금강산 여행을 표방했지만 금강산 일대에 그치지 않고 당시 강릉도의 북쪽 끝 화주(등주)에서 남쪽 끝 평해까지 미쳤으니 철령 동쪽 관동 내지 강릉도 고을의 거의 전부를 해안 일대를 위주로 여행한 것이었다. 그러면서도 금강산을 유람하기 위해 송도를 떠난다는 표현에 보이듯이 주된 여행지는 금강산 일대였다.

---

90) 한편 이곡은 「留別眞州中臺寺古長老」『가정집』 권14, 古詩에 따르면 봄철에 두타산 中臺寺를 방문하고 竹西樓에 올랐는데, 계절이 봄철이라 至正 9년 기축년(1349, 충정왕 1) 가을철의 이 관동 여행 때가 아니었으니 그 이전 젊은 시절의 일로 판단된다.

91) 『신증동국여지승람』 권45, 울진현에 따르면 德神驛이 울진현 남쪽 45리에 있는데 迎曦亭을 지니고 있다.

92) 이곡은 「東遊記」『가정집』 권5에서 平海郡은 江陵道의 南界로, 北自鐵嶺 南盡平海가 대개 1200餘里라고 했으며, 平海以南은 慶尙道의 界인데 자신이 일찍이 往還한 곳이라 여기에 기록하지 않는다고 했다.

2) 원천석의 관동 유람

다음으로 원주 사람인 원천석[93]의 관동 여행을 살펴보자. 그는 『운곡행록』 권1에 따르면 금강산에 2번 다녀왔다. 첫 번째 여행을 보면, 신묘년(충정왕 3) 3월에 금강산을 향해 (원주를 출발해) 횡천橫川(조선 횡성橫城)에 이르렀다.[94] 갈풍역葛豊驛과 창봉역蒼峯驛과 원양역原壤驛을 지나 춘주春州(춘천)에 이르렀다.[95] 그리고 원천역原川驛[96] 시가 나오니 원천역(낭천 소속)을 거쳐 금강산으로 향했을 터인데 그 이후의 행적은 자료의 유실인지 그의 문집에 실리지 않아 알 수 없다.

원천석의 두 번째 금강산 여행을 보면, 갑오년(공민왕 3) 10월에 회양淮陽을 향해 (원주를 출발해) 횡천橫川에 이르렀고, 10월 4일에 횡천을 출발해 말흘촌 末訖村에 숙박했다. 5일에 마노역馬奴驛을 거쳐 인제현麟蹄縣에 숙박했고 7일 아침에 인제현을 출발해 서화현瑞和縣에 숙박했다.[97] 8일에 도중에 시를 지었다. 9일에 장양長陽(장양長楊)을 출발해 천마령天磨嶺에 올라 금강산金剛山을 바라보며 "반쯤 구름 속에 잠긴 만이천봉萬二千峯이여, 때마침 천문天門을 감싼 서기瑞氣를 보니, 다시 무이無二를 가지고 귀의歸依하고 싶어 자비로운

---

93) 원천석의 생애와 사상에 대해서는 이인재 엮음, 『지방지식인 원천석의 삶과 생각』, 혜안, 2007이 참고된다.

94) 고려시대에 橫川은 춘주 소속이었다가 원주 소속으로 바뀌었다(『고려사』 권58, 지리지 교주도 춘주). 橫川은 洪川과 소리가 비슷해 조선 태종 14년에 橫城으로 바뀐다(『신증동국여지승람』 권46, 횡성현 건치연혁).

95) 「春州」 시(『운곡행록』 권1)에서 "重來城郭似吾州 滿眼江山是舊遊 幸値芳菲三月暮 好憑花月解閑愁"라고 읊었다.

96) 「原川驛」 시(『운곡행록』 권1)에서 "紅桃數樹出疏籬 門外東風細柳垂 古驛荒涼人語少 鵓鳩飛上杏花枝"라고 읊었다. 原川驛은 狼川縣 남쪽 15리에, 낭천현은 양구현의 서쪽, 금성현의 남쪽, 춘천의 북쪽에 위치했다.『신증동국여지승람』 권47, 낭천현. 한편 원천석은 공민왕 22년에 狼川에 숙박하고 金城과 原川驛과 母津과 馬峴과 加平과 춘주를 거쳐 원주로 돌아왔는데(『운곡행록』 권2), 이때는 금강산까지 간 것으로 보이지 않는다.

97) 고려시대에 인제현과 서화현은 春州에 속했다가 淮陽으로 移屬되었다(『고려사』 권58, 지리지 교주도 춘주). 마노역은 인제현 소속이었다(『신증동국여지승람』 권46, 인제현 驛院).

법기존法起尊(법기보살)에게 머리를 조아리네"라고 읊었다.[98]

그가 통포현通浦縣에 들러 판상板上 글에 차운했는데 통포현은 통구현通溝縣과 같은 고을로 여겨진다. 회양淮陽에서 동지冬至를 맞이해 "객客은 진실로 나귀[驢]를 잠시 머물게 하기 어려워 바빠서 이곳에 거처할 겨를이 없구나, 이향異鄕에서 홀연히 양생단陽生旦을 만나 청산靑山을 마주해 앉아 역서曆書를 검토하네"라고 읊었다.[99] 이를 보면 원천석은 나귀를 타고 여행했다. 12일에 교주交州(회양淮陽)를 출발해 금성金城에 이르렀고 청양靑陽 노상路上에서 시를 읊었다. 14일에 아침 일찍 청양靑陽을 출발했고 방산方山 노상路上에서 시를 지었다.[100] 15일에 방산方山을 출발해 낭천군狼川郡의 겸령관兼領官인 양구군楊口郡(양구楊溝)에 이르렀다. 이후 인제현 혹은 춘주 등을 거쳐 원주로 돌아왔을 것이다.

원천석이 천마령에서 지은 시를 대하면 장양長陽에서 천마령을 넘어 금강산으로 들어간 듯 보일 수 있지만 금강산에서 내려와 장양을 거쳐 천마령에 올라 금강산을 뒤돌아보며 지은 것으로 판단된다. 그러니 그의 두 번째 금강산 여행에서 내금강 구경은 1박 2일 정도의 짧은 일정으로 짜여졌다고 여겨진다.

원천석은 공민왕 18년에 관동 남부를 여행한다. 『운곡행록』 권1에 의거해 살펴보면, 기유년(1369, 공민왕 18) 3월에 영해부寧海府로 가는 도중에 시를 지었는데, 이 해 관동 여행의 시작이었다. 고향이자 거주지 원주를 떠나 제주堤州, 냉천역冷泉驛을 경유해 죽령竹嶺을 넘으며 "말을 채찍질해 구름 속 죽령竹嶺을 뚫고 나아가는데 행장行裝이 천문天門에 접하는 것 같구나, 높고 낮고 멀고 가까운 산이 다함이 없건만 남북南北과 동서東西로 길이 저절로 나뉘었네"라고 읊었다.[101] 순흥부順興府에서 숙박하고 영주榮州를 거

98) 『운곡행록』 권1.

99) 『운곡행록』 권1.

100) 고려시대에 方山縣은 춘주 소속이었다가 회양으로 移屬되었다(『고려사』 권58, 지리지 교주도 춘주).

101) 『운곡행록』 권1, 詩, 「己酉三月 向寧海府途中作」·「堤州南郊」·「冷泉驛」·「竹嶺」. "策馬行穿

쳐 안동安東에서 숙박했는데 안동의 판상板上 시에 차운해 해후한 동년同年 권종의權從義에게 주었다.102) 영해寧海(단양丹陽)에 도착해 관사官舍 판상板上 시에 차운했고, 관어대觀魚臺, 봉송정鳳松亭, 정신동貞信洞, 연지계燕脂溪, 읍선루 泣仙樓, 무가정無價亭을 유람했고, 영덕寧德(야성野城)에 이르러 시를 읊고 주등 역酒登驛을 거쳐 원적암圓寂菴을 유람했다.103)

영해로 돌아온 원천석은 3월 24일에 단양丹陽(영해)을 출발하면서 부사府使 한공韓公의 시詩에 차운해 제공諸公과 유별留別하며 읊기를,104) "삼월 해촌海村 에 우연히 심방尋芳해 화총花叢과 류류柳柳를 유상遊賞하며 행하다가, 금일今日에 봉송정鳳松亭 위에서 이별하나니 타년他年에 응당 몽혼장夢魂場에 들어가리"라 고 했으니 3월 24일에 영해 봉송정鳳松亭에서 영해부사寧海府使 및 제공諸公의 전별餞別을 받고 영해를 출발한 것이었다.

원천석은 이어서 평해平海 망사정望槎亭을 찾아 "망사정望槎亭 위에서 망사랑 望槎郞이 조천朝天하기 위해 서늘한 팔월八月을 우두커니 기다린다지"라 읊고, 월송정越松亭을 찾아 "송松이 우거진 백사평白沙平이 십리十里 이어지는데 정亭 밖에 비가 개고 파도 소리가 우레와 같네"라 읊고, 영희정迎曦亭을 찾아 "영희迎曦는 효두曉頭(새벽)에 와야 하건만 일오日午에 등림登臨하니 뜻이 합당 하지 않아, 다만 파두波頭에 뜬 신기蜃氣(신기루)를 볼 뿐, 방황彷徨하느라 이미 사양斜陽(석양)을 깨닫지 못했네"라 읊었다.105) 그의 이번 여정에서 평해를 유람하며 본격적인 관동 여행이 시작된 것이었다. 울진蔚珍(선사仙槎) 에서 숙박하며 읊기를 "아침에 기성箕城을 출발해 푸른 바다를 따라 나아가

竹嶺雲 行裝彷彿接天門, 高低遠近山無盡 南北東西路自分".

102) 『운곡행록』 권1, 詩, 「宿順興府」・「榮州路上[號龜山]」・「宿安束 次板上韻贈權同年從義」.

103) 『운곡행록』 권1, 詩, 「到寧海 次官舍板上韻」・「觀魚臺」・「鳳松亭」・「貞信洞」・「燕脂溪」・「泣 仙樓」・「無價亭」・「到寧德[號野城]」・「酒登驛路上」・「圓寂菴」.

104) 『운곡행록』 권1, 詩, 「二十四日發丹陽 次府使韓公詩韻留別諸公」.

105) 『운곡행록』 권1, 詩, 「平海望槎亭」, "望槎亭上望槎郞 佇待朝天八月涼, 極目尙難窮里數 不知何處是扶桑" ; 「越松亭」, "松陰十里白沙平 亭外晴雷驟浪聲, 境勝難容塵世足 臨風暫憩 愧吾行". 「迎曦亭」, "迎曦宜及曉頭來 日午登臨意未當, 但見波頭浮蜃氣 彷徨不覺已斜陽". 이 중에서 "望槎亭上望槎郞 佇待朝天八月涼"은 매년 8월마다 은하수를 오간다고 하는 뗏목인 仙槎(晋 張華의 『博物志』 권10)를 비유한 것이다.

석양夕陽에 취운루翠雲樓를 지나가고, 밤에 헌軒에서 선사仙槎의 월月을 음완吟翫하며 정도征途 무한無限 시름을 없애버리네"라 하고, 임의정臨漪亭을 찾아 그곳 시詩에 차운하기를, "수색水色 산광山光이 뒤와 앞에 있고 사시四時 가경佳景이 해마다 이어지네, 두서너 줄 갈매기·해오라기가 밖에 놀라 날고 소우疏雨가 조용히 내려 담연淡煙이 꼈네"라고 했고, 지현知峴에 올라 울릉蔚陵을 바라보며 읊기를, "수점數點이 호묘浩渺한 사이에 희미한데 사람들이 말하기를 이것이 울릉산蔚陵山이라 하네, 저 청전靑田 학鶴을 탄다면 창명滄溟을 횡절橫截해 왕복할 수 있으련만"이라고 했다.106)

　그가 용화역龍化驛에 들러 그곳 시에 차운하기를, "건곤乾坤이 물에 뜨고 물이 공중에 뜨고 돌을 때리는 파도 소리가 좌중座中에 들어오네"라 했고, 삼척에 숙박하며 도리어 단양丹陽(영해) 고우故友에게 시를 지어 부치기를, "옷을 벗고 한가로이 서늘한 일헌一軒에 눕고 공관公館에 쓸쓸하게 월月이 상床을 비추네, 반야半夜에 죽풍竹風이 여침旅枕을 찧어 홀연히 놀라 단양丹陽(영해) 꿈을 깨네"라고 했다.107) 평릉역平陵驛에 들러 그곳 시詩에 차운하기를, "벽해碧海가 아득히 푸르고 청산靑山은 점점點點히 푸르네, 승개勝槪를 찾고자 하여 하마下馬해 임정林亭에 오르네"라 했고, 우계羽溪(옥당玉堂)에 숙박하며 그곳 판상板上 시에 차운하기를, "창해蒼海 서두西頭에 한 성城이 있어 우계羽溪가 일찍이 옥당玉堂 이름을 얻었네, 한 원園의 매죽梅竹은 운광雲光에 고요하고 십리十里 상마桑麻는 경기景氣가 맑네, 수풀 밖에 우는 비둘기는 비를 부르며 지나가고 처마 사이에 나는 제비는 바람을 양보해 가볍네"라고 했다.108) 우계현羽溪縣은 강릉부 남쪽 60리에 위치하고 명주(강릉)의 속현이었다.109)

　원천석이 향자鄕字에 차운하기를, "삼월三月 춘두春頭에 객客이 향鄕에서 멀어져 몇 번이나 광광曠한 유황幽荒한 곳을 지났나, 오늘 아침에 이미 동명東溟

---

106) 『운곡행록』 권1, 詩, 宿蔚珍[號仙槎]·「登知峴望蔚陵」.
107) 『운곡행록』 권1, 詩, 「次龍化驛詩」·「宿三陟 却寄丹陽故友」.
108) 『운곡행록』 권1, 詩, 「次平陵驛詩韻」·「宿羽溪 次板上韻[號玉堂].
109) 『신증동국여지승람』 강릉대도호부.

과 이별해 운연雲煙을 돌아보니 어두워 창자를 끊는 듯하네"라고 했으니,110)
동명東溟(동해) 지역과 이별하고 고향 원주로 방향을 잡은 것이었다. 광탄廣灘
주中舟 중에서 읊기를, "척촉躑躅(철쭉)이 층층層層히 벽련碧漣에 비추니 하나의
강江 춘색春色은 별다른 하늘을 간직했네, 출렁거리는 배가 곧바로 도화桃花
물결을 지나는데 한가한 사람이 붓으로 그려서 전할까 걱정되네"라고 했
다.111) 광탄진廣灘津은 정선군旌善郡 북쪽 13리里에 있고 대음강大陰江 상류였으
니112) 원천석은 배를 타서 광탄을 유람하며 정선으로 진입한 것이었는데,
백복령百福嶺을 넘어113) 광탄을 흘러 정선으로 들어왔을 것이다.

원천석이 정선旌善 노상路上에서 읊기를, "엄만嚴巒이 율줄崒崒하고 동洞이
유심幽深하고 산목山木이 우거져 새가 우네, 낙화落花가 수시로 마두馬頭를
향해 날고 시구를 얻어 머리를 돌려 한번 길게 읊조리네"라고 했다. 배를
타서 정선의 남강南江을 유람하며 수혈水穴을 구경하고 의풍정倚風亭에 올라
읊기를, "진범塵凡이 상선上仙과 격격隔隔하다고 누가 말했던가. 여기에 오니 옥호
천玉壺天이 있음을 알겠네, 홍장紅粧 명미明媚는 수水 중의 수水이고 취하여
난주蘭舟에 누워 일변日邊을 꿈꾸네", "풍암風巖과 수혈水穴은 예로부터 유명해
아침과 저녁마다 동쪽을 바라보는 심정을 지녀왔는데, 한번 보니 이미 진면
목眞面目을 알아 역시 유한遺恨 없이 평생平生을 지내리"라고 했다.114)

그가 벽파령碧坡嶺에 올라 읊기를, "연강沿江 십리十里에 행로行路가 어려워
몸을 조심스럽게 기울여 현애석懸崖石을 지나, 천장千丈 넘는 심연深淵을 내려
다보니 전전긍긍戰戰兢兢해 안력眼力을 힘쓰게 하네, 암화巖花 간초澗草가 홍록
紅綠으로 비추고 산조山鳥가 슬피 울어 춘春이 고요하네, 객客이 뇌락牢落 품음

---

110) 『운곡행록』 권1, 詩, 「次鄕字韻」.
111) 『운곡행록』 권1, 詩, 「廣灘舟中」.
112) 『신증동국여지승람』 권46, 江原道, 旌善郡.
113) 百福嶺은 삼척의 嶺路 중에서 정선으로 가는 고개였다(『만기요람』 軍政編4, 關防,
    강원도). 현재는 삼척에서 분리된 동해시에서 정선으로 가는 길이다.
114) 『운곡행록』 권1, 詩, 「旌善路上」·「登舟南江 看水穴 登倚風亭[二首]. 倚風亭은 旌善에
    소재했다(『신증동국여지승람』 권46, 정선군).

을 누가 알리오, 나의 한가로운 종적蹤跡을 묻는 사람이 없네", "행행行行해 벽파령碧坡嶺에 오르니 천회千回 잔도棧道가 운천雲天에 이어지네, 눈[眼] 밑에 중산衆山이 의질蟻垤과 같고 석양夕陽이 허공 운연雲煙에 명멸明滅하네"라고 했다.115) 벽파령碧坡嶺(碧波嶺)은 정선旌善의 영로嶺路 중에서 서로西路였다.116) 그가 방림역芳林驛 노상路上에서 읊기를, "숙무宿霧가 심수深樹에 깃들고 냉랭冷冷한 초로草露가 짙네, 마馬가 운영雲影 반畔에 날고 새[鳥]가 물소리 중에 지저귀네, 사람은 멀리 있어 무극無極하게 생각하고 산은 높고 길이 평탄하지 않아, 유유悠悠해 어찌 뜻을 한정하리오, 모조리 낙화落花 풍風에 붙이네"라 했다. 안창역安昌驛에 들르며 읊기를, "운교로雲橋路를 다 지나니 안창安昌이 마두馬頭에 있어, 고원故園이 지금 이미 가까우니 기수羈愁를 사례할 수 있도다"라고 했으니117) 고원故園 즉 고향 원주의 집에 가까이 다가가고 있었다. 그는 관동남부 여행을 마치고 정선에서 벽파령, 방림역, 안창역을 거쳐 고향 원주로 돌아온 것이었다.

3. 나옹의 관동 유람

나옹화상 혜근118)은 영해부寧海府 사람인 선관령膳官令 아서구牙瑞具와 영산군靈山郡 사람인 정씨鄭氏 사이에서 태어나 공덕산功德山 요연사了然師에게 가서 축발祝髮해 승려가 되었으며, 지정至正 4년 갑신년(1344, 충목왕 즉위)에 회암사檜嵓寺(檜巖寺)에 이르러 주야晝夜로 홀로 앉아 수행하다가 4년이 흘러 홀연히 개오開悟를 얻고 중국에 가서 스승을 찾아 도道를 물으려 결심해 정해년(1347,

---

115) 『운곡행록』 권1, 詩, 「登碧坡嶺」.
116) 『만기요람』 軍政編4, 關防, 강원도.
117) 『운곡행록』 권1, 詩, 「芳林驛路上」·「安昌驛」. 芳林驛은 溟州(강릉) 소속이고, 安昌驛은 橫川 소속인데 溟州道 관할이었다. 『고려사』 권82, 병지2, 站驛, 溟州道.
118) 나옹의 생애와 사상에 대해서는 강호선, 『고려말 나옹혜근 연구』, 서울대 박사논문, 2011이 참고된다.

충목왕 3) 11월에 출발해 북쪽으로 향했다.[119]

무자년(1348, 충목왕 4) 3월 13일에 연도燕都(대도大都) 법원사法源寺에 이르러 지공指空을 만나 문답해 계합契合했다. 지정 10년 경인년(1350, 충정왕 2) 봄에 강제江淛(강절江浙)로 남유南游해 평산平山(평산처림平山處林)을 만나 인가를 받고, 신묘년(1351, 충정왕 3) 봄에 명주明州 보타낙가산寶陁洛迦山에 이르러 관음보살에게 예배하고 돌아서 육왕사育王寺에 와서 석가상을 예배했다. 임진년(1352, 공민왕 1)에 무주婺州 복룡산伏龍山에 이르러 천암千巖(千巖)을 만나고 대도大都로 돌아와 법원사에서 지공을 다시 만나고 연대燕代 산천山川을 유섭游涉(유력遊歷)했다.[120] 연대燕代는 연경燕京(대도大都)과 대주代州(오대산 지님)를 의미하니, 나옹은 문수보살 성지인 오대산을 순례한 것이었다. 을미년(1355, 공민왕 4) 가을에 성지聖旨를 받들어 대도大都 광제선사廣濟禪寺에 주석하고, 병신년(1356, 공민왕 5) 10월 보름에 이곳에서 개당법회開堂法會를 개설하니 황제가 원사院使 야선첩목아也先岾木兒를 보내 금란가사金襴袈裟와 폐백幣帛을 하사하고 황태자가 금란가사金襴袈裟와 상아불자象牙拂子를 가지고 와서 하사했다. 지정 17년 정유년(1357, 공민왕 6)에 퇴원退院하고 연계燕薊(연경燕京과 계주薊州) 명산名山을 유람하고 법원사로 돌아와 지공에게 어디로 가야할지 물었다.[121]

나옹은 무술년(1358, 공민왕 7) 3월 23일에 지공指空에게서 수기授記를 얻고 동환東還해 요양, 평양, 동해東海 등에서 근기根機를 따라 설법하다가

---

119) 禪覺王師之碑 ;『목은문고』권14,「普濟尊者諡禪覺塔銘」;『나옹록』나옹화상행장. 당시 회암사에는 日本 石翁和尚이 寓居하고 있었다.

120) 禪覺王師之碑 ;『목은문고』권14,「普濟尊者諡禪覺塔銘」;『나옹록』나옹화상행장. 나옹은 강남 보타낙가산을 찾아 洛伽窟에 예배하며 頌을 읊기를, "妙相元無相 觀音處處通, 我來看石洞 却是一窟籠"(『懶翁和尚頌歌』(『나옹록』에 실림)「頌」禮江南洛伽窟)이라 했다. 이를 통해 강남 보타낙가산의 낙가굴에 관음보살상이 봉안되어 있었음을 알 수 있다. 나옹은 어느 때인가 指空을 찬미하는 시를 짓기를, "摩竭陁中看般若 忽然三處頓忘形, 當時若負衝天志 何必南天見普明, 咦, 大元默坐無人識 罵動皇天振地聲"이라 했다(『懶翁和尚頌歌』(『나옹록』에 실림)「頌」讚指空).

121) 禪覺王師之碑 ;『목은문고』권14,「普濟尊者諡禪覺塔銘」;『나옹록』나옹화상행장 ;『나옹화상어록』(『나옹록』에 실림) 廣濟禪寺開堂.

경자년(1360, 공민왕 9) 가을에 대산臺山(오대산) 상두암象頭菴에 들어가 거처했다.[122] 그는 「안심사安心寺에서 짓다」에서, "홀연히 안심安心(안심사)에 도착해 2, 3일 동안 신심身心을 쉬고 양주襄州로 향하려 하네, 도인道人 종적蹤跡을 누가 능히 찾을 수 있으리오, 동해東海 암변嵒邊에서 마음대로 유람하려 하도다"라고 했다.[123] 각지覺持가 나옹을 스승으로 모신 것이 지정至正 무술세戊戌歲(1358, 공민왕 7)에 서경西京 광법사廣法寺로부터 시작되었고, 각지가 나옹과 서경에서 서로 만나고 서경 이북이 나옹에게 교화 받은 것이 많은데 나옹이 세상을 뜬 후에 묘향산 안심사安心寺에 나옹 사리를 모신 석종石鐘을 건립하고 가사袈裟와 직철直綴과 장杖(육환장六環杖)과 좌구坐具 각각 1이 묘향산 보현사普賢寺에 모셔졌다고 한다.[124] 나옹은 공민왕 7년(1358)에 원에서 귀국해 평양, 묘향산 일대에서 교화하다가 동쪽으로 이동해 양주襄州 등 동해東海 가에서 교화한 것인데 이때 금강산에 들어갔을 수 있다. 그리고 동해 가에서 이동해 공민왕 9년 가을에 오대산 상두암象頭菴에 들어간 것이었다.

나옹의 관동 동해안 편력을 보면, 그가 원정국사圓定(靜)國師(경지鏡智 : 희종의 아들) 시에 감동해 찬송하기를, "동해東海 유암幽岩 반반畔에 고고孤高한 한 봉峯이 있어, 원통圓通 관자재觀自在는 비원悲願을 지녀 문을 어찌 봉封하리오, 송운松韻은 티끌먼지를 쓸어버리고 조음潮音은 곳곳에서 만나니, 보타산補陀山 대사大士(관음)는 물物마다 진용眞容이 아님이 없네"라고 했다.[125] 이것은 그가 양주襄州 보타산 낙산사에서 원정국사 시를 보고서 관음을 찬송한 것이었다. 동해東海 보타굴寶陁窟을 주제로 찬송하기를, "원통圓通 경계境界를 누가 능히 알리오, 금고今古에 처음부터 잠시도 끊어짐이 없는 때라, 대해大海 조潮가 번래飜來하여 동굴에 가득 차니 범음梵音이 열려 묘현기妙玄機를 발동하네"라고 했다.[126] 이 동해 보타굴은 낙산사 혹은 국도國島의 그것이거나

금란굴을 지칭했을 것이다. 그는 고성高城 안상서安尙書 시에 차운했으니,[127] 고성을 들렀다. 총석정叢石亭(통주 소재) 시에 화운和韻하기를, "총립叢立이 동간銅竿과 석주石柱를 겸하니 천생天生 가경嘉景을 누가 일찍이 더했으리오, 사면四面을 돌아보는데 범음梵音이 진동하니 상방上方이 도솔첨兜率簷이 아닌 가 의심하네"[128]라고 했다. 동해東海 국도國島를 주제로 읊기를, "원통圓通 가경嘉景을 누가 능히 알았는지, 천만인千萬人이 와서 해귀解歸하지 않네, 내가 도착해 친히 관자재觀自在를 참배하니 범음梵音이 뇌동雷動해 군기群機에 응하 네", "천련千蓮 대좌臺座는 몇 천년 흐르고 천불千佛이 높고 높아 금고今古에 그러하네, 내가 도착해 친히 무설無說의 설說을 들으니 위음왕불威音王佛이 아직 생겨나기 이전 것이네"라고 했다.[129]

　나옹의 이러한 동해안 편력 작품들은 대개 평양 일대에서 동해로 이동한 시기에 해당하리라 여겨진다.[130] 나옹이 찾은 관음성지 낙산사와 국도國島는 세속인도 즐겨 찾는 곳이었고 총석정은 절경으로 이름나 사람들의 선호 유람장소인데 나옹도 찾은 것이었다. 그의 동해안 편력은 유람 성격도 띠었 지만 불교 교화가 주된 것이었으니, 이는 그가 고성高城 안상서安尙書에게 다음과 같이 차운한 데에 잘 드러나 있다. "천고千古 고풍高風이 각기 사람에게 있나니, 어찌 모름지기 금일에 비로소 진珍(보배)이 되었다고 해야 하겠는가, 몸과 뼈에 통하도록 다른 물건이 없나니, 이것은 원래 망진妄眞을 끊었네", "생生(중생衆生)과 불佛이 당당堂堂해 본래 다르지 않은데, 매양 외상外相에 끌려 함께 서로 구하네, 물결마다 그림자마다 그름과 옮음이 없나니, 혹 유有하다거나 혹 무無하다거나 구하지 말라"라고 했다.[131] 그는 중생도 불佛

126) 『懶翁和尙頌歌』(『나옹록』에 실림) 「頌」, 題東海寶陁窟.

127) 『懶翁和尙頌歌』(『나옹록』에 실림) 「頌」, 和高城安尙書韻[二首].

128) 『懶翁和尙頌歌』(『나옹록』에 실림) 「頌」, 和叢石亭韻.

129) 『懶翁和尙頌歌』(『나옹록』에 실림) 「頌」, 題東海國島[二首].

130) 나옹이 훗날 금강산 정양암 혹은 오대산에 거처할 때 동해 연안을 편력하며 지은 작품이었을 가능성도 배제할 수는 없다.

131) 『懶翁和尙頌歌』(『나옹록』에 실림) 「頌」, 和高城安尙書韻[二首].

182

이 되도록 교화하러 다니면서 유람도 겸했던 것이다.

나옹이 동해 가에서 오대산 상두암象頭菴으로 이동해 머물고 있었다. 그런데 신축년(1361, 공민왕 10) 겨울에 상上(공민왕)이 내첨사內詹事 방절方節을 보내 내승마內乘馬로 나옹을 개경성으로 영입迎入하고 10월 15일에 입내入內하도록 하여 심요心要를 강설하기를 요청하고 만수가사滿繡袈裟와 수정불자水精拂子를 하사하고 노국공주가 마노불자瑪瑙拂子를 선물하고 태후가 친히 보시布施를 베풀었다. 상上의 요청을 이기지 못해 20일에 신광사神光寺(해주 소재)에 이르러 주석하다가 계묘년(1363, 공민왕 12) 7월에 재삼 상서해 사퇴했지만 윤허를 받지 못하자 빠져나와 구월산九月山 금강암金剛庵에 들어갔다. 상上이 내시內侍 김중손金仲孫을 보내 내향內香을 특별히 내리고 서해도 지휘사·안렴사와 해주목사에게 칙령을 내려 나옹에게 다시 주석하도록 하니 10월에 산(해주 신광사)으로 돌아와 2년 동안 머물렀다.[132)

나옹은 금강산으로 가는 대원大圓 지수좌智首座를 보내면서 지은 시에서, "천천만만산千千萬萬山으로 하나의 오장烏杖과 함께 한가히 가려 하네, 금새 금강정金剛頂에 오르면 상설霜雪로 추워 뼈와 몸을 뚫으리", "신광神光 판수板首에게 기機를 물으러 와서 삼요삼현三要三玄을 어기지 않고 사용해, 눈과 귀가 먼 자를 눈뜨고 말하도록 인도해, 항하사恒河沙처럼 셀 수 없을 정도로 많이 영겁永劫토록 무애無礙하게 했네"라 했다.[133) 금강산으로 돌아가는 무주無住 행수좌行首座를 보내면서 지은 시에서, "행장行裝은 사납게 나는 용龍과 흡사해 오등烏藤을 거꾸로 쥐고 또 동쪽으로 향하려 하네, 금강봉정金剛峯頂을 다시 밟는 날에는 교송喬松과 노백老栢이 향풍香風을 흩으리"라 했다.[134) 이 두 시는 나옹이 해주 신광사에 머문 때에 금강산으로 가는 제자를 전별하며

---

132) 禪覺王師之碑 ;『목은문고』권14,「普濟尊者諡禪覺塔銘」;『나옹록』나옹화상행장. 해주 신광사의 불전은『나옹화상어록』(『나옹록』에 실림)「神光寺入院」에 따르면 비로자나상을 봉안한 普光明殿이었다. 나옹이 利嚴尊者塔을 예배하고 지은 시가 있는데(『懶翁和尙頌歌』(『나옹록』에 실림)「頌」題利嚴尊者塔), 신광사에 머물 때 지은 작품이었을 것이다.

133)『懶翁和尙頌歌』(『나옹록』에 실림)「頌」, 送大圓智首座之金剛山[二首].

134)『懶翁和尙頌歌』(『나옹록』에 실림)「頌」, 送無住行首座廻金剛山.

읊은 것으로 그가 이전에 동해東海 일대를 편력했을 적에 금강산에 들어가 제자들을 길렀음을 시사한다.

해주 신광사에 머물던 나옹은 을사년(1365, 공민왕 14) 3월에 예궐詣闕해 물러나기를 요청해 용문산龍門山·원적산元寂山 등을 유력遊歷하고 병오년 (1366, 공민왕 15) 3월에 금강산金剛山에 들어가 정양암正陽庵에 주석했다. 정미년(1367, 공민왕 16) 가을에 상上이 교주도안렴사 정량생鄭良生에게 명해 나옹에게 청평사淸平寺(춘천 소재)에 주석하도록 했다. 나옹은 기유년(1369, 공민왕 18) 9월에 질병으로 사퇴하고 대산臺山(오대산)에 다시 들어가 영감암 靈感庵에 주석했다.[135]

나옹의 이러한 편력을 구체적으로 살펴보면, 을사년(1365, 공민왕 14) 3월에 나옹이 신광사에서 개경으로 들어와 예궐詣闕해 물러나기를 요청해 용문산·원적산 등을 유력하더니, 병오년(1366, 공민왕 15) 3월에 금강산에 들어가 정양암에 주석했다.[136] 이는 그의 두 번째 금강산 진입이라 볼 수 있다.

나옹은 어떤 설법에서, 여기에서 깨치지 못한 채 이 산 1만 2천 담무갈진신 曇無竭眞身을 다투어 보려 한다면, 1만 2천 보살이 반야般若를 상설常說하는 것을 다투어 들으려 한다면, 다만 기암奇巖이 높이 솟고 송백松栢이 빽빽한 것을 볼 뿐이라 했다.[137] 이는 나옹이 담무갈보살 진신의 거처라는 금강산에 머물 때 행한 설법인데, 담무갈이 정양사와 더욱 관련이 깊으므로 나옹이 정양사에 머문 때의 일이었을 수도 있다. 나옹은 「진헐대眞歇臺」 시에서, "진헐대 중의 경치가 어떠한가, 군만群巒이 모두 이 중간中間을 향하네, 대臺 앞과 뒤에 맑은 바람이 떨고拂], 음陰이 엷고 음陰이 짙어 온종일 한가롭네, 납자衲子가 쌍쌍雙雙히 왔다 갔다 하고 영금靈禽이 양양兩兩히 갔다가 돌아오네, 유암幽岩에 연좌宴坐해 통하여 무애無礙하고, 수색水色과 산광山光이 담膽을

---

135) 禪覺王師之碑 ;『목은문고』권14,「普濟尊者諡禪覺塔銘」;『나옹록』나옹화상행장.
136) 禪覺王師之碑 ;『목은문고』권14,「普濟尊者諡禪覺塔銘」;『나옹록』나옹화상행장.
137) 『나옹화상어록』(『나옹록』에 실림) 普說.

씻어 차갑네"라고 했다.138) 이것은 금강산 정양사의 진헐대에서 읊은 시였
다. 나옹이 보덕굴普德窟 관음에 예배하며 찬송하기를, "천암千岩 동동洞 안에
홀로 엄존嚴尊(관음)이여, 밤을 빼앗는 광명光明에 일월日月이 어둡네, 물을
건너고 구름을 뚫고 와서 예견禮見하니 과연 자인慈刃(자비의 칼)을 가지고
건곤乾坤을 진동하네"라고 했다.139) 금강산을 무대로 한 이 설법과 시들은
나옹이 두 차례 금강산에 머문 중에 어느 것에 해당하는지 명확하지 않지만
두 번째 시기 즉 정양암에 머문 때였을 가능성이 더 높지 않나 싶다.

금강산 정양암에 머물던 나옹은 정미년(1367, 공민왕 16) 가을에 상上이
교주도안렴사 정량생鄭良生에게 전달한 명령에 따라 청평사淸平寺(춘주 소재)
에 주석했다.140) 나옹이 교주도交州道 안부按部에게 주는 시에서, "일찍이
청령淸令을 들은 지 이미 많은 시간이 흘렀는데 금일今日에 서로 만나보니
과연 의심할 여지없네, 이리理와 양量 두 방면이 모두 투철透徹하니 이로부터
가국家國이 저절로 편안하리라"라고 했는데141) 교주도안렴사 정량생에게
준 시였을 것이다.

나옹이 청평산淸平山에 머물면서 읊기를, "강호江湖에 십여년十餘年 동안
다 편력하다가 갑자기 흉중胸中이 저절로 활연豁然하네, 청평淸平에서 이룬
일을 물으면 주리면 먹고 갈증나면 마시고 피곤하면 편안히 잔다고 하오"라
했다.142) 나옹이 회양淮陽 이부사李副使가 임간林間을 방문한 것에 사례하여
읊기를, "잠시 금강정金剛頂에 오더니 청평산 안에서 만나네, 신심信心이 철철鐵
과 비슷하게 굳세고 성의誠意가 공공空空과 같게 크네, 이전부터 일찍이 친근하더
니 지금 와서 함께 득도得道하네, 권하노니 그대는 일보一步를 더해서 일찍
스스로 종풍宗風을 통하기를"이라고 했다.143) 회양淮陽(회양부) 이부사李副使

---

138) 『懶翁和尙頌歌』(『나옹록』에 실림)「頌」眞歇臺.
139) 『懶翁和尙頌歌』(『나옹록』에 실림)「頌」, 禮普德窟觀音.
140) 禪覺王師之碑 ;『목은문고』권14,『普濟尊者諡禪覺塔銘』;『나옹록』나옹화상행장.
141) 『懶翁和尙頌歌』(『나옹록』에 실림)「頌」贈交州道按部.
142) 『懶翁和尙頌歌』(『나옹록』에 실림)「頌」住淸平山偶題.
143) 『懶翁和尙頌歌』(『나옹록』에 실림)「頌」謝淮陽李副使林間垂訪.

는 나옹을 만나기 위해 금강산을 방문한 적이 있고 청평산에도 방문했던 것이다.

청평사에 거처하던 나옹은 기유년(1369, 공민왕 18) 9월에 질병으로 사퇴하고 대산臺山(오대산)에 다시 들어가 영감암靈感庵에 주석했다.[144] 나옹이 오대산五臺山 중대中臺에 오르며 읊기를, "지팡이 짚고 우유優遊하며 묘봉妙峯에 오르니 성현聖賢 유적遺迹이 본래 공空이 아니네, 천연天然 이경異境이 간격間隔이 없어 만학萬壑 송풍松風이 날마다 통하네"[145]라고 했다. 동해 문수당文殊堂을 주제로 읊기를, "문수文殊 대지大智는 지智로써 알기 어려워 물물物物을 집어들어도 모두 기機이네, 물은 녹색이고 산은 청색인데 어느 곳이 이것인가, 하늘이 돌고 땅이 굴러 함께 하는 때이네"라고 했다.[146] 나옹은 오대산에 두 번 거처했기에 이 두 시가 그 중의 어느 때 것인지는 확실하지 않다. 동해 문수당文殊堂 시는 강릉 해변 문수당(문수사)을 노래한 것으로 보이는데, 나옹이 동해 가를 유람했을 때에 지은 것일 수도 있다.

현릉玄陵(공민왕) 재위 20년인 경술년(1370, 공민왕 19) 봄에 원조元朝 사도司徒 달예達睿가 지공指空 영골靈骨을 모시고 와서 회암사檜嵒寺에 두자 3월에 나옹이 (오대산에서) 회암사로 가서 지공 영골에 예배하더니 왕의 부름을 받아 개경성으로 들어가 광명사廣明寺에서 결하結夏하고 8월 3일에 내재內齋에 나아갔으며, 17일에 왕명에 따라 회암사에 주석했다. 9월 10일에 부름을 받아 개경으로 들어가 광명사廣明寺에 머물고 16일에 광명사에서 왕이 참석한 가운데 양종오교兩宗五教 제산납자諸山納子를 시험하는 '공부선功夫選'을 주관했고 19일에 회암사로 돌아왔다. 신해년(1371, 공민왕 20) 8월 26일에 왕으로부터 금란가사金襴袈裟와 법복法服과 발우鉢盂 등을 받아 왕사王師 대조계종사大曹溪宗師 선교도총섭禪教都總攝 보제존자普濟尊者에 책봉되고 태후로부터 금란가사金襴袈裟를 받고 왕명에 따라 동방 제일도량이라는 송광사松廣寺에 거처하도

---

144) 禪覺王師之碑 ;『목은문고』권14,「普濟尊者諡禪覺塔銘」;『나옹록』나옹화상행장.
145) 『懶翁和尙頌歌』(『나옹록』에 실림)「頌」題五臺山中臺.
146) 『懶翁和尙頌歌』(『나옹록』에 실림)「頌」題東海文殊堂.

록 하니 28일에 회암사를 떠나 9월 27일에 송광사에 도착했다.[147]

　나옹은 임자년(1372, 공민왕 21) 가을에 지공指空 삼산양수三山兩水의 기기를 생각해 왕에게 요청해 회암사로 이주하고 지공 영골사리를 이 절의 북봉北峯에 안탑安塔했다. 다음해 계축년 정월에 서운산瑞雲山·길상산吉祥山·부흥산復興山을 유력하고 8월에 송광사로 돌아왔다. 9월에 상上(공민왕)이 이사위李土渭를 파견해 회암檜嚴(회암사) 소재법석消災法席을 주관하도록 요청하고, 갑인년(1274, 공민왕 23) 봄에 또 근신近臣 윤동명尹東明을 파견해 그대로 회암사에 주석하기를 요청하니 나옹이 이 절을 중창했다. 9월 23일에 상上(공민왕)이 홍훙薨하자 몸소 빈전殯殿에 나아갔다. 금상今上(우왕)이 즉위하자 내신內臣을 파견해 다시 사師(왕사王師)에 책봉했다.[148] 병진년(우왕 2) 봄에 회암사 중창이 끝나자 4월 15일에 낙성회落成會를 크게 개설했다가 대평臺評의 견제를 받아 영원사瑩原寺로 이송되던 도중에 여홍(여주) 신륵사神勒寺에서 5월 15일에 서거했다.[149] 나옹 제자들이 나옹을 화장해 사리舍利 155립粒을 얻었거늘 기도하니 나뉘어 558이 되었고, 승려 달여達如가 상주喪舟로써 회암사로 돌아왔는데 여룡驪龍(여주 용)의 도움을 받았다고 한다. 8월 15일에 부도浮圖를 회암사의 북애北崖에 세우고, 정골사리頂骨舍利를 신륵사神勒寺에 두되 석종石鐘을 만들어 덮었다.[150]

---

147) 禪覺王師之碑;『목은문고』권14,「普濟尊者諡禪覺塔銘」;『나옹록』나옹화상행장. '普濟尊者'의 완전한 칭호는 '勤脩本智重興祖風福國祐世普濟尊者'였다. 한편 나옹이 逍遙窟 천연석 羅漢을 보고 지은 시가 있는데(『懶翁和尚頌歌』『나옹록』에 실림)「頌」題逍遙窟天生石羅漢), 회암사에 주석할 때 소요산의 소요굴을 찾아 지은 작품일 것이다.

148) 禪覺王師之碑;『목은문고』권14,「普濟尊者諡禪覺塔銘」;『나옹록』나옹화상행장.

149) 회암사 낙성법회에 京外에서 四衆이 구름처럼 몰려들자 臺評이, 회암사는 京邑에 密邇한데 士女가 往還해 晝夜로 絡繹하니 혹 廢業에 이를 수 있다며 금지해야 한다고 여겨 왕명을 얻어 나옹을 瑩原寺로 이주하도록 해 출발하기를 逼迫했다. 나옹이 마침 질병이 생겨 輿가 三門을 나가 南池 邊에 이르되 導輿를 인도하는 자가 涅槃門으로부터 나오자 大衆이 모두 나옹이 세상을 뜬 것으로 의심해 失聲 號哭했다. 나옹이 자신의 行이 驪輿에서 그치리라 하고 漢江에 이르자 자신의 질병이 위급하다며 護送官 卓詹에게 요청해 배를 타서 7일 동안 遡流해 驪輿에 이르러 잠시 神勒寺에 들어가 寓居하다가 5월 15일에 57세로 서거했다.

150) 禪覺王師之碑;『목은문고』권14,「普濟尊者諡禪覺塔銘」;『나옹록』나옹화상행장.

　나옹 사후에 그를 기리는 윤필암潤筆菴이 7개 장소에 건립되었는데, 지림志林이 금강산에, 승명勝明이 치악산雉岳山에, 각명覺明이 소백산小白山에, 각관覺寬이 사불산四佛山에, 지선志先이 용문산龍門山에, 승철勝哲이 구룡산九龍山에, 각청覺淸이 묘향산 묘각구기妙覺舊基에 세운 것이 그것들이었다. 나옹의 유품 중에서 황제(순제)가 하사한 가사袈裟 1과 마노瑪瑙 불불(불자) 1이 금강산 정양사正陽寺에, 현릉玄陵(공민왕)이 하사한 가사袈裟 1과 직철直綴 1과 발발鉢 1이 회암사檜巖寺에, 가사袈裟와 발발鉢과 불불(불자) 각각 1이 신륵사神勒寺에, 가사袈裟와 불불(불자) 각각 1이 대산臺山(오대산)에, 가사袈裟 1은 견암見菴에, 가사袈裟와 장杖 각각 1이 위봉威鳳(위봉사威鳳寺)에, 가사袈裟와 직철直綴과 장杖(윤환장六環杖)과 좌구坐具 각각 1이 묘향산 보현사普賢寺에 모셔졌다.[151]

　나옹은 고려와 원을 누빈 국제적인 승려였다. 국내에서는 사불산(공덕산), 묘향산, 구월산, 신광사, 광명사, 회암사, 송광사, 신륵사, 동해, 금강산, 청평산, 오대산 등이 나옹의 활동과 관련이 깊은 곳이었다. 이 중에서도 금강산과 오대산이 나옹의 편력, 특히 관동 편력의 핵심 공간이었다.

맺음말

　안축安軸은 강릉도존무사로서, 정추鄭樞는 동북면병사영의 관원으로서 관동을 공무로 순시하면서 여가에 그 일대를 유람했다. 이곡은 정치적 실각상태여서 사적으로 금강산과 관동을 유람하고는 경상도를 거쳐 고향 한주韓州로 돌아왔다. 원천석은 학생 신분으로 고향 원주에서 출발해 사적으로 금강산을 두 차례 여행했고, 국자시에 합격한 후에 여전히 원주에 머물다가

---

151) 高麗國平壤道延山府妙香山安心寺石鐘之碑(『해동금석원』 ; 『한국금석전문』) ; 『목은문고』 권3, 香山安心寺舍利石鍾記. 威鳳은 완주 威鳳寺로 추정되고 있다. 見菴은 『목은문고』 권5, 「巨濟縣牛頭山見菴禪寺重修記」와 『목은시고』 권17, 「珠上人爲順同菴請記見菴」으로 보아 지공의 제자 達順이 중수하고 懶翁影堂을 건립한 巨濟縣牛頭山 見菴禪寺로 추정된다.

188

사적으로 경상도와 관동 남부를 여행했다. 나옹화상은 승려 신분으로 금강
산, 동해東海 연안, 오대산 일대를 편력했다.

안축은 대략 2년 동안 존무사로서 강릉도를 시찰하며 국도國島, 죽도竹島,
학포鶴浦, 천도穿島, 총석정, 금란굴, 삼일포, 금강산, 영랑호, 만경대, 낙산사,
관란정, 경포, 한송정, 삼척 서루, 태백산, 취운정, 월송정, 망사정 등을
유람했다. 정추는 대략 1년 동안 동북면을 시찰하며 간성杆城 청간역淸澗驛의
만경대萬景臺, 통주 금란굴金蘭窟, 원수대元帥臺, 강릉 경포鏡浦, 오대산 금강담金
剛潭·월정사·문수사, 삼척 죽서루竹西樓, 평해平海 망양정望洋亭, 금강산 유점사,
고성 삼일포, 양주襄州 낙산사 등을 유람했다.

이곡은 8월 14일에 송도를 출발하고 8월 21일에 통구를 지나 천마령을
오르면서 금강산 여행 내지 관동 여행을 본격적으로 시작해 9월 21일에
평해에 도착하면서 관동 여행을 끝냈으니 그의 관동 여행은 1개월 정도(개경
출발부터 포함하년 1개월 1주일 정도)였다. 그는 이 기간에 금강산(표훈사,
정양암, 신림암, 삼불암, 장안사), 학포, 국도國島, 총석정·사선봉, 금란굴,
삼일포 미륵당·사선정, 선유담, 만경대, 영랑호, 낙산사, 관란정, 경포, 문수
당, 한송정, 등명사, 삼척 서루, 성류사·성류굴, 영희정, 월송정 등을 유람했
다. 원천석이 금강산의 어떤 명승지를 유람했는지는 확인하기 어렵다. 그의
관동남부 여행은 원주를 떠나 죽령竹嶺을 넘어 순흥부順興府, 영주榮州, 안동,
영해寧海(단양丹陽)를 거쳐 평해平海에 진입해 시작했는데 평해 망사정望槎亭과
월송정越松亭과 영희정迎曦亭, 울진 취운루翠雲樓와 임의정臨漪亭을 유람하고는
우계현羽溪縣에서 정선군으로 넘어와 광탄廣灘, 남강南江, 수혈水穴, 의풍정倚風
亭을 유람하고 원주로 돌아왔다.

안축, 정추, 이곡, 원천석 등은 대개 경치가 빼어나거나 기이한 곳, 불교
시설이 있는 곳, 신선(특히 사선四仙)의 이야기가 전해지는 곳을 유람했다.
안축과 정추는 강릉도 내지 동북면을 관할하는 관원이었기 때문에 주된
임무인 순찰을 하면서 유람을 곁들인 것이었고, 그래서 지리적으로 관동에서
벗어났지만 행정적으로 강릉도 내지 동북면에 속한 정선까지 돌아보아야

했다. 반면 이곡과 원천석은 공무를 띤 것이 아니어서 자유롭게 유람을 즐겼다. 승려 나옹은 원에 유학하고 귀국해 평양 일대로부터 동해東海로 가서 양주襄州·고성·통주 일대를 편력하다가 오대산 상두암으로 들어와 거처했고, 개경과 해주 신광사 등에 머물다가 이동해 금강산 정양암, 춘주 청평사, 오대산 영감암靈感庵 등을 편력했다.

제4장
관동 여행의 교통과 숙박

머리말

고려시대에 교통 노선은 수도 개경을 중심으로 하면서 지역사회의 중심부를 관통하고 지역과 지역을 연결하도록 짜여졌다. 각 노선의 주요 지점에는 역驛이 건립되어 휴식과 숙박을 하고 말을 갈아탈 수도 있었다. 원院은 대개 불교사찰에서 운영했는데, 요충 지점은 물론 외진 곳에도 건립되어 역驛이 미치지 못하는 부분을 메워주었다.

역驛이 대개 공적인 성격이 강해 일반인이 이용하는 데 제한이 있었던 반면 원院은 사적인 성격이 강해 일반인도 이용할 수 있었다. 숙박 시설은 역驛과 원院에 건립되어 있었고 관사官舍나 사찰도 숙박 시설로 이용될 수 있었는데, 역과 관사에, 특히 역에 숙박하기 위해서는 원칙적으로는 공무 수행과 관련이 있어야 했다. 숙박 시설을 잡기 어려운 상황이면 민가를 숙소로 이용할 수도 있었다.

그러면 고려시대 관동 여행 때 교통과 숙박은 어떠했는지 조명해 보고자 한다. 먼저 고려시대 교통로는 어떠했는지, 어떠한 교통로가 관동 여행과 관련이 있었는지 살펴보기로 한다. 이어서 고려시대에 여행 기록을 남긴 권적, 김극기, 임춘, 안축, 정추, 이곡, 원천석 등이 어떠한 교통로를 이용했는지, 교통수단은 무엇이었는지, 어디에 숙박했는지 고찰해 보기로 한다.

편력하는 사람의 지위와 처지에 따라 교통시설과 숙박시설을 이용하는
데 차이가 있었는지 유의하려 한다.

1. 고려의 교통로와 관동

고려시대 교통로는 수도 개경을 중심으로 하여 산예도狻猊道, 금교도金郊道,
절령도岊嶺道, 흥교도興郊道, 흥화도興化道, 운중도雲中道, 도원도桃源道, 삭방도朔
方道, 청교도靑郊道, 춘주도春州道, 평구도平丘道, 명주도溟州道, 경주도慶州道, 충청
주도忠淸州道, 전공주도全公州道, 승나주도昇羅州道, 산남도山南道, 남원도南原道,
경주도慶州道, 금주도金州道, 상주도尙州道, 경산부도京山府道로 이루어졌다.[1]

이 중에서 관동과 관련을 지닌 교통로를 살펴보자.[2] 관동 안에서 왕래하면
서 밖으로도 연결되는 노선은 삭방도와 명주도였다. 삭방도朔方道는 42개역
을 관장하는데, 위산衛山의 고산역孤山驛, 문주文州의 남산역嵐山驛, 서곡瑞谷의
보룡역寶龍驛, 등주登州의 삭안역朔安驛, 파천派川의 원심역原深驛, 학포鶴浦의
요지역瑤池驛, 상음霜陰의 추풍역追風驛, 고주高州의 철관역鐵關驛·통달역通達驛,
화주和州의 지원역知遠驛, 문주文州의 덕령역德嶺驛, 장주長州의 장춘역長春驛·통
기역通歧驛, 정주定州의 장창역長昌驛, 장주長州의 무림역茂林驛, 요덕耀德의 귀후
역歸厚驛, 청변靑邊의 안신역安身驛, 영인寧仁의 정산역靜山驛, 원흥元興의 회녕역

---

1) 『고려사』 권82, 병지2, 站驛.
2) 한정훈의 연구에 따르면, 兩界의 驛道는 南道와 유사한 것도 있었고 純국방지대의
   것도 있었는데 동계의 경우 朔方道가 그것이었으며, 양계의 역도 명칭은 남도와
   달리 監倉使 등의 외관 파견 및 활동범위로 사용되었으며, 양계의 육로망 상호간,
   남도와의 연결망 역할을 하는 嶺路가 마련되었고, 대규모 군량 수송은 해운에 의지했으
   며, 동계의 원흥진과 진명현 운송권역은 육운과 해운이 결합하는 곳이었다(「고려전기
   양계의 교통로와 운송권역」, 『한국사연구』 141, 2008). 정요근의 연구에 따르면, 동계
   지역에는 총 45곳의 군현 가운데 39곳에 68역이 위치했는데, 명주에는 10곳의 역이
   위치하고 있었던 반면 북계와는 달리 2곳 이상의 역이 설치된 군현의 비율이 높지
   않았고 역이 설치되지 않았던 군현도 6곳이나 존재했다(「고려시대 역 분포의 지역별
   불균등성」, 『지역과 역사』 24, 2009).

懷寧驛·선덕역宣德驛·거천역巨川驛, 진명鎭溟의 조동역朝東驛, 영흥永興의 평원역平元驛, 장평長平의 통화역通化驛, 금양金壤의 장풍역長豐驛, 흡곡歙谷의 동덕역同德驛, 임도臨道의 등로역藤路驛, 운암雲嵒의 초진역超塵驛, 고성高城의 고잠역高岺驛, 환가豢猳의 양린역養麟驛, 안창安昌의 태강역泰康驛, 간성杆城의 죽포역竹苞驛·청간역淸澗驛, 열산列山의 관목역灌木驛·운근역雲根驛, 용진龍津의 장부역長富驛, 운암雲嵒의 벽목역碧木驛·임운역林雲驛·거방역巨坊驛·일수역溢守驛·장기역長歧驛·부녕역富寧驛이 그것이다. 명주도溟州道는 28개역을 관장하는데, 명주溟州의 대창역大昌驛·횡계역橫溪驛·진부역珍富驛·대화역大化驛·방림역芳林驛·운교역雲橋驛·목계역木界驛·안인역安仁驛·구산역丘山驛·고탄역高坦驛, 횡천橫川의 안창역安昌驛·조원역鳥原驛, 우계羽溪의 낙풍역樂豐驛, 연곡連谷의 동덕역同德驛, 정선旌善의 여량역餘粮驛, 삼척三陟의 평릉역平陵驛·사직역史直驛·교가역橋柯驛·용화역龍化驛·옥원역沃原驛, 울진蔚珍의 수산역壽山驛·덕신역德新驛·흥부역興府驛·조소역祖召驛, 양주襄州의 상운역祥雲驛·익령역翼令驛·강선역降仙驛, 동산洞山의 인구역驎駒驛이 그것이다.

　관동 바깥에서 관동을 왕래하는 데 이용될 수 있는 노선을 보자. 도원도桃源道는 21개역을 관장하는데, 송림松林의 도원역桃源驛, 단주湍州의 백령역白嶺驛, 장주章州의 옥계역玉溪驛, 동주東州의 용담역龍潭驛·풍천역楓川驛, 평강平康의 임단역臨湍驛, 남곡嵐谷의 송간역松間驛(松間驛)·단림역丹林驛, 교주交州의 은계역銀溪驛, 임강역臨江驛, 동주東州의 전원역田原驛, 김화金化의 도창역桃昌驛·남역南驛·단암역丹嵒驛, 동음역洞陰驛(동음현洞陰縣 역), 삭녕역朔寧驛(삭녕현朔寧縣 역), 승령僧嶺의 봉곡역烽谷驛, 교주交州의 통언역通堰驛, 금성金城의 이령역梨嶺驛·직목역直木驛, 기성歧城의 웅양역熊壤驛이 그것이다. 도원도의 이 역들은 모두 관동으로 향하는 역들로 개경과 동북면 내지 관동을 왕래하는 주된 것으로 가장 애용되었다.

　운중도雲中道는 43개역을 관장하는데, 서경西京의 장수역長壽驛, 자주慈州의 통덕역通德驛·선전역善田驛·금천역金川驛, 연주連州(개천价川)의 장리역長梨驛·장환역長歡驛·풍세역豐歲驛, 철주鐵州의 소민역蘇民驛·신정역新定驛·통로역通路

驛, 연주延州의 원림역圓林驛·문평역問平驛·사천역沙川驛·풍천역豐川驛, 청새靑塞의 영안역永安驛, 평로平蘆의 석성역石城驛·앵곡역櫻谷驛·평녕역平寧驛, 성주成州의 관동역寬洞驛·장림역長林驛, 순주順州의 밀전역密田驛·함덕역咸德驛, 박주博州의 안덕역安德驛·안동역安洞驛·덕림역德林驛, 영원寧遠의 견우역牽牛驛·치담역淄潭驛·관천역寬川驛, 수덕樹德의 임동역臨洞驛, 양암陽嵒의 청간역淸澗驛, 무주撫州의 신풍역新豐驛, 맹주孟州의 운곡역雲谷驛·동산역東山驛·태래역泰來驛, 위주渭州의 관화역寬化驛·석우역石牛驛, 태주泰州의 위계역葦溪驛·안태역安泰驛, 운주雲州의 옥아역玉兒驛·운반역雲畔驛, 창주昌州의 옥관역玉關驛·재전역梓田驛, 은주殷州의 흥덕역興德驛이 그것이다.3) 이 중의 역들에서 철주와 박주의 역을 제외하고 대개 동북면 방면으로 향할 수 있었다.

춘주도春州道는 24개역을 관장하는데, 춘주春州(춘천)의 보안역保安驛·원양역員壤驛·부창역富昌驛·인남역仁嵐驛, 가평嘉平의 감정역甘井驛, 낭천狼川의 천원역川原驛·방춘역芳春驛·산양역山梁驛·원정역原貞驛, 양구楊口의 수인역遂仁驛, 조종朝宗의 연동역連同驛, 횡천橫川의 감천역甘泉驛·연봉역連峯驛·창봉역蒼峯驛·함춘역舍春驛, 횡천역橫川驛(횡천橫川의 역), 인제麟蹄의 마노역瑪瑙驛, 서화瑞禾의 남교역嵐橋驛, 풍양豐壤의 상수역桑樹驛, 포주抱州(포천)의 쌍곡역雙谷驛·안수역安遂驛, 남경역南京驛(남경의 역), 남경南京의 구곡역仇谷驛, 사천沙川의 임천역臨川驛이 그것이다.4) 춘주도의 이 역들도 관동으로 향하는 데 이용될 수 있었다.

평구도平丘道는 30개 역을 관장하는데, 남경南京의 평구역平丘驛(현재 남양주시 소재), 광주廣州의 태안역奉安驛, 양근楊根의 오빈역娛賓驛, 지평砥平의 전곡역田谷驛·백동역伯冬驛, 원주原州의 유원역幽原驛, 천녕川寧의 양화역楊化驛, 충주忠州의 가흥역嘉興驛, 충주의 연원역連原驛, 청풍淸風의 황강역黃剛驛·수산역壽山驛·안음역安陰驛, 원주原州의 단구역丹丘驛·안양역安壤驛·신림역神林驛, 제주提州의 천남역泉南驛, 영월寧越의 연평역延平驛·온산역溫山驛·정양역正陽驛, 단산丹山(단양)의 영천역靈泉驛·장림역長林驛, 영춘永春(현재 단양)의 의풍역義豐驛, 평

---

3) 『고려사』 권82, 병지2, 站驛.

4) 『고려사』 권82, 병지2, 站驛.

창平昌의 낙수역樂壽驛, 황리黃利의 신흥역新興驛·신진역新津驛, 흥주興州(순흥)의 창락역昌樂驛, 강주剛州(영주榮州)의 평은역平恩驛·보창역保昌驛, 감천甘泉(현재 예천군 소속)의 유동역幽洞驛, 봉화奉化의 도심역道深驛이 그것이다.5) 평구도의 이 역들은 현재 경기도 동부에서 강원도 서부, 충청북도, 경상북도 동부로 연결되는 노선에 해당하는데 고려시대 관동으로 향하는 데 이용될 수 있었다.

경주도慶州道는 23개역을 관장하는데, 경주慶州의 활리역活里驛·모량역牟良驛·아불역阿弗驛·지리역知里驛·호곡역奴谷驛·잉사역仍巳驛·구어단仍於旦(구어차仍於且)역, 신녕新寧의 장수역長守驛, 영주永州(영천)의 청통역淸通驛·신역新驛·가화역加火驛, 수성壽城의 범어역凡於驛, 장산章山의 압량역押梁驛, 신광神光의 육질역六叱驛, 안강역安康驛, 청하淸河의 송라역松蘿驛, 기계杞溪의 인비역仁比驛, 예주禮州의 병곡역柄谷驛·적용역赤冗驛, 평해平海의 아질달역阿叱達驛, 영덕盈德의 주현역酒峴驛·남역南驛, 영양英陽의 금전역琴田驛이 그것이다.6) 경주도의 이 역들은 관동으로 가는 데 이용될 수 있었는데, 특히 평해의 아질달역, 영덕의 주현역·남역南驛이 그러했다.

이처럼 도원도桃源道, 운중도雲中道, 춘주도春州道, 평구도平丘道, 경주도慶州道 등이 관동으로 가는 데 이용된 주된 노선이었다. 관동으로 가는 데 이용될 수 있는 그 외 노선7)을 보면, 절령도岊嶺道에 속하는 사암역射嵒驛(수안遂安 소재)은 평양 동쪽 방면이나 곡주谷州 방면을 통해 관동으로 향할 수 있었다. 흥교도興郊道에 속하는 임원역(서경 소재)은 관동으로 향할 수 있는 요충지였다. 흥화도興化道 소속의 역 중에서 태주泰州의 장흥역長興驛, 귀주龜州의 성양역城陽驛·삼기역三妓驛·통의역通義驛·대평역大平驛·암사역嵒舍驛, 영삭寧朔의 은암역銀嵒驛·진전역榛田驛, 삭주朔州의 방전역芳田驛·창평역昌平驛에서 관동으로 향할 수 있었다. 청교도靑郊道 소속 역 중에서 개성開城(개성현)의 청교역靑郊驛,

5) 『고려사』 권82, 병지2, 站驛. 廣州의 奉安驛은 팔당호 근처에 위치했던 것으로 추정된다.
6) 『고려사』 권82, 병지2, 站驛.
7) 『고려사』 권82, 병지2, 站驛.

임진臨津의 통파역通波驛, 봉성峯城의 마산역馬山驛, 적성積城의 상림역橡林驛·단
조역丹棗驛, 남경南京의 노원역蘆原驛, 견주見州의 녹양역綠楊驛은 관동으로 향하
는 데 이용될 수 있었다. 상주도尙州道 소속 역 중에서 안동의 옹천역甕泉驛·안
기역安基驛 등이 관동 방면으로 향하는 데 이용될 수 있었다.

고려시대 여러 방면 역驛과 관동 관련 역의 위상을 『고려사』 권82, 병지2,
참역站驛 조항에 의거해 살펴보자. 고려는 각역各驛 정호丁戶를 나누어 6개의
과科(일과一科~육과六科)로 삼았는데 일과一科는 정丁이 75, 이과二科는 정丁이
60, 삼과三科는 정丁이 45, 사과四科는 정丁이 30, 오과五科는 정丁이 12, 육과六科
는 정丁이 7이었다.

일과一科 역은 금교역金郊驛, 임파역臨波驛(영파역迎坡驛 : 흥의역興義驛), 금암
역金嵓驛, 보산역寶山驛, 안성역安城驛, 용천역龍泉驛, 절령역岊嶺驛, 동선역洞仙驛,
고원역高原驛, 생양역生陽驛, 회교역懷蛟驛(회교역迴郊驛), 임원역林原驛이었다.
이과二科 역은 안정역安定驛, 영덕역迎德驛, 통녕역通寧驛, 운암역雲嵓驛, 흥림역興
林驛, 흥교역興郊驛, 장약역長若驛, 안신역安信驛, 신안역新安驛, 운흥역雲興驛, 임반
역林畔驛, 통양역通陽驛, 풍양역豊陽驛, 흥화진역興化鎭驛이었다. 삼과三科 역은
백령역白嶺驛, 옥계역玉雞驛, 용담역龍潭驛, 남천역嵐泉驛, 임단역林湍驛, 송간역松
間驛, 단림역丹林驛, 은한역銀漢驛, 고산역孤山驛, 남산역藍山驛, 보룡역寶龍驛, 철관
역鐵關驛, 덕령역德嶺驛, 통달역通達驛, 화원역和遠驛, 성양역城陽驛, 강락역康樂驛,
대평역大平驛, 장흥역長興驛, 옥아역玉兒驛, 위계역葦溪驛, 삭안역朔安驛이었다.
사과四科 역은 통덕역通德驛, 선전역善田驛, 금천역金川驛, 장리역長利驛, 장환역長歡
驛, 풍단역風湍驛, 통언역通堰驛, 웅양역熊壤驛, 통번역通蕃驛, 장수역長壽驛이었다.

오과五科 역은 금곡역金谷驛, 심동역深洞驛, 청단역淸湍驛, 망정역望丁驛, 금강
역金剛驛, 단림역丹林驛, 사구역沙溝驛, 석우역石牛驛, 흥천역興泉驛, 밀전역密田驛,
도적역桃摘驛, 전원역田原驛, 임강현역臨江縣驛, 이령역利嶺驛, 직목역直木驛, 보안
역保安驛, 안무역安撫驛, 감천역甘泉驛, 산량역山梁驛, 고잠역高岑驛, 죽포역竹苞驛,
관목역灌木驛, 사암역射嵓驛, 청간역淸澗驛, 안기역安奇驛, 상수역桑樹驛, 쌍곡역雙
谷驛, 대창역大昌驛, 횡심역橫深驛, 진부역珍富驛, 대화역大和驛, 방림역芳林驛, 운교

역雲橋驛, 안인역安仁驛, 수산역壽山驛, 신지역新池驛, 운봉역雲峯驛, 기린역麒驎驛, 반석역班石驛, 도공역陶工驛, 금동역金洞驛, 관산역管山驛, 심원역深源驛, 덕신역德新驛, 동음현역洞陰縣驛이었다. 육과六科 역은 양계역楊溪驛, 가원역嘉原驛, 청간역青澗驛, 장재역長材驛, 운반역雲半驛, 김화현역金化縣驛, 승령현역僧嶺縣驛, 삭녕현역朔寧縣驛, 원정역元貞驛, 방춘역芳春驛, 수인역遂人驛, 부창역富昌驛, 감천역甘泉驛, 연봉역連峯驛, 인남역仁嵐驛, 창봉역蒼峯驛, 남적역嵐嶺驛, 원양역圓壤驛, 마노역瑪瑙驛, 희적현역希嶺縣驛, 임천역臨川驛, 동덕역同德驛, 인구역麒駒驛, 낙풍역樂豐驛, 평릉역平陵驛, 교가역喬柯驛, 사직역史直驛, 용화역龍化驛, 옥원역沃源驛, 흥부역興富驛, 소소역召召驛, 목계역木界驛, 오원역烏原驛, 자산역慈山驛, 강선역降仙驛, 옥지역玉地驛, 백원역白原驛, 토산현역兔山縣驛, 온천역溫泉驛, 왕곡역往谷驛, 천두역泉頭驛, 금물역今勿驛, 운암역雲品驛, 장림역長林驛이었다.

산예역狻猊驛은 비록 양경兩京(개경과 서경) 사이에 위치하지만 다른 역驛에 비해 역사役事가 긴요하지 않기 때문에 그대로 50정丁으로 정했고(2과와 3과의 사이로 6개 과科에 포함되지 않음), 임원역林原驛은 비록 양경兩京 사이에 위치하지 않지만 역사役事가 가장 긴요하기 때문에 일과一科에 두었다. 삭안역朔安驛은 비록 삼과三科(45정丁이 원칙)로 삼았지만 연로沿路가 아니기 때문에 정하여 25정丁으로 삼았고, 도원역桃源驛은 비록 삼과三科(45정丁이 원칙)로 삼았지만 동서東西 요충要衝에 위치하기 때문에 정하여 50정丁으로 삼았다.[8] 도원역은 3과에 두었지만 개경에서 동북면으로 향하는 시발점 역이어서 중시해 종사 인원수에서는 2과와 3과 사이로 대우했던 것이다.

고려시대 역驛 중에서 일과一科는 대개 양경兩京(개경과 서경) 사이에 위치한 것인데 임원역은 평양에서 북쪽과 동쪽으로 통하는 요충지여서 1과에 배정되었다. 이과二科는 안정역安定驛(서경)·영덕역迎德驛(영청永淸)·통녕역通寧驛(숙주肅州)·운암역雲品驛(영주寧州)·흥림역興林驛·흥교역興郊驛(박주)·장약역長若驛·안신역安信驛(가주嘉州)·신안역新安驛(곽주郭州)·운흥역雲興驛(곽주)·임반역林畔驛(선주宣州)·통양역通陽驛(선주宣州)·풍양역豐陽驛(철주鐵州)·흥화

---

8) 『고려사』 권82, 병지2, 站驛.

진역興化鎭驛을 지녔는데, 대개 서북면 일대에 해당했다. 삼과三科는 백령역白嶺驛(단주湍州), 옥계역玉雞驛(장주章州), 용담역龍潭驛(동주東州), 남천역嵐泉驛, 임단역林湍驛(평강平康), 송간역松閒驛(남곡嵐谷), 단림역丹林驛(남곡嵐谷), 은한역銀漢驛, 고산역孤山驛(위산衛山), 남산역藍山驛, 보룡역寶龍驛(서곡瑞谷), 철관역鐵關驛(고주高州), 덕령역德嶺驛(문주文州), 통달역通達驛(고주高州), 화원역和遠驛(지원역知遠驛 : 화주和州), 성양역城陽驛(귀주龜州), 강락역康樂驛, 대평역大平驛(귀주龜州), 장흥역長興驛(태주泰州), 옥아역玉兒驛(운주雲州), 위계역葦溪驛(태주泰州), 삭안역朔安驛(등주登州)을 지녔는데, 대개 도원도桃源道와 삭방도朔方道와 흥화도興化道와 운중도雲中道에 해당한다. 사과四科는 통덕역通德驛(숙주肅州 혹은 자주慈州), 선전역善田驛(자주慈州), 금천역金川驛(자주慈州), 장리역長利驛(長梨驛 : 연주連州), 장환역長歡驛(연주連州 : 개천价川), 풍단역風湍驛, 통언역通堰驛(교주交州), 웅양역熊壤驛(기성歧城), 통번역通蕃驛, 장수역長壽驛(서경)을 지녔는데, 운중도雲中道와 도원도桃源道 등에 해당한다.

오과五科는 금곡역金谷驛(백주白州 혹은 금주金州), 심동역深洞驛(염주塩州), 청단역淸湍(端)驛(안서安西), 망정역望丁(汀)驛(안서安西), 금강역金剛驛(안서安西), 단림역丹林驛(남곡嵐谷), 사구역沙溝驛, 석우역石牛驛(위주渭州), 흥천역興泉驛, 밀전역密田驛(순주順州), 도적역桃摘驛, 전원역田原驛(동주東州), 임강현역臨江縣驛, 이령역利嶺驛(이령梨嶺 : 금성金城), 직목역直木驛(금성金城), 보안역保安驛(춘주春州), 안무역安撫驛, 감천역甘泉驛(횡천橫川), 산량역山梁驛(낭천狼川), 고잠역高岑驛(고성高城), 죽포역竹苞驛(간성杆城), 관목역灌木驛(열산列山), 사암역射嵒驛(수안遂安), 청간역淸澗驛(간성杆城), 안기역安奇驛, 상수역桑樹驛(풍양豐壤), 쌍곡역雙谷驛(포주抱州), 대창역大昌驛(명주溟州), 횡심역橫深驛(횡계역橫溪驛 : 명주溟州), 진부역珍富驛(명주溟州), 대화역大和(化)驛(명주溟州), 방림역芳林驛(명주溟州), 운교역雲橋驛(명주溟州), 안인역安仁驛(명주溟州), 수산역壽山驛(울진蔚珍), 신지역新池驛(神地驛)(서경), 운봉역雲峯驛(서경), 기린역騏驎驛(騏麟驛)(평주平州), 반석역班石驛(평주平州), 도공역陶工驛(봉주鳳州), 금동역金洞驛(안주安州), 관산역管山驛(협계俠溪), 심원역深源驛, 덕신역德新驛(울진 혹은 남해南海), 동음현역

洞陰縣驛(동주東州 관할 동음현洞陰縣)을 지녔다. 이는 산예도後猊道와 운중도雲中道와 도원도桃源道와 춘주도春州道와 명주도溟州道와 금교도金郊道 등에 해당한다.

육과六科는 양계역楊溪驛(산예도 안서安西), 가원역嘉原驛, 청간역靑澗驛, 장재역長材驛, 운반역雲半驛, 김화현역金化縣驛(동주東州 관할), 승령현역僧嶺縣驛(동주東州 관할), 삭녕현역朔寧縣驛(동주東州 관할), 원정역元貞驛, 방춘역芳春驛(낭천狼川), 수인역遂人(仁)驛(양구楊口), 부창역富昌驛(춘주), 감천역甘泉驛(횡천橫川), 연봉역連峯驛(횡천橫川), 인남역仁嵐驛, 창봉역蒼峯驛(횡천橫川), 남적역嵐嶺驛, 원양역圓壤驛(춘주), 마노역瑪瑙驛(인제麟蹄), 희적현역希嶺縣驛, 임천역臨川驛(사천沙川), 동덕역同德驛(삭방도 흡곡歙谷), 인구역驎駒驛(명주도溟州道 동산洞山), 낙풍역樂豐驛(명주도 우계羽溪), 평릉역平陵驛(삼척三陟), 교가역喬柯驛(삼척), 사직역史直驛(삼척), 용화역龍化驛(삼척), 옥원역沃源(原)驛(삼척), 흥부역興富(府)驛(울진), 소소역召召驛(조소역祖召驛 : 울진), 목계역木界驛(명주溟州), 오원역烏原驛(남원도 임실任實), 자산역慈山驛, 강선역降仙驛(명주도 양주襄州), 옥지역玉地(池)驛(금교도 강음江陰), 백원역白原驛(금교도 우봉牛峯), 토산현역兎山縣驛, 온천역溫泉驛(금교도 평주平州), 왕곡역往谷驛, 천두역泉頭驛(금교도 곡주谷州), 금물역今勿驛(금교도 곡주谷州), 운암역雲嵒驛(흥교도興郊道 영주寧州), 장림역長林驛(운중도雲中道 성주成州)을 지녔다. 이는 대개 산예도의 일부와 도원도桃源道의 다수와 춘주도春州道의 다수와 명주도溟州道의 다수와 금교도金郊道의 다수와 삭방도의 일부와 흥교도의 일부와 운중도의 일부와 남원도의 일부에 해당한다.

감천역甘泉驛은 오과五科와 육과六科에 중복 기재되어 있는데 모두 횡천橫川 소속인지 하나는 다른 고을 소속인지 불확실하다. 중남부 지역의 평구도平丘道, 광주도廣州道, 충청주도忠淸州道, 전공주도全公州道, 승나주도昇羅州道, 산남도山南道, 남원도南原道, 경주도慶州道, 금주도金州道, 상주도尙州道, 경산부도京山府道의 역은 거의 다 여섯 개의 과科(일과一科~육과六科)에 배정되지 않은 것으로 기록상 나타나는데 위상이 낮아서 그런 것인지, 누락된 것인지 잘 알 수 없다. 경주도는 경주 즉 동경을 왕래하는 노선인데 누락된 것이 아니라면 경주가 동경이 아닐 때 역참이 『고려사』 병지에 담겼을 가능성도 있다. 평구도와 경주도는 관동으로 가는 주된 노선인데 그 역들의 위상을 정확하게 파악하기 어려운 것이다.

2. 관동 여행 때 교통과 숙박

그러면 고려시대에 관동 편력 때 어떠한 경로를 이용했는지, 어떠한 교통 수단을 이용했는지, 어디에 숙박했는지 고찰해 보기로 하자. 최자崔滋의 외왕부外王父(외조부)가 고성高城 객루客樓를 주제로 시를 짓기를, "창窓을 닫아도 오히려 해기海氣가 있고 베개에 기대도 역시 파도소리가 있네, 관개冠盖(높은 관료)가 사선四仙 자취를 찾는데 강호江湖는 '삼일三日(삼일포三日浦)'이라는 이름이네"라고 했다.[9] 최자의 외조부는 삼일포를 유람하고 고성 객관客館에 묵으면서 객관의 누樓에 오른 것인데 이 객관은 바닷가에 위치했다.

고조기高兆基(고당유高唐愈)가 금양현金壤縣(통주通州)에서 묵으며 지은 시에, "새는 상림霜林에서 새벽에 지저귀고 바람은 객客의 평상㮣 잠을 놀라게 해 깨우네, 처마에는 남은 반쪽 달이 보이고 꿈은 한 애천涯天에 끊겼네", "낙엽落葉이 귀로歸路를 매우고 차가운 나무가지에 숙연宿煙이 걸렸네, 강동江東 행행行行이 아직 다하지 않았는데 가을이 수촌변水村邊에 다하네"[10]라고 했다. 또한 그가 운암진雲巖鎭에서 지은 시에, "바람이 호산湖山에 드니 일만 구멍이 부르짖고, 숙운宿雲이 다 돌아가니 변방 하늘이 높네"라고 하였다.[11] 고조기 가 예종 혹은 인종 무렵에 고려의 변경인 금양현(통주)과 운암진雲巖鎭 일대에

---

9) 『보한집』 상권.

10) 『동문선』 권9, 五言律詩, 「宿金壤縣」 ; 『신증동국여지승람』 通川 題詠.

11) 『동문선』 권19, 七言絶句, 「書雲巖鎭」 ; 『신증동국여지승람』 通川 題詠 ; 『보한집』 상권. 이 중에서 『보한집』 상권은 '萬竅呼' 부분의 한 글자가 다른 기록과 다르다.

서 근무하며 이 일대를 유람한 것인데,12) 그 관사의 객관에서 묵었을 것이다.

진보궐陳補闕(진화陳澕)이 오대산五臺山을 그림으로 보아 오다가 이 산에 유遊했는데,13) 당시 진화가 왕사王事로 인해 관동關東에 가서 지은 것이라고 한다. 진보궐陳補闕 즉 진화가 왕사王事로 인해 치악雉岳 서쪽을 지나다가 동洞 안으로 들어가 한 노승老僧을 만나 시를 주고받았다.14) 진화는 왕사王事로 인해 오대산을 왕래하는 길에 원주 치악산을 거쳤다고 여겨지며 오대산과 관동을 왕래하면서 대관령을 거쳤으리라 짐작된다. 즉 그는 원주－오대산－대관령－관동 노선을 이용했으리라 여겨지는 것이다.

권적權適(權迪)은 임인년(1122, 예종 17)에 명주溟州(강릉)를 수守하고, 을사년(1125, 인종 3)에 우정언右正言 지제고知制誥를 제수받고, 갑자년(1144, 인종 22) 정월에 검교상서우복야檢校尙書右僕射를 더하고 2월에 동북면병마부사東北面兵馬副使로 나갔다.15) 그는 강릉과 오대산 일대에 대한 시를 남겼는데, 그 제작 시기는 그가 명주(강릉)를 다스린 예종 17년(1122)~인종 3년(1125) 사이와 동북면병마부사東北面兵馬副使로 근무한 인종 22년 무렵이 되지만 명주를 다스린 때였을 가능성이 더 크다.

권적權適이 풍악楓岳으로 가는 안선로安禪老를 전송하면서 시를 읊기를, "강릉江陵은 날이 따뜻해 꽃이 초발初發하지만 풍악楓岳은 날씨가 추워 눈(雪)이 아직 녹지 않았으리"라고 했다.16) 그가 봄철에 강릉에서 근무하면서 풍악(금강산)으로 가는 안선로安禪老를 전송한 것이었다. 권적은 대관령에 대한 시를 지었으니17) 강릉과 오대산을 왕래하면서 대관령을 경유했다. 학사

12) 高兆基(高唐愈)는 耽羅人 右僕射 高維의 아들로 예종초에 급제해 의종대까지 관료로 활동했다. 『고려사』 권98, 고조기전.
13) 『보한집』 중권 ; 『梅湖遺稿』 詩 七言絶句, 「遊五臺山」 ; 『동문선』 권20, 七言絶句, 「遊五臺山」 ; 『신증동국여지승람』 강릉 산천, 五臺山.
14) 『보한집』 하권.
15) 권적 묘지명.
16) 『보한집』 상권, "江陵日暖花初發 楓岳天寒雪未消 翻笑上人山水癖 未能隨處作逍遙". 한편 『동국여지승람』 강릉 題詠에도 權迪 詩로 실려 있는데 '初發'이 '先發'로 되어 있다.
17) 이는 대관령에 대한 權迪의 시를 金克己가 次韻한 것(『신증동국여지승람』 강릉 산천)으

권적權適이 진부역珍富驛을 주제로 읊기를, "눈[雪]이 쌓여 산에 옥玉이 충만하고 버들[柳]이 떨어[拂] 길에 금金이 많다네, 계溪에 잉어가 홍금紅錦처럼 도약하고 촌村에 연烟이 벽라碧羅처럼 흩어지고, 눈 앞에 쌍쌍 호장戶長은 빈모鬢毛(귀밑 머리털)가 은루銀縷(은실)처럼 화려하네"라 했다.[18] 권적이 대관령과 오대산으로 진입하는 길목인 진부[19]를 지났던 것인데 이 역 일대에는 봄이지만 아직 눈이 쌓여 있었고 버드나무가 녹황색 꽃을 떨어뜨리고 있었고 이 역에 호장이 근무하고 있었다. 학사 권적權迪이 강릉을 수守할 때에 수다사水多寺에 들러 그 벽상壁上에 걸려 있는 백의白衣 화정畫幀(화탱) 옆에 찬제贊題를 짓기를, "열흘 동안 우설雨雪이 내리고 광풍狂風이 부니 홀로 무료無聊하게 소각小閣 중에 앉아, 백의白衣 관자재觀自在에 의지해 일회一廻 첨례瞻禮하니 만연萬緣이 공空하네"라고 했으니,[20] 권적이 강릉 근무로 인해 왕래하면서 수다사에 들러 묵었던 것이다.

권적은 수다사-진부역-대관령-강릉 읍치 노선을 이용한 셈인데 여행 숙소로는 수다사와 진부역을, 근무지 숙소로는 강릉 관사를 사용했다. 그가 수다사에 묵을 때 우설雨雪이 내렸다고 하는데 가을, 겨울, 봄 모두를 생각해 볼 수 있다. 오대산과 그 일대에는 겨울만이 아니라 가을과 봄에도 눈이 내릴 수 있기 때문이다.

무인정권기 김취려 군대는 거란적을 박달현朴達峴(제주堤州 소재)에서 격파

로 알 수 있다.

18) 『보한집』 중권. 이 시 본문은 『동국여지승람』 강릉 역원 珍富驛에도 권적 시로 실려 있다.

19) 珍富驛은 嶺(대관령) 서쪽에 있고 강릉부 치소에서 1백 리 거리였다. 『신증동국여지승람』 강릉 역원 珍富驛.

20) 『동안거사집』行錄 1, 水多寺留題[幷序]. 權適의 嗣子인 學士 權敦禮가 襕衣使로 이곳에 이르러 跋尾했다. 이 水多寺는 강원도 평창군 진부면 수항리에서 '水多寺'라고 새겨진 기와와 大定二十八年戊申三月에 水多寺講堂 燭臺를 만들었다고 새겨진 촛대가 발견됨으로써 이곳에 위치했음이 밝혀졌다(신종원, 『신라 최초의 고승들』, 제4장, 민족사, 1998). 강릉 해안근처 낙가사(원래 등명사)가 水多寺라는 견해가 있어 왔지만 전혀 다른 사찰이다(홍성익, 「낙가사에 소재한 고고자료의 종합적 검토」 『인문과학연구』 (강원대) 46, 2015).

해 추격하여 명주溟州(강릉) 지경에 이르러 추령楸嶺, 대현大峴, 구산역丘山驛,
등대양燈臺壤, 악판惡坂에서 전투하고 등주登州의 동양東壤에서 전투하더니
함주咸州로 도주한 거란적과 정주定州에서 대치했다.21) 거란적과 김취려
군대는 추령楸嶺과 대현大峴(대관령)과 구산역丘山驛에서 전투하며 강릉 중심
부로 진입했으니 당시 교통로를 이용했다고 여겨진다. 조선초에 김시습은
원주 치악산雉岳山(각림사 숙박), 방림역芳林驛, 대화역大和驛, 진부역珍阜驛,
성원省原(성오평省塢坪)을 거쳐 오대산에 진입해 월정사月精寺, 상원사上院寺,
중대中臺, 서대西臺, 남대南臺, 동대東臺, 북대北臺를 둘러보고 대령大嶺(대관령)
을 넘어 구산역丘山驛을 거쳐 홍제원루弘濟院樓에 올라 강릉을 조망하고 강릉
중심부로 들어갔다.22) 이러한 진부역-(오대산)-(횡계역)-대관령-구산
역 코스는 고려시대에도 이 방면에서 주로 이용된 교통로였으니 진화와
권적도 이 경로를 이용했으리라 짐작된다. 오대산 사찰을 구경하지 않는다
면 곧바로 진부역-횡계역-대관령 코스를 이용하면 되었다.

임춘林椿은 고려의 동쪽 일대를 유람했다.23) 죽령竹嶺의 서쪽 20여리餘里에
있는 '당진唐津'을 찾아 단안구斷岸口에서 하마下馬해 석벽石壁의 지지에서 범주
泛舟하면서 표연飄然히 만리萬里 동정객東征客이 홀로 추풍秋風에 한 폭幅의
범범帆(돛)에 건다고 읊었고 자신이 동쪽으로 간 이래 거철車轍 마적馬迹이
미치는 곳이 많았지만 이곳이 가장 청절淸絶의 땅이라고 평가했다. 명주溟州

21) 『益齋亂稿』 권6, 「門下侍郎平章事判吏部事 贈諡威烈公 金公 行軍記」. 『해동지도』(규장각
소장) 강릉부 지도에 杻岺이 橫溪驛 서쪽 인근에 표시되어 있으니, 楸嶺은 橫溪驛
서쪽 인근의 고개로 추정된다. 燈臺壤은 강릉 燈明寺 일대를 지칭하지 않았나 싶다.
22) 『梅月堂詩集』 권10, 詩, 「遊關東錄」. 김시습은 大嶺 以東을 '嶺東'이라 칭하고 以西를
'嶺西'라 칭한다고 했다. 그는 강릉 중심부로 진입한 후에 文殊堂, 白沙汀, 寒松亭,
鏡浦臺를 유람하고 五臺로 이동해 小堂을 지어 일정기간 거처한다. 한편 禿山院이
五臺山의 남쪽 省塢坪의 界에 자리해 서쪽으로 珍富(진부역)를 控하고 동쪽으로 大關(대
관령)에 접했다(『梅月堂文集』 권21, 禿山院記).
23) 『서하집』 권5 및 『동문선』 권65, 東行記(임춘) ; 『서하집』 권3, 翼嶺途中口占. 한편
임춘은 翼嶺으로 부임하는 咸淳을 전송하는 서문을 지었다(『서하집』 권5 및 『동문선』
권83, 送咸淳赴翼嶺序). 이로 보아 그의 관동 유람은 익령(양양)에 부임한 친구 咸淳을
방문하는 목적을 겸했다고 여겨진다.

204

(강릉) 남령南嶺에 올라 북쪽으로 해반海畔으로 나가 '동산洞山'이라는 소성小城
의 어촌漁村에 이르러 전사傳舍에 숙박했다. 다음날 행행行하여 익령翼嶺으로
가는 도중에 시를 지어 풍광을 노래했고 낙산洛山의 서쪽을 지나면서 옛적
원효元曉와 의상義相이 선굴仙窟 중에서 관음을 친히 알현한 이야기를 언급하
며 추모 시를 지었다. 자신이 강동江東에서 본 것은 극히 일부분이라면서
간성捍城(杆城) 이북의 총석叢石·명사鳴沙 같은 것을 눈으로 보지 못한 것을
아쉬워했다.

　임춘은 죽령을 넘어 당진唐津을 유람하고 명주(강릉) 남령南嶺을 거쳐 북쪽
으로 나아가 동산洞山(동산현)에서 숙박하고 익령翼嶺(양양) 낙산에 진입해
유람하며 의상과 원효를 회고한 것이었다. 죽령 서쪽 20여리의 당진唐津은
단산현(충청도 단양)의 상진上津과 하진下津, 특히 상진上津을 가리킨 것으로
보인다. 『동국여지승람』에 따르면 상진上津은 단양군 북쪽 13리에 있고 혹
'마진馬津'이라 칭하며 근원이 강릉부 오대산에서 나와 흘러서 충주忠州 금천金
遷으로 들어가고, 하진下津은 단양군 서쪽 4리에 있는데 즉 상진上津의 하류였
다. 김일손의 단양 이요루二樂樓 기기記에, 충주 방면에서 단양으로 진입해
소정小艇(작은 배)으로 횡도橫渡하면 하진下津이고 10리 쯤을 거슬러 올라가면
또 관도官渡가 있어 곧 상진上津인데 철벽鐵壁 천심千尋이 진류津流를 압치壓峙한
다고 했다.[24] 김일손의 단양 상진上津에 대한 묘사는 임춘의 당진唐津에
대한 묘사와 유사한 것이다.

　임춘은 육지에서는 말을 타고 여행했다. 죽령을 넘어 단산현(단양)으로
들어와 '당진唐津'을 구경하고 명주(강릉) 남령으로 향했던 것인데, 단산(단
양)에서 영춘과 영월을 거쳤을 것이고, 그러고 나서 대관령을 이용했다기보
다 정선으로 들어가 정선과 삼척(현재 동해시) 통로인 백복령을 이용했으리
라 짐작된다.[25] 그가 동산성(동산현)에서 전사傳舍에 숙박한 점이 특이하다.

────────────

24) 『신증동국여지승람』 권14, 충청도 단양군 山川·樓亭.
25) 조선후기 채제공이 한양에서 삼척으로 유배갈 때 百複嶺을 경유한 사례(『樊巖集』
　　권6, 詩, 望美錄[上], 서문 및 百複嶺歌)가 참고된다.

그는 사족士族이었지만 관인이 아니었고 공무를 수행하는 사람도 아니었음에도 우역郵驛에 숙박한 것이었다. 임춘은 급제는 못했지만 문명文名을 떨쳤기에 동산성(동산현) 책임자가 배려해 주었을 수 있고, 익령(양양)에 근무하는 함순咸淳이 친우 임춘을 위해 동산현 쪽에 미리 연락해 배려를 부탁했을 수도 있다.

김극기는 신종 3년 3월 무렵부터 다음해 3월 무렵까지 대략 1년 동안 동북면병마사영의 병마판관兵馬判官 혹은 병마녹사兵馬錄事로 근무하면서[26] 관동을 유력했다. 그가 철령鐵嶺에서 "가파르게 높아 극極이 없어 거세巨勢가 관동關東을 진鎭하네, … 동위冬威로 춘春이 차갑고 명색暝色으로 낮에도 흐리네, … 모인 만蠻이 수보戍堡를 들어올리고 겹친 장嶂이 영궁靈宮을 껴안네"라 읊었다.[27] 그러니 겨울이 갓 지나 봄인데도 아직 쌀쌀한 철령을 넘었는데, 이 시는 그가 동북면병마사영의 관원으로 발령받아 신종 3년 2월 무렵에 철령을 지나며 지은 것으로 여겨진다.[28]

김극기는 동북면 병마사영兵馬使營에 부임하자 이곳을 중심으로 근무했는데 이 병마사영은 안변도호부 등주登州에 위치했다. 『신증동국여지승람』 권49, 안변도호부(등주)의 제영題詠, 형승形勝, 누정樓亭 북루北樓, 학교 향교鄕校, 사묘祠廟 성황사城隍祠에는 김극기의 시가 하나씩 실려 있는데,[29] 학교 향교 시詩에서는, "생각하건대 옛적의 사신詞臣이 장영將營에 부임하니 유관儒官 백도百堵가 일시一時에 완성되었네"라고 했다. 김극기의 시는 『신증동국여지승람』 권48, 영흥대도호부 고적의 북루北樓와 정변진靜邊鎭과 평주진平州鎭에도 실려 있는데, 이 북루北樓는 화주和州 관부의 누각이었다.[30] 이는 그가

---

26) 제3장 「고려말기 관동 유람기」 참조.

27) 『신증동국여지승람』 권47, 회양도호부 산천, 鐵嶺. 金克己詩.

28) 신종 3년 4월에 태자 책봉과 사면 행사가 발생하자 동북면병마사영의 김극기가 지은 축하 표문을 병마사영의 관원(김극기 자신일 수도 있음)이 가지고 개경에 와서 4월 26일 朝賀에 참여한다.

29) 형승에서는 "前對鵠山平似釜 下臨鯤壑杳如盃"라고 했다. 누정 북루에서는 "누가 玉帳을 열어 河魁를 베개삼나, 漢將 旌幢이 갔다가 돌아오네"라고 했다.

30) 平州鎭은 본래 永興鎭으로 고려 문종 15년에 비로소 城堡를 쌓았는데 조선 태조

화주(영흥)를 방문했을 때 그 관부에 묵었음을 시사한다.

김극기는 등주 동북면병마사영에 머물며 그 인근 금양(통주), 고성 일대를 돌아보았고, 그 남쪽의 관할 지역도 순력했다. 양구와 낭천 일대를 순력해 소파령을 넘어 간성으로 진입한 것으로 여겨지며, 간성, 익령(양주), 명주(강릉), 삼척, 울진 순으로 순력했다가 북으로 돌아왔던 것으로 판단된다. 그는 흡곡현歙谷縣과 그 소속 천도穿島 및 파천현派川縣에 들렀고,31) 금양金壤(통주)과 총석정을 들렀다.32) 양구와 낭천을 들렀고 간성현杆城縣의 소파령所坡嶺을 경유했으니,33) 소파령이 양구와 간성 사이를 왕래하는 교통로로 이용된 것이었다. 간성현의 청간역淸澗驛에 들렀는데,34) 청간역에서 읊기를 "위루危樓가 벽연碧烟 끝에 있어 함함에 엎드려 과조過鳥를 엿보네"라고 했다. 익령현翼嶺縣(양주襄州)의 상운역祥雲驛과 강선역降仙驛에 들렀고,35) 익령현의 낙산사洛山寺를 방문해 금당金堂과 석굴石窟을 관람했다.36)

김극기는 익령을 거쳐 명주(강릉)에 이르러 머물고 유람하며 명주에 대한 시를 많이 지었는데,『동국여지승람』에「계전효일월雞前曉日明」,「병수천사주並水穿沙洲」,「대관령大關嶺 차권적시次權迪詩」, 등명사燈明寺, 녹균루綠筠樓, 한송정寒松亭, 경포대鏡浦臺, 굴산종崛山鐘, 안신계安神溪, 불화루佛華樓, 문수당文殊堂, 견조도堅造島라는 제목으로 실렸다.37) 그는「대관령 권적權迪 시詩에 차운하여」

2년에 화녕부를 영흥부로 고치면서 永興鎭을 平州鎭으로 개칭했다고 한다. 그러므로 『신증동국여지승람』권48, 영흥대도호부 고적 평주진에 실린 시는『대동운부군옥』권17 心瑩에 실린 '永興路上'이 원래 제목이며, 김극기가 永興 즉 永興鎭으로 가는 도중에 지은 작품으로 판단된다.

31) 『신증동국여지승람』권45, 歙谷縣 산천 穿島 ;『동문선』권13,「派川縣偶書」.

32) 『신증동국여지승람』권45, 通川郡 樓亭 叢石亭 및 通川郡 題詠.

33) 『신증동국여지승람』권47, 양구현·낭천현, 題詠, 김극기 시 ;『신증동국여지승람』권45, 杆城郡, 산천. 所坡嶺(石破嶺)은 간성의 서쪽 59리에 위치했다.

34) 『신증동국여지승람』권45, 杆城郡. 청간역은 간성의 남쪽 44리 바닷가에 위치했다.

35) 『신증동국여지승람』권44, 양양도호부 驛院.

36) 『신증동국여지승람』권44, 양양도호부 佛宇 洛山寺.

37) 『신증동국여지승람』권44, 강릉대도호부, 題詠 및 산천 대관령 및 불우 燈明寺. 燈明寺는 부(강릉부)의 동쪽 30리에 있었는데, 金敎時의 시에 절이 창파를 눌러 아득하고 바다 한복판에 있는 듯하다고 했고, 이곡이 이곳에서 해돋이를 보았다고 한다. 이는

에 의거하면 대관령을 가을에 올랐는데 대관령을 거쳐 오대산 중심부로 왕래했을 것이다. 「병수천사주並水穿沙洲」는 명주에서 세금 업무를 수행하고서 명승지를 구경한 소감을 노래한 것인데, 사주沙洲와 선정仙亭과 불우佛宇와 오대산 등이 그 명승지였다. 그는 바닷가, 견조도堅造島, 녹균루, 경포대, 한송정, 안신계安神溪, 불화루佛華樓, 문수당, 등명사, 굴산사, 대관령, 오대산 등 명주(강릉)의 명승지를 유람했던 것이다.

또한 김극기는 삼척에 들러 누정樓亭(죽서루)을 올라 시를 읊었고,[38] 울진蔚珍에 들렀는데,[39] 강릉에서 삼척을 거쳐 울진으로 이동했을 것이다. 김극기는 울진에서 출발해 삼척과 명주를 거쳐 북상했다. 익령현翼嶺縣(양주襄州)에서 읊기를,[40] "일찍이 객비客轡를 멈춰 잠시 준순逡巡했다가 마馬를 도약해 거듭 찾으니 경치가 다시 새롭네", "열새閱塞하느라 윤제輪蹄로 몇 번 순력하려 생각했는가. … 산성山城의 달은 풍남楓枏 위에 떠 있고 수사水榭는 조행藻荇의 빈濱에 구름을 드리웠네"라고 했다. 간성현의 청간역淸澗驛에서 읊기를,[41] 관동 산수향山水鄕에 과객過客이 어조魚鳥에 섞였고 귀로歸路는 인심人心과 비슷해 험중險中에 평지平地가 적네, 석양夕陽이 마두馬頭에 기울고 서새西塞의 달이 처음으로 비추네, 피곤해 침상에 거꾸러지니 추호秋毫처럼 태산太山이 작네"라 했다. 고성현高城縣의 통달역通達驛에 들러 "연양煙楊이 땅에서 나와 금사金絲를 떨며 몇 행인行人에게 별리別離를 주었는가, 숲 밖에 한 매미가 객한客恨을 알아 석양夕陽의 나뭇가지에서 우네"라고 읊었다.[42] 고성현高城縣의 명사鳴沙를 밟으며 마馬를 버리고 한가롭게 해상정海上汀을 거니는데 한사寒沙가 책책策策하며 사람을 쫓아 소리내네"라고 읊었고,[43] 금양현金壤縣(통주)에 이르러

등명사가 동해 바닷가에 위치했음을 알려준다.
38) 『신증동국여지승람』 권44, 삼척도호부 題詠 및 樓亭 竹西樓. 죽서루는 객관 서쪽에 위치했으며, 죽서루 옆으로 五十川이 흘렀다.
39) 『신증동국여지승람』 권45, 울진현 題詠.
40) 『신증동국여지승람』 권44, 양양도호부 題詠.
41) 『신증동국여지승람』 권45, 杆城郡.
42) 『동문선』 권19, 通達驛.
43) 『신증동국여지승람』 권45, 高城郡 산천 鳴沙.

총석정에 올라 학사 이지심李知深 시에 차운했다.[44] 그는 익령현(양주), 간성현 청간역을 경유해 북상해 고성현 통달역과 명사鳴沙를 들르고 금양현(통주)의 총석정을 찾았다. 이후 병마사 본영으로 돌아왔다가 동북면 근무를 끝내고 철령을 넘어 은계역을 지나 개경으로 돌아왔을 것이다.[45]

김극기는 말을 타고 편력했는데 공무였기에 역驛에서 다른 말로 갈아탈 수 있었을 것이다. 공무로 동북면을 순시하면서 유람했기에 지나며 들른 각 고을의 관사와 요충지의 역驛에 제한 없이 숙박할 수 있었다. 낙산사, 등명사, 문수당, 굴산사, 오대산 사원 등 여러 절들을 방문했는데 이러한 사원에서 숙박했을 수도 있다. 간성 청간역은 누樓를, 삼척 관사는 서루西樓(죽서루)를 지니고 있었듯이 관사와 역에 누樓가 조영된 곳이 있어 여행객의 피로를 씻어주었다.

이승휴는 모향 진주부眞珠府(삼척현)에 은거하다가 계해년(1263, 원종 4) 동월冬月에 안집사安集使 이심李深이 제공한 말을 타고 낙洛(강도)으로 들어갔다. 그는 다음해 갑자년(1264, 원종 5) 7월 8일에 경흥도호부慶興都護府(강릉) 판관判官 겸 장서기掌書記에 임명되니 이 달 하순에 강도江都를 나와 상향桑鄕(삼척현)에 귀근歸覲하고 8월 상순에 부府(경흥도호부 : 강릉)에 나아가 죽헌竹軒에서 안집사 김록연金祿延과 만나 죽헌竹軒을 주제로 시를 받고 주었다.[46] 이심과 김록연이 띤 안집사는 병마사의 변용으로 동계(강릉도)를 통괄한 자였다.

이승휴가 원종 5년 11월 3일에 동지冬至·팔관八關·원정元正과 폐하조제소회 연陛下朝帝所廻輦 네 표문을 받들어 길에 올라 경京(강도)에 가느라 횡계역橫溪驛에 이르러 안집사 김록연에게 감사를 전하는 시에서 "풍고風高 백설白雪 정정程(程)을 강답强踏하네"라고 했다.[47] 11월 5일에 눈[雪]을 무릅쓰고 수다사水多

---

44) 『동문선』 권13, 「叢石亭 李學士知深韻」.

45) 『신증동국여지승람』 권47, 회양도호부 驛院 銀溪驛.

46) 『동안거사집』 行錄 1, 求官詩 ; 『동안거사집』 行錄 1, 次韻安集使金中書[諱祿延]題竹軒[幷序]. 溟州는 원종 원년에 功臣 金洪就 鄕으로 인해 慶興都護府로 승격되고, 충렬왕 34에 江陵府로 바뀐다. 『고려사』 권58, 지리지3, 溟州.

47) 『동안거사집』 行錄 1, 十一月初三日 奉冬至八關元正與夫陛下朝帝所廻輦四表.

寺에 이르러 숙박하며 권적과 권돈례 부자의 수다사 백의관음에 대한 글에
감동해 관음을 찬미하고 강도로 들어왔다.[48] 그는 강릉 치소를 출발해
대관령-횡계역 코스를 경유해 강도로 간 것이었다. 그는 을축년(1265,
원종 6) 정월 이후 강도를 떠나 황려黃驪 북루北樓에 들러 숙박하며 황려黃驪
북루北樓 판상板上 시에 차운하고[49] 강릉으로 돌아왔다. 그가 황려(여주)를
거친 것은 공무 때문인지 사적으로 들른 것인지 확실하지 않다.

이승휴가 진주부眞珠府(삼척현) 출신의 안집사安集使 병부시랑 진자사陳子俟
를 모시고 진주부(삼척현) 서루西樓에 올라 판상板上 시에 차운次韻했다.[50]
6월에 안집安集 진시랑陳侍郞(진자사陳子俟)을 모시고 정선현旌善縣에 유遊했는
데 대수大水에 의해 격리되어 수일數日 동안 머물면서 판상板上 시에 차운하기
를, "첩첩한 가파른 산이 안[中]과 떨어져 바깥을 얽어싸고 하나의 강江이
북北을 두르면서 남南으로 가로지르네"라고 했다.[51] 정선 객관이 북쪽과
남쪽으로 흐르는 강물로 둘러싸였음을 알려준다. 경흥도호부(강릉) 장서기
이승휴가 안집사를 모시고 강릉도 관할 고을인 삼척, 정선 등을 순력하면서
유람했던 것이다. 이승휴는 또한 강릉에서 근무하며 등명사燈明寺, 대산臺山
(오대산), 경포대鏡浦臺 등을 유람했다.[52]

이승휴는 원종 6년 11월 초길初吉(초하루)에 동지冬至·팔관八關 두 표문을
받들고 강도江都에 가면서 마상馬上에서 읊기를, "해마다 표문을 받들어 추위
를 무릅쓰고 가는데 … 야반夜半에 급히 번거롭게 몇 역驛을 불렀나, …
설령雪嶺을 돌이켜 생각하니 정신이 아직도 두렵고 얼어붙은 하천을 건널
수 있어 뜻이 이미 가볍네"라고 했다.[53] 강도에 도착해 머물던 이승휴는

48) 『동안거사집』 行錄 1, 水多寺留題 및 入京復用行字韻.
49) 『동안거사집』 行錄 1, 謝餞詩 ; 『동안거사집』 行錄 2, 還官次 復用前韻作三首 留別… ; 『동
   안거사집』 行錄 2, 次黃驪北樓板上韻[路由此樓抵宿而作].
50) 『동안거사집』 行錄 2, 陪安集使兵部陳侍郞[諱子俟] 登眞珠府西樓 次板上韻.
51) 『동안거사집』 行錄 2, 六月 陪安集陳侍郞 遊旌善縣 爲大水所隔留數日 次板上韻.
52) 『동안거사집』 行錄 2, 「次燈明寺板上韻」 및 「八月上旬 登臺山絶頂 戱作一絶」 및 「朽竹筆柄
   寄館翰諸公」.
53) 『동안거사집』 行錄 2, 十一月初吉 奉冬至八關兩表[皆居第二 元正則勅除賀表] 如京. 이때

210

경흥도호부(강릉) 장서기 사임을 요청하고 12월 상순에 강릉을 향해 강도를
떠났고,[54] 강릉에서 서기를 사임하고 고향 진주부眞珠府(삼척현)로 돌아왔는
데, 병인년(1266, 원종 7) 정월에 진주부(삼척현)를 방문한 안집사 진자사陳子
俟를 만났다.[55] 그가 2월 3일에 부府(경흥도호부 혹은 진주부眞珠府)를 출발해
강도江都로 향하는데, 제삼전정第三餞亭에 이르러 등명승통燈明僧統 천석天錫을
수首로 하는 운석韻釋·명유名儒 5, 6인의 전별을 받고 강도로 향했다.[56]

이승휴가 근무한 경흥도호부(강릉) 관사에는 죽헌竹軒이, 그가 순시한
진주부(삼척현) 관사에는 서루西樓가 건립되어 있었다. 그는 말을 타고 경흥
도호부(강릉) 치소-대관령-횡계역-수다사 노선을 이용해 강도江都를 여
러 차례 왕래했는데, 겨울철에 왕래한 경우가 많아 눈 덮인 대관령을 넘느라
추위와 위험을 무릅써야 했다.

안축安軸의 관동 편력과 교통과 숙박을 「관동와주關東瓦注」[57]에 의거해
살펴보자. 그는 천력天曆 3년(1330, 충혜왕 즉위) 충혜왕 명령으로 강릉도존
무사江陵道存撫使에 임명되어 5월 30일에 송경松京(개경)을 출발해 백령역白嶺驛
에 숙박하고 철령을 넘어 6월 3일에 철령관鐵嶺關에 들어가고 화주和州(등주登
州)의 본영本營에 도착했다.[58] 개경을 떠나 도원도桃源道의 백령역白嶺驛(단주湍
州 소속)과 삭방도朔方道의 철관역鐵關驛(고주高州 소속) 노선을 이용해[59] 화주
(등주)에 도착한 것이었다.

元正 축하 표문은 생략하라는 칙령에 따라 찬술되지 않았다.
54) 『동안거사집』 行錄 2, 十二月上旬 將還所理 謹賦長句八韻 奉贈金翰林之眞,
55) 『동안거사집』 行錄 2, 丙寅正月 大雪彌旬 安集陳侍郎在眞珠府 賦古調示之 謹次韻奉呈,
56) 『동안거사집』 行錄 2, 「二月初三日 發府朝天 至第三餞亭…」.
57) 『근재집』 권1, 關東瓦注, 詩. 안축은 關東別曲을 지어 鶴城(鶴浦) 원수대·穿島·國島,
총석정·金幱窟·四仙峯, 三日浦 四仙亭·彌勒堂·三十六峯, 仙遊潭·永郞湖, 雪嶽東洛山西襄
陽 降仙亭·祥雲亭, 臨瀛(江陵) 鏡浦臺寒松亭·燈明樓, 五十川竹西樓·翠雲樓·越松亭·望槎
亭 등을 주제로 노래했다(『근재집』 권2, 歌辭).
58) 和州諸城이 몽골령이 되자 和州의 읍치가 登州古地로 이동한 결과, 기존의 和州는
원의 쌍성으로 되고, 登州가 새로운 고려의 和州로 되어 있었다. 강릉도(동계)에
파견된 존무사는 병마사의 역할을 대신했다.
59) 『고려사』 권82, 병지 站驛.

안축은 화주(등주)에서 남하했는데, 양주襄州 공관公館에 묵으며 양주공관
襄州公館 시詩에 차운해, "명도名途는 신보信步해 앞을 도모하지 않아 이 누樓에
내왕來往해 이미 이년二年이네, 함함(난간)을 뒤덮은 죽총竹叢은 상기爽氣를
나누고 문을 덮은 용수榕樹(보리수)는 창연蒼煙을 흔드네, 민업民業을 역관歷觀
해 오국吾國을 근심하지만 군은君恩을 공허히 져버려 저 하늘에 부끄럽네"라
했다.60) 그는 양주(양양)에 들렀을 때 읍인邑人에게 명해 이른바 '문선왕동文宣
王洞'에 학교(향교)를 건립하도록 하고 부하府下(符下)인 동년우同年友 통주수通
州守 정랑正郎 진군陳君에게 그 공역을 감독하게 했고, 토역土役이 비로소 시작
되자 읍수邑守(양양 수령) 정랑正郎 박군朴君이 부임해 와 힘쓰니 완성하게
되었다.61) 안축은 강릉도 존무사로서 관할인 양주(양양)의 향교를 관할인
양주인과 통주수령과 양주수령에게 명령해 건립 내지 중창한 것이었다.

그는 양주(양양)에서 남하해 안창역安昌驛(강릉 대창역大昌驛 : 남대천 하
류)과 흥부역興富驛(울진 북쪽)을 거쳐62) 삼척에 도착해 서루西樓에 올라
'삼척서루팔영三陟西樓八詠' 시를 지었으니 삼척 관청은 서루西樓(죽서루)를
지니고 있었다. 평해平海로 이동해 그 공관公館에 묵으며 평해공관후정平海公館
後亭 시詩를 지었으니 평해 공관은 후정後亭을 지니고 있었다. 그리고 북상해
선유담仙遊潭(간성 소재)을 경유해 화주(등주)로 돌아왔다.63) 안축은 화주(등

---

60) 『謹齋集』 권1, 關東瓦注, 詩, 「次襄州公館詩韻」. "名途信步不圖前 來往斯樓已二年, 覆檻竹
叢分爽氣 蔭門榕樹撼蒼煙, 歷觀民業憂吾國 虛負君恩愧彼天, 計拙未能興利路 若爲溪壑湧金
泉". 양주공관 樓에 來往한지 이미 二年이라 했는데, 2년 전에도 관동 혹은 襄州
방면에 파견된 적이 있었음을 의미하는지 이번 관동 근무에서 양주(양양)에 來往한지
이미 2년임을 의미하는지 애매하다. 만약 후자라면 이 시는 관동에 파견된 다음해의
작품이 되니 배열 상의 착오였다고 볼 수 있다.

61) 『謹齋集』 권1, 關東瓦注, 記 및 『동문선』 권68, 記, 「襄陽新學記」 ; 『신증동국여지승람』
권44, 양양도호부, 학교 향교, 「安軸記」. 『근재집』 관동와주에는 '府下'로, 『동문선』과
『동국여지승람』에는 '符下'로 되어 있다. 안축은 「襄陽新學記」를 양양 학교가 완성되자
찬술한 것이니, 양양을 다시 찾은 때이거나 다른 곳에서 완성 소식을 듣고 찬술했을
것이다.

62) 『謹齋集』 권1, 關東瓦注, 詩, 「次安昌驛亭許正言詩韻」 "海上靑霞紫霧間 揖仙東望問三山,
倚欄人未須臾駐 萬古千秋物自閒" 및 「次興富驛亭詩韻」 "千畦禾黍舞風前 喜見農家大有年,
久倚陰軒淸爽足 水禽飛過小溪煙". 安昌驛이 바닷가 근처임을 알려준다. 흥부역 일대에
는 벼와 기장이 자라나 있었다.

주)에 머물며 그 일대의 명소를 유람했다. 화주(등주) 압융현押戎縣의 바다에 있는 국도國島를 화주수和州守 김군金君과 함께 소주小舟를 타고 가서 주람周覽 했는데, 유상자遊賞者들이 주즙舟楫을 갖추어 주손酒飧과 기악妓樂을 실어 이 섬을 유람하니 농업을 방해하고 민民을 해롭게 하여 일방一方이 괴로워한다고 했다. 안축은 또한 죽도竹島(의주宜州에 위치)를 구경하고,[64] 화주(등주) 학포 현鶴浦縣 동쪽 소도小島의 원수대元帥臺를 찾았다.

안축은 이어서 양주襄州, 해금강, 금강산 일대를 유람했다. 양주襄州(익령 현)의 속현인 동산현洞山縣[65]의 관란정觀瀾亭을 찾았고, 9월 13일에 북행北行해 통주通州의 총석정叢石亭으로 올라와 원 황제의 향사香使를 접대했다. 그러고 나서 흡곡현歙谷縣 남쪽 천도穿島를 구경하고 남하해 통주通州 남쪽 금란굴金幱 窟을 유람했다. 이어서 등주登州 고성古城을 찾아 회고懷古하며 읊기를, "저녁에 회고懷古하며 성두城頭에 서니 적엽赤葉과 황화黃花가 눈眼에 가득찬 가을이네" 라 했고, 고성高城으로 가는 도중에 쉬면서 시를 지었다.[66] 고성高城으로 내려와 금강산으로 들어가 '금강산金剛山' 시를 지었다.[67]

안축은 화주(등주)로 올라왔다가 지순원년至順元年(1330, 충혜왕 즉위) 10 월 8일에 왕명을 받들어 개경으로 가기 위해 화주(등주)를 출발해, 고산역孤山 驛(위산衛山)과 철령鐵嶺을 지나 은계역銀溪驛(교주交州)에서 숙박하고, 다림역 多林驛과 송간역松澗驛(남곡嵐谷)을 거쳐 임단역林丹驛(단림역丹林驛 : 남곡嵐谷) 에 숙박하고, 풍림역楓林驛(풍천역楓川驛 : 동주東州)을 지나 용담역龍潭驛(동주 東州 : 철원)에 숙박하고, 왕계역王溪驛(옥계역玉溪驛 : 장주章州)과 징파도澄波渡 (장주漳州(章州) : 연주連州)를 지나 백령역白嶺驛(단주湍州)에 숙박하고, 도원역 桃源驛(송림松林)을 지나 개경에 도착했다. 삭방도朔方道의 고산역孤山驛−철관 역鐵關驛과 도원도桃源道의 은계역銀溪驛−송간역松間驛−단림역丹林驛−풍천역

63) 仙遊潭은 『신증동국여지승람』 권45, 杆城郡 山川 조항에 따르면 간성에 위치했다.
64) 宜州에 海島로 竹島가 있었다(『고려사』 권58, 地理志, 東界).
65) 『고려사』 권58, 지리지 東界, 安邊都護府 登州, 翼嶺縣.
66) 『근재집』 권1, 關東瓦注, 詩, 「登州古城懷古」・「高城道中小歇」.
67) 『근재집』 권1. 關東瓦注, 詩, 金剛山.

楓川驛 — 용담역龍潭驛 — 옥계역玉溪驛 — 백령역白嶺驛 — 도원역桃源驛 노선[68]을 이용한 것이었다.

　그는 강릉도로 복귀해 지순 원년(1330, 충혜왕 즉위) 12월 마지막 날과 그 다음해(1331) 설날을 객관에서 맞이하고 통주 객사客舍에서 시를 읊었다. 통주에서 남하해 관목역灌木驛(열산列山)[69]을 거쳐 영랑포永郎浦(간성杆城에 위치)에서 배를 띄워 유람했다. 강릉에 이르러 경포대에 올라「경포신정기鏡浦新亭記」를 찬술했다.[70] 이 기문에 따르면 태정泰定 병인년(1326, 충숙왕 13)에 지금 지추부知秋部 학사 박공숙朴公淑(박숙朴淑)이 관동關東 장절杖節로부터 돌아와 안축에게 말하기를, 임영臨瀛 경포대鏡浦臺는 신라 때 영랑선인永郎仙人이 노닐던 곳으로 구舊에 정우亭宇가 없어 풍우風雨가 있으면 유자遊者가 근심하기 때문에 읍인邑人에게 명하여 그 위에 소정小亭을 짓도록 했다며 기記를 지어달라고 했다. 안축이 함부로 평품評品하기를 망설여 한 번 관람한 후에 기記하고자 하다가 지금 다행히 승명承命해 이 방면에 출진出鎭해 직접 이 경포대 신정新亭을 관람하고서 지순至順 2년(1331, 충혜왕 1) 2월에 기記를 써서 이 정亭 위에 걸었다.[71] 안축은 계속 남하해 기성箕城(평해)으로부터 4월에 단양(영해寧海)을 거쳐 고향 흥주(순흥)에 들어가 귀근歸覲한 후에 올라와 통주의 속현 운암현雲巖縣의 정亭을 유람하고서 화주(등주)에 돌아왔다.[72]

　안축은 1331년 5월 25일에 화주(등주)를 출발해 남행南行했는데 비 때문에

---

68)『고려사』권82, 병지 站驛 참조. 징파도는 漳州(漣州)에 소재했다.『고려사』권58, 지리지 交州道 東州, 漳州.

69) 灌木驛은 列山 즉 烈山에 위치했다(『고려사』권82, 병지 站驛 삭방도). 烈山은 간성군 북쪽 35리에, 영랑호는 간성군 남쪽 55리에 있었다(『신증동국여지승람』권45, 간성군 산천·고적).

70)『근재집』권1, 記,「鏡浦新亭記」.

71) 朴公淑 즉 朴淑은 존무사 朴淑과 동일인으로 판단된다.

72)「寄題丹陽北樓詩」의 序 ;「遊雲嚴縣亭」·「次韻寄題張秀才幽居」·「五月二十五日 自和州南行 中途遇雨 馬上有作」. 平海의 별칭이 箕城이었고, 寧海(禮州 : 德原)의 별칭이 丹陽이었다(『신증동국여지승람』권45, 평해군 및 권24, 寧海都護府). 雲岩縣은 通州(金壤縣)의 속현이었다(『고려사』권58, 지리지 東界, 金壤縣). 안축은 복주(안동) 관할인 興寧縣(興州 : 順興) 사람이었다(『고려사』권109, 안축전).

흡곡歙谷 객관에 묵었고, 다음날(26일)에도 비 때문에 통주에 머물다가 비가 그치자 옹천瓮遷 길을 거쳐 고성高城에 들어가 객관에 숙박했다.[73] 고성 객관을 출발해 고성 북쪽의 삼일포三日浦를 유람했고 말을 타고 남하해 29일에 간성杆城에 들어가 객관客館에 묵고 나서 간성 남쪽 청간역淸澗驛의 만경대萬 景臺에 올랐다.[74]

이후 안축은 삼척으로 내려가 6월 13일에 진주眞珠(삼척) 남강南江(오십천五 十川의 삼척 부분)에서 뱃놀이를 하고, 6월 17일에 삼척 서루西樓(죽서루)에 올랐다.[75] 선사군仙槎郡(울진)으로 이동해, 태정 병인년(1326, 충숙왕 13) 연간에 존무사 박공朴公(박숙)이 건립했다고 전해들은 취운정翠雲亭(취운루翠 雲樓)을 찾아 '취운정기翠雲亭記'를 쓰고 '취운정翠雲亭' 시를 지어 박공朴公에게 서간書簡으로 부쳤다.[76] 울진에서 남하해 평해平海의 월송정越松亭과 망사정望 槎亭을 구경했는데 망사정은 존무사存撫使 박공朴公(박숙)이 비로소 누樓를 건립한 것이었다.[77] 평해를 출발해 7월 1일에 울진蔚珍과 삼척三陟을 차례로 거치고서 정선旌善에 들어가 공관公館에서 숙박하며 정선공관旌善公館 조원수 趙元帥 시詩에 차운했고, 정선旌善 판상板上 시에 차운해 "우여雨餘에 강물이 불어 잔향殘鄕을 체滯한데 민사民事와 민정民情을 상세하게 묻네, … 태수太守는 모름지기 연악宴樂을 열어서는 안되건만 나는 용병傭病으로 인해 현혹되어 술잔에 임하네"라 했다. 임영臨瀛(강릉)으로 들어가 공관公館에 숙박하며 임영臨瀛 공관동헌公館東軒 시詩에 차운해 "추원秋院은 허량虛涼해 제비가 돌아 간 후이고 모산暮山은 평원平遠해 갈까마귀 끊어진 변邊이네, … 경포鏡浦와

---

73) 瓮遷은 통천군 남쪽 65리로 통주와 고성 사이에 위치했는데, 바다에 臨한 石山 절벽으로 말이 並行할 수 없을 정도로 좁고 구불구불한 길이 山腹을 휘감은 요해처였다(『신증동 국여지승람』 권45, 통천군 산천).

74) 淸澗驛은 간성군 남쪽 44리 海岸에, 萬景樓는 淸澗驛 동쪽 數里의 石峯에 위치했다(『신증 동국여지승람』 권45, 간성군 驛院 및 樓亭).

75) 眞珠는 삼척의 별호였다(『고려사』 권58, 지리지 동계 삼척현).

76) 『근재집』 권1, 詩와 記. 仙槎는 蔚珍의 별칭이었다(『신증동국여지승람』 권45, 울진).

77) 안축은 「題平海望槎亭」 시를 짓고 세주에 달기를, 邑의 남쪽에 舊에 樓가 없었는데 存撫使 朴公이 비로소 起樓했다고 했다. 이 存撫使 朴公도 朴淑일 것이다.

송정松亭(한송정)이 내가 머물기를 용납하니 봉도蓬島(봉래)에서 다시 선仙을 구求할 필요가 없네"라 했다.[78] 그가 삼척에서 정선에 들어갈 때에는 백복령을 이용했으리라 판단되고, 정선에서 강릉으로 넘어올 때에는 백복령 혹은 대관령을 이용했을 것이며, 정선－강릉을 잇는 고단역高丹驛(高端驛)이 당시 설치되어 있었다면[79] 정선－고단역－삽당령－강릉 노선을 이용했을 수도 있다.

안축은 강릉 한송정寒松亭을 구경하고는 남하해 태백산(삼척 소재)에 올랐다. 강릉부로 북상해 양주襄州를 거쳐 8월 4일에 간성 영랑호永郞湖에서 뱃놀이를 즐기고 고성 삼일포三日浦를 다시 찾고는 화주(등주)로 돌아왔다. 8월에 개경으로 나아가려 하다가 왕명을 받들어 남행南行해 추제秋祭를 거행하는 한편 경포鏡浦(강릉에 위치)에서 뱃놀이한 후에 양주襄州 낙산洛山을 찾았다. 지순 2년(1331, 충혜왕 원년) 9월 17일에 임무를 마치고 순충관順忠關과 도원역桃源驛(송림松林)과 송간역松澗驛(남곡嵐谷)을 경유해 개경으로 들어왔는데, 도원도桃源道를 이용한 것으로 볼 수 있다.

안축은 근무지 화주(등주)와 수도 개경을 오가면서 모두 역驛에 숙박했다. 강릉도 존무사로서 관할 지역을 순시하고 명승지를 유람하면서 묵은 곳은 교통 요충의 역驛과 고을 관청의 공관公館 내지 객관客館이었다. 삼척 관청에는 서루西樓(죽서루)가 건립되어 있어서 그가 올라 휴식을 취할 수 있었다.

정추鄭樞(정공권鄭公權)의 관동 유람 교통과 숙박을 『원재집』 상권 시詩에 의거해 살펴보자. 그가 계묘년 11월 19일에 지은 시 다음에 만경대를 주제로 한 시가 실려 있으니, 그는 계묘년(1363, 공민왕 12) 11월 19일 이후에 관동에 가서 임무를 수행하며 유람한 것이었다.

정추가 만경대萬景臺를 주제로 읊은 시에서 "일말一抹이 하늘을 가로질러

---

78) 이때 안축이 『臨瀛公館墨竹屛記』『근재집』권1, 記를 찬술한 것으로 판단된다. 臨瀛은 강릉(명주)의 별호였다(『고려사』권58, 지리지 동계 溟州).

79) 許少由가 「旌善郡次韻」 시에서, "地僻誰能取次行 驅馳倂日得江城, 犬牙當路高丹遠, 娥黛浮空太白橫, 冷淡爲歡違俗尙 優游自適是眞情, 土境賦重流亡遍 忍見家抽石蜜淸"이라 읊었으니(『동문선』권15), 許少由(許少遊)가 활동하는 공민왕 무렵에 정선으로 가는 高丹驛이 존재했다. 高端驛(高丹驛)은 『신증동국여지승람』권44 강릉대도호부 驛院에 따르면 강릉부 서쪽 60里에 위치했다.

216

검고 창명滄溟(바다)이 눈眼 밑에 궁궁하네, … 장범長帆을 누가 빌려준다면 만리萬里까지 바람 타서 가기를 원하네"라고 했다.80) 이 만경대는 바다와 돛단배가 보이는 바닷가에 위치했으니, 관동지역 간성杆城 청간역淸澗驛의 그것으로 판단되는데 어느 때인가 만경루萬景樓가 건립되었다. 양주襄州 강산역降山驛(강선역降仙驛의 오류)을 주제로 한 시에서 "마두馬頭 정패旌旆가 연하煙霞를 떨어내고 수점水店 산촌山村에는 홍백화紅白花이네, 우정郵亭 좋은 풍경風景을 편애偏愛하고 일천 그루 소나무 아래에 물결이 모래를 이네"라고 했고, 열산현사列山縣舍에서 읊기를, "정수庭樹가 그늘을 이루어 날이 진정 길고 계화階花는 말없이 이슬 맺혀 향기를 머금네, 세마細馬의 조천로朝天路를 생각해 알아 양류楊柳가 면縣(솜털)을 날려 상양上陽에 가득하네"라고 했으니,81) 봄철에 말을 타고 양주襄州 강산역(강선역의 오류)을 들르고 나서 열산현사列山縣舍에서 묵었다.

　정추가 고성군高城郡 벽상壁上 시에 차운하기를, "공관空館이 빛나 잠들지 못하게 호광湖光이 밤새도록 밝네, 새벽 붉은 노을이 원수遠水에서 생겨나 욱일旭日이 동영東盈으로 솟아오르네, 처마 사이로 산이 횡말橫抹하고 천애天涯에 물결이 접평接平하네"라고 했으니,82) 고성군 객관客館에서 숙박한 것이었다. 관음 주처住處라는 금란굴金蘭窟을 유람하고83) 원수대元帥臺를 찾아 읊기를, "경요輕橈를 저어 서서히 돌며 층대層臺에 오르니 햇빛이 창명滄溟(바다)을 쏘아 하늘이 거꾸로 열리네, 압융수押戎戍로 머리를 돌리니 멀지 않고 난주蘭舟가 또 밝은 달을 실어 도네"라고 했다.84) 이 원수대는 이곡의 「동유기東遊記」에 등장하는 학포鶴浦의 원수대元帥臺였다.

　정추가 안변安邊 관사官舍에서 차운하기를, "등주登州·화주和州 지난 일은

80) 「題萬景臺」.
81) 「題襄州降山驛」. 降山驛은 降仙驛의 오류로 판단된다. 『동국여지승람』 양양 역원에 따르면 降仙驛이 府(양양부) 북쪽 30리에 있었다.
82) 「次高城郡壁上韻」.
83) 「金蘭窟」.
84) 「次元帥臺韻」.

각성角聲 중에 있어 멀리 봉두峯頭에 올라 벽공碧空을 바라보네, 땅이 금원金源에 접해 산이 극戟(창)과 유사하고 하늘이 상역桑域에 낮아 바다에 바람이 불지 않네"라고 했는데,[85] 안변부(등주)에 머물며 시를 지은 것이었다. 화등역和登驛 도중에 읊기를, "국도國島는 봉래蓬萊를 깨뜨리고(이기고) 연파煙波는 하한河漢과 통하네, 비가 개니 꽃이 물가에 가득하고 하늘이 뚫리니 물결이 공중에 나네"라 했으니,[86] 바닷가로 이동하며 안변부(등주) 동쪽 화등역을 경유한 것이었다.

간성杆城 관사官舍에서 읊기를, "가목佳木이 숲을 이루어 관館이 그윽하고 층헌層軒에서 물가를 굽어보며 도道를 어찌 닦으리오, 고연孤煙이 일어나는 곳에 물결이 옥壺을 시끄럽게 하고 세우細雨가 갠 때여서 산이 누樓에 가깝네, 관官의 부서簿書는 완료하는 날이 없고 군軍 중의 공치供偫는 몇 년에 쉬리오"라 했으니,[87] 간성의 관사에 머물며 일을 처리하고 그 객관에서 묵었던 것이었다. 청간역淸澗驛 만경대萬景臺에서 차운하기를, "청간淸澗 동강東岡의 만경대萬景臺에, 크나큰 파도가 하늘을 쪼개어 오네", "가절佳節에 해상대海上臺에 등림登臨하니 냉연冷然히 혼渾하여 어풍御風해 오는 것과 흡사하네"라고 했으니,[88] 바닷가에 자리한 청간역淸澗驛 만경대萬景臺를 유람한 것이었다.

정추가 양주襄州 도중에 읊기를, "정화汀花가 흐드러지게 피어 춘의春衣를 비추네"라고 했고, 강릉 경포鏡浦 도중에 읊기를, "철국鐵國 산하山河가 장壯하고 명주溟州 화목花木이 깊네, 미풍微風에 물고기가 소沼에 있고 낙일落日에 새가 숲에 들어가네, … 청루靑樓는 흩어져 지址가 없어 춘春에 고요하게 한탄하네"라고 했으니,[89] 봄철에 양주襄州와 강릉 경포鏡浦를 들르며 유람한 것이었다.

---

85) 「次安邊官舍韻」.
86) 「和登驛道中」. 和登驛은 안변부(등주) 동쪽 50리에 있는 火燈驛(『신증동국여지승람』 권49, 안변도호부 驛院)과 동일한 것으로 판단된다. 鶴浦縣과 國島는 안변부(등주)의 동쪽 60리에 있었다.
87) 「次杆城官舍韻」.
88) 「次淸澗驛萬景臺韻」.
89) 「襄州道中」·「江陵鏡浦途中」.

그는 강릉 횡계역橫溪驛을 주제로 한 시에서 "일오日午에 계정溪亭 음기陰氣가 응결하고 사시四時에 청녀靑女(청소옥녀靑霄玉女 : 상상霜 관장 여신)가 위릉威稜을 지니네, 산목山木이 춘春인데도 잎이 없음이 괴이한데 사람들이 말하기를 나무가지 끝에 밤마다 얼음이 언다고 하네"라 했고, 「금강담金剛潭」 시에서 "금강담수金剛潭水가 푸르고 맑아 종전從前 관冠 위의 먼지를 다 씻네, 월정月精 (월정사)을 향해 고탑古塔을 보려 생각하는데 석양夕陽 화죽花竹이 진정으로 사람을 시름겹게 하네"라고 했다.90) 「월정사月精社」 시에서 "자장玆藏(慈藏) 고사古寺에 문수文殊가 있어 탑塔 위를 천년千年 동안 새鳥가 날지 않네, 금전金殿이 문닫아 향전香篆이 냉冷한데 잔승殘僧은 걸미乞米하러 가서 언제 돌아오나" 라고 했다.91) 대산臺山(오대산) 문수사文殊社에 숙박하며 읊기를, "밤이 고요 한데 풍쟁風箏이 반공半空에 울리고 단청丹靑 고전古殿에 불등佛燈이 붉네, 노승 老僧은 우통수于筒水의 미味를 말하기를 좋아하는데 지수智水를 주면 누가 담농淡濃을 따지리오"라고 했다.92) 그는 봄철에 횡계역을 거쳐 오대산으로 올라가 월정사 옆의 금강담(금강연)을 구경하고 이어서 월정사月精社(月精寺) 와 그 높은 탑을 관람하고 나서 월정사 위에 자리한 상원上院(상원사)으로 판단되는 문수사文殊社를 관람하고 이곳에서 숙박한 것이었다. 이후 그는 "천인倩人이 부마扶馬해 능경凌競하고 출산出山하는 마馬가 황진黃塵 속에 가득 하네"라 읊으며93) 오대산을 내려왔다.

정추가 우계羽溪 낙풍역樂豐驛을 주제로 읊기를, "신마信馬가 명사鳴沙에서 느릿느릿 돌아가고 계풍溪風이 불어 비雨가 나의羅衣를 적시네, 정亭 앞 유수流 水는 바다가 멀지 않고 산 아래 두전豆田은 묘苗(싹)가 진정 드무네"라고 했으니,94) 봄철에 우계현(강릉부와 삼척현 사이)의 낙풍역(명주도 관할)에

---

90) 「題江陵橫溪驛」·「金剛潭」. 이 금강담은 곧 金剛淵으로 오대산 월정사 옆의 연못이다.
91) 「月精社」.
92) 「宿臺山文殊社」, "夜靜風箏響半空 丹靑古殿佛燈紅 老僧愛說于筒味[水名 出山頂 智水與之 誰淡濃".
93) 「出山」, "山徑崎嶇石有稜 倩人扶馬尙凌競 出山滿馬黃塵裏 笑殺嵌崟松下僧".
94) 「題羽溪樂豐驛」, "信馬鳴沙緩緩歸 溪風吹雨濕羅衣 亭前流水海不遠 山下豆田苗正稀". 『원

들른 것이었다.

정추가 삼척 죽서루竹西樓에 올라 읊기를, "죽서竹西 첨영簷影이 청류淸流에 출렁거리고 담상潭上 산광山光이 소루小樓에 가득 차네, 가절佳節 원유遠遊는 감개感慨가 많고 사양斜陽(석양)은 사라지려다가 다시 지류遲留하네, … 협안夾岸 붉은 노을에 춘春이 또 로老하고 각성角聲이 불어 진주眞州(삼척현)를 찢고자 하네"라 했다.95) 울진蔚珍 관사官舍에서 차운하기를, "선사仙槎(울진)에 들어오면서부터 흥취가 다하지 않고 주렴을 걷으니 춘사春思가 허공의 박운薄雲에 닿네, 숲을 격隔한 고첩古堞 너머 창명滄溟에 해(태양)가 떠 있고 언덕 옆트인(성긴) 울타리에 접한 양류楊柳에 바람이 부네, 고요하게 새[鳥]가 화영花影 속으로 돌아오고 소소蕭蕭하게(쓸쓸하게) 사람이 죽음竹陰 속에서 말하네"라 했다.96) 평해平海 망양정望洋亭을 주제로 읊기를, "망양정 위에 오래 서 있으니 춘만春晚이 추秋와 같아 의意가 슬퍼지네, 알겠노라 해중海中 풍무風霧가 악惡하여 삼송杉松의 동쪽 향한 가지가 자라지 못함을 … 구름이 거침巨浸에서 생겨 하늘을 다 감싸고 바람이 놀란 파도를 보내어 해안을 때려 도네"라고 했다.97) 그가 봄(늦봄)에 삼척 죽서루와 울진 관사와 평해 망양정을 들른 것이었는데 울진 관사에는 숙박했을 것이다.

그가 평해군루平海郡樓에서 근재謹齋 안문정공安文貞公(안축) 시詩의 수구首句 "공관公館이 많이 유울幽盂해 옷을 걷어올려 후정後亭에 오르네"에 반대하는 뜻으로 차운하기를, "이 누樓(군루郡樓)에 올라 보니 어찌 수고롭게 북정北亭에 오르랴, 주렴을 말아올리니 야색野色이 보이고 안석에 기대니 송성松聲이 들리네, … 상군相君(안축)이 벽락碧落(푸른 하늘)에 돌아가려 섭의攝衣 행行을 헛되이 생각했네"라고 했다.98) 이를 통해 정추가 평해군平海郡 관사官舍의

재집』에는 「定州途中」·「臨瀛驛에 題하여」·「羽溪樂豐驛에 題하여」·「沈內舍·三和惠聰長老에 寄贈하며」 순으로 실려 있지만, 내용상으로 보아 「羽溪樂豐驛에 題하여」는 「題竹西樓[三陟]」의 앞이거나 「三陟竹西樓 贈紫玉山沈內舍」 뒤에 배치되어야 하리라 본다. 羽溪 樂豐驛은 역로망에서 溟州道에 속했다. 『고려사』 권82, 병지2, 站驛, 溟州道.
95) 「題竹西樓[三陟]」.
96) 「次蔚珍官舍韻」.
97) 「題平海望洋亭」.

누루樓에 올랐고 또한 이 관사에 북정北亭(후정後亭)이 있었음을 알 수 있는데, 그는 평해군 관사에서 숙박했을 것이다. 그가 임의역臨漪驛을 주제로 읊기를, "비탈의 맥맥(보리)이 곡우穀雨 전에 바람에 엎어지니 전두田頭가 벌고伐鼓해 풍년을 기도하네, 울릉蔚陵은 참으로 아름답지만 큰 파도를 싫어해 모첨茅簷에 앉아서 사랑해 백연白煙이 가로지르네"라고 했으니,[99] 임의역에 들른 것인데 이 역은 이 시에 울릉蔚陵이 언급되고 임의정臨漪亭이 평해平海에 소재했으므로 평해 소속으로 판단된다. 보리(가을파종 보리)가 곡우(양력 4월 후반 : 음력 3월 후반) 전에 엎어졌다고 하니 그는 늦봄에 평해 임의역에 들른 것이었다.

정추가 울진 객사客舍의 노수老樹에 대해 읊기를, "선사仙槎[울진 고호古號] 노수老樹는 나이를 기억하지 못할 정도로 많아 나무가지가 철룡鐵龍처럼 서로 구련鉤聯하네, 해마다 이곳에 성초星軺가 지나가며 누루樓에 올라 응비應費 주酒가 샘[泉]과 같고 청가淸歌 묘무妙舞가 운우雲雨처럼 흩어지네, … 서원西原 광객狂客(정추)이 미치고 또 미처 황혼黃昏에 상대相對해 면면하게 생각하네" 라고 했으니, 성초星軺가 해마다 울진 객사客舍를 들렀음을 알려주며 정추도 성초星軺로서 이곳에 들러 숙박했을 것이다.

그가 삼척 죽서루竹西樓에서 자옥산紫玉山 심내사沈內舍에게 증여하기를, "처마 앞 수죽修竹은 수천간數千竿이고 함함艦 밖 징강澄江은 오십곡五十曲이네, … 강江 중의 물은 맑고 련련漣漣하고 강 가의 안안岸은 양전良田이 많네[일작一作 : 강 江이 만약 관개灌漑하면 양전良田이 되네], 자옥紫玉 수타首陁는 말이 찬상讚賞할 만한데 제방堤防이 실계失計하면 반드시 소연騷然한다고 하네"라고 했다.[100]

---

98) 「平海郡樓 有謹齋安文貞公詩, 其首句云 公館多幽盃 褰衣上後亭, 予反其意 次其韻」.

99) 「題臨漪驛」, "陂麥飜風穀雨前 田頭伐鼓禱豐年, 蔚陵信美洪濤惡 坐愛茅簷橫白煙". 『원재 집』에는 「定州途中」·「臨漪驛에 題하여」·「羽溪樂豊驛에 題하여」·「沈內舍·三和惠聰長老에 寄贈하며」 순으로 실려 있지만, 내용상으로 보아 「臨漪驛에 題하여」는 「題平海望洋 亭」·「平海郡樓 有謹齋安文貞公詩…次其韻」 전후에 배치되어야 하리라 본다. 임의역은 이곡의 「次平海客舍詩韻」 다음에 이어지는 「次臨漪亭詩韻」『가정집』 권20, 律詩에 보이는 臨漪亭이 平海에 소재한 것으로 보이므로 평해 소속으로 추정된다.

100) 「三陟竹西樓 贈紫玉山沈內舍」. 沈內舍는 정추의 시 「寄贈沈內舍三和惠聰長老[東老]」에 보이듯이 곧 內舍 沈東老이다.

그는 삼척현 죽서루에 올라 자옥산紫玉山 심내사沈內舍(내사內舍 심동로沈東老)
와 회합한 것인데 울진에서 올라오며 다시 이곳에 올랐다고 여겨진다.

정추가 강릉 동루東樓에서 달月을 대하여 읊기를, "대관大關(대관령) 이동以
東은 천하에서 드물고 명주溟州 늙은 나무에는 앵앵鶯鶯(꾀꼬리)이 어지러이 나네,
청신淸晨에 기마騎馬해 초제招提(사찰)를 방문하고 빈관賓館으로 돌아오니 날
이 이미 비 내리네, 누루樓에 오르니 월색月色이 눈처럼 희고 철적鐵笛을 한
번 부니 산이 찢어지려 하네, … 밤이 깊어 사방을 돌아보아도 사람이 적막하
고 성城에 오조烏鳥(까마귀)가 까악까악 울어 진진塵이 조용하네"101)라고 했다.
그가 강릉 동루東樓에 올라 강릉 유람과 풍경에 대해 읊은 것인데, 말을
타고 초제招提(불교사원)를 방문하고 강릉부 관사로 돌아와 빈관賓館에 머물
며 동루東樓에 올랐음과 강릉부가 성城으로 둘러싸였음을 알려준다.

정추가 열산列山으로부터 장차 금강산 유점사楡岾寺로 가려면서 구령狗嶺과
노준정盧僔井을 거쳤다.102) 유점사楡岾寺[황원사액皇元賜額 대보덕수성사大報德
壽聖寺]에 이르러 돌아보며 그 창건과 중창이 어떠한지와 철봉鐵鳳이 날개짓
하는 것과 종鍾이 비를 내리게 하는 효능을 읊었다.103) 명파역明波驛을 주제로
읊기를, "두 소나무 첨반簷畔에 수水가 공중에 련連한데 봉도蓬島를 운연雲煙
중에 한번 조망하네, 북래남거北來南去 객客이 다소多少인지 산화山花가 무수無
數하게 춘풍春風에 웃네"라고 했으니,104) 봄철에 바닷가의 명파역(간성杆城
소속)을 들른 것으로 이 역이 사람들이 남과 북으로 왕래하는 곳임을 알려주
는데, 금강산 유점사에서 나와 명파역으로 이동했을 것이다. 장정수長正戍
도중에 읊기를, "해변海邊 산세山勢가 과모戈矛(창)처럼 우뚝 솟아 일졸一卒이

---

101) 「江陵東樓 對月有感」.
102) 「自列山將之金剛山楡岾寺 狗嶺道中」.
103) 「楡岾寺[皇元賜額大報德壽聖寺]」.
104) 「題明波驛」. 明波驛은 이곡의 東遊記(『가정집』 권5)에 따르면 安昌縣亭과 高城 사이에
    위치했고, 『세조실록』 권38, 세조 12년 윤3월 임오조에 따르면 杆城 소속이었고,
    『신증동국여지승람』 杆城 驛院에 따르면 烈山縣 북쪽 20里에 위치했다. 한편, 김구용이
    大康驛에 들러 시를 남겼고 이 역은 古 安昌縣에 자리했으니(『신증동국여지승람』
    고성 역원), 명파역의 북쪽에 위치했다.

관關을 맡아 만졸萬卒 근심을 담당하네, 모름지기 믿는 주인舟人이 모두 적국敵
國이라 가련可憐한 양읍襄邑에 화주和州를 두었었네"라고 했으니,105) 해변을
따라 양읍襄邑(양주襄州) 소속 장정수長正戌에 들른 것이었다. 연곡현連谷縣
정자亭子에서 읊기를, "외일畏日(두려운 해 : 여름 해) 장도長途에 땀이 상裳(치
마)에 침투한데 헌軒에 당당當하여 하마下馬하니 나무가 서늘함을 제공하네,
소시小詩로 남산웅南山熊을 묘사하고자 하다가 돌아보니 사양斜陽에 거지擧趾
가 조급하네"라고 했으니,106) 강릉 속현 연곡현에 이르러 그곳 정자를 들른
것이었는데 연곡현 관사에 숙박하며 그곳 정자에 올랐을 것이다.

정추가 교가역交柯驛에 들러 읊기를, "사모紗帽를 봉두蓬頭에 눌러 써서
정亭 앞 벽류碧流에 비추네, 수광水光은 산에 비를 내리고자 하고 야색野色은
맥麥(보리)이 가을보다 먼저 익으려 하네, 노마駑馬(怒馬)는 나이가 오히려
장壯한데 정홍征鴻은 저물어도 쉬지 않네, 자유自由롭게 파도를 따라 호탕浩蕩
한데 누가 사구沙鷗(갈매기)를 어지럽힐 수 있으리오"라고 했다. 봄파종
보리가 가을에 앞서 익어 가고 있었으니 늦여름이었을 것이다. 용화역龍華驛
에 들러 읊기를, "모帽에 가득한 황진黃塵과 소매에 가득한 바람風에 정안征鞍
을 잠시 풀어 나무 그늘 안에 놓네, 우인郵人은 마馬를 재촉하며 사람을
급히 부르고 일말一抹 모하暮霞(저녁 노을)로 산이 붉게 물드네"라고 했다.107)
그러하니 바닷가를 따라 말을 타고 이동하며 삼척현 소속의 교가역交柯驛(橋柯
驛)과 용화역龍華驛(龍化驛)에 머물며 휴식하고 마馬도 휴식하거나 교체했다.

그가 정선군루旌善郡樓에서 차운하기를, "말발굽은 종일 산을 움켜쥐어
가서 박모薄暮에 침봉성沈鳳城에 내투來投하네, 압록鴨綠 일고一篙(篙)가 요동치
고 양장羊腸 천인千仞이 구름에 의지해 가로질렀네, 정庭은 공空하여 오직

---

105) 「長正戌途中」.
106) 「連谷縣亭子」. 連谷縣은 명주(강릉)의 속현으로 조선 강릉부의 북쪽 30리에 위치했는데
(『신증동국여지승람』 권44, 江原道, 江陵大都護府), 현재 강릉시 연곡면과 주문진읍
일대에 해당한다.
107) 「題交柯驛」·「題龍華驛」. 交柯驛(橋柯驛)과 龍華驛(龍化驛)은 삼척 소속이었다. 『고려사』
권82, 병지2, 站驛, 溟州道.

금영禽影에 접함을 보고 누樓는 멀어 권객倦客 정情을 잊음을 감당하네, 수혈水穴과 풍암風岩을 누가 너에게 만들었나, 가장 가련하게도 더위[暑]에 당當해 여청餘淸이 있네"라고 했다.108) 그러하니 정선군(침봉성沈鳳城)에 이르러 배를 타고 강을 유람하며 수혈水穴과 풍암風岩을 구경하고 정선군루旌善郡樓에 올라 읊었던 것인데, 늦여름철로 여겨지며 정선군 관사의 객관에 숙박했을 것이다. 삼척현에서 정선군으로 넘어가 동계병마사영 관원으로서 순찰하고 유람했다고 판단되는데 백복령을 경유했을 것이다.

정추가 삼일포三日浦에서 차운하기를, "하나의 호湖 형승形勝이 천天으로부터 이루어져 삼십육봉三十六峯이 가을에 다시 맑네, 중류中流에 배를 띄워 노를 젓지 않으면 어찌 분명한 남석南石 자字를 보리오, 정亭 앞에 비가 지나가 명사鳴沙가 울리고 포구浦口에 가을이 깊어 낙목落木이 소리내네"라고 했으니,109) 고성 삼일포와 사선정四仙亭을 가을에 유람한 것이었다.

그가 정주定州 도중에 읊기를, "정주관定州關 밖에 풀이 우거지고 사적沙磧에 사람이 없어 해[日]가 서쪽으로 기우네, 바다를 지나는 성풍腥風(비린 바람)이 전골戰骨에 불고 백유白楡가 많은 곳에서 마馬가 자주 우네"라고 했으니,110) 바닷가를 따라 정주定州를 들른 것이었다. 그런데 「심내사沈內舍[동로東老]·삼화三和 혜총장로惠聰長老에게 기증寄贈하며」 시에서 왕사王事로 분주奔走해 반기半期 300일 동안 사행沙行한 노路가 일천一千이라 하고 세주에서 평해平海부터 함주咸州까지 일천여리一千餘里라고 한 내용으로 보아 함주咸州까지 이동했던 것으로 판단된다. 함주 일대가 공민왕의 반원정책으로 고려에 편입되었기 때문이다.

정추가 양주루襄州樓 위에서 차운하기를, "해안산海岸山은 박혁朴赫(신라시조) 전부터 몇 번이나 흥폐興廢를 보면서 금년今年에 이르렀는가, 가을이 한 들판을 담그니 홍도紅稻에 버금가고 해[日]가 오봉五峯(낙산洛山)을 비추니

108) 「次旌善郡樓韻」.
109) 「次三日浦韻」.
110) 「定州途中」.

자연紫煙이 생겨나네, 덕녀德女(관음) 고거故居는 사莎가 섬돌을 덮고 효공曉公(원효) 유적遺迹은 나무가 하늘에 이어지네, 누樓에 올라 상사몽相思夢을 의결擬結하니 꿈속에서 여전히 마땅히 냉천冷泉을 떠서 따르리"라고 했다.[111] 또 (양주루襄州樓 위에서) 차운하기를, "풍류風流가 앞에 미치지 않음을 스스로 부끄러워해 제시題詩해 갑진년甲辰年(1364, 공민왕 13)을 기념하나니, 산에 기댄 누관樓觀은 호중壺中 땅이고 수水 곁의 여염閭閻은 그림 속의 연연煙이네, 미분未分하게 경鯨(고래)을 끌어 벽해碧海를 평온하게 하고 무심無心하게 학鶴을 타서 청천靑天에 오르네, 영랑호永郎湖 반畔이 가객佳客을 이끄니 대도大道를 내가 장차 곡천谷泉에게서 배우리"라고 했으니,[112] 오봉산(낙산) 낙산사를 유람하고 양주襄州 관사의 누樓에 올라 양주에 대해 읊은 것인데, 갑진년甲辰年 즉 1364년(공민왕 13)의 유람이었고 가을에 해당할 것이다.

정추가 동산洞山 관사官舍에서 차운하기를, "절節을 받들어 춘풍春風에 국문國門을 나오고 깃발을 날리며 추만秋晩에 강촌江村을 찾네, 사행沙行은 대일帶日해 혼혼渾하여 안개와 같고 물역物役은 새벽부터 해서 곧바로 저녁에 이르네, 임하林下 야화野花는 피고 또 지고 저두渚頭 연랑煙浪은 토吐했다가 삼키네, 무너질 듯이 달리는 만학萬壑은 창해滄海로 나아가 신하 무리가 지존至尊에게 조朝하는 것과 비견될만하네"라고 했으니,[113] 늦가을에 양양襄陽의 속현인 동산현洞山縣 관사에 들른 것이었다. 흡곡歙谷 관사官舍에서 차운하기를, "제도諸道에서 공무에 힘쓰느라 낮과 밤을 겸하고 도리어 사첩詞牒을 보아 새벽에 첨가하네, 이 방邦은 옛적부터 일이 없다고 일컬어져 앉아서 유화幽花가 주첩書籤에 떨어지는 것을 세네"라고 했으니,[114] 공무를 수행하느라 여러 방면을 편력하다가 통주通州의 북쪽 흡곡현歙谷縣의 관사官舍에 들른 것이었

---

111) 세주에 달기를, 觀音菩薩이 女로 代作해 稻를 베니 圓曉和尙이 因하여 取하여 冷泉을 마시고 그녀와 더불어 戲謔했다는데 대개 이곳의 故事라고 했다.

112) 「次襄州樓上韻」.

113) 「次洞山官舍韻」. 洞山縣은 襄陽의 속현으로 조선 襄陽府 남쪽 45리에 위치했다. 『신증동국여지승람』 권44, 襄陽都護府.

114) 「次歙谷官舍韻」.

다. 강릉 관사官舍에서 차운하기를, "관동에 행편行遍하기를 거의 일년一年인데 요즈음에 누차 조천朝天하는 청몽淸夢을 꾸네, 노로老路는 백조白鳥가 나는 창주滄洲 반반畔에 돌고 가家는 귀아歸鴉가 나는 낙경落景 변변邊에 있네"라고 했다. 또 (강릉 관사에서) 차운하기를, "심추深秋에 낙일落日하는 북빈성北濱城에서 앉아 호산湖山을 마주하니 무한無限 정정情이네"라고 했으니,115) 관동에 부임한 지 거의 1년이 되는 늦가을에 강릉 관사에 들른 것이었다. 동산洞山 관사官舍를 주제로 읊기를, "문비門扉를 오랫동안 잠갔다가 나를 위해 열고 담장을 나서니 수죽修竹이 이끼 낀 정정庭에 가득하네, … 구름이 창해滄海를 찌는 것을 누워서 보노라"라고 했으니,116) 동산현洞山縣 관사官舍에 들른 것이었다. 정추는 이후 안변부로 돌아와 관동 근무를 마치고 개경으로 돌아왔을 것이다.

정추는 안변부에 거점을 두면서 관동을 함주에서 평해까지 말을 타고 순력하면서 노선 상의 주요 역驛과 고을 관청을 들러 일을 보고 명승지를 유람했다. 대개 역驛과 관청에 부속된 객관客館에 묵었는데, 횡계역을 거쳐 오대산에 올랐을 때에는 월정사月精祠를 거쳐 문수사文殊祠(상원사)에 숙박했다. 열산列山으로부터 구령狗嶺과 노준정盧儁井을 거쳐 금강산의 유점사楡岾寺에 갔는데 여정 여건으로 보아 유점사 혹은 금강산의 다른 사원에 숙박했을 것이다. 양주襄州 강산역降山驛(강선역降仙驛의 오류)에 우정郵亭이, 강릉 횡계역橫溪驛에는 계정溪亭이, 삼척 관청에는 죽서루가, 평해군 관청에는 누樓와 북정北亭(후정後亭)이, 울진 관사客舍에 누樓가, 강릉 관청 혹은 부성府城에는 동루東樓가, 연곡현連谷縣 관청에 정자亭子가, 교가역交柯驛에 정亭이, 정선군 관청에 누樓가, 양주襄州 관청에 누樓가 건립되어 있어서 휴식하고 유희할 수 있었다.

이곡의 관동 여행의 교통과 숙박을 그의 「동유기東遊記」와 관동 여행 관련 시詩117)를 통해 살펴보자. 그는 지정至正 9년 기축년(1349, 충정왕 1) 8월

---

115) 「次江陵官舍韻」·「又」. 정추는 「老妓」시를 지었는데, 이 老妓는 강릉 관사 소속이었을 것이다.

116) 「題洞山官舍」. 이 다음에 「宿驪興淸心樓」 시가 실려 있는 것으로 보아 「題洞山官舍」가 정추가 관동에서 근무하고 유람하면서 지은 마지막 시로 판단된다.

14일에 금강산金剛山에 유遊하려 송도松都를 출발했다. 도원역桃源驛(송림松林)에 숙박하고 중추中秋(8월 15일)에 오계역五溪驛(장주章州 옥계역玉溪驛)에 숙박하고, 철원鐵原을 거쳐 금화역金化驛과 금성현金城縣과 통구通溝에 숙박했는데, 도원도桃源道를 이용한 노선이었다.[118]

이곡은 개경을 출발한 지 1주일 정도만인 8월 21일에 통구를 지나 천마령天磨嶺에 올라 금강산을 바라보며 읊더니 금강산 아래 장양현長陽縣(금강산에서의 거리가 30여리餘里)에서 숙박했다.[119] 이렇게 금강산 유람을 시작한 그는 8월 22일에 금강산을 등산해 배점拜岾에 올라 일만이천봉一萬二千峯을 세어보았다.[120] 미오未午에 표훈사表訓寺에 도착해 조금 쉬고 나서 어떤 사미沙彌의 인도로 정양암正陽菴에 오르니 풍악楓岳 제봉諸峯을 한꺼번에 다 볼 수 있었다. 보덕관음굴普德觀音窟에 가고자 했지만 날이 저물어 신림암新林菴과 삼불암三佛菴을 경유해 내려와 저녁에 장안사長安寺에 이르러 숙박했다. 다음날인 23일 새벽에 장안사로부터 천마서령天磨西嶺(발단령, 단발령)을 넘어 금강산을 나와 다시 통구通溝에 이르러 숙박했다.[121]

이곡은 이렇게 금강산 중에서 내금강 유람을 천마령으로 시작해 천마서령으로 끝냈다. 통구에서 숙박하고서 21일에 출발해 천마령을 거쳐 장양현에서 1박하고, 배점拜岾과 표훈사와 정양암과 신림암과 삼불암을 유람하고 장안사에서 1박하고 나서 23일에 통구로 돌아와 숙박했다. 2박 3일 내지

---

117) 『가정집』 권5, 東遊記 및 권19·20, 律詩.

118) 桃源驛, 玉溪驛, 東州(철원)와 金化와 金城의 각 驛은 『고려사』 권82, 站驛에 따르면 桃源道에 속했다.

119) 長陽縣은 금강산을 지닌 長楊郡(『고려사』 권58, 지리지 교주도 교주)과 동일한 고을로 판단된다.

120) 금강산에 들어가려면 반드시 拜岾을 경유해야 하는데 배점에 오르면 금강산을 보고 금강산을 보면 깨닫지 못한 채 稽顙하기 때문에 '拜岾'이라 했다고 한다. 배점에 옛적부터 屋이 없고 돌을 포개어 臺를 만들어 휴식에 대비했다고 한다.

121) 무릇 금강산에 들어가는 자는 天磨二嶺을 경유하는데, 天磨二嶺에 오르면 금강산을 조망하기 때문에 이 嶺을 넘어 들어가는 자는 처음에는 絶險을 염려하지 않다가 이 嶺을 넘은 후에 어려움을 안다고 했고, 西嶺이 差低하지만 登降 30餘里가 심히 험해 그것을 '髮斷'이라 한다고 했다. 이곡은 「登天磨西嶺」 시의 세주에서 俗에서 '髮斷嶺'이라 하는데 嶺上에서 楓岳을 조망할 수 있다고 했다.

3박 4일 코스의 빡빡한 일정이었다.122)

이곡은 8월 24일에 통구를 출발해 북상해 회양부淮陽府에 도착해 숙박해
1일을 머물렀고, 26일에 철령을 올라 철령관鐵嶺關을 넘고는 복령현福靈縣에
이르러 묵었다. 27일에 화주和州로 된 등주登州에 도착하더니 2일 동안 머물렀
다.123) 30일에 일찍 화주(등주)를 출발해 학포구鶴浦口로부터 배를 타서 해안
에서 10리 가량 떨어진 국도國島를 유람하고 포구浦口로 돌아와 술을 마시며
서로 축하했고, 포구浦口로부터 배를 타서 학포鶴浦에 들어가 원수대元帥臺에
오르고 나서 현관縣館(학포현관鶴浦縣館)에 도착해 묵었다. 이곡은 학포현鶴浦
縣 정亭에서 안근재安謹齋(안축)의 시를 보고 읊기를, 파리한 마馬와 여윈
동童으로 인해 노로가 더욱 길어진다고 했으니,124) 말을 타고 동童 즉 노예의
시중을 받으며 여행하고 있었다.

9월 1일에 이곡은 흡곡현歙谷縣 동령東嶺을 넘어 천도穿島에 들어가려 했지
만 바람이 잔잔해 배를 띄울 수 없어 해변을 따라 통주通州에 도착해 총석정叢
石亭에서 통주수通州守 심군沈君을 만나 사선봉四仙峯을 유람하고서 사선봉에
임臨하는 소정小亭에서 술자리를 가졌고 옛 금란현金蘭縣인 통주에 숙박했
다.125) 9월 2일에 관음보살의 주처住處라는 석굴石窟인 금란굴金蘭窟(통주
소재)을 관람하러 배를 타고 해안을 따라 들어갔다. 조주자操舟者가 말하기를,
"제가 여기에 거주한 지 오래여서 원조元朝 사화使華, 본국本國(고려)의 경사卿
士, 방면方面에 장절부부仗節剖符하는 자로부터 아래로 유관인遊觀人에 이르기
까지 귀천貴賤을 묻지 않고 반드시 와서 관람하고자 하여 매양 저의 주舟로

---

122) 조선시대에는 금강산 유람을 위해 서울(한양)에서 출발한 여행자들은 樓院(양주) - 축
    석령 - 송우리(포천) - 양문역(영평) - 풍전역(철원) - 金化읍치 - 直木驛 - 金城읍치 -
    昌道驛(金城) 노선을 주로 이용했다(정치영, 「'금강산유산기'를 통해 본 조선시대
    사대부들의 여행 관행」『문화역사지리』15-3, 2003).

123) 몽골이 和州 이북을 빼앗아 쌍성총관부를 설치해 지배했기 때문에 和州가 登州로
    이동한 것이었다.

124) 『稼亭集』권19, 「鶴浦縣亭有安謹齋詩, 其末句云 "若爲添得東溟水 沒盡奇觀免此勞", 盖以游
    觀者勞民故也, 余反其意作一絶云」.

125) 『가정집』권19에서 「次歙谷客舍詩韻」은 「次三日浦四仙亭詩韻」 다음에 실려 있는데
    「鶴浦縣亭有安謹齋詩」 다음에 배열되어야 시간의 흐름상 합리적이다.

하여금 인도하도록 하니 제가 실로 싫어합니다"라고 했다. 해안 동굴인 금란굴을 구경하려면 배를 타고 들어가야 해서, 관람자들이 매번 이곳에 사는 사람에게 배를 운행하도록 하니 그 사람이 싫어했다는 것이니, 관람자가 대개 그 비용을 제대로 지불하지 않았던 것 같다. 이곡은 금란굴을 관람하고 난 후에 임도현林道縣에 숙박했다.

9월 3일에 고성군高城郡에 도착했지만, 여정의 어려움으로 인해 유점사楡岾寺를 유람하려던 원래의 계획을 포기했다. 4일에 고성高城 삼일포三日浦에 이르러 소서小嶼(작은 섬)의 미륵당彌勒堂을 구경하고 그 벼랑 동북에 두 글자가 희미한 육자단서六字丹書를 보았는데, 옛적에 주인州人이 그 유상자遊賞者에게 공급하는 것을 고통스러워하여 그것을 깎아버렸기 때문이라고 한다. 배를 돌려 삼일포 호湖 중의 일도一島의 사선정四仙亭에 올랐는데, 이 사선정四仙亭은 박숙朴淑[126]이 존무存撫를 담당했을 때 설치한 것으로 좌주座主인 익재선생益齋先生(이제현)이 그 기記를 썼다. 이곡은 사선정에 올랐지만 당시 군수郡守가 없어 그 주리州吏가 소작小酌(작은 술자리)을 개최하자 홀로 마실 수 없어 배를 운항하도록 명하여 나와서 성성城 남하南河를 건너 안창현정安昌縣亭을 지나 명파역明波驛에 숙박했다.

9월 5일에 고성高城에 숙박해 하루 동안 머물다가 열산현列山縣 객사客舍를 경유해 간성杆城에 들어가 9월 7일에 주인主人이 선유담仙遊潭 가에 마련한 소작小酌(작은 술자리)에 참석하고 청간역淸澗驛을 경유해 만경대萬景臺에 올라 소작小酌한 후에 인각촌사仁覺村舍에 숙박했다. 9월 8일에 영랑호永郎湖(간성杆城 소재)에서 뱃놀이하고서 양주襄州 낙산사洛山寺에 도착해 백의대사白衣大士 즉 관음보살을 알현하고 저녁에 양주(양주객사)에 도착해 묵었다.[127]

---

126) 삼일포 四仙亭 건립에 대해『동문선』권71 東遊記에는 "朴君淑'貞'存撫時所置"로,『가정집』東遊記에는 "朴君淑'貞(貞)'存撫時所置"로 새겨져 있는데, 이 애매한 글자는 '貞'으로 판단되며 이름의 끝 글자가 아니라 '담당하다'라는 의미로 해석하고 싶다. 그러면 사선정은 朴君淑 즉 朴淑이 存撫를 담당했을 때 설치한 것이 된다. 한편,『씨족원류』에는 朴淑貞이 順天朴氏 편에 실려 있고 忠肅朝에 關東을 按察했다고 기재되어 있다.

127)『가정집』권19에서「次萬景臺詩韻」은「永郎湖 次安謹齋詩韻」앞에 위치해야 시간적으로 자연스럽다.

다음날 중구重九(9월 9일)에 비로 인해 양주襄州에 머물며 누樓에 올라 국화주를 마셨다. 9월 1일부터 8일까지 통주 총석정叢石亭과 사선봉四仙峯과 금란굴, 고성 삼일포의 미륵당과 사선정, 간성의 선유담과 만경대와 영랑호를 유람했다. 그러하니 통주부터 간성까지 바닷가의 해금강 일대를 돌아본 것이었고 이어서 관음도량으로 유명한 양주 낙산사를 참배한 것이었다.

9월 10일에 양주를 출발해 상운역祥雲驛을 경유해 동산현洞山縣에 이르러 숙박하며 관란정觀瀾亭을 구경하고는 11일에 연곡현連谷縣에 머물렀다. 12일에 강릉에 도착해 강릉존무사江陵存撫使 성산星山 이군李君[128]이 경포鏡浦에서 기다리다가 함께 배를 타서 가무歌舞하고 나서 경포대鏡浦臺에 오르고 비로 인해 강릉에 하루 동안 머물며 강릉 객사동헌客舍東軒 시詩에 차운했다. 강성江城(강릉성江陵城)을 출발해 강릉의 문수당文殊堂을 관람하고 한송정寒松亭에서 음전飮餞했는데, 한송정 역시 사선四仙이 노닐던 곳으로 군인郡人(강릉 사람)이 이곳을 유상遊賞하는 자가 많음을 싫어해 옥龍을 철거했다고 한다. 이곡은 날이 이미 저물어 령嶺을 넘을 수 없어 한송정 남쪽의 안인역安仁驛에 묵었다. 명일明日에 일찍 이 역驛을 출발했는데 심히 험준한 동봉東峯을 보며 강릉 등명사燈明寺에 도착해 일출대日出臺를 관람한 후에 바다와 나란히 동쪽으로 이동하다가 강촌江村에서 휴식하고 나서 령嶺을 넘어 우계현羽溪縣에 묵었다.

이어서 9월 12일(16일의 오류)에 삼척현三陟縣에 묵었다가, 다음날에 서루西樓(죽서루)에 올라 '오십천팔영五十川八詠(안축의 삼척서루팔영三陟西樓八詠)'을 관람해 삼척서루팔영三陟西樓八詠 시詩에 차운해 시를 짓고[129] 교가역交柯驛에 도착해 바닷가 절벽의 원수대元帥臺에 올라 소작小酌하고 나서 교가역의 역사驛舍에 묵었다. 9월 18일에 옥원역沃原驛에 묵었다가 19일에 울진蔚珍에 도착해 1일 동안 머물렀다. 21일에 울진을 출발해 이 고을에 소재한 성류사聖留寺와 성류굴聖留窟을 관람했는데, 굴窟이 헤아릴 수 없을 정도로 깊고 유암幽

---

128) 이 江陵存撫使 星山 李君은 李仁復 혹은 그 동생 李仁任으로 추정된다.
129) 안축이 三陟西樓八詠 시를 지었고(『근재집』권1), 이곡이 서루(죽서루)에 올라 이것을 보고 차운해 시를 지은 것이었다. 그러므로 '五十川八詠'은 곧 '三陟西樓八詠'이었다.

暗해 촉燭이 없으면 들어갈 수 없어 사승寺僧으로 하여금 횃불[炬]을 잡아 인도하도록 하고 또 주인州人 중에서 출입에 익숙한 자로 하여금 선후先後하도록 했다. 그리고 울진 영희정迎曦亭130)을 유람해 차운하고 나서 평해平海 소재의 월송정越松亭을 경유해 이날 평해군平海郡에 이르렀다.131)

이곡의 금강산과 관동 유람은 당시 강릉도의 북쪽 끝 화주(등주)에서 남쪽 끝 평해까지 이르렀으니 철령 동쪽의 관동인 강릉도의 거의 모든 지역(단, 해변 위주)을 여행한 것이라 볼 수 있다. 그는 9월 3일에 고성군高城郡에 도착했지만 유점사楡岾寺에 가기를 포기했다. 그는 처음에 반드시 유점楡岾(유점사)에 이르러 이른바 종鍾과 불상佛像을 구경하기를 동유同遊의 사람들과 약속했었는데 행行이 멀고 길이 험하고 마馬가 모두 등과 발굽이 병들어 혹 뒤처진 자가 발생해서 다시 등산登山할 수 없었기 때문이었다. 이는 그와 일행이 유점사 등 외금강 일대 유람을 계획했음과 말을 타고 관동을 유람했음을 알려준다.

이곡은 도원도桃源道를 이용해 개경에서 금강산으로 진입했는데 그 과정에서 역驛과 지방관청을 휴게와 숙소로 이용했다. 금강산(내금강) 유람에서는 표훈사, 정양암 등을 들르고 장안사에서 숙박했다. 금강산에서 나와 통구현과 회양부 관사에 각각 묵고 철령관鐵嶺關을 넘고는 복령현 관사에 묵고는 화주(등주)에 도착해 그 관사에 묵었다. 이후 여행을 이어가 학포현鶴浦縣

---

130) 『신증동국여지승람』 권45, 울진현에 따르면 德神驛이 울진현 남쪽 45리에 있는데 迎曦亭을 지니고 있다.

131) 이곡은 「東遊記」『가정집』 권5에서 平海郡은 江陵道의 南界로, 北自鐵嶺 南盡平海가 대개 1200餘里라고 했으며, 平海以南은 慶尙道의 界인데 자신이 일찍이 往還한 곳이라 여기에 기록하지 않는다고 했다. 이곡은 그의 시에 의하면 이후에 平海客舍→ 寧海北凉樓→ 寧海府客舍→ 興海縣客舍→ 永州→ 八莒→ 京山府(星州：星山)→ (추풍령)→ 黃澗(영동 인근)→ 永同→ 陽山→ 錦州(錦山) 客舍→ 珍同縣(珍山)→ 連山→ 邊山諸菴(소래사 蘇來樓 들름)→ 兜率(변산 兜率寺)→ 興德(고부의 속현 ; 고창의 속현)→ 金山寺(금구)→ 龍頭洞(狀元 趙簡 所居 : 김제)→ 古阜郡 도솔산 北樓를 거쳐 고향 韓山의 稼亭으로 돌아와 鴻山 등을 돌아보았다. 그리고 한산에서 출발해 紫汀臺(변산 적벽강·채석강 소재 추정)→ 千太山(고부 천태산 추정) 濟淪寺→ 完山(全州)→ (추풍령)→ 京浦(京山의 포구 추정)→ 官渡를 거쳐 妻鄕인 寧海에 이르렀다. 김창현, 「가정집 시 분석을 통한 이곡의 인생여정 탐색」『한국인물사연구』 22 참조.

객관에 묵고 통주와 임도현林道縣과 고성군 관사에 각각 묵고 명파역明波驛에 숙박하고 고성군 관사에 숙박했다. 청간역淸澗驛을 경유해 만경대萬景臺를 구경하고 인각촌사仁覺村舍에 숙박했다. 낙산사洛山寺를 참배하고 양주襄州 객사에 묵으며 누樓에 올라 국화주를 마셨다. 상운역祥雲驛을 경유해 동산현洞山縣과 연곡현連谷縣 관사에 각각 묵었고, 경포鏡浦를 유람하고 강릉 객사客舍에 묵었다. 강릉의 한송정寒松亭을 유람하고 그 남쪽의 안인역安仁驛에 묵었다. 강릉 등명사燈明寺를 경유해 남하하다가 강촌江村에서 휴식하고 령嶺을 넘어 우계현羽溪縣에 묵었다. 삼척현 관사에 묵으며 서루西樓(죽서루)에 올랐고 원수대元帥臺를 유람하고 나서 교가역交柯驛의 역사驛舍에 묵고 옥원역沃原驛에 묵고 울진 관사에 묵고 평해군平海郡에 이르러 관동 여행을 마쳤다. 이곡은 관동일대를 여행하면서 더러 역驛을 경유하거나 역사驛舍에서 숙박했지만 자제하는 모습을 보이며 고을 관청의 관사를 숙소로 주로 이용했고 촌사村舍에서 숙박하고 강촌에서 휴식하기도 했다. 이러한 경향은 그가 재상을 지낸 고위관료이지만 관동 여행이 공무가 아닌데다가 정치적인 피신 성격을 띠었기 때문일 것이다.

원주 사람인 원천석의 관동 여행의 교통과 숙박을 『운곡행록』 권1에 의거해 살펴보자. 그는 공민왕 9년 9월에 이교李嶠가 주관한 국자시[132]에 합격했다. 그는 국자시에 합격하기 이전인 신묘년(충정왕 3) 3월에 금강산을 향해 원주를 출발해 횡천橫川(횡성橫城)에 이르고, 갈풍역葛豊驛과 창봉역蒼峯驛과 원양역原壤驛을 지나 춘주春州(춘천)에 이르고, 그 다음에 낭천의 원천역原川驛을 지났다.[133] 그 다음에는 금강산으로 진입해 유람했을 것이다. 그는 다시 금강산 여행에 나서 갑오년(공민왕 3) 10월에 회양淮陽을 향해 원주를

---

132) 공민왕 9년 9월에 어사대부 李嶠가 국자시를 주관해 朴季陽 등 99인을 선발했다(『고려사』 권74, 선거지 과목 國子試之額). 朴季陽(朴啓陽)은 朴惇之이다.

133) 고려시대에 橫川은 춘주 소속이었다가 원주 소속으로 바뀌었다(『고려사』 권58, 지리지 교주도 춘주). 橫川은 洪川과 소리가 비슷해 조선 태종 14년에 橫城으로 바뀐다(『신증동국여지승람』 권46, 횡성현 건치연혁). 原川驛은 狼川縣 남쪽 15리에, 낭천현은 양구현의 서쪽, 금성현의 남쪽, 춘천의 북쪽에 위치했다.『신증동국여지승람』 권47, 낭천현.

출발해 횡천橫川에 이르더니 10월 4일에 횡천을 출발해 말흘촌末訖村에 묵었다. 5일에 마노역馬奴驛(瑪瑙驛)을 거쳐 인제현隣蹄縣에 묵고 7일 아침에 출발해 서화현瑞和縣에 묵었다.134) 9일에 장양長陽을 출발해 천마령天磨嶺에 올라 금강산을 바라보며 시를 읊고,135) 통포현通浦縣(통구현通溝縣의 이칭으로 보임)에 들러 판상板上 글에 차운하고, 회양淮陽에서 동지冬至를 맞이했다. 그는 금강산을 1박 2일 정도로 짧게 유람하고 내려와 장양을 거쳐 천마령에 오르고 통포현通浦縣과 회양에 들른 것으로 여겨진다. 12일에 교주交州(회양淮陽)를 출발해 금성金城과 청양靑陽에서 숙박하고 14일 아침에 청양靑陽을 출발해 방산方山에서 숙박하고, 15일에 방산方山을 출발해 낭천군狼川郡의 겸령관兼領官인 양구군楊口郡(양구楊溝)에 도착했으며136) 이후 원주로 돌아왔다.

원천석이 회양淮陽에서 동지冬至를 맞이해 읊기를 "객홅은 진실로 나귀驢를 잠시 머물게 하기 어려워 바빠서 이곳에 거처할 겨를이 없네"라고 했다. 이를 통해 원천석이 나귀를 타고 여행했음을 알 수 있다.

원천석은 국자시에 합격한 이후인 공민왕 18년에 경상도와 관동남부를 여행했는데 교통과 숙박을 『운곡행록』 권1에 의거해 살펴보자. 기유년(1369, 공민왕 18) 3월에 영해부寧海府로 가기 위해 제주堤州(제천), 냉천역冷泉驛, 죽령竹嶺을 경유해 순흥부順興府에서 숙박하고 영주榮州를 거쳐 안동安東에서 숙박했다.137) 그가 죽령竹嶺을 넘으며 지은 시에서 "말을 채찍질해 나아가 죽령竹嶺 구름을 뚫으니 행장行裝이 천문天門에 접접할 듯하네, 고저高低 원근遠近에 산이 다함이 없고 남북南北 동서東西에 길이 스스로 나뉘네"라 했으니

---

134) 고려시대에 인제현과 서화현은 春州에 속했다가 淮陽으로 移屬되었고(『고려사』 권58, 지리지 교주도 춘주), 마노역은 인제현 소속이었다(『신증동국여지승람』 권46, 인제현 驛院).

135) 天磨嶺에 올라 金剛山을 바라보면서 "반쯤 구름 속에 잠긴 萬二千峯이여, 때마침 天門을 감싼 瑞氣를 보니, 다시 無二를 가지고 歸依하고 싶어 자비로운 法起尊(법기보살)에게 머리를 조아리네"라고 읊었다.

136) 고려시대에 方山縣은 춘주 소속이었다가 회양으로 移屬되었다(『고려사』 권58, 지리지 교주도 춘주).

137) 『운곡행록』 권1, 詩, 「己酉三月 向寧海府途中作」·「堤州南郊」·「冷泉驛」·「竹嶺」·「宿順興府」·「榮州路上[號龜山]」·「宿安東 次板上韻贈權同年從義」.

말을 타고 여행하고 있었다. 안동에서 그곳 판상板上 시에 차운해 동년同年 권종의權從義에게 주었으니 안동에서 동년同年의 대접을 받았다.

그는 영해寧海(단양丹陽)에 도착해 관사官舍 판상板上 시에 차운했으니,138) 영해부 관사官舍에서 숙박한 것으로 보인다. 영해부의 관어대觀魚臺, 봉송정鳳松亭, 정신동貞信洞, 연지계燕脂溪, 읍선루泣仙樓, 무가정無價亭을 유람했고, 영덕寧德(야성野城)에 이르러 주등역酒登驛을 거쳐 원적암圓寂菴을 유람하고 영해寧海로 돌아왔다.139) 원천석은 3월 24일에 영해 봉송정鳳松亭에서 영해부사寧海府使 한공韓公 및 제공諸公의 전별餞別을 받고 단양丹陽(영해寧海)을 출발했다.140)

그는 평해平海에 이르러 망사정望槎亭과 월송정越松亭과 영희정迎曦亭을 유람하며141) 그의 이번 여정에서 관동 여행이 시작되었다. 울진蔚珍(선사仙槎)에 이르러 숙박하고 나서 임의정臨漪亭을 찾아 읊기를, "수색水色과 산광山光이 뒤와 앞에 있고 사시四時의 가경佳景이 해마다 이어지네"라 하고, 지현知峴에 올라 울릉蔚陵(울릉도)을 바라보며 읊기를, "수점數點이 호묘浩渺 사이에 희미한데 사람들이 말하기를 이것이 울릉산蔚陵山이라고 하네"라 했고, 용화역龍化驛에 들러 읊기를, "건곤乾坤은 물에 뜨고 물은 허공에 뜨고 돌을 때리는 파도 소리가 좌중座中에 들리네, 이곳에서 어변魚變하는 날을 만난다면 일조一朝에 운로雲路가 요홍腰紅하리라"라고 했으니142) 바닷가를 따라 유람하며 울진에서 삼척으로 이동하고 있었다.

삼척에 숙박하며 시를 지어 단양丹陽(영해寧海) 고우故友에게 부치기를, "옷을 벗어 한가로이 서늘한 일헌一軒에 누우니 공관公館이 쓸쓸하고 달[月]이 상床을 비추네, 반야半夜에 죽풍竹風이 여침旅枕을 찧으니 홀연히 놀라 단양丹陽(영해) 몽夢을 깨뜨리네"라고 했으니,143) 삼척 공관公館에서 숙박한 것인데

---

138) 『운곡행록』 권1, 詩, 「到寧海 次官舍板上韻」.
139) 『운곡행록』 권1, 詩, 「觀魚臺」·「鳳松亭」·「貞信洞」·「燕脂溪」·「泣仙樓」·「無價亭」·「到寧德[號野城]」·「酒登驛路上」·「圓寂菴」.
140) 『운곡행록』 권1, 詩, 「二十四日發丹陽 次府使韓公詩韻留別諸公」.
141) 『운곡행록』 권1, 詩, 「平海望槎亭」·「越松亭」·「迎曦亭」.
142) 『운곡행록』 권1, 詩, 「宿蔚珍[號仙槎]」·「次臨漪亭詩韻」·「登知峴望蔚陵」·「次龍化驛詩」.

234

'죽풍竹風'이라는 표현으로 보아 서루西樓인 죽서루竹西樓를 지닌 삼척 관부에
머문 것으로 보이며 죽서루도 유람했을 것이다. 평릉역平陵驛에 들러 읊기를,
"벽해碧海가 멀리 푸르고 청산靑山이 점점點點히 청靑하여, 승개勝槪(좋은 경치)
를 찾고자 하여 하마下馬해 임정林亭에 오르네"라 했고, 우계羽溪(옥당玉堂)에
숙박하며 읊기를, "창해蒼海 서두西頭에 한 성城이 있어 우계羽溪가 일찍이
옥당玉堂 이름을 얻었네, 한 원園의 매죽梅竹이 운광雲光에 고요하고 십리十里
상마桑麻가 경기景氣에 맑네"라 했고, 향자鄕字에 차운하기를, "삼월三月 춘두春
頭에 객客이 향鄕에서 멀리 있어 몇 번 광曠하고 유황幽荒한 곳을 경유했는가,
금조今朝에 이미 동명東溟과 이별해 어두운 운연雲煙을 돌아보니 창자를 끊는
구나"라고 했다.144) 삼척에서 바닷가를 따라 평릉역을 거쳐 우계현에 이르러
숙박하고 나서 동명東溟(동해) 지역과 이별하고 고향 원주로 향한 것이었는데
강릉(명주)을 유람하지는 못했다.

원천석은 광탄廣灘 주舟 중에서 시를 읊고 정선旌善 노상路上에서 읊기를,
"엄만嚴巒은 가파르고 험준해 동洞이 유심幽深하고 산목山木은 그늘져 새가
우네, 낙화落花가 때로 마두馬頭를 향해 나는데 시구詩句를 얻어 머리를 돌려
한번 길게 읊조리네"라 했으니145) 고향 원주로 가기 위해 배를 타서 광탄廣灘
을 흘러 말을 타서 정선旌善으로 이동한 것인데,146) 백복령百福嶺을 넘어147)
광탄에서 배를 탔을 것이다. 그는 정선에 도착하고서 배를 타서 정선의
남강南江을 유람하며 수혈水穴을 구경하고 의풍정倚風亭에 올라 읊었다.148)

143) 『운곡행록』 권1, 詩, 「宿三陟 却寄丹陽故友」.
144) 『운곡행록』 권1, 詩, 「次平陵驛詩韻」·「宿羽溪 次板上韻[號玉堂]」·「次鄕字韻」. 羽溪縣은
    강릉부 남쪽 60리에 위치하고 명주(강릉)의 속현이었다(『신증동국여지승람』 강릉).
145) 『운곡행록』 권1, 詩, 「廣灘舟中」·「旌善路上」.
146) 廣灘津은 旌善郡 북쪽 13里에 있고 大陰江 上流였다.(『신증동국여지승람』 권46, 江原道,
    旌善郡.
147) 百福嶺은 삼척의 嶺路 중에서 정선으로 가는 것이었다(『만기요람』 軍政編4, 關防,
    강원도). 현재는 삼척에서 분리된 동해시에서 정선으로 가는 길이다.
148) 『운곡행록』 권1, 詩, 「登舟南江 看水穴 登倚風亭[二首]」. 倚風亭은 旌善에 소재했다(『신증
    동국여지승람』 정선군).

강에 연한 험준한 벽파령碧波嶺을 넘어149) 정선을 벗어나 방림역芳林驛
을 거쳐 안창역安昌驛에 들르며 "운교로雲橋路를 다 지나 안창安昌이 마두馬頭에
있어 고원故園이 지금 이미 가까우니 기수羈愁를 사절할 수 있네"라 했다.150)
그는 이렇게 방림역과 안창역을 거쳐 고향 원주로 돌아오게 된 것이었다.

　원천석은 국자시(사마시)에 합격하기 이전에 나귀를 타고 금강산으로의
여행을 다녀왔고, 국자시에 합격한 후에 말을 타고 경상도와 관동남부를
여행했는데 모두 사적인 것이었다. 여정 중에 역驛은 경유만 했지 대개
숙박한 것 같지는 않은데 공무를 수행한 것도 아니었고 관직자도 아니었기
때문일 것이다. 들르는 고을에서 대개 숙박한 것으로 나타나는데 통포현通浦
縣과 안동에서 각각 판상板上 시에 차운하고, 영해寧海(단양丹陽)에 도착해
관사官舍 판상板上 시에 차운하고 삼척에서 그 공관公館에 숙박한 사례로
보아 고을 관청의 객관에서 묵은 경우가 많았을 것이다. 원천석은 관직을
지낸 적이 없었지만, 안동에서 동년同年의 대접을 받았고, 영해 봉송정鳳松亭
에서 영해부사寧海府使 한공韓公 및 제공諸公의 전별餞別을 받은 사례가 시사하
듯이, 예부시에 급제하지는 않았지만 사족가문으로서의 지위, 향교와 성균
관 등에서의 학맥, 문장가로서의 명망, 국자시 합격 후에는 그 합격자로서의
대우와 그것과 관련된 인맥으로 인해 여정에서 편의를 제공받았고 고을관청
의 객관에서도 머물 수 있었던 것으로 보인다.

　고려 사족양반은 관동 유람에서 숙소로 역관驛館, 관청객사를 주로 이용했
고 산속에서는 사찰을 이용했다. 원院을 이용한 경우는 잘 확인되지 않는데
그들이 선호한 순찰 혹은 유람 길이 역참이 잘 갖추어진 동해안에 집중되었기
때문이라 여겨진다. 조선후기 제작『광여도』의 관동고을 지도151)를 보면

<hr>

149)『운곡행록』권1, 詩,「登碧坡嶺」. 碧波嶺(碧波嶺)은 旌善의 嶺路 중에서 西路였다.『만기
　　요람』軍政編4, 關防, 강원도.
150)『운곡행록』권1, 詩,「芳林驛路上」·「安昌驛」. 芳林驛은 溟州 소속이고, 安昌驛은 橫川
　　소속인데 溟州道 관할이었다.『고려사』권82, 병지2, 站驛, 溟州道.
151)『광여도』關東圖 및 통천군·고성군·간성군·양양부·강릉부·삼척부·평해군 지도(규
　　장각 소장).

명승지 총석·총석정, 선유담¨ 영랑호, 낙산사, 경호鏡湖(경포鏡浦), 한송사, 월송정 등이 동해안을 따라 분포했음을, 고성 삼일포와 삼척 죽서루도 동해 안에 가까운 곳에 위치했음을 확인할 수 있으며, 고성 삼일포도 실제로는 경포와 영랑호처럼 해안가에 위치한 석호潟湖이다.[152] 동해안 루트는 역관驛 館과 객사가 잘 갖추어져 여기에서 쉽게 숙박과 음식을 해결할 수 있었다. 고려 사족士族 여행의 경우 대개 이곡처럼 노예 혹은 하인을 데리고 다녔을 터인데, 조선 사족 여행의 경우 많은 사례에서 그러했음이 확인된다. 노예 혹은 하인이 나서면 짐을 지고 말을 이끌고 음식을 장만하고 주인을 경호했을 것이며, 심지어 조선시대 사례에는 산길에서 주인을 업기도 했다.

　고려인의 관동 유람을 보면 말이나 나귀를 타고 다녔고 험한 산길은 발로 걸어 다녔다. 조선시대 유산遊山 기록을 보면 견여肩輿(남여藍輿) 즉 가마꾼이 어깨에 메는 가마(지붕 없음)를 애용한 것과 비교된다. 고려시대도 사족양반이 탈것으로 견여肩輿(남여藍輿)를 사용했다. 이규보가 동교東郊에서 읊기를, "삼척三尺 남여藍輿로 순차적으로 나아가니 지남池南과 지북池北이 유정幽情하다고 할 만하네"라고 했듯이[153] 나들이에 남여를 탄 것인데 아마 노예가 가마를 멨을 것이다. 이규보가 계양桂陽(부평)에서 근무할 적에 지은 수량사壽量寺 유제留題에 황보서기皇甫書記가 화답했기에 다시 전운前韻을 사용 해 읊기를, 야복野服은 장식이 필요 없고 남여藍輿는 추鞦(안장 끈)를 사용하지 않는다고 했으니[154] 남여를 탄 것인데 사찰 유람과 관련이 있으므로 승려가 가마를 멨을 수도 있지만 지방 관아의 말단직 혹은 관노가 멨을 수도 있다. 이색이 송산(송악산) 팔선궁八仙宮에 갈 때 견여肩輿를 타고 갔는데 가마를 멘 복부僕夫는 땀을 흘렸지만 견여는 평온했다.[155] 이색이 명 경사京師에

---

152) 三日浦는 곧 三日湖이고, 永郎浦는 곧 永郎湖이고, 鏡浦는 곧 鏡湖인데 석호에서 유래했 기 때문에 '浦'로 즐겨 불렸다.

153) 『동국이상국전집』권16, 古律詩,「東郊卽事」. "三尺藍輿取次行 池南池北稱幽情, 黑雲將雨 環山過 綠麥搖風際岸平, 出沒游魚欺白鷺 高低輕燕護黃鶯, 野庵不敢鼓門訪 恐使閑人費送 迎".

154) 『동국이상국전집』권15, 古律詩[桂陽所著],「皇甫書記見和壽量寺留題 復用前韻」"野服何 施紐 藍輿不用鞦".

사신으로 갔다가 귀국해 개경으로 진입하면서 견여肩輿를 이용했다.156) 여말
선초 인물인 이첨李詹은 견여肩輿로 청산靑山을 본다고 했다.157) 여말선초
관료인 성석린의 시문에는 원로들이 일상생활에서 견여肩輿를 즐겨 탔음이
드러나 있는데,158) 하인下人이나 노비가 이 가마를 멨을 것이다. 성석린은
조선 세종초에 일본 문계선인文溪禪人을 전별하는 시에서 산사山寺를 방문하
는 방법으로 견여肩輿가 가장 좋다고 했으니159) 산지사찰 방문에 견여가
이용되고 있었는데 승려가 가마를 멨는지 아닌지 확실하지 않다.

　15세기 관료인 서거정은 견여肩輿로 원로 친우들과 여한闆閈을 돌아다녔고,
견여肩輿로 유람을 다녔다.160) 15세기 관료인 김종직은 충청도 유지경차관有
旨敬差官으로 나갔을 때에 황간黃澗 회암수回巖水를 건너려는데 비로 인해 물이
불어나 흉용洶湧하니 현리縣吏 10인 남짓이 견여肩輿로써 김종직을 건너게
하니 김종직이 읊기를, "이서吏胥는 평지처럼 여겨 기뻐하지 않는 내 얼굴을
웃으며, 남여籃輿를 메어 건너는데 빠르기가 바람 탄 날개와 같네"라고 했

---

155) 『牧隱詩藁』권6, 詩, 「拜八仙宮」;『牧隱詩藁』권8, 詩, 「松山」;『牧隱詩藁』권20, 詩,
　　「松山」.
156) 『陽村先生文集』권5, 詩, 「座主牧隱相國自京師回 出迎輿義路上作」.
157) 『雙梅堂先生篋藏文集』권2, 觀光錄, 「蓋州路上口號 爲浩亭公作」. "春深遼左路間關 日日風
　　沙洒客顔, 遊遍江南詩似玉 肩輿倒據看靑山".
158) 『獨谷先生集』상권 詩, 「訪南山趙贊成醉歸 肩輿上吟成登南山歌」"孟冬良日登南山 霜林搖
　　落露蒼顔, 山前甲第老人宅 見客歡迎心自閑, 主賓擧酒敬相壽 笑語激烈驚塵實, 人生七十亦
　　稀少 八旬豈非天所慳, 吾儕曷不極歡樂 此生無復世途艱, 老人家釀熟幾甕. 從此肩輿日往
　　還";『獨谷先生集』하권, 詩, 「聞領議政浩亭先生齋宿濟生院寄呈」"議政堂高領縉紳 濟生院
　　靜岸綸巾, 肩輿不怕溪氷滑 祗恐紅塵逐老人」/「復用前韻 二首」"一時英俊盛簪紳 林下何曾戴
　　幅巾, 自愧七旬今過二 肩輿猶且辟行人」/「懶從張也學書紳 常戴淵明漉酒巾, 白髮蒼顔風雪
　　裏 是非付與路傍人".
159) 『獨谷先生集』하권, 詩, 「送日本文溪禪人還歸」. "肩輿最好尋山寺 齒杖猶思拜佛燈". 일본승
　　려 文溪 正祐는 기해년(1419, 세종 1) 여름에 일본 사신단의 일원으로 따라와 조선에
　　머물기를 요청해 허락받아 그 해 가을에 금강산(일본인도 금강산 유람을 앙망했음)을
　　유람했고 몇년 동안 조선에 머물다가 일본으로 돌아갔으며, 세종 30년에 正使로
　　다시 조선에 온다.『동문선』권92, 「送日本天祐上人還歸序」(정이오) ;『세종실록』권89,
　　세종 22년 5월 신유조 ;『세종실록』권120, 세종 30년 4월 임오조 및 6월 을해조.
160) 『四佳詩集』권21, 제14, 詩類, 「九用前韻 寄洪南陽」;『四佳詩集』권51, 제24, 詩類, 「麻川途
　　中」.

다.[161) 현리縣吏가 경차관敬差官을 위해 그를 견여肩輿(남여藍輿)에 태워 물을 건넌 것인데 10인 남짓이나 되는 인원이 투입된 것은 물살이 거셌기 때문일 것이다. 김종직이 지리산을 유람할 때에는[162) 견여를 타지 않았고, 그의 제자 남효온이 금강산과 지리산을 유람할 때에도[163) 그러했다.

15~16세기 관료 성현成俔은 「김자고金子固 고양장高陽庄」 시 속의 「동사심승東寺尋僧」 시에서 "평온히 남여藍輿를 타서 취람翠嵐을 답답踏하고 산북山北으로부터 나아가 산남山南에 이르네"라고 했으니[164) 남여를 타서 등산하면서 사찰을 방문한 것인데 가마꾼이 하인下人인지 승려인지 확실하지 않다. 15~16세기 관료 박상朴祥이 지은 글에 따르면 정해丁亥 중추中秋에, 고려 때 개창된 금성사錦城祠에 제사하기 위해 견여肩輿를 타고 갔다.[165)

16세기 인물인 주세붕周世鵬은 봉화 청량산을 유람해 기록을 남겼다. 풍기 군수豐基郡守 주세붕周世鵬은 가정嘉靖 갑진년(1544, 중종 39) 4월 9일에 풍기군을 출발해 지인의 모임에 참여하다가 11일에야 비로소 청량동淸涼洞에 들어가 연대사蓮臺寺에 숙박하면서 청량산 유람을 시작했다. 12일에 마복馬僕을 돌려보내고 책장策杖해(지팡이 짚어) 연대사를 나와 사승寺僧 계은戒誾의 안내를 받으며 본격적으로 청량산을 유람했다. 17일에 연대사蓮臺寺를 나와 제납諸衲과 작별하고 걸어서 사자항獅子項을 나와 비로소 기마騎馬해 청량산 유람을 마무리했다. 그는 이 청량산 유람에서 지팡이를 짚어 걸어다녔고 견여(남여)를 이용하지 않았다.[166) 반면 풍기군수인 그가 이 해 가을에 소백산을 유람하

---

161) 『佔畢齋集』 권4, 詩, 「渡黃澗回巖水 時積雨水 洶湧可懼, 縣吏十餘人 以肩輿渡予, 吏云靑山縣 前川亦深」 "吏胥似平地 笑我顔無歡, 藍輿擔以渡 倏若乘風翰". 김종직은 이어지는 시 「雨中入報恩」에서도 "我行少晴日 黷盡橐中衣, 野水肩輿渡 郵人驛馬歸"라 하여 肩輿를 언급한다.

162) 『속동문선』 권21, 「頭流記行錄」(金宗直).

163) 『秋江集』 권5, 記, 「遊金剛山記」 및 권6, 「智異山日課」.

164) 『속동문선』 권7, 金子固高陽庄[成俔], 「東寺尋僧」 "穩跨藍輿踏翠嵐 行從山北到山南, 樹遮 金粟岡頭石 路轉靑蓮境裏庵, 搖月磬聲驚倦枕 背風燈影照深龕, 鬖絲禪榻塵機息 每見維摩聽 夜談".

165) 『訥齋先生續集』 권2, 詩, 「丁亥中秋 祭錦城祠」.

166) 『武陵雜稿』 권7, 原集, 「遊淸涼山錄」.

면서는[167] 후술하듯이 견여를 이용했다. 이황은 견여肩輿를 타서 강사江舍 주변을 둘러봤다.[168] 그는 풍기에 근무하던 가정嘉靖 기유년(1549, 명종 4) 4월 신유일에 백운서원白雲書院에 유숙留宿하고 다음날 소백산에 들어갔는데, 제승諸僧이 서로 의논해 말하기를, "견여肩輿가 아니면 불가不可합니다. 접때에 이미 주태수周太守 고사故事가 있습니다"라고 하니, 이황이 웃으며 수긍했다. 이황이 승려들의 안내로 말을 타고 어느 정도 올라가더니 비로소 말을 버리고 보행步行하다가 다리[脚]가 위태로우면 견여肩輿를 타서 체력을 회복했다. 이로부터 출산出山까지 이 계책을 이용했는데 실로 유산遊山의 묘법妙法이고 제승濟勝의 양구良具라고 했다.[169] 주태수周太守 즉 풍기군수 주세붕이 승려가 멘 견여를 타서 소백산을 유람했고, 이어서 풍기군수 이황이 역시 승려가 멘 견여를 타서 소백산을 유람했던 것인데 걸을 때도 있었고 견여를 탈 때도 있었다. 주세붕과 이황이 승려의 견여로 등산한 일은 그러한 풍조를 부채질해 사족양반이 등반 때 의례히 승려가 메는 견여(남여)를 애용하게 되었던 것 같다.

16~17세기 관료인 최립崔岦은 금강산을 유람하면서 「남여藍輿」 시를 지어 읊기를, "자나깨나 명산名山을 생각해 육십년六十年인데 남여藍輿로 이날 산을 감돌아 나아가네, 인간人間에서 다만 하늘에 이르기 어렵다고 말하지만 만이천봉萬二千峯 하나하나 하늘이네"라 했다.[170] 그는 마하연摩訶衍의 비[雨]가 '남여객藍輿客'을 체류하도록 한다고 읊어[171] 남여에 의지해 등산했음을 토로했다. 그는 금강산 유람을 마무리하면서 남여승藍輿僧 행정行正에게 감사하는 시를 남기기를, 백수白首로 산을 찾아 각력脚力(다리 힘)이 미약하지만 남여승

---

167) 『武陵雜稿附錄』 권3, 行狀[周博].
168) 『退溪先生文集』 권15, 書, 「答李大成」.
169) 『退溪先生文集』 권41, 雜著, 「遊小白山錄」. 이황이 이 글을 嘉靖己酉 五月에 基山의 郡齋 즉 풍기군의 서재에서 찬술했다.
170) 『간이집』 권8, 東郡錄, 「藍輿」 "寤寐名山六十年 藍輿此日繞山前, 人間但說天難到 萬二千峯 一一天".
171) 『간이집』 권8, 東郡錄, 「志喜雨」[時甚旱 前入山數日 禱得雨不足 山中稱摩訶客宿必雨]. "摩訶雨滯藍輿客 此事山中故實傳, 我來正自賢香火 慰滿三農一霈然".

藍輿僧 덕분에 유람을 잘 했다고 했다.[172]

17세기 인물인 윤선거는 정월 21일에 관동 유람에 나서 3월 5일에 진부역珍
富驛, 성오평省烏坪을 경유해 오대산五臺山의 월정사月精寺에 이르러 각현사覺玄
師의 영접을 받고 사루寺樓에 들어가 주반晝飯한 후에 남여藍輿로 상류上流로
거슬러 올라가 사고史庫, 영감사靈鑑寺, 남대南臺를 구경하고 저녁에 상원사上院
寺에 도착해 묵었다. 6일에 체우滯雨로 인해 상원上院에 머물렀는데 때마침
재회齋會가 있어 사대四臺의 승려가 모두 이르렀다. 7일에 중대中臺에 올라
사자암獅子庵과 금몽암金夢庵과 적멸보궁寂滅寶宮을 돌아보았다. 적멸보궁은
안에 금상金像(불상)을 두지 않고 단지 불영佛影을 설치했는데 승려 색름賾凜이
창립刱立했다고 한다. 금몽암金夢庵과 상원上院을 거쳐 저녁에 월정月精으로
돌아와 이익재李益齋(이제현)가 기기記한 비碑를 관람했다. 그의 관동 유람은
이어져 23일에 고성 삼일포三日浦를 구경하고서 정오에 구룡연九龍淵 하류를
건너 철점鐵店을 거쳐 금강산 발연鉢淵 일대를 승려의 안내로 유람했다.
이 산을 나와서 옹천甕遷을 거쳐 통주通州 일대를 구경하고 27일에 조진역朝珍
驛을 출발해 쇄령동구瑣嶺洞口로 들어갔는데 금강북면金剛北面에 해당했다.
대천大川이 굴곡屈曲해 혹 건너고 거슬러 올라가 40리를 나아가 비로소 영로嶺
路에 오르니 장안사長安寺 승僧이 여輿를 가지고 와서 기다리고 있었다. 윤선거
가 간杆(간성)에 있을 때 안렴按廉이 안숙晏叔(간성태수杆城太守 정양鄭瀁)에게
물어 행계行計에 도움을 주고자 하니 안숙晏叔이 대답하기를 재송齎送은 할
수 있지만 담여擔輿(견여肩輿)는 사使(안렴사)에게 있을 뿐이라고 하니 지금
이 승여僧輿가 안렴사의 명령으로 인하여 이르러 기다린 지 2일이라고 하니
감탄한다고 했다. 윤선거는 마점磨店, 장안전촌長安田村을 거쳐 철이현鐵伊峴에
올라 서쪽으로 단발령斷髮嶺을 바라보며 나아가 배점拜店을 경유해 장안사에
들어가 내금강을 유람하고 30일에 나옹애상懶翁崖像을 구경하고 내수점內水岾
에 올라 비로봉 남면을 조망하고 나서 유점사楡岾寺(외금강 소재)로 내려와

---

172) 『간이집』 권8, 東郡錄, 「謝贈藍輿僧行正」. "白首尋山脚力微 千峯一嘯計全違, 藍輿濟勝難稱
    快 賴汝翻誇疾若".

묵었다. 4월 초길初吉(초하루)에 유점사를 나와 장항獐項, 구현狗峴, 니암尼岩을
거쳐 지공백천교指空百川橋에 이르러 여輿(견여肩輿)를 버리고(돌려보내고)
말을 타서 경고稿庫를 거쳐 대천大川을 건너 명파역明波驛에서 묵고 2일에
열산현烈山縣을 거쳐 정오에 간성杆城에 도착했다.[173]

윤선거는 오대산에 올라 월정사부터 견여를 이용했고, 금강산 유람에서는
장안사 입구부터 승려의 견여를 이용해 내금강을 유람했고 외금강의 유점사
를 나와 지공백천교指空百川橋에서 견여를 돌려보내고 말을 탄 것이었다.
그가 금강산에 견여를 이용한 것이 안렴사의 배려라고 하지만 그의 위상으로
보건대 안렴사의 명령이 없었더라도 당시 분위기상 금강산 승려가 그의
방문을 아는 순간 승려와 견여를 제공했을 것이다.

정약용은「견여탄肩輿歎」을 지어 읊기를, "사람이 여輿에 앉는 즐거움을
알지만 견여肩輿 괴로움을 알지 못하네, 견여肩輿로 준판峻阪(높은 비탈)을
오를 때 민첩하기가 산을 오르는 사슴과 같고, 견여肩輿로 현악懸崿(낭떠러지)
을 내려올 때 쏟아지듯 내려오기가 우리로 돌아가는 양〔羧〕과 같네, … 이
산에 노닐면 이 즐거움을 반드시 먼저 넣네, … 영리領吏가 채찍을 잡아
때리고 수승首僧이 편부編部를 정돈하네, … 숨을 헐떡거림이 단폭湍瀑 소리와
섞이고 국물처럼 흐르는 땀은 남루한 옷을 흠뻑 적시네, … 새끼줄에 눌린
견肩(어깨)에 흉터가 있고 돌에 부딪친 발 상처는 낫지 않네, 자신은 골병들며
사람을 편안하게 하지만 직職이 여마驢馬(나귀·말)와 짝하네, … 승僧 무리가
들면 오히려 좋지만(옳지만) 저 령嶺 아래 호戶가 들면 가련해 … 개와 닭
대하듯이 몰아부치며 꾸짖는 소리가 시호豺虎(승냥이·호랑이)보다 심하네,
… 김매다가 호미를 버리고 밥먹다가 토吐하고 왔지만, 무고無辜하게 질책을
당해 만사萬死하다며 오직 머리를 숙이네, …(가마 탄 사람은) 호연浩然히
양산揚傘하며 떠나가면서 편언片言이라도 위무慰撫함이 없네"라고 했다.[174]

정약용은 견여肩輿를 메는 가마꾼이 짐승처럼 취급받으며 당하는 고통을

173)『魯西先生遺稿續』권3, 雜著,「巴東紀行[甲辰]」.
174)『여유당전서』第一集, 詩文集 第六卷, 詩集,「肩輿歎」[改人作].

탄식했다. 이 가마꾼에는 승려도 있었고 일반 민호도 있었는데 승려의 경우는 괜찮지만 민호의 경우는 슬프다고 해서 승려에 대한 차별을 드러냈다. 승려가 조선후기로 가면서 사족양반의 등반은 물론 일상적인 나들이에도 가마꾼으로 동원되었음을 시사받는다.

고려와 조선 시대에 사족양반의 일상생활에 견여가 사용되었다. 고려시대는 물론 조선초기까지도 사족양반의 등산에 승려의 견여가 이용된 사례는 잘 발견되지 않는다. 고려시대는 불교와 승려가 존중되었고 그러한 분위기가 조선초까지도 어느 정도 유지되었기 때문일 것이다. 그런데 조선 중·후기로 가면서 사족양반의 등산에 견여(대개 승려견여)가 이용되는 경향이 확산되어 갔는데 산세가 넓고 험한 금강산 유람의 경우 더욱 그러했다. 겸재 정선의 신묘년(1711, 숙종 37) 『풍악도첩』175) 중에 「단발령에서 금강산을 바라보며」와 「백천교百川橋」 그림에는 금강산 출입구인 단발령과 백천교에서 유람객 사족양반을 위해 승려가 견여를 준비해 대기하고 있는 장면이 그려져 있다. 조선시대 사족양반의 유람문화의 유행에는 가마꾼, 특히 승여僧輿의 희생이 깔려 있었던 것이며, 조선 사족의 명산 등반은 진정한 등산이 아닌 경우가 많았던 것이다.

맺음말

관동 안에서 왕래하면서 밖으로도 연결되는 노선은 삭방도朔方道와 명주도溟州道였다. 관동 바깥에서 관동을 왕래하는 데 이용된 주된 노선은 도원도桃源

---

175) 겸재 정선 『풍악도첩』(국립중앙박물관 소장). 이 단발령은 장안사 방면을, 이 百川橋는 외금강 방면을 드나드는 통로로 묘사된 것이니, 이 백천교는 외금강 指空百川洞·世尊百川洞의 다리 혹은 유점사 근처 百川橋로 여겨져, 내금강의 百川洞(十王百川洞)과는 다른 곳이었다. 이 풍악도첩의 「百川橋」 그림에, 유람객 사족양반을 위해 한쪽에는 승려와 견여가, 다른 한쪽에는 下人과 말(나귀)이 대기하고 있으니 이 백천교는 견여와 말(나귀)이 교대하는 곳 중의 하나였다.

道, 평구도平丘道, 운중도雲中道, 춘주도春州道, 경주도慶州道 등이었다. 이러한 교통 노선에는 역참이 설치되어 휴식과 숙박을 제공했다. 고려시대 역驛의 위상은 개경과 서경 사이에 설치된 것들이 가장 높고, 그 다음이 서북면에 설치된 것들인 반면 관동과 관련된 역驛들은 철관역鐵關驛, 덕령역德嶺驛, 통달역通達驛, 화원역和遠驛, 삭안역朔安驛 등이 제3과에 해당해 위상이 높지는 않았다.

임춘林椿은 급제하지 못한 상태에서 고려의 남쪽 지역을 여행하다가 죽령竹嶺을 넘어 당진唐津을 유람했고, 이후 명주(강릉) 남령南嶺을 넘어 북쪽으로 나아가 동산洞山에서 숙박하더니 익령(양양)으로 들어가 낙산을 유람했다. 김극기는 신종 3년 3월 무렵부터 다음해 3월 무렵까지 대략 1년간 동북면 병마사영兵馬使營을 중심으로 근무하면서 관할지역을 순력했는데, 안변도호부와 금양(통주) 일대를 돌아보았을 뿐만 아니라 남하해 양구, 낭천, 간성, 익령(양주), 명주(강릉), 삼척, 울진 순으로 순력했다가 북으로 돌아왔다. 이승휴는 과거에 급제했음에도 불구하고 몽골군의 침략으로 인해 고향(외향) 삼척현에 은거하다가 경흥도호부(강릉) 판관 겸 장서기掌書記에 임명되어 이곳에서 근무하면서 강릉, 삼척, 정선 일대를 순력하고 유람했다. 안축은 강릉도 존무사로서, 정추는 동북면병사영의 관원으로서 관동을 순시하며 유람했다. 이곡은 금강산 여행을 목표로 하고서 금강산과 관동 일대를 유람했다. 원천석은 원주에서 출발해 먼저 금강산 여행을, 나중에 관동 여행을 했다.

임춘, 김극기, 이승휴, 안축, 정추, 이곡, 원천석 등은 험한 곳을 오르거나 배를 타는 곳을 제외하면 말을 타서 이동했고, 호수·강·바다의 명승지를 유람할 때에는 배를 이용했다. 단, 원천석은 금강산 여행 때 나귀를 탄 적이 있었다. 이들 사족은 역참을 이용해 이동하고 역참이나 고을 객사客舍에서 숙박하고 산속에서는 사원에서 숙박했으며, 등산할 때에는 이곡의 사례처럼 승려의 안내를 받을 수 있었고, 험한 곳을 관람할 때에는 이곡의 사례처럼 승려와 원주민의 인도를 받을 수 있었다. 사족양반이 금강산을 포함한 산에 오를 때 불교중심 국가인 고려시대에는 승려를 존중해 그들의 영접과 대접과 안내를 조심스럽게 받은 반면 유교국가인 조선시대에는 승려를 하시下視해 그들의 영접과 대접과 안내를 당연하게 여겼다. 금강산을 포함한 여러 산에 오를 때, 조선 중·후기로 가면서 승려가 메는 견여肩輿(남여藍輿)를 이용하는 풍조가 만연해 간 반면 고려시대와 조선초기에는 그러한 견여(남여)를 이용하는 일은 드물었던 것 같다. 역참은 본래 공무를 수행하기 위해 이용하는 시설이었지만 이곡과 원천석의 사례를 볼 때 사족은 공무가 아니라도 역참을 이용하는 것이 현실이었는데, 원천석처럼 관직을 지낸 적이 없는 경우 역참에 숙박하기는 어려웠던 것 같다. 역참과 고을 관사에는 누樓 혹은 정亭이 건립된 곳이 많아 올라서 회포를 풀고 피로를 달랠 수 있었다.

고려 사족士族이 관동을 여행하면서 음식을 구체적으로 어떻게 해결했는지는 잘 확인되지 않는다. 재상 이곡은 관동 명승지를 유람하면서 종종 소작小酌했는데 대개 해당 고을의 관리로부터 대접을 받았고 지인으로 보이는 강릉존무사江陵存撫使 성산星山 이군李君으로부터는 경포鏡浦 선상에서 가무歌舞를 동반한 주연을 대접받기도 했다. 원천석은 관직자가 아니었지만 관동으로 가는 도중에 지인과 지방관의 대접을 받았다. 이러한 사례로 보건대 사족은 관동을 포함한 여행에서 대개 지인이나 지방관의 도움을 받으며 음식을 해결하는 경우가 많았다고 여겨지며 고위 관직자일수록 더욱 그러했을 것이다.

안축은 개경을 출발해 4일 정도에 철령을 넘어 화주에 도착한 반면 이곡은 개경을 출발한 지 1주일 정도에 천마령을 넘어 금강산으로 진입했다. 이는 안축은 공무를 수행하는 신분이라 빠른 여정을 선택한 반면 이곡은 실각한 몸이라 느긋한 여정을 선택했기 때문일 것이다. 안축은 해금강을 경유해 고성 방면에서 금강산으로 진입한 반면 이곡과 원천석은 천마령을 경유했다. 이는 안축이 공무로 인해 철령을 넘어 본영이 있는 화주로 가서 본격적인 일정을 시작해야 했기 때문이고 그에게 금강산 구경이 부차적인 일이었기 때문이다. 그러하니 철령 서쪽 사람들은 사적으로 금강산 일대를 여행하는 경우 천마령을 경유하는 것이 일반적이었다고 판단된다. 물론 관동 사람들은 반드시 그러할 필요는 없었고, 경상도 사람들은 동해안 루트를 이용해 북상하는 편이 나았다.

권적은 개경에서 강릉을 왕래할 때, 진화는 치악산 방면에서 오대산을 거쳐 관동으로 갈 때 대관령을 넘은 것으로 판단되며, 이승휴는 삼척이나 강릉에서 강도江都를 왕래할 때 대관령을 넘었다. 권적과 이승휴의 사례에 보이듯이 대관령을 왕래하는 여정에서 그 근처의 수다사水多寺가 휴게와 숙소로 이용되었다. 임춘이 단산현(단양) 방면에서 강릉 남령으로 갈 때, 원천석은 관동남부 여행을 마치고 우계현 방면에서 정선군으로 진입할 때, 이승휴와 안축과 정추가 시찰을 위해 삼척현에서 정선으로 들어갈 때 백복령을 넘은 것으로 판단된다. 김극기가 양구에서 간성으로 이동할 때에는 소파령을 넘었을 것이다.

관동에도 원院이 다수 존재했지만 임춘, 김극기, 이승휴, 안축, 정추, 이곡, 원천석 등이 관동편력 때 원院을 이용했는지는 잘 확인되지 않는다. 관동은 군사적으로 중요한 지역이라 대개 요충지마다 역참이 설치되고 김극기, 이승휴, 안축, 정추는 공무로 왕래하면서 간선 노선을 주로 다녀 역참을 선호했기 때문으로 보인다. 이곡은 공무는 아니었지만 재상을 지냈기에 역참을 이용해도 별 문제는 되지 않았다. 임춘과 원천석은 관직을 지낸 적이 없지만 명망이 높았기에 역참을 어느 정도 이용할 수 있었던 것 같고 이 둘의 관동 여행 기록이 자세하지 않아 원院을 이용했더라도 남은 기록에서 확인되지 않을 수도 있다. 원院은 주로 상인商人 등 일반인과 승려들이 이용했고 관원은 부득이한 경우가 아니면 원院을 이용할 필요성이 적었다고 여겨진다. 동계 관원의 시찰 혹은 유람은 대체로 동해안을 따라 이루어졌기에 역참이 잘 갖추어진 간선 노선을 따라가면 되었으며, 금강산과 오대산 등 명산에 들어가면 그곳 사찰에서 쉬거나 묵으면 되었던 것이다.

| **부록** | 관동 읍치·명승·역참과 교통로 지도(규장각한국학연구원 소장 대동여지도와 지승 이용해 필자가 작성)

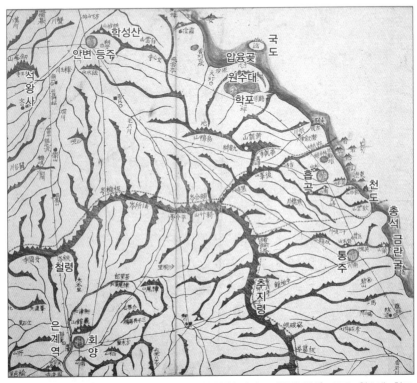

그림 10. 안변(등주), 학포, 흡곡, 통주, 회양 일대(대동여지도 이용해 작성). 국도, 원수대, 천도, 총석, 금란굴, 철령, 은계역 등이 보임

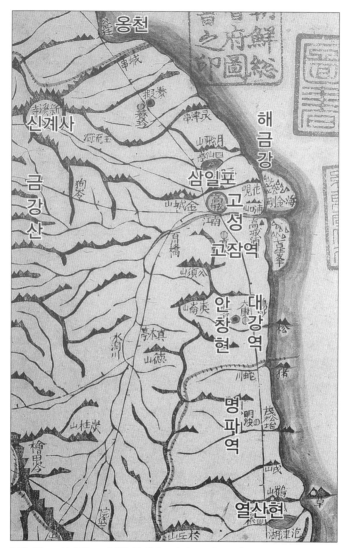

그림 11. 고성 삼일포 명파역 일대(대동여지도 이용 작성). 옹천, 삼일포, 대강역, 명파역 등이 보임

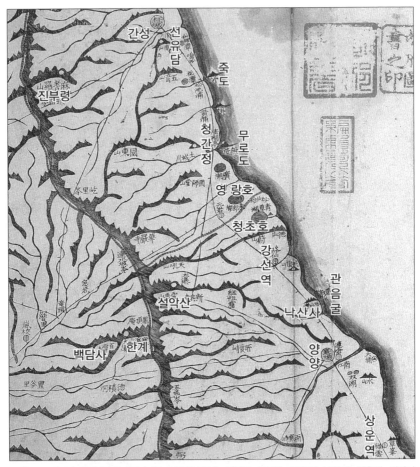

그림 12. 간성과 양양 일대(대동여지도 이용해 작성). 청간정, 영랑호, 강선역, 낙산사, 상운역, 설악산 등이 보임

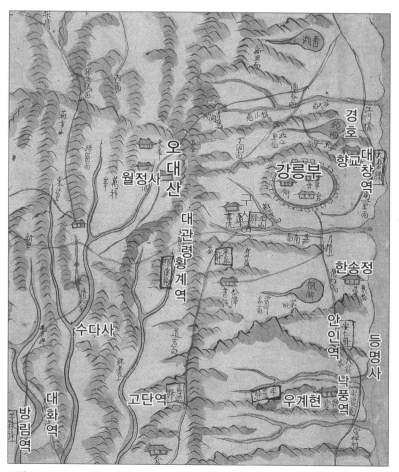

그림 13. 강릉과 오대산 일대(지승 이용해 작성). 경호(경포), 향교, 한송정, 안인역, 낙풍역, 등명사, 구산역, 대관령, 오대산, 월정사, 횡계역, 고단역, 수다사, 대화역 등이 보임. 고려시대 낙풍역은 바다 근처에 있었음

250

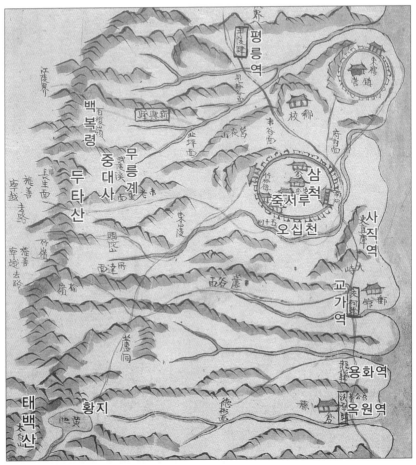

그림 14. 삼척 일대(지승 이용해 작성). 평릉역, 오십천, 죽서루, 사직역, 교가역, 용화역, 옥원역, 백복령, 두타산, 중대사, 태백산 등이 보임

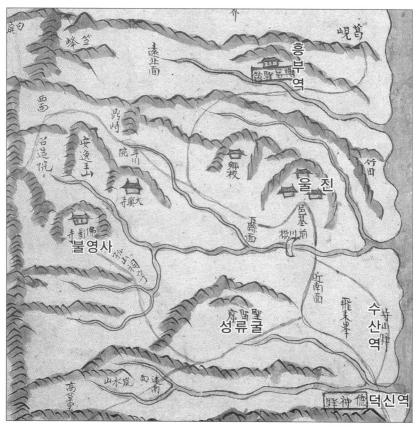

그림 15. 울진 일대(지승 이용해 작성). 흥부역, 덕신역, 성류굴, 불영사 등이 보임

252

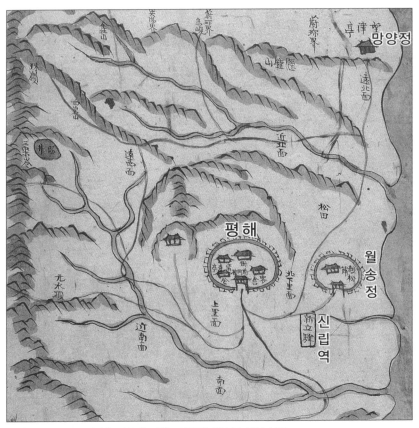

그림 16. 평해 일대(지승 이용해 작성). 망양정, 월송정 등이 보임

제5장
관동 남부와 오대산의 신앙

머리말

고려시대 관동지역은 경관이 빼어난데다가 종교적인 믿음이 더해져 더욱 사람들의 관심과 유람을 끌어들였다. 관동 남부에서 강릉 지역은 오대산, 굴산사, 등명사, 문수당, 한송정, 경포대 등이, 삼척현 지역은 두타산 삼화사, 중대사 등이, 울진과 평해 지역은 성류굴·성류사, 월송정 등이 불교와 신선 신앙의 중심지였다. 관동 남부의 사선四仙 신앙은 관동 북부의 그것과 더불어 전통신앙으로서 신라와 고려의 연결고리였다.

오대산은 자장이 문수보살을 핵심으로 하는 오대산 신앙을 적용하려 한 데에서 시작해 통일신라를 거치면서 불교의 성지로 자리매김해 고려시대로 이어졌다. 오대산 중심부의 오대와 월정사는 물론 그 기슭의 굴산사, 수다사, 지장선원 등이 나름대로의 위상을 차지했다. 특히 오대산은 관동 북부의 금강산과 더불어 자신을 상징하는 독자적인 불교 신앙을 지녔다는 점에 눈길이 간다.

먼저 관동 남부의 신앙을 고찰하려 한다. 다음으로는 오대산 불교가 비중이 크고 내용이 많으므로 이와 밀접한 관련을 맺은 굴산사, 지장선원 등과 함께 자세히 다루기로 한다. 다음으로는 논란이 많은 월정사 8각9층탑의 건립 시기와 의의를 살펴보기로 한다. 태백산은 삼척현, 정선현, 봉화현 등에 걸쳐 있었는데 경상도까지 범위가 너무 확대되는 것을 피하여 필요한 경우에만 언급하기로 한다.

1. 관동 남부의 신앙

관동 남부에서 먼저 강릉 일대의 신앙을 살펴보자. 강릉 지역은 관동, 특히 관동 남부에서 신라 이래 정치와 문화와 신앙의 중심지였다. 강릉의 경포대, 문수당, 한송정, 등명사는 동해 바닷가의 절경에 자리했는데 신앙의 장소이기도 했다.

태정泰定 병인년(1326, 충숙왕 13)에 박숙朴淑이 관동에 장절杖節하고서 돌아와 안축을 만나 임영臨瀛(강릉) 경포대鏡浦臺는 나대羅代에 영랑선인永郎仙人이 노닐던 곳이라 소정小亭을 지었다며 기문을 찬술해 달라고 부탁하니 안축이 경포신정기鏡浦新亭記를 찬술했다.[1] 안축이 관동을 순시하며 임영공관臨瀛公館 동헌東軒 시詩와 임영공관臨瀛公館 묵죽병墨竹屛 기기를 지었고,[2] 관동을 찬미한 「관동별곡」에서 강릉에 대해 삼한三韓 예의禮義와 천고千古 풍류風流의 '임영臨瀛 고읍古邑'이라 했다.[3] 이곡이 강릉 객사동헌客舍東軒 시에 차운하기를, "내가 가니(들르니) 가절佳節이고 풍년이라 임영臨瀛 별동천別洞天에 취하여 쓰러지네, … 경호鏡湖에 술을 실으니 명월明月이 흔들리고 석조石竈에서 다茶를 달이니 자연紫烟이 날렸지, 다만 범보다 사나운 가정苛政을 만나지 않는다면 주민州民은 원래 한 무리의 선仙이네"라고 하고는 임영臨瀛은 강릉江陵 별호別號인데 경포鏡浦 및 한송정寒松亭에 모두 고선古仙의 전다煎茶 석조石竈가 있다고 했다.[4] 강릉은 신선이 노닐었다는 영주瀛州로 간주되었고, 이곳의

---

1) 『謹齋先生集』 권1, 關東瓦注.
2) 『謹齋先生集』 권1, 關東瓦注.
3) 『謹齋先生集』 권2, 補遺, 歌辭.
4) 『가정집』 권19, 律詩.

경포鏡浦와 한송정寒松亭 등은 신선이 노닐었다고 믿어졌다.

한송정寒松亭은『동국여지승람』에 따르면 강릉부江陵府 동쪽 15리에 있는데, 동쪽으로 큰 바다에 임하고 푸른 소나무가 울창하고 정반亭畔에 다천茶泉, 석조石竈, 석구石臼가 있어 술랑선도述郎仙徒가 노닐던 곳이라고 했다.5) 고려 광종 때 장진산張晉山(장연우張延祐)이 해석했다는 '한송정곡寒松亭曲'이 전해지고 그 곡에 "달 밝은 한송寒松 밤, 물결 고요한 경포鏡浦의 가을"이라 했으니,6) 고려 광종 때 혹은 그 이전에 강릉 한송정과 경포가 존재했다.

무인정권기 이인로는 언급하기를, 금란金蘭 경境에 한송정寒松亭이 있어 옛적에 사선四仙이 유遊한 곳으로 그 도도徒 삼천三千이 각기 일주一株(소나무 한 그루)를 심으니 지금까지 푸르게 무성해 불운拂雲하고 아래에 다정茶井이 있다고 했다. 태백산인太白山人 계응戒膺은 대각국사의 적사適嗣이고, 서호승西湖僧 혜소惠素(慧素)는 대각국사의 고제高弟라며 사형사제 관계인 둘의 한송정 시를 다음과 같이 소개했다. 도형道兄 계응국사戒膺國師가 한송정에 대해 시를 남기기를, "옛적에 누구 집의 자子가 삼천三千으로 벽송碧松을 심었는가, 그 인골人骨은 이미 썩었지만 송엽松葉은 오히려 무성한 모습이네"라고 했고, (도제道弟 혜소惠素가) 화和하여 읊기를, "천고千古 선유仙遊는 멀고 창창蒼蒼하게(푸르고 무성하게) 홀로 송松이 있구나, 다만 남은 샘[泉] 밑의 달[月]에서 비슷하게 형용形容을 생각하네"라고 했다.7) 한송정은 금란(통주) 경계라고

---

5)『신증동국여지승람』강릉 누정, 한송정.

6)『신증동국여지승람』강릉 누정, 한송정 ;『동문선』권19, 五言絶句,「寒松亭曲」(張延祐).

7)『파한집』중권. "太白山人戒膺 大覺國師適嗣也 … 西湖僧惠素 該內外典 尤工於詩 筆跡亦妙 常師事大覺國師爲高弟 … 金蘭境有寒松亭 昔四仙所遊其徒三千各種一株 至今蒼蒼然拂雲 下有茶井, 道兄戒膺國師留詩 '在昔誰家子 三千種碧松, 其人骨已朽 松葉尙茸容', 和云 '千古仙遊遠 蒼蒼獨有松, 但餘泉底月 髣髴想形容', 論者以爲 師組織雖工 未若前篇天趣自然". 한편 "千古仙遊遠 蒼蒼獨有松, 但餘泉底月 髣髴想形容"에 대해『신증동국여지승람』권44, 강릉 樓亭 寒松亭 항에는 李仁老詩라며 실었지만『파한집』의 구성과 내용을 오해해서 그런 것으로 여겨지며 혜소의 시로 보아야 하리라 본다. 이는 계응국사를 道兄(혜소의 師兄을 의미)이라 칭한 것, 論者가 여기기를, 師 組織(혜소 작품)이 비록 工하지만 前篇(계응 작품)의 天趣 自然한 것만 같지 못하다고 한 것에서도 알 수 있다. 계응은『파한집』중권에 따르면 太白山에 머물며 覺華寺를 창건해 제자들을 많이 양성했다.

했지만 강릉에 소재했으니 금란과 꽤 떨어져 있었다. 대각국사의 제자로 고려중기(예종 무렵)에 활약하는 승려 계응과 혜소가 한송정을 노래하며 무성한 소나무를 사선四仙과 그 무리 삼천이 노닐며 심은 것으로 간주했고, 무인정권기 이인로도 그렇게 여겼다.

김극기金克己가 한송정에 대한 시에서, "외로운 정자가 바다를 베개 삼아 봉래蓬萊를 배우고, 지경이 깨끗해 먼지 조각이 깃듦을 허용하지 않네, 길에 가득한 흰 모래는 걷노라면 눈[雪]이고, 소나무 소리는 패佩처럼 맑아 경괴瓊瑰 (옥구슬)를 흔드는 듯하네, 이르기를 사선四仙이 종상縱賞한 곳이라 하는데, 지금도 남은 자취가 참으로 기이하구나, 주대酒臺는 기울어 푸른 풀에 묻혔고, 다조茶竈(차 부뚜막)는 지금 쇠락해 푸른 이끼 끼어 황폐하네"라고 했다. 또한 김극기가 한송정을 주제로 읊기를, "내가 한송정을 사랑하는데 고표高標 가 푸른 은하에 의지했네, … 취악翠崿이 강우로 더욱 수려하고 황화黃花가 바람으로 더욱 향기롭네, 사선四仙이 유상遊賞한 곳을 탐력探歷해 퇴령頹齡을 위로하네"라고 했다.[8] 안축이 한송정을 주제로 읊기를, "사선四仙이 일찍이 여기에 모이니 객客이 맹상문孟嘗門과 유사했지, 주리珠履는 구름에 자취가 없고 창관蒼官(소나무)은 불타 존재하지 않네, 진眞을 찾아 취밀翠密을 생각하 고 회고懷古하며 황혼黃昏에 섰네, 오직 전다煎茶하던 우물이 있어 의연依然히 석근石根이 남아 있네[소나무가 근래 산화山火에 의해 불탔기 때문에 그렇게 이른 것임]"라고 했다.[9] 한송정은 사선四仙이 유상遊賞했던 곳으로, 다조茶竈와 전다煎茶 우물 등이 그 증거로 깊이 믿어졌던 것이다.

강릉 한송정은 원래 문수사(문수당) 소속의 정자로 여겨지고 있는데,[10] 그 터는 강릉시 강동면 하시동리 제18전투비행단 경내(동해에 접함)에 위치

『보한집』 하권에 따르면, 戒膺은 곧 無㝵智國師로, 睿王(예종)이 大內로 邀入해 머물기를 苦請했지만 사양하고 太白山에 가서 卜居해, 上이 다시 使를 보내 詔하여 불렀지만 응하지 않았다고 한다.

8) 『신증동국여지승람』 권44, 강릉, 樓亭 寒松亭 및 題詠 八詠 寒松亭. 김극기 시.

9) 『근재집』 권1, 關東瓦注, 「題寒松亭」.

10) 최성은, 「명주지방의 고려시대 석조보살상에 대한 연구」『불교미술』 5, 1980.

한 것으로 알려지고 있다.[11] 김극기가 「문수당文殊堂」 시에서, "영상嶺上 문수당文殊堂은 능허凌虛해 화량畫梁을 일으켰구나, 해조海潮는 벼락처럼 묘후妙吼를 내고 산월山月은 물 흐르듯 자광慈光을 비추네"라고 했다.[12] 『동국여지승람』은 문수사文殊寺가 부府(강릉부)의 동쪽 해안에 있다고 하면서 김극기의 시를 다음과 같이 소개했다. "사찰을 두른 요계瑤溪는 옥잠玉岑과 더불어 청량淸凉 경계境界가 옛부터 지금까지 같네, 공空을 찾아 직상直上하니 송성松性을 알고 물物에 응하여 장허長虛하니 물심竹心을 보네, … 사화使華가 해마다 유승幽勝을 찾아 연하煙霞에다가 땅이 깊더라도 상관하지 않네", "유인幽人이 보산寶山에 연좌宴坐해 한 심지[炷] 침연沈烟이 순궁舜躬을 축원하네, … 영월嶺月이 처마끝 주공朱栱에 흐르고 계운溪雲이 침상枕上 벽롱碧櫳에 스며드네, 밤중에 동창東窓이 객몽客夢을 놀라게 하더니 금오金烏(태양)가 바다에서 용출해 하늘을 쏘며 붉네".[13] 김극기가 강릉을 읊은 시에서 "사랑四郎이 지금 어디에 있는가, 진적陳迹이 다만 스스로 남았네, '선정仙亭'이 계구溪口를 누르고 불우佛宇가 영두嶺頭에 솟았네"라고 했는데,[14] 이 '仙亭'은 한송정을, 이 '불우'는 문수당을 지칭했을 것이다. 이 문수당(문수사)은 일출이 잘 보이는 바닷가 언덕 위에, 한송정은 시냇물이 바다와 만나는 부분에 자리했다고 여겨진다. 문수당은 청량淸凉(문수보살 거처)의 경계境界로, 한송정은 사랑四郎(사선四仙)의 자취로 간주되었다. 문수당과 한송정은 ㄴ사선四仙 신앙과 문수 신앙의 결합을

---

11) 이 한송정 터 추정지의 지역은 나지막한 산과 작은 시내를 지니며 동해 남항진해변 - 염전해변에 접한다.

12) 『신증동국여지승람』 권44, 강릉대도호부, 題詠, 八詠. 文珠堂. "嶺上文殊堂 凌虛起畵梁, 海潮震妙吼 山月流慈光, 雲噓石樓畔 水漱松徑傍, 坐見林外鳥 含花忽來翔".

13) 『신증동국여지승람』 권44, 강릉대도호부 佛宇, 문수사. 김극기 시 "繞寺瑤溪與玉岑 淸凉境界古猶今, 尋空直上諳松性 應物長虛見竹心…使華歲歲探幽勝 遮莫煙霞特地深"/"幽人宴坐寶山中 一炷沈烟祝舜躬, 天女散花香覆地 夜神敷樹影侵空, 簷端嶺月流朱栱 枕上溪雲 啾碧櫳, 半夜東窓驚客夢 金烏湧海射天紅". 한편 이 문수사를 읊은 시라며 鄭樞詩 "夜靜風箏響半空 丹靑古殿佛燈紅, 老僧愛說于筒水 智水與之誰淡濃"가 실려 있지만, 정추의 이 시는 내용으로 보든지 『원재집』 상권에 「宿臺山文殊社」로 실려 있는 것으로 보든지 오대산 중심부의 문수사(상원사로 보임)를 읊은 것으로 보인다.

14) 『신증동국여지승람』 권44, 강릉, 題詠, 「並水穿沙洲」.

258

보여준다.

　이곡은 강릉존무사 성산星山 이군李君과 경포鏡浦에서 뱃놀이하고 경포대에 올랐으며, 비로 인해 1일 동안 (강릉부 객관에) 머물고는 강성江城(남대천을 낀 강릉부 성)을 나와 문수당文殊堂을 관람했는데 사람들이 말하기를 문수文殊·보현普賢 두 석상石像이 땅으로부터 용출한 것이라 하며, 동쪽에 사선비四仙碑가 있는데 호종단胡宗旦에 의해 침몰되어 귀질龜趺만 남아 있을 뿐이라고 했고, 한송정에서 마시며 전별餞別했는데 이 정자 역시 사선四仙이 노닐던 곳이라고 했다. 군인郡人(강릉 사람들)이 그 유상자遊賞者가 많음을 싫어해 옥옥屋을 철거했고 송松 역시 야화野火에 의해 불타 오직 석조石竈와 석지石池와 두 석정石井이 그 옆에 있는데 역시 사선四仙 다구茶具라고 했다.15) 강릉 문수당에는 문수석상과 보현석상이 있었고 그 동쪽에 사선비四仙碑 밑부분이 남아 있었고 사선이 사용했다는 석조石竈와 석지石池와 석정石井이 남아 있었다. 이곡은 강릉 지역으로 와서 문수당 일대를 구경했는데 문수와 보현 두 석상이 땅에서 솟아난 것이라고 사람들이 말했으니, 고려전기 이래 이 지역의 문수와 보현 신앙이 말기에도 남아 있었다. 나옹이 동해문수당東海文殊堂을 주제로 읊기를, "문수대지文殊大智는 지智를 알기 어려워 물건마다 집어와 이 기機를 거느리네, 수록水綠 산청山靑한 하처下處가 이것이고 천회天廻 지전地轉한 공동시共同時이네"라 했는데,16) 이 동해 문수당은 이곡이 목격한 강릉 바닷가의 문수당으로 여겨진다. 강릉 한송사지(원래 문수사)에서 보살상 둘이 발견되었는데 문수보살과 보현보살로 추정되고 있으며 이곡이 목격한 바로 그것으로 판단되고 있다.17)

---

15) 「東遊記」『가정집』권5, 記. 이곡이 한송정으로부터 남하하니 安仁驛이 있는데 日이 이미 서쪽으로 기울어 嶺을 넘을 수 없어 留宿하고 다음날 새벽에 나서서 驛(안인역) 東峯(심히 험준)을 지나 燈明寺에 이르러 日出臺를 구경했다.

16) 『나옹록』나옹화상송가,「題東海文殊堂」. "文殊大智智難知 物物拈來揔是機 水綠山靑下處是 天廻地轉共同時".

17) 권보경,「고려전기 강릉일대 석조보살상 연구」『사림』25, 2006 ; 최성은,「명주지역 나말여초 불교조각과 굴산선문」『문화재』45, 2012. 이 두 보살상에 대해 최성은은 나말여초로, 권보경은 11세기로 보고 있다. '한송사'는 한송정으로 인한 속칭이며

그림 17. 강릉 한송사지 보살(보현추정). 오죽헌시   그림 18. 한송사지 보살(문수추정). 국립춘천박물
립박물관 소장(필자 촬영)   관 소장(필자 촬영)

　『삼국유사』에 정풍正豊(정륭正隆) 원년 병자년(1156, 의종 10) 10월에 백운
자白雲子가 기기한 「오대산문수사석탑기五臺山文殊寺石塔記」가 실려 있는데 이
문수사는 오대산 중심지역에 있는 문수사가 아니라 오대산 동쪽 기슭 바닷가
에 있는 문수사로 여겨진다. 이 기문을 살펴보면, (문수사) 정반庭畔 석탑石塔
은 대개 신라인이 건립한 것인데 제작이 비록 순박淳朴해 교巧하지 않지만
이루 다 기록할 수 없을 정도로 심히 영향靈響이 있었다고 한다. 여러 고로古老
가 이르기를, 옛적에 연곡현인連谷縣人이 강舡을 갖추어 바다를 연沿하여 고기
를 잡고 있었는데 홀연히 탑塔 하나가 나타나 주즙舟楫을 따라오자 수족水族이
그 그림자를 보고 모두 역산逆散해 사방으로 달아나니 이로 인해 이 어인漁人
이 하나도 잡은 것이 없어 분노를 견딜 수 없었다고 한다. 이윽고 그림자가

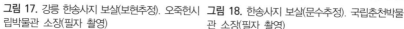

원래는 문수사였다.

이르러 보니까 이 탑이었으니 이에 도끼를 휘둘러 찍고서 떠나갔는데 지금
이 탑 사우四隅가 모두 이지러진 것은 이 때문이라고 했다. 그 탑을 둠이
조금 동쪽에 치우쳐 중中하지 않은 것을 괴이하게 여겼는데 한 현판懸板을
우러러 보니 여기에 이르기를, "비구比丘 처현處玄이 일찍이 원院에 주住하다가
문득 탑을 이동해 정심庭心에 두니 20여년餘年 동안 적막하게 영응靈應이
없었는데, 일자日者(음양관)가 구기求基하다가 여기에 이르러 탄식하기를,
'이 중정지中庭地는 안탑安塔의 장소가 아니니 어찌 동쪽으로 이동하지 않는가'
하자, 이에 중승衆僧이 깨닫고 다시 구처舊處로 이동했는데 지금 서 있는
것이 그것이다"라고 했다.[18]

  이 문수사 석탑은 제작制作이 순박淳朴해 정교하지 않았다. 연곡현連谷縣(주
문진 일대) 어부가 배를 타서 바다를 따라 어로를 하다가 홀연히 나타난
탑으로 인해 고기잡이를 망치자 화가 나서 도끼로 그 탑을 찍어 탑이 이지러
졌고, 이 탑이 바로 문수사탑이라는 것이다. 이 문수사는 바닷가에 위치하고
그 석탑은 정교하지 않았다고 여겨지니 오대산 중심지역의 문수사로 보기
어렵고 그 석탑은 월정사의 정교한 8각9층 석탑에 해당되기 어렵다. 백운자
가 목격하고 기록한 석탑을 지닌 오대산 문수사는 이곡이 언급한 강릉
문수당에 해당한다고 하겠는데, '오대산'을 관칭冠稱한 것은 강릉 바닷가도
오대산 기슭으로 간주했기 때문으로 여겨진다.

  경포대鏡浦臺에 대해, 김극기가 읊기를 "대臺를 쌓아 벽포碧浦를 베개 삼으니
올라가 조망함을 어찌 오래 사양하리, 부서지는 파도는 가선歌扇을 움직이게
하고 상서로운 폭풍은 무수舞袖를 회오리처럼 날리게 하네, 하河가 옥진玉塵을

18) 『三國遺事』권3, 塔像,「五臺山文殊寺石塔記」. "(문수사)庭畔石塔 蓋新羅人所立也, 制作雖
淳朴不巧 然甚有靈響 不可勝記. 就中一事 聞之諸古老 云'昔連谷縣人 具舡沿海而漁 忽見一
塔隨逐舟楫 凡水族見其影者 皆逆散四走 以故漁人 一無所得 不堪憤恚, 尋影而至 蓋此塔也.
於是 共揮斤斫之而去. 今此塔四隅皆缺者以此也'. 予驚嘆無已 然怪其置塔 稍東而不中, 於是
仰見一懸板云:'比丘處玄 曾住此院 輒移置庭心 則二十餘年間 寂無靈應, 及日者求基抵此
乃嘆曰 是中庭地 非安塔之所 胡不移東乎. 於是衆僧乃悟 復移舊處 今所立者是也'. 余非好怪
者 然見其佛之威神 其急於現迹利物如此, 爲佛子者 詎可默而無言耶. 時正豊(隆)元年丙子十
月 日, 白雲子記".

기울여 담談하게 하고 해海가 은굉銀觥을 넘쳐 술을 마시게 하니, 사선四仙 마음을 알지 못해, 금고今古에 서로 비추는지 아닌지"라고 했다.19) 또한 경포대에 대해 김극기가 읊기를 "허량虛凉한 경포대에 수석水石이 다투어 얽혀 도네, 유제柳堤는 청연靑煙과 합하고 사안沙岸은 백설白雪(흰눈 같은 모래)이 쌓였네, 물고기는 상점象簟을 불며 가고 새[鳥]는 교반鮫盤을 떨어뜨리며 오네, 선유仙遊는 아득해 어디로 갔는가, 땅에 가득히 공허하게 초록 이끼가 끼여 있네"라고 했다.20) 김극기는 경포대를 사선四仙이 노닐던 곳으로 인식했다.

　안축이 경포대 기문21)에서 언급하기를, "태정 병인년(1326, 충숙왕 13)에 지금 지추부知秋部 학사 박공숙朴公淑(박숙朴淑)이 관동에서 장절杖節했다가 돌아와서 나에게 말하기를, '임영臨瀛 경포대는 신라시대에 영랑선인永郞仙人이 노닐던 곳이라, 내가 이 대臺에 올라 산수의 아름다움을 보고 진심으로 즐거워해 지금까지도 권권惓惓해 잊은 적이 없는데, 대臺에 오래도록 정우亭宇가 없어 풍우風雨가 있으면 유람하는 자가 근심하니, 내가 읍인邑人에게 명하여 그 위에 소정小亭을 지었으니, 그대는 나를 위하여 기문을 지어 주시오'라고 했다. 나는 이 말을 듣고 박공(박숙)이 본 것이 중인衆人이 논한 것과 같지 않음을 괴이하게 여겨 감히 망령되게 스스로 평품評品하지 못하고, 한번 유람한 후에 기문을 짓기로 생각했다. 지금 내가 다행히 왕명을 받들어 이 방면에 출진出鎭해 기승奇勝을 역관歷觀했다. … 내가 (경포대에) 오랫동안 앉아 명수冥搜하다가 자신도 모르게 조용히 응신凝神했거늘, 지미至味는 한담閒淡(閑淡)의 중中에 있고 일상逸想은 기형奇形의 외外를 초월해, 마음으로 홀로 알면서도 입으로 상언狀言하지 못하는 것이 있었다. 대저 그러한 연후에 박공(박숙)이 즐거워한 것이 기괴奇怪 일물一物에 있지 않고 내가 말한 리理의

---

19) 『신증동국여지승람』권44, 강릉 樓亭 鏡浦臺. 김극기 詩.
20) 『신증동국여지승람』권44, 강릉, 題詠 八詠. 김극기 詩. 김극기가 강릉 일대를 읊은 시들 중의 8개는 특히 애송되어 강릉의 '八詠'으로 알려진다.
21) 이 기문은 『근재집』권1, 關東瓦注에 「鏡浦新亭記」로 실려 있고, 『동문선』권68, 記에 「江陵府鏡浦臺記」로, 『신증동국여지승람』강릉 樓亭 경포대에 안축 記로 실려 있는데 내용은 거의 동일하다. 至順二年(1331, 충혜왕 1) 二月에 안축이 이 記를 찬술했다.

묘妙한 것을 얻었음을 알았으니, 옛적에 영랑永郞이 이 대臺에 노닌 것은 반드시 즐거워한 바가 있었을 것이니, 지금 박공(박숙)이 즐거워하는 것은 그 영랑永郞의 마음을 얻은 것인저"라고 했다. 박공(박숙)이 관동에서 절월節鉞을 잡았을 때, 읍인邑人(강릉 사람)에게 명해 경포대에 정자를 짓도록 하니, 읍인邑人이 모두 말하기를 '영랑永郞이 이 대臺에서 노닐었지만 정우亭宇가 있다는 것을 들은 적이 없는데 지금 천재千載(천년)가 흐른 후에 어찌 정자를 지으려 하는가' 하고, 음양기어陰陽忌語로써 고했다고 한다. 하지만 박공은 청납하지 않고 독명督命했는데 역자役者가 제토除土하다가 초체礎砌가 남아 있는 정후 구기舊基를 발견하니 읍인邑人이 이상하게 여기며 감히 반박하는 말이 없었다고 한다. 정후의 기적基迹이 이미 옛적과의 거리가 이어져 내려온 세월이 오래되고 심지어 인몰堙沒해 읍인邑人이 알지 못했는데 지금 우연히 보게 되었으니 이 어찌 영랑永郞이 지금 부생復生한 것이 아님을 알리오" 했다.[22] 박숙은 경포대가 신라시대에 영랑선인永郞仙人이 노닐던 곳이라며 이곳에 정자를 지었는데 그 과정에서 옛 정자의 터가 발견되었다고 한다. 경포대는 영랑선인永郞仙人이 유람한 곳으로 믿어졌던 것이다.

강릉 등명사에 대해 고려중기(무신정변 이전)에 김돈시金敦時가 읊기를, "사찰이 창파滄波를 눌러 멀리 아득한데, 올라 임臨하니 바다 중앙에 있는 듯하네, 주렴을 걷자 죽竹 그림자가 성기면서 빽빽하고, 베개에 비스듬히 기대니 여울 소리가 억抑하고 양揚하네, 밤에 경루經樓가 고요한데 향불이 식어가고 달이 빈탑賓榻에 밝아 갈건葛巾이 서늘하네, 좋은 경치에 머물 인연 없음을 아쉬워해, 종일토록 흐리게(어리석게) 구口를 위해(먹고 사느라) 바쁘네"라고 하였다.[23] 등명사에 대해 김극기가 읊기를, "금승金繩(금줄)의 도道가 벽련봉碧蓮峯을 두르고 복각複閣 층대層臺가 멀리 허공에 의지했네, 그윽한 나무는 결음結陰해 하시夏巿를 맞이하고 늦은 꽃은 아름다움을 남겨

---

22) 박숙 성명은 "今知秋部學士朴公淑"에 드러나 있다.

23) 『신증동국여지승람』 강릉 불우, 등명사. 김돈시(김부식의 아들)는 무신정변 때 卒伍에 의해 죽임을 당하므로 무신정변 발생 이전에 이 시를 지었다.

춘공春工을 돕네, 봉간鳳竿 그림자는 천 봉우리 달에 걸리고, 어고魚鼓 소리는 만 골짜기 바람에 전하네, 고인高人이 설야雪夜 들음을 가장 추억하고 화로 재는 발백撥白해 불이 홍紅과 통하네"라고 했다.24) 등명사가 경루經樓, 복각複閣 충대層臺, 봉간鳳竿을 지녔음을 알려준다.

이승휴가 경흥도호부(강릉)에서 근무하다가 원종 5년 11월 3일에 동지冬至 ·팔관八關·원정元正과 폐하조제소회연陛下朝帝所廻輦 네 표문을 받들고 경京(강 도)으로 향해 길에 올라 횡계역橫溪驛에 이르렀는데 안집安集 학사 김록연金祿 延이 진주부眞珠府(삼척현) 리吏에게 명령해 이승휴의 상친孀親(과부 모친)이 우寓한 초당草堂을 수즙修葺하게 한 것을 듣고 등명燈明(강릉 등명사) 승통僧統 의 시운詩韻을 차용借用해 시를 지어 사례했다.25) 당시 등명사에 교종의 최고직위인 승통僧統이 주석했으니 등명사가 교종사원이고 승통이 주석할 정도로 위상이 높았음을 알 수 있다.

이승휴가 등명사燈明寺 판상板上 시에 차운하기를, "호사好事 금오金鰲가 옥봉玉峯을 대戴하고 용출하는 창파蒼波가 솟구쳐 허공을 문지르네, … 닭이 울지 않은 때에 누樓가 득일得日하고(일출을 얻고) 신섬(이무기)이 처음 뿜은 곳에 바다가 번풍飜風하네, 탑대塔臺가 기치奇致해 서로 아는 것 같아 모름지기 아침 해가 만이홍萬頤紅함을 기다리네"라고 했다.26) 안축이 「관동별곡」에서 등명루燈明樓 위에서 오경五更(새벽 5시 무렵) 종鍾친 후 일출日出하는 광경이 어떠한가 했다.27) 이곡은 한송정을 경유해 남쪽으로 나아가 안인역安仁驛에

24) 『신증동국여지승람』 강릉 불우. 김극기 시.
25) 『동안거사집』 行錄1, 「十一月初三日 奉冬至八關元正與夫陛下朝帝所廻輦四表 登途如京 至橫溪驛」. 冬至·八關·元正과 陛下朝帝所廻輦 四表에 대해 中書省에서 明年(원종 6년) 正月 上旬에 이르러 一時에 設科(심사해 등급을 매김)를 했는데 이승휴가 찬술한 표문이 二處에서 榜頭하고, 一에서 第二에 居하고, 一에서 第三에 居했으니 이승휴의 詩文 능력이 뛰어났음을 알 수 있다. 이러한 賀表 헌정은 병마사 내지 안집사와 계수관의 역할이었으니 이승휴는 강릉도안집사 관할 경흥도호부(강릉)의 서기로서 안집사를 대신해 賀表를 찬술한 것이었다. 몽골이 和州에 쌍성총관부를 설치해 고려 東界의 북부를 지배한 결과 고려 東界는 그 남부로 축소되어 원종 4년에 '江陵道'라 칭하게 되면서(『고려사』 권58, 지리지, 동계), 강릉이 중심으로 자리매김한다.
26) 『동안거사집』 行錄 2. 次燈明寺板上韻.

서 숙박하고 새벽에 등명사에 이르러 일출대日出臺를 구경했다.[28] 그가 등명
사 시에 차운하기를, "가경佳景을 찾기 위해 위봉危峯을 넘으니 해활海闊 천장天
長해 안계眼界(시야)가 공空하네, … 대臺에서 출일出日에 임臨하니 부상扶桑이
밝아오고 사찰은 회암廻巖에 있어 고목古木에 바람 부네, 생각해 보건대 야심夜
深에 승僧이 입정入定하면 용왕龍王이 와서 붉은 불등佛燈을 보리라[사찰에
관일대觀日臺가 있고 대臺 위에 석탑石塔이 있음]"라고 했다.[29] 등명사는 일출
의 명소로 일출대日出臺(관일대觀日臺)를 지니고 등명루燈明樓에서 보는 일출이
장관이었는데, '등명사燈明寺'라는 사찰 이름도 불등佛燈과 일출日出을 하나로
묶은 표현으로 여겨진다.

진각국사眞覺國師(천희千熙) 비명碑銘의 음기陰記에는 금생사주지金生寺住持
중대사重大師 □□, 등명사주지燈明寺住持 선사禪師 □□, 전월남사주지前月南寺住
持 대선大禪, 법왕사주지法王寺住持 □□, 개운사주지開雲寺住持 □□ 등이 새겨져
있다. 이 등명사燈明寺가 강릉 바닷가의 등명사라면 선사禪師가 주지했기에
당시 강릉 등명사는 조계선종 혹은 천태종 사찰이었다. 천희는 화엄종 승려
로 선禪을 수행한 자였는데 공민왕 때 국사國師와 선교도총섭禪敎都揚攝을
역임했기에 조계선종 혹은 천태종 사찰도 그와 관련을 맺을 수 있었고
특히 그가 오대산에서 수행을 한 적이 있기에 더욱 그러했다. 이승휴가
활동할 때에는 강릉 등명사가 교종사찰이었는데 진각국사 비명의 등명사가
강릉의 그것이라면 강릉 등명사가 이승휴 이후 고려말기에 조계선종 혹은
천태종 사찰로 바뀐 것이었다.

강릉의 화부산花浮山은 강릉부 북쪽 3리에 위치했는데,[30] 다양한 신앙이
공존한 곳이었다. 김유신을 모시는 유신사庾信祠가 이곳에 있었다. 정추가

---

27) 『근재집』「관동별곡」. 안축은 「관동별곡」에서 三韓禮義 千古風流의 臨瀛古邑에서
   鏡浦臺와 寒松亭의 明月 淸風, 海棠 길, 연꽃 연못이여, 春秋佳節에 遊賞하는 광경이
   어떠한가, 燈明樓 上에서 五更(새벽 5시 무렵) 鍾친 후 日出하는 광경이 어떠한가
   했다. 강릉에서 경포대, 한송정, 등명사루의 경관을 으뜸으로 찬미한 것이었다.
28) 『가정집』 권5, 記, 「東遊記」 이곡.
29) 『가정집』 권19, 律詩, 次江陵燈明寺詩韻.
30) 『신증동국여지승람』 강릉 산천.

강릉 동루東樓에서 달을 바라보며 읊기를,[31] "대관大關 이동以東은 천하에서 드문데 명주溟州는 나무에 노앵老鶯이 어지러이 나는구나, 청신淸晨에 기마騎馬해 초제招提(사찰)를 방문하고 빈관賓館(객관)에 돌아오니 해가 이미 서쪽으로 기울었네, 등루登樓하니 월색月色이 눈[雪]처럼 희고 철적鐵笛을 한 번 부니 산이 찢어지려 하네, 난간闌干에 기대니 두루 정말로 수색愁絶인데 달에게 묻노니 천년千年에 몇 번이나 원결圓缺했는가, 야심夜深에 사방을 둘러보니 사람이 적막하고 성오城烏는 까악까악하니 진塵이 막막漠漠하네(조용하네), 소성小星이 경경耿耿하며 월月과 빛을 다투고 운한雲漢은 종고終古해 문장文章이 빛나네, 문장이 빛나 만방萬方에 임하거늘 부운浮雲이 가리고자 하여 상상傷할만한데 어찌 양검良劒을 얻어 궁창穹蒼에 의지하리오, 경도鯨濤가 하늘에 접해 아득해 무극無極하고 화부花浮(화부산)는 비스듬히 이어져 가색佳色이 우거졌네, 유신장군庾信將軍은 진실로 영웅이어라 천년 동안 탁월하게 기공奇功을 칭송하네[강릉에 유신사庾信祠가 있음]".라고 했다. 김유신 사당이 강릉에 건립되어 있고 그의 양검良劒 설화가 전해짐을 알려준다, 화부산의 아름다움을 찬미했는데 김유신과 관련이 있었기 때문이다. 『동국여지승람』에 성황사城隍祠가 부府(강릉부) 서쪽 백보百步에 위치하고 김유신사金庾信祠가 화부산花浮山에 위치한다고 되어 있고, 이 김유신 사당에 대해 '신증新增'란을 만들어 지금 성황사城隍祠에 합해져 있다고 되어 있다.[32] 김유신 사당은 조선초까지도 화부산에 소재했던 것이니 그래서 고려말기 정추가 화부산을 찬미했던 것이다.

31) 『東文選』 권7, 七言古詩, 「江陵東樓 對月有感」. "大關以東天下稀 溟州樹老鶯亂飛, 淸晨騎馬訪招提 歸來賓館日已西, 登樓月色白如雪 鐵笛一弄山欲裂, 闌干倚遍正愁絶 問月千年幾圓缺, 夜深四顧人寂寞 城烏啞啞塵漠漠, 小星耿耿月爭光 雲漢終古昭文章, 昭文章臨萬方, 浮雲欲蔽爲可傷 安得良劒倚穹蒼, 鯨濤接天渺無極 花浮邐迤邐佳色, 庾信將軍英雄 千載卓犖稱奇功[江陵有庾信祠]". 한편 『圓齋先生文稿』 상권, 詩에도 같은 제목과 내용이 실려 있는데 "庾信將軍英雄, 千載卓犖稱奇功"에 대해 세주에 一作 "庾信將軍喚不聞 風作浪湧空銷魂"이라 했고 江陵에 庾信祠가 있고 花浮는 山名이라 했다.

32) 『신증동국여지승람』 권44, 강릉대도호부 祠廟. 大關山神祠는 府西 40里에 위치한다고 되어 있다. 한편 17세기 찬술 『동국여지지』에도 金庾信 사당이 옛적에 花浮山에 있다가 지금 城隍祠에 합해져 있다고 되어 있다.

266

정추鄭樞가 강릉관사江陵官舍 시에 차운하기를, "심추深秋에 해가 지는 북빈성北濱城에 앉아 호산湖山을 마주하니 무한無限한 정情이네, 장사壯士가 신神을 지녀 능히 검주劍呪할 수 있었는데 선승禪僧이 속여 종鍾을 만듦으로 인해 쫓겨났네, 멀리 보니 삼로三老가 바람을 거슬러 가고 돌이켜 생각하니 사선四仙이 달을 흔들며 가네 …"라고 했다.[33] 세주로 달기를, "장사壯士는 김유신金庾信이다. 유신庾信이 산에 들어가 주검呪劍하니 각성角星 광光이 내려와 그 검을 광염으로 단련해 견고하게 했다. 두타頭陀가 굴산崛山에 있어 (그 검을) 주용鑄鎔하니, 그 사師(스승) 범일국사梵日國師가 대당大唐으로부터 돌아와 성내어 쫓아냈다"라고 했다. 김유신이 산에 들어가 주검呪劍해 각성角星의 빛이 내려와 검을 신령하게 만들었는데 굴산사의 선승이 그 검을 녹여 범종을 제작했다가 스승인 범일국사에 의해 쫓겨났다는 것이다.

김유신의 신령한 검 설화는 『삼국사기』 김유신전에 실려 있다. 이에 따르면, 김유신이 15세에 화랑花郞이 되니 시인時人이 흡연洽然히 복종服從하고 '용화향도龍華香徒'라 칭했다. 진평왕 건복建福 28년 신미년(611, 진평왕 33)에 17살의 김유신이 고구려·백제·말갈이 국강國疆을 침질侵軼하는 것을 보고 강개慷慨해 구적寇賊을 평정하려는 뜻을 지녀 중악中嶽 석굴石崛에 들어가 기도한 끝에 한 노인으로부터 비법秘法을 전수받았다. 건복 29년(612, 진평왕 34)에 인적鄰賊이 전박轉迫하니 김유신이 더욱 장심壯心을 일으켜 홀로 보검寶劍을 휴대하여 인박산咽薄山 심학深壑의 안에 들어가 향香을 사르며 하늘에 고하여 기축祈祝하고 기도하기를, '천광天官이 광채를 드리워 보검寶劍에 강령降靈해 주십시오' 했는데, 삼일 째 밤에 허虛·각角 이성二星이 빛을 발하고 그 빛이 내려오니 검劍이 흔들리는 듯했다고 한다.[34]

『동국여지승람』 경주부 편에는 단석산斷石山(월생산月生山)은 경주부 서쪽

---

33) 『圓齋先生文稿』상권, 詩, 又(次江陵官舍韻). "深秋落日北濱城 坐對湖山無限情, 壯士有神能劍呪 禪僧見逐謾鍾成, 遙看三老遡謾去 却憶四仙搖月行, 我欲狂名流百世 天淸一棹擊空明 [壯士 金庾信也, 庾信入山呪劍 角星光下 燭其劍擊冊, 頭陀有崛山鑄鎔, 其師梵日國師 白大唐廻 怒逐之]".

34) 『삼국사기』권41, 열전 제1, 金庾信 上.

23리에 있는데 언전諺傳에 신라 김유신이 려麗·제濟를 정벌하고자 신검神劍을
얻어 월생산月生山 석굴石窟에 숨어들어가 검술을 연마해 시험삼아 대석大石을
절단하니 산처럼 쌓이고 사찰을 그 아래에 창건해 '단석사斷石寺'라 했다고
한다. 인박산咽薄山은 경주부 남쪽 35리에 있는데 언전諺傳에 김유신이 보검寶
劍을 휴대해 심학深壑에 들어가 향香을 사르며 하늘에 고해 병법兵法을 기도한
곳이라 한다.35) 김유신이 보검을 휴대해 심학深壑에 들어가 하늘에 기도해
허虛·각角 이성二星이 강림했다는 인박산咽薄山을『동국여지승람』은 경주부
남쪽 35리에 소재한다고 보았다.

그런데 정추의 위 시는 강릉 사람들이 김유신의 검이 각성角星으로부터
빛을 받은 인박산咽薄山을 강릉의 산으로 간주했음을, 이 검이 강릉 지역에
전해져 왔는데 굴산사의 선승(범일국사의 제자)이 그것을 녹여 범종으로
만들었다고 믿어왔음을 말해준다. '인박산咽薄山'은 목구멍처럼 좁은 고개를
지닌 산을 의미한 듯한데 강릉의 관문인 대관령大關嶺 내지 대관산大關山을
의미했을 수 있다.

조선시대 허균이 「대령산신大嶺山神」 찬贊에서 다음과 같이 언급했다. 계묘
년 여름에 그 자신이 명주溟州에 있는데, 주인州人이 장차 오월五月 길吉로
대령신大嶺神을 마중하려 하자 그것에 대해 수리首吏에게 물었다. 리吏가 말하
기를, "신神은 곧 신라 대장군 김유신金庾信입니다. 김유신이 소시少時에 주州
(명주)에 유학游學해 산신山神으로부터 검술劍術을 배우고 주州(명주) 남쪽
선지사禪智寺에서 검劍을 주조해 90일에 로爐에서 꺼내니 광채가 매우 빛났습
니다. 김유신이 그것을 차서 분노하면 도약해 칼집에서 꺼내 려麗(고구려)를
멸滅하고 제濟(백제)를 평정하고, 죽어서 령嶺(대관령)의 신神이 되어 지금까
지 영이靈異가 있기 때문에 주州 사람들이 제사합니다. 매해 오월五月 초길初吉
(초하루)에 번개幡蓋를 갖추어 향화香花해 대령大嶺에서 맞이해 받들어 부사府
司에 두고 오일五日에 이르러 잡희雜戱를 진열해 즐거워하게 합니다. 신神이
기뻐하면 하루 종일 개蓋(幡蓋)가 기울어 쓰러지지 않아 풍년이 들고 분노하여

35)『신증동국여지승람』권21, 경주부 산천.

개개蓋가 쓰러지면 반드시 풍수風水의 재災가 있습니다"라고 했다. 허균이 이상히 여겨 기일期日에 이르러 가서 보았는데 과연 그것이 쓰러지지 않으니 주인州人 부로父老가 모두 환호하고 구시謳詩해 서로 경하慶賀하며 변무抃舞했다고 한다.[36] 조선 중·후기 강릉 사람들은 김유신이 소시적에 강릉에 유학해 산신으로부터 검술을 배우고 강릉 남쪽 선지사禪智寺에서 검劍을 주조해 그것으로써 삼국을 통일하고 사후에 대관령의 신이 되어 영험을 지녔다고 믿었기 때문에 5월 1일~5일(단오)에 이 대관령신을 부사府司에 맞이해 축제를 열었던 것이다. 강릉에서 김유신에 대한 제사가 단오제와 결합한 것인데 고려시대에 이미 그러했을 가능성도 있다.

강릉 화부산에 향교가 건립되었다. 향교가 강릉부 북쪽 3리에 위치하는데, 동쪽 모퉁이에 옹甕같은 바위가 있어 속칭하기를 '연적암硯滴巖'이라 하고, 고려 김승인金承印이 존무사存撫使로 활동할 때 학사學舍를 화부산花浮山 아래에 비로소 창건했다고 한다.[37] 김승인은 김구金坵의 서자庶子로 원간섭기에 급제해 관직에 진출한 인물이니,[38] 화부산 향교는 원간섭기에 창건된 것이었다.

화부산에는 불교사찰 염양사艷陽寺가 있다가 황폐화하자 중창되었다. 지원至元 경진庚辰(1340, 충혜왕 후1) 가을에 전前 성균사예成均司藝 박징朴澄(강릉 사람)이 영해寧海에 수守하러 가면서 이곡에게 들러 인사하며 말하기를, 태정갑자泰定甲子(1324, 충숙왕 11)에 선모先母를 강릉성江陵城 북쪽에 장사지내고서 불사佛寺를 조영해 명복冥福을 추구하고자 했는데 묘墓 근처에서 '염양艷陽'이라는 고古 폐사廢寺를 얻어 경영해 지금에 이르러 완성했다고 했다. 이에 이곡이 지원 6년(1340, 충혜왕 후1) 9월 기망旣望(16일)에 기記를 지었다.[39]

---

36) 大嶺山神贊 幷序(『惺所覆瓿藁』권14, 문부11, 贊). 허균은 자신이 생각하건대 김유신은 살아서는 王室에 공로를 세워 統三의 業을 이루고 죽어서는 數千年에 오히려 능히 사람에게 福禍하여 그 神을 現하니 가히 기술할만하다고 했다.

37) 『신증동국여지승람』 강릉 학교. 화부산의 이 향교는 조선 성종대에 洪貴達에 의해 重修된다.

38) 『고려사』 권106, 金坵傳. 김승인은 大司成에까지 오른다.

39) 『가정집』 권2, 「高麗國江陵府艷陽禪寺重興記」(이곡). 朴澄은 염양사를 중창해 禪寺라고

그림 19. 강릉 화부산 향교(필자 촬영). 화부산에는 김유신사당, 염양사도 있었음

　삼척은 죽서루 팔경(팔영)으로 유명했는데 이 지역 신앙을 많이 담고 있었다. 『세종실록』 지리지 삼척편에 죽서루竹西樓를 실었는데 읍성邑城 안에 위치하며 팔경八景이 있어 죽장고사竹藏古寺, 암공청담巖控靑潭, 의산촌사依山村舍, 와수목교臥水木橋, 우배목동牛背牧童, 농두엽부隴頭饁婦, 임류수어臨流數魚, 격장호승隔墻呼僧이고 전현前賢 제영題詠이 많다고 했다. 『동국여지승람』 삼척편에는 이 8개의 경치가 제영題詠 항목에 「팔경八景」이라는 제목 아래에 실리고 여러 작자의 시가 소개되어 있다.

　안축은 삼척으로 내려가 진주眞珠(삼척) 남강南江에서 뱃놀이를 하고 삼척 서루西樓(죽서루)를 찾아 「삼척서루팔영三陟西樓八詠」 시를 읊었는데,[40] 「죽장

　했으니 조계선종 사찰로 여겨진다. 그는 이 절을 중창해 佛을 殿에 봉안하고, 僧을 堂에 거처하게 하고, 또 그 옆에 屋을 지어 聖僧을 處하게 했는데, 이 '聖僧'은 승려형 문수보살상이었을 수 있다. 그는 염양사 중창 도중인 계유년(1333, 충숙왕 후2) 봄에 先君(부친)이 사망하자 佛恩에 資하고자 銅으로 지장보살을 주조하기도 했다. 朴澄은 江陵人으로 급제해 관직이 三品에 이르렀다. 이곡이 언급하기를, 江陵은 신라 때 혹 藥國·鐵國이라 칭하고, 혹 桃源京·北濱京이라 칭하고, 本國(고려)에 들어와 溟州가 되었는데 지금 府로 승격되어 東界에 冠(으뜸)한다고 했다.

고사竹藏古寺」시에서, "수황脩篁(긴 대숲)이 세월 오래어 다 둘레를 이루었는데 손수 심은 거승居僧은 지금 이미 아니네[非], 선탑禪榻과 다헌茶軒은 깊어 보이지 않는데 천림穿林 취우翠羽는 홀로 돌아감을 아네"라 했고, 「격장호승隔牆呼僧」시에서 "용학聳壑한 군루郡樓는 수부水府에 임臨하고 격장隔牆한 선사禪舍는 암총巖叢에 의지하네, 애승愛僧 진취眞趣는 회會하는 사람이 없고 십리十里 다연茶煙은 죽풍竹風에 날리네"라 했다. 이곡도 삼척현 서루西樓(죽서루)에 올라 삼척서루팔영시三陟西樓八詠詩에 차운했는데,[41] 「죽장고사竹藏古寺」시에서 "죽竹을 사랑하는데 어찌 모름지기 경위徑圍를 물으리오 차군此君이라 칭함은 응당 비非가 아니리라, 초제招提(사찰)는 (대숲에) 취밀翠密해 장소를 알지 못하는데 오직 사양斜陽에 승僧이 홀로 돌아옴이 보이네"라 했고, 「격장호승隔牆呼僧」시에서 "관사官舍와 승방僧房이 겨우 격벽隔壁하고 체화砌花와 창죽窓竹이 함께 총叢을 이루었네, 누樓에 올라 짝이 없어 서로 부르는데 전사顓師가 도풍道風이 있기 때문이 아니네"라 했다. 죽장고사竹藏古寺는 대나무가 우거져 있었고 삼척현 관사官舍와 붙어 있었다.

삼척 죽서루에 대해 정추鄭樞가 읊기를, "죽서竹西 첨영簷影이 청류淸流에 출렁이고 담상潭上 산광山光이 소루小樓에 가득 차네, 가절佳節 원유遠遊는 감개感慨가 많아 사양斜陽에 떠나가려다가 다시 지류遲留하네, 일찍이 듣건대 어떤 객客이 황학黃鶴을 퇴퇴했다고 하지만 지금은 한恨스러워 백구白鷗를 친압親狎할 사람이 없음을", "어떤 사람이 누樓를 일으켜 교목喬木을 굽어보았는가 황혼黃昏에 한번 웃으며 홀로 서네, 처마 앞 수죽脩竹은 수천간數千竿이고 함檻 밖 징강澄江은 오십곡五十曲이네, 두타산頭陀山은 높아 황홀恍惚(恍忽)에 의지하고 관음사觀音寺는 고古하여 많이 총울蔥鬱(옹울翁鬱)하네"라고 했다.[42]

죽서루에서 멀리 두타산이 보이고 가까이에 관음사가 보였는데, 이 관음사는
삼척현 관청에 이웃한 '죽장고사竹藏古寺'로 여겨진다. 죽서루에 대해 안성安省
이 읊기를, "돌올峡岉한 창애蒼崖의 백척루百尺樓여 화개花開 화락花落이 몇
춘추春秋인가, 삼천도三千徒가 풍운風雲과 더불어 흩어졌고 오십천五十川은 세
월과 함께 흐르네, 화각畫角 일성一聲은 조모朝暮 한恨이고 연파煙波 만리萬里는
고금古今 시름이네"라고 했다.[43] 죽서루는 '삼천도三千徒' 즉 신라 화랑의
무리가 노닐었던 곳으로도 여겨졌다.

　삼척현 두타산 일대에는 삼화사, 중대사, 간장암 등이 자리했다. 삼화사三
和寺는 고려말 승려 식영암의 기記에 따르면, 두타산 동면東面에 지산支山이
있어 일어나고 엎드리며 동쪽으로 뻗어 50보步 미치기 전에 또 굴절하여
남쪽으로 가파르게 서서 하나의 봉峯을 이루고 그 봉峯 아래 땅 40묘畝가
계溪의 북쪽에 있어 우뚝 솟고 평평한데, 신라말에 삼신인三神人이 각기 아주
많은 요오僚伍를 거느려 여기에 모여 서로 함께 모의해 옛 제후회맹諸侯會盟의
예禮와 같은 것이 있더니, 오래 되어 떠나가자 토인土人이 그로 인하여 그
봉峯을 명명해 삼공三公이라 했다. 이후 이 삼공봉에 품일조사品日祖師에 의해
삼공사三公寺가 건립되고, 신성왕(태조)의 후삼국 통일에 작용해 삼화사三和寺
로 되었다고 한다.[44] 두타산 삼화사는 통일신라 말기에 품일조사 즉 사굴산
문 개창자 범일에 의해 비롯된 사찰이었다. 강릉 굴산사가 삼척 일대에까지
영향력을 확대한 것이었다.

　이승휴는 삼척현을 떠나 강도江都, 개경 등에서 관직생활을 하다가 충렬왕
6년에 파직되어 두타산 기슭 귀동龜洞(귀산동龜山洞) 구은舊隱에 돌아와 다시
은거하며 삼화사에 이웃하게 별서別墅 용안당容安堂과 부속시설(보광정 등)을
새로 건축하고는 「보광정기」를 찬술했고, 이웃 사찰인 삼화사에서 대장경을
빌려 열람했다. 그러고는 용안당과 부속시설을 시납해 간장사로 만들고

---

43) 『신증동국여지승람』 삼척 누정, 죽서루. 安省 詩.
44) 『신증동국여지승람』 삼척 불우, 三和寺. 三神人은 화랑이거나 이 지역 토착세력이었으
　　리라 추정된다. 品日은 사굴산문 개창조사 梵日의 이칭이었다.

「간장사기」를 찬술했다.[45] 그가 지원 26년(1289, 충렬왕 15) 6월에 「보광정기葆光亭記」[46]를 찬술했는데, 두타산의 중대동과 귀산동에 대해 서술하고 자신의 귀산동 용안당 등을 소개했다. 두타산의 중대동中臺洞은 이미 기이하고 절륜絶倫해 천간天慳(하늘이 아낀 것)을 다 드러냈거늘, '차속차반且束且盤'하고(또 속束하고 또 반盤하고) 총연叢然히 땅이 응축하고 오르거나 의지하기에 편한데, 형용하기 어려워, 만약 동파東坡(소식)로 하여금 그것을 보도록 하면 마땅히 서자西子(서시西施)로써 비유했으리라고 했다. 그 유관遊觀의 치致는 '십사관시十四觀詩'에 상세히 언급했다고 했다.

두타산 중대동은 '십사관十四觀' 시를 지어 상세히 언급했을 정도로 매우 빼어나고 다양한 경치를 지녔다. 원간섭기 이곡이 진주眞州(삼척현) 중대사中臺寺 고장로古長老를 유별留別하며 읊기를, "상인上人은 두타산을 나오지 않아 수운水雲 심적心迹이 맑고 한가하네, 내가 때로 장구杖屨 갖추어 송관松關을 두드리는데 돌길과 자갈땅을 오르기 어렵네, '웅관십사雄觀十四'는 인환人寰이 아닌데 전현前賢 걸구傑句가 벽간壁間에 남아 있네, 계교溪橋가 저녁에 환하니 이별하기 어려워 속연俗緣이 다하지 않아 내 어떤 얼굴인가, 누樓에 올라 깨닫지 못한 사이에 달이 다시 굽고 죽서竹西 풍경이 나를 완고하게 속여, 근래 귀몽歸夢을 끌어당길 수 없었네, 총총히 말에 타서 불러도 돌아오지 않으리, 다만 춘풍春風에 이별 눈물이 흐를까 걱정하네"라고 했다.[47] 이곡은 진주眞州(삼척현)의 새 기녀에 대해 노래했는데, "객로客路 춘풍春風에 취해서 돌아가지 않고 생가笙歌 느린 공연에 밤이 더디 가네, 죽서루에 달이 멀리 들쭉날쭉한데 행악行樂은 우아해 무사無事한 곳에 적합하네, 향기로운 꽃을 찾았거늘 아직 피지 않은 때를 한탄하고 다른 어느 해에 누가 장원狀元 가지를 꺾으리오"라고 했다.[48] 이 두 시사詩詞는 이곡이 진주眞州(삼척현)를

---

45) 『고려사』 권106, 이승휴전 ; 『동안거사집』 보광정기(이승휴)·간장사기(이승휴)·간장 암중창기(최해) ; 『졸고천백』 권1, 두타산간장암중영기(최해).

46) 『動安居士集』 雜著, 葆光亭記.

47) 『가정집』 권14, 「留別眞州中臺寺古長老」.'雄觀十四'는 前賢(이승휴)의 傑句로 곧 이승휴 의 '十四觀'詩이다. 上人은 곧 이곡이 만난 中臺寺 古長老이다.

봄철에 방문해 지어 같은 시기 작품으로 판단되는데[49] 그가 과거의 본시험에
응시하기 이전이었을 것이다.

이곡이 진주眞州(삼척현)에 달이 다시 굽도록 머물며 죽서루에서 노닐고
중대사를 방문해 고장로古長老인 상인上人을 만나 이별하기 어려워했는데,
그가 이처럼 삼척현에 장기간 머물며 중대사를 방문할 수 있었던 때는
23살로 고려의 과거에 급제하는 충숙왕 7년(1320) 9월 이전의 충숙왕 초기로
추정된다.[50] 이 시기에 두타산 중대사의 존재가 확인되는 것이다. 이곡의
중대사 방문 시기는 이승휴가 중대동을 소개한 「보광정기」를 지은 지원26년
(1289, 충렬왕 15) 6월과 대략 30년 정도 차이이고, 이 중대사는 이곡이
만난 중대사 승려가 '고장로古長老'로 표현되었을 정도로 당시 이미 연륜이
쌓인 절이었다.

이승휴가 중대동을 찬미한 '십사관十四觀(웅관십사雄觀十四)' 시가 있는 중대
사 일대의 경치는 인환人寰(인간 세계)이 아니라 하늘 세계, 신선 세계에서나
존재할 것 같은 천하의 절경이었다. 전현前賢의 걸구傑句인 '웅관십사雄觀十四'
즉 이승휴의 시 '십사관十四觀'을 이곡이 중대사에서 목격했다는 것은 이승휴
가 언급한 '중대동'이 중대사와 아주 밀접한 관계였음을, 이곡이 찾은 중대사
가 이승휴가 언급한 중대동에 위치했음을 시사한다. 이 중대사는 중대에
건립되었을 것이며, 이승휴가 중대동을 언급했을 때 이미 중대사가 중대동에
존재했을 가능성이 크다고 생각한다.[51]

---

48) 『가정집』 권20, 「眞州新妓名詞」.

49) 이곡이 이 두 詩詞를 지은 때는 봄철이니, 至正9년 기축년(1349, 충정왕 1) 가을철의
    관동 여행 때가 아니었다.

50) 이곡은 충숙왕 4년(1317)에 20살로 舉子科(九齋朔試)에 합격하고, 충숙왕 7년(1320)
    9월에 23살로 秀才科에 급제해 관직생활을 시작했고, 36살인 충숙왕 후2년(1333)에
    원 제과에 급제해 원 관직을 받았다(『고려사』 권109, 李穀傳 ; 『가정집』 이곡 연보 ;
    『고려사』 권73·74, 선거지 科目1·2). 이곡이 급제 전에 유람하다가 寧海에 이르러
    金澤의 딸과 결혼했다고 하며, 小時에 영해를 유람할 적에 향교 大賢인 金澤(원래
    咸昌 사람)이 딸과 결혼시켰다고 한다(『목은고』 이색 행장 ; 『신증동국여지승람』
    권24, 寧海 流寓 및 권29, 함창 인물). 이곡은 청소년시절에 영해(영덕)를 근거지로
    하여 삼척현을 유람하며 중대사를 방문했다고 여겨진다.

274

삼척에서 분리한 동해시의 삼화사 소장 철불의 명문에 화엄과 노사나불이 새겨져 있고 신라말 혹은 고려초 작품으로 평가되고 있다.52) 그런데 이 철불은 현재 삼화사의 상단인 옛 중대사 터에서 발견된 것이니53) 중대사의 불상으로 판단된다. 그러하니 두타산 중대사는 나말여초에 화엄사찰로 이미 건립되어 이승휴 생존 시기에도 존재했고 그래서 이승휴가 이 구역을 '중대 동'이라 칭했다고 여겨진다. 이승휴는 「보광정기」에서 중대동의 경관이 절륜함을 찬미했고, 중대동의 동북우東北隅에 홀로 서서 머리를 내밀며 반락盤 落하는 것은 대문수大文岫이고, 이 대문수의 남쪽에 정립鼎立하여 일어나 날개 를 펼쳐 날아오는 것은 삼공봉三公峯이고, 이 대문수와 삼공봉 사이에 물을 따라 돌며 구불구불 흘러 동쪽으로 바다에 들어가는 것은 포포천布鋪川이라 했다. '대문수大文岫'는 '중대동'과 밀접한 관련이 있는 것으로 보이며 '대문大文' 은 대성문수大聖文殊를, '대문수大文岫'는 대성문수大聖文殊 산(봉)을 의미한 것 으로 여겨지며,54) 중대中臺는 오대五臺 중의 중대로 문수보살의 거처를 의미 하니, 두타산에도 오대신앙이 설정된 것으로 추정된다.55) 두타산에도 강릉

---

51) 이승휴의 두타산 은거지에 대한 내용은 김창현, 「이승휴의 두타산 은거지에 대한 검토와 추론」,『동해문화』 18, 2021 참조. 이승휴가 은거한 귀동(귀산동)의 용안당(간장 사)은 그 위치에 대해 천은사(흑악사) 일대 설과 현 삼화사 일대 설이 있지만 무릉계 입구의 원래 삼화사에 이웃한 즉 접한 곳에 있었으니 원래 삼화사에 접한 절밑골 일대로 여겨진다.

52) 김유범, 「동해시 삼화사 철불의 이두문」,『구결연구』 31 ; 김창호, 「동해시 삼화사 철불 조상의 역사적 의미」,『경주문화연구』 5, 2002 ; 김상현, 「삼화사철불과 화엄업 決言大大德」,『문화사학』 11·12·13, 1999.

53) 동해시,『두타산과 삼화사』, 1998, 124~125쪽 및 144쪽. 삼화사는 원래 무릉계곡 입구에 위치했었는데 근처에 쌍용양회의 공장 건립으로 인해 무릉계곡 안쪽의 옛 중대사 구역으로 옮겨졌다. 삼화사를 다룰 때 원래 삼화사와 현재 삼화사를 혼동하지 않도록 주의해야 한다.

54) 岫는 山穴, 山洞, 山峰을 의미한다. 大文岫는 大聖文殊岫로 大聖文殊山과 大聖文殊洞을 결합한 표현으로 보인다. 한편 삼화동파수회『파수안향토지』(2015)는 이승휴가 언급 한 大文岫를 大文岫峰이라 하면서 현 삼화사 뒤편의 산봉우리로 보고 지도에 대문수 (643.5)로 표기했다.

55) 방동인은 「삼화사의 창건과 역사성 검토」,『문화사학』 8, 1997에서 두타산을 오대산 신앙의 도량으로 파악했다. 단, 삼화사와 중대를 동일시한 점, 근거가 불확실한 청련대와 흑련대와 백련대를 오대산의 오대를 擬製한 것으로 파악한 점은 문제이다.

오대산과 가야산 오대와 지리산 오대56)처럼 오대를 설정하고 그 가운데 중대를 설정해 중대사를 건립한 것으로 여겨진다.

울진 성류굴은 여러 신앙을 지니고 있었다. 보천寶川이 항상 오대산 영동靈洞의 물을 길어 복용했기 때문에 만년晩年에 육신肉身 비공飛空해 유사강流沙江 밖 울진국蔚珍國 장천굴掌天窟에 이르러 정지停止해 수구다라니隨求陀羅尼를 암송해 일석日夕으로 과課를 삼으니 굴신窟神이 현신現身해 말하기를 "나는 굴신窟神이 된 지 이미 이천년二千年인데 금일에 비로소 수구진전隨求眞詮을 듣습니다"라 하고는 보살계菩薩戒 받기를 요청해 받고 난 다음날에 굴窟 역시 형체가 없어 보천寶川이 경이驚異해 했고 20일 동안 머물다가 오대산 신성굴神聖窟로 돌아와 또 50년 동안 수진修眞했다고 한다.57) 이 장천굴掌天窟은 곧 성류굴聖留窟인데, 동굴신 신앙과 불교 신앙이 결합된 것으로 나타난다.

이곡이 관동 유람 막바지에 울진에 도착해 머물다가 새벽에 출발했는데 울진현 남쪽 십리에 성류사聖留寺가 있고 이 사찰은 석애石崖 아래 장천長川 위에 위치했다. 천척千尺의 벼랑 석벽石壁에 소두小竇가 있는데 이를 일러 성류굴聖留窟이라 했다. 굴窟이 잴 수 없을 정도로 깊고 또 유암幽暗해 촉촉燭이 없으면 들어갈 수 없어 사승寺僧으로 하여금 횃불을 잡아 인도하게 하고 또한 주인州人 중에 출입에 익숙한 자로 하여금 선후先後하도록 했다. 굴 안의 돌은 수이殊異해 당번幢幡, 부도浮圖, 불상佛像, 고승高僧같은 모양을 한 것들이 이어졌다.58) 성류굴 안의 돌은 불교형상으로 간주되고 밖에는 성류사가 건립되어 이 일대는 불교성지로 자리매김했다.

평해는 월송정과 망사정 등에 신선 신앙이 깃들어 있었다. 안축은 울진에서 남하해 평해平海로 진입해 월송정越松亭에서 읊기를, "사사事는 거去하고

---

56) 통일신라기 최치원은 가야산이 봉우리가 五臺를 형성해 완연히 淸涼(청량산=오대산)의 秀라고 했다(『孤雲先生文集』 권1, 「新羅伽倻山海印寺結界場記」). 고려중기 權適의 「智異山水精社記」에 따르면 지리산 五臺寺는 이 절이 자리한 지리산의 五臺가 이 산의 陽에 자리해 五重으로 起伏해 累臺와 같았기 때문에 생겨난 寺號였다(『동문선』 권65).

57) 『삼국유사』 권3, 塔像, 「臺山五萬眞身」.

58) 『稼亭先生文集』 권5, 東遊記 ; 『동문선』 권71, 東遊記(이곡).

인人은 비非하고 물은 동쪽으로부터 흐르고 천금유종千金遺種(천년유종千年遺種)은 정송亭松에 있네, … 어떤 선랑仙郞이 함께 학鶴을 삶았는가 '초부樵父(樵斧)'로 하여금 도룡屠龍을 배우지 못하도록 하라"라고 했다.[59) 또한 그가 망사정望槎亭에서 읊기를 "금벽金碧이 부공浮空해 물에 그림자가 비추고 등림登臨해 한번 조망하니 진금塵襟을 씻네, 비 개인 녹수綠樹에 황리黃鸝가 말하고(지저귀고) 바람 부드러운 창파滄波에 백조白鳥가 마음 전하네, 팔월八月 선사仙槎가 상한上漢과 통한다고 하고 백년百年 어점漁店이 앞 숲과 격隔하네"라고 했다.[60) 이곡은 울진 성류사와 성류굴을 구경하고 나서 이날에 평해군에 도착했는데 아직 군郡 오리五里에 이르지 않아 송松 만주萬株가 있고 그 안에 정亭이 있어 '월송越松'이라 하는데 사선四仙이 유遊하다가 여기를 우과偶過했기 때문에 그렇게 이름했다고 한다.[61) 『동국여지승람』에 따르면 월송정越松亭은 군郡 동쪽 7리에 위치하는데 창송蒼松이 만주萬株이고 백사白沙가 설雪과 같고 송松 사이에 루의螻蟻가 가지 못하고 금조禽鳥가 깃들지 않고, 언전諺傳에 신라선인新羅仙人 술랑述郞 등이 여기에서 노닐며 쉬었다고 한다.[62) 평해 월송정과 망사정은 사선四仙 신앙의 중심지로 유명했던 것이다.

사선四仙 신앙은 신라 화랑이 명승지를 유력遊歷한 것을 후인들이 흠모한 데에서 기인했다. 신라 화랑과 관원은 동해안을 따라 올라오는 경향을 보였는데 울주 천전리 암석과 울진 성류굴 등에 그 흔적을 남겼다. 울주 천전리 암석에는 영랑永郞 등 여러 화랑들이 새겨져 있고,[63) 울진 성류굴에는 진흥왕,

---

59) 『謹齋先生集』 권1, 關東瓦注, 詩, 「次越松亭詩韻」 ; 『신증동국여지승람』 평해 누정, 越松亭, 安軸詩.

60) 『謹齋先生集』 권1, 關東瓦注, 詩, 「題平海望槎亭」. 월송정도 평해에 있었다(『신증동국여지승람』 권45, 강원도 平海郡).

61) 『稼亭集』 권5 및 『동문선』 권71, 東遊記(이곡). 平海郡은 江陵道의 南界인데 北으로 鐵嶺부터 南으로 平海까지 대개 一千二百餘里이고, 平海 이남은 慶尙道의 界라고 했다. 『신증동국여지승람』 평해 누정, 越松亭 항목에 李穀 詩 "訪古秋風馬首東 喜看鬱鬱蔭亭松, 幾年心爲尋眞切 千里糧因問道春, 厄絶斧斤經漢魏 材堪廊廟擬夔龍, 倚欄不覺沈吟久 拙筆難形萬一容"가 실려 있다.

62) 『신증동국여지승람』 평해군 누정, 월송정.

63) 「蔚州 川前里 刻石」 『국사편찬위원회 한국사DB 한국고대금석문』.

향도香徒, 부문랑夫刄郎, 도미정랑刀米情郎, 고랑高郎, 상랑相郎, 병부사兵府史, 정원貞元 14년 무인戊寅(798, 원성왕 14)에 범렴梵廉, 정원 20년 갑신甲申(804, 애장왕 5)에 박상朴上 등 신라의 많은 사람들이 왔다간 행적이 새겨져 있다.[64] 성류굴에 새겨진 이러한 글자는 고려시대 관동지역에 전해진 사선四仙 행적이 어느 정도 실체를 지닌 것이었음을 시사한다.

사선四仙 신앙은 신라 화랑에 뿌리를 두어 형성되었다. 『삼국사기』에 따르면, 진흥왕 37년 봄에 비로소 원화源花를 받들었다. 초初에 군신君臣이 지인知人할 방법이 없음을 아파해 유취類聚하여 유遊하도록 하여 그 행의行義를 관찰한 연후에 천거하여 등용하고자 했다. 드디어 두 미녀美女 남모南毛와 준정俊貞을 간택해 도徒 삼백여인三百餘人을 모았는데, 두 미녀가 예쁨을 다투어 서로 질투해, 준정이 남모를 사제私第에 끌어들여 술을 억지로 권해 취하게 하여 끌어서 하수河水에 던져 죽였고 준정이 복주伏誅되니 도인徒人이 실화失和해 파산罷散했다. 그 후에 다시 미모美貌 남자男子를 취하여 장식粧飾해 이름하기를 '화랑花郎'이라 하여 받드니 도중徒衆이 운집雲集해, 혹 도의道義로써 서로 연마하고 혹 가악歌樂으로써 서로 기뻐하고 산수山水를 유오遊娛해 멀리 이르지 않음이 없었다. 이로 인하여 그 사람의 사정邪正을 알아 그 선자善者를 택하여 조조朝에 천거했기 때문에 김대문金大問의 『화랑세기花郎世記』에 말하기를, "현좌충신賢佐忠臣이 이로부터 꽃피고 양장용졸良將勇卒이 이로 말미암아 생겨났다"라고 했다. 최치원의 '난랑鸞郎'비碑 서序에 말하기를, "나라에 현묘玄妙의 도道가 있어 '풍류風流'라 하고 설교設敎의 근원이 선사仙史에 상세히 갖추어져 있는데 실로 삼교三敎를 포함해 군생羣生을 접화接化한다. 또한 들어오면 집에서 효孝하고 나가면 나라에 충忠하니 노사구魯司寇(공자)의 지늘이고, 무위無爲의 일에 처하고 불언不言의 교敎를 행하니 주주사周柱史(노자)의

64) 심현용, 「울진 성류굴 제8광장 신라 각석문 발견 보고」 『목간과 문자』 22, 2019. 성류굴은 삼국시대부터 국가적 차원의 화랑들의 수련 장소였다고 보았다. "眞興王擧世益者五十人"에 대해 "진흥왕이 다녀가셨다(행차하셨다). 세상에 도움이 된 이(보좌한 이)가 50인이었다"라고 해석했다. '擧'를 擧動으로 해석한 듯하다. "진흥왕이 世益者 50인을 선발했다"로 해석할 수도 있지 않을까 한다.

종宗이고, 제악諸惡을 짓지 않고 제선諸善을 봉행奉行하니 축건대자竺乾大子(석가)의 화化이다"라고 했다.65)

화랑은 현묘玄妙의 도道인 '풍류風流'로 삼교三敎(유교·도교·불교)를 행했고, 화랑과 그 도중徒衆은 도의道義로써 서로 연마하고 가악歌樂으로써 서로 기뻐하고 산수山水를 유오遊娛해 멀리 이르지 않음이 없었다는 것이다. 이러한 경향을 띤 화랑이 특히 동해안 루트를 따라 북상해 유람한 행적이 평해, 울진, 강릉, 간성, 고성, 통주 등에 사선四仙 설화 내지 신앙을 남긴 것이 아닌가 한다.

2. 오대산 일대의 신앙

지혜를 상징하는 문수보살과 행원行願을 상징하는 보현보살은 대승불교의 기본을 이루는 보살이다. 문수와 보현은 사원에 안치될 때 비로자나불의 협시보살 또는 석가불의 협시보살로 조성되는 경우가 많았다. 문수는 사자로, 보현은 코끼리로 상징되곤 했다. 그런데 고중세에 강릉에 오대산이 설정되어66) 문수보살의 거처로 믿어져 문수 신앙이 독립적으로 고양되는 거점으로 작용했다.

오대산五臺山은 『동국여지승람』에 따르면 부(강릉부) 서쪽 1백 40리에

---

65) 『삼국사기』 권4, 신라본기4, 진흥왕. 唐 令狐澄의 新羅國記에 말하기를, "貴人子弟의 美者를 선택해 傅粉 粧飾해 이름하기를 '花郎'이라 하여 國人이 모두 尊事한다"고 했다.

66) 김영미는 신라 자장이 空 사상의 체현자인 문수보살에 대한 외경심을 품고 당 오대산을 순례했지만 신라에 돌아와서는 오늘날 오대산에서 문수를 친견하지 못하고 태백산을 문수의 상주처로 설정했으며, 신라의 통일 후에 오대산에 5만 眞身이 상주한다는 믿음이 전개되었다고 보았다(「자장의 불국토사상」, 『한국사시민강좌』 10, 1992, 1~18쪽). 남동신은 자장이 당 오대산을 들른 적이 없었지만 『문수열반경』에 바탕한 문수 신앙을 지녔고, 만년에 『화엄경』의 영향을 받아 신라 오대산 또는 태백산에 문수의 상주처를 설정하고자 했고, 신라하대에 도입되는 중국 오대산 신앙은 화엄과 밀교에 의해 윤색된 문수 신앙이었다고 했다(「자장의 불교사상과 불교치국책」, 『한국사연구』 76, 1992, 1~45쪽).

있고, 동쪽이 만월滿月, 남쪽이 기린麒麟, 서쪽이 장령長嶺, 북쪽이 상왕象王, 가운데가 지로智爐인데, 오봉五峯이 환렬環列하고 대소大小 균적均敵한 까닭에 오대라 이름했다.[67] 대관령大關嶺은 『동국여지승람』에 따르면 부(강릉부) 서쪽 45리에 있고 이 주州(강릉)의 진산鎭山인데, 여진女眞의 장백산長白山에서 부터 구불구불 남쪽으로 뻗어내리면서 동해東海 가를 차지한 것이 몇인지 모르나 이 령嶺이 가장 높고, 부의 치소에서 50리 거리이며 대령大嶺이라 부르기도 했다.[68] 순식順式이 태조가 신검神劍을 토벌할 때에 본주本州 장군으로 명주溟州로부터 그 병력을 거느리고 대현大峴(대관령)을 넘어 회전會戰해 신검을 격파했듯이,[69] 오대산의 대관령은 명주와 그 서쪽 방면을 연결하는 통로였다.

우리나라 오대산 신앙의 내력은 『삼국유사』 「대산오만진신臺山五萬眞身」·「명주오대산溟州五臺山 보질도태자전기寶叱徒太子傳記」·「대산월정사臺山月精寺 오류성중五類聖衆」·「자장정율慈藏定律」,[70] 민지 『오대산사적기』 등에 실려 있다. 「대산臺山(오대산) 오만진신五萬眞身」 항목에서 산중고전山中古傳에 의거해 다음과 같이 언급했다. 이 산의 진성眞聖 거주처로 서명署名한 것은 자장법사慈藏法師로부터 시작되었다. 법사法師가 중국 오대산五臺山 문수진신文殊眞身을 만나보고자 선덕왕대善德王代 정관십년貞觀十年 병신丙申[당승전唐僧傳에 십이년十二年이라 했지만 지금 삼국본사三國本史를 따름]에 당唐에 들어갔다. 중국 대화지大和池 변석邊石 문수처文殊處에 이르러 7일간 경건하게 기도하니 홀연히 꿈에 대성大聖이 사구게四句偈를 주었지만 범어梵語여서 이해하지 못했는데 다음날 아침에 한 승僧이 나타나 번역해 주고 가지고 온 가사袈裟 등을 맡기면서 본사本師 석가존釋迦尊의 도구道具이니 잘 호지護持하라고 했다. 또 말하기를

---

67) 『신증동국여지승람』 강릉 산천. 조선 세조대왕이 12년에 關東에 행차하다가 이 동구에서 과거 급제자를 뽑았다.

68) 『신증동국여지승람』 강릉 산천 大關嶺. 서쪽으로 京都(한양)와 통하는 大路가 지나간다고 했다.

69) 『고려사』 권92, 王順式傳 ; 『신증동국여지승람』 강릉 인물.

70) 『삼국유사』 권3, 塔像, 「臺山五萬眞身」·「溟州五臺山寶叱徒太子傳記」·「臺山月精寺五類聖衆」 ; 『삼국유사』 권4, 義解, 「慈藏定律」.

"그대 본국本國 간방艮方 명주계溟州界에 오대산五臺山이 있어 일만문수一萬文殊가 거기에 상주常住하니 그대가 가서 만나보시오"라 하고 사라졌다. 자장법사가 영적靈迹을 두루 찾고 장차 동환東還하고자 했는데, 대화지룡大和池龍이 현신現身해 재齋를 요청해 7일 동안 공양供養하고 고고告하기를, "접때의 전게傳偈 노승老僧은 진문수眞文殊입니다"라 하고 창사創寺 입탑立塔을 부탁했다. 법사가 정관貞觀 17년에 이 산(강릉 오대산)에 내도來到해 진신眞身을 만나보고자 했지만 3일간 회음晦陰해 이루지 못하고 돌아왔다. 원녕사元寧寺에 다시 주지했는데 문수文殊를 만나보았다고 하며, 갈반처葛蟠處에 이르렀는데 지금 정암사淨嵒寺가 그것이라 했다.[71]

「대산월정사 오류성중五類聖衆」에는 사중寺中에 전전하는 고기古記에 이르기를, 자장법사는 초初에 오대五臺(강릉 소재)에 이르러 진신眞身을 만나보고자 산록山麓에 결모結茅해 거주하다가 7일이 지나도 보지 못하자 묘범산妙梵山에 이르러 정암사淨嵒寺를 창건했다고 한다.[72]

「자장정률慈藏定律」에 따르면, 자장이 당唐에 들어가 청량산淸涼山을 찾아 만수대성曼殊大聖 소상塑相에 기도하니 상像(만수상 : 문수상)이 정수리를 쓰다듬고 범게梵偈를 주는 꿈을 꾸고, 아침에 이승異僧이 와서 해석하고 가사袈裟·사리舍利 등을 주고는 사라졌다. 자장이 이미 성별聖莂을 받음을 알고 북대北臺로 내려와 대화지大和池를 거쳐 당 경사京師에 가서 수학하다가 신라로 돌아와 통도사通度寺를 창건해 계단戒壇을 축조하고 생연리生緣里 집을 원녕사元寧寺로 개영改營했다. 모년暮年에 경연京輦을 작별하고 강릉군江陵郡[금今 명주溟州]에 수다사水多寺를 창건해 거처했는데 다시 꿈에 북대(당 오대산)에서 본 모습의 이승異僧이 와서 고하기를, "명일明日에 그대를 대송정大松汀에서 보리라" 하니 놀라 일어나 새벽에 가서 송정松汀에 이르자 과연 문수文殊 내격來格을 감응하여 법요法要를 물으니, 말하기를, "태백太伯 갈반지葛蟠地에서 거듭 기약하리라" 하고 사라졌다[송정松汀은 지금까지 형자荊刺가 생기지

---

71) 『삼국유사』 권3, 塔像, 「臺山五萬眞身」.
72) 『삼국유사』 권3, 塔像, 「臺山月精寺五類聖衆」.

않고 응전鷹鸇의 류類가 살지 않는다고 함. 자장이 태백산太伯山에 가서 찾다가 거망巨蟒(이무기 : 왕뱀)이 나무 아래에 반결蟠結하고 있는 것을 보고 시자侍者에게 말하기를, "이곳이 이른바 갈반지葛蟠地이다"라 하고 석남원石南院[금今 정암사淨岩寺]을 창건해 성강聖降을 기다렸다. 노거사老居士가 남루艦縷한 방포方袍를 입고 죽은 강아지[狗兒]를 담은 갈궤葛簣를 지고 와서 시자侍者에게 이르기를 "자장을 만나고자 한다"라고 했는데 보고를 받은 자장이 거의 미치광이가 아닌가 하니 문인門人이 꾸짖으며 내쫓았다. 거사가 말하기를 "돌아갈거나, 돌아갈거나! 아상我相을 지닌 자가 어찌 나를 볼 수 있으리오"라 하고는 삼태기를 뒤집어 떨자 개가 변해서 사자보좌師子寶座가 되니 타서 광채를 쏟으며 떠나갔다. 자장이 듣고 위의威儀를 갖추어 광채를 찾아 달려가 남령南嶺에 올랐지만 아득히 멀어 미치지 못했다. 자장이 마침내 운신殞身해 졸卒하니 다비茶毗해 석혈石穴 안에 뼈를 안치했다고 한다.[73]

『삼국유사』「대산월정사 오류성중五類聖衆」[74]에는, 사중寺中에 전傳하는 고기古記에 이르기를, 자장법사는 초初에 오대五臺(강릉 소재)에 이르러 진신眞身을 만나보고자 산록山麓에 결모結茅해 거주하다가 7일이 지나도 보지 못하자 묘범산妙梵山에 이르러 정암사淨岩寺를 창건했다고 한다. 후에 신효거사信孝居士가 있어 혹 유동보살幼童菩薩 화신化身이라고 하는데 집이 공주公州에 위치해 양모養母 순효純孝했다. 어머니가 고기[肉]가 아니면 먹지 않으니 거사가 고기를 구하러 산야山野에 출행出行했는데 길에서 오학五鶴을 보고 활을 쏘자 어떤 한 학鶴이 깃[羽] 하나를 떨어뜨리고 갔다. 거사가 그 깃[羽]을 잡아(집어) 그것으로 눈을 가리고 사람을 보니 사람이 모두 축생畜生이었기 때문에 고기를 얻을 수 없어 고육股肉(넓적다리 살)을 베어 어머니에게 드렸다. 후에 출가出家해 그 집을 희사해 사찰로 만들었는데 지금 효가원孝家院이라 했다. 거사가 경주慶州 계계界로부터 하솔河率에 이르러 사람을 보니 많이 인형人形이어서 거주居住의 뜻이 있어 길에서 노부老婦를 보자 거주말만한 곳을

---

73) 『三國遺事』 권4, 義解, 「慈藏定律」.
74) 『삼국유사』 권3, 塔像, 「臺山月精寺五類聖衆」.

묻자 그녀가 이르기를, "서령西嶺을 지나면 거처할만한 북향동北向洞이 있소" 하고 말이 끝나자 사라졌다. 거사가 관음觀音이 교시한 것을 알고 인因하여 성오평省鳥坪을 지나 자장이 처음 결모結茅한 곳에 들어가 거주했다. 이윽고 오비구五比丘가 이르러 이르기를, "그대가 가지고 온 가사袈裟 일폭一幅은 지금 어디에 있는가" 했다. 거사가 망연茫然하니, 비구比丘가 이르기를, "그대가 잡아서(가지고) 사람을 본 깃[羽]이 그것이오"라고 하니, 거사가 꺼내어 바쳤다. 비구가 이에 깃[羽]을 가사袈裟 궐폭闕幅 안에 두니(넣으니) 상합相合했는데 깃이 아니라 포布였다. 거사가 오비구五比丘와 이별 후에 오류성중五類聖衆 화신化身임을 바야흐로 알았다. 이 월정사月精寺는 자장慈藏이 처음으로 결모結茅하고, 다음으로는 신효거사信孝居士가 와서 거주했다고 한다.[75]

자장은 기록에서 당 오대산에 가서는 문수보살을 만나는 체험을 했지만 신라에 돌아와서는 강릉 '오대산'에서 문수보살을 만나지 못했다. 수다사水多寺를 창건해 거처했지만 꿈속에서 이승異僧(문수 화신)을 만났을 뿐이고, 대송정大松汀(강릉 한송정寒松亭)에서도 문수文殊 내격來格을 느끼고 그 음성을 들었을 뿐이고 눈으로 보지는 못했으며 갈반지葛蟠地에 석남원石南院(정암사淨岩寺)을 창건해 문수의 강림을 기다렸지만 방문한 노거사老居士가 문수인지 몰라서 만나지 못했다고 한다. 이는 자장이 활동할 당시에 유가유식의 미륵 신앙이 유행해 자장이 도입한 문수 신앙(특히 오대산 신앙)을 수용하려 하지 않았음을 시사한다. 그래서 우리나라 오대산 신앙은 통일신라 보천寶川·효명孝明 태자를 거치면서 타협을 하여 문수독존 신앙이 아니라 여러 신앙의 복합 형태를 띠게 된다.

「대산오만진신臺山五萬眞身」 항목에는 자장 이후 대자大子 보천寶川·효명孝明이 오대산에 은거해 수도한 내용이 실려 있다.[76] 정신대왕淨神大王 대자大子 보천寶川·효명孝明 두 곤제昆弟[77]가 하서부河西府(강릉)에 도달해 세헌각간世獻

---

75) 『삼국유사』 권3, 塔像, 「臺山月精寺五類聖衆」.
76) 『삼국유사』 권3, 塔像, 「臺山五萬眞身」.
77) 세주에 달기를, 國史를 살펴보건대 신라에 淨神·寶川·孝明 三父子 明文이 없지만

角干의 집에서 일숙一宿하고 다음날 대령大嶺(대관령)을 넘어 각기 천도千徒를 거느리고 성오평省烏坪에 도착해 누일累日 동안 유람하다가 홀연히 도은逃隱해 오대산五臺山에 들어가니[78] 시위侍衛가 그 귀歸한 곳을 알지 못해 환국還國했다. 두 태자太子가 산중山中에 이르자 청련靑蓮이 홀연히 땅 위에 피니, 형대자兄大子가 결암結庵하여 거주해 이를 보천암寶川庵이라 했다. 동북으로 육백여보六百餘步를 가니 북대北臺 남록南麓에 역시 청련靑蓮이 핀 곳이 있어 제대자弟大子 효명孝明이 또한 결암結庵해 머물러 각기 힘써 수업修業했다. 하루는 함께 오봉五峯에 올라 첨례瞻禮하는데, 동대東臺 만월산滿月山에 일만관음진신一萬觀音眞身이, 남대南臺 기린산麒麟山에 팔대보살八大菩薩을 수首로 한 일만지장一萬地藏이, 서대西臺 장령산長嶺山에 무량수여래無量壽如來를 수首로 한 일만대세지一萬大勢至가, 북대北臺 상왕산象王山에 석가여래釋迦如來를 수首로 한 오백대아라한五百大阿羅漢이, 중대中臺 풍로산風盧山(지로산地盧山)에 비로자나毗盧遮那를 수首로 한 일만문수一萬文殊가 있어 출현하니, 이와 같은 오만진신五萬眞身을 하나하나 첨례瞻禮했다. 매일 인조寅朝에 문수대성文殊大聖이 진여원眞如院(지금 상원上院)에 이르러 36종형種形으로 변현變現했다. 이공二公(보천寶川·효명孝明)이 매양 동중수洞中水를 길어다가 다茶를 달여 헌공獻供하고 밤에 이르기까지 각 암庵에서 수도修道했다고 한다.[79]

此記 下文에 이르기를 神龍元年에 開土 立寺했다고 했는데 神龍은 聖德王 卽位四年 乙巳이고 王名은 興光이고 本名은 隆基로 神文의 第二子이고, 聖德의 兄 孝照는 이름이 理恭 一作洪으로 역시 神文의 子이고, 神文(신문왕) 政明은 字가 日照이니, 淨神은 政明 神文의 訛이고 孝明은 孝照一作昭의 訛인저. 記에 이르기를 孝明이 즉위해 神龍年에 開土立寺했다고 한 것 역시 상세하게 말한 것이 아니니, 神龍年에 立寺한 자는 聖德王이라고 했다.

78) 세주에 달기를, 古記에 이르기를 大和元年戊申 八月初에 王이 山中에 隱했다고 했지만 此文은 大誤이니, 살펴보건대 孝照一作昭는 天授三年壬辰에 즉위해 당시 나이 十六이고, 長安二年壬寅에 崩해 壽 二十六이고, 聖德이 是年에 卽位해 나이 二十二인데, 만약 太和元年戊申이라면 孝照卽位甲辰보다 앞서기를 이미 四十五歲가 지나 大宗文武王의 世이니, 이로써 此文이 오류임을 알기 때문에 취하지 않는다고 했다.

79) 變現三十六種形은 佛面形, 寶珠形, 佛眼形, 佛手形, 寶塔形, 萬佛頭形, 萬燈形, 金橋形, 金鼓形, 金鍾形, 神通形, 金樓形, 金輪形, 金剛杵形, 金甕形, 金鈿形, 五色光明形, 五色圓光形, 吉祥草形, 靑蓮花形, 金田形, 銀田形, 佛足形, 雷電形, 如來湧出形, 地神湧出形, 金鳳形, 金烏形, 馬産師子形, 鷄産鳳形, 靑龍形, 白象形, 鵲鳥形, 牛産師子形, 遊猪形, 靑蛇形이었다.

정신왕淨神王의 제弟가 왕과 위位를 다투니 국인國人이 그를 폐廢하고 장군 4인을 파견해 산(오대산)에 도착해 맞이하려 먼저 효명암孝明庵 앞에 이르러 만세를 부르자 오색운五色雲이 7일 동안 드리워 덮었다. 국인國人이 이 오색구름을 찾아 이르러 노부鹵簿를 배열해 두 태자太子를 맞이해 돌아가려 했는데, 보천寶川이 곡읍哭泣하며 사양함에 효명孝明을 받들어 돌아오니 (효명이) 즉위해 몇 년동안 나라를 다스렸다고 한다.[80]

태자 보천과 효명이 묘사한 오대를 도표화하면 아래와 같다.

「대산 오만진신」 보천·효명 형제의 오대 설정

	북대 상왕산 석가여래(수首) 오백대아라한	
서대 장령산 무량수여래(수首) 일만 대세지	중대 풍로산(지로산) 비로차나(수首) 일만문수 문수대성이 진여원(상원)에서 36종형으로 변현	동대 만월산 일만관음진신
	남대 기린산 팔대보살(수首) 일만지장	

「명주오대산 보질도태자전기」에 따르면[81] 신라 정신태자淨神太子 보질도寶叱徒가 제弟 효명태자孝明太子와 함께 하서부河西府(강릉) 세헌각간世獻角干 집에 이르러 일숙一宿하고 다음날 대령大嶺(대관령)을 넘어 각기 일천인一千人을 거느리고 성오평省烏坪에 이르러 누일累日 유완遊翫하다가 대화원년大和元年 8월 5일에 형제가 함께 숨어 오대산에 들어가니 도중시위徒中侍衛 등이 추멱推覓했지만 찾지 못해 모두 환국還國했다. 형兄 태자太子가 중대中臺 남쪽 아래 진여원眞如院 기基 하산下山 끝에 청련靑蓮 핀 것을 보고 그곳에 초암草菴(보천암에 해당)을 지어 거처하고, 제弟 효명孝明이 북대北臺 남산 끝에 청련靑蓮 핀 것을 보고 역시 초암草菴을 지어 거처했다.[82]

---

80) 『삼국유사』 권3, 塔像, 「臺山五萬眞身」. 세주에서, 효명의 재위에 대해 記에 이르기를 '在位二十餘'라 했는데 대개 崩年壽 二十六의 訛로 재위는 다만 十年이었고, 또한 神文의 弟爭位事는 國史에 文이 없어 未詳이라고 했다.

81) 『삼국유사』 권3, 塔像, 「溟州[古河西府也]五臺山寶叱徒太子傳記」. 溟州에 대해 세주에 '古河西府'라고 달았다.

보질도와 효명 형제가 예념수행禮念修行하고 오대五臺에 나아가 공경히 예배禮拜했는데, 청靑은 동대東臺 만월형산滿月形山에 위치해 관음진신觀音眞身 일만一萬이 상주常住하고, 적赤은 남대南臺 기린산麒麟山에 위치해 팔대보살을 수首로 한 일만지장보살一萬地藏菩薩이 상주常住하고, 백방白方은 서대西臺 장령산長嶺山으로 무량수여래無量壽如來를 수首로 한 일만대세지보살一萬大勢至菩薩이 상주常住하고, 흑장黑掌인 북대北臺 상왕산相王山은 석가여래釋迦如來를 수首로 한 오백대아라한五百大阿羅漢이 상주常住하고, 황黃은 중대中臺 풍로산風爐山에 처處하여 또한 지로산地爐山이라 이름하는데 비로자나毗盧遮那를 수首로 한 일만문수一萬文殊가 상주常住해 진여원眞如院 지地로, 문수대성文殊大聖이 매일 인조寅朝에 삼십육형三十六形으로 화현化現하는데, 두 태자가 나란히 예배禮拜하고, 매일 조조早朝에 동수洞水를 길어다가 다茶를 달여 일만一萬 진신문수眞身文殊를 공양했다고 한다.[83]

정신태자淨神太子의 제부군弟副君이 신라에서 위位를 다투다가 주멸誅滅되자 국인國人이 장군 4인을 보냈는데 오대산 효명태자孝明太子 앞에 이르러 만세를 부르니 오색五色 구름이 일어나 오대五臺부터 신라까지 칠일칠야七日七夜 동안 광채가 떠올랐다. 국인國人이 광채를 찾아 오대五臺에 이르러 두 태자를 모시고 환국還國하고자 했는데, 보질도태자寶叱徒太子가 울면서 돌아가지 않으니 효명태자孝明太子를 모시고 귀국歸國해 (효명태자가) 즉위하여 재위 20여년餘年이었다. 신룡원년神龍元年 3월 8일에 진여원眞如院을 비로소 개창했다. 보질도태자는 동령수洞靈水를 항상 복용해 육신肉身이 등공登空해 유사강流沙江에 이르러 울진대국蔚珍大國 장천굴掌天窟에 들어가 수도修道하고 돌아와 오대五臺 신성굴神聖窟에 이르러 50년 수도修道했다. 오대산은 백두白頭 대근맥大根脈으로 각대各臺에 진신眞身이 상주常住한다고 했다.[84] 보질도와 효명의 오대 묘사를 소개하면 다음와 같다.

82) 『삼국유사』 권3, 塔像, 「溟州[古河西府也]五臺山寶叱徒太子傳記」.

83) 『삼국유사』 권3, 塔像, 「溟州[古河西府也]五臺山寶叱徒太子傳記」.

84) 『삼국유사』 권3, 塔像, 「溟州[古河西府也]五臺山寶叱徒太子傳記」

보질도태자전기 보질도와 효명의 오대 구조

	흑黑 북대 상왕산 : 석가여래(수首) 오백대아라한	
백白 서대 장령산 : 무량수여래(수首) 일만대세지보살	황黃 중대 풍로산(지로산) : 비로차나(수首) 일만 문수 / 진여원 땅으로, 문수대성이 매일 인조寅朝에 36형으로 화현	청靑 동대 만월형산 : 관음진신 일만
	적赤 남대 기린산 : 팔대보살(수首) 일만지장보살	

보천이 신룡원년神龍元年[당중종唐中宗 복위년, 성덕왕聖德王 즉위사년卽位四年] 을사乙巳 3월 4일에 비로소 진여원眞如院을 개창改創하니 대왕大王(성덕대왕)이 친히 백료百寮를 거느리고 산(오대산)에 이르러 전당殿堂을 영구營構하고 아울러 니상泥像 문수대성文殊大聖을 소塑하여 당堂 중에 봉안하고 지식知識 영변靈卞 등 5원員으로 화엄경華嚴經을 장전長轉하고 결結하여 화엄사華嚴社를 삼고 장년長年 공비供費로 매해 봄과 가을에 각각 근산近山 주현州縣 창조倉租 100석石, 정유淨油 1석石을 지급하여 항규恒規로 삼고, 원院(진여원)에서부터 서쪽으로 육천보六千步를 가면 이르는 모니점牟尼岾, 고이현古伊峴의 밖 시지柴地 15결結, 율지栗枝 6결結, 좌위坐位 2결結로 장사莊舍를 창치創置했다. 보천寶川이 항상 그 영동靈洞의 물을 길어 복용했기 때문에 만년晚年에 육신肉身 비공飛空해 유사강流沙江 밖 울진국蔚珍國 장천굴掌天窟에 이르러 정지停止해 수구다라니隨求陀羅尼를 암송해 일석日夕으로 과課를 삼으니 굴신窟神이 현신現身해 말하기를 "나는 굴신窟神이 된지 이미 이천년二千年인데 금일에 비로소 수구진전隨求眞銓을 듣습니다"라 하고는 보살계 받기를 요청하고 받고 난 다음날에 굴窟 역시 형체가 없어 보천이 놀라 이상하게 여겼고 20일 동안 머물다가 오대산 신성굴神聖窟로 돌아와 또 50년간 수진修眞했다. 문수文殊가 혹 보천 정頂에 관수灌水해 수성도기별授成道記莂로 삼았다고 한다.[85]

이어지는 「대산오만진신臺山五萬眞身」에 따르면, 보천이 원적圓寂하려는 날에 후래後來에 산중山中에서 행하는 방가邦家를 보익輔益하는 사항을 유기留記했는데 다음과 같다.

---

85) 『삼국유사』 권3, 塔像, 「臺山五萬眞身」.

이 산은 백두산白頭山의 대맥大脈으로 각 대臺는 진신상주眞身常住의 땅이다. 청靑은 동대東臺 북각北角 아래 북대北臺 남록南麓 끝에 위치하는데 마땅히 관음방觀音房을 두어 원상圓像 관음觀音을 봉안하고 청색바탕에 1만萬 관음상觀音像을 그려놓고 복전福田 5원員이 낮에 팔권금경八卷金經과 인왕반야仁王般若와 천수주千手呪를 독송하고 밤에 관음예참觀音禮懺을 념송하여 원통사圓通社라 칭한다. 적赤은 남대南臺 남면南面에 위치하는데 지장방地藏房을 두어 원상圓像 지장地藏을 봉안하고 적색赤色 바탕에 팔대보살八大菩薩을 수首로 한 1만萬 지장상地藏像을 그려놓고, 복전福田 5원員이 낮에 지장경地藏經과 금강반야金剛般若를 독송하고 밤에 점찰예참占察禮懺을 념송하여 금강사金剛社라 칭한다. 백白은 서대西臺 남면南面에 위치하는데 미타방彌陀房을 두어 원상圓像 무량수無量壽를 봉안하고 백색바탕에 무량수여래無量壽如來를 수首로 한 1만萬 대세지大勢至를 그려놓고, 복전福田 5원員이 낮에 팔권법화八卷法華를 독송하고 밤에 미타예참彌陀禮懺을 념송하여 수정사水精社라 칭한다. 흑黑은 북대北臺 남면南面에 위치하는데 나한당羅漢堂을 두어 원상圓像 석가釋迦를 봉안하고 흑색바탕에 석가여래를 수首로 한 오백나한五百羅漢을 그려놓고 복전福田 5원員이 낮에 불보은경佛報恩經과 열반경涅槃經을 독송하고 밤에 열반예참涅槃禮懺을 념송하여 백련사白蓮社라 칭한다. 황黃은 중대中臺에 처處하여 진여원眞如院 중에 니상泥像 문수부동文殊不動을 봉안하고, 후벽後壁에 황색바탕에 비로자나毗盧遮那를 수首로 한 36화형化形(문수변화신)을 그린 것을 봉안하고, 복전福田 5원員이 낮에 화엄경華嚴經 및 육백반야六百般若를 독송하고 밤에 문수예참文殊禮懺을 념송하여 화엄사華嚴社라 칭한다. 보천암寶川庵은 화장사華藏寺로 개창改創해 원상圓像 비로자나毗盧遮那 삼존三尊 및 대장경大藏經을 봉안하고, 복전福田 5원員이 장경藏經을 장문長門하고 밤에 화엄신중華嚴神衆을 념송하고 매해 화엄회華嚴會를 100일 개설해 법륜사法輪社라 칭한다. 이 화장사華藏寺로 오대사五臺社의 본사本寺를 삼아 견고하게 호지護持하고 정행복전淨行福田에게 명해 진장鎭長 향화香火하게 하면 국왕이 천추千秋하고 인민人民이 안태安泰하고 문호文虎(문무文武)가 화평和平하고 백곡百穀이 풍양豊穰하리라. 또한 하원下院 문수갑사文殊岬寺를 가배加排하여 사社의 도회都會로 삼아 복전福田 7원員이 주야晝夜로 화엄신중예참華嚴神衆禮懺을 행한다. 상건上件 37원員의 재료의비齋料衣費는 하서부河西府 도내道內

팔주八州의 세稅로 충당해 사사四事의 자資로 삼나니 대대代代 군왕君王은 잊지 말고 준행遵行하면 다행이다.[86]

보천 말년의 오대에 대한 이러한 묘사를 도표화하면 아래와 같다.

「대산오만진신」 보천 말년의 오대 설정

	黑 북대 나한당 : 원상석가 봉안/ 흑색바탕에 석가여래를 首로 한 오백나한 畫像/ 낮 불보은경, 열반경 독송. 밤 열반예참 念/ '白蓮社'	
白 서대 미타방 : 원상 무량수 봉안/ 백색바탕 무량수여래를 首로 한 일만대세지 畫像/낮 팔권법화 독송. 밤 미타예참 念/ '水精社'	黃 중대 진여원 : 中에 泥像 文殊不動 봉안/ 後壁에 황색바탕 비로자나를 首로 한 36화형(문수변화신) 畫像 봉안/ 낮 화엄경 및 육백반야 독송. 밤 문수예참 念/ '華嚴社'	靑 동대 관음방 : 원상관음 봉안, 청색바탕 일만관음 畫像/ 낮 팔권금경, 인왕반야, 千手 呪 독송. 밤 觀音禮懺 念/ '圓通社'
	赤 남대 지장방 : 원상지장 봉안 / 적색바탕 팔대보살을 首로 한 일만 지장 畫像/낮 지장경, 금강반야 독송. 밤 점찰예참 念/ '金剛社'	
보천암→華藏寺 : 비로자나삼존, 대장경, 화엄회, 法輪社, 五臺社의 本寺		
下院 文殊岬寺 : 社의 都會, 화엄신중예참		

보천 말년의 오대五臺 설정은 입산 초기의 것을 기본으로 하면서도 오대의 신앙 형태를 구체화했고 다섯 방위의 독자적 신앙을 인정하면서도 중대 진여원의 문수 신앙을 중심에 두면서 '화엄사華嚴社'라 하여 화엄종의 우위를 드러냈다. 게다가 중대 영역의 보천암을 '화장사華藏寺'라 하고 이곳의 모임을 '화엄회華嚴會'라 하고 오대사五臺社의 본사本寺로 삼았고, 사社(오대사五臺社)의 도회都會로 하원下院 문수갑사文殊岬寺를 건립하고 화엄신중예참華嚴神衆禮懺을 행하였으니 화엄 중심이었다.

『삼국유사』「대산월정사 오류성중五類聖衆」[87]에 인용된 사중寺中 고기古記에 따르면, 이 월정사月精寺는 자장慈藏이 처음으로 결모結茅하고, 다음으로는

---

86) 이상 『삼국유사』 권3, 塔像, 「臺山五萬眞身」.

87) 『삼국유사』 권3, 塔像, 「臺山月精寺五類聖衆」.

신효거사信孝居士가 와서 거주하고, 다음으로는 범일문인梵日門人 신의두타信義
頭陀가 와서 창암創庵하여 거주하고, 후에 수다사장로水多寺長老 유연有緣이
와서 거주하여 점차 대사大寺를 이루었다. 이 사寺의 오류성중五類聖衆, 구층석
탑九層石塔은 모두 성적聖跡이었다. 상지자相地者가 이르기를, 국내 명산名山에
서 이곳이 최승最勝해 불법佛法이 장흥長興하는 곳이라고 한다.[88] 「대산오만진
신」에는, 두타신의頭陀信義가 있어 범일梵日의 문인門人인데 (오대산에) 와서
장사藏師(자장) 휴게의 장소를 찾아 암庵을 창건해 거처했고, 신의信義가 이미
졸卒하자 암庵 역시 오랫동안 폐폐廢했는데, 수다사장로水多寺長老 유연有緣이
있어 중창重創해 거처했으니 지금 월정사月精寺가 그것이라고 했다.[89] 또한
「대산오만진신」과 「명주오대산 보질도태자전기」 항목에 따르면 신라의 태
자 보천寶川 내지 보질도寶叱徒와 효명孝明 형제가 오대산에 은거해 암자를
짓고 오대와 그 존상을 설정했는데 보천寶川과 보질도寶叱徒는 동일인이었다.

오대산 신앙과 사원은 신라 자장에 의해 비롯되었지만 통일신라 왕자
보천(보질도)과 효명 형제에 의해 자리잡았으며, 특히 보천(보질도)은 오대
의 신앙구조를 일단락지었다. 형제는 오봉五峯(오대五臺)의 오만진신을 일일
이 첨례瞻禮했다는데, 오대는 동대東臺 만월산滿月山(일만 관음진신觀音眞身),
남대南臺 기린산麒麟山(팔대보살八大菩薩을 수수首로 함. 일만一萬 지장地藏), 서대
西臺 장령산長嶺山(무량수여래를 수수首로 한 일만一萬 대세지大勢至), 북대北臺
상왕산象王山(석가여래를 수수首로 한 오백대아라한五百大阿羅漢), 중대中臺 풍로
산風盧山[지로산地盧山](비로자나를 수수首로 한 일만一萬 문수文殊)으로 이루어졌
다. 매일 인조인조寅朝에 문수대성文殊大聖이 중대 진여원眞如院 지금 상원上院에
이르러 36종형種形으로 변현變現했다고 한다.

중대 진여원은 보천에 의해 개창改創 즉 중창重創되었다. 보천이 신룡원년
을사년(당중종 복위년, 성덕왕 4) 3월 4일에 비로소 진여원眞如院을 개창改創
하니 대왕(성덕대왕)이 친히 백료百寮를 거느리고 오대산에 이르러 전당殿堂

88) 『삼국유사』 권3, 塔像, 「臺山月精寺五類聖衆」.
89) 『삼국유사』 권3, 塔像, 「臺山五萬眞身」.

을 영구營構하고 니상泥像 문수대성文殊大聖을 소조塑造하여 당堂 중에 봉안하고, 지식知識 영변靈卞 등 5원員으로 화엄경을 장전長轉하고 결結하여 화엄사華嚴社를 삼았다.[90] 중대 진여원에 주존으로 문수대성(문수보살) 소상塑像을 봉안했으니 오대의 핵심이 문수보살임을 알려주는데 이 진여원은 화엄사華嚴社로 칭해졌으니 보천의 오대신앙은 화엄종에 기반했다고 볼 수 있다. 물론 오대가 5불보살 형태를 띤 것은 밀교 만다라의 영향을 받은 것이므로 보천의 오대신앙은 밀교의 영향도 받았다고 볼 수 있다.

그런데 보천의 오대 구도를 보면 동대 관음방은 수首가 없이 관음보살 1만이 독차지하여 원통사圓通社라 하고, 서대 미타방은 무량수여래를 수首로 하여 대세지보살 1만이 거주해 수정사水精社라 했다고 했다. 관음보살이 현세現世 구제를, 대세지보살이 내세來世 구제를 담당하는 것으로 확연히 구분되었으니 아미타불(무량수불)과 관음·대세지로 이루어지는 아미타삼존의 정토신앙이 아직 많이 유행하지 않았음을 보여준다. 북대 나한당은 석가여래를 수首로 하면서 오백나한이 거주해 백련사白蓮社라 칭하고, 남대 지장방은 팔대보살을 수首로 하면서 지장보살 1만이 거주해 금강사金剛社라 칭했다고 했다. 석가여래가 오백나한에게 수기를 주고 열반에 들었고 그러고 나서 미륵이 부처가 되기 이전까지 지장보살이 중생을 구제하는 역할이 표현되었다. 지장보살이 아미타 신앙과의 결합이 아직 강조되지 않았고 남대 팔대보살은 아미타구존의 팔대보살과는 상당히 달랐다고 여겨지고 석가의 팔대보살이었을 가능성이 크며, 미륵보살도 이 팔대보살에 포함되었으리라 여겨진다. 보천(보질도)의 오대 구조는 후삼국과 고려시대로 거의 계승되었을 것인데 종파에 있어서는 상당한 변화가 일어난다.

그런데 민지가 찬술한『오대산사적기』의「오대산성적五臺山聖跡 병幷 신라 정신태자효명태자전기新羅淨神太子孝明太子傳記」에는 오대 중에서 동대東臺가 본존 아촉여래와 1만 관세음보살로, 북대北臺가 본존 석가여래와 1만 미륵보

---

90) 보천이 蔚珍國 掌天窟로 가서 동굴신을 감화시키고는 오대산 신성굴로 돌아와 修眞하니 文殊가 寶川 정수리에 灌水해 授成道記莂로 삼았다고 한다.

살로 되어 있으니, 『삼국유사』와 비교하면 동대에 아촉여래가 더 보이고, 북대에 오백나한이 없고 1만 미륵보살이 설정된 것이었다. 오대의 구조와 관련해 『삼국유사』보다 『오대산사적기』를 더 신뢰해 북대 신앙이 통일신라의 미륵 신앙 요소가 고려시대에 오백나한으로 변모되었다는 견해[91]가 있지만, 오대 '오만진신五萬眞身' 상주常住라는 구절에 맞추기 위해 오대산 사찰이 고려시대에 만든 틀을 민지가 그대로 수용해 기록했을 수도 있다. 기계적으로는 북대에 1만 성중聖衆이 거주해야 오만진신을 충족할 수 있지만 석가의 제자는 500에 그치지 않으며 1만명도 넘었을 수 있으니 500나한은 석가 제자를 대표하는 표현이며, 500에 20를 곱하면 1만이 된다. 1만명 나한의 대표로 불교경전에 석가에서 수기를 받았다고 나오는 오백나한을 가져다가 표현했다고 볼 수 있으며, 이는 오백五百 '대大'아라한阿羅漢이라 표기한 데에서도 짐작할 수 있다. 나한을 보살과 대등한 위치에 놓은 것이 합리적이지 않다는 견해도 있을 수 있지만 대승불교에서도 나한 신앙이 대두해 보살에 못지않은 숭배를 받았으니, 통일신라 석불사(석굴암)에서 나한의 우두머리격인 십대제자가 문수·보현·관음 보살과 대등하게 조각된 것이 그러한 경향을 잘 보여준다.

보천(보질도)의 오대 구조는 문수 신앙 일변도에 반발하는 세력을 무마하기 위해 타협안으로 중대에만 문수보살을 배치하고 나머지 4대에는 다른 성중聖衆을 배치한 것으로 이해된다. 그 결과 문수보살 일변도의 중국 오대산과는 다른 우리나라 오대산의 독특한 신앙 형태가 탄생한 것이었다.

강릉의 굴산사는 오대산 동쪽 기슭에 위치했는데 신라 하대에 범일이 여기에서 굴산문을 개창한 이래 오대산 중심부로 세력을 확장해 나간다. 『조당집』 권17에 따르면 명주굴산溟州崛山 통효대사通曉大師는 염관塩官의 제자로 법호는 범일梵日이었고, 『경덕전등록景德傳燈錄』 권10에 따르면 항주염관杭

---

91) 염중섭, 「한국오대산 오만진신신앙의 특징과 북대신앙의 변화」 『불교학연구』 62, 2020. 북대 500나한은 나머지 각 臺의 1만보살과 어긋나며 북대도 1만보살이 되어야 五萬眞身을 충족할 수 있다고 했다.

州鹽官 제안선사齊安禪師의 법사法嗣 8인에 신라新羅 품일선사品日禪師가 포함되어 있었다. 명주 굴산사의 통효대사는 법호가 범일梵日 혹은 품일品日이었던 것이다.

범일梵日은 구림鳩林(계림) 관족冠族 김씨金氏이고 조부 술원述元은 관官이 명주도독溟州都督에 이르렀고 모친 지씨支氏는 누엽호문累葉豪門으로 세상에서 부범婦範으로 칭찬받았다고 한다. 범일은 20세에 경사京師(경주)에 이르러 구족계具足戒를 받고 대화大和 년중年中에 입조왕자入朝王子 김의종金義琮을 따라 당국唐國에 가서 염관塩官 제안대사濟安大師의 제자가 되었지만 회창會昌 4년에 승류僧流 사태沙汰와 불우佛宇 훼탁毁坼의 사태를 만나 고초를 겪다가 회창 6년 정묘년 8월에 계림鷄林으로 돌아오고 대중大中 5년 정월에 백달산白達山에 연좌宴坐하다가 명주도독溟州都督 김공金公의 요청에 따라 굴산사崛山寺에 주석해 40년 남짓 동안 머물렀다. 함통咸通 12년 3월에 경문대왕景文大王이, 광명廣明 원년에 헌강대왕憲康大王이, 광계光啓 3년에 정강대왕定康大王이 모두 우대하고 흠앙欽仰해 국사國師에 책봉하려고 중사中使를 파견해 경사京師(경주)로 맞이하려 했지만 범일은 견정堅貞을 지켜 나아가지 않았다. 문덕文德 2년 기유년(889, 진성여왕 3) 5월 1일에 굴산사 상방上房에서 세상을 떴는데 춘추春秋 80, 승랍僧臘 60이었고 시호諡號는 통효대사通曉大師였다.[92] 범일은 명주(강릉) 도독인 김술원의 자손으로 당에 유학해 염관塩官 제안濟安의 제자로 수학하고 돌아와 명주도독 김공의 요청에 따라 굴산사에 40년 동안 머물렀으니, 강릉 및 굴산사는 그의 굳건한 터전이었고 이 굴산사에서 굴산문파가 시작되었던 것이다.

오대산 월정사는 자장慈藏이 처음으로 결모結茅한 곳에서 비롯되었다고 한다. 범일문인梵日門人 신의두타信義頭陀가 이곳에 암庵을 창건해 거주했고, 후에 수다사장로水多寺長老 유연有緣이 와서 거주하여 점차 대사大寺를 이루었다. 이것이 월정사인데 보천이 설정한 하원下院 문수갑사文殊岬寺의 변용이었

---

92) 『祖堂集』 권17, 通曉大師梵日. 述元은 廉平으로 察俗하고 寬猛으로 臨人해 淸風이 아직 民에게 남아 있다고 했다. 한편 술원은 범일의 父일 수도 있다.

을 가능성이 있다고 생각한다. 신의두타(범일의 문인)는 나말여초 승려로, 유연은 고려초기 혹은 중기 승려로 여겨진다. 나말여초 대혼돈 시기에 선종 굴산문을 개창한 범일의 제자가 강릉 굴산사를 기반으로 하면서 오대산 일대로 진출했던 것이고 범일의 제자인 신의두타가 월정사를 장악했던 것이다.

수다사水多寺에는 『동안거사집』에 따르면 벽상壁上에 백의白衣 화정畵幀(화탱)이 걸려 있었고 학사 권적權迪이 강릉을 수守할 때(예종~인종 무렵) 그 옆에 찬제贊題를 지어 이르기를, "열흘이 지나도록 우설雨雪이 내리고 광풍狂風이 부니 홀로 무료無聊하게 소각小閣 중에 앉아, 백의白衣 관자재觀自在에 의지하려 일회一廻 첨례瞻禮하니 만연萬緣이 공空하네"라 했다. 그리고 그 사자嗣子인 학사 권돈례權敦禮가 친의사襯衣使로 여기에 이르러 발미跋尾 글을 지었다. 이승휴가 경흥도호부(강릉)에서 근무하다가 원종 5년 11월 3일에 강도를 향해 강릉을 출발해 횡계역을 거쳐 11월 5일에 눈[雪]을 무릅쓰고 수다사水多寺에 이르러 숙박하며 오도자吳道子의 진적眞迹이라 전하는 백의白衣(백의관음) 화정畵幀(화탱)과 그것을 주제로 권적權迪이 지은 시와 그 아들 권돈례權敦禮의 발미跋尾를 보고 비개悲慨를 이기지 못해 차운해 시를 지었다.[93] 수다사는 백의관음도가 걸려 있었으니 관음도량이었다고 볼 수 있다.

강릉에서 대관령과 횡계역을 지나면 수다사를 만났으니, 수다사는 오늘날의 평창군 일대에 위치했다. 자장이 초初에 오대五臺에 이르러 문수 진신眞身을 만나보고자 산록山麓에 결모結茅하여 거주했지만 7일 동안 만나보지 못하자 묘범산妙梵山에 이르러 정암사淨岩寺를 창건했다고 하고,[94] 모년暮年에 경연京輦(경주)을 떠나 강릉군江陵郡(명주溟州)에 수다사水多寺를 창건해 거처하다가 문수 감응을 받아 태백산 갈반지葛蟠地에 석남원石南院(정암사淨岩寺)을 창건해 성聖(문수) 강림을 기다렸다고 한다.[95] 범일梵日의 문인門人인 두타頭陀 신의信

---

93) 『동안거사집』 行錄1, 「水多寺留題」(이승휴). 權迪(權適)은 고려중기에 송에 유학해 송 과거에 급제한 수재였다(權適 묘지명).
94) 『삼국유사』 권3, 塔像, 「臺山月精寺五類聖衆」.

294

義가 자장이 오대산에서 게식憩息했던 곳을 찾아 암庵을 창건해 거처하고, 수다사장로水多寺長老 유연有緣이 중창重創해 거처했는데 이곳이 곧 월정사月精寺라고 한다.96) 이 수다사水多寺는 강원도 평창군 진부면 수항리에서 '수다사水多寺'라고 새겨진 기와와 대정이십팔년大定二十八年 무신戊申(1188, 명종 18) 삼월三月에 수다사강당水多寺講堂 촉대燭臺를 만들었다고 새겨진 촛대가 발견됨으로써 이곳에 위치했음이 밝혀졌다.97) 강릉 해안근처 낙가사(원래 등명사)가 수다사라는 견해가 있어 왔지만 전혀 다른 사찰이다.98) 수다사는 이승휴의 수다사 숙박 기록과 현지의 출토유물이 만남으로써 실체가 분명해졌다.

범일의 제자로 행적과 개청이 특히 두드러졌다. 행적行寂(속성俗姓 최씨崔氏)은 가야산 해인사에서 잡화雜花(화엄)를 연구하고 대중大中 9년에 복천사福泉寺 관단官壇에서 계戒를 받더니 선종으로 전환하러 굴산崛山에 나아가 통효대사通曉大師(범일)를 알현해 제자가 되었다. 함통咸通 11년(870)에 입비조사入備朝使 김긴영金緊榮에게 부탁해 배를 같이 타서 당唐에 도착해 상도上都에 이르러 보당사寶堂寺 공작왕원孔雀王院에 머물다가 오대산五臺山에 이르러 화엄사花嚴寺에 들르고 문수대성文殊大聖에게 감感하기를 구하여 중대中臺에 올랐는데 홀연히 만난 신인神人이 속히 남방南方으로 향하면 오색五色의 상霜을 인식하리라 하니 남행南行해 건부乾符 2년에 성도成都에 이르러 순알巡謁해 정중정사靜衆精舍에서 신라인 무상대사無相大師 영당影堂에 예배했다. 형악衡岳에 유遊하여 지식知識의 선거禪居에 참여하고 멀리 조계漕溪에 이르러 조사祖師의 보탑寶塔에 예배했다. 중화中和 5년(885, 헌강왕 11)에 고국故國에 돌아와 굴령崛嶺에 이르러 통효대사를 다시 알현해 모시다가 오악五嶽의 초初에 석비錫飛해 잠시 천주天柱(천주사天柱寺)에 머물고 혹 삼하三河를 건너 수정水精(오대산 서대 수정사水精社)에 주석했다. 문덕文德 2년(889, 진성여왕 3) 4월에 굴산대사崛山

95)『삼국유사』권4, 義解,「慈藏定律」.
96)『삼국유사』권3, 塔像,「臺山五萬眞身·臺山月精寺五類聖衆」.
97) 신종원,『신라 최초의 고승들』제4장, 민족사, 1998.
98) 홍성익,「낙가사에 소재한 고고자료의 종합적 검토」『인문과학연구』(강원대) 46, 2015.

大師가 병들자 고산故山에 가서 시질侍疾해 부촉전심付囑傳心을 받았다. 초初에 삭주朔州의 건자야建子若에 게석憩錫해 모사茅舍를 수리해 비로소 산문山門을 여니 오는 자가 구름같았다. 건녕초乾寧初에 왕성王城에 이르러 분향焚香의 사寺에 머물다가 광화말光化末에 야군野郡으로 돌아와 치초薙草의 허墟에 전단旃檀을 심었다. 효공대왕孝恭大王이 보위에 올라 선종禪宗을 흠중欽重해 승정僧正 법현法賢 등을 파견해 황거皇居로 부르니 명교溟郊를 나와 경읍京邑으로 돌아가자 주상主上이 면복冕服을 갖추어 국사國師의 예禮로 대우했다.99) 행적이 보천이 개척한 오대 중의 서대 수정사水精社에 주석했던 것인데 선종 굴산파의 오대산 중심부로의 잠식을 의미하며, 행적이 당의 오대산을 순례한 경험도 작용했을 것이다.

범일의 제자인 개청은 대관령 보현산사(보현산 지장선원)를 장악한다. 어떤 노인老人이 홀연히 나타나 개청에게 먼저 굴령崛嶺을 찾아 승시대사乘時大士를 만나라고 하니 개청이 오대五臺에 이르러 통효대사通曉大師(범일)를 배알했다고 한다. 개청이 통효대사를 모시며 문도를 가르치니 홍주대적洪州大寂(마조도일馬祖道一)과 지장地藏□□(마조도일의 제자 서당지장西堂智藏)이 유인誘引하는 문문과 같았고, 노국선니魯國宣尼(공자)와 자하子夏(공자의 제자)가 사자師資의 도道를 대신하는 것과 같았다고 한다. 문덕文德 2년 여름에 통효대사가 귀적歸寂한 후에 당주當州(명주溟州) 모법제자慕法弟子 민규閔規 알찬閼飡이 보현산사普賢山寺를 희사해 본국本國(신라) 종지宗枝 출신인 개청에게 주지住持하기를 요청하자 받아들였고, 지당주군주사知當州軍州事 태광太匡 왕순식王荀息이 섬현剡縣 서하栖霞의 사舍(보현산사 비유)에 투강했다. 본국本國(신라) 경애대왕景哀大王이 개청의 명망을 듣고 중사中使 최영崔暎을 보내 왕도王道의 위기

---

99) 「新羅國 故兩朝國師 敎諡朗空大師 白月栖雲之塔碑銘 幷序」. 門人 翰林學士 守兵部侍郎 知瑞書院事 賜紫金魚袋 崔仁渷(崔彦撝)이 奉敎해 찬술하고 金生 書를 釋 端目이 集했다. 행적이 입적한 후에 今上이 贈諡하기를 '朗空大師'라 하고 崔仁渷에게 비문을 찬술하도록 명령했다. 陰記인 「新羅國石南山故國師碑銘後記」는 門下法孫 釋純白이 찬술했는데, 明王(경명왕)이 諡號銘塔하고 崔仁渷 侍郎에게 칙령을 내려 碑文을 찬술하게 했지만 世雜人猾로 인해 盛事로 되기 어려워 年新月古하다가 高麗國이 三韓을 鼎正하고서 顯德元年 갑인년(954, 고려광종 5) 7월 15일에 豊碑를 太子山에 세운다고 했다.

를 붙들어 주기를 요청하고 국사國師의 예禮를 표표하니, 태광太匡(왕순식)이 요좌僚佐를 가지런히 이끌고 선관禪關으로 나아가 열하列賀의 의의儀를 공진共陳하는데 군려羣黎가 경하慶賀하고 인주비현隣州比縣 전군거관典郡居官이 상망相望하여 도로에 끊어지지 않았다. 대사大師(개청)가 '군성郡城'(명주성)에 이르러 주사州師(왕순식)를 높이고 근왕勤王하고 읍인邑人의 봉불奉佛을 기렸다. 홀연히 병들어 동광同光 8년(930, 고려태조 13) 9월 24일에 보현산사普賢山寺 법당法堂에서 시멸示滅했는데 속년俗年이 96이고 승랍僧臘이 72였다. 금상今上(태조 왕건)이 삼한三韓을 평정하여 일통一統을 달성하고 석씨釋氏에 귀의해 모두 외호外護의 은혜를 입었으니 시호를 주기를 '낭원대사郎圓大師', 탑명塔名을 '오진지탑悟眞之塔'이라 했고, 언휘彦撝가 명주溟州 보현산普賢山 지장선원地藏禪院 고국사낭원대사故國師朗圓大師 비문을 찬술했다.[100] 음기陰記에는 원주승院主僧 순예純乂, 전좌승典座僧 석초釋超, 도유나都維那 영적靈寂, 사승史僧 홍신弘信, 당주當州(명주) 도령都令 좌승佐丞 왕예王乂, 집사낭중執事郎中 준문俊文, 집사낭중執事郎中 관육官育, 원외員外 김예金乂, 색집사色執事 인열仁悅·순충順忠이 새겨져 있다.

보현산사 즉 보현산 지장선원을 희사해 개청에게 주지하게 한 사람은 명주溟州 모법제자慕法弟子 민규閔規 알찬閼飡이었고, 지당주군주사知當州軍州事(명주 지군사知軍事) 태광太匡 왕순식王荀息, 당주當州(명주) 도령都令 좌승佐丞 왕예王乂, 집사낭중執事郎中 준문俊文, 집사낭중執事郎中 관육官育, 원외員外 김예金乂, 색집사色執事 인열仁悅·순충順忠 등 당시 명주(강릉)의 실력자들이 대거 후원에 참여했다. 보현산사 즉 보현산 지장선원은 오대산 동쪽 대관령 지역에 위치했다. 문수보살 신앙을 위주로 한 오대산 중심부를 보완하는 명목으로 대관령 지역에 보현보살을 숭배하는 보현산사를 건립한 것으로 여겨지며 그 과정에는 민규가 왕순식王荀息, 왕예王乂, 준문俊文, 관육官育 등 명주 실력자들과 의논해 동의를 얻었을 것이며 개청 등 굴산문과 협의를 거쳤을 것이다.

---

100) 「高麗國 溟州普賢山地藏禪院 故國師朗圓大師 悟眞之塔碑銘幷序」. 太相 檢校尙書 前 守執事侍郎 左僕射 兼御史大夫 上柱國 知元鳳省事 賜紫金魚袋 臣 崔彦撝가 奉教 撰했고, 沙湌 檢校興文監卿 元鳳省待詔 臣 仇足達이 奉教해 書했다. 天福五年(940, 고려태조 23) 7월 30일에 立했고, 刻字는 任文伊였다.

그림 20. 대관령 근처 보현산사와 개청 비석(필자 촬영)

이리하여 오대산 일대는 문수 신앙과 보현 신앙이 어느 정도 균형을 이루게
되었다. '지장선원'이라 칭한 이유는 신라왕족 출신인 개청이 신라왕족 출신
승려로 당에 건너가 구화산에서 명성을 떨치고 지장보살의 화신으로 추앙받
은 김교각金喬覺처럼 되기를 바랐기 때문일 수 있다. 또한 개청이 통효대사를
모시며 문도를 가르치니 홍주대적洪州大寂(馬祖道一)과 지장地藏□□(마조도일
의 제자 서당지장西堂智藏)이 유인誘引하는 문門과 같았다는 비문구절이 시사
하듯이 서당西堂 지장智藏(地藏)의 선禪을 이어받기를 표방했기 때문일 수 있다.
그러니까 보현산 지장선원에는 보현보살 신앙, 지장보살 신앙, 서당지장의
사상이 흐르고 있었다고 볼 수 있다.

　이처럼 나말여초에 굴산문의 범일과 그 제자 행적·개청·신의 등에 의해
오대산 일대 불교사원은 선종계열이 대개 장악하게 되었다. 행적은 서대
수정사에, 신의는 월정사에 진출해 오대의 중심부를 장악해 들어갔고, 개청
은 교통 요충지인 대관령에 접한 보현산의 지장선원을 관장했다. 보천태자
가 중시한 중대 진여원은 월정사 소속으로 정해져 '상원上院'으로 불리게
된 것으로 보인다. 오대가 통일신라 보천태자의 화엄중심에서 굴산문에

의해 선종중심으로 변모해 갔던 것이다. 월정사를 대찰로 만든 유연은 나말여초 승려인지 고려중기 승려인지 논란이 있지만 선종, 아마 굴산문 승려가 아닌가 한다. 보천(보질도)의 오대五臺는 중대의 화엄 진여원(상원) 및 오대의 도회都會인 하원의 화엄 문수갑사가 사대四臺에 대해 어느 정도 영향력을 행사하는 구조였던 반면 고려시대 오대는 하원 문수갑사의 후신으로 보이는 월정사가 선종사찰로 변모하고 중대 진여원이 월정사 소속으로 굳어졌고 서대 수정암도 선종사찰로 자리매김했으며 오대 각 사찰의 유기적인 연결관계는 약해졌다.

민지가 세기細記를 인용해 언급하기를, 오대산은 불성진신佛聖眞身이 상주常住하는 곳이고, 월정사月精寺는 오류대성五類大聖이 현적現迹하는 땅이고, 하물며 이 사寺(월정사)는 역시 이 산의 후문喉吻이기 때문에 아태조我太祖(왕건)가 왕업을 열고 옛 성훈聖訓에 의거해 매해 봄과 가을에 각각(오대산의 여러 사찰)에게 백미白米 200석石과 소금 50석石을 시납하고 별도로 공양供養을 닦아 복리福利에 밑천으로 사용하도록 해 역대의 항규恒規가 되었다고 했다.[101] 고려 태조 왕건과 역대 후계 임금들이 오대산 사찰을 중시해 경제적 지원을 했다는 것이다.

고려초에 오대산 기슭의 굴산사 승려 여철如哲은 개경에서도 활약했다. 성종초에 최승로가 상서하기를, 엎드려 보건대 성상聖上(성종)이 사신을 파견해 굴산승屈山僧 여철如哲을 맞이해 입내入內하게 했는데, 여철이 과연 능히 사람에게 복福을 줄 수 있는 자라면, 그 거처하는 수토水土는 역시 성상聖上의 소유이고 조석朝夕 음식 역시 성상聖上이 하사한 것이라, 반드시 도보圖報의 마음을 지녀 매양 축리祝釐로 일을 삼아야 하나니, 어찌 번거롭게 영치迎致한 연후에 감히 복福을 베풀리오, 접때에 선회善會라는 자가 있어

---

101) 閔漬 찬술「五臺山聖迹 幷新羅淨神太子孝明太子傳記」, 李能和, 『朝鮮佛敎通史』 수록. 兵火를 겪은 이래 국가가 많이 어려워 공양이 누차 끊어지고 寺 역시 무너짐이 심해 沙門이 보고 탄식해 彈力해 脩葺하여 민지에게 와서 기록해 주기를 요청하니 민지가 筆削했다. 大德 11년 2월에 宣授祖列大夫·翰林直學士 匡靖大夫·僉議都僉議司事· 延英殿大司學·提修史·判文翰署事 閔漬가 記했다.

요역徭役을 피하려 출가出家하여 거산居山했는데 광종이 치경致敬해 예禮를 다했지만 끝내 선회善會는 길 옆에서 폭사暴死해 그 시체를 폭로曝露해 저것처럼 범승凡僧 자신이 또한 화禍를 취했으니 어느 겨를에 복인福人하리오, 청컨대 여철을 놓아 산으로 돌려보내 선회善會의 기롱을 초래하는 것을 면하도록 하십시오 했다.[102] 굴산문 선승 여철이 고려초에 개경에까지 진출한 것은 굴산문의 권위에 바탕한 것이면서 강릉 세력이 고려의 후삼국통일에 많이 기여하고 왕비를 배출한 사실도 작용했을 것이다.

월정사, 굴산사 등을 포함하는 오대산 일대 사찰의 동향은 여철如哲 이후의 고려 초·중기에는 기록에서 잘 확인되지 않는데, 이 시기 기록의 부족에도 기인하지만 화엄종·유가종을 양대산맥으로 하는 교종이 개경 일대를 중심으로 맹위를 떨쳤기 때문일 것이다. 또한 문수 신앙의 중심지로 삼각산(북한산)과 춘주 청평산이 새롭게 떠올라 오대산의 흡인력이 감소했기 때문일 것이다. 조선시대 기록에 오대산 남대南臺의 남쪽에 영감암靈鑑菴(영감사靈鑑寺)이 있어 영건營建이 대개 여대麗代로부터 시작되었는데 벽壁에 김부식金富軾 기문記文이 있다고 했다.[103] 그러하니 영감암(영감사)이 적어도 고려중기에는 존재했던 것으로 보이는데 김부식이 오대산을 방문했을 가능성이 있다.

고려후기로 가면서 오대산은 기록에 자주 등장하게 되는데 이는 기본적으로 남아 있는 기록이 이전보다 많은데 기인하지만 문수 신앙의 대중화와 관련이 깊다고 여겨진다. 승형承逈이 정사년(1197, 명종 27) 가을에 광명사廣明寺 선불장選佛場에 나아가 상상품上上品에 뽑히더니 명산을 유력遊歷하고자 조계산曹溪山 보소普炤(보조普照 지눌)를 배알한 후에 강릉군 오대산에 나아가 문수文殊를 예배해 명감冥感을 얻고 청평산淸平山에 가서 진락공眞樂公의 유적遺跡을 방문하고 진락공이 강조한 능엄경을 탐구해 전파했다.[104] 선종승려

102) 『고려사』 권93, 崔承老傳, 최승로 상서문 중의 시무이십팔조.
103) 『拭疣集』 권2, 靈鑑菴重創記(김수온) ; 『三淵集』 권24, 五臺山記(김창흡). 조선시대에 영감사 권역에 史庫가 설치된다.
104) 「高麗國寶鏡寺住持大禪師 贈諡圓眞國師 碑銘幷序」. 承逈은 文殊寺記에 진락공(이자현)이 首楞嚴經은 印心宗이 要路를 發明하는 語라는 것을 보고 감동해 聞□庵에 머물며

승형이 오대산을 찾아 문수보살을 예배한 것인데, 이는 오대산과 그 문수보살이 승려, 특히 선종승려가 순례해야 하는 성지와 성상이었음을 시사한다.

무인정권기 김극기가 오대산 일대 불교사원에 대해 글을 남겼다. 그가 굴산崛山(굴산사) 종鍾을 주제로 읊기를, "용용舂容 굴산종崛山鍾이여 범일사梵日師가 주조한 것이네, 놀라서 보니 마음이 멍하고 진경珍敬하니 눈물이 횡종橫縱하네, … 청컨대 그대는 격고擊考하지 말기를, 동해東海에 어룡魚龍이 놀라기 때문에"라고 했다.105) 굴산사는 범일이 주조했다는 범종이 유명했는데 김극기가 이 범종을 목격해 놀라워했다. 김극기는 강릉을 읊은 시에서, 홀연히 나는 새를 바라보니 멀리 푸른 봉우리가 떠 있네, 물어 알았구나, 오대산五臺山이 공반空畔에 취규翠虯처럼 서려 있음을, 문수文殊는 부감浮鑒처럼 원圓하고 백월白月은 징류澄流처럼 비추네, 단심檀心이 건앙虔仰하면 일일이 구하는 바를 이루네, 어찌 영경靈境을 두드림을 사양하리, 임금의 천만세千萬歲를 축원하네"라고 했다106) 김극기는 오대산을 우러르며 문수보살을 찬미했던 것이다.

무인집권기 진보궐陳補闕(진화陳澕)이 오대산에 유遊하며 읊기를, "당년當年에 화畫 속에서 오대五臺를 보았을 때 구름 걷혀 창취蒼翠해 고저高低가 있더니, 지금 만학萬壑 쟁류처爭流處에 오니 도리어 구름 뚫은 길이 불미不迷해 기쁘네"라고 했다.107) 오대산은 진화가 활동한 무인정권기에 오대산 그림이 그려져 유통되었을 정도로 명승지였는데 오대산 신앙이 유행한 것이 기본적으로

楞嚴經을 다 열람하고서 法敎를 弘揚하면서 반드시 이것으로써 首를 삼으니 이 法이 세상에 성행함이 承逈으로부터 시작되었다고 한다. 承逈은 泰和八年 戊辰(1208, 희종 4)에 命을 받아 皆骨山 楡岾寺에 주석한다.

105) 『신증동국여지승람』 강릉, 題詠, 八詠. 崛山鍾 "舂容崛山鍾 梵日師所鎔, 駭看心憬悅 珍敬淚橫縱, 鬼神但行道 禽鳥難著蹤, 請君莫擊考 東海驚魚龍".

106) 『신증동국여지승람』 권44, 강릉대도호부, 題詠,「並水穿沙洲」.

107) 『보한집』 중권. "畫裡當年見五臺 掃雲蒼翠有高低 今來萬壑爭流處 却喜穿雲路不迷". 한편 陳澕의 동일한 시가 『신증동국여지승람』 강릉의 산천에 五臺山 항목으로, 『동문선』 권20, 七言絶句에 '遊五臺山'으로 "畫裏當年見五臺 掃雲蒼翠有高低, 今來萬壑爭流處 自覺穿雲路不迷"라고 실려 있는데, 단 '自覺穿雲路不迷'라 하여 '自覺'이 다르다. 한편 진화의 이 시는 『梅湖遺稿』 詩 七言絶句에도 '遊五臺山'이라는 제목으로 "畫裏當年見五臺 浮空蒼翠有高低, 今來萬壑爭流處 自覺穿雲路不迷"라고 실려 있는데(시 내용이 다른 기록과 약간 차이가 있음), 당시 진화가 王事로 인해 關東에 가서 지은 것이라고 한다.

작용했으리라 여겨진다.

　원간섭기에『삼국유사』는 오대산 관련 기록을 집대성했고, 민지는 오대산 측의 요청에 따라『오대산사적기』를 저술했다. 원간섭기에 천태승려 운묵 무기는 금강산과 오대산 등 명산名山 승지勝地를 유력遊歷하고 나서 시흥산始興山 탁일암卓一庵에 도달했으니,[108] 천태종에서도 금강산과 오대산을 중시했다.

　공민왕 치세에 정추가 오대산에 진입해 횡계역을 거쳐 금강담金剛潭에 이르러 읊기를, "금강담수金剛潭水(금강연수金剛淵水)는 푸르고 맑아 종전從前 관산冠山(관상冠上) 티끌(먼지)을 다 씻네, 월정月精(월정사)을 향하여 고탑古塔을 보려 하는데 석양夕陽에 화죽花竹이 정政(正)하게 사람을 근심하게 하네"라 했다. 월정사月精社에 이르러 읊기를, "자장慈藏(慈藏) 고사古寺는 문수文殊가 있고 탑塔 위에 천년千年 동안 새鳥가 날지 않네, 금전金殿은 문을 닫아 향전香篆이 냉冷하고 잔승殘僧은 걸미乞米해 어디를 향하여 귀歸하는가"라 했다. 대산臺山 문수사文殊社에 숙박하며 짓기를 "밤은 고요한데 풍쟁風箏이 반공半空에 울리고 단청丹靑 고전古殿에 불등佛燈이 붉네, 노승老僧은 우통于筒(우통수于筒水) 미味를 말하기를 사랑하는데[수명水名으로 산정山頂에서 나옴] 지수智水와 그것(우통수)이 누가 담농淡濃한가"라 했다.[109] 월정사는 문수보살을 봉안해 숭배한 도량이었음을 알려준다. 노승이 우통수 맛을 자랑했으니 이 오대산 문수사文殊社는 오대산 산지에 위치한 그것으로 문수도량인데 상원사를 지칭했으리라 판단된다.

---

108)『釋迦如來行蹟頌』下.

109)『圓齋先生文稿』상권, 詩,「金剛潭」"金剛潭水(金剛淵水 : 여지승람)碧瀰瀰 洗盡從前'冠山'(冠上 : 여지승람)塵, 擬向月精看古塔 夕陽花竹政愁人"/「月精社」"慈藏古寺文殊在 塔上千年鳥不飛, 金殿闔扉香篆冷 殘僧乞米向何歸"/「宿臺山文殊社」"夜靜風箏響半空 丹靑 古殿佛燈紅, 老僧愛說于筒味[水名 出山頂 智水與之誰淡濃].「宿臺山文殊社」시 다음에는 「出山」시 "山徑崎嶇石有稜 倩人扶馬尚凌競, 出山滿馬黃塵裏 笑殺嵌崟松下僧"이 실려 있는데 '出山'은 오대산을 나온다는 의미이다.『동국여지승람』에는 金剛淵이 五臺山 月精寺 옆에 있어 四面이 모두 盤石이고 瀑流 十尺이 匯하여 淵이 되고 諺傳에 神龍이 藏하는 곳이라고 하며 정추 시가 실려 있다(『신증동국여지승람』권44, 강릉 산천). 한편『동국여지승람』은 이 臺山文殊社를 해안가의 문수사로 간주해 정추의 시를 실었는데 오류로 판단된다.

휴상인休上人(천태판사天台判事 나잔자懶殘子의 제자)은 이색의 친우인데 사중은四重恩에 보답하기 위해 화엄華嚴·법화法華 주해 각 1부部를 종이에 먹물로 인쇄하고 서방西方 미타팔보살彌陀八菩薩을 그림으로 그리고 그것을 대산臺山에 두어 후인後人으로 하여금 지키도록 하려 했다.[110] 이 '서방 미타팔보살'은 '서방'이 앞세워진 것에 의거하건대 아미타 팔대보살로 오대산의 서대西臺 방면에 두어졌으리라 추정된다. 이는 '서방 미타팔보살'에 대세지보살이 포함되었을 터이지만 서대에 일만 대세지보살을 배치한 통일신라 보천(보질도) 태자의 구도에 비하면 대세지의 위상이 약화된 것이며, 또한 남대에 팔대보살을 배치한 보천태자의 구도와 달라진 것이었다.

고려말기 천희千熙는 13세에 화엄華嚴 반룡사주盤龍社主 일비대사一非大師에게 출가하고, 19세에 상품선上品選에 올라 김생사金生寺·덕천사德泉寺·부인사符仁寺·개태사開泰寺 등 10여餘 사찰에 역주歷住하더니, 선지禪旨를 참구參究해 소백산小伯山에서 몽산蒙山이 의법衣法을 주는 꿈을 꾸었고 금강金剛(금강산)·오대五臺(오대산)에서도 역시 그러해서 이것이 남유南遊를 결심한 까닭이라고 한다. 갑진년(1364, 공민왕 13) 가을에 항해하여 항주杭州에 도착해 휴휴암休休菴에 이르러 몽산진당蒙山眞堂을 참배하고 병오년(1366, 공민왕 15) 봄에 만봉萬峯을 성안사聖安寺에서 만나고 귀국하니 현릉玄陵(공민왕)이 위로하고 국인國人이 앞을 다투어 첨례瞻禮했다.[111] 화엄승려 천희가 선지禪旨를 참구參究해 중국 유학을 결심하도록 한 곳이 소백산, 금강산, 오대산이었던 것이다.

선종승려 나옹 혜근은 공덕산과 회암사에 거처하다가 정해년(1347, 충목왕 3) 11월에 북을 향해 출발해 그 다음해 3월에 원 연도燕都의 법원사에

---

110) 『牧隱文藁』 권8, 序, 「贈休上人序」.

111) 贈諡眞覺國師碑銘(이색 찬술). 이후 천희는 雉岳에 은거하고 東海에 游하고 洛山觀音放光의 瑞를 초래하고 치악에 돌아왔다. 그리고 玄陵의 초빙을 받아 國師에 책봉되고 大華嚴宗禪敎都揚攝에 임명되었으며 庚戌(공민왕 19년) 9월에 玄陵이 王師 懶翁을 청하여 境內禪敎諸僧을 선발하는 功夫節目을 행하자 천희가 證明하는 역할을 맡았고, 이윽고 천희는 罷하여 敬天寺에 거처했다가 辛亥에 金剛山에 遊하고 5월에 上이 遣使해 請還했지만 그 가을에 간절히 요청해 雉岳으로 돌아왔고 임자년에 浮石寺에 주석해 殿宇를 모두 예전처럼 重營했는데 대개 자신의 後計를 위한 것이었다.

이르러 지공을 알현했으며, 지정至正 10년(1350, 충정왕 2) 봄에 강제江淛(강절
江浙)에 남유南游해 평산平山을 만나고 신묘년(1351, 충정왕 3) 봄에 보타낙가
산 관음을 참배하고 북쪽으로 돌아와 지공을 다시 만나 법의法衣·불자拂子·범
서梵書를 받고 연대燕代(연경燕京과 대주代州) 산천을 유섭游涉했으며, 무술년
(1358, 공민왕 7) 3월 23일에 연도를 떠나 요양과 평양과 동해 등 여러
지역에서 설법하다가 경자년(1360, 공민왕 9) 가을에 대산臺山(오대산) 상두
암象豆菴에 자리잡았다.[112] 신축년(1361, 공민왕 10) 겨울에 공민왕의 부름을
받고 개경성에 들어가 후한 대우를 받고 요청에 따라 신광사(해주 소재)에
주석하다가 홍적紅賊을 겪었고 계묘년(1363, 공민왕 12) 7월에 구월산 금강암
金剛庵에 갔다가 왕의 요청으로 신광사로 돌아와 머물렀고 을사년(1365,
공민왕 14) 3월에 예궐詣闕해 사퇴하고 용문龍門·원적圓寂 여러 산을 유람하다
가 병오년(1366, 공민왕 15) 3월에 금강산에 들어가 정양암正陽庵에 주석하다
가 정미년(1367, 공민왕 16) 가을에 왕의 요청으로 청평사淸平寺(춘천 소재)에
주석하고, 기유년(1369, 공민왕 18) 9월에 질병으로 사퇴해 또 대산臺山(오대
산)에 들어가 영감암靈感庵에 주석하다가 공민왕 20년 3월에 지공指空 영골사
리靈骨舍利를 예배하기 위해 회암사에 갔다가 왕의 요청으로 개경성으로
들어간다.[113]

　지공은 반야경과 문수 신앙을 중시했는데, 문수보살은 반야 공空의 구현자
로 믿어져 반야와 일체화하는 양상을 짙게 보인다. 나옹이 담무갈(반야)보살
의 상주처常住處라는 금강산 정양암에, 문수도량인 춘주 청평사에, 오대문수
의 성지인 오대산의 상두암·영감암 등에 주석한 것은 반야와 문수를 중시한
것인데, 스승 지공의 그러한 경향을 계승한 것이라 볼 수 있다. 나옹은
경자년(1360, 공민왕 9) 가을~신축년(1361, 공민왕 10) 겨울에 오대산 상두암

---

112) 나옹 비문 ;『나옹록』나옹행장.
113) 『나옹록』나옹행장. 洪武庚戌(1370, 공민왕 19) 秋에 元朝司徒 達睿가 指空 靈骨舍利를
　　 모시고 회암사에 이르자 (다음해) 3월에 나옹이 영골에 예배하기 위해 오대산을
　　 나오니 上(공민왕)이 近臣 김원부를 보내 맞이하게 하자 나옹이 禮骨한 후에 개경성으
　　 로 들어가 廣明寺에서 結夏하고 8월 3일에 內齋에 나아갔다.

象豆菴(북대 소재)에 머물렀고, 기유년(1369, 공민왕 18) 9월에 다시 오대산에 들어가 공민왕 20년 3월까지 영감암靈感庵(남대 소재)에 머물렀던 것이니 오대산은 그가 장기간 머문 곳의 하나로 그의 주요 기반으로 작용했다. 나옹이 오대산 중대中臺를 주제로 지은 시에서 "책장策杖 우유優遊해 묘봉妙峯에 오르니 성현유적聖賢遺迹이 본래 공空이 아니네, 천연天然 이경異境이 간격間隔이 없어 만학萬壑 송풍松風이 나날이 통하네"라 했으니[114] 중대에 들르기도 했다. 나옹 혜근이 강릉 오대산을 중시해 장기간 머문 것은 그가 스승인 지공을 따라 문수 신앙을 중시한 데에다가 그가 원나라 유학시절에 오대산 신앙의 근원지인 대주代州 오대산을 찾아 그 오대산 문수 신앙을 직접 체험한 일도 작용했을 것이다.

지천智泉은 지정至正 계사년에 무학無學('지금 왕사王師')과 함께 연경燕京(대도)에 들어가 지공指空을 법천사法泉寺에서 알현했는데, 당시 나옹懶翁이 먼저 연燕(연경)에 들어가 지공指空 인가印可를 받아 도예道譽가 이미 저명하니 이사二師(지천과 무학)가 모두 나옹을 스승으로 모셨다. 또한 오대산五臺山(중국 소재)에 가서 벽봉화상碧峯和尙을 만났다. 병신년에 환국還國해 향산香山(묘향산)에 들어가고 오대五臺·소백小白·지리智異·미지彌智 등 여러 산을 유력했다.[115] 지천은 중국 오대산과 고려 오대산을 모두 순력한 것이었다.

환암幻菴 혼수混脩는 지정기원至正紀元 신사년에 선시禪試에 나아가 상상과上上科에 올랐고 금강산金剛山에 들어갔는데 (지정)팔년八年 무자년(1348, 충목왕 4) 가을이고 나이 29세였으며, 경산京山에 우거해 모친을 돌보다가 모친이 세상을 뜨자 묘법화경妙法華經을 천사倩寫해 명복을 빌고 식영감화상息影鑑和尙을 선원禪源(선원사)에서 알현해 능엄楞嚴을 배우고 고故 재상 조쌍중趙雙重이 휴휴암休休菴을 새로 지어 수능首楞(수능엄) 요지要旨를 설명해주기를 요청하니 여기에 3년간 거주했고 충忠(충주)의 청룡사靑龍寺에 연회암宴晦庵을 지었

---

114) 『나옹록』나옹화상송가, 「題五臺山中臺」.

115) 『陽村先生文集』권38, 碑銘類, 追贈正智國師碑銘 幷序. 懶翁과 無學이 서로 이어 重聲이 있어 王者師가 되어 宗風을 크게 떨쳐 四衆이 奔波해 麏然히 趨嚮했지만 지천은 홀로 韜光 晦迹해 雲山에 潛隱해 한번도 衆會를 거느려본 적이 없었다고 한다.

으며 현릉玄陵(공민왕)이 회암사檜岩寺에 주석하기를 요청했지만 나아가지
않고 금오산金鰲山에 들어갔으며, 또한 오대산에 들어가 신성암神聖菴에 거처
했는데 때에 나옹 혜근 역시 고운암孤雲菴에 거주하고 있어 자주 서로 만나보
며 도요道要를 물었다.[116] 혼수는 문수보살의 가르침을 지침으로 삼는 능엄경
(수능엄경)에 정통했고 문수성지인 오대산에 거처했으니 문수 신앙 실천자
였다. 오대산에서 고운암의 혜근과 신성암(신성굴)의 혼수가 교류하며 사제
사이로 발전했는데 문수 신앙이 매개로 작용했을 것이다.

공민왕 때 전등록이 간행되었는데 굴산사 승려가 참여한다. 상上(공민왕)
21년 정월에 판조계종사判曹溪宗事 각운覺雲이 상언上言하기를, 전등록傳燈錄은
선학禪學의 지남指南인데 판본板本이 병화兵火로 불타 수초手鈔하기가 심히
어렵다며 중간重刊하여 광포廣布하기를 요청하니 상上(공민왕)이 허락하자
이에 상명上命을 따라 광명사주지廣明寺住持 경예景猊, 개천사주지開天寺住持 극
문克文, 굴산사주지崛山寺住持 혜식惠湜, 복암사주지伏岩寺住持 탄의坦宜가 그 일
을 주간해 구재鳩材 모공募工해 완성하니 이색이 모친상을 당한 다음해에
서문을 찬술했다.[117] 나옹의 제자 각운[118]이 공민왕에게 요청해 이루어진
전등록 간행을 굴산사주지 혜식惠湜이 주간했던 것이다.

오대산 오대 일대의 여러 시설은 여말선초에 중창된다. 오대산 상원사
승당僧堂이 나옹의 제자 영로암에 의해 중창되었다.[119] 이색의 「오대상원사

---

116) 『陽村先生文集』 권37, 碑銘類, 有明朝鮮國普覺國師碑銘 幷序. 신축년 가을에 江陵道按廉
使에게 명해 혼수에게 赴闕하여 登壇의 戒를 주관하도록 했지만 혼수는 中道에 遜走해
山水 사이에 晦迹하고 명산에 遍歷하며 더욱 굳건히 操守했고, 기유년에 白城郡人
金璜이 願刹 瑞雲寺로써 초청하자 이르러 僧堂을 열고 廊廡를 葺하고 禪會를 크게
베푸니 四衆이 듣고 造謁者가 많았다. 洪武 3년 경술년(1370, 공민왕 19) 7월에 上(공민
왕)이 功夫選場을 개설해 禪敎山門衲子를 크게 모아 나옹에게 명해 시험하게 하고
上이 親臨해 관람했는데 나옹의 물음에 제대로 대답하는 승려가 없는 차에 혼수가
後至하여 나옹의 물음에 적절하게 답변했다고 한다.
117) 『牧隱文藁』 권7, 「傳燈錄序」. 覺雲은 일찍이 禁中에서 傳燈錄을 談한 것이 滿一歲여서
上(공민왕)이 심히 그릇으로 여겨 十字法號를 하사하고 禪敎都摠攝 曹溪都大禪師를
삼아 內院에 들어와 거처하게 했다고 한다.
118) 覺雲은 驪興郡 神勒寺大藏閣記(『도은집』 권4)에 나옹의 문도로 나온다.
119) 나옹 제자의 오대산 사원 중창에 대해서는 황인규, 「여말선초 나옹문도의 오대산

306

승당기五臺上院寺僧堂記」에 따르면, 승려 영로암英露菴은 나옹 제자로 오대五臺에 유遊하여 상원上院에 들어갔는데 승당僧堂이 터는 있는데 옥屋이 없는 것을 보고 탄식하기를, 대산臺山은 천하의 명산이고 상원上院은 또한 대찰大刹인데 성불成佛의 장소이고 시방十方 운수雲水가 모이는 곳인 승당僧堂이 없을 수 있는가 하고 인연을 모집하니, 판서判書 최백청崔伯淸의 실室 안산군부인安山郡 夫人 김씨金氏가 이를 듣고 기뻐해 최모崔謀(최백청)와 함께 전錢을 시납했는데 부인夫人이 스스로 시납한 것이 대부분이었다. 공역이 병진년(1376, 우왕 2) 가을에 시작해 정사년(1377, 우왕 3) 겨울에 끝나니 그 겨울에 승僧 삼십三十 을 맞이해 삼십년三十年(십년十年의 착오) 좌선坐禪하기로 하고 5년째인 신유 년(1381, 우왕 7)은 대반大半이어서 설법회說法會를 성대하게 열었다. 그 해 11월 24일에 달이 이미 들어갔는데 승당僧堂이 무고無故하게 자명自明하니 대중이 그러한 것을 괴이하게 여겨 그 광명이 시작된 곳을 찾자 성승聖僧(승려 형 문수) 앞 촉燭으로부터 나오고 있어 대중이 크게 놀랐다. 지금 그 불꽃을 산중山中 제암諸菴이 서로 이어 지금에 이른 것인데 세상에서 김씨 지성至誠이 초래한 것이라고 한다. 김씨가 그 일을 목도目覩하고 더욱 감동하여 노비와 전토田土를 희사해 상주常住 밑천으로 삼고 뒤의 사람이 그것을 아는 것이 없을까 염려해 이색에게 기문을 요청했다.120) 상원사 승당이 영로암의 주도 와 안산군부인 김씨의 후원 하에 중창되었는데 성승聖僧(승려형 문수) 앞 촛불이 스스로 켜지는 기적이 발생했다는 것이다.

오대산 관음암이 조선 건국초에 중창된다. 권근의 「오대산관음암중창기五 臺山觀音菴重創記」에 따르면, 도인道人 지선志先이 일찍이 강릉부江陵府 오대산의 동대東臺에 관음암觀音庵을 중창重創해 공역을 끝내고 권근에게 말하기를,

중흥불사」『불교연구』36, 2012가 참고된다.
120) 『牧隱文藁』권6, 記, 五臺上院寺僧堂記. 이색 역시 驚嘆하기를, "이 일이 있다니 나는 전에 들어본 적이 없도다. 대저 燈燭은 炷가 있고 油蠟이 있지만 반드시 火가 있은 후에 光明이 나오는 것인데 지금 火지 않고 自明하니 佛의 靈이 아니면 무엇으로써 그렇게 했으리오. 佛은 비록 靈하지만 또한 因 없이 그 靈을 빛나게 했으니 金氏의 名이 傳함이 마땅해 僧堂記를 짓지 않을 수 없다"고 했다.

"내가 접때에 사찰을 건립했을 때 반드시 목은牧隱에게 기문을 구하면 목은이 사양하지 않고 필筆했는데 지금 관음암 조영에는 목은이 그쳤는지라(세상 떴는지라), 그대는 목은 문인門人이니 사양하지 말고 기記해 주시오"라고 했다.121) 이색이 조선 태조 5년(1396)에 사망했으니 지선志先의 관음암 중창 완공은 그 이후였다. 이것의 중창에 권근의 부친 권희權僖가 비용을 댔다. 나옹의 제자 지선志先122)이 오대산 동대 관음암을 중창한 것이었다.

오대산 서대 수정암이 고려에서 조선으로의 교체기에 불타자 중창된다. 권근이 「오대산서대수정암중창기五臺山西臺水精菴重創記」를 찬술하기를, 강원江原 교계交界에 대산大山이 있어 오봉五峯이 아울러 우뚝 솟아 균등하고 환열環列하여 세상에서 부르기를 오대산五臺山이라 하는데, 중中은 지로地爐, 동東은 만월滿月, 남南은 기린麒麟, 서西는 장령長嶺, 북北은 상왕象王이라 하며, 오류성중五類聖衆 상주常住의 설說이 있다고 했다. 서대西臺 아래에 함천檻泉이 용출해 색미色味가 매우 좋아 우통수于筒水라고 하는데 수백리數百里를 흘러 한강漢江이 되어 바다로 들어간다고 했다. 우통于筒의 근원에 수정암水精菴이 있어 옛적에 신라 두 왕자王子가 여기에 둔遁하여 수선修禪 득도得道했으니, 지금까지 납자衲子 중에 수증修證하고자 하는 자가 모두 즐겨 거처한다고 했다. 임신년(1392, 공양왕 4, 태조 원년) 가을에 화재를 당했는데 조계운석曹溪韻釋 나암懶庵 유공游公과 목암牧庵 영공永公이 이 산에 들어와 외신煨燼한 것을 눈으로 보고 비탄해 중영重營하고자 하여 화소化疏를 지니고 산을 나와 보권普勸했다. 때문에 시중侍中 철성鐵城 이림李琳과 그 실室 홍씨洪氏, 중추中樞 고흥高興

121) 『陽村先生文集』 권14, 記類, 五臺山觀音菴重創記. 권근이 이미 허락했지만 世務에 因循하여 찬술하지 못한 것이 數年이었다. 建文 4년(1402, 태종 2) 5월에 권근이 질병으로 在家하자 志先이 때마침 와서 재촉하니 기문을 지었다. 相費 擅家(檀家의 오각)는 吾家君(權僖)부터 某官某某에 미친다고 했다. 권근이 언급하기를, 道人 志先이 일찍이 그 力으로 寺宇를 營建한 것이 누차로 매양 吾(권근) 宗公 牧隱先生에게 求文하여 記했고, 吾家尊(權僖)이 善을 행함을 즐긴다고 여겨 그 비용을 돕기를 요청하고 吾家尊 역시 그가 말하는 것은 반드시 들어주었고 이로 말미암아 나(권근) 역시 志先과 더불어 相知한 것이 오래 되었다고 했다.
122) 지선은 신륵사 보제존자석종비에 의하면 나옹의 제자였다.

308

유운柳雲과 그 실室 이씨李氏, 그리고 여러 단가檀家(檀家)가 듣고 모두 기뻐해
각기 전곡錢穀을 시납하니, 계유년(1393, 조선태조 2) 봄에 비로소 동공董工하
고 천泉 옆 임목林木의 아래에 다시 나아가 그 면面을 상相하니 세勢가 더욱
기승奇勝이어서 그 목木을 베고 그 토土를 깎자 유초遺礎가 구존具存해 완연宛然
히 구지舊址여서 관자觀者가 서로 경하慶賀하고 즐겨 추사趨事해 영구營構를
마쳤다고 했다. 그 당堂은 오가삼영五架三楹이고 욕실浴室은 이영二楹이고 그
규제規制는 심히 다르지 않았으며, 나암懶庵이 또한 유공柳公과 더불어 미타彌陀
팔대보살八大菩薩을 새로 그려 당堂 중에 걸고 고동향로古銅香爐와 정병淨瓶과
집기什器를 모두 갖추었다고 했다. 경찬회慶讚會를 개설해 이미 삼차에 이르렀
고 결지結志해 수선修禪하는 자가 많이 와서 주석住錫했는데, 지금부터 이
암庵에 거처하는 자가 신라왕의 이자二子처럼 능히 득도得道할 수 있는 자인지
우려되지만 후래자後來者의 책임이라 했다.[123] 목암牧庵 영공永公이 나옹의
제자인 각영覺永이라면[124] 나옹의 제자가 서대 수정암의 중창을 주도한
것이었다.

　오대의 서대西臺에 통일신라 보천은 무량수여래(아미타여래)를 수首로
하는 1만 대세지보살을 봉안하고, 남대에 팔대보살八大菩薩을 수首로 하는
1만 지장보살을 봉안한 반면 조선 건국초 나암懶庵은 서대에 미타 팔대보살을
봉안한 것이었다. 이 미타 팔대보살에는 대세지보살이 포함되었으리라 짐작
된다. 팔대보살을 남대가 아닌 서대에 봉안한 것인데 이는 아미타 팔대보살
이 유행한 고려후기 이래의 상황을 반영한 것이라 여겨진다.

　또한 조선 건국초에 오대산 중대 사자암이 중창된다. 권근의 「오대산사자

---

123) 『陽村先生文集』 권14, 記類, 五臺山西臺水精菴重創記. 懶庵이 권근에게 와서 徵記했는데
　　권근은 懶庵과 道는 비록 같지 않지만 서로 안 지가 이미 오래기 때문에 사양하지
　　않고 그 글을 書하여 記를 삼는다고 했다. 懶庵은 世族인데 紈綺를 버리고 伽梨를
　　蒙했는데 道譽가 심히 높고 지금 兩街都僧錄大師가 되었다고 했다. 기문 찬술 때는
　　永樂二年(1404, 태종 4) 2월 既望이었다.
124) 覺永은 「驪興郡神勒寺普濟舍利石鐘記」에 나옹의 제자로 나온다. 한편 牧庵으로 覺謙이
　　있어 이색, 권근 등과 친밀했다(『牧隱詩藁』 권13, 題牧菴卷[覺謙] ; 『양촌집』 권11,
　　牧庵記).

암중창기「五臺山獅子庵重創記」에, 건문建文 3년(1401, 태종 1) 정월에 태상왕 전하 (태조 이성계)가 내신內臣 판내시부사判內侍府事 이득분李得芬으로 하여금 참찬 문하부사 권근權近을 불러 전지傳旨하기를, 일찍이 듣건대 강릉부의 오대산은 기수奇秀의 칭稱이 옛적부터 드러나 원찰願刹을 두어 승과勝果를 심으려 생각한 지 오래되었다고 했다. 거년去年 여름에 노납老衲 운설악雲雪岳이 이 산(오대산) 으로부터 와서 고하기를, 산의 중대中臺에 사자암獅子庵이 있어 국가 비보裨補 인데 대臺의 양陽에 근거하여 이 대臺를 오르내리는 자가 공共히 유력由歷하는 곳이지만 창건한 지 오래어 폐폐廢했는데 유기遺基가 아직 남아 있어 보는 자가 탄식하며 마음이 상하니, 이것을 중영重營하면 중심衆心 흔경欣慶이 다른 곳보다 반드시 곱절이 될 것이라고 했다. 태상왕이 듣고 기뻐해 공工을 파견해 신구新構해 위에 삼영三楹을 일으켜 안불安佛 우승寓僧하고, 아래에 이간二間을 설치해 문門과 세각洗閣으로 삼았는데 규모가 비록 작지만 형세는 알맞게 하고 치대侈大하지 않게 했다고 했다. 완공되자 겨울 11월에 태상왕이 친림親臨해 관람하여 낙성落成했는데, 대개 선서先逝를 추복追福하고 후세後世 를 추리推利하고 물아物我 균점均霑하고 유명幽明 공뢰共賴하도록 할 뿐이라며 권근에게 글을 지어 영구히 보이도록 하라고 했다.[125] 이전부터 있어 오다가 폐허가 된 중대 사자암이 조선 태상왕 이성계의 명령에 의해 중창된 것인데, 중대 지역에 상원사(진여원) 외에도 사자암이 있었음을 알려준다. 운설악雲 雪岳이 각운覺雲이라면 나옹의 제자가 중대 사자암 중창을 주도한 것이었다.

오대산 일대에서, 나옹이 공민왕 때 상두암(북대)과 고운암과 영감암(남 대)에 머물렀고, 지공의 제자이자 나옹의 제자인 지천이 공민왕 무렵 오대산 을 순력했고, 환암 혼수가 공민왕 때 신성암에 머물며 나옹과 교류해 제자가

125) 『陽村先生文集』 권13, 記類, 五臺山獅子庵重創記. 태상왕 전하(태조 이성계)가 萬機를 厭煩해 聖嗣에게 傳付해 佛乘에 專心해 奉信하여 심지어 窮山絶頂의 위에도 舊址를 訪問해 名藍을 건설하고 千里를 멀다 하지 않고 친히 巡臨하니 이 산이 생긴 이래 처음 있는 일이라, 신라 二王子가 이 산에 들어와 지금까지 傳導하여 美談으로 여기는데, 하물며 지금 殿下가 創業의 主, 太上의 尊으로 친히 臨幸하니 지금 이후에 山翁野叟가 넘치도록 稱導하여 이 산의 무게를 더할 것이라고 했다.

310

그림 21. 오대산 상원사(필자 촬영). 오대 문수 신앙의 핵심인 진여원의 후신

되었다. 오대산 상원사 승당僧堂이 나옹의 제자 영로암에 의해 우왕 때 중창되었고, 여말선초에 나옹의 제자 지선志先이 동대 관음암을 중창했고, 서대 수정암과 중대 사자암도 중창되었는데 나옹의 제자가 주도했을 가능성이 있었다. 고려말~조선초에 선종, 특히 나옹계열이 오대산 사찰의 다수를 차지했던 것이다.

3. 월정사 8각9층탑 건립

백두산의 대맥大脈(근맥根脈)으로 각 대臺에 진신眞身이 상주常住한다[126]는 오대산에 월정사가 있고 이 절 안에 아름답고 정교하고 높은 8각9층 석탑이 하늘로 치솟으며 우뚝 서 있다. 월정사의 아름답고 정교하고 높은 이 8각9층

126) 『삼국유사』 권3, 「臺山五萬眞身」 및 「溟州五臺山寶叱徒太子傳記」.

탑이 언제 건립되었는지 아직 확실하지 않다.

『삼국유사』에 따르면, 오대산의 주요 신앙공간은 중대中臺(상원上院) 진여원(비로, 문수) 및 사방의 동대(관음)·남대(지장)·서대(무량수여래, 대세지)·북대(석가, 오백아라한)로 된 오대五臺와 그 아래에 도회都會인 하원下院 문수갑사文殊岬寺로 이루어졌다. 이 하원 문수갑사가 월정사의 기원으로 여겨진다.

월정사月精寺는 자장이 처음 결모結茅하고 신효信孝거사가 내주來住하고 범일梵日 문인門人인 신의信義 두타가 와서 암庵을 창건해 거주한 곳이었으며 후에 수다사水多寺 장로인 유연有緣이 와서 거주해 점차 大寺를 이루었는데, 사찰의 오류성중五類聖衆과 구층석탑九層石塔은 모두 성적聖跡이었다고 한다.127) 월정사 9층석탑은 『삼국유사』가 편찬된 충렬왕 초기 이전에 건립된 것은 분명한데, 몽골과의 전쟁기에 이루어지기는 어려웠을 것이므로 그 이전에 건립되었을 것이다.

민지가 찬술했다는 『오대산사적기』의 「제일조사전기第一祖師傳記」 을본乙本에는 자장이 강릉군에 가서 월정사月精寺를 창건했다고 되어 있다. 『오대산사적기』의 「봉안사리奉安舍利 개건사암開建寺庵 제일조사전기第一祖師傳記」 정본丁本에는 자장이 명주 오대산에 가서 지로봉에 올라 불뇌佛腦 및 정골頂骨을 봉안하고 월정사月精寺를 창건하고 십삼층탑十三層塔을 건립해 사리를 봉안했다고 되어 있다. 「신효거사친견오류성사적信孝居士親見五類聖事蹟」 갑본甲本에는 정중庭中에 팔면구층석탑八面九層石塔이 있고 그 안에 우파국다존자優婆鞠多尊者 사리를 봉안했다고 되어 있는 반면 병본丙本과 정본丁本에는 정중庭中에 팔면십삼층석탑八面十三層石塔이 있고 그 안에 세존사리世尊舍利를 봉안했다고 되어 있다.128) 민지는 자장이 월정사를 창건한 것으로 단정했고 적어도

127) 『삼국유사』 권3, 臺山오만진신 및 명주오대산보질도태자전기 및 臺山월정사오류성중. 五臺 신앙은 寶川(寶叱徒)과 孝明 태자에 의해 본격적으로 형성되었다.
128) 민지의 이러한 『오대산사적기』에 대해서는 염중섭, 「오대산사적기의 판본과 민지의 자장전기 자료 검토」『불교학연구』 46 참조. 『오대산사적기』 중에서 甲本과 乙本이 형태가 丙本과 丁本보다 성립시기가 더 빠르고, 후대에 개변의 여지가 적은 원형이었을 개연성이 있다고 했다.

신효거사 때 8면9층 석탑 즉 8각9층 석탑이 월정사에 존재한 것으로 간주했다. 지로봉에 불뇌佛腦 및 정골頂骨을 봉안했다는 내용은 적멸보궁의 근거자료로 쓰이는데 조선시대에 추가된 것으로 여겨진다.

의종 10년 10월에 백운자白雲子가 찬술한 '오대산문수사석탑기五臺山文殊寺石塔記'가 『삼국유사』에 실려 있는데,[129] 이는 앞에서 언급했듯이 강릉 바닷가 문수사의 탑에 대한 기록으로 여겨진다. 백운자가 언급한 문수사 석탑이 『동국여지승람』과 『여지도서』에 보이는 강릉부 동쪽 해안에 위치한 문수사의 것이라는 의견[130]이 타당해 보인다. 강릉 해안의 문수사는 훗날 한송사지로 불려진 곳으로 이곡의 동유기東遊記에 나오는 문수당이라는 의견도 제시되었는데,[131] 설득력이 있다. 연곡현 사람이 바다에서 고기잡이할 때 탑이 배를 따라왔다는 내용도 백운자가 언급한 탑이 해변에 자리했음을 시사한다. 『삼국유사』에서 오대산의 오대五臺와 문수갑사(월정사) 관련 부분들을 한 묶음으로 기록한 반면 '오대산문수사석탑기'는 그 다음에 바로 이어지지 않고 몇 개의 다른 불교유적을 소개한 다음에야 기록한 점도 백운자가 기록한 문수사 석탑이 월정사 9층석탑이 아니었을 가능성을 높여준다.

문헌연구에 의해 월정사의 9층석탑은 9~10세기에 신효거사信孝居士와 신의 두타信義頭陀에 의해, 그 앞의 약왕보살상은 신의 두타에 의해 조영되었으리라는 견해가 있다.[132] 반면 미술사적인 시각으로 강릉 일대에서 한송사지(원명 문수사) 보살상이 10세기 전반경에, 신복사지 공양상이 10세기 후반경에, 월정사 공양상이 11세기 전반경에 제작되었으며, 월정사 공양상은 전칭傳

---

129) 『삼국유사』 권3, 「오대산문수사석탑기」. 백운자가 언급한 문수사 석탑은 영험은 뛰어났지만 제작이 순박한데다가 교묘하지 못했으므로 지금 월정사에 서 있는 8각9층 탑은 아니다.

130) 박상국, 「상원사 문수동자상 복장발원문과 복장전적에 대해서」 『한국불교학』 9-1, 1984. 『신증동국여지승람』이나 『여지도서』의 문수사조에 이곡의 東遊記와 김극기의 시가 소개되어 있는데 이 문수사에 문수와 보현의 석상과 四仙碑가 있었음을 알 수 있다고 했다.

131) 권보경, 「고려전기 강릉일대 석조보살상 연구」 『사림』 25, 2006.

132) 강병희, 「문헌으로 본 월정사 팔각구층석탑」 『월정사 팔각구층석탑의 재조명』, 월정사성보박물관, 2000.

稱되어 온 약왕보살이 아니라 문수보살이라는 견해가 있다.[133] 또한 강릉
일대에서 한송사지(원명 문수사) 국보 24호 상(문수보살상)과 보물 81호
상(보현보살상)이 먼저 만들어지고 그 다음에 신복사지 보살상이 그 영향을
받아 만들어졌는데 요나라 양식의 11세기 작품이었으며, 그 다음에 월정사
보살상이 그 보살상들의 영향을 받아 조성되었는데 요의 영향이 감지되면서
도 고려화가 진행된 상태로 12세기 내지 12세기 초반에 만들어졌다는 견해가
제시되었다. 월정사탑과 보살상의 주변을 발굴조사했을 때 보살상 아래에서
성송원보聖宋元寶(1101년)와 숭녕중보崇寧重寶(1102~1106)가 발굴된 점도 월
정사 보살상과 탑의 12세기 제작 가능성을 높여준다고 한다.[134] 월정사
탑 안에서 발견된 동경銅鏡, 은제도금불입상, 전신사리경, 사각자수향낭과
그 안의 금동향합, 수정사리병, 은제사리내합, 청동사리외합은 11~12세기
경의 작품이라는 견해가 제시되었다.[135] 고려중기 13세기에 유연有緣이 대규
모 중영重營을 할 때 9층탑을 조영하고 사찰의 이름을 문수사에서 월정사로
개칭했다는 의견도 제시되었다.[136]

오대산 월정사 9층 석탑은 『삼국유사』 편찬 이전에 조영되었다. 수다사水多
寺 장로인 유연有緣이 와서 거주해 점차 대사大寺를 이루었는데, 사찰의 오류성
중五類聖衆과 구층석탑九層石塔은 모두 성적聖跡이었다는 『삼국유사』의 기록에
유의해야 한다. 유연有緣 장로에 의해 오대산의 오대신앙이 완성된 것이며,
하원 문수갑사도 중창되면서 월정사로 개명되고 9층탑이 조영된 것으로

---

133) 최성은, 「명주지방의 고려시대 석조보살상에 대한 연구」,『불교미술』 5, 1980.『신증동
　　국여지승람』 권44, 강릉 佛宇에 고려말 鄭樞가 오대산 月精寺를 읊은 시가 실려
　　있는데, 최성은은 그 중의 "慈藏古寺文殊在 塔上千年鳥不飛"라는 구절에 주목해 월정사
　　9층탑 앞의 보살을 문수보살로 추정했으며, 신복사지 보살상도 같은 형식이라며
　　문수보살로 추정했다. '慈藏古寺文殊在'는 월정사가 문수 도량이라는 의미이지, 9층탑
　　앞의 보살이 문수라는 의미는 아니라고 생각한다.

134) 권보경, 앞의 논문, 2006.

135) 이난영, 『高麗鏡 硏究』, 신유, 2003, 111·364쪽.

136) 송일기, 「오대산 월정사 팔각구층석탑 출토 전신사리경의 고찰」,『한국도서관·정보학
　　회지』 33-3, 2002. 한편 김희경은『한국의 미술 2 - 탑』(열화당, 1982)에서 월정사
　　9층탑의 조성시기를 11~12세기로 보았다.

314

볼 수 있다고 생각된다.

현재 월정사의 금당은 적광전寂光殿이지만 이전에는 그러하지 않았다. 유형원의 17세기 찬술『동국여지지』에는 월정사月精寺가 오대산에 위치하고 산중 거찰巨刹인데 능인전能仁殿, 원통전圓通殿, 산영루山映樓를 지녔다고 했으니[137] 당시 월정사의 불전은 석가여래를 봉안하는 대웅전에 해당하는 '능인전'이었다. 1752년에 이휘진에 의해서 쓰여진 월정사중건사적비에는 고려시대부터 칠불보전七佛寶殿이 있었고 여기에 오류진상五類眞像이 모셔졌다고 하며, 일제에 의해 조사된 월정사본말사 재산대장에는 목조 7불이 모셔져 있다고 기재되었다고 한다.[138] 칠불七佛은 비바시불부터 석가불에 이르는 7명의 과거 불佛을 지칭하며 석가불은 현재 불佛로도 볼 수 있다. 석가가 불佛이 된 것은 방발경放鉢經에 따르면 문수사리의 은혜였고 문수는 과거의 스승으로 과거의 무량제불無量諸佛이 모두 문수사리의 제자였으며, 설산雪山의 진귀조사眞歸祖師는 문수보살의 화현化現으로 칠불七佛의 조사祖師였다.[139] 상원上院의 진여원에는 문수보살이, 하원下院인 월정사의 칠불보전에는 문수보살의 제자인 칠불이 모셔진 형태였으니 칠불보전은 고려시대 이래의 명칭이었을 가능성도 있다. 고려시대 월정사 정전은 문수보살이 독존상 혹은 석가삼존의 협시로 봉안되었거나 칠불의 스승으로 봉안되었을 것이다.

월정사 탑은 팔각형인데, 팔각탑은 고구려 계통이라는 견해[140]와 요동 양식이라는 견해[141]가 있지만 북방 양식이라는 공통점이 있으며, 우리나라에서는 대개 북한지역에 분포해 있다. 월정사 팔각구층탑도 그 양식에 대해

137)『동국여지지』권7, 강원도, 강릉대도호부 사찰, 월정사.
138) 월정사 성보박물관,「사진으로 보는 100년 전 오대산의 성보문화재」『강원도 불교문화재의 종합적 검토』, 2001.
139) 강병희 앞의 논문, 2000.
140) 고려시대 북방 지역에는 고구려 양식을 계승해 다각다층탑이 많이 건립되었다고 한다. 리화선,『조선건축사 Ⅰ』, 발언, 1993, 327~328쪽.
141) 권보경, 앞의 논문. 한편 강병희는 앞의 논문에서 월정사 8각9층탑이 태장밀교 만다라의 八葉中臺院의 영향을 받아 조성될 수 있다고도 보았다. 이 탑이 팔괘 내지 8방신앙의 영향을 받았을 수도 있다.

위와 같은 두 견해가 대립하고 있지만, 이 탑을 포함한 팔각탑이 불국사의 이른바 '다보탑'(팔각의 탑신을 지님)과 유사한 계열로 볼 여지도 있다. 월정사 구층탑과 그 앞의 보살을 법화경 약왕보살본사품에 근거한 칠보탑 공양으로 이해하는 견해가 있다.[142] 다보탑은 석가여래가 설법할 때 다보여래가 칠보탑으로 나타난다는 법화경 견보탑품에 근거해 조영되었다. 법화경에 묘사된 칠보탑에 가깝게 구현된 것이 다각탑, 특히 팔각탑이 아닌가 싶다. 월정사 9층탑에는 법화경 사상이 스며 있으니 법화신앙이 융성한 현상을 반영하지 않았나 싶다.

월정사 9층탑이 12세기 중에서 연기延基를 위해 불교행사·불탑조성과 별궁 조영·순어巡御가 왕성하게 이루어지는 인종대 혹은 의종대에 조성되었을 가능성을 고려해 볼 수 있다. 백운자가 소개한 오대산문수사 탑 즉 강릉 해안 문수사(한송사지)의 탑이 연기延基를 위한 조치를 취하기 위해 중앙에서 각 지방에 파견된 일자日者(일관日官)의 건의에 의해 조금 이동하여 중창된 사실에 눈길이 간다. 고려왕조의 전국적인 연기延基 사업에 강릉 해안까지 이르는 오대산 권역, 특히 오대산 신앙의 핵심지인 오대五臺와 하원 문수갑사도 포함되어, 그 일환으로 오대신앙이 조정되고 문수갑사가 월정사로 개편되면서 9층석탑이 새로 조영되었을 가능성도 있는 것이다.[143]

그런데 거대하고 정교한 월정사 9층석탑은 순수하게 월정사나 지방 차원에서만 조영되기는 어렵다. 물론 오대산 일대의 지원을 받았겠지만 보다 광범위한 지역의 후원을 받았을 것이며 중앙의 왕족과 관료의 후원도 받았을 것이다. 이 탑은 오대산의 승려들이 고려왕조의 비보裨補 정책에 부응하여 중앙과 지방의 지원을 얻어 건립했으리라 여겨진다.

9층탑은 탑 중의 탑으로 극히 특수한 경우에 건립되었다. 장군 시절에 바다의 9층 금탑에 올라가는 꿈을 꾼 적이 있는 태조 왕건은 즉위하자

---

142) 권보경, 앞의 논문, 2006.

143) 下院인 '月精寺'는 五臺의 上院인 眞如院이 日 즉 태양과 관련이 있는 大日如來·문수보살의 住處와 대비적으로 月(달)을 넣어 이름지어졌을 수 있다.

신라가 9층탑을 조영해 통일을 이루었듯이 현공玄功을 빌려 삼한을 통일하겠다며 개경에 7층탑을, 서경에 9층탑을 세웠다.[144] 정종定宗 2년(947) 10월에 화재로 불탄 서경 중흥사 9층탑[145]이 바로 왕건이 건설한 그것이었다. 목종의 모후로 섭정한 천추태후는 자신의 원찰인 개경 성남의 화엄 진관사에 9층탑을 세웠으니,[146] 선덕여왕과 태조(왕건)의 취지를 계승해 고려의 영원한 융성을 기원하기 위해서였으리라 여겨진다. 서경 평양의 중흥사 9층탑에 조응해 오대산 월정사에도 9층탑을 건립했을 가능성이 있는 것이다.

월정사 석탑의 건립은 강릉의 행정단위 및 지역세력의 변천과 어떤 연관이 있을 수 있다. 명주溟州는 본래 예국濊國[혹은 철국鐵國, 혹은 예국薉國]인데 고구려가 하서량河西良[혹은 하슬라주何瑟羅州]이라 칭했고, 신라 선덕왕善德王 8년 2월에 하슬라주何瑟羅州로 북소경北小京을 삼아 사찬沙湌 진주眞珠를 사신仕臣에 임명해 진진鎭하도록 했고, 태종왕(무열왕) 5년 3월에 하슬라 지역이 말갈靺鞨에 이어져 사람들이 안정할 수 없다며 경京을 혁파해 주州(하슬라주)를 삼아 도독都督을 두어 진진鎭했고, 경덕왕 16년에 금명今名(명주)으로 고쳤다가 혜공왕 12년에 복고復古했고(하슬라주를 회복했고), 고려태조 19년(936)에 동원경東原京이라 호칭했다가 23년(940)에 또 명주溟州로 삼았다. 성종 2년에 하서부河西府라 칭하고 5년에 명주도독부溟州都督府로 고치고 11년에 다시 목牧으로 삼고, 14년에 단련사團練使로 삼았으며 후에 또 방어사防禦使로 고쳤다. 원종 원년에 공신 김홍취金洪就 향鄕이라 경흥도호부慶興都護府로 승격하고, 충렬왕 30년에 강릉부江陵府로 고치고 공양왕 원년에 승격해 대도호부大都護府로 삼았다.[147]

순식順式은 명주인溟州人인데 본주장군本州將軍이 되어 오래도록 태조(왕건)

---

144) 『고려사』 권1, 태조 총서 및 권 92, 최응전.
145) 『고려사』 권53, 오행지 火 화재.
146) 『고려사』 권3, 목종 2년 7월 및 10년 2월조.
147) 『고려사』 권58, 지리지3, 溟州 ; 『삼국사기』 권5, 신라본기 善德王 8년 2월 ; 『삼국사기』 권5, 신라본기 태종무열왕 5년 3월. 한편 태종무열왕 5년 3월에 悉直(삼척)으로 北鎭을 삼았다.

에게 복종하지 않으니 태조가 근심했는데 시랑侍郞 권열權說의 건의에 따라 순식의 부친인 내원승內院僧 허월許越을 보내 효유하자 순식이 마침내 장자長子 수원守元을 보내 귀관歸款하니 성왕姓王과 전택田宅을 하사했다. 또 자子 장명長命을 보내 군졸 600으로 들어가 숙위宿衛하게 하고 후에 자제子弟와 더불어 그 무리를 거느리고 내조來朝하니 성왕姓王을 하사해 대광大匡에 제배하고 장명長命에게 이름 렴廉을 하사해 원보元甫에 제배하고 소장小將 관경官景에게 역시 성왕姓王을 하사해 대승大丞을 제수했다.[148] 태조 왕건의 배필 중에 정목부인貞穆夫人 왕씨王氏는 명주인溟州人 삼한공신三韓功臣 태사太師 삼중대광三重大匡 경景의 딸로 순안왕대비順安王大妃를 낳았다. 대명주원부인大溟州院夫人 왕씨王氏는 명주인溟州人 내사령內史令 예乂의 딸이었다.[149]

  순식이 고려임금 왕건에게 귀부하자 장자 수원守元이 '왕'성을 하사받아 왕수원이 되었고, 이어서 순식 자신이 '왕'성을 하사받아 왕순식이 되었고, 아들 장명은 '왕'성과 이름을 하사받아 왕렴王廉이 되었다. 소장小將인 관경官景이 왕씨성을 하사받아 왕경王景이 되고 딸을 왕건의 배필로 만들었고 외손녀가 순안왕대비順安王大妃가 되면서 태사太師 삼중대광三重大匡에 올랐던 것이다. 왕예王乂는 김주원의 후손으로 원래 김예金乂인데[150] 왕씨성을 하사받아 그렇게 호칭되고 딸을 왕건의 배필로 만들었던 것이다. 순식이 강릉의 최고 세력이었지만 딸이 왕건과 혼인한 사실이 나타나지 않음은 그에게 왕건과 혼인할만한 딸이 없었기 때문일 것이다.

  태조가 신검神劒을 토벌함에 순식順式이 명주溟州로부터 그 병력을 거느리고 회전會戰해 격파했다. 태조가 순식에게 이르기를, "짐朕이 꿈에 보기를 이승異僧이 갑사甲士 삼천三千을 거느리고 이르렀는데, 다음날 경卿이 병력을 거느리고 와서 도우니 그 응應인저" 했다. 순식이 말하기를, "신臣이 명주溟州

---

148)『고려사』권92, 列傳5, 王順式. 태조 5년 7월에 溟州將軍 順式이 子를 파견해 降附했고, 태조 11년 정월에 溟州將軍 順式이 來朝했다(『고려사』권1).
149)『고려사』권88, 列傳1, 后妃1.
150)『씨족원류』강릉김씨.

를 출발해 대현大峴에 이르러 이승사異僧祠가 있어 제사하며 기도했는데 상上이 꿈꾼 것은 반드시 이와 관련될 것입니다"라고 하니, 태조가 기이하게 여겼다.[151] 순식이 명주 군대를 동원해 후삼국통일에 기여하는 과정에 대관령 이승사異僧祠가 영험을 보였다는 것이다.

태조 19년(936) 9월에 왕이 삼군三軍을 거느리고 천안부天安府에 이르러 합병合兵해 일선군一善郡에 나아가 후백제 신검神劒 군대와 대치했다. 갑오일에 일리천一利川을 사이에 두어 진陣을 치고 왕(태조)이 견훤甄萱과 함께 관병觀兵했다. 견훤甄萱 및 대상大相 견권堅權·술희述希·황보금산皇甫金山, 원윤元尹 강유영康柔英 등이 마군馬軍 1만萬을 거느리고, 지천군대장군支天軍大將軍 원윤元尹 능달能達·기언奇言·한순명韓順明·흔악昕岳, 정조正朝 영직英直·광세廣世 등이 보군步軍 1만萬을 거느려 좌강左綱이 되도록 했다. 대상大相 김철金鐵·홍유洪儒·박수경朴守卿, 원보元甫 연주連珠, 원윤元尹 훤량萱良 등이 마군馬軍 1만萬을 거느리고, 보천군대장군補天軍大將軍 원윤元尹 삼순三順·준량俊良, 정조正朝 영유英儒·길강충吉康忠·흔계昕繼 등이 보군步軍 1만萬을 거느려 우강右綱이 되도록 했다. 명주溟州 대광大匡 왕순식王順式·대상大相 긍준兢俊·왕렴王廉·왕예王乂·원보元甫 인일仁一 등이 마군馬軍 2만萬을 거느리고, 대상大相 유검필庾黔弼(유금필) 및 원윤元尹 관무官茂·관헌官憲 등이 흑수黑水·달고達姑·철륵鐵勒 제번諸蕃 경기勁騎 9500을 거느리고, 우천군대장군祐天軍大將軍 원윤元尹 정순貞順과 정조正朝 애진哀珍 등이 보군步軍 1천千을 거느리고, 천무군대장군天武軍大將軍 원윤元尹 종희宗熙 및 정조正朝 견훤見萱 등이 보군步軍 1천千을 거느리고, 간천군대장군杆天軍大將軍 김극종金克宗 및 원보元甫 조간助杆 등이 보군步軍 1천千을 거느려 중군中軍이 되도록 했다. 또 대장군 대상大相 공훤公萱, 원윤元尹 능필能弼, 장군 왕함윤王含允 등이 기병騎兵 300, 제성군諸城軍 14,700을 거느려 삼군원병三軍援兵이 되도록 했다.[152]

일리천 전투에서 고려군은 삼군(좌강左綱, 우강右綱, 중군中軍)과 원병援兵으

151) 『고려사』 권92, 列傳5, 王順式.
152) 『고려사』 권2, 태조 19년 9월.

로 이루어졌는데 중군의 주력이 명주세력인 대광大匡 왕순식王順式, 대상大相 긍준兢俊·왕렴王廉·왕예王乂, 원보元甫 인일仁一 등이 거느린 마군馬軍 2만이었다. 그러하니 명주세력과 그 군대는 고려의 후삼국 통일의 주역이었다고 해도 지나친 말이 아니다. 왕순식王順式, 왕렴王廉, 왕예王乂는 태조 왕건으로부터 왕씨 성을 하사받은 인물이었다. 순식은 왕씨성을 하사받아 왕순식이 되고, 아들 장명長命은 왕씨성과 이름을 하사받아 왕렴王廉이 되었다. 왕예王乂는 김주원의 후손으로 원래 김예金乂인데 왕씨성을 하사받아 그렇게 호칭된 것이었다.

명주(강릉) 세력은 태조 11년에 장군 순식과 그 아들 장명, 소장小將 관경官景이 귀부해 왕씨성을 하사받고, 태조 19년에 대광大匡 왕순식王順式, 대상大相 긍준兢俊·왕렴王廉(장명長命)·왕예王乂(김예金乂), 원보元甫 인일仁一 등이 일리천 전투에 참여하면서 고려 정권에 많은 기여를 했다. 그 결과 태조 19년(936)에 강릉을 동원경東原京이라 호칭했다.[153] 그러하니 월정사 구역에 8각9층탑이 건립된 때는 이 시기였을 가능성이 있으며, 특히 동원경으로 승격된 무렵일 수 있다. 동원경이 태조 23년(940)에 다시 명주로 되었으니[154] 태조 19~23년 사이에 이 탑이 건립되었을 수 있는데, 수다사장로 유연이 월정사를 큰 사찰로 만든 때가 이 시기였을 수 있다. 월정사 석탑과 그 앞 공양보살상을 꼭 같은 시기에 한꺼번에 만들어야만 하는 필연성은 없어 보인다. 탑이 먼저 건립되고 후에 공양보살상이 만들어졌지 않나 싶다.

월정사 8각9층탑은 명주(강릉)가 동원경으로 승격되면서 서경 평양의 중흥사重興寺(中興寺)에 건립된 9층탑에 조응해 건립했을 가능성이 크다. 서경 중흥사 9층탑은 태조 왕건이 삼한(후삼국) 통일을 염원하며 건립했는데,

---

153) 고려는 開京, 서경(평양)의 兩京 체제였다가 강릉을 동원경이라 하면서 개경, 서경, 동원경의 三京 체제를 이루게 된다.

154) 고려태조 왕건이 치세 23년에 지방제도를 재편하면서 동원경을 해제해 개경과 서경, 兩京 체제로 돌아간 것이었는데, 통일고려가 어느 정도 안정화된 상태에서 명주(강릉)를 京으로 유지할 필요성이 적어졌고 신라의 수도였던 경주와의 형평성도 고려해야 했기 때문일 것이다. 신라 왕경은 고려태조 18년에 신라가 고려에 항복하면서 '경주'로 되었다가 태조 23년에 대도독부로 승격되었던 것이다.

고려시대에 자주 불탄 것으로 보아 목탑으로 판단되며 망루로서 경관을
조망함은 물론 군사·치안 기능을 수행한 것으로 보인다. 현종 원년에 거란군
이 고려를 침략했을 때 서경 중흥사탑을 불태운 것[155]은 그러한 군사적
기능 때문이었을 것이다.

그런데 서경 중흥사와 그 탑은 고구려 평양 금강사와 그 탑을 모델로
건립한 것이 아닌가 한다. 평양 금강사는 고구려 문자왕 때 건립되었는데
고려시대에도 기능했다. 무인정권기에 이규보는 한림으로서 서경 중흥사
'설금경문說金經文'과 서경 금강사金剛寺 '문두루도량문文豆婁道場文'을 찬술했
다.[156] 서경 중흥사에서 금경 즉 금광명경 도량이 열리고, 서경 금강사에서
문두루도량이 열렸던 것이다. 문두루도량은 신라 문무왕 때 명랑이 당 군대
를 물리치기 위해 왕경(경주) 낭산 남쪽에 사천왕사를 세워 다섯 방위에
신상을 배치해 개최한 데에서 비롯되어 고려에 계승된 것이었다.[157] 금광명
경金光明經도 「사천왕품」을 지녀 사천왕의 호국을 담고 있기에 문두루비법과
서로 통했다. 그러하니 서경 중흥사와 금강사는 유사한 역할을 수행한 사찰
이었다. 이러한 법회는 사방四方·오방五方 신앙에 바탕한 것인데 그것을 더
세분화하면 팔방八方으로 확장된다.

그런데 고려 숙종이 7년 8월에 서경 평양에 도착하더니, 9월 신축일(19일)
에 금강사金剛寺에 행차해 반승飯僧하고 구탑舊塔 유지遺址를 관람하고 태자에
게 명해 천상제소川上祭所 및 통한교通漢橋를 순시하도록 했다.[158] 이 구탑舊塔
유지遺址는 바로 고구려 문자왕 때 건립한 금강사金剛寺[159]의 탑으로 판단되는
데, 이 탑은 고려 숙종의 이 행차 이전에 폐허가 된 상태였다. 북한의 평양일대

155) 『고려사절요』 권3, 현종 원년 12월.
156) 『東國李相國全集』 권39, 佛道疏[翰林修製], 「同京重興寺 說金經文」·「同京金剛寺文豆婁道
    場文」. 여기서 同京은 이 두 글이 「西京興福寺 本國世尊齋兼講華嚴文」 다음에 실렸기에
    나온 표현이므로 곧 西京이다. 이 금강사가 서경의 그것임은 '遣華使於別京'에서도
    알 수 있다.
157) 『삼국유사』 권5, 神呪, 「惠通降龍」·「明朗神印」.
158) 『고려사』 권11, 숙종 7년 7월·8월·9월.
159) 고구려 문자왕 7년 7월에 金剛寺를 창건했다(『삼국사기』 권19, 고구려본기7, 문자명왕).

그림 22. 오대산 월정사 8각9층석탑(필자 촬영) **그림 23.** 월정사 9층탑 앞 보살상(필자 촬영). 현재 성보박물관으로 옮겨짐

고구려 절터 발굴조사에 따르면 8각탑이 선호되었고 청암리 토성 안의 절터는 문자왕이 창건한 금강사 유적으로 판단되고, 금강사탑은 8각형태이 며 기초석의 크기로 보아 황룡사 9층목탑보다도 높은 90m 정도의 거대한 목탑으로 추정되고 있다.160) 고려의 서경 중흥사는 고구려의 중흥 내지 삼한의 중흥(통일)에 대한 염원을 담았고 그래서 고구려 때 건립한 금강사와 그 탑을 계승했다고 여겨지니, 중흥사 9층탑은 금강사 탑을 계승해 8각형

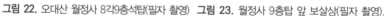

160) 북한 사회과학원 고고학연구소 편, 여남철·김흥규 역,『高句麗の文化』, 同朋舍, 1982, 제3장 제3절 ; 채희국,『고구려력사연구 - 평양천도와 고구려의 강성』, 김일성종합대 학출판사, 1982, 제1장.

목탑이었을 가능성이 크다고 생각한다.

강릉 오대산 월정사 8각9층탑은 강릉이 동원경이 됨으로써 개경, 서경과 더불어 삼경을 이루게 되면서 서경 금강사와 중흥사의 탑을 모델로 건립되었다고 추정된다. 단, 서경의 그것 둘은 목탑인 반면 월정사탑은 망루의 필요성이 부족해 화재에 약한 나무를 피하고 돌로 쌓아올렸다고 여겨진다.

맺음말

강릉은 신선이 노닐었다는 영주瀛州로 간주되어 별칭이 임영臨瀛이었고, 이곳의 경포鏡浦와 한송정寒松亭 등은 신선이 노닐었다고 믿어졌다. 경포대는 영랑선인永郞仙人이 유람한 곳으로 인식되었고, 한송정의 다천茶泉·석조石竈·석구石臼 등은 사선四仙, 특히 술랑선도述郞仙徒가 노닐던 증거로 인용되곤 했다. 한송정은 문수당 소속으로 전환된 것으로 여겨지는데 불교, 특히 문수 신앙이 사선四仙 신앙과 결합되었다고 볼 수 있다. 강릉 바닷가의 등명사燈明寺는 일출대日出臺(관일대觀日臺)를 지닌 일출구경 명소로 일출을 불등佛燈과 일체화하는 체험이 이루어졌다. 강릉 화부산에는 김유신을 모시는 유신사庾信祠가 건립되었는데 그의 신검神劍 설화와 관련이 있었다.

삼척현 죽서루 팔경 중에 「죽장고사竹藏古寺」와 「격장호승隔墻呼僧」이 삼척현 관사官舍와 접한 사찰과 그 승려를 읊은 시인데 이 사찰은 관음사로 추정된다. 두타산 일대에는 중대사, 삼화사 등이 자리했고 이승휴가 두타산 귀동(귀산동)에 은거해 삼화사의 이웃에 조영한 별서別墅 용안당容安堂을 희사해 사찰로 만든 간장암(간장사)이 추가되었다. 중대사는 신라하대 작품으로 추정되는 철제 노사나불상이 발견됨으로써 그 시기 이래 존재해 왔는데 두타산에도 오대가 설정되었음을 시사한다. 이승휴가 중대동의 아름다운 경관을 찬미한 '십사관十四觀(웅관십사雄觀十四)' 시를 이곡이 중대사에서 목격했다. 이승휴는 신라말 굴산문 개조 품일(범일)에 의해 창건된 삼화사에서 대장경을 빌려 연구하고 나서 『내전록』과 『제왕운기』를 찬술했다. 울진 성류굴은 화랑과 사선四仙 신앙과 불교의 연결고리를 보여주며 이 굴 앞에 성류사가 건립되어 불교 신앙으로 수렴되었다. 평해는 월송정과 망사정 등에 사선四仙 신앙이 깃들어 있었다.

오대산 일대는 자장이 오대산 신앙을 도입한 이래 오대 사찰, 월정사, 수다사, 굴산사, 지장선원 등 많은 불교사원이 자리했다. 오대 각각의 주존과 사원은 보천(보질도)과 효명태자에 의해 설정·건립되었으며 화엄중심적 특징을 지녔는데, 중국 오대산과는 달리 중대만 문수보살이 차지하고, 나머지 4대는 다른 성중聖衆이 자리했다. 월정사는 신효거사에 의해 본격적으로 모습을 드러냈고 굴산사는 범일에 의해 굴산문의 본찰로 자리매김했다. 월정사는 신의 두타(범일의 제자)와 수다사장로 유연을 거치면서 큰 규모로 성장했다. 오대산에 속한 보현산에 범일의 제자인 개청이 지장선원을 경영했다. 화엄이 중심을 이루었던 오대산이 선승 범일과 그 문도들에 의해 장악되어 화엄에서 이탈해 갔다.

월정사 8각9층 석탑은 명주(강릉) 세력인 왕순식, 왕경, 왕예 등이 태조 왕건의 후삼국 통일에 기여해 명주가 동원경으로 승격되어 개경, 서경(평양)과 함께 삼경을 이루면서 건립된 것으로 추정된다. 서경 평양의 금강사와 그 소속의 거대한 8각탑(혹은 8각탑 터) 및 중흥사의 9층탑과 균형을 맞추기 위해 동원경 오대산의 월정사에 8각9층탑을 건립한 것이 아닐까 한다.

제6장
관동 북부와 금강산의 신앙

머리말

　고려시대 관동지역에서 북부는 대개 양주(양양) 이북에 해당하는데 낙산사, 영랑호, 삼일포, 금란굴, 총석정, 금강산 등 수많은 명승지가 분포해 경관이 빼어날 뿐만 아니라 신앙의 성지를 이루었다. 사선四仙을 대표로 하는 신선 신앙, 관음·미륵·담무갈·문수 보살을 중심으로 하는 불교 신앙이 흐르고 있었다.

　고려시대 사선四仙 신앙은 신라 화랑을 신격화한 것으로 동해안 일대에서 뚜렷한 모습을 보이는데 관동지역은 남부는 물론 북부도 그러했다. 고성 삼일포의 매향비는 관동의 관민官民이 미륵하생을 기원하며 매향埋香 사업에 대대적으로 참여했음을 보여준다. 금강산은 관동 북부만이 아니라 고려를 대표하는, 나아가 세계적인 불교성지로 다양한 불교 신앙을 지녔다. 이성계와 그 세력이 미륵하생을 기원하며 조성한 사리용구가 금강산에서 발견되어 주목을 끌었다. 관동 북부의 이러한 신앙은 관동은 물론 고려의 사회와 신앙을 이해하는 주요 기제로 작용할 수 있으므로 조명이 필요하다.

　고려시대에 관동 북부는 지역적으로는 변방이었지만 신앙적으로는 중심적인 모습도 지녔다. 본 장에서는 우선 관동 북부의 신앙을 전체적으로 살펴보려 하며, 그 다음으로는 독립적으로 금강산 불교 신앙1)에 대해 조명하

려 한다. 금강산에 갑자기 등장한 이성계의 미륵하생 발원 사업과 관동
여러 고을의 관민官民이 대대적으로 참여한 매향 사업은 다음 장에서 다루려
한다. 관동 북부의 신앙 양상과 특징이 그려지기를 기대한다.

1. 양주~간성 일대의 신앙

관동 북부에서 먼저 양주襄州(양양)의 불교 사찰과 신앙을 살펴보자. 낙산
사洛山寺는 『동국여지승람』에 따르면 오봉산五峯山에 있는데 신라 승僧 의상義
相이 건립한 것으로 전상殿上에 전단관음栴檀觀音 1구軀를 봉안했고 역대歷代가
숭봉崇奉해 자못 영이靈異가 있다고 한다.2) 관음굴觀音窟이 오봉산五峯山에
있어 아我(조선) 익조翼祖(이행리)와 정숙왕후貞淑王后가 여기에 나아가 후사後
嗣를 기도하니 밤 꿈에 어떤 납의승衲衣僧이 와서 고하기를 "반드시 귀자貴子를
낳으리니 그 이름을 '선래善來'라 하시오"라고 했는데 얼마 안되어 도조度祖(이
춘李椿 : 이성계의 조부)가 태어나니 '선래善來'라 이름했다고 한다.3) 익조(이
행리)가 후사를 기도했다는 오봉산 관음굴은 낙산사 관음굴로 여겨진다.

양주(양양)의 오봉산(낙산) 낙산사는 관동일대에서도 대표적인 불교성지
였다. 헌종 원년(1095) 2월에 송상宋商 황충黃冲 등 31인이 자은종승慈恩宗僧
혜진惠珍과 더불어 오니 왕이 근신近臣 문익文翼에게 명해 헌개軒盖를 갖추어
혜진을 맞이해 보제사에 안치하게 했는데, 혜진이 항상 말하기를 보타낙산普
陁落山 성굴聖窟을 보기 위해 왔다며 가서 관람하기를 요청했지만 조의朝議가

---

1) 금강산의 불교 신앙은 김창현, 「고려시대 금강산과 그 불교신앙」 『지역과 역사』
   31, 2012를 수정 보완해 작성했다.
2) 『신증동국여지승람』 권44, 양양 불우, 낙산사. 我世祖(조선세조)가 이 사찰에 행차해
   殿舍 隘陋로 인해 명하여 새롭게 하도록 하니 지극히 宏壯했다고 한다. 『신증동국여지
   승람』 양양 산천 조항에 따르면 五峯山이 府(양양부) 동북 15里에 위치하며 혹 '洛山'이라
   칭한다고 했다.
3) 『신증동국여지승람』 권44, 양양 불우. 한편 이에 따르면 靈穴寺와 四擁寺가 모두
   雪嶽山에, 道寂寺가 鼎足山에 위치했다.

끝내 허락하지 않았다.⁴⁾ 송 승려가 보타낙산 성굴을 참배하기 위해 고려에
왔을 정도로 양주(양양)의 보타낙산 낙산사는 고려 국내는 물론 국외에도
유명한 관음성지였다.

　김부의金富儀(김부철金富轍 : 김부식의 아우)가 낙산사를 찾아 시로 읊기를,
"한번 스스로 높은 해안에 올라 머리를 돌리니 다시는 옛 진로塵勞가 없네,
대성원통大聖圓通 이치를 알고자 하니 산근山根에서 격노激怒한 파도 소리가
들리네"라고 했다.⁵⁾ 유자량庾資諒이 읊기를, "해애海崖 고절처高絶處 중에 낙가
봉洛迦峯이 있어 대성大聖이 주住·무주無住하고 보문普門이 봉封·불봉不封하네,
명주明珠는 내가 원하는 것이 아니고 청조靑鳥는 시인是人(적합한 사람)이
만난다네, 다만 원하건대 큰 파도 위에서 만월용滿月容(관음진신)을 친히
만나보기를"이라고 했다.⁶⁾ 고려승高麗僧 익장益莊 기기에, "세상에 전하기를
사람이 굴窟(낙산사 해변 관음굴) 앞에 이르러 지성至誠으로 배계拜稽하면
청조靑鳥가 출현한다고 하는데, 명종 정사년(명종 27)에 유자량庾資諒이 병마
사兵馬使가 되어 10월에 굴窟 앞에 이르러 분점焚點 배계拜稽하니 청조靑鳥가
꽃을 물고 날아와 지저귀고 그 꽃을 복두幞頭 위에 떨어뜨리니 세상에서
드문 일이라 여긴다"고 했다.⁷⁾ 김극기金克己가 읊기를, "묘경妙境을 다행히
찾아 부평초 같은 걸음을 멈추어 명관冥觀을 징려澄慮하니 만상萬想이 공空이
네, 물결 밑 달은 누가 상하를 나누는지 봉우리 끝 구름은 스스로 서동西東을
점하네, 문득 가상假像(관음상)을 금당金堂 안에서 보고 이미 진신眞身(관음)을
석굴石窟 중에서 보니, 상사相師(의상대사)의 재칠일齋七日을 기다리지 않아도
그 마음이 원원願에 응하여 확실히 먼저 통하리"라고 했다.⁸⁾ 양주 오봉산(낙산)

---

4) 『고려사』 권10 및 『고려사절요』 권6, 헌종 원년 2월. 고려가 송 승려의 보타낙산성굴
　　관람을 허락하지 않은 것은 고려의 산천과 방어시설 정보가 송에 유출될 것을 우려했기
　　때문일 것이다. 한편 숙종 원년 9월에는 정미일에 宣政殿에 나아가 宋僧 惠珍을
　　引見하고 음식을 한림원에서 하사했고, 무신일에 宋僧 省聰·惠珍으로 각기 明悟三重大
　　師를 삼았다(『고려사』 권11).
5) 『신증동국여지승람』 권44, 양양 불우, 낙산사. 金富儀詩.
6) 『신증동국여지승람』 권44, 양양 불우, 낙산사. 高麗庾資諒詩.
7) 『신증동국여지승람』 권44, 양양 불우, 낙산사, 高麗僧益莊記.

328

의 낙산사는 고려중기에 이미 관음도량으로 유명했고 이곳 관음에게 지성으로 기원하면 청조靑鳥가 나타난다고 믿었던 것이다.

양주 낙산사의 유래에 대해서 고려 무인정권기 승려 익장益莊[9]이 자세히 기록했다. 익장益莊 기기에, "양주襄州 동북, 강선역降仙驛의 남리南里에 낙산사洛山寺가 있고, 이 사찰의 동쪽 수리數里 쯤 거대한 해변에 굴窟이 있어 그 높이가 백척百尺이고 그 크기가 만곡萬斛의 주舟를 수용할만하고 그 아래는 바다 파도가 항상 출입하는 헤아리지 못할 정도의 골壑인데 세상에서 칭하기를 관음대사觀音大士가 거주하는 곳이라고 한다. 굴窟 앞에 거리 50보步 쯤 바다 중에 암석이 있어 수면에 출몰하는데, 옛적에 신라 의상법사義相法師가 성용聖容(관음)을 친히 만나보고자 암석 위에 좌정해 배계拜稽하며 정근精勤하기를 이칠일二七日에 이르러도 만나보지 못하니 바다에 투신投身하자 동해룡東海龍이 암석 위에 부출扶出하고 대성大聖(관음)이 굴窟 중에서 비수臂手(팔과 손)를 펴서 수정염주水精念珠를 주면서 말하기를, '아신我身은 친히 볼 수 없고 다만 굴窟 위로부터 가서 쌍죽雙竹이 솟아난 곳에 이르면 나의 정상頂上이니 여기에 전殿 하나를 조영하여 상설像設을 안배安排하면 되노라'라 했고, 용龍 역시 여의주如意珠 및 옥玉을 헌상했다고 한다. 의상법사가 주珠를 받고 오니 쌍죽雙竹이 솟아난 것이 있어 그 땅에 전殿을 창건해 용龍이 헌상한 옥玉으로써 상像을 만들어 봉안했는데 곧 이 사찰이라고 했다. 아태조我太祖(왕건)가 나라를 세워 봄과 가을에 사사使를 파견해 3일간 재齋를 개설해 치경致敬하고 그 후에 갑령甲令에 서書하여 항규恒規로 삼았고, 수정염주水精念珠 및 여의주如意珠는 이 사찰에 간직되어 보물로 전해졌다고 한다.[10]

『삼국유사』「낙산이대성洛山二大聖」에는 다음과 같이 기록되어 있다. 옛적에 의상법사義湘法師가 비로소 당唐으로부터 돌아와서 대비大悲(관음) 진신眞身

---

8) 『신증동국여지승람』 권44, 양양 불우, 낙산사. 金克己詩.

9) 益莊을 禪師에 임명하는 官誥를 이규보가 작성했다. 『東國李相國全集』 권34, 「益莊·元伊·淡靈·大歇 各爲禪師 官誥」.

10) 『신증동국여지승람』 권44, 양양 불우, 낙산사. 高麗僧益莊記.

이 이 해변海邊 굴굴窟 안에 거주함을 들었기 때문에 '낙산洛山'이라 이름했는데, 대개 서역西域 보타寶陀 낙가산洛伽山이 있어 이것을 '소백화小白華'라 하며 백의대사白衣大士(관음) 진신眞身의 주처住處이기 때문에 이를 빌려 그렇게 이름한 것이었다. 재계齋戒 칠일七日에 좌구座具가 새벽에 물 위에 떠오르고 용천팔부龍天八部가 시종侍從해 굴굴窟 안으로 인입引入해 참례參禮하도록 하고 공중空中에서 수정염주水精念珠 일관一貫을 내어 헌헌獻하니 의상법사가 받아 물러났고, 동해룡東海龍 역시 여의보주如意寶珠 일과一顆를 헌헌獻하니 법사가 받들어 나왔다. 다시 재齋 칠일七日에 이에 진용眞容을 만나보았는데 (진용이) 이르기를, "좌상座上 산정山頂에 쌍죽雙竹이 솟아나리니, 그 땅에 전殿을 지음이 마땅하니라"라고 했다. 법사가 이를 듣고 굴굴窟을 나오니 과연 죽竹이 땅으로부터 용출함이 있어 이에 금당金堂을 지어 소상塑像을 만들어 봉안했는데 원용圓容 여질麗質이 엄연해(근엄해) 천생天生과 같았다. 그 죽竹은 도로 사라졌다. 바야흐로 진정 진신주眞身住임을 알았다. 인因하여 그 사찰을 이름하여 '낙산洛山'이라 하였다. 법사(의상)가 받은 두 주珠(수정염주와 여의보주)를 성전聖殿에 진안鎭安하고 떠났다고 한다.[11]

후에 원효법사元曉法師가 계종繼踵하여 와서 첨례瞻禮하기를 구하고자 해서, 처음에 남교南郊 수전水田 중에 이르니 한 백의여인白衣女人이 벼[稻]를 베고 있어 원효법사가 희롱하며(장난하며) 그 벼[禾]를 요청하자 그 여인이 도황稻荒으로써 희답戲答했다. 또 가서 다리[橋] 아래에 이르니 한 여인이 월수백月水帛을 세탁하고 있어 법사가 물을 달라고 하자 여인이 그 예수穢水(더럽혀진 물)를 떠서 헌헌獻하니 법사가 엎어버리고 새로 천수川水를 떠서 마셨다. 때에 들판의 소나무 위에 한 청조靑鳥가 있어 부르짖어 말하기를, "휴제□화상休醍□和尙"(그만두시오, 제호화상醍醐和尙!)이라 하고 홀연히 숨어 나타나지 않고 그 소나무 아래에 탈혜脫鞋(벗은 신발) 한 쪽이 있었다. 법사가 사찰에 이르니 관음좌하觀音座下에 또 전에 본 탈혜脫鞋 한 쪽이 있어 바야흐로 전에 만난 성녀聖女가 곧 진신眞身임을 알았다. 때문에 당시 사람들이 그 소나무를

---

11) 『삼국유사』 권3, 塔像, 洛山二大聖.

그림 24. 양양 낙산사 관음굴(필자 촬영)

관음송觀音松이라 했다. 법사(원효)가 성굴聖崛에 들어가 다시 진용眞容을 보고
자 했지만 풍랑이 크게 일어나 들어갈 수 없어 떠나갔다고 한다.[12]

   낙산사는 의상이 관음의 가르침을 받아 창건했다는 사찰이었는데, 관음이
상주常住한다는 성굴 및 의상이 관음과 동해룡으로부터 차례대로 받았다는
수정염주와 여의보주가 유명했다.[13] 익장 기문에는 의상이 관음의 가르침을
따라 낙산사를 창건했다고 했지만 관음 진신眞身을 만나지는 못한 것으로
되어 있다. 반면 『삼국유사』에는 의상이 관음 진신을 친견해 낙산사를 창건

12) 『삼국유사』 권3, 塔像, 洛山二大聖. 冷泉이 五峯山 아래에 있는데, 세상에서 전하기를
　　관음이 여인으로 化作해 벼(稻)를 베니 元曉가 因하여 冷泉에서 取飮하며 그 여인과
　　더불어 戱謔했다고 한다. 『신증동국여지승람』 권44, 양양, 고적 冷泉.

13) 양양 낙산사에 동해룡이 바친 여의보주가 성물로 보관되어 온 사실로 볼 때 동해룡신앙
　　이 사원에 습합된 것을 의미한다고 한다(한기문, 「고려시대 해로 사원과 해양불교신앙」
　　『역사교육논집』 79, 2022). 제주에서 용연 언덕의 해륜사, 삼양 바닷가의 元堂寺
　　등도 전통신앙 내지 무속신앙과 결합한 사찰로 여겨지며, 원당사 터에서 발굴된
　　파도문양 기와(국립제주박물관 소장)는 바다와 항해를 鎭護하는 염원을 담은 것으로
　　보인다(김창현, 「중세 탐라제주의 물과 조응한 무속과 불교」 『탐라의 고려 불교
　　수용과 전개 양상』, 탐라역사문화권 정립을 위한 학술대회 발표집, 2023).

한 반면 원효는 관음의 화신(여인)만을 만난 것으로 기술했다. 『삼국유사』는 의상을 신성시해 원효보다 의상 편에 섰다고 볼 수 있다.

후에(의상과 원효 이후에) 굴산조사崛山祖師 범일梵日이 있어 대화大和 년중年中에 당唐에 들어가 명주明州 개국사開國寺에 이르니 한 사미沙彌가 좌이左耳 절단 모습으로 중승衆僧의 끝에 있어 범일과 말하기를, "나 역시 향인鄕人으로 집이 명주계溟州界 익령현翼嶺縣 덕기방德耆坊에 있는데 사師가 타일他日에 본국으로 돌아가면 모름지기 나의 사舍를 이루어 주시오"라고 했다. 총석叢席에 편유遍遊하고 염관鹽官에게 법을 얻어[사事가 온전히 본전本傳에 있음], 회창會昌 7년 정묘년(847, 문성왕 9)에 환국還國해 먼저 굴산사崛山寺를 창건해 전교傳敎했다. 대중大中 12년 무인년(858, 헌안왕 2) 2월 15일 밤 꿈에, 옛적에 본 사미沙彌가 창窓 아래에 이르러 말하기를, "옛적에 명주明州 개국사開國寺에서 사師와 약속해 이미 허락을 받았거늘 어찌 그 늦나요" 했다. 조사祖師가 놀라 깨어 수십인數十人을 데리고 익령翼嶺 지경에 이르러 그 거처를 찾았는데 어떤 한 여인이 낙산하촌洛山下村에 거주하고 있어 그 이름을 물으니 '덕기德耆'라고 했고, 그 여인에게 자식 하나가 있어 나이 겨우 8살로 항상 촌村 남쪽 석교石橋 변邊에 나가 놀다가 그 어머니에게 고하기를 "제가 더불어 노는 자 중에 금색동자金色童子가 있어요"라고 했다. 그 어머니가 그렇게 사師에게 고하니 사師가 놀라고 기뻐해 그 아들과 함께 놀던 다리[橋] 아래를 찾으니 수중水中에 한 석불石佛이 있어 들어올려 꺼내니 좌이左耳 절단 모습으로 전에 본 사미沙彌와 유사했는데 즉 정취보살正趣菩薩의 상像이었다. 이에 간자簡子를 만들고 그 영구營構의 땅을 복卜하니 낙산洛山 상방上方이 길吉하여 이에 전전殿 삼간三間을 지어 그 상像을 봉안했다. 후에 백여년百餘年이 흘러 야화野火가 번져 이 산에 도달했는데 오직 두 성전聖殿(관음전과 정취전)이 홀로 그 화재를 면하고 나머지는 모두 불탔다고 한다.[14] 낙산사에 굴산조사崛山祖師 범일梵日에 의해 정취보살 신앙이 더해졌다는 것이니[15] 굴산파 선종이 낙산

---

14) 『삼국유사』 권3, 塔像, 洛山二大聖.

15) 양양 낙산사 개창자가 누구인지 논란이 있다. 조영록은 『삼국유사』에 기재된 의상의

332

사에 영향력을 확대했다. 최자 글(『동문선』권27)에 따르면 낙산사주지 지념업 조유祖猷가 천리를 달려와 진양공(최우)을 치료해 대선사에 임명되었으니 무인정권기 낙산사는 밀교계가 장악했다.

계축년(1253, 고종 40)에 천병天兵(몽고병)이 아국我疆(고려)에 난입하니 이 주州(양주)가 설악산雪嶽山에 성城을 쌓아 방어했는데 성이 함락되자 사노寺奴가 수정염주水精念珠 및 여의주如意珠를 취하여 땅에 묻고 도망해 조정에 보고했고 병兵이 물러가자 사람을 보내 취하여 내전內殿에 간직했다고 한다.16) 서산대병西山大兵(몽고병) 이래 계축(1253, 고종 40)~갑인(1254, 고종 41) 연간에 이성二聖(관음·정취) 진용眞容 및 두 보주寶珠가 양주성襄州城에 이입移入되었는데, 대병大兵(몽고병)이 와서 공격함이 심히 급해 성이 함락당하려 하자 당시 주지선사住持禪師 아행阿行[고명古名 희현希玄]이 은합銀合으로 두 주珠를 담아 지니고 달아나려 했다. 사노寺奴 '걸승乞升'이 그것을 탈취하여 땅에 깊이 묻고 맹서하기를, "내가 만약 병兵에게 죽음을 면하지 못한다면 두 보주寶珠는 끝내 인간人間에 나타나지 않아 사람이 아는 자가 없으리라, 내가 만약 죽지 않는다면 마땅히 두 보寶를 받들어 나라에 헌상하리라" 했다. 갑인년(1254) 10월 22일에 성이 함락돼 아행阿行이 면免하지 못하고 걸승乞升이 면免하니 병퇴兵退 후에 파서 꺼내 명주도溟州道 감창사監倉使에게 납부하자 당시 감창사인 낭중郎中 이록수李祿綏가 받아서 감창고監倉庫 안에 보관해 매양 교대交代 전수傳受했다. 무오년(1258, 고종 45) 11월에 이르러

양양 낙산사 창건을 신빙한다(「중국 普陀山觀音道場과 한국」,『한중문화교류와 남방해로』, 국학자료원, 1997 ; 「향산 묘선공주와 등주 선묘낭자」,『동양사학연구』115, 2011). 반면 황금순은 양양 낙산사가 의상이 아닌 사굴산과 개조 범일에 의해 개창된 것으로 본다(「낙산설화와 고려 수월관음도, 觀音道場」,『불교학연구』18, 2007).

16) 『신증동국여지승람』권44, 양양 불우, 낙산사. 高麗僧益莊記. '天兵'은 익장 자신이 사용한 표현이 아니라 원간섭기에 원을 의식해 개작된 표현이었을 것이다. 한편 『동국여지승람』에 따르면 權金城이 雪嶽頂에 있어 石築으로 둘레 1112尺, 높이 4尺인데 지금은 절반이 頹落했으며, 俗傳에 옛적에 權·金 二家가 있어 여기에 避亂했기 때문에 그렇게 이름했다고 하고, 「洛山寺記」(益莊 記를 지칭)에 이르기를, "天兵이 我疆에 난입하자 이 州가 雪嶽山에 築城해 守禦했다"라고 하는데 이것이 아닌가 한다고 했다. 『신증동국여지승람』권44, 양양, 고적 權金城. 이 고적 항목에 따르면 五色驛이 府西 45里에 있었는데 지금(조선초) 廢한 상태였다.

본업노숙本業老宿 기림사주지祇林寺住持 대선사大禪師 각유覺猷가 아뢰기를, "낙산洛山 두 주珠는 국가신보國家神寶인데 양주성襄州城이 함락당할 때 사노寺奴 걸승乞升이 성중城中에 묻었다가 병퇴兵退하자 취하여 감창사監倉使에 납부하니 명주영고溟州營庫 안에 간직하고 있는데 지금 명주성溟州城은 거의 지킬 수 없으니 마땅히 운반하여 어부御府에 봉안하십시오" 했다. 주상主上이 윤허하여 야별초夜別抄 십인十人에게 명령해 걸승乞升을 데리고 명주성溟州城에서 취하여 내부內府에 들어 봉안했고, 당시 사개使介 십인十人에게 각각 은銀 1근斤, 미米 5석石을 하사했다.[17] 낙산사의 수정염주와 여의주가 몽골병의 침략으로 인해 명주영 창고를 거쳐 강도江都 궁궐로 옮겨졌던 것이다.

원종 14년(1273) 3월 경오일(17일)에 몽고 관원 마강馬絳이 돌아감에 대장군 송분宋玢으로 반행伴行하게 했는데, 황후(몽고황후)가 일찍이 낙산사 관음여의주如意珠를 보기를 요구했기 때문에 송분으로 하여금 그것을 헌상하도록 했다.[18] 강도 궁궐에서 개경 궁궐로 옮겨져 보관된 낙산사 여의주가 몽고황후의 요청으로 몽고에 반출된 것인데 곧 돌려받은 것으로 보인다. "(지원)21년 갑신년(1284, 충렬왕 10)에 국청사國淸寺 금탑金塔을 수리하고, 국주國主(충렬왕)와 장목왕후莊穆王后(제국대장공주)가 묘각사妙覺寺에 행차해 대중을 모아 경찬慶讚하고 나서 불아佛牙와 낙산洛山 수정염주水精念珠·여의주如意珠를 군신君臣이 대중과 함께 모두 우러러 받들어 정대頂戴했다. 그리고 나서 그것을 아울러 금탑金塔(국청사 금탑) 안에 들여넣었다. 내(무극)가 역시 이 법회에 참여해 이른바 불아佛牙라는 것을 친히 보았는데 길이 삼촌三寸쯤이고 사리舍利는 없었다. 무극無極이 기기記한다"고 했다.[19] 이처럼 낙산사 수정염주와 여의주는 국청사 금탑 안에 보관되어졌다.

희종의 아들인 원정국사圓靜國師(圓定國師) 경지鏡智는 후술하듯이 낙산사를 들러 시를 남겼다. 안축이 낙산洛山 시에 차운하기를 "대성大聖 원통경圓通境이

---

17) 『삼국유사』 권3, 塔像, 洛山二大聖.

18) 『고려사』 권27 및 『고려사절요』 권19, 원종 14년 3월.

19) 『삼국유사』 권3, 塔像, 前後所將舍利. 無極은 일연의 제자인 混丘(淸玢)였다.

해상봉海上峯에 있다고 일찍이 들었네, 은혜가 감로甘露와 같이 젖고 향香은 자니紫泥로 봉封함이 있네, 류類를 따라 신身(관음진신)이 항상 출현하지만 전미纏迷하여 눈으로 만나지 못하네, 진眞과 가假를 논하지 말고 다만 스스로 자용慈容(관음)에 예배하네"라고 했다.20) 이곡은 관동을 유람해 영랑호永郎湖에서 범주泛舟하다가 일만日晚으로 궁원窮源할 수 없어 낙산사洛山寺에 도달해 백의대사白衣大士(관음)를 알현했는데, 사람들이 말하기를 관음보살이 거주하는 곳이라 하며, 산 아래 석애石崖에 있는 두寶(동굴)는 관음이 들어간 곳이라 한다고 했다.21) 정추鄭樞가 냉천冷泉(낙산 아래)에 대해 읊기를, "해안산海岸山은 혁세赫世(박혁거세) 이전부터 몇 번이나 흥폐興廢를 보며 금년에 이르렀는가, 가을이 한 들판을 담가(적셔) 홍도紅稻에 버금가고 햇빛이 오봉五峯(낙산)을 비추니 자연紫煙이 생기네, 덕녀德女(관음) 고거故居에는 사莎가 섬돌을 덮고 효공曉公(원효) 유적遺跡에는 나무가 하늘에 잇닿네, 누樓에 올라 상사몽相思夢을 의결擬結하면 꿈속에서도 도리어 응당 냉천冷泉을 떠 마시리라" 했다.22) 나옹이 동해東海 보타굴寶陁窟을 주제로 읊기를, "원통경계圓通境界를 누가 능히 알리오 금고今古에 처음부터 끊긴 때가 없네, 대해大海 조조潮가 번래飜來해 동洞에 가득차니 범음梵音이 묘현기妙玄機를 개발開發하네"라고 했다.23) 나옹이 원정국사圓定國師 시에 화송和頌하기를, "동해東海 유암幽嵓 반반畔에 고고孤高하게 일봉一峯이 있어, 원통圓通 관자재觀自在가 비원悲願 호戶를 어찌 봉封하리, 송운松韻이 티끌을 쓸어버리고 조음潮音은 곳곳에서 만나니, 보타산補陀山 위 사士(관음대사)는 물物마다 진용眞容이 아님이 없네"라 했다.24) 나옹

---

20) 『謹齋集』 권1, 關東瓦注, 詩, 「次洛山詩韻」. 안축의 동일 내용의 시가 『신증동국여지승람』 권44, 양양 불우, 낙산사 조항에도 安軸詩로 실려 있다.

21) 이곡, 「東遊記」 『가정집』 권5. 이곡은 낙산사를 유람하고서 晚에 襄州에 이르러 숙박했다.

22) 『신증동국여지승람』 권44, 양양, 고적 冷泉. 鄭樞 詩 ; 『圓齋先生文稿』 상권 「次襄州樓上韻」.

23) 『나옹록』 「題東海寶陁窟」.

24) 『나옹록』. 和圓定國師頌. 圓定國師는 희종의 아들인 圓靜國師 鏡智(『동안거사집』, 病課 詩[幷序])로 판단된다. 이승휴가 어릴 적에 圓靜國師 鏡智에게 배웠다.

이 양주(양양) 낙산사와 그 보타굴을 찾아 관음을 노래한 것인데 이전에 원정국사(경지)가 낙산사를 찾아 시를 지었음을 알려준다. 양주 낙산사는 고려 중기와 말기에도 여전히 관음 주처로 인식되어 이곳을 찾아 관음보살에게 예배하는 일이 풍조였던 것이다.

양주(양양)의 설악산 지역에는 진전사, 억성사 등이 자리잡았다. 설악雪岳 진전사陳田寺의 원적선사元寂禪師 도의道義는 건중建中 5년 갑자년(784, 신라 선덕왕宣德王 5)에 사신 한찬韓粲 김양공金讓恭을 따라 당唐에 들어가 곧바로 대산臺山(오대산)에 가서 문수文殊에 감응해 성종聖鍾의 향향響을 듣고 신조神鳥의 날아다님을 보고, 광부廣府 보단사寶壇寺에 이르러 비로소 구계具戒를 받고, 조계曹溪에 이르러 조사당祖師堂에 예배하고, 강서江西 홍주洪州 개원사開元寺에 나아가 서당西堂 지장대사智藏大師를 알현해 스승으로 삼았다고 한다.25) 도의道義가 귀국해 선리禪理를 강설했지만 당시 사람들이 경교経敎를 숭상해 선리禪理를 허탄虛誕하게 여겨 숭중崇重하지 않으니 아직 때가 되지 않음을 알고 산림에 은거해 염거선사廉居禪師에게 법法을 부촉했고, 염거가 설산雪山(설악산) 억성사億聖寺에 거처하며 조심祖心을 전했고, 체징體澄(보조선사普照禪師)이 가서 염거를 섬겼다.26) '□운□運'(진공대사眞空大師)은 함통咸通 15년(874, 경문왕 14)에 구족계具足戒를 가야산 수도원修道院에서 받고 설악雪岳으로 향하여 진전사陳田寺에 이르러 해동선조海東先祖 도의대사의 영탑靈塔을 예배했다.27) 조祖(달마)가 서쪽에서 와서 심법心法이 중국에서 행해진 지 오래이지만 삼한에 미치지 못했는데, 신라왕자 도의국사道義國師가 항해航海해 입당入唐해 지장화상地藏和尙(지장智藏)에게 법法을 구해 얻어서 동쪽으로 돌아와 진전사

---

25) 『祖堂集』 권17, 元寂禪師 道義.

26) 「新羅國武州 迦智山寶林寺 諡普照禪師靈塔碑銘幷序」. 체징이 장흥 가지산 보림사에 거처하면서 가지산문이 본격적으로 열린다. 逈微가 보림사에 나아가 陳田 孫子인 체징선사를 알현해 제자가 된다(「高麗國 故無爲岬寺先覺大師 遍光靈塔碑銘幷序」). 한편 利觀(弘覺禪師)이 禪林에 나아가고 咸通末에 雪山億聖(설악산 억성사)에 다시 住하고 廣明元年(880, 헌강왕 6) 10월에 세상을 떴는데(양양 선림원 弘覺禪師碑銘), 도의·염거와 관계가 있는 듯하다.

27) 「비로암 眞空大師 비문」. 진공대사는 天福 2년(937, 태조 20) 9월에 세상을 뜬다.

336

陳田寺에 입정入定해 심인心印을 밀전蜜傳한 연후에 선철禪轍이 비로소 동토東土
에 전轉해졌고, 아태조我太祖(왕건)가 왕업을 조기肇基해 선법禪法을 독실히
숭상해 이에 오백선우五百禪宇를 중외中外에 창건해 납자衲子를 거처하게 했다
고 한다.[28) 도의와 그 거처 진전사로부터 해동의 선종이 시작되었고 태조
왕건이 이에 기반해 선종사찰 500개를 창건했다고 본 것이니, 고려에서
도의와 진전사를 중시했음을 알 수 있다. 진전사는 일연一然이 흥정興定
기묘년(1219, 고종 6)에 진전장로陳田長老 대웅大雄에게 나아가 체도剃度하고
구족계具足戒를 받았으니[29) 고려후기에도 기능하고 있었다.

　양주(양양)는 낙산사와 진전사를 중심으로 한 불교 신앙 외에도 신선과
무속 신앙도 지니고 있었다. 안축은 「관동별곡」에서 "설악동雪嶽東 낙산서洛山
西 양양襄陽 풍경風景이여, 강선정降仙亭과 상운정祥雲亭이 남북으로 상망相望하
네, 자봉紫鳳과 홍란紅鸞에 올라탄 가려신선佳麗神仙이여, 아! 다투어 주현朱絃을
연주하는 광경 어떠한가, 고양주도高陽酒徒여 습가習家 지관池館에서 아! 사절四
節에 노닐어봅시다"라고 노래했다.[30) 『고려사』 지리지에 따르면 익령현(양양)
에 동해신사東海神祠가 있었다.[31) 『동국여지승람』에 따르면 동해신사東海神祠가
부府(양양부) 동쪽에 있어 춘추春秋에 향축香祝을 내려 제사를 지냈는데, 해海
(동해)가 부府(양양부) 동쪽 13리에 있어 이곳에서 동해신東海神에 제사해
사전祀典에 중사中祀에 올라 있었다.[32) 익령현(양주)은 마주하는 강선정과
상운정을 중심으로 신선 신앙이 흐르고 있었으며, 이 고을 바닷가에는 동해
신을 제사하는 동해신사東海神祠가 있어 고려시대는 물론 조선시대에도 제사

28)『동국이상국전집』권25, 龍潭寺叢林會榜.
29)「보각국존(일연) 비명」.
30)『謹齋先生集』권2, 補遺 歌辭, 關東別曲(안축). 한편『동국여지승람』양양 산천에 따르면
　　雪嶽은 府(양양부) 西北 五十里에 있고 鎭山인데 지극히 高峻해 仲秋에 눈이 내리기
　　시작해 여름에 이르러 消하기 때문에 그렇게 이름했다고 했으며, 所冬羅嶺은 府(양양
　　부) 서쪽 六十里에 있어 重巒疊嶂해 地勢가 險阻한데 舊에 路가 있어 京師와 통했지만
　　今廢라고 했다.
31)『고려사』권58, 지리지3 동계, 익령현.
32)『신증동국여지승람』권44, 양양 祠廟 및 산천.

가 행해졌다. 의상법사가 낙산 바닷가 동굴에서 관음을 알현하려 하자 동해룡이 나타나 의상에게 여의주를 주었다고 한다. 이 동굴에 동해룡이 산다는 신앙이 먼저 있었고 나중에 의상 등이 불교 관음 신앙을 기본으로 이 동굴 동해룡 신앙을 끌어들여 결합했다고 여겨진다. 동해신사도 동해룡(용왕)을 위한 시설이었을 것이다.

양주(양양)에 유교시설인 향교가 안축에 의해 중창된다. 안축이 양주에 들러 읍인邑人에게 명해 이른바 '문선왕동文宣王洞'에 학교(향교)를 건립하도록 하고 부하府下(符下)인 동년우同年友 통주수通州守 정랑正郎 진군陳君에게 그 공역을 감독하게 했고, 토역土役이 비로소 시작되자 읍수邑守(양양 수령) 정랑正郎 박군朴君이 부임해 와 힘쓰니 완성하게 되었다.[33] 안축은 강릉도 존무사로서 관할인 양주인과 통주수령과 양주수령에게 명령해 양주의 향교를 건립 내지 중창한 것이었다.

다음으로 간성의 신앙을 살펴보자. 영랑호永郎湖가 조선초『동국여지승람』에 따르면 군郡(간성군) 남쪽 55리에 있는데 둘레 30여리餘里로 정저汀渚가 회곡回曲하고 암석巖石이 기괴奇怪하며 호수 동쪽 소봉小峯은 호심湖心에 절반 들어가는데 (이 소봉에) 고정古亭 기基가 있어 영랑선도永郎仙徒 유상遊賞의 장소라고 한다.[34]

안축이 영랑포永郎浦에 배를 띄워 읊기를, "평평한 호수는 거울처럼 맑고 창파滄波는 응결해 흐르지 않네, 난주蘭舟는 그냥 놓아두니 두둥실 가벼이 나는 갈매기를 따라가네, 호연浩然히 청흥淸興이 생겨 거슬러 올라가 심유深幽로 들어가니, 단애丹崖가 창석蒼石을 안고 옥동玉洞이 경주瓊洲를 품고 있네, 산을 돌아 소나무 아래에 정박하니 허공은 비취색이고 서늘해 가을을 낳네, 하엽荷葉은 씻은 듯이 깨끗하고 순사蓴絲는 미끄럽고 부드럽네, 저물녘에

---

33) 『謹齋集』권1, 關東瓦注, 記 및 『동문선』권68, 記,「襄陽新學記」;『신증동국여지승람』권44, 양양도호부, 학교 향교,「安軸記」.『근재집』관동와주에는 '府下'로,『동문선』과『동국여지승람』에는 '符下'로 되어 있다. 안축은 양양 학교가 완성되자「襄陽新學記」를 찬술했다.
34) 『신증동국여지승람』권45, 간성군 산천.

그림 25. 간성 영랑호(현재 속초 소속)와 젊은 날의 필자

노[棹]를 돌리고자 하니 바람 안개가 천고千古에 시름겹네, 고선古仙이 올 수 있다면 여기에서 그들을 따라 노닐리라"라 했다.[35] 안축은 「관동별곡」에 서 "선유담仙遊潭과 영랑호永郎湖 신청동神淸洞 안 녹하주綠荷洲와 청요장靑瑤嶂 에 바람 안개가 십리十里이고 향기가 부드럽고 취翠가 비비霏霏한데 유리琉璃 수면에 아! 배를 띄운 광경 어떠한가"라고 노래했다.[36] 안축은 선유담仙遊潭과 영랑호永郎湖를 신선세계로 인식했던 것이다.

이곡은 관동을 유람해 고성高城에서 숙박하고 선유담仙遊潭, 청간역淸澗驛,

---

35) 『謹齋先生集』 권1, 關東瓦注, 詩 「永郎浦泛舟」. 안축은 관동 남쪽 방면으로 순시했다가 다시 영랑호를 찾아 「八月始四日 北行泛永郎湖」 시를 지어 "暮雲半卷山如畫 秋雨新晴水自 波, 此地重來難可必 更聞船上一聲歌"라고 읊었다. 안축이 영랑호를 유람하며 지은 이 시 2개는 『신증동국여지승람』 권45, 간성군 산천 永郎湖 항목에도 安軸詩로 실려 있다.

36) 『謹齋先生集』 권2, 補遺, 歌辭, 「關東別曲」. 선유담은 『신증동국여지승람』 간성 산천에 따르면 郡(간성) 남쪽 11里 쯤에 위치해 山麓이 周遭해 谷을 이루고 谷中에 '仙遊潭'이 있는데 이 선유담에 斗起하고 절반이 湖心으로 들어간 小峯이 있어 위에 長松 數株가 있고 舊에 亭이 있었지만 今(조선초)에 廢한 상태이고 봄에 躑躅이 바위를 끼어 亂發하고 여름에 蓴菜가 潭에 가득 찬다고 했다.

만경대萬景臺를 거쳐 인각촌사仁覺村舍에 숙박하고 나서 영랑호永郎湖에 배를 띄웠다.37) 이곡이 영랑호에서 근재 안축 시에 차운하기를, "안상安相(안축) 정회情懷는 황학黃鶴 월月이고 이생李生(이곡) 행지行止는 백구白鷗 파파波이네, 이곳에 중래重來함은 진실로 필必하기 어려워 공空하게 관동일곡關東一曲 가가歌를 듣네"라고 했다. 이 시에 대해 이곡은 세주를 달기를, 근재선생(안축)이 존무存撫의 날에 이 호수에 유람해 일절一絶을 짓기를, "저녁 구름이 절반 권卷하니 산이 그림 같고 가을 비가 처음 개니 수水에 스스로 물결이 이네, 이곳 중유重遊는 가필可必하기 어려운데 선상船上 일성一聲 가가歌를 다시 듣네"라 했고, (근재 선생이) 또한 관동별곡을 지었는데, 지금 그 가송歌誦과 시詩를 들으니 처연悽然히 감感이 있기 때문에 읊었노라고 했다.38)

이처럼 간성은 영랑호永郎湖를 중심으로 사선四仙의 하나라는 영랑이 유람했다며 그를 추모하는 신앙이 유행했다. 한편 간성의 불교사찰로『동국여지승람』에 따르면 건봉사乾鳳寺가 금강산 남쪽에, 보현사普賢寺가 천후산天吼山에 자리했는데,39) 고려시대에 어떠한 모습으로 존재했는지 잘 확인되지 않는다.

2. 고성~등주 일대의 신앙

고성高城의 신앙을 살펴보자.40) 고성의 단혈丹穴과 삼일포三日浦에는 신선

---

37) 이곡「東遊記」『가정집』.
38)『稼亭集』권19,「永郎湖 次安謹齋詩韻」. 이 시의 본문은『동국여지승람』간성 永郎湖에도 李穀詩로 실려 있다.
39)『신증동국여지승람』권45, 간성 불우. 金剛山은 郡(간성) 서쪽 20里에 있고(淮陽府 편에 상세함), 天吼山은 간성군 남쪽 70里에 위치했다(간성 산천조). 한편 鳴沙는 郡(간성) 남쪽 18里에 있어 沙色이 눈(雪)과 같고 人馬가 行하여 접촉하면 소리가 나기를 金磬響처럼 錚錚한데 대개 嶺東이 모두 그러하지만 杆城과 高城의 사이가 가장 많다고 한다(간성 산천조).
40) 고성에 유점사, 발연사 등의 불교사원이 있었는데 금강산의 신앙에서 다루기로 한다.

신앙이 흐르고 있었다. 단혈丹穴은 군군(고성) 남쪽 11리에 있는데 속전俗傳에 사선四仙이 노닐었던 곳이라고 한다.41) 이인로가 읊기를, "자연紫淵이 깊고 깊어 홍일紅日(붉은 해)이 목욕하고 만장萬丈 광염光焰이 양곡暘谷에 뜨네, 새벽노을이 돌을 데워 무지개가 바위를 꿰뚫어 단사丹砂를 증작蒸作한 것이 몇 곡斛인지 알런지, 예쁜 가을 물에 부용芙蓉이 나오고 교교皎皎한 옥상玉牀(옥 평상)에 전촉箭鏃이 드리우네, 벽파碧波 궁처窮處에 동문洞門이 열리고 일경一徑이 감아돌며 삼모三茅(신선세계)를 안네, 하늘은 아득하고 뭍[陸]은 단절해 난학鸞鶴이 멀고 유유悠悠한 선악仙樂에서 금축琴筑이 들리네, … 신선 자취를 도리어 세상에서 알까 걱정해 베개 속에 보록寶籙을 감추네, 내가 일찍 자하편紫霞篇을 읽어 백병白柄을 가지고 황독黃獨(약재)을 찾음을 부끄러워하네, 화로 중에 불을 피워 소량 단약을 시험삼아 만드니 정鼎 안에서 곧바로 용호龍虎를 엎드리게 만드네"라고 했다.42) 고성 단혈은 신선의 거처이며 단약丹藥을 제조하는 곳으로 인식되었던 것이다.

최자의 외왕부外王父(외조부) 김례경은, 『보한집』 상권에 따르면 고성高城 객루客樓를 주제로 읊기를, "창窓을 닫아도 해기海氣이고 베개에 기대어도 파도소리인데 '관개사선冠盖四仙 자취로 강호江湖가 삼일三日 명칭이네'라 하여43) 사선 자취로 인해 강호江湖가 '삼일三日'이라는 이름을 얻었다고 했으니, 삼일포三日浦가 적어도 명종 이전에 사선四仙과 관련된 것으로 인식되었다. 무인정권기 김효인(김방경의 부친)은 「삼일포단서석三日浦丹書石」 시를 지었는데44) 이끼와 먼지가 끼어 단서丹書를 알아보기 어렵다고 했다.

삼일포三日浦는 원간섭기 안축의 서술과 시에 자세히 묘사되어 있다. 안축이 삼일포에 들러 「삼일포시三日浦詩 병서幷序」와 「또 삼일포三日浦 시에 차운하

41) 『신증동국여지승람』 권45, 高城郡 산천.
42) 『신증동국여지승람』 권45, 高城郡 산천, 丹穴. 李仁老詩. 三茅는 漢代에 은거해 신선이 되었다는 茅氏 三兄弟 혹은 그들이 은거했다는 茅山을 지칭하는데 고성 丹穴을 비유한 것이었다.
43) 이 시는 김례경이 명종 때 동북면에 근무하는 여가에 지은 것으로 보인다.
44) 『동문선』 권20, 「三日浦丹書石」(金孝印). "刻碑鑴碣古猶多 蘚食塵侵字轉訛, 爭似指頭千載血 一淪山石不銷磨".

여」를 지었다.45) 「삼일포시」의 서문에서 언급하기를, "포浦는 고성高城 북쪽 7, 8리에 위치하는데 밖에 중봉重峯이 있어 첩장疊嶂 합포合抱하고 안에 삼십육 봉三十六峯이 있어 주열周列해 동학洞壑이 청유淸幽하고 송석松石이 기고奇古하며, 중中에 소도小島가 있어 창석蒼石이 반타盤陀한데 옛적에 사선四仙이 이곳에 노닐면서 삼일三日 동안 돌아가지 않았기 때문에 이 이름을 얻었고, 수水 남쪽에 또 소봉小峯이 있고 이 봉峯의 위에 석감石龕이 있어 석미륵상石彌勒像을 봉안하고, 이 봉峯의 북애北崖 석면石面에 단서丹書 육자六字로 '영랑도남석행永郞徒南石行'이 쓰여 있으며, 소도小島에 고古에 정정亭이 없었다가 존무사存撫使 박공朴公이 정정亭을 그 위에 지어 경치景致가 가장 아름다운데 익제상국益齋相國 (이제현)이 기記를 찬술했다"라고 했다.46) 존무사 박공이 지은 이 정자는 곧 사선정四仙亭이었다.47) 존무사 박공朴公은 이곡 「동유기」에 따르면 박숙朴淑이었다.

안축이 「삼일포시」에서 읊기를, "선경仙境이 동洞 안에 장장藏하여 유리수琉璃水가 용용溶溶히 흐르네, 단란團欒 소봉도小蓬島가 부용芙蓉처럼 물에서 솟아나왔네, 비정飛亭이 새가 깃을 펼친 듯하고 금벽金碧이 섞여 영롱하네, 난간에 기대어 사방으로 돌아보니 삼십육三十六 기봉奇峯이네, 석불石佛은 석감石龕에 있어 만고萬古에 푸른 이끼가 봉封했네, 선인仙人은 황학黃鶴을 타고 아양峨洋이 천만千萬으로 중첩하네, 단갈斷碣이 모래 사이에 침몰하고 단서丹書가 필종筆蹤을 남겼네, 배를 타서 청분淸芬을 읍挹하건만 잠리簪履(관직자)라 마음대로 따를 수 없네, 예쁜 수중水中 달이고 늘어진 석상石上 솔이네, 아! 내 생애가 고만苦晩해 눈[目]에 가득 근심구름이 짙네"라고 했다.48) 안축이 「또 삼일포

---

45) 『謹齋先生集』 권1, 關東瓦注, 詩, 「三日浦詩 幷序」·「又次三日浦詩韻」.

46) 「三日浦詩 幷序」(序). 이 서문은 『신증동국여지승람』 권45, 高城 산천, 三日浦에도 '安軸 記'로 실려 있는데, 내용이 대부분 동일하지만 石彌勒像 봉안, 益齋相國作記 부분은 없다. 이 六字丹書와 四仙에 대해서 김상현, 『신라의 사상과 문화』, 일지사, 1999, 535~544쪽에 분석되어 있다.

47) 『신증동국여지승람』 권45, 高城 산천, 三日浦.

48) 「三日浦詩 幷序」(詩). 안축의 이 시가 『동국여지승람』 고성 산천 삼일포에도 '安軸詩'로 실려 있는데, '簪履無由從'이 '簪履無由逢'으로 되어 있다.

시에 차운하여」에서 읊기를, "해상海上 금오金鼇가 머리에 영영瀛(영주)을 이고 주궁珠宮을 이날 문병門屛으로 들어가네, 난주蘭舟가 단서동丹書洞에 정박해 다가가니 초록 안개가 요초정瑤草汀에 가벼이 날리네"라고 했다.[49] 안축이 관동의 남쪽에 내려갔다가 북쪽으로 올라와 다시 삼일포에 들러 「삼일포에 재유再遊해 판상板上 시에 차운하여」를 지어 읊기를, "정상亭上 기관奇觀은 화성畵成과 흡사하고 황홀하게 범골凡骨이 삼청三淸에 들어온 듯하네, 쌍쌍의 백로白鷺는 안개와 화합해 고요하고 육육六六(삼십육) 기봉奇峯은 물에 비치어 밝네, 갑을甲乙(등급 : 음조 : 찬양)을 비전적碑篆跡에서 찾기 어려워 궁상宮商 (음률)은 이미 도가성棹歌聲(노젓는 노래)으로 변했네, 오직 석면石面 단서丹書 가 남아 있어 누가 선랑仙郞 만고정萬古情을 이해하리오"라고 했다.[50]

삼일포는 사선이 노닐던 곳으로 인식되고 안에 36봉으로 둘러싸이고 그 안 소봉의 위에는 돌미륵상을 지닌 석감石龕이 있고 북애北崖에는 단서육자 丹書六字 '영랑도남석행永郞徒南石行'이 새겨져 있었다. 영랑도永郞徒 남석南石이 삼일포에 다녀갔다는 것이다. 안축이 「관동별곡」에서 노래하기를, "삼일포三 日浦 사선정四仙亭의 기관이적奇觀異迹, 미륵당彌勒堂 안상저安祥渚 삼십육봉三十 六峯, 밤이 깊고 물결이 넘실넘실, 솔가지 끝 조각달이여, 아! 고운 모습 나와 비슷하구나, 술랑도述郞徒의 육자단서六字丹書여, 아! 만고萬古 천추千秋에 아직도 분명하네"라고 했다.[51] 영랑永郞과 술랑述郞은 사선四仙의 핵심이고, 남석南石과 안상安祥도 각각 사선의 하나로 여겨지기도 했다. 삼일포 신앙의 특징은 사선 유적을 중심으로 하는 사선 신앙과 미륵 감실을 중심으로 하는 미륵 신앙이 결합된 것이었다.

이곡의 「동유기東遊記」에 따르면, 삼일포三日浦가 고성 성북城北 5리쯤에 있는데 배를 타고 서남쪽 소서小嶼(작은 섬)에 이르니 궁륭窮窿의 거대한

---

49) 「又次三日浦詩韻」.

50) 『謹齋先生集』권1, 關東瓦注, 詩, 「再遊三日浦 次板上詩」. 이 시가 『동국여지승람』고성 산천 삼일포에 安軸詩로 실려 있는데 글자 차이가 약간 있다.

51) 『謹齋先生集』권2, 補遺 歌辭, 關東別曲(안축).

바위가 있고 그 꼭대기에 석불石佛을 지닌 석감石龕이 있는데 속俗에서 이른바
미륵당彌勒堂이며, 그 벼랑의 동북면에 있는 육자六字 단서丹書를 살펴보니
"술랑도남석행述郞徒南石行"이라 했는데, 술랑述郞·남석南石 4글자는 명확하지
만 나머지 2글자는 희미해 식별할 수 없었으며, 옛적에 주인州人이 그 유상자遊
賞者에게 공급供給하는 것을 고통스러워해 깊이 5촌寸가량 깎았다고 하는데
자획字畫은 없어지지 않았다고 한다. 배를 돌려 사선정四仙亭에 오르니 역시
호수 중의 한 섬으로 이른바 삼십육봉三十六峰이 호심湖心에 그림자로 거꾸로
비치는데, 사선정은 박숙朴淑이 존무存撫를 담당했을 때에 설치한 것이라고
했다. 호수는 100경頃인데 맑고 깊고 넓어 관동승경關東勝境으로 국도國島에
버금가는데, 사람들이 말하기를, 사선四仙이 유遊한 곳이라 삼십육봉三十六峯
마다 비석이 있었지만 호종단胡宗旦이 모두 물에 가라앉혀 지금은 그 질跌만
남아 있다고 했다.[52] 삼일포와 36봉은 사선四仙이 노닐던 곳으로 인식되었고
삼일포 안의 작은 섬의 바위에는 육자 단서와 감실 미륵당이 있었다.

이곡이 「삼일포사선정三日浦四仙亭 시」에 차운하기를, "승경勝景은 어찌 능
히 집대성하리오, 이 호수는 응당 백이伯夷 청淸과 흡사하네, 물이 천우天宇를
잠가 마음을 맑게 해 푸르고 산은 추공秋空에 기대어 눈[眼]을 닦아 밝네,
구름 사이에서 강절絳節 그림자를 본 듯하고 때로 달[月] 아래에서 옥소玉簫
소리를 듣네, 단서丹書가 깎였지만 도리어 의구依舊하고 선종仙蹤에 마주하여
세정世情을 말함이 부끄러워"라고 했다.[53] 정추鄭樞가 삼일포 시에 차운하기
를, "한 호수 형승形勝은 하늘로부터 이루어지고 삼십육봉三十六峯은 가을에
다시 맑구나, 중류에 배[舟]를 탕장蕩漿하지 않으면 어찌 남석자南石字를 분명하
게 보리오[호수 중에 석봉石峯이 있고 그 석상石上에 단서육자丹書六字가 있어

---

52) 『가정집』 권5 및 『동문선』 권71, 「東遊記」. 동유기에서 "四仙亭 朴君淑貞存撫時所置"라
는 구절은, 사선정은 '朴淑이 존무를 貞할(담당할) 때 설치한 것이다' 혹은 '朴淑貞이
존무 때에 설치한 것이다'라고 해석되는데, 안축의 「鏡浦新亭記」『근재집』1에 언급된
關東 杖節할 때 경포대에 新亭을 지은 '朴淑'과 동일인으로 판단되므로 사선정도
朴淑이 건립한 것으로 여겨진다.

53) 『稼亭先生文集』 권19, 律詩, 「次三日浦四仙亭詩韻」. 이 시가 『신증동국여지승람』 고성
산천 삼일포에도 李穀詩로 실려 있다.

이르기를 '술랑도남석행述郞徒南石行'이라 함], 정亭 앞에 비가 지나가니 명사鳴沙가 울리고 포구浦口가 가을이 깊어 낙엽 떨어지는 소리가 나네, 안상安祥 당일當日의 일을 자세히 물으니 신선神仙은 역시 풍정風情이 풍족하네[안상安祥은 사선四仙과 동유同游한 자者임]"라고 했다.[54] 삼일포 단서丹書의 해석을 둘러싸고 의견이 분분했던 것인데, 사선과 동유同游했다는 안상安祥에 대해 궁금해 했다.

김구용이 9월 기망旣望(16일)에 통주通州 이사군李使君(이첨李詹)과 함께 배를 띄워 삼일포에 노닐었는데 때에 바야흐로 비가 개어 산색山色이 총롱蔥籠하고 호광湖光이 떠서 출렁거려 둘러보니 인간세상이 아니어서 술자리가 무르익자 사선정四仙亭 주상柱上을 주제로 시를 지었다. 읊기를, "삼십육봉三十六峯에 가을 비가 개니 일구一區 선경仙境이 충분히 맑네, 해가 기울지만 가벼이 노棹를 돌리지 않고 풍안楓岸 송정松汀에서 달이 밝기를 기다리네"라고 했다. "수심水心 정亭은 고요해 세정世情이 미미하고 구름 사이에서 우의羽衣를 부르는 것과 방불하네, 사군使君 마음이 달과 같음에 의지해 난간에 기대어 온종일 편안히 돌아감을 잊네"라고 했다.[55] 김구용이 겨울에 또 사선정에 들러 차운하기를, "사선정이 가장 좋아 삼일三日 일부러 늦게 돌아가네, 승경勝景은 응당 비교할 데가 없고 춘풍春風은 다시 불어오리라, 얼음을 두드려 석등石磴을 등반하고 눈[雪]을 쓸어 암태嵒苔에 앉았네, 육육봉六六峯(36봉)은 그림과 같아 잔杯를 멈추어 머리를 다시 돌리네, 적엽赤葉 황화黃花의 구월九月 때에 사선정 위에서 술 취하여 제시題詩했었는데, 금일에 다시 오니 얼음이 사합四合하고 벽유리碧琉璃가 백유리白琉璃로 변화했네"라고 했다.[56] 삼일포를 가을에 방문했을 때에는 배를 타서 노닐었지만 겨울에 방문했을 때에는 호수가

---

54) 『圓齋先生文稿』 상권, 詩, 「次三日浦韻」. 정추의 이 시는 세주를 제외하고 『신증동국여지승람』 고성 산천 삼일포에도 鄭樞詩로 실려 있다.

55) 『惕若齋先生學吟集』 상권, 詩, 「九月旣望 與通州李使君 泛舟遊於三日浦 時方雨晴 山色蔥籠 湖光瀲灩 顧非人世也 酒酣 題四仙亭柱上[李詹]」. 이 시는 『동국여지승람』 고성 삼일포에도 김구용 시로 실려 있는데 2首의 순서가 뒤바뀌어 있다.

56) 『惕若齋先生學吟集』 상권, 詩, 「四仙亭次韻」.

얼어붙어 얼음 위로 다녀야 했다.

삼일포에 대해, 이달충이 읊기를, "사로沙路가 만만漫漫해 멀리 영주瀛洲(영주瀛洲)과 나란하고 운산雲山이 막막漠漠해 가까이 병풍을 펴네, 사선정 반반半畔에 선필仙筆을 방문하고 삼일포두頭에서 노정鷺汀에 이르네"라고 했다. 채련蔡璉이 읊기를, "사선정 아래 물이 양양洋洋하고 일엽一葉 경도輕舠(가벼운 거룻배)는 만량晚涼을 희롱하네, 주륙州六은 안개에 싸여 많이 아리따우니 풍류風流는 반드시 홍장紅粧(기녀)을 실을 필요가 없다네"라고 했다. 한상경韓尙敬이 읊기를, "일구一區 승경勝景은 그림으로 그리기 어렵고 점점點點 기봉奇峯은 물에 비치어 맑네, 육자六字 단서丹書는 비록 박락剝落했지만 사선四仙 유적遊迹은 아직 분명하네, 화정華亭에서 현가絃歌 모임 보기를 생각하고 정사精舍에서 오히려 범패梵唄 소리를 듣네, 하물며 봉호蓬壺에서 모골毛骨이 상쾌하니 세간世間에서 무슨 일로 다시 관정關情하리오"라고 했다.[57] 사선유적 탐방과 사선정 모임과 미륵정사 법회가 삼일포의 주된 요소였던 것이다.

고성 삼일포 육자단서六字丹書에 대해, 안축 「관동와주」에는 '永郎徒南石行(영랑도남석행)'으로, 안축 「관동별곡」에는 '술랑도述郎徒'의 육자단서로 판독했다. 이곡 「동유기」에는 '述郎徒南石行(술랑도남석행)'이라 판독했다. 조선초에 남효온이 삼일포를 찾아 이 육자단서를 보고 '永郎徒南石行(영랑도남석행)'이라 판독했다. 동행한 훈도訓導 김대륜金大倫이 말하기를 영랑永郎은 신라 사선四仙의 하나이고 남석南石은 이 석石을 가리키고 행行은 석石에 행行하다는 의미이며 세상의 문인文人이 모두 이처럼 해석한다고 했다. 이에 남효온이 의문을 제기해 영랑永郎의 도徒에 성명姓名 '남석행南石行'이라는 자가 있어 제명題名한 것일 수 있다고 했다.[58]

다음으로 통주(통천)의 신앙을 살펴보기로 하자. 금란굴金幱窟이 군郡(통천군) 동쪽 12리에 있었는데[59] 관음 신앙의 성지였다. 안축이 금란굴시金幱窟詩

---

57) 『신증동국여지승람』 고성 산천 삼일포, 李達衷詩·蔡璉詩·韓尙敬詩. 한편 나옹이 「和高城安尙書韻」(『나옹록』)을 지었으니 東海를 유람하며 고성을 들렀던 것인데 삼일포를 방문했는지는 확실하지 않다.

58) 『추강집』 권5, 「遊金剛山記」(남효온).

(서문 포함)를 지었는데[60) 이 서문을 소개하면 아래와 같다.

　　"통주通州 남교南郊에 독봉禿峯이 있어 궁륭穹窿해 동쪽으로 대해大海에
임臨하고, 봉峯의 현애懸崖에 굴窟이 있어 넓이 7, 8척尺, 깊이 10여보餘步
정도인데, 우러르면 양벽兩壁이 서로 합하고 굽어보면 수심水深이 헤아리지
못할 정도로 깊다. 굴窟이 깊어 수기水氣가 침지浸漬하기 때문에 항상 유암幽暗
임리淋灕하고 바람이 불면 놀란 파도가 세차게 솟아올라 도달할 수 없다.
서로 전傳하여 이르기를, 굴窟은 관음진신觀音眞身 상주처常住處여서 사람이
지성으로 귀심歸心하면 진신眞身이 암석巖石에 나타나고 청조靑鳥가 날아와
이로써 신령하게 여긴다고 한다. 내(안축)가 작은 배를 타고 굴에 도착했다.
이날 다행히 풍랑風浪이 정식靜息해 굴 안에 깊이 들어가 그 모양을 자세히
보니, 굴의 구석에 석벽石壁이 높이 삼척三尺 쯤이고 석문石紋은 황색이고
반란斑爛해 부도浮圖의 이른바 가사袈裟의 금란金襴과 같고 면목面目·견비肩臂
체상體相은 없었는데 사람들이 이것을 보고 관음진신이 석석에 나타난다고
여기며, 아래에 석석石石이 뇌외磊嵬하고 그 색깔이 미청微靑한 것이 있어 이것을
연대蓮臺로 여긴다. 아! 이것이 과연 관음진신인가, 만약 석문石紋이 불복佛服
과 같기 때문에 존경하면 가可하지만 이것을 관음진신이라 여기면 나(안축)
는 믿지 않는다. 내(안축)가 굴에 도착한 날에 청조靑鳥가 굴 안에 날아
들어왔는데, 주인舟人이 말하기를 '이는 해조海鳥입니다'라고 하니, 이것이
과연 관음의 응應인가. 내(안축)가 이 굴을 관람해 이미 시심是心을 가졌는데
어찌 청조靑鳥의 응應이 있으리오, 만약 이 조鳥가 과연 관음의 응應이면
나의 시심是心은 관음에 진합眞合해, 세인世人이 석문石紋을 관음이라 하는
것은 미혹이다. 인因하여 사운시四韻詩 한 편篇을 지어 그것을 바로잡도록
하노라".

---

59)『신증동국여지승람』권45, 통천군 산천 金襴窟. 이 산천 조항에 따르면 金襴山은
郡(통천) 동쪽 12里에 있었다. 한편 통천군 불우 조항에 따르면, 龍貢寺가 楸池嶺
東麓에, 妙吉祥寺가 碧山에 자리했다. 통천군 名宦 조항에 따르면 李詹이 洪武4년(공민
왕 20년)에 知州事로 常平寶를 세워 凶歉에 대비했다고 한다.

60)『謹齋先生集』권1, 關東瓦注, 詩,「金襴窟詩[幷序]」. 안축의 이 서문이『동국여지승람』
통천 金襴窟에는 安軸 序로 실려 있고 그 뒤에 시가 실려 있다.

금란굴은 안축의 서문에 따르면 관음보살 진신眞身의 상주처常住處로 지성으로 기도하면 진신이 출현하고 청조靑鳥가 출현한다고 알려져 있었으며, 이 굴 안의 석벽에 가사袈裟의 금란金襴과 같은 무늬가 있어 이것을 사람들이 관음진신이라 여기지만 자신은 믿지 못한다고 했다. 안축이 금란굴의 석문石紋에 대한 전설을 바로잡는다며 지은 그 사운시四韻詩에서 읊기를, "해상海上 창애蒼崖에 굴혈窟穴이 깊어 사람들이 전하기를 상주常住가 관음이라 하네, 비상飛翔하는 새의 날개는 청靑하기가 비단(錦)과 같고 출몰하는 암문巖紋은 색色이 금金(황금)과 유사하네, 이를 보고 모두 말하기를 진성眞聖(관음진신) 출현이라 하여 지금까지 헛되이 어리석은 대중으로 하여금 방문하도록 하네, 수월水月(관음) 장엄상莊嚴相에 참여하고자 하면 밝은 본분심本分心에 회조回照해야 하리라"라고 했다. 관음은 암석무늬가 아니라 마음에 나타난다고 주장한 것이었다.

이곡이 「동유기」에서 금란굴에 대해 다음과 같이 기재했다. "날이 이미 저물자 통주通州에 이르러 숙박했다. 통주는 고古 금란현金蘭縣인데 고성故城 북우北隅에 석굴石窟이 있어 사람이 말하기를 금란굴金蘭窟로 관음보살이 머무는 곳이라 한다. 다음날에 배를 타서 해안과 나란히 하며 들어가 바라보니 미약하게 보살형상菩薩形像이 굴窟 중에 서 있었고 그 굴이 깊고 좁아 들어갈 수 없었다. 조주자操舟者(배 조종자)가 말하기를, '제가 여기에 거주한 지 오래인데 원조元朝 사화使華와 본국本國 경사卿士와 방면方面에 장절부부仗節剖符한 자로부터 아래로 유관遊觀의 인人에 이르기까지 귀천貴賤을 물음이 없이 반드시 와서 관람하고자 하여 매양 저로 하여금 배를 조종해 인도하도록 하니 제가 실로 싫어합니다. 일찍이 작은 고목楛木을 조종해 홀로 굴窟 중에 들어가 궁窮하고서 멈췄지만 특별히 보이는 바가 없어 손으로 문지르자 일면一面의 이끼 낀 돌일 뿐이었는데, 이윽고 나오며 돌아보니 또한 그 형상(관음형상)과 비슷했습니다. 아! 저의 정성이 지극하지 않은 것입니까, 아니면 그 사상思想이 초래한 것으로 이른바 사성思成과 같은 것입니까' 했다. 내(이곡)가 듣고 자못 턱을 끄덕임이 있었다. 굴 동쪽에 석지石池가 있는데 사람이 말하기를 관음의 목욕 장소라 하며, 또 암석巖石이 있어 작은 가시처럼 뾰족하고 많게는 수묘數畝에 이르며 모두 기울었거늘, 사람이 이르기를 '통족암痛足巖'이라 하는데, 대개 관음보살이 발로 밟다가 아파서(痛하여) 암巖이 그로 인해 기울었다고 한다'.[61] 금란굴은 관음보살의 거처로 믿어져 신분과 나라를 초월해 참배객이 이어졌던 것인데, 이곡은 이곳의 관음형상을 인정한 듯하다.

금란굴에 대해 이달충李達衷이 읊기를 "보살이 무엇 때문에 석간石間에 거주해 우리 풍속으로 하여금 비용을 쓰며 제반臍攀하도록 하리오, 운도雲濤 연랑煙浪이 서로 용격舂激하니 소복素服 화관華冠이 어찌 노잔老殘한지, 적멸寂滅해 타他가 체현體現 없음을 아니 희지稀祗하게 스스로 마음으로 보면 되네, 성구聲求 색견色見은 이미 망령되니 눈으로 직접 보아 도道가 존재함은 더욱 어려운 것이네"라고 했다.[62] 정추가 「금란굴金蘭窟」 시를 지어 읊기를, "금란굴金蘭窟을 방문하기 위해 당주棠舟를 해문海門에 띄우니, 큰 파도가 지축地軸을 품고 신물神物이 운근雲根을 호위하네, 안개가 단청색丹靑色을 적시고 하늘이 각삭刻削 흔적을 만드네, 안개 속에 해오라기 아래를 보며 백의존白衣尊(관음)을 만나보기를 생각하네[속언俗言에 이 굴이 관음주처觀音住處라고 함]"라고 했다.[63] 관음을 이달충은 마음으로 보면 된다고 한 반면 정추는 직접 만나보고자 했다.

통주의 총석정叢石亭은 사선四仙 신앙으로 유명했다. 총석정은 『동국여지 승람』에 따르면 군군郡郡(통천) 북쪽 18리에 위치하는데 수십數十 석주石柱가 있어 해중海中에 총립叢立해 모두 육면六面이고 형상이 삭옥削玉같은 것이 무릇 네 곳이고 정亭은 해애海涯에 위치해 총석叢石에 임림臨하기 때문에 그로 인하여 이름한 것이었고, 언전諺傳에 신라 술랑述郎·남랑南郎·영랑永郎·안상安

61) 이곡, 「東遊記」『가정집』권5.
62) 『신증동국여지승람』권45, 통천 산천 金幱窟, 李達衷詩.
63) 『圓齋先生文稿』상권 詩, 金蘭窟. 정추의 이 시는 세주를 제외하고 『신증동국여지승람』 권45, 통천 산천 金幱窟 조항에도 실려 있는데, 단 '爲訪金蘭窟 棠舟放海門'이 '爲訪金幱窟 蘭舟放海門'으로 되어 있다.

詳이 여기에 유상遊賞해 호칭하기를 사선봉四仙峯이라 했다고 한다.[64] 총석정과 사선봉 일대는 술랑述郎·남랑南郎·영랑永郎·안상安詳, 사선四仙이 유람했던 곳으로 전해져 왔던 것이다.

안축이 「총석정叢石亭 시에 차운하여」[65]를 지었는데 시와 발문跋文으로 되어 있어 발문을 소개하면 아래와 같다.

"정亭(총석정)은 통주通州 북쪽 20리 쯤에 위치하는데 횡봉橫峯이 돌연崚然해 바다로 말머리처럼 내민 것이 그것이며, 봉峯의 현안懸岸 조석條石이 방주方柱처럼 즐립櫛立하고 석주石周는 방方(사방)이 각각 척尺(1척) 쯤이고 높이가 5, 6장丈이고 방직평정方直平正해 승묵繩墨으로써 삭립削立한 듯하고 대소大小의 차이가 없다. 또한 안岸에서 거리가 십여척十餘尺 떨어진 곳에 사석주四石柱가 있어 수중水中에 떨어져 서 있어 칭하기를 사선봉四仙峯이라 하는데, 모두 조석條石으로 몸체를 삼아 수십조數十條를 합하여 일봉一峯으로 삼고 봉峯 위에 왜송矮松 한 그루가 있어 근간根幹이 노축老矗한데 연기年紀를 알지 못한다. 사봉四峯(사선봉)으로부터 조금 북쪽에 석상石狀이 또 변하여 혹 크고 혹 작고, 혹 길고 혹 짧고, 혹 의欹 혹 횡橫하고, 혹 쌓이고 혹 흩어져 실로 모두 기괴奇怪 이상異常하다. 이는 교장巧匠 추탁鎚琢의 공공이 아니라 대개 천지天地 부판剖判의 시초에 원기元氣가 종종鍾한 것이라, 그 부상賦狀의 교巧가 이처럼 기이하니 아! 괴怪하다고 할 수 있어, 그 '총석叢石'이라 이름한 까닭을 얻었도다. 옛적에 나대羅代 사선四仙이 항상 이 정亭에 노닐고 그 도徒가 갈석碣石을 세워 지誌하여 석石이 아직 남아 있지만 자字가 깎여 알아볼 수 없다. 내가 작은 배를 타서 요봉遙峯 편람遍覽하며, 이 석石의 기괴奇怪는 실로 천하에 없는 것이어서 정亭이 독유獨有한 것이라 여기노라".[66]

64) 『신증동국여지승람』 권45, 통천 누정, 叢石亭.
65) 『謹齋先生集』 권1, 關東瓦注, 詩, 「次叢石亭詩韻」.
66) 『謹齋先生集』 권1, 關東瓦注, 詩, 「次叢石亭詩韻」(발문). 이 발문이 『신증동국여지승람』 통천 누정 총석정에도 安軸 記로 실려 있는데, 다만 '有四石柱'가 '有四石株'로, '自四峯小北'이 '自四仙峯小北'으로, '或大或小 或長或短'이 '或長或短'으로, '字剜不可識'이 '字刓不可識'으로, '摹之'가 '摸之'로, '余雖未曾遍覽天下'가 '予雖未曾遍覽天下'로, '豈斯亭之所獨專哉'가 '豈斯亭之所獨全哉'로, '余竊怪焉'이 '余竊怪'로 되어 있다.

안축은 사선봉과 총석정 일대가 신라 때 사선四仙이 노닐던 곳으로 천하에
서 기괴함을 독차지했다고 평가했다. 이곡은 「동유기」에서 총석정과 사선봉
에 대해 아래와 같이 기재했다.

"구월 초하루에 흡곡현歙谷縣 동령東嶺을 넘어 천도穿島에 들어가고자
그 모습을 물으니, 도島에 두두寶(동굴)가 있어 남북으로 통하여 풍도風濤가
서로 침투할 뿐이지만, 천도穿島로부터 절해絶海하여 남하하면 총석정叢石亭
에 갈 수 있는데 그 사이는 8, 9리이고, 또 총석叢石으로부터 절해絶海하여
남하하면 금란굴金蘭窟에 갈 수 있는데 그 사이 역시 십여리十餘里이며,
주중舟中 승경勝景이 말할 수 없을 정도이다. 이날 바람이 미약해 배를
운항할 수 없었기 때문에 천도穿島에 들어가지 않고 해변을 따라 총석정叢石
亭에 이르니, 통주수通州守 심군沈君이 정자 위에서 기다리고 있었다. 이른바
사선봉四仙峯이라는 것은 그 석石이 속립束立하고 그 조條가 방직方直해 대개
국도國島와 같은데 다만 그 색깔이 검붉고 그 애석崖石 역시 참치參差 부정不正
할 따름이다. 그것(정자) 위에서 보니, 사봉四峯이 떨어져 서서 초발峭拔하고
그 단애斷崖가 높고 험준하며 동명東溟 만리萬里에 임림臨하고 서령西嶺 천중千重
을 마주해 실로 관동 장관壯觀이다. 구舊에 비碑가 애상崖上에 있었지만
지금은 보이지 않고 유질遺跌(유적遺跡)이 있을 뿐이고, 또 동봉東峯에 고갈古
碣이 있지만 박락剝落 마멸磨滅해 알아볼 수 있는 글자가 하나도 없어 하대何代
에 세운 것인지 알지 못하는데, 사람이 말하기를 신라 때에 '영랑술랑도남사
선동永郎述郎徒南四仙童'이 있어 그 도도徒 삼천인三千人과 함께 해상海上에서 노닐었
다고 하니, 이 비갈碑碣은 어쩌면 그 도도徒가 세운 것인가, 역시 고考할 수가
없다. 사선봉四仙峰에 임림臨하여 소정小亭이 있어 그 위에 치주置酒했다".[67]

안축은 통주 바닷가의 총석정叢石亭과 총석叢石에 대해, 총석정은 신라
사선四仙이 항상 노닐던 곳으로 그 도도徒가 그것을 기재한 갈석碣石 즉 비석을
세웠지만 글자가 깎여 알아볼 수 없고 총석의 기괴한 경치는 천하에 없는
것이라고 했다. 이곡에 의하면 비석이 애상崖上에 있었지만 보이지 않고

---

67) 『가정집』 권5 및 『동문선』 권71, 「東遊記」(이곡)

유질遺趺(유적遺跡)이 남아 있을 뿐이고, 동봉東峯에 또 오랜 비석이 있지만
박락剝落 마멸磨滅해 알아볼 수 있는 글자가 하나도 없어 어느 때에 세운
것인지 모른다고 했다. 사람들이 말하기를 신라 때에 '영랑술랑도남사선동永
郎述郎徒南四仙童' 즉 사선四仙이 있어 그 도도徒 삼천인三千人과 함께 노닐었다고
하니, 이 비갈碑碣은 그 도도徒가 세웠을 수도 있다고 보았다.

곽동순郭東珣은 인종 무렵 지은 「팔관회선랑하표八關會仙郎賀表」에서 월성月
城(경주 : 신라)의 사자四子가 총석叢石과 명사鳴沙를 유람했다고 했으니,[68]
신라의 사자四子(사선四仙)가 총석叢石과 명사鳴沙를 유람한 것으로 인식했다.
총석정에 대해 무인정권기 김극기가 여러 수의 시를 지어 노래했다. "대학大壑
에 동유東遊해 홍몽鴻濛을 찾으니 만상萬像이 일망一望 중에 분추奔趨하니, 석石
은 난생鸞笙을 묶어 벽해碧海에 임림臨하고 송松은 공개孔蓋를 날려 청공靑空을
향하네, 대성大聲이 귀[耳]를 떨게 하여 경아鯨牙(고래이빨) 파도이고 한기寒氣
가 피부를 침투해 학우鶴羽 바람이네, 생각하건대 내 전신前身이 속사俗士가
아니어서 진유眞遊 역시 사선四仙과 함께 하네"라고 했다. "기암奇巖이 바다를
베개로 삼아 홀연히 총생叢生해 정亭이 석石(총석)으로 인해 득명得名함을
비로소 믿네, 한변漢邊에 휴하携下해 '박망博望'을 따르고 산상山上에 질행叱行해
'초평初平'(적송자赤松子 : 신선)을 뒤쫓네, … 선조仙曹(신선무리)가 일찍이 종
상縱賞했음을 괴이해 말고 유이幽異 탐방은 고금古今 정정情이라네"라고 했다.
"금란고군金蘭古郡이 거학巨壑을 베개삼아 세상에 장관壯觀하니 누가 쟁웅爭雄
하리오, 칠성대七星臺 위에 걸합傑閤을 일으켜 난함欄檻이 구름에 의지해 청홍靑
紅으로 떠 있네, 정亭 앞 총총叢叢 몇 주株 석石인지 일세逸勢 돌올突兀해 반공半空
을 지탱하네, 누가 알리오 영근靈根이 구지九地를 찢어 아래로 만인萬仞 홍도洪
壽 속으로 박혔음을, 머리와 머리가 변립駢立해 스스로 전속纏束하고 면면과
면면이 삭성削成해 누가 탁롱琢礱했는지, 층애層崖를 공대控帶해 정발挺拔을
과시하고 오두鼇頭가 희비屭贔해 방봉方蓬(방장方丈과 봉래蓬萊)을 변抃하네,
놀란 파도를 능림凌臨해 등저騰翥하는 듯하고 봉익鳳翼은 참치參差해 호궁昊穹

68) 『파한집』 하권 및 『동문선』 권31 「八關會仙郎賀表」(郭東珣)

그림 26. 통주 총석정(규장각한국학연구원 소장 관동십경). 총석 4개는 사선봉으로 칭해짐

을 가로지르네, 도리어 억측하건대 진황秦皇이 바다에 가架를 두어 효일曉日 (새벽 해)이 동쪽에서 초생初生함을 가서 보고자 했으리, 그렇지 않으면 천손天孫 기하석機下石이 멀리 한사漢使를 따라 성궁星宮에서 떨어졌으리라".[69] 김극기는 총석정 일대를 신선세계로 간주하면서 여기에서 신선, 특히 사선四 仙과 함께 노닐기를 바랐다.

총석정에 대해 신천辛蔵이 읊기를, "총총叢叢 벽립碧立한 사선봉四仙峯은 비 개어도 좋고 비 내려도 기奇하고 알맞게 담농淡濃하네, 삼면三面이 장천長天 하고 백랑白浪이 접하고 일변一邊 낙조落照는 청산靑山에 겹치네, 해오라기는 정반汀畔에 홍료紅蓼를 밟고 원학猿鶴은 암변巖邊에 취송翠松을 어루만지네,

---

69) 『신증동국여지승람』 권45, 통천군 누정, 叢石亭, 金克己詩. 또한 김극기는 "언제 官家가 法駕에게 명하여 친히 岱嶽을 향하여 東登하여 封禪하리오, 金泥玉檢으로 功德을 紀하고 寶礎을 깎아 만들기를 두세번 하네, 가련하구나 奇才가 등용되지 못해 공허하게 陽侯(水神)가 吼怒하여 日夕으로 와서 相攻함을 당하네"라고 읊었으니, 임금이 총석정 에 행차해 김극기를 등용해 주기를 원했다.

추월秋月과 춘풍春風은 아직 의구依舊한데 예정霓旌 우개羽蓋(신선)는 지금은
만나기 어려워, 몇년 동안 황폐해 객客이 탄식했는데 불일不日에 경영經營하자
사람들이 기뻐 따랐네, 이끼 낀 비석을 청소해 지난 일을 물어보고자 했는데
위에 수묵水墨의 희미稀微한 자취가 있네"라고 했다.[70] 원간섭기 인물인 그가
총석정과 사선봉 일대에서 신선의 자취를 찾고자 했던 것인데 총석정이
중창되었음을 알려준다.

안축이 총석정 시에 차운하기를, "천조괴석千條怪石이 기봉奇峯을 이루고
창애蒼崖 연비煙霏는 수묵水墨처럼 짙네, 고래 파도가 바다에서 일어나 설상雪霜
처럼 불어나고 신기蜃氣(신기루)는 공중에 떠서 누각樓閣을 여러 겹으로 감싸
네, 모호模糊하게 글자가 몰沒해 태고太古 갈碣이고 영수瘦瘦하게 뿌리가 반蟠해
(서려) 어느 시대 소나무인가, 기변磯邊 약립篛笠은 앉아 서로 읍揖하고, 월하月
下 우의羽衣는 부르면 만날 수 있네, 선도仙徒가 이미 비처럼 흩어짐을 슬피
바라보고 속자俗子가 구름처럼 따름이 보기 싫네, 만약 정亭 앞 구로鷗鷺(갈매
기와 해오라기)와 짝한다면 인간人間 진토塵土 자취를 쓸어버릴 터인데"라고
했다.[71] 그는 비석 글자가 알아보기 어렵고 선도仙徒가 흩어진 것을 아쉬워했다.

이곡이 총석정을 주제로 한 시에 차운하기를, "해변 어느 곳인들 청봉靑峯
이 없으리오만 여기에 도달해 짙은 진연塵緣을 모조리 씻네, 기암奇岩이 초발峭
拔해 옥속玉束이 나란히 고비古碑는 박락剝落해 이끼로 여러겹 봉封해져
있네, 궤리跪履가 황석黃石을 섬긴 것과 어찌 같으리오 결진訣眞을 잡아가지고
적송赤松(적송자赤松子)이 올 수 있다네, 노동盧소이 공허하게 봉산蓬山에 가고
자 하고 태백太白이 요대瑤臺에서 만났다고 잘못 생각했네, 홀연히 놀랍게도
선경仙境이 이미 저절로 이르고致 하물며 가토佳土가 있어 능히 상종相從한다
네"라고 했다.[72] 그는 이끼 낀 고비古碑를 지닌 총석정 일대를 신선세계로

70) 『신증동국여지승람』 권45, 통천군 누정, 叢石亭, 辛蕆詩.
71) 『謹齋先生集』 권1, 關東瓦注, 詩, 「次叢石亭詩韻」. 이 시가 『신증동국여지승람』 통천
    누정 총석정 조항에는 安軸 記 다음에 실려 있다.
72) 『稼亭集』 권14, 「題叢石亭次韻」. 이 시는 『신증동국여지승람』 권45, 통천 누정, 叢石亭에
    도 李穀詩로 실려 있는데 단 '他年京輦若廻首'가 '他年京輦苦廻首'로 되어 있다.

간주했다.

이달충이 총석정 시에 차운하기를, "어둠에 새벽 찾아 군옥봉群玉峯에 오르니 바다에 해[日]가 운금雲錦에 짙게 떠오르려 하네, 산호수珊瑚樹는 늙어 지엽枝葉이 벗겨지고 지주砥柱는 급류에 놀라 안개에 싸였네, 세월歲月은 현수 峴首 갈갈碣을 모호模糊하게 하고 풍상風霜은 아미蛾眉 송松을 적력寂歷하네, 창랑滄 浪이 탁濁濁해 (발을) 씻는다고 읊지 말고 찬란하게 태어나 만나지 못한다고 노래하지 마라, 노호老胡가 일찍이 와서 홀로 크게 외치기를 선자仙子가 이미 떠나가니 내가 누구를 따르랴 했지, 봉두峯頭에 잠깐 섰다가 말에 오르니 진비塵卑가 고종高蹤을 합반合攀하지 못하네"라고 했다.[73] 그 역시 총석정 일대에서 신선의 자취를 찾으려 했다.

속악俗樂 '총석정叢石亭'은 기철奇轍이 지은 것이었다. 기철이 원순제元順帝 중궁中宮(기황후)의 오빠로 벼슬해 평장平章(행성 평장정사)이 되었는데 봉사 奉使해 동환東還하여 강릉을 경유해 이 정亭에 올라 사선四仙의 자취를 관람하 고 대해大海를 바라보며 이 가歌를 지었다고 한다.[74] 이달충의 「기평장봉사록 서奇平章奉使錄序」에 따르면, 평장平章 덕성대군德城大君(기철)이 지정至正 기축己 丑(지정 9년, 1349, 충정왕 1)에 조詔를 받들어 부궐赴闕해 천안天顔을 닐봉昵奉 하니 천향天香을 내리면서 황제(순제)가 말하기를, "아득히 먼 그대의 동방東邦 은 짐朕이 일찍이 천리踐涖한 적이 있어 영악靈嶽 인사仁祠가 이르는 곳마다 있는지라 그대에게 명향名香을 주니 그대는 짐朕 뜻을 반포하라, 짐궁朕躬을 위함이 아니라 오직 민民이 지祉(복)를 받으리라" 했다. 명령을 받들어 동東(고 려)으로 와서 사사使事를 경건히 받들며 관구款扣하는 여가에 우흥遇興하면 문득 시를 지어 그 종행從行 한모韓某가 기록해 보여주니 이달충이 서문을 지었다.[75] 행성 평장정사 기철이 순제가 하사한 천향天香(어향御香)을 가지고

---

73) 『동문선』 권18, 七言排律, 次叢石亭詩韻(李達衷) ; 『신증동국여지승람』 권45, 통천 누정, 叢石亭.

74) 『고려사』 권71, 樂志2, 俗樂, 叢石亭. 원문에 '中宮之弟'로 되어 있지만 '中宮之兄'의 오류이다. 왜냐하면 기철은 기황후의 오빠이기 때문이다.

75) 『동문선』 권85 및 『霽亭集』 권3, 奇平章奉使錄序(李達衷).

고려로 돌아와 임무를 수행하면서 총석정에 들러 노래를 지은 것이었다.

이처럼 금란굴은 관음이 거주하는 성지로 믿어졌고, 총석정은 신선, 특히 사선四仙이 노닐던 곳으로 인식되었다. 나옹은 총석정 시에 화답해 읊기를, "총립叢立해 동간銅竿을 석주石柱가 겸하니 천생天生 가경佳景을 누가 더하리, 사방을 돌아보자 범음梵音이 동동動動하니 상방上方 도솔兜率의 처마가 아닌가 하네"라 했다.76) 그는 승려여서 그런지 총석과 총석정을 도솔천과 연관시켜 불교의 시각에서 바라보았다.

안축이 「관동별곡」에서 총석정과 금란굴에 대해 다음과 같이 노래했다.77) "학성鶴城 동쪽 원수대元帥臺 천도穿島·국도國島, 삼산三山과 십주十洲를 옮긴 금오金鰲 정상頂上, 자무紫霧와 홍람紅嵐을 수렴하고 바람과 물결이 고요해, 아! 올라 창명滄溟을 바라보는 경치는 어떠한가, 계도桂棹 난주蘭舟에 홍분紅粉 (기녀)이 가취歌吹하니 아! 역방歷訪하는 광경은 어떠한가, 총석정叢石亭과 금란굴金幱窟의 기암괴석奇巖怪石, 전도암顚倒巖과 사선봉四仙峯의 창태고갈蒼苔古碣, 아야족我也足과 석암회石巖回의 수형이상殊形異狀, 아! 사해四海 천하에 없으리라, 옥잠주리玉簪珠履의 삼천도객三千徒客이 아! 또 오심이 어느 날인고". 총석정과 금란굴 일대는 경치가 빼어날 뿐만 아니라 사선과 그 도徒가 노닐었 다는 설화가 깃들어 있었던 것이다.

안변도호부(등주)의 신앙을 보자. 『동국여지승람』에 따르면 불교사찰로 석왕사釋王寺와 양로사養老寺가 설봉산雪峯山에 위치하고, 가지사迦智寺와 계정 암戒淨菴과 광덕사廣德寺와 보현사普賢寺가 모두 오압산烏鴨山에 위치하고 백운 사白雲寺와 석보사石寶寺가 백운산白雲山에 위치했는데, 석왕사는 태조(이성계) 가 잠저潛邸 때에 건립한 것이었다.78) 석왕사장경비釋王寺藏經碑를 보면,79)

---

76) 『나옹록』「和叢石亭韻」.

77) 『謹齋先生集』권2, 補遺 歌辭 關東別曲(안축).

78) 『신증동국여지승람』권49, 함경도, 안변도호부 등주, 불우. 한편 덕원(涌州, 宜州)의 사찰로 安養寺가 府西 十里에, 雲石寺와 隱寂寺가 모두 盤龍山에, 松林寺가 松山에, 于達寺가 府西 二十里에 위치했는데, 안양사는 我太祖(이성계)가 少時에 이곳에서 讀書했다고 한다(『신증동국여지승람』권49, 함경도, 덕원도호부). 文川(文州)의 사찰 로 靈德寺가 盤龍山에, 天佛寺와 靑蓮寺가 天佛山에 있고, 道昌寺가 郡南 八里에 있는데

동북면 도원수都元帥 완산부원군完山府院君 이성계李成桂, 상원수上元帥 판밀직사사 강서姜筮, 부원수副元帥 당성군唐城君 홍징洪徵, 조전원수助戰元帥 전전 첨서밀직사사상의簽書密直司事商議 유원柳源·전 지밀직사사상의知密直司事商議 정몽주鄭夢周·전 밀직부사密直副使 이화李和 등이 홍무 10년(우왕 3, 1377) 여름에 명령을 받고 와서 청주淸州(북청주北靑州)에 머물렀는데, 대장大藏 일부一部 및 불상법기佛像法器가 해양海陽 광적사廣積寺에 있다가 병화兵火의 여餘에 승려가 사망하고 사찰이 훼손되고 대보大寶가 거의 다 상실되었음을 듣고 마음이 실로 슬퍼 중랑장 김남련金南連을 보내 배舟로 실어와 그 상실한 약간 함축函軸을 보충해 전부全部를 이루어 안변부安邊府 설봉산雪峯山 석왕사釋王寺에 안치해 영원히 수군壽君 복국福國의 자資로 삼는다고 했다. 동북면 도원수 이성계가 강서姜筮, 홍징洪徵, 유원柳源, 정몽주, 이화李和 등과 함께 우왕 3년에 해양海陽(해양海洋 : 길주吉州) 광적사의 대장경 일부를 안변부(등주) 석왕사로 옮겨 보충해 군주(우왕) 장수長壽와 국가 복리福利를 기원했던 것이다. 하지만 이성계는 후에 이 발원을 저버리고 위화도에서 회군해 우왕을 축출한다.

국도國島는 『동국여지승람』에 따르면 안변부(등주) 동쪽 60리에 있었다.[80] 안축은 국도가 화주和州(등주로 이동) 압융현押戎縣의 동쪽 대해大海 중에 있어 해안에서의 거리가 십여리十餘里라 하면서, "선도仙島가 멀리 육오六鼇를

寺中의 大樹가 洪武戊辰年에 다 枯했다가 辛未·壬申年에 이르러 다시 條達敷榮하니 時人이 本朝(조선) 開國의 징조로 여겼다고 한다(『신증동국여지승람』 권49, 함경도 문천 불우). 高原(高州)의 사찰로 棲雲寺가 熊望山에, 鶴山寺가 道成山에 있었다(『신증동국여지승람』 권48, 함경도, 고원 불우). 영흥(화주)에서 安佛寺가 光城嶺 동쪽에, 圓明寺가 劍山에, 鎭靜寺가 大博山에, 普賢寺가 國泰山에 있었고, 濬源殿은 府(영흥) 동남 13里 黑石里에 있어 곧 桓祖 舊邸로 태조(이성계)가 탄생한 곳인데, 正統癸亥에 鄭麟趾가 태조 睟容을 봉안했고, 崔閑奇 墓가 府(영흥) 남쪽 15里에 있는데 영흥의 인물로 元에서 千戶를 제수받은 崔閑奇가 낳은 懿惠王后가 桓祖(이자춘)의 배필이 되어 太祖康獻大王(이성계)을 낳았다(『신증동국여지승람』 권48, 함경도, 영흥 불우·궁실·塚墓·인물). 정평(定州)의 사찰로 觀音寺가 到城山에, 正林寺가 道安山에, 歡喜寺가 白雲山에, 孝順寺가 中峯山에, 毗沙門寺가 城山에 위치했다(『신증동국여지승람』 권48, 정평 불우).

79) 『한국금석전문』 釋王寺藏經碑.

80) 『신증동국여지승람』 권49, 함경도, 안변도호부 山川.

탄 듯하고 아득히 가는 길이 운도雲濤에 막혀 있네"라고 읊었다.[81] 국도를
신선세계로 간주한 것이었다. 이곡은 등주登州(금칭화주今稱和州)를 출발해
학포구鶴浦口로부터 배를 타서 바다로 들어가 국도國島를 관람했다. 국도는
해안에서 10리쯤 떨어져 있고 서남 모퉁이로부터 들어가니, 수제水際에 명주
[練] 같은 백사白沙 가에 형상이 반벽半壁 같은 평지 5, 6묘畝가 있고 그 중에
옥기屋基가 있는데 사람이 말하기를 부도자浮圖者(승려)가 거처하던 곳이라고
하며, 한 소굴小窟이 있어 배를 저어 들어가니 점차 좁아져 배를 용납하지
않는데 그 굴을 보니 깊이가 헤아릴 수 없을 정도로 깊었다고 한다.[82]
국도에 불교시설이 있었음을 시사한다. 나옹이 동해東海 국도國島를 주제로
시 두 수首를 읊기를, "원통圓通 가경佳景을 누가 능히 알았는지 천만인千萬人이
와서 해귀解歸하지 않네, 내가 도착해 관자재觀自在를 친히 참배하는데 범음梵
音이 뇌동雷動해 군기群機에 응하네", "천련千蓮 대좌臺座가 몇 천년千年인지
천불千佛이 높고 높아 금고今古에 그러하네, 내가 도착해 무설無說의 설설說을
친히 듣나니 위음왕불威音王佛이 생겨나기 전이네"라고 했다.[83] 나옹은 국도
를 원통圓通 관자재(관음)의 세계로 인식하고 관자재를 참배한 것이었다.

안변(등주)에 향교鄕校가 부(안변부) 동쪽 5리에 있었는데, 김극기가 읊기
를 "생각하건대 옛적의 사신詞臣이 장영將營에 부임하니 유관儒官 백도百堵가
일시에 완성되었네, … 송사松社에서 인풍仁風이 취월翠樾에 불고 행단杏壇에서
화우化雨가 강영江英을 적시네, 지금까지 한 지경에 호준豪俊이 많고 문화文化
가 장장鏘鏘해 마음대로 봉명鳳鳴하네"라고 했다.[84] 김극기가 안변(등주)에
부임하기 전에 근무하던 급제문신에 의해 이 고을에 유교시설 향교가 건립되
었던 것이다.

안변(등주) 성황사城隍祠가 학성산鶴城山에 위치하는데 속칭俗稱 '선위대왕宣

81) 『근재집』 권1, 國島詩 并序.
82) 『가정집』 권5, 東遊記.
83) 『나옹록』 「題東海國島[二首].
84) 『신증동국여지승람』 권49, 안변도호부, 학교, 金克己詩.

威大王의 신神'이라 했다. 김극기가 시를 지어 읊기를, "묘물妙物은 명명冥冥해 원原이 있지 않아 현저한 베풂이 인환人寰(인간세계)을 덮음을 누가 알리오, 주궁珠宮은 물결을 베개로 삼아 붕해鵬海에 감추어 있고 옥우玉宇는 능운凌雲해 곡산鵠山(학성산鶴城山)에 의탁해 있네, 성자聖子는 양양洋洋히 좌우에 즐비하고 신왕神王(선위대왕)은 혁혁赫赫히 중간에 의젓하네, 향풍鄕風은 소고簫鼓해 날日로 영송迎送하고 국전國典은 절모節旄를 갖추어 시時로 왕환往還하네, 수한水旱을 장악할 뿐만 아니라 은위恩威를 무내無奈(무나)하게 얼굴에 지녀, 마군魔軍이 병기屛氣해 모두 놀라 달아나 만리萬里 연애煙埃가 유관柳關에 고요하리라"라 했다.85) 안변(등주) 학성산의 성황신 '선위대왕'이 국가 사전祀典에 올라 때에 맞게 제사를 받았던 것이다.

3. 금강산의 명칭 유래

『고려사』지리지 교주도 장양군長楊郡 조항에 '금강산金剛山'이 실려 있는데, 한편으로 '풍악楓岳', 한편으로 '개골皆骨'이라 이르기도 하며, 천봉千峯이 설립雪立해 고준기절高峻奇絶하고 사찰寺刹이 심히 많아 이름이 중국에 알려졌다고 한다. 『세종실록』지리지 회양도호부편에는 '금강산'이 장양현長楊縣 동쪽 30리쯤에 자리해 '풍악楓岳' 혹은 '개골皆骨'이라 칭하기도 하는데, 해동 산수山水가 천하에 이름났지만 이 산은 천봉千峯이 설립雪立해 고준기절高峻奇絶하여 그 중의 으뜸이라고 했다. 또한 『동국여지승람』회양도호부 산천 금강산에 따르면 산명山名이 5개였는데 첫째는 금강金剛, 둘째는 개골皆骨, 셋째는 열반涅槃, 넷째는 풍악楓嶽, 다섯째는 기달怾怛이었다. 금강산은 금강산金剛山, 풍악楓岳(楓嶽), 개골산皆骨山으로 주로 불렸고, 때로 열반산涅槃山이나 기달산怾怛山으

85) 『신증동국여지승람』권49, 함경도, 안변도호부 등주, 祠廟. 霜陰神祠는 霜陰縣에 위치하는데 諺稱 '宣威(선위대왕)의 夫人'이라 하며, 그 풍속에 매양 端午에 宣威를 맞이해 아울러 제사한다고 한다. 한편 산천 조항에 따르면 鶴城山은 府(안변부) 동쪽 5里에 있고 鎭山인데 山形이 鶴과 유사해 그렇게 이름했다고 한다.

로 불려졌음을 알 수 있다. 『동국여지승람』 고성군 산천 조항에 금강산이
군郡 서쪽 58리에 있다고 했다. 이 서적들은 조선 초기에 편찬되었으므로
고려시대에도 그러했는지 살펴보자.

　고려 혜종 원년(944)에 건립된 흥녕사興寧寺 징효대사澄曉大師 탑비의 비문
(집사시랑 최언위崔彦撝 찬술)에 따르면, 절중折中이 오관산사五冠山寺를 거쳐
부석사에서 잡화雜華(화엄)를 들었지만 풍악楓岳 □담사□潭寺의 도윤화상道允
和尙이 화하華夏에 유학했다가 돌아옴을 듣고 선비禪扉에 나아가 사사師事했
다.86) 『동문선』 권19에 따르면 김부의가 강릉에서 풍악楓岳에 가는 안상인安上
人을 전송하는 시를 지었는데, 그는 『고려사』 김부일전에 따르면 인종 14년에
사망한다. 최사위가 현종 무렵에 창립創立하거나 수영修營한 사사寺舍·궁실宮
室 15곳 중에 개차근산皆次斤山 정양사正陽寺가 있는데87) 개차근皆次斤과 개골皆
骨은 같은 발음으로, 개차근산皆次斤山은 개골산皆骨山과 동일한 곳으로 여겨진
다.88) 풍악이 우리말로 '개차근'('개츠근'), '갯근'으로 발음되다가 뾰족한
암석 투성이의 이미지가 반영되어 한자로 '개골皆骨'(혹은 '개골開骨')로 표기
되지 않았나 싶다.

　고려 인종 때 김부식이 편찬한 『삼국사기』에는, 신라(통일신라)의 소사小祀
명산으로 상악霜岳(고성군高城郡), 설악雪岳(수성군遂城郡 : 간성), 화악花岳(근
평군斤平郡 : 가평), 겸악鉗岳(감악 : 칠중성七重城 소재), 부아악負兒岳(삼각산 : 북
한산주北漢山州 소재), 월나악月奈岳(월출산 : 월나군月奈郡 소재), 무진악武珍岳
(무등산 : 무진주武珍州 소재) 등이 실려 있는데,89) 신라 내지 통일신라 이래

---

86) 有唐新羅國 師□山(師子山)…教諡澄曉大師 寶印之塔碑銘. 折中은 乾寧 7년(900, 효공왕
　　4) 3월 9일에 報年 75세로 坐滅했다. 효공대왕이 시호 澄曉大師를 추증하고 한림학사
　　前守禮部侍郎 朴仁範에게 비문을 찬술하게 했는데 修文하지 못하자 今上이 仁渷(최언
　　위)에게 찬술하게 하니, 龍德 4년 甲申(924, 경애왕 1) 4월 15일에 비문이 완성되었지만
　　國家多事로 二紀가 흘러 전란이 사라짐에 天福 9년 甲辰(944, 고려 혜종 원년) 6월
　　11일에 비석을 세웠다.

87) 최사위 묘지명. 이 묘지명은 문종 29년에 그를 改葬하면서 작성되었다.

88) 김혜완은 「고려 현종대 최사위의 건축활동」, 『박물관지』 9, 2002에서, 皆次斤山의
　　정양사는 竹州가 고구려의 皆次山郡인 점으로 보아 안성 부근의 산일 수도 있고
　　정양사로만 본다면 강원도 내금강의 정양사일 수도 있다고 했다.

360

불린 이 '상악霜岳'은 금강산에 해당한다. 또한 『삼국사기』에는, 경순왕이
치세 9년 10월에 고려의 태조에게 항복을 요청하자 왕자王子가 개골산皆骨山에
귀歸해 마의초식麻衣草食하며 생을 마쳤다고 한다.[90] 무인정권 초기에 주로
활동한 이인로의 『파한집』 하권에 따르면 개골皆骨은 관동 명산名山으로
봉만동학峰巒洞壑에 암석이 아님이 없어 바라보면 발묵潑墨한 것 같은데, 옥당
玉堂 전치유田致儒가 장절杖節할 적에 이 산을 경유하면서 '우뚝하게 개골皆骨해
홀로 고결孤潔하여'라 읊었다. 전치유는 의종 23년 정월에 항두行頭 직한림원直
翰林院으로 내시內侍에 소속되었지만 24년 8월에 무신정변으로 봉기蜂起한
졸오卒伍에 의해 봉어奉御 직함으로 살해당했으니,[91] 그의 시는 의종 때
작품이었다. 이처럼 금강산은 고려의 후삼국 통일 이전부터 상악, 개골산,
풍악 등으로 불려왔고, 고려전기(무신정변 이전)에 대개 풍악이나 개골산으
로 불렸는데, 개골은 원래 우리말에서 유래했을 가능성이 있었다.

　무인정권기를 살펴보자. 최자가 최우의 요청으로 편찬한 『보한집』 상권에
따르면, 풍악楓岳은 모두 뼈처럼 서서(皆骨立) 흙이 없어 그로 인해 이름이
'개골皆骨'이 되고, 담무갈보살曇無竭菩薩 진신眞身이 거주하는 곳으로 거승居僧
은 무행無行할지라도 성도成道하는데, 제주祭酒 이순우李純祐가 동북면병마사
가 되어 이 산을 지나가며 시를 남기자 외왕부外王父 김례경金禮卿(최자의
외조부)이 차운해 '위언韋偃이 당년當年에 곡산鵠山에 장사지내져(묻혀) 변하
여 개골皆骨이 되어 천한天寒에 기대네'라 읊으니 이순우가 칭찬하자 김례경이
또 '무갈진신無竭眞身이 이 산에 거주해 환幻이 고골枯骨을 운단雲端에 걸어놓네'
라 읊었다.[92] 이순우는 명종 때 국자제주國子祭酒를 거쳐 명종 26년 4월에

---

89) 『삼국사기』 권32, 雜志 제사지, 小祀.
90) 『삼국사기』 권12, 신라본기, 경순왕. 『삼국유사』 권2, 紀異, 金傅大王에도 淸泰二年乙未
　　10월에 경순왕 김부가 고려 태조에게 항복을 요청하자 태자가 皆骨山으로 가서
　　麻衣草食하며 생을 마쳤으며, 季子는 화엄 浮圖가 되어 법명을 梵空이라 하고 法水寺와
　　海印寺에 주석했다고 되어 있다.
91) 『고려사』 권19 및 『고려사절요』 권11, 의종 23년 정월 ; 『고려사』 권128, 정중부전
　　및 『고려사절요』 권11, 의종 24년 8월.
92) 韋偃은 唐人으로 그림에 뛰어났다. 김례경은 이순우를 수행했던 것으로 보인다.

대사성으로 최충헌에 의해 살해당했으니[93] 이순우와 김례경의 이 시는
명종 때 작품이었다. 선종승려 승형承逈은 금 태화泰和 8년 무진년(1208,
희종 4)에 개골산皆骨山 유점사楡岾寺에 주석했다. 강묘康廟(강종)가 즉정卽政
3년 겨울에 중사中使 내시內侍 대관서령大官署令 소경여邵敬興를 파견해 승형承逈
이 거주하는 정사精舍를 중수하게 했는데, 승형이 풍악 보덕굴普德崛에 우거했
을 적에 꾼 이몽異夢이 이에 이르러 효험이 있었다.[94] 을유년(고종 12)에
작성된 이규보의 왕륜사금상 영험기에 따르면, 옛적에 비구 거빈巨貧과 교광
皎光이 함께 발원해 왕륜사 비로자나 장륙금상丈六金像을 주조하고자 동량棟梁
을 했다. 하지만 일이 뜻대로 진척되지 않자 거빈이 개골산皆骨山으로 들어가
병신년(성종 15) 8월 15일에 마하연摩訶衍 방장方丈의 북수北岫에서 산채로
자신을 다비茶毗했다.[95] 이처럼 무인정권기에도 풍악과 개골산이 산명으로
언급되었다. 단, 이규보의 왕륜사 금상 기문에 언급된 '개골산' 명칭은 금상이
주조된 성종 무렵과 그 이전으로 올라갈 수도 있다.

　고려 초·중기(원간섭기 이전)에 찬술된 기록에, 대개 '풍악楓岳'과 '개골산皆
骨山'이 기재된 반면 '금강산'은 잘 확인되지 않는다. 『고려사』에 따르면 선종
7년 6월 정유일에 금강산金剛山 석石이 무너졌고,[96] 『고려사절요』와 『고려사』
에 따르면 원종 9년 11월에 몽골이 고려에게 요구한 약품藥品에 금강산金剛山
석용石茸(석이) 60근斤이 포함되었는데,[97] 이것이 조선 초기에 편찬되었지만
고려시대에 쓰인 기록에 의거했을 가능성이 있다.

　'금강산'과 관련해 관동풍악산 발연수鉢淵藪 진표율사眞表律師 골장骨藏 비명
碑銘[98]이 주목된다. 진표골장 비석은 규장각 소장의 탁본을 면밀히 관찰해

---

93) 『고려사』 권99, 이순우전 ; 『고려사』 권129, 최충헌전 및 『고려사절요』 권13, 명종
　　26년 4월.
94) 寶鏡寺 원진국사 비문.
95) 『동국이상국집』 권25, 王輪寺丈六金像靈驗收拾記. 棟梁은 "浮屠之勸人布施 營作佛事者之
　　稱"이라 한다.
96) 『고려사』 권55, 오행지, 土.
97) 『고려사절요』 권18, 원종 9년 11월 ; 『고려사』 권130, 반역, 趙彛傳 첨부 金裕. 몽골이
　　요구한 약물에는 大嶺山 香栢子 60斤, 大嶺山南 榧子 50斤 등도 포함되어 있었다.

본 결과, 정사년丁巳年(957, 광종 8)에 빈도貧道(영잠瑩岑)가 진표 유골을 수습해 입석立石 제명題銘해 봉안하여 그 요점을 대략 들었다가 동명東明의 고려국 대자大子(태자太子)인 발연사鉢淵寺 비구比丘 영잠瑩岑이 찬술했고, 대중삼부삼년大中祥符三年(1010, 현종 원년)에 서서書書하여 건립했다가, 승안사년承安四年 기미己未(1199, 신종 2) 오월五月에, 이전에 현종 때 익□현翼□縣에서 재경在京 근사인近事人 이자림李子琳(이가도李可道)이 서서書書했던 것을, 다시 서서書書하여 새겨 건립했다고 해석된다. 이 비문은 담무갈 신앙, 금강산 신앙이 나말여초에 이미 형성되어 있었음을 알려준다.[99)]

진표 골장비명의 서두는 특히 금강산과 관련이 깊어 제시하면 아래와 같다.

> A. 蓋楓岳山者, 亦名皆骨山也, 曇無竭菩薩而爲山主□□之□□□菩薩以□□□, 四□海中有菩薩住之□恊怛, 過去□菩薩常於忠任, 役現□□□□曇無竭, 有萬二千法□眷屬, 常爲□□, □□是也, 或有識云, 皆骨山者, □佛□□□□也, 東有大□所居曰□□律師□□□□□山鉢淵藪也(『조선금석총람』 鉢淵寺羅僧律師藏骨塔碑).
>
> B. 四大海中有菩薩住處 名恊怛 過去諸菩薩常於中住 彼現有菩薩 名曇無竭 有萬二千菩薩眷屬 常爲說法(60권 화엄경 菩薩住處品).
>
> C. 海中有處 名金剛山 從昔已來 諸菩薩衆 於中止住 現有菩薩 名曰法起 與其眷屬 諸菩薩衆 千二百人 俱常在其中 而演說法(80권 화엄경 諸菩薩住處品).

발연수 진표 비명(A)의 "四□海中…常爲□□"는 60권 화엄경(B) 보살주처품菩薩住處品의 담무갈보살 부분을 베꼈음을 알 수 있으니, 이에 의거해 오독을 바로잡고 [ ]를 이용해 결락을 채우면 "四[大]海中有菩薩住之[名]恊怛, 過去[諸]菩薩常於'忠任'('中住'), '役'('彼')現有菩薩 名曇無竭, 有萬二千法□眷屬, 常爲[說]

98) 「關東楓岳山鉢淵藪□□□眞表律師□骨藏□銘」.

99) 김창현, 「발연사 진표비문과 무위사 형미비문의 쟁점 규명」 『한국 중세의 사상과 문화』, 경인문화사, 2022.

[法]"이 된다.[100) '기달㤠怛'은 60권 화엄경의 '지달枳怛'과 동일한 것으로 판단
된다. 풍악산 내지 개골산은 고려 초·중기에 이미 60권 화엄경의 담무갈보살
이 사대해중四大海中에 주처住處한다는 기달㤠怛(지달枳怛)로도 인식되고 있었
다. 그런데 80권 화엄경의 보살주처품에 해중海中의 금강산金剛山에 법기보살
法起菩薩이 상주常住하며 설법한다고 하니 기달㤠怛(지달枳怛)은 곧 금강산金剛山
이고, 담무갈보살曇無竭菩薩은 곧 법기보살法起菩薩이다. 사실 담무갈은 범어梵
語이고 그것을 의역意譯한 것이 법기法起이다. 다만 담무갈보살은 만이천萬二千
권속眷屬을, 법기보살은 천이백千二百 권속을 거느린다는 점이 차이가 있을
뿐이다. 징관은『화엄경소華嚴經疏』에서 지달枳怛은 용출湧出을 뜻한다고 했다.
그러하니 법기보살은 법法(불법佛法, 특히 반야般若)을 기起하는 즉 용출湧出하
는 존재여서 그가 머무는 곳도 그 뜻을 지닌 지달枳怛 즉 기달㤠怛로 설정되었
던 것이다. 그러니까 담무갈은 법法을 기起(용출湧出)하는 보살로 용출의
뜻을 지닌 지달산枳怛山에 거처한다고 설정되었는데, 기起(용출湧出)하는 특성
이 금강金剛에 비유되면서 지달산枳怛山이 금강산金剛山으로 의역되었다고
볼 수 있다. 해중海中은 아니지만 마침 풍악(개골산)이 동쪽 끝의 육지에
바다에 임해 있고 수많은 바위가 용출한 형태를 지녀 기달산㤠怛山 내지
금강산으로 인식되었던 것으로 보인다.

발연수 진표 비명에 담무갈과 기달㤠怛이, 명종 때 김례경의 시에 담무갈이
언급되었다. 이로 볼 때 풍악 내지 개골산은 담무갈보살의 주처인 기달산㤠怛
山으로 적어도 무인정권 초기에 인식되었고 고려초기에 이미 그러했을 가능
성이 컸다. 발연수 진표비명의 작성 연대를 광종~현종대로 보면 고려초기에
이미 그러했고, 태조 왕건이 담무갈을 친견親見했다는 이야기가 고려초에

---

100) '忠任'은 '中住'의 誤讀으로, '役'現의 '役'은 '彼'의 오독으로 보인다. '有萬二千法□眷屬'의
'法□'는 60권 화엄경을 따르면 菩薩인데 '法'의 판독이 맞다면 '法□'는 曇無竭의 意譯으
로 80권 화엄경에 보이는 '法起'일 가능성도 있다. 진표 골장비명의 서두를 박은순과
金鐸이 60권 화엄경의 보살주처품을 이용해 복원을 시도했다. 박은순,『금강산도
연구』, 일지사, 1997, 제2장 ; 金鐸,「금강산의 유래와 그 종교적 의미」『동양고전연구』
1, 1993. 또한 김남윤도「眞表의 傳記資料 檢討」『國史館論叢』78, 국사편찬위원회,
1997에서 여러 자료와 규장각 탁본을 이용해 장골비명의 복원을 시도했다.

364

비롯되었다면 더욱 그러하다. 기달怾怛 즉 지달枳怛은 화엄경에서 금강산金剛
山의 이칭이고, 담무갈보살의 의역意譯인 법기보살이 머문다는 곳이 금강산
이므로 적어도 무인정권 초기에, 올라가면 고려초기 내지 나말여초에 이미
금강산으로도 인식되었을 가능성이 크다. 왜냐하면 고려인들에게 60권 화엄
경(구역舊譯)과 80권 화엄경(신역新譯)이 고려초기부터 잘 알려져 있었기
때문이다.101) 하지만 무인정권기까지는 풍악과 개골산이 산명으로 주로
사용되었다.

그러면 고려말기의 경향을 살펴보자. 민지閔漬가 찬술한 「금강산유점사사
적기金剛山楡岾寺事蹟記」102)에는 금강산金剛山은 그 이름이 다섯으로 첫째는
개골皆骨, 둘째는 풍악楓嶽, 셋째는 열반涅槃, 넷째는 금강金剛, 다섯째는 기달怾
怛인데, 앞의 셋은 차방고기此方古記에 나오고, 뒤의 둘은 화엄에 나온다고
했다. 화엄 주본周本에는 해중海中에 보살 주처住處가 있어 금강산金剛山이라
이름하는데 보살의 이름은 법기法起로 그 권속眷屬과 더불어 상주常住하면서
연설演說한다고 하며, 진본晉本에는 해중海中에 보살 주처住處가 있어 기달怾怛
이라 이름하는데 보살의 이름은 담무갈曇無竭로 그 만이천萬二千 보살권속菩薩
眷屬과 더불어 항상 설법한다고 했다. 청량소清凉疏(징관의 화엄경소華嚴經疏)
에 이르기를, 금강金剛은 그 체體를, 기달怾怛은 그 상狀을 말한 것이라 했는데,
금강金剛이라 말한 것은 그 산의 체體가 삭립백금削立白金처럼 일체一體를 이루
기 때문이고, 기달怾怛이라 말한 것은 범어梵語인 이것이 용출湧出을 의미하는
데 그 산의 형상이 우뚝하게 용출湧出했기 때문이라 했다. 거주하는 보살의

101) 의천이 징관(청량)을 화엄의 정통으로 숭상하고 新疏(징관의 新譯 華嚴經疏)를 송의
승려에게 선물하고 奉先寺 翼乘에게 花嚴大經淸涼大疏를 주어 流通하게 한 것은 고려에
서 新譯 화엄경 즉 80권 화엄경이 고려초기에 널리 읽혔음을 말해준다. 『대각국사문집』
권1, 新集圓宗文類序 ; 권11, 與大宋善聰法師狀 ; 권19, 詩 言志. 의천은 문종이 계림후
(숙종)를 출가시키려 하자 그 대신에 출가했고 숙종은 보답하기 위해 다섯째 아들을
의천에게 출가시켰다. 釋煦(의천) 묘지명.
102) 이능화, 『조선불교통사』상편, 楡岾寺月氏金像. 기문의 찬자 민지는 '高麗國 平章事
驪興府院君 諡文正公'으로 나온다. 金鐸은 앞의 논문에서 민지의 「금강산유점사사적기」
가 나오기 이전까지는 금강산이라는 이름으로 불리어지지 않았다는 견해를 제시했다.

이름이 한편으로는 '법기法起', 한편으로는 '담무갈曇無竭'이라 한 것은 청량소
에 이르기를 담무갈은 범어梵語인데 법기法起를 의미한다고 했다. 최해가
쓴 '송승선지유금강산送僧禪智遊金剛山 서序'에, 극천極天의 동쪽 빈해濱海에 산이
있어 속俗에서는 풍악楓岳이라 호칭하고 승도僧徒는 그것을 일러 금강산金剛山
이라 하는데 그 설(금강산 설)은 화엄華嚴의 서書에 기본한다며, 화엄華嚴의
서書에 해동보살海東菩薩 주처住處는 이름이 금강산金剛山이라는 문장이 있지만
자신은 이 서書를 읽은 적이 없어 과연 이 산이 맞는지 알지 못한다고 했다.103)

지순至順 경오년(1330, 충혜왕 즉위)에 김태현이 충혜왕의 명령을 받아
정동행성의 일을 처리하다가 전왕前王인 충숙왕에 의해 승상인丞相印을 압수
당하자 4월에 가족을 데리고 금강산金剛山에 동유東游했는데 대개 피혐避嫌한
것이었다.104) 이곡의 「금강산보현암법회기金剛山普賢菴法會記」에 따르면 보현
암주普賢菴主 지견智堅이 이곡을 찾아와 말하기를, 원조元朝 규장공奎章公이
태정간泰定間(충숙왕 11~14)에 일로 인해 왕경王京에 도착한 후 풍악楓嶽을
유람하다가 지견智堅을 만나 보현암 수리를 돕겠다는 약속을 했다.105) 이곡은
장차 금강산을 유람하기 위해 송도를 출발해 천마령을 넘어 이 산에 오르려
했는데 장양현長陽縣 사람이 말하기를 풍악楓岳을 유람하는 자들이 운무雲霧
때문에 보지 못하고 돌아가는 경우가 자주 있다고 했다.106) 이곡은 금강산에
서 내려와 천마서령을 넘어 통구현에서 숙박하면서 지은 시107)에서 산(금강
산)을 풍악楓岳이라 일컫는데 통구현 사람들이 이르기를 산 때문에 추秋가
있다는 세주를 달았으니 단풍과 가을을 비유한 농담이었다. 유숙은 충정왕
때 가정稼亭(이곡)을 따라 금강산에 유游하고 동해東海를 마음껏 관람했으며,
병신년(공민왕 5)에 자정資正 강금강姜金剛이 금강산金剛山에 강향降香하자 그

---

103) 『졸고천백』 권1, 送僧禪智遊金剛山序.
104) 『졸고천백』 권1, 金文正公(김태현) 墓誌.
105) 『가정집』 권2, 金剛山普賢菴法會記.
106) 『가정집』 권5, 東遊記.
107) 『가정집』 권 19, 再宿通溝縣有感. "往來二度宿通溝 不獨民勞客亦羞 唯有主人言可喜 近山禾
稼勝前秋".

행렬을 호송했다.[108] 김구용은 금강산 승僧에게 주는 시에서 치류緇流(승려)가 풍악에 가득 차 일만이천봉—萬二千峯을 오염시킴을 홀로 한탄한다고 했다.[109]

회양과 고성 일대에 걸친 명산이 이처럼 원간섭기와 그 이후에는 대개 금강산金剛山과 풍악楓岳으로 불린 반면 개골산皆骨山은 잘 보이지 않는다. 고려 초·중기에는 자주 등장했던 산명 '개골산'이 고려말기에는 인기를 잃었다. 하지만『고려사』와『고려사절요』에 충렬왕 27년에 환자宦者 이신李信이 '개골산皆骨山(개골산開骨山)'에 다녀온 사실이 실려 있는 것[110]으로 보아 여전히 개골산으로도 불려졌을 것이다.『고려사절요』에는 '개골산皆骨山',『고려사』주인원전에는 '개골산開骨山'으로 되어 있으니, '개골산皆骨山'은 '개골산開骨山'으로도 불려졌음을 알 수 있다.[111] 기달怾怛은 고려 초·중기에도 드물게 사용된 명칭이었는데 고려말기에는 그 이칭인 금강산 호칭이 유행했다. 이러한 경향이 반영되어『고려사』지리지와『세종실록』지리지에 금강산金剛山이 대표 명칭으로, 풍악楓岳과 개골皆骨이 이칭으로 실리게 되었다. 반면『동국여지승람』은 인문지리를 집대성한 특색상 금강산을 대표 명칭으로 하면서 5개의 산명인 금강金剛, 개골皆骨, 열반涅槃, 풍악楓嶽, 기달怾怛을 열거했다. '열반'은 고려시대에 찬술된 기록에 잘 등장하지 않지만 불교식 명칭이므로 고려시대에 더러 사용되었을 것이다.

고려인들은 초기 혹은 중기 이래 80권 화엄경의 법기보살과 천이백 권속보다 60권 화엄경의 담무갈보살과 만이천 권속을 선호했고, 말기로 가면서

---

108)『목은문고』권18, 文僖柳公(柳淑) 墓誌銘.

109)『척약재학음집』卷上, 權右尹宅 次朱文公詩韻贈金剛山僧.

110)『고려사절요』권22, 충렬왕 27년 9월 ;『고려사』권123, 嬖幸, 주인원전. 충렬왕 27년 9월에 경상도 안렴 朱印遠으로 그 道의 권농사로 삼으니 재추가 上書해 주인원이 百姓을 侵虐했다며 반대하자 왕이 좌승지 趙簡과 환관 柳允珪·李信에게 명해 都堂에 가서 주인원과 證詰하도록 하니, 李信이 말하기를, '皆骨山(開骨山)'으로부터 돌아오다가 民이 노인·어린이와 함께 東界로 가는 자가 길에 이어짐을 보고 그 까닭을 묻자 모두 말하기를 朱按廉의 暴虐을 피하기 위해서라 대답했다고 했다.

111) 皆骨이 開骨로도 표기된 것은 이것이 원래 우리말이었기 때문일 것이다. 몽골과의 전쟁기인 고종 30년 8월에 세조(용건)와 태조(왕건)를 강화 盖骨洞에 移葬했는데(『고려사』권23 및『고려사절요』권16), 이 盖骨도 皆骨과 같은 우리말 가능성이 크다.

60권 화엄경의 지달枳怛(기달枳怛)보다 80권 화엄경의 금강산金剛山을 선호했다. 이는 만이천이 천이백보다 10배나 많아 훨씬 많은 수이고, 금강金剛이 금강석을 의미하며 불교에서 많이 쓰이는 친숙한 용어여서 사람들의 마음을 확 끌었기 때문이라 생각한다. 그 결과 60권 화엄경과 80권 화엄경을 엄밀히 구분하지 않고 혼용해 담무갈보살(법기보살)이 거주하는 만이천봉 금강산으로 정립되었던 것이다.

담무갈보살이 선호된 배경으로 반야경에 법기보살은 나오지 않고 담무갈보살이 나오는 점도 작용했을 것이다. 구마라즙이 번역한『마하반야바라밀경摩訶般若波羅蜜經』과 지루가참支婁迦讖이 번역한『마하반야바라밀도행경摩訶般若波羅蜜道行經』에는 담무갈보살이 반야바라밀의 설법사說法師로 등장하며, 전자에는 거처하는 곳이 중향성衆香城으로, 후자에는 동방東方으로 나타나는데, 담무갈보살은 반야般若 공空의 화신이다. 반야 공空은 대승불교의 기본이고 그것을 담은 반야경은 종파를 초월해 중시되었으므로 반야의 화신인 담무갈보살이 고려인들에게 친숙하게 다가왔고 그래서 그가 거주한다는 지달산(기달산)이 금강산으로 더 많이 불렸을지라도 성지로 자리매김했다고 볼 수 있다. 한편, 이색이「자관自寬」시(『목은시고』권22)에서 "반야가 내 마음에 있으니 법기에게 물을 필요가 없네"라고 한 데에 보이듯이 반야관에 법기보살을 수용하기도 했다.

개골산의 '개골皆骨'은 이 산의 수많은 바위들이 모두 뼈처럼 치솟은 모양에서 유래했다고 무인정권기『보한집』이래의 글들에서 종종 언급된다. '개골皆骨'을 한자의 뜻 그대로 해석한 것인데 이것이 맞는지는 확인하기 어렵다. '개골皆骨'이 '개차근皆次斤'과 같은 것으로 보인다는 점, '개골開骨'로도 쓰였다는 점에 의거하건대 우리말을 한자음을 빌어 사용한 표현이었을 가능성도 있다. 개골산 명칭은 매우 오래된 것이지만 고려말기에 잘 쓰이지 않은 이유는 금강산 신앙의 확산으로 자주 사용된 금강산 명칭에 밀렸기 때문이라 생각한다. 금강산 명칭은 불교와 관련된 금강산 신앙으로 인해, 풍악 명칭은 사람들의 눈길을 사로잡은 단풍으로 인해 자주 언급된 반면 개골산 명칭은 사람들의 마음을 깊이 끌지 못해 빈도가 줄어들어 간다.

4. 금강산 여정과 유람

금강산은 담무갈보살이 이곳에 머문다는 신앙이 고려중기 이전에, 나아가 나말여초 혹은 고려초기에 이미 제기되었지만, 변방에 위치한 때문인지 무인정권기까지도 이 산을 여행한 사례가 기록에 잘 나타나지 않는다. 후대의 기록이지만 태조 왕건이 금강산을 방문했다가 담무갈보살을 만나 정양사를 창건했다고 하며 그가 담무갈을 만나 절하는 장면이 원간섭기에 불화로 그려지기도 했다. 태조 왕건이 금강산을 방문한 일은 연대기 자료에서 확인되지 않지만 사실일 가능성이 있으며, 그가 철원 궁예왕의 신하로 활약하던 시절에 금강산을 찾았을 가능성도 있다.

금강산이 피난처로 이용된 사례들도 보인다. 무인집권자 최항이 계모繼母 대씨大氏가 김약선金若先의 아들 김미金敉를 도운 반면 자기를 편들지 않자 원망해 고종 37년 3월에 대씨의 택주宅主 작爵을 빼앗고 그 재산을 몰수하는 한편 야별초夜別抄 황보준창皇甫俊昌 등으로 하여금 대씨 전남편의 아들인 장군 오승적吳承績을 바다에 던지게 했다. 그런데 오승적이 죽지 않고 머리 깎아 개골산皆骨山으로 몰래 들어갔다.[112] 오승적이 승려처럼 꾸미며 들어갔으니 이 산의 사원에서 승려 행세를 했을 것인데, 이 산의 사원과 승려가 유명했음을 알려준다. 지순至順 경오년(1330) 봄에 국왕(충혜왕)이 사봉嗣封의 명령을 받았는데 원 조정朝廷이 객성사客省使 칠십견七十堅을 파견해 금인金印을 취해 김태현에게 명해 권행성사權行省事를 하도록 하니 김태현이 서사署事

---

112) 『고려사』 권129, 반역, 최충헌전 첨부 崔沆 ; 『고려사절요』 권16, 고종 37년 3월 및 권17, 고종 38년 3월. 오승적은 모친에게 편지를 부쳤다가 家奴가 密城에 이르러 누설하자 副使 李舒의 보고를 받은 최항이 고종 38년 3월에 오승적을 잡아 江에 던졌다. 대씨는 섬에 유배되었다가 독살당하며, 大氏 族黨 및 노비들은 살해 혹은 유배되었는데 70餘人이었다.

했다. 조사朝使가 돌아간 후인 2월 29일에 시재時宰(재상)가 순군소巡軍所에
회좌會坐해 전왕前王(충숙왕) 명령으로 김태현을 불러 승상인丞相印을 성부省府
(정동행성)에 압수했다. 이에 김태현이 4월에 가족을 거느리고 금강산에
동유東游했는데 대개 피혐避嫌한 것이었다. 5월에 왕사王使(충혜왕의 사신)가
도都(大都)로부터 이르러 시재時宰가 승상인丞相印을 마음대로 압수한 일을
질책하고 선사宣使를 파견해 부르니 김태현이 승역乘驛해 경京(개경)으로
돌아와 다시 성사省事를 처리했지만 7월에 병들어 10월 6일에 70세로 집에서
졸卒했다.[113] 이곡李穀도 원에 공민왕의 즉위를 요청했다가 충정왕이 즉위하
자 자안自安하지 못해 관동으로 유람했으니[114] 피신한 셈인데 후술하듯이
금강산이 주된 유람 대상이었다.

   또한 금강산은 충목왕 3년 6월 정해일(16일)에 원이 원사院使 고룡보高龍普
(高龍寶)를 금강산에 추방한 것[115]처럼 추방 장소로 이용되기도 했다. 고인기高
仁器는 본래 승려 석온釋溫이지만 죄를 지어 도망해 머리를 기르고 성姓을
바꾼 인물로 신돈에 아부해 판소부감사判少府監事에 임명되었다가 공민왕
18년 11월에 신돈의 역모逆謀를 누설하니 신돈이 왕에게 자변自辨하고 고인기
의 머리를 깎아 금강산에 방축放逐했다고 한다.[116] 고인기는 원래 금강산에서
승려 생활을 했었을 가능성도 있다.

---

113) 『졸고천백』金文正公(김태현) 墓誌. 충숙왕이 17년(1330) 2월 임오일 초하루에 충혜왕
   에게 傳位했으며, 충혜왕 즉위년(1330) 2월 정미일에 황제가 규장각에서 충혜왕에게
   國印을 주었고 충혜왕이 政丞致仕 김태현에게 權征東行省事를 하도록 명령했지만,
   곧 上王인 충숙왕이 權省 金台鉉 및 尹碩·元忠 등을 가두고 鄭方吉에게 權行省事를
   맡기니 김태현이 挈家해 금강산에 東遊했는데 대개 遠嫌한 것이었다. 『고려사』 권36,
   충혜왕 세가 ; 『고려사』 권110, 김태현전.
114) 『고려사』 권109, 이곡전.
115) 『고려사절요』 권25 및 『고려사』 권37, 충목왕 3년 6월 ; 『고려사』 권122, 고룡보전.
   高龍普가 황제 옆에서 用事하자 천하가 疾視하니 어사대가 아뢰기를, 고용보는 고려
   煤場人으로 총애에 기대어 세력을 믿어 威福을 作하니 親王과 丞相이 望風趨拜하고
   招納貨賄 권세가 천하를 기울이고 있다며 죽이기를 요청하자 황제가 용서해 추방한
   것이었다.
116) 『고려사절요』 권28, 공민왕 18년 11월 ; 『고려사』 권132, 반역, 신돈전. 신돈이 고인기
   를 放逐한 일이 사실은 陰護한 것이라고 되어 있다.

 그런데 고려말기로 가면서 금강산은 불교 성지로 널리 알려지고 그에 따라 금강산 여행은 폭증하는데 원에서도 금강산에 대한 관심이 고조된다. 충렬왕 30년 7월 정사일(7일)에 내료 송균宋均이 금강산도金剛山圖를 가지고 원에 가자 재추가 사람을 시켜 추격해 그만두게 했지만 송균이 왕명이라며 거절하고 원에 갔다.117) 이는 금강산도가 그려져 유통되었음은 물론 원나라 조정과 사람들도 고려 금강산에 관심이 많았음을 시사한다. 환자宦者 이숙李淑 (자字 복수福壽)이 충렬왕 30년 11월에 원에서 어향御香을 받들어 고려에 오니 충렬왕이 영빈관迎賓館에 나가 맞이하고 수녕궁壽寧宮에서 연회를 베풀었다. 그가 애기愛妓의 아들 정승계鄭承桂로 내승별감內乘別監을 삼기를 요청하니 왕이 허가했지만 등용되지 않았는데, 이숙이 금강산에 가려 하자 연회를 개최해 초대했지만 이숙이 노해 이르지 않으니 왕이 다시 이전의 요청을 허가하자 참석했다.118) 노영魯英이 대덕 11년 정미년(1307, 충렬왕 33) 8월에 금강산보살도를 그렸는데,119) 대조大祖(태조 왕건)가 금강산에 올라 담무갈보살에게 절하는 장면이 묘사되어 있다. 삼장순암법사三藏順菴法師(의선義旋 : 조인규의 아들)가 충숙왕대에 천자의 조詔를 받들고 풍악楓岳의 불사佛祠에서 축리祝釐했다.120) 염제신이 원에 수년 동안 머물면서 오랫동안 모친을 찾아뵙지 못해 걸고乞告하니 황제가 금강산에 강향降香하기를 명했다.121) 원 황실은 강향降香 등을 통해 금강산을 경배했는데122) 이 일대에 대한 영향력을 확대하

---

117) 『고려사』 권32 및 『고려사절요』 권22, 충렬왕 30년 7월. 당시 金剛山圖가 그려졌음을 알려준다.

118) 『고려사』 권32, 충렬왕 30년 11월 ; 『고려사』 권122, 宦者 李淑傳.

119) 魯英이 목판 양면에 금강산보살도와 아미타구존도(아미타팔대보살도)를 그렸는데 촉과 촉 사이에 쓰인 화기畵記에 "大德十一年丁未八月日 謹畵魯英 同願□□"라고 되어 있다. '同願□□'는 '同願福壽'로 보이기도 하는데 그렇다면 '同願(同願者)은 福壽이다' 혹은 '(노영이) 福壽를 同願하다'로 해석할 수 있다. 同願者가 福壽라면 그는 '福壽'라는 字로 즐겨 불린 宦者 李淑이었을 수 있다. 김창현, 「고려말기 금강산 신앙과 정치」 『고려후기 정치사』, 경인문화사, 2017 ; 김창현, 「노영 아미타구존도와 금강산보살도 천착」 『한국 중세의 사상과 문화』, 경인문화사, 2022 참조.

120) 「妙蓮寺石池竈記」 『익재난고』 권6. 순암법사는 이어서 寒松亭에도 游한다.

121) 『고려사』 권111, 염제신전.

122) 원이 고려 금강산을 중시한 배경에는 원대 불교, 밀교 내지 라마교의 영향도 있었다고

려는 의도도 품었을 것이다.

금강산에 대한 고려말 당시의 평가를 보자. 민지閔漬는 대덕 11년 정미년 (1307, 충렬왕 33) 8월에 찬술한 「보개산석대기寶盖山石臺記」에서, 옛적에 풍악楓岳 도인장로道人長老 문일文日이 문도에게, "내가 일찍이 상국上國에 있을 때 여산廬山 경복사景福寺의 장로長老가 나에게 그대의 나라에 삼산三山이 있어 이곳에 거주하면 영원히 삼악도三惡途에 떨어지지 않는다고 했는데, 삼산三山 은 보개寶盖, 풍악楓岳, 오대五臺가 그것이다"라고 말했다고 한다.[123] 최해崔瀣 는 천력天曆 기사년(1329, 충숙왕 16) 3월에 지은 「송승선지유금강산送僧禪智遊 金剛山 서序」에서, 어떤 자들은 사람들을 광유誑誘해 이르기를, 이 산(금강산)을 한 번 보면 죽어도 악도惡道에 떨어지지 않는다고 하니, 위로 공경公卿으로부 터 아래로 사서士庶에 이르기까지 처자妻子를 이끌고 다투어 가서 예배해, 유산遊山의 무리가 길에 실처럼 이어지고 과부寡婦·처녀處女도 따라 가는 자가 있어 산중에 신숙信宿하니 추성醜聲이 들리지만 사람들이 괴이함을 알지 못한다고 했다. 혹은 함명函命을 띤 근시近侍가 역마를 달려 강향降香이 세시歲時마다 끊이지 않는데 관리官吏가 세력을 두려워해 분주하게 명령을 기다리니 공억供億의 비용이 많이 들어 이 산 일대 거민居民이 응접에 괴로워 심지어 분노해 말하기를, 산이 어찌 다른 지경에 있지 않은가 한다고 했다. 사람들이 이 산을 사랑하는 것은 보살이 이곳에 거주하기 때문이고, 보살을 경배하는 것은 사람에게 명명冥冥하게 복福을 주기 때문인데 그 명명冥冥의 복福은 인식할 수 없다면서, 머리깎은 자가 이 산에서 죽粥을 팔아 스스로 온포溫飽를 도모하니 민民이 그 피해를 입는다고 했다. 이런 까닭으로 자신은

생각한다. 금강산 지역인 회양 장연리에서 출토된 금동관음보살좌상(국립중앙박물
관 소장)은 고려말기 작품으로 이국적인 요소를 띠고 있는데 원대 양식이라고 한다.
정은우, 『고려후기 불교조각 연구』, 문예출판사, 2007, 113~120쪽. 국립춘천박물관
소장의 금동관음보살좌상은 회양의 장양에서 출토된 것인데 원대 양식의 작품으로
보인다.

123) 『한국금석전문』 寶盖山石臺記. 보개산은 松都의 동쪽 180리에 위치했다. 默軒子 法喜居
士 閔漬가 記했는데, 立刻된 때는 세월이 꽤 흐른 元 延祐 7년 庚申(1320, 충숙왕
7) 8월이었다.

사부士夫가 유산遊山하려는 것을 보면 저지할 수는 없을지라도 마음속으로 비루하게 여긴다고 했다.[124] 최해는 과부와 처녀까지 금강산 유람에 나서서 추잡한 소문이 들린다고 비난했지만, 이는 오히려 고려 여성의 자유로운 유람과 연애를 말해준다.

이곡은 해동 산수山水가 천하에 이름이 났는데 금강산의 기절奇絶은 그 중의 으뜸이고 또 불서佛書에 담무갈보살曇無竭菩薩이 거주하는 곳이라는 설說이 있어 세상에서 인간정토人間淨土라 여기니, 천자가 내린 향폐香幣를 가지고 온 사신이 길에 이어지고 사방四方에서 사녀士女가 천리千里를 멀다하지 않아 우재마태牛載馬馱하고 등에 지고 머리에 이어 불승佛僧을 공양供養하는 자가 서로 밟을 정도로 이어진다고 했다. 천마령 위에서 금강산을 바라보며 지은 시에서 천자가 해마다 강향降香하고, 사람들은 금강산을 한 번 바라보는 것이 평생의 마음이라고 했다.[125] 또한 이곡은 철원鐵原에서 산(금강산)까지 300리이니 개경에서의 거리는 실로 500여리餘里인데 중강복령重江複嶺하고 유심험절幽深險絶해 이 산에 출입함이 어렵다며, 일찍이 듣건대 이 산은 이름이 불경佛經에 실려 천하에 알려지니, 건축乾竺(천축天竺)처럼 절원絶遠한 지역의 사람도 때로 와서 구경하는 자가 있다고 했다. 대저 본 바는 들은 바와 같지 않은데, 동인東人 중에 서촉西蜀 아미峨眉와 남월南越 보타補陁에 유람한 자가 모두 말하기를 들은 바와 같지 못하다고 한다며, 자신은 비록 아미峨眉와 보타補陁를 보지 못했지만 이 산(금강산)을 본 바는 실로 들은 바를 뛰어넘어 비록 교묘한 화사畵師와 능숙한 시인詩人이라도 방불髣髴하게 형용할 수 없다고 했다.[126] 이곡은 금강산 풍광이 중국의 아미산이나 보타산보다 빼어나다고 했으니 세계 최고로 간주한 것이었다.

이처럼 금강산은 보살이 거주하는 불교성지로 떠오른 데다가 경치가

---

124) 『졸고천백』 권1, 「送僧禪智遊金剛山序」. 최해는 온건한 斥佛을 했다고 한다(송창한, 「최해의 척불론에 대하여 - 送僧禪智遊金剛山序를 중심으로 - 」『대구사학』 38, 1989).

125) 『가정집』 권3, 柳置金剛都山寺記 ; 권19, 天磨嶺上望金剛山.

126) 『가정집』 권5, 東遊記.

빼어나 고려인이 남녀노소와 귀천을 가리지 않고 줄을 이어 찾음은 물론
외국인들까지 찾고 싶어하는 곳으로 떠올랐다. 그에 따른 금강산에의 여행
객과 원의 강향降香 증가는 민과 고려에게 많은 부담을 안기는 폐해를 초래하
기도 했다. 공민왕은 기철 등 친원파를 숙청한 직후인 5년 10월에 이인복을
원에 파견해, 원이 금강산 여러 사찰에 해마다 두 번씩 강향降香해 민을
수고롭게 하고 일을 만들어 오히려 황제 구복求福의 뜻에 어긋나니 정파停罷하
기를 요청했다.127) 공민왕이 원의 금강산 강향降香을 달갑게 여기지 않음은
그 강향降香이 민에게 피해를 입히는 데 그치지 않고 종교적인 동기를 넘어
고려 내정에 간섭하고 영토를 잠식하려는 동기도 숨어 있음을 간파했기
때문일 것이다.

　고려말기에 금강산 여행의 폭증에도 불구하고 체계적인 여행기가 남아
있는 경우는 많지 않은데 다행히 이곡, 원천석 등의 사례가 있다. 안축安軸도
강릉도존무사로 관동을 시찰하면서 고성에서 금강산으로 들어가 시를 지었
지만128) 외금강을 잠깐 구경한 정도였다. 유숙柳淑도 가정稼亭 이곡을 따라
금강산에 유람하고 동해東海를 마음껏 구경했지만 지금 연저燕邸가 전일前日
과 같아 자신은 오래 머물 수 없다며 경사京師(연경燕京 : 대도大都)에 갔는데
총릉원년聰陵元年 기축년(유년칭원 충정왕 원년)이었다.129) 그러하니 유숙은
금강산과 동해를 구경했지만 도중에 이곡보다 먼저 관동을 떠났다. 그러면
이곡과 원천석의 여정을 따라가 보기로 한다.

　이곡의 금강산 여행을 살펴보기로 하자. 이곡의 관동 여행은 그의 「동유기
東遊記」에 정리되어 있고, 『가정집』 권19·20에 실린 그의 시도 「숙도원역宿桃源
驛」 이하는 대개 시간과 경유지 순으로 관동 유람을 담고 있어130) 이 두

---

127) 『고려사』 권39 및 『고려사절요』 권26, 공민왕 5년 10월. 朝廷使臣 및 府寺院監司가
　　 보낸 人吏가 많고 小邦(고려) 출신의 사람들인데 오로지 鄕閭에 과시하며 威福을
　　 자행하고 은혜와 원수를 반드시 갚고 재상을 屈辱하고 國主를 陵犯하고 妻妾을 增娶하
　　 면서 惡을 행하여 왔다고 했다.
128) 『근재집』 권1, 關東瓦注, 詩. 특히 「登州古城懷古」·「高城道中小歇」·「金剛山」.
129) 유숙 묘지명.
130) 『가정집』 권5, 東遊記 및 권19·20, 律詩. 이곡은 원과 고려를 왕래하며 활동하더니

부류를 이용하기로 한다. 이곡은 지정至正 9년 기축(1349, 충정왕 1)의 가을(8
월)에 장차 금강산에 유遊하려고 8월 14일에 송도松都를 출발했다. 도원역桃源
驛(송림松林)에 숙박하면서 "과객過客이 영靈을 빌러 풍악楓岳으로 가니"라
읊었고, 중추中秋(8월 15일)에 오계역五溪驛(장주章州 옥계역玉溪驛으로 추정됨)
에 숙박하면서 "노路가 관동關東을 향해 산수山水가 아득히 머네"라고 읊었고,
철원鐵原을 거쳐 김화역金化驛과 금성현金城縣과 통구通溝에 숙박했으니, 도원
도桃源道를 이용한 것이었다.131)

8월 21일에 통구를 지나 천마령天磨嶺을 오르면서 '노路가 통구通溝를 지나니
지경이 점차 기峫하네'라 읊었고 천마령 위에 올라 금강산을 바라보며 시를
읊었고, 금강산 아래 장양현長陽縣에서 숙박했는데 금강산에서의 거리가
30여리餘里였다.132) 개경에서 출발한 지 대략 1주일 정도에 통구에 도착해
천마령을 넘어 금강산 유람을 시작한 것이었다. 8월 22일에 금강산에 등산登
山해 배점拜岾에 오르니 이른바 일만이천봉一萬二千峯을 역역歷歷히 셀 수 있었
다. 무릇 이 산에 들어가려면 반드시 이 점岾을 경유해야 하는데 점岾에

50세인 至正 7년 정해년(1347, 충목왕 3)에 원에 갔다가 무자년(1348, 충목왕 4)에
고려로 돌아오고 覲親하러 고향 韓山에 내려와 稼亭에 머물면서 기축년(1349, 충정왕
원) 仲夏(5월) 旣望(16일)에 부여를 여행해 舟行記를 썼고 개경으로 올라왔다가 신변의
불안을 느껴 8월에 관동으로 피신한 것이었다. 『가정집』연보 ;『가정집』권18·19
律詩 및 권5, 舟行記·東遊記 ;『고려사』권109, 이곡전. 한편,『가정집』권19 律詩는
충목왕 4년(1348)~충정왕 원년(1349)의 작품인데, 적어도 '次許郎中詩韻'부터는 충정
왕 원년(1349)에 해당한다. 『가정집』권20, 律詩 '次三陟西樓八詠詩韻'부터 '寧海留贈'까
지)는 충정왕 원년~2년의 작품인데, 적어도 「寄辛草亭」까지는 충정왕 원년 말엽에
해당하고, 적어도 '次金山寺壁上韻'부터는 충정왕 2년(적어도 '訥齋見和復作一首'까지
는 春)에 해당하는데 마지막 시 '寧海留贈'의 하한은 충정왕 2년 10월이다. 이곡은,
모친(興禮府 즉 蔚州 사람)이 40년간 과부로 살다가 至正 10년(1350, 충정왕 2) 10월
임인(20일)에 83세로 후해 12월 병신(15일)에 韓原 즉 韓山에 묻혔으니(李自成 처
이씨 묘지명), 적어도 10월에는 寧海에서 한산에 돌아왔던 것인데, 장례후 보름만에
한산에서 신묘년(1351, 충정왕 3) 1월 1일에 54세로 卒한다(『가정집』연보 ;『고려사』
권109, 이곡전).

131) 桃源驛, 玉溪驛, 東州(철원)와 金化와 金城의 각 驛은 桃源道에 속했다(『고려사』권82,
站驛).

132) 長陽縣은 금강산을 지닌 長楊郡(『고려사』권58, 지리지 교주도 교주)과 동일한 고을로
판단된다.

오르면 견산見山하고 견산見山하면 깨닫지 못한 채 계상稽顙(이마가 땅에 닿도록 절을 함)하기 때문에 '배점拜岵'이라 했으며, 점岵에 옛적부터 옥옥이 없고 누석累石하여 대臺를 만들어 게식憩息에 대비했다. 미오未午에 표훈사表訓寺에 도착해 조금 휴식하고는 어떤 사미沙彌의 인도로 등산登山해 정양암正陽菴에 오르니 풍악楓岳 제봉諸峯을 한꺼번에 다 볼 수 있어 산(금강산)의 형승形勝을 보려고 온 뜻을 만족시켰다고 한다. 보덕관음굴普德觀音窟에 가고자 하면 날이 저물어 산중山中에 머물 수 없어 신림암新林菴과 삼불암三佛菴을 경유해 계곡물을 따라 내려와 저녁에 장안사長安寺에 다다라 묵었다. 다음날인 23일 새벽에 출산出山했는데 장안사로부터 천마서령天磨西嶺을 넘어 다시 통구通溝에 이르러 숙박했다(왕래하면서 두 번 통구에 숙박). 무릇 입산자入山者는 천마天磨 이령二嶺을 경유하는데, 령嶺에 오르면 망산望山하기 때문에 령嶺을 넘어 입산入山하는 자는 처음에는 절험絕險을 염려하지 않다가 산으로부터 령嶺을 넘은 후에 그것이 어려움을 안다며, 서령西嶺이 조금 낮지만 등강登降 30여리餘里가 심히 험해 그것을 '발단髮斷'이라 한다고 했다. 「등천마서령登天磨西嶺」 시에서도 세주를 달기를, 속俗에서 '발단령髮斷嶺'이라 하는데 영상嶺上에서 풍악楓岳을 조망할 수 있다고 했다. 이것이 천마령으로 시작해 천마서령으로 끝난 이곡의 내금강 유람인데 통구에서 숙박했다가 21일에 통구에서 출발해 내금강을 유람(장안사 1박)하고 23일에 통구로 돌아와 숙박했으니 2박 3일 내지 3박 4일 코스였다. 일정이 빡빡해 정상인 비로봉에 오르지 못한 것은 당연하고 보덕굴과 마하연도 보지 못했다.

이곡은 8월 24일에 통구에서 북상해 회양부淮陽府에 이르러 숙박하고 26일에 철령을 올라 철령관鐵嶺關을 넘어 복령현福靈縣에 숙박하고, 27일에 등주登州(이동된 화주和州)에 도착해 머물다가 30일에 화주(등주)를 출발해 학포구鶴浦口로부터 배를 타고 해안에서 10리 쯤 떨어진 국도國島를 구경하고, 포구浦口(학포구鶴浦口)로부터 배를 타서 학포鶴浦에 들어가 원수대元帥臺에 오른 후 현관縣館(학포현관鶴浦縣館)에 이르러 숙박하고, 9월 1일에 흡곡현歙谷縣 동령東嶺을 넘어 천도穿島에 들어가려다가 바람이 불지 않아 배를 띄울 수 없어 해변을 따라 통주通州에 이르러 총석정叢石亭과 사선봉四仙峯을 구경하고는 통주(고古 금란현金蘭縣)에 숙박하고, 9월 2일에 관음보살의 주처住處라는 금란굴金蘭窟(통주 소속)을 구경하고 임도현林道縣에 숙박한다.

9월 3일에 고성군高城郡에 도착했는데, 그는 처음에 동유同遊의 사람들과 약속하기를 반드시 유점사楡岾寺에 이르러 이른바 종鍾과 불상佛像을 구경하리라 했었지만, 행行이 멀고 길이 험하며 마馬가 모두 등[背]과 발굽에 병들어 혹 낙후자落後者가 있었기 때문에 다시 등산登山할 수 없어 유점사 구경은 포기했다.133) 이를 통해 그와 일행이 외금강 유점사(특히 종鍾과 불상)를 간절히 보고 싶어 했음과 말을 타고 여행했음을 알 수 있으니, 여정은 말을 고려해 파악해야 하며 다른 사족士族 여행객도 마찬가지였다.

이곡의 금강산 여행은 금강산 일대에 그치지 않고 당시 강릉도의 북쪽 끝 화주(등주)에서 남쪽 끝 평해까지 미쳤으니 철령 동쪽의 관동 즉 강릉도의 거의 전부를 여행한 것이었다. 그러면서도 금강산을 유람하기 위해 송도를 떠난다는 표현에 보이듯이 주된 여행지는 금강산 일대였다.

다음으로 원주 사람인 원천석의 금강산 여행을 살펴보자. 그는 『운곡행록』 권1에 따르면 금강산에 2번 다녀왔다. 첫 번째 여행을 보면, 신묘년(충정왕 3) 3월에 금강산을 향해 (원주를 출발해) 횡천橫川(조선 횡성橫城)에 이르렀다.134) 갈풍역葛豊驛과 창봉역蒼峯驛과 원양역原壤驛을 지나 춘주春州에 이르렀다.135) 그리고 원천역原川驛136) 시가 나오니 원천역(낭천 소속)을 거쳐 금강산

---

133) 9월 4일에 三日浦에 이르러 彌勒堂(小嶼)과 四仙亭(湖中 一島)을 구경하고는 安昌縣亭을 지나 明波驛에 묵고, 5일에 高城에 숙박해 6일까지 체류하고, 7일에 고성을 출발해 列山縣 客舍를 거쳐 杆城에 들어가 仙遊潭에서 술자리에 참석하고 淸澗驛을 지나 萬景臺에 올라 술을 마시고 仁覺村舍에 묵으며, 8일에 永郞湖(杆城 소속)에서 뱃놀이한 후 洛山寺(襄州 소속)에 이르러 白衣大士(관음보살)를 알현하고 저녁에 양주(양주객사)에 이르러 숙박한다.

134) 고려시대에 橫川은 춘주 소속이었다가 원주 소속으로 바뀌었다(『고려사』 권58, 지리지 교주도 춘주). 橫川은 洪川과 소리가 비슷해 조선 태종 14년에 橫城으로 바뀐다(『신증동국여지승람』 권46, 횡성현 건치연혁).

135) 「春州」 시에서 "重來城郭似吾州 滿眼江山是舊遊 幸値芳菲三月暮 好憑花月解閑愁"라고 읊었다.

으로 향했을 터인데 그 이후의 행적은 자료의 유실인지 그의 문집에 실리지 않아 알 수 없다.

원천석의 두 번째 금강산 여행을 보면, 갑오년(공민왕 3) 10월에 회양淮陽을 향해 (원주를 출발해) 횡천橫川에 이르렀고, 10월 4일에 횡천을 출발해 말흘촌末訖村에 숙박했다. 5일에 마노역馬奴驛을 거쳐 인제현麟蹄縣에 숙박했고 7일 아침에 인제현을 출발해 서화현瑞和縣에 숙박했다.137) 8일에 도중에 시를 지었다. 9일에 장양長陽(長楊)을 출발해 천마령天磨嶺에 올라 금강산을 바라보며 "반쯤 구름 속에 잠긴 만이천봉萬二千峯이여, 때마침 천문天門을 감싼 서기瑞氣를 보니, 다시 무이無二를 가지고 귀의歸依하고 싶어 자비로운 법기존法起尊(법기보살)에게 머리를 조아리네"라고 읊었다. 통포현通浦縣에 들러 판상板上 글에 차운했는데 통포현은 통구현通溝縣과 같은 고을로 여겨진다. 회양淮陽에서 동지冬至를 맞이해 "객客은 진실로 려驢(나귀)를 잠시 머물게 하기 어려워 바빠서 이곳에 거처할 겨를이 없구나, 이향異鄕에서 홀연히 양생陽生 단旦(아침)을 만나 청산靑山을 마주해 앉아 역서曆書를 검토하네"라고 읊었다. 이를 보면 원천석은 나귀를 타고 여행했다. 12일에 교주交州(회양)를 출발해 금성金城에 이르렀고 청양靑陽 노상路上에서 시를 읊었다. 14일에 아침 일찍 청양靑陽을 출발했고 방산方山 노상에서 시를 지었다.138) 15일에 방산方山을 출발해 낭천군狼川郡의 겸령관兼領官인 양구군楊口郡(양구楊溝)에 이르렀다. 이후 인제현 혹은 춘주 등을 거쳐 원주로 돌아왔을 것이다. 원천석이 천마령에서 지은 시를 대하면 장양長陽에서 천마령을 넘어 금강산으로 들어간 듯 보일

136) 「原川驛」 시에서 "紅桃數樹出疏籬 門外東風細柳垂 古驛荒涼人語少 鵓鳩飛上杏花枝"라고 읊었다. 原川驛은 狼川縣 남쪽 15리에, 낭천현은 양구현의 서쪽, 금성현의 남쪽, 춘천의 북쪽에 위치했다. 『신증동국여지승람』 권47, 낭천현. 한편 원천석은 공민왕 22년에 狼川에 숙박하고 金城과 原川驛과 母津과 馬峴과 加平과 춘주를 거쳐 원주로 돌아왔는데(『운곡행록』 권2), 이때는 금강산까지 간 것으로 보이지 않는다.
137) 고려시대에 인제현과 서화현은 春州에 속했다가 淮陽으로 移屬되었다(『고려사』 권58, 지리지 교주도 춘주). 마노역은 인제현 소속이었다(『신증동국여지승람』 권46, 인제현 驛院).
138) 고려시대에 方山縣은 춘주 소속이었다가 회양으로 移屬되었다(『고려사』 권58, 지리지 교주도 춘주).

수 있지만 금강산에서 내려와 장양을 거쳐 천마령에 올라 금강산을 뒤돌아보며 지은 것으로 판단된다. 그러하니 그의 두 번째 금강산 여행에서 내금강 구경은 1박 2일 정도의 짧은 일정으로 짜여졌다고 여겨진다.

안축安軸은 강릉도 존무사여서 공무의 연장선에서 혹은 공무의 여가에 외금강을 잠깐 들렀다. 이곡은 정치적 실각상태여서 사적으로 관동을 유람했는데, 금강산의 풍광을 구경하는 것이 목적이라 했지만 그가 불교에 우호적인 인물이었기에 불교 성지를 순례하는 마음도 지녔을 것이다. 물론 이곡은 금강산만이 아니라 관동을 유람했다. 원천석은 벼슬하지 않아 고향 원주에 머물면서 사적으로 여행한 것이었다. 원천석의 금강산 여행은 아쉽지만 자세한 내용은 알려지지 않았다. 이들은 험한 곳을 오르거나 배를 타는 곳을 제외하면 말이나 나귀를 탔다. 이들 사족은 역참을 이용해 이동하고 역참이나 고을 객사客舍에서 숙박하고 산속에서는 사원에서 숙박했으며, 등산할 때에는 승려의 안내를 받을 수 있었다. 역참은 본래 공무를 수행하기 위해 이용하는 시설이었지만 이곡과 원천석의 사례를 볼 때 사족은 공무가 아니라도 역참을 이용하는 것이 현실이었다.

안축은 개경을 출발해 4일 정도에 철령을 넘어 화주에 도착한 반면 이곡은 개경을 출발한 지 1주일 정도에 천마령을 넘어 금강산으로 진입했다. 이는 안축은 공무를 수행하는 신분이라 빠른 여정을 선택한 반면 이곡은 실각한 몸이라 느긋한 여정을 선택했기 때문일 것이다. 안축은 해금강을 경유해 고성 방면에서 금강산으로 진입한 반면 이곡과 원천석은 천마령을 경유했다. 이는 안축이 공무로 인해 철령을 넘어 본영이 있는 화주로 가서 본격적인 일정을 시작해야 했기 때문이고 그에게 금강산 구경이 부차적인 일이었기 때문이다. 그러하니 철령 서쪽 사람들은 사적으로 금강산 일대를 여행하는 경우 천마령을 경유하는 것이 일반적이었다고 판단된다. 물론 관동 사람들은 그러할 필요가 없었고, 경상도 사람들도 동해안 루트를 이용해 북상하는 편이 나았다.[139]

---

[139] 조선시대에는 금강산 유람을 위해 서울(한양)에서 출발한 여행자들은 樓院(양주) - 축

조선초 남효온은 노예가 이끄는 말을 타고 한양을 출발해 금화현金化縣, 추지령楸池嶺 등을 거쳐 통구군通川郡에 도착해 총석정을 구경한 다음에 고성高城 온정溫井을 경유해 금강산에 들어가 신계사新戒寺, 보문암普門庵, 도솔암兜率庵, 발연암鉢淵庵 등을 거쳐 내금강을 두루 돌아보고 유점사를 거쳐 금강산을 나와 고성군高城郡에 이르렀다.140) 금강산을 왕래하는 길이 단발령 - 장안사 외에도 발연암 코스와 유점사 코스가 있었던 것인데 고려시대에도 그러했을 것이다.

5. 금강산 일대의 불교사원

금강산은『동국여지승람』에 따르면 내외산內外山에 108개의 사寺가 있는데, 표훈表訓·정양正陽·장안長安·마하연摩訶衍·보덕굴普德窟·유점楡岾이 가장 명찰名刹이라고 했다.141) 금강산 사원들은 충정왕 2년 8월 기유일(27일)에 회양淮陽에 대수大水가 발생해 관해官廨와 민호民戶 및 금강산 제사諸寺를 표몰漂沒하면서142) 피해를 입기도 했다.

먼저 고려 초·중기에 기능했던 금강산 일대의 사원을 살펴보자. 고려 광종 무렵에 발연사 비구 영잠瑩岑이 발연수(발연사)의 창건자인 유가종 진표율사眞表律師의 유골을 수습하고 찬술한 비명에서 진표가 미륵과 지장을 숭배하고 점찰회를 중시한 일을 강조했는데,143) 영잠도 그러한 면을 계승했

석령 - 송우리(포천) - 양문역(영평) - 풍전역(철원) - 金化읍치 - 直木驛 - 金城읍치 - 昌道驛(金城) 노선을 주로 이용했다. 정치영,「'금강산유산기'를 통해 본 조선시대 사대부들의 여행 관행」『문화역사지리』15-3, 2003.
140)『秋江先生文集』권5,「遊金剛山記」(남효온).
141)『신증동국여지승람』권47, 회양도호부 산천.
142)『고려사』권53, 오행지 水, (大水).
143) 통일신라 벽골군 도나산촌 출신인 진표는 모악산 金山藪 順濟法師에게 출가해 점찰경을 배우고 보안현의 변산 不思議房에서 수도해 미륵과 지장을 만나는 체험을 하더니 속리산에 吉祥藪를 창건하고 명주(강릉)를 거쳐 개골산에 들어와 鉢淵藪를 창건해 점찰법회를 열었다. 그리고 不思議房으로 돌아가 그 일대에서 활동하다가 부친을

을 것이다. 영잠은 이 비명에서 풍악산楓岳山은 또한 이름이 개골산皆骨山으로 담무갈보살이 산주山主이며 보살이 머무는 기달怾怛(기달산)로 만이천萬二千 권속眷屬이 있다고 언급했다. 진표골장비는 신종대에 발연사에 다시 건립된다. 이는 통일신라(신라 중대~하대) 때 진표에 의해 창건된 발연수(발연사)가 고려 초·중기에도 기능하고 있었음을 알려준다.

고려 현종 무렵에 최사위가 창립創立하거나 수영修營한 사원 중에 개차근산皆次斤山 정양사正陽寺가 있는데[144] 개차근皆次斤과 개골皆骨은 같은 발음으로, 개차근산皆次斤山은 개골산皆骨山과 동일한 곳으로 보인다. 『동국여지승람』 회양도호부 불우佛宇 정양사正陽寺에 따르면, 언諺에 이르기를 고려 태조가 이 산에 오르자 담무갈曇無竭이 현신現身해 암석 위에 방광放光함에 태조가 신료를 거느리고 정례頂禮하였고 이로 인해 정양사正陽寺를 창건했기 때문에 이 절의 후강後岡을 방광대放光臺, 전령前嶺을 배점拜岾이라 했다고 한다. 이곡의 「동유기東遊記」에 따르면, 표훈사表訓寺에서 어떤 사미沙彌의 인도로 등산했는데, 사미가 말하기를, "서북의 정양암正陽菴은 아태조我太祖(왕건)가 창건한 곳으로 법기보살法起菩薩 존상尊相을 봉안한 곳인데 비록 험하고 높지만 초근稍近해 오를 수 있고 또한 이 암菴에 오르면 풍악 제봉諸峯을 한꺼번에 다 볼 수 있다"고 하자 이곡이 반연攀緣하여 정양암에 오르니 과연 말한 바와 같아 심히 내의來意를 만족시켰다고 한다. 법기보살은 곧 담무갈보살이다. 원간섭기에 노영魯英이 금강산 담무갈보살도를 그렸는데 그림의 내용이 위에서 언급한 설화와 거의 일치한다고 한다.[145] 법기보살(담무갈보살)의 중심지는 금강산에서도 정양암이었는데, 중관中觀의 반야 공空 사상과 대립적인 유가종의 발연수 비석에서조차 담무갈보살이 금강산의 산주山主로

모시고 발연수로 돌아왔는데 발연수에 卜地해 사찰을 창건하고 탑을 세워 약사여래를 道場主로 삼았다. 진표는 발연수 경내에 약사여래를 모시는 사찰도 창건한 것이니 약사신앙도 지녔다.

144) 최사위 묘지명.

145) 문명대, 「魯英筆 아미타구존도 뒷면 불화의 재검토 - 고려 태조의 金剛山拜岾 담무갈 (법기)보살 예배도 -」『고문화』 18, 1980.

언급될 정도로 담무갈보살은 금강산 전체를 대표하는 존재였다. 정양암(정양사) 창건에는 반야신앙 내지 담무갈신앙을 금강산과 연결시켜 변경邊境 내지 국토를 진호鎭護하려는 의도가 작용했을 것이다.

이곡의 「금강산장안사중흥비金剛山長安寺重興碑」에 장안사가 소개되었다. 금강산金剛山이 고려 동쪽에 있어 왕경王京(개경)에서의 거리가 오백리五百里 이며, 이 산은 승경勝景이 천하에 이름날 뿐만 아니라 실로 불서佛書에 실려 있는데, 그 화엄華嚴이 설說한 바에 동북해중東北海中에 금강산金剛山이 있어 담무갈보살曇無竭菩薩이 일만이천보살一萬二千菩薩과 더불어 반야般若를 상설常 說한다는 것이 그것이라고 했다. 옛적에 동방인東方人은 이를 처음에 알지 못하고 가리켜 '선산仙山'이라 하다가 신라로부터 탑묘塔廟를 증희增餙하니 선감禪龕이 애곡崖谷에 가득 차게 되었다며, 장안사長安寺가 그 기슭에 위치해 일산一山의 도회都會가 되었는데, 대개 신라 법흥왕 때 창건되고 고려 성왕成王 (성종) 때 중흥重興되었다고 한다. 장안사 '구유지전舊有之田'은 1050결結로, 성열현成悅縣·인의현仁義縣에 각기 200결이요, 부녕扶寧·행주幸州·백주白州에 각기 150결이요, 평주平州와 안산安山에 각기 100결인데 성왕成王(성종)이 희사한 것이라고 했다.[146] 법흥왕 때 창건설은 당시 신라의 국경으로 볼 때 신빙하기 어렵지만 마운령과 황초령까지 영역을 확장한 진흥왕 때이거나 그 이후의 신라시대에 변경을 진호하기 위해 창건했을 가능성은 있다.[147] 고려 성왕 즉 성종 때 중창은 그가 희사한 토지가 언급된 것으로 보아 사실로 판단된다. 금강산은 신라 때 '선산仙山'이라 하다가 불교사찰이 들어섰 다는 것이니 원래 산악 신앙, 신선 신앙(특히 사선四仙 신앙)의 장소였다가 점차 불교 신앙에 잠식된 것으로 보인다.

을유년(고려 고종 12)에 작성된 이규보의 글에 마하연이 언급되었다. 도성의 북쪽에 위치한 왕륜사는 해동종海東宗이 항상 법륜을 굴리는 큰 가람

146) 『가정집』 권6, 「金剛山長安寺重興碑」.
147) 장안사 사지에 실린 '장안사비로자나 佛背石刻'에 함통 3년(862) 4월 11일에 비로자나 불상을 조성했다고 새겨져 있다고 한다. 대한불교진흥원, 『북한의 사찰』, 活불교문화 단, 2009, 제2장.

382

인데, 옛적에 비구 거빈巨貧과 교광皎光이 함께 발원해 왕륜사 비로자나 장륙금상을 주조하고자 동량棟梁을 했다. 하지만 일이 뜻대로 진척되지 않자 거빈이 말하기를 "개골산皆骨山으로 들어가 '자분自焚해 화化'할 터이니 그대가 사리舍利로 사람들에게 권하라" 하고는 산으로 들어가 병신년(고려 성종 15) 8월 15일에 마하연摩訶衍 방장方丈의 북수北岫에서 산채로 자신을 다비茶毗했다. 이에 교광이 영골靈骨을 짊어지고 경사京師(개경)로 돌아와 사람들에게 보시하기를 권유하니 상방上方으로부터 진신搢紳·사士·서인庶人에 이르기까지 재물을 보시함에 장륙금상의 주조를 정유년(997, 고려 성종 16 내지 목종 즉위)에 완성해 금당金堂에 봉안했다고 한다.[148]

민지의 유점사楡岾寺 기문에 따르면 본조本朝(고려) 의묘毅廟 22년 무자년(1168, 유년칭원 의종 22)에 도인道人 자순資順이 묘향산으로부터 유점사에 와서 거주했다. 그를 계승한 비구 혜쌍惠雙이 개창改創의 뜻을 품자 술수術數에 능한 서군西郡(혹은 서도西都) 양처사梁處士가 조정朝廷에 고해 그 지池를 메워 당우堂宇를 대개大開했는데 500여간餘間이었다. 명묘明廟(명종) 조朝에 조계대선사 익장益藏이 여기에 와서 거주하니 사방에서 학자學者가 당하堂下에 운집雲集했는데 이 해는 기유년(1189, 유년칭원 고려 명종 19)이었다. 강왕康王(강종) 말년인 계유년(1213, 유년칭원 고려 강종 2)에 상上이 내시內侍 사재시승司宰寺丞 소경여邵敬輿(邵敬興)를 보내 법을 묻고 다향茶香을 하사하고 백은白銀 1천근千斤을 시납해 수즙修葺하게 했으며, 소경여는 구적舊蹟에 대해 제영題咏해 시 12수首를 남겼다.[149] 유태보庾台輔의 「유점사탑명고기楡岾寺塔銘古記」에

148) 『동국이상국집』 권25, 王輪寺丈六金像靈驗收拾記.
149) 이능화, 『조선불교통사』 「金剛山楡岾寺史蹟記」. 西郡 梁處士는 『유점사본말사지』 유점사편에 실린 금강산유점사사적기에는 西都 梁處土로 되어 있다. 梁處土가 기유년에 반드시 正法을 大弘할 자가 있을 것이라 했는데 그 승려가 바로 益藏이었으니 양처사의 주선으로 익장이 유점사에 주지하게 되었던 것으로 보인다. 유점사의 53불 성립 시기를, 김민구는 「유점사 오십삼불 연구」(서울대 석사논문, 2005)에서, 庾台輔의 塔記에 53불이 언급되지 않은 점에 근거해 민지의 기문 작성 때로 보았지만, 의종 때 임금의 延壽를 위해 祝聖法會와 連聲法席이 대대적으로 열리고 宦者 백선연이 의종의 行年에 준해 銅佛 40을 주조하고 관음 40을 그려 佛生日에 點燈해 別院에서 임금의 복을 축원한 일(『고려사』 권123, 영의전 ; 권122, 백선연전)로 보아 資順과

는, 관동에 산이 있어 '개골皆骨'이라 하며 산의 중中에 난야蘭若가 있어 '유점楡岾'이라 표방標榜했는데 신라 때 창건했다고 한다. 그런데 세월이 오래되어 당우堂宇가 무너지자 전前에 비구 자순資順·정선正宣·학수學修·담운淡雲이 서로 이어 중즙重葺했지만 공역을 끝내지 못하자 지금 주지 연충淵冲이 공역을 완성하니 진실로 일방一方의 선불장選佛場이 되었으며, 도인道人 효초孝初가 그 도徒 문소文素와 더불어 단나檀那를 권유해 청석탑靑石塔 13급級을 조성해 정중庭中에 안치하고는 탑명塔銘을 요청하니 대정大定(금연호) 28년 무신년(1188, 명종 18) 7월에 비서교서랑秘書校書郎 산양山陽 유태보庾台輔가 기기하고 비서정자秘書正字 박경초朴景初가 서서했다.[150] 민지의 기문에 따르면, 53불 중 3개가 사라지자 연충淵冲이 3개를 주조해 보완했지만 구불舊佛이 받아들이지 않았으며, 사라진 3개 중에 2개는 구연동九淵洞 석벽石壁 위에서 발견되어 그 1개는 유점사로 돌아갔고 3개 중에 1개는 수정사水精寺 북쪽 절벽 위에서 발견되어 수정사에 봉안되었다가 선암船巖으로 옮겨졌다고 한다.[151] 이를 통해 무인정권기에 금강산에 수정사가 기능하고 있었음이 드러난다.

유점사는 고려시대에 적어도 의종 이래 기능하고 있었으며, 자순資順과 혜쌍惠雙·양처사梁處士가 의종 말엽에, 정선正宣과 학수學修와 담운淡雲과 연충淵冲이 명종 초·중기에 중창했고, 효초孝初와 문소文素가 명종 18년(1188) 7월 이전에 청석 13층탑을 조성했다. 탑기塔記가 고려 중앙정부의 비서성秘書省의 주도 하에 작성되었으니 개경의 지배층이 이 탑의 건립에 관심을 지녔음을 말해주며, 나아가 그들이 이 탑의 건립 내지 이 절의 중창을 후원했을 가능성이 있다. 양처사梁處士가 조정朝廷에 고해 그 지池를 메워 당우堂宇를

혜쌍惠雙·梁處士가 의종 말엽에 유점사를 중창할 때였을 가능성이 있다. 즉 의종의 복을 빌기 위한 일환으로 유점사의 53불이 성립했을 가능성이 있는데, 그렇더라도 의종의 몰락 이후에는 53불에 다른 의미가 부여되었을 것이다.
150) 『유점사본말사지』 유점사편 「楡岾寺塔銘古記」. 탑의 制度가 巧麗해 阿育王의 舊範을 줄이지 않았다고 한다.
151) 船巖에 있던 1개는 越二十四年丁亥에 襄州守 襄裕에 의해 유점사의 舊列에 봉안되었다고 한다. 한편, 김민구는 앞의 논문에서 정해년을 고종 14년(1227)으로, 淵冲의 3불 주조 시기를 그 24년 전인 신종 6년(1203)으로 보았다.

대개大開했다고 했는데, 이는 조정의 허락을 얻었음을 말하며 조정의 지원을 얻었을 가능성을 시사한다. 유점사는 또한 강종의 후원을 받고 내시 소경여의 주도로 중창되었으니 왕실과도 인연을 맺었다.

유점사는 유태보의 탑기塔記에 신라 때 창건했다고 한다. 또한 민지閔漬기문에 따르면, 문수대성이 불佛(석가)의 유촉遺囑을 받고 불佛 멸도滅度 후화성化城에 머물던 중에, 불佛을 보지 못한 삼억가三億家에게 불상을 주조해 공양하도록 권해 그들이 만든 불상 중의 우수작품 53개를 골라 종鍾 안에 넣어 배에 띄워 보내며 축원하기를, "아본사我本師 석가釋迦 오십삼상五十三像'이 인연이 있는 국토國土에 가서 거주하면 아我(문수) 역시 그 거주하는 곳을 따라 설법해 말세중생末世衆生을 도탈度脫시키겠다"고 했다. 이 53불佛이 월씨국月氏國(월저국月氐國)을 거쳐 철종鐵鍾을 타고 범해泛海해 산(금강산)의 동면東面인 안창현安昌縣 포구浦口에 박泊했는데, 때는 신라 제이주第二主 남해왕 원년 즉 한漢 평제平帝 원시元始 4년 갑자甲子이고, 53불이 산속으로 이동해 좌정한 곳에 창건된 사찰이 유점사라고 한다.[152] 유점사에 대해 신라 남해왕 때 창건설은 신앙으로서는 의미가 있는 반면 사실로서는 설득력이 없지만 진흥왕 이래의 신라 때 창건되었을 가능성은 있다.[153]

선승 승형承逈이 보덕굴과 유점사에 머물렀다. 그는 금 태화泰和 8년 무진년

---

152) 이능화, 『조선불교통사』「金剛山楡岾寺史蹟記」; 『신증동국여지승람』 권45, 고성군 佛宇. 縣宰 盧偆이 53佛을 찾아 나섰는데, 文殊가 比丘로 현신한 곳은 文殊村이라 하며, 문수의 화신인 尼에게 佛의 所在를 물었는데 지금 尼遊岩 혹은 尼臺가 그것이며, 盧偆이 鍾聲을 찾아 洞門에 들어가니 大池 위에 있는 楡樹에 종이 매달려 있고 諸佛이 池岸에 羅列해 있어 瞻禮하고 돌아와 왕(남해왕)에게 아뢰니 왕이 駕幸해 歸依해 그곳에 절을 창건해 안치하고 楡樹로 인해 楡岾寺라 이름했다고 한다. 『동국여지승람』 찬자는 민지 기문이 지극히 怪妄해 믿을만하지 않지만 그 지명이 갖추어져 있어 싣는다고 했다. 한편 고적조에 따르면 安昌縣은 고성군 남쪽 27리에 있었고, 산천조에 따르면 掛鍾巖이 高城 남쪽 13리의 孤峯에 있는데, 고려 閔漬의 記에 53佛이 月氏國으로부터 泛海해 峯 아래에 到泊해 一時 모두 巖底에 앉았다고 한다. 민지의 사적기에 따르면 지금(기문 작성 시점)도 유점사에 月氏王祠가 있었다. 53불이 고려 안창현에 도착한 시기를 漢 平帝 元始4년 甲子로 잡은 것은 甲子紀年을 의식한 것으로 보인다. 민지가 기록한 유점사 연기설화에는 문수 신앙도 담겨 있다.

153) 황수영에 따르면 유점사 53불은 다수가 신라 작품이고 소수가 고려 작품이었다. 「유점사 오십삼불」 『불교학보』 6, 1969.

(1208, 즉위칭원 희종 5)에 개골산皆骨山 유점사楡岾寺에 주석했다. 강묘즉정康
廟卽政 3년(계유년 : 1213, 즉위칭원 강종 3)에 진강공晉康公(최충헌)의 권유로
삼중대사三重大師를 제수받았으며, 이해 겨울에 상上이 비전秘殿에 불러들여
선록禪錄을 점파點破하고 중사中使 내시內侍 대관서령大官署令 소경여邵敬興를
파견해 거주하는 정사精舍를 중수하게 했는데, 이에 앞서 승형이 일찍이
풍악楓嶽 보덕굴普德崛에 우거할 적에 있었던 이몽異夢이 이에 이르러 효험이
있었다. 계유년에 금상今上(고종)이 천조踐祚해 선지先志를 계승해 2년 갑술년
(1214, 즉위칭원 고종 2)에 명하여 낙성법회落成法會(보덕굴 중수 기념)를
개설해 선지禪旨를 대홍大弘하게 하고 승형을 선사禪師로 삼았다.[154]

  승형承逈의 경력은 유점사와 보덕굴이 선종 사원임을 알려주는데, 유점사
가 선종 사찰임은 민지 기문에 드러나 있다. 계유년(1213)에 소경여가 강종의
명령을 받들어 조계대선사 익장益藏을 도와 유점사를 중수했고 삼중대사三重
大師(→선사禪師) 승형을 도와 보덕굴을 중수한 것이었다. 강종·고종 내지
최충헌정권이 금강산의 사원(특히 선종 사원)과 밀접한 관계를 형성했음이
드러나는데, 이는 최씨정권의 불교장악의 일환이었을 터이며 금강산 사원이
중요 사원으로 대두했다고 볼 수 있다.

  고려 초·중기에 금강산 일대에 기능했던 불교사원으로 발연수鉢淵藪, 정양
사正陽寺, 마하연摩訶衍, 유점사楡岾寺, 보덕굴普德窟, 수정사水精寺, 송라서암 등
이 확인된다.[155] 표훈사表訓寺는 언諺에 이르기를 신라 승려 능인能仁과 신림神

---

154) 寶鏡寺 원진국사 비문. 承逈은 曦陽山 鳳嵓寺에 출가하더니 廣明寺 選佛場에 합격한
   후 강릉 오대산에 나아가 文殊를 예배하고 청평산에 가서 眞樂公(이자현)의 유적을
   방문하고 文殊寺記를 보고는 聞性庵에 머물면서 능엄경을 열람했고 그 후 개골산
   유점사를 맡았다.

155) 血書法華經幷遺教經을 정미년(1247, 고종 34) 6월에 개골산 松蘿西庵 行愚(修禪社 진각
   국사의 문인)가 書誌하고 비서감 金孝印이 餞하고 前淮陽都護副使 安孝德이 筆하고
   돈각사 대선사 益藏이 偈贊해 진양공(최우)의 福壽를 기원했다(장동익, 『일본 고중세
   고려자료 연구』, 서울대출판부, 2004). 한편 집사시랑 崔彦撝가 찬술한 興寧寺 澄曉大師
   비문에 따르면, 折中이 楓岳 □潭寺의 道允和尙이 華夏에 오랫동안 유학하고 돌아옴을
   듣고 禪扉에 나아가 師事했으며, 獻康大王이 절중을 龍庭으로 부르고 師子山 興寧禪院을
   中使省에 예속시켰다(「有唐新羅國 師□山(師子山)…教諡澄曉大師 寶印之塔碑銘」). 이를
   통해 통일신라 말기에 풍악 즉 금강산에 선종 계열의 □潭寺가 있었음을 알 수

林과 표훈表訓 등이 창건했다고 하니,156) 통일신라 때 생겨난 화엄사찰로 판단되는데 고려 초·중기에도 존속했으리라 여겨진다. 『동국여지승람』에 따르면, 보덕굴普德窟은 만폭동萬瀑洞 중中에 위치하며 관음각觀音閣이 있는데, 절벽을 뚫어 가판架板하고 밖에 동주銅柱를 세워 그 위에 소옥小屋 3영楹을 지어 철쇄鐵鎖로 잡아매어 암석에 박아 공중에 떠 있어 사람이 오르면 흔들리며, 안에 주옥珠玉 장식 불함佛函을 두었는데 바깥에 철망鐵網을 설치해 수모手摸를 방지했다. 언전諺傳에 고려高麗(고구려) 안원왕安原王 때에 승려 보덕普德이 창건한 것이라고 한다. 마하연摩訶衍은 만폭동의 최심처最深處에, 표훈사는 만폭동 구口에, 장안사는 표훈사의 아래에 위치했다. 정양사는 표훈사의 북쪽에 위치하는데 산의 정맥正脉이라 그렇게 이름했으며 지계地界가 높고 멀어 산의 내외內外 제봉諸峯을 일일이 다 볼 수 있다고 한다.157)

다음으로 고려말기 즉 원간섭기와 그 이후의 금강산 사원을 살펴보자. 최해崔瀣는 천력天曆 기사년(1329, 충숙왕 16) 3월에 지은 「송승선지유금강산送僧禪智遊金剛山 서序」에서, 금강산의 암거菴居가 해마다 증가해 100이 되었는데, 그 대사大寺로는 보덕사報德寺·표훈사表訓寺·장안사長安寺 등이 있다고 했다.158) 금강산의 대사가 보덕사, 표훈사, 장안사였는데 보덕사報德寺는 유점사가 원 황제로부터 하사받은 명칭 '대보덕수성사大報德壽聖寺'의 약칭이었다.

있는데, 이 절이 고려시대에도 유지되었는지는 확인할 수 없다.
156) 『신증동국여지승람』 권47, 회양도호부 佛宇. 表訓寺는 절 이름대로 신라 경덕왕 때 활약한 表訓이 창건했다는 견해가 있다(한국불교연구원, 「금강산의 불적」, 『북한의 사찰』, 일지사, 1978). 김복순은 神琳과 表訓을 의상의 제자가 아니라 의상의 法孫으로 파악하였고, 금강산 표훈사는 신라 하대에 표훈계 僧들에 의해 창건된 것으로 보았다(「신라 중대 화엄종」, 「신라 하대 화엄종」 『신라화엄종연구』, 민족사, 1990).
157) 『신증동국여지승람』 권47, 회양도호부 佛宇.
158) 『拙藁千百』 권1, 「送僧禪智遊金剛山序」. 모두 官을 얻어 營葺해 殿閣穹窿이 山谷에 두루 넘치고 金碧이 휘황해 사람의 눈을 현혹하고 常住經費 같은 것에 이르러서는 與財에 庫가 있고 典寶에 官이 있고 良田은 州郡에 두루 미치며, 또한 江陵道와 淮陽道 年租를 官이 거두어 모조리 山(금강산)으로 수송하되 흉년을 만나도 蠲減하지 않으며, 매양 使人을 파견해 해마다 衣糧과 油塩을 지급한다고 했다. 그 僧은 대저 예속되지 않아 그 役에서 도망하고 民도 그 徭를 피하려 하니 항상 數千万人이 편안히 앉아 먹지만 1인도 雪山(석가)처럼 勤修해 成道했음을 듣지 못했다고 했다.

민지의 기문에 따르면, 국초國初에 지리地理를 밝힌 도선국사道詵國師가 이 산(금강산)을 주제로 읊기를, "솟은 구름이 연해沿海하여 용龍이 반반한 형세이고 곡谷 안 삼구三軀 장소는 특히 땅이 평평해, '함하일구領下一區'가 불국佛國이 되고 복중腹中 쌍언雙堰이 인성人城이네"라 했는데, 지금의 마하연摩訶衍이 바로 '함하일구領下一區'라고 했다. 또한 신라고기新羅古記에 의상義湘법사가 처음에 오대산에 들어가고 다음에 이 산(금강산)에 들어가자 담무갈보살이 현신現身해 고하기를, 오대산은 행行이 있는 수인數人이 출세出世하는 땅이요, 이 산(금강산)은 행行이 없는 무수인無數人이 출세出世하는 땅이라 했는데, 과연 지금 이 산 기슭에 정양사正陽寺와 장연사長淵寺의 장획臧獲(노비)이 근지近地 검창黔蒼(평민)과 더불어 노소老小, 남녀, 근태勤怠, 현우賢愚를 논하지 않고 임종시 모두 소연蕭然히 좌탈坐脫하니 어찌 눈앞의 징험이 아닌가 했다.[159] 이제현은 「금강산金剛山 이절二絶」을 지었는데 '보덕굴普德窟'과 '마하연암摩訶演菴'이 그것이었다.[160] 이곡의 「동유기東遊記」에 따르면, 장양에 묵었다가 다음날 아침에 출발해 금강산에 올라 배점拜岾을 거쳐 미오未午(오후 1시 무렵)에 표훈사에 도착해 조금 쉬었다. 여기에서 어떤 사미沙彌의 인도로 등산登山했다. 사미가 말하기를, 동쪽에 보덕관음굴普德觀音窟이 있는데 사람들의 수희隨喜는 반드시 이곳을 먼저 들르지만 깊고 험하며, 서북에 정양암正陽菴이 있는데 이는 아태조我太祖(왕건)가 창건한 곳이고 법기보살法起菩薩 존상尊相을 봉안한 곳인데 비록 험하고 높지만 초근稍近해 오를 수 있고 또한 이 암菴에 오르면 풍악楓岳 제봉諸峯을 한꺼번에 다 볼 수 있다고 했다. 이곡이 이르기를, "관음보살은 어느 곳인들 거주하지 않으리오, 내가 온 까닭은 대개 산의 형승形勝을 보고자할 따름이니 어찌 먼저 가지 않으리오"

159) 이능화,『조선불교통사』「金剛山楡岾寺史蹟記」. 世傳에 義湘이 바로 金剛寶盖如來의 後身이라 했다.

160) 「普德窟」"陰風生巖曲 溪水深更綠 倚杖望層巓 飛簷駕雲木", 「摩訶演菴」"山中日亭午 草露濕芒屨 古寺無居僧 白雲滿庭戶"(『익재난고』권3, 金剛山二絶). 마하연암을 읊으면서 古寺에 居僧이 없다고 했는데 마하연이 폐허가 되어서 그런 것인지, 승려가 외출해서 그런지 확실하지 않다.

388

했다. 이에 반연攀緣하여 정양암에 오르니 과연 말한 바와 같이 심히 내의來意를 만족시켰다. 보덕普德(보덕관음굴)에 가고자 하면 날이 저물고 산중에 머물 수 없어 신림암新林菴과 삼불암三佛菴을 경유해 계곡물을 따라 내려와 저녁에 장안사에 다다라 묵고 다음날 새벽에 출산出山했다. 이곡은 「금강산 정양암에 올라」와 「장안사에 묵으며」 시를 지었는데,161) 장안사는 '설선說禪'이라는 표현으로 보아 선종 사찰로 보인다. 정양암(정양사)은 선승 나옹이 이곳에 머문 점으로 보아 선종 사찰로 보인다. 마하연, 정양사正陽寺(정양암), 장연사長淵寺, 보덕사報德寺(대보덕수성사 : 유점사), 표훈사表訓寺, 장안사長安寺, 보덕관음굴(보덕굴), 신림암新林菴, 삼불암三佛菴이 확인된다.162)

민지의 기문에 따르면, 유점사楡岾寺가 고묘高廟 병자년(고려 고종 3) 이래 병화兵火로 인해 승잔僧殘 옥로屋老하고 향화香火가 끊어짐에, 지금 화주化主 행전行田이 낙선樂善의 가가家를 권유해 동우棟宇를 중신重新해 전공자前功者보다 50여간餘間 더 많았는데, 지원至元 갑신년(1284, 충렬왕 10)에 공역을 시작해 갑오년(1294, 충렬왕 20)에 끝내고 을미년(1295, 충렬왕 21) 여름에 도려道侶 4천여千餘를 불러모아 상석象席을 크게 개최해 낙성하니, 중외中外(개경과 외방) 사녀士女가 더욱 깊이 경신敬信해 왕래자가 귀시歸市와 같았다. 병화兵火 이래 산중 구적久籍이 모두 소산消散했기 때문에 유문遺文을 널리 찾고 고로古老의 상전相傳을 캐고는 기기記하기를 요청하니 묵헌默軒 법희거사法喜居士 즉 민지가 대덕원년大德元年 정유년(1297, 충렬왕 23) 11월에 기문을 작성했다.163)

---

161) 「登金剛山正陽菴」·「宿長安寺」(『가정집』 권19).

162) 단발령과 장안사 사이의 탑거리 내지 巨塔里에 長淵寺가 있었다고 한다. 정태혁·신법타, 『북한의 절과 불교』, 민족사, 1990, 35~37쪽. 삼불암의 앞면에 3구의 마애불이, 왼쪽 면에 관음보살과 세지보살, 뒷면에 작은 부처 60구가 조각되어 있는데, 3구의 마애불은 아미타삼존불(석가, 아미타, 미륵)이라고 한다. 조계종, 『북한의 전통사찰』, 강원도편, 2011 ; 대한불교진흥원, 『북한의 사찰』, 2009, 369~411쪽. 장연사 3층탑이 신라탑 양식이라 하니(문화성, 『북한의 주요 유적』, 한국문화사, 1999), 장연사는 고려초기에 이미 존재했을 가능성이 크다.

163) 이능화, 『조선불교통사』 「金剛山楡岾寺史蹟記」. 한편 『신증동국여지승람』 권45, 고성군 불우조에 따르면 유점사는 금강산 동쪽에 위치하는데 고성군과의 거리가 60餘里였다. 『유점사본말사지』 유점사편에 「金剛山詩 并序」가 法喜居士 閔漬의 작품으로 실려

야운野雲의 발문跋文에 따르면, 유점사의 사문沙門들이 이 절을 중수하고는
묵헌거사默軒居士, 즉 민지에게 기문記文을 요청해 받았고, 정미년(1307, 충렬
왕 33) 겨울에 불후不朽하기를 도모해 간석刊石하고자 그 기문을 가지고
북쪽으로 요양遼陽에 도달해 그 뜻을 행성평장行省平章인 이헌頤軒 홍공洪公에
게 고하니, 홍공이 그 기문을 열람하고 이 산(금강산)을 향해 경중敬重하며
이르기를, 이 기문은 용인속사庸人俗士가 아니라 명필名筆이 서書한 후에 상석上
石해야 한다며 한림학사 오흥吳興과 조맹부趙孟頫에게 사使를 파견해 서書해
주기를 요청해 받아서 보내왔는데, 몽암로夢庵老 야운野雲이 그 서書를 보고
감탄하며 지대至大 원년(충선왕 복위년) 10월에 발문跋文을 지어 그 본말을
기록했다.[164] 행전行田이 충렬왕 때 중수한 규모는 기존의 500간間보다 50간間
이 더 많았으니 550간間에 이르렀다. 유점사는 원 내지 원 황제로부터 '대보덕
수성사大報德壽聖寺'라 사액賜額받았는데[165] 이 중수 때였을 가능성이 크다.
유점사는 규모로 보면 금강산 최대의 사찰이었다.

유점사를 특별히 후원하는 기구로 유점도감楡岾都監과 영복도감永福都監이
있었다. 원사元使 타적朶赤과 내주乃住가 충혜왕을 잡을 때 신예辛裔가 그

있는데, 關東一座 金剛山이 高城 北에 빼어나다고 하고, 승려가 말하기를 옛적에
王將軍이 拜岾에서 보살에게 절을 했다고 한다. '왕장군'이라는 표현이 주목되는데
왕건이 장군 시절에 금강산을 방문했을 가능성을 시사한다.

164) 『楡岾寺本末寺誌』「楡岾寺記跋」. 遼陽行省 平章인 頤軒 洪公은 附元 홍복원의 아들인
洪君祥으로 보인다. 왜냐하면 원 무종이 즉위하자 홍군상을 平章政事 商議遼陽等處行中
書省事로 승진시키더니 遼陽行省平章政事로 改하고 이윽고 商議行省事로 改하며 홍군
상은 至大 2년(1309, 충선왕 원년)에 卒하기 때문이다(『원사』 권154, 홍복원전). 홍군상
의 조카인 홍중희(洪茶丘의 아들)는 충선왕의 정적이었다. 충선왕 원년(1309) 3월에
元 宣政院이 사람을 보내어 造船을 독려했는데, 당시 皇太后가 佛寺를 조영하려 하자
洪福源의 孫인 重喜와 重慶이 아뢰기를, 白頭山에 美材가 많아 瀋陽軍 二千을 내어
벌목해 鴨綠江에 띄워 내려보내고 高麗로 하여금 배에 실어 수송하게 하면 편하다고
하니, 遼陽省宣使 劉顯 등을 보내와 本國(고려)으로 하여금 선박 100척을 만들게
하고 米 3000石을 운반하게 하자 폐단이 컸으며, 당시 二宮의 役이 바야흐로 일어나고
造船의 일이 또 急하니 西海·交州·楊廣의 民이 더욱 그 피해를 입었다(『고려사』 권33
및 『고려사절요』 권23). 한편, 김민구도 앞의 논문에서 요양의 洪頤軒을 洪君祥으로
보았다.

165) 『원재집』 상권, 楡岾寺[皇元賜額大報德壽聖寺].

매서妹壻(매부)인 환자宦者 고룡보高龍普와 모의해 복병伏兵 어외禦外해 도왔다. 신예가 일찍이 원명元命을 받아 유점도감楡岾都監을 주관했을 적에, 당시 강거정姜居正과 윤형尹衡이 유비창有備倉 관원이었는데 왕명(충혜왕 명령)으로 사원전寺院田을 거둠에 유점전楡岾田(유점사 전田)도 거두어지니, 유점도감楡岾都監이 유비창有備倉에 첩牒해 전田을 돌려주도록 했지만 강거정 등이 말하기를, "사전寺田은 왕명으로 본창本倉(유비창)에 소속되었으니 마음대로 돌려줄 수 없다"고 했다. 유점도감이 신예에게 호소하니 강거정 등을 잡아 성지聖旨(원 황명皇命)를 따르지 않음을 추궁함에 윤형은 승복했지만 강거정은 끝내 굽히지 않자 신예가 더욱 노해 강거정을 행성옥行省獄에 가두었다.[166] 충혜왕이 사원전을 몰수하는 개혁에 원명元命 내지 원 황명皇命을 받는 유점도감이 거부하면서 갈등이 벌어졌던 것이다. 영복도감永福都監은 충목왕이 즉위하자 금강산 유점사를 지응支應하기 위해 설치되었다.[167]

최해는 금강산의 대사大寺로 보덕사報德寺와 표훈사表訓寺와 장안사長安寺를 지목했는데, 보덕사報德寺는 보덕굴普德窟이 아니라 원으로부터 '대보덕수성사大報德壽聖寺'라 사액賜額받은 유점사楡岾寺로 판단된다. 조선초에 남효온이 유점사를 구경했는데, 이에 따르면 이 사찰에 수각水閣이 있어 천川 남북을 타넘고, 외문外門은 해탈문解脫門이라 하는데 천왕天王 이구二軀(금강역사)를

---

166) 『고려사』 권125, 姦臣 辛裔傳. 佛事 담당 都監에 대해서는 박윤진, 「고려시대 불사 담당 '도감'의 조직과 특징」 『역사교육』 121, 2012 참조.

167) 『고려사』 권77, 백관지 諸司都監各色. 한편 表訓寺 香垸 혹은 신계사 향완에는 "至正十二年壬辰 閏三月 日, 龍藏禪寺 無量壽殿大香垸, 大功德主 崇祿大夫(榮祿大夫) 資政院使 高龍寶·永寧公主辛氏, 大化主 慧林(慧琳)·戒休·景眞, 錄者 性謙 縷工"이라 새겨져 있다. 표훈사 香爐에는 "國王千千秋 王后壽無疆 彌懃鑄香爐 獻于諸佛前 願共諸衆生 同生極樂國 判事金元永願 入絲匠徐勉造 至正二十八年戊申八月日誌"라 새겨져 있다. 『한국금석전문』表訓寺香垸·表訓寺香爐 ; 국립중앙박물관, 『북녘의 문화유산』(2006) 신계사 향완. 『한국금석전문』에는 표훈사 향완으로, 『북녘의 문화유산』에는 신계사 향완으로 소개되어 있다. ( )는 『북녘의 문화유산』의 판독이 『한국금석전문』과 다른 부분이다. 그런데 表訓寺 香垸 혹은 신계사 향완은 '龍藏禪寺 無量壽殿'이 새겨진 점으로 보아 원래 資政院使 高龍寶(高龍普)와 그 부인 永寧公主 辛氏가 江華 龍藏寺 무량수전을 위해 만든 것으로 보인다. 고룡보가 기황후의 측근이라서 아내 신씨가 원 황실로부터 '永寧公主' 칭호를 받았을 것이다.

지니고, 다음으로 반야문般若門이라 하는데 천왕天王 사구四軀(사천왕)를 지니고, 다음으로 범종루泛鍾樓라 하는데 이 누樓의 곁 일실一室에 노준상盧偆像이 있었다. 가장 안에 능인보전能仁寶殿이 있는데 그 안에 각목刻木해 산형山形을 만들고 오십삼불五十三佛이 그 사이에 열립列立해 있었다.[168]

표훈사에는 『동국여지승람』에 따르면 원元 황제와 태황태후太皇太后가 전백錢帛을 시납한다는 문장을 지닌 고비古碑가 있고, 사문寺門의 오른쪽에 원조元朝 사람 양재梁載가 찬술한 상주분량기常住分粮記를 고려 시중侍中 권한공權漢功이 서書한 각석刻石이 있다고 한다.[169] 남효온의 서술에 따르면, 표훈사에 있는 지원사년至元四年 무인戊寅(1338, 충숙왕 후7) 이월二月 비碑는 대원황제에 의해 세워진 것으로 봉명신奉命臣 양재梁載가 찬술하고 고려 우정승右政丞 권한공이 서書했는데 대개 그 황제가 표훈승表訓僧을 반飯하고 만인萬人 결연結緣을 일으킨 일을 기록한 것이고, 비음碑陰에는 태황태후太皇太后, 영종황제英宗皇帝, 황후皇后, 관자불화태자觀者不花太子 및 이낭자二娘子, 완택독심왕完澤禿瀋王 등 대소신료大小臣僚가 은포銀布 약간若干을 낸 것을 기재했다고 했다.[170] 양재梁載(양장梁將)는 중국 연남燕南 사람으로 충숙왕대에 인사권을 장악해 권력을 행사했던 인물이다. 권한공은 충선왕 복위기에 충선왕의 최측근으로 활약하다가 충숙왕 때 실각했고 충정왕 원년에 사망했다.[171] 그러하니 표훈사의 이 비석들은 충숙왕대에 제작 건립된 것이었다. 1553년에 금강산을 찾은 홍인우洪仁祐도 표훈사 사문寺門 안에서 이 비碑를 목격했다. 그에 따르면, 지원至元 4년 무인년 2월에 건립된 이 비석은 봉명신奉命臣 양재梁載가 비문을 찬술하고 고려정승高麗政丞 권한공이 서기書記했는데, 원의 영종황제英宗皇帝가 만인萬人을 인연으로 하여 사시舍施한 것을 기념한 비석이었다.[172] 지원

---

168) 『秋江集』 권5, 「遊金剛山記」(남효온). 社主가 默軒閔漬 楡岾記를 꺼내어 남효온에게 보여주었다고 한다.
169) 『신증동국여지승람』 권47, 회양도호부 佛宇.
170) 『秋江先生文集』 권5, 「遊金剛山記」(남효온).
171) 『고려사』 권124, 嬖幸, 왕삼석전 첨부 梁載 ; 『고려사』 권125, 姦臣, 권한공전.
172) 『關東錄』. 최상익 등 편역, 『조선시대 金剛山遊記』, 강원대 출판부, 2000 참조. 표훈사는

4년 무인년(1338)은 순제順帝 치세로 고려 충숙왕 복위 7년에 해당하니 이때에 이 비석이 건립된 것이었다. 충숙왕 7~9년(1320~1322)에 해당하는 영종英宗 때 태황태후·영종황제·황후·완택독심왕(왕고王翯) 등이 표훈사에 희사했고, 그것을 기념한 비석이 충숙왕 복위 7년에 해당하는 순제 지원 4년(1338)에 건립되었다고 볼 수 있다.

이곡의 장안사 중흥비에 따르면,173) 성천자聖天子(순제) 용비칠년龍飛七年에 황후기씨皇后奇氏가 원비元妃로 황자皇子를 낳아 곤의壼儀를 갖추어 흥성궁興聖宮에 거처하고는 내시內侍에게 말하기를, "숙인宿因 덕분에 이처럼 은혜를 입었으니 지금 황제와 태자太子를 위해 기천영명祈天永命하고자 하는데 불승佛乘에 의탁하려 한다"며 무릇 복리福利라는 것을 거행하지 않음이 없었다. 금강산 장안사長安寺가 가장 수승殊勝함을 듣고 축리祝釐 보상報上할만한 곳이라 여겨 지정 삼년至正三年(1343, 충혜왕 후4)에 내탕內帑 저폐楮幣 1천정千定을 내어 중흥重興에 자자資해 영원히 상주常住가 되도록 했으며, 명년明年과 또 명년明年에 그와 같이 하더니 그 도도徒 500을 모아 의발衣鉢을 시납하고 법회法會를 열어 낙성落成했다. 성왕成王(성종)이 장안사를 새롭게 한 지 400년이 되어 가지만 흥복興復하는 자가 없어 퇴폐頹廢하자 비구比丘 굉변宏辨이 동지同志와 더불어 담무갈曇無竭에게 이 절을 새롭게 하기를 맹서해 일을 분간分幹해 중연衆緣을 널리 모집하고 산에서 재재材를 취하고 인부를 고용하고 농석礱石 도와陶瓦해 불우佛宇를 먼저 새롭게 조영하고 빈관賓館·승방僧房을 다음으로 조완조完했는데174) 비용이 부족해 세존世尊이 지원祇園(기원정사祇園精舍)을 지을 때 측금側金한 고독孤獨(급고독給孤獨)같은 사람을 찾아 경사京師(연경燕

임진년 왜란 때 불탔지만 이 비석은 계묘년(1603)에 표훈사를 찾은 李廷龜가 목격해 소개했으니(『遊金剛山記』) 무사했다.

173) 『가정집』 권6, 「金剛山長安寺 重興碑」.

174) 法興王으로부터 400餘年이 흐른 후에 成王(성종)이 새롭게 했고 成王으로부터 역시 400年이 되어 가지만 興復하는 자가 없어 頹廢했기 때문에 중창했다고 한다. 사원의 조영에 필요한 재목은 대개 소재지 일대에서 조달했던 것 같다. 반면 궁궐 조영 재목은 이규보 南行月日記에 보이듯이 좋은 목재가 풍부한 변산 등에서 조달하는 경우가 많았다.

京)에 가자 일이 중궁中宮(기황후)에 알려져 고자정高資政(자정원사 고룡보高龍
普)이 주관해 힘썼기 때문에 그 성취가 이와 같았던 것이라고 한다.

　　장안사 중흥비에 따르면, 장안사의 옥옥은 120간間 남짓으로 불전佛殿,
경장經藏, 종루鍾樓, 삼문三門, 승료僧寮, 객위客位가 있고 미미한 포벽庖湢(부엌
과 목욕실)에 이르기까지 갖추었다. 상설像設로는, 비로자나毗盧遮那와 좌우
노사나盧舍那·석가문釋迦文이 중中에 자리하고 그 주위를 만오천불萬五千佛과
오십삼불五十三佛이 둘러싸, 이들이 정전正殿에 위치했다. 천수천안千手千眼
관음대사觀音大士가 문수文殊, 보현普賢, 미륵彌勒, 지장地藏과 더불어 선실禪室에
있었다. 아미타阿彌陁와 오십삼불五十三佛과 법기보살法起菩薩이 노사나盧舍那
를 익翊하여 해장지궁海藏之宮에 있고, 장경藏經은 사부四部로 그 중의 한 은서銀
書는 황후(기황후)가 하사한 것이요, 화엄삼본華嚴三本과 법화팔권法華八卷은
모두 금서金書였다.[175] 그러하니 장안사의 주된 건물은 정전正殿, 선실禪室,
해장궁海藏宮(대장경 보관 건물)이었는데, 선실禪室을 지녔기에 장안사는 선
종 사찰이었다. 장안사 정전의 가운데에는 비로자나와 좌우 노사나·석가로
이루어진 삼존불이 자리했으니 법신法身(비로자나)과 보신報身(노사나)과
화신化身(석가) 형태의 삼신불三身佛이었다. 선실禪室의 대표자는 천수천안
관음보살이었으니 밀교 관음과 선적禪的 관음의 유행을 시사한다. 해장궁의
대표자는 노사나불이었는데 화엄경의 용궁전래 설화와 관련이 있었으리라
짐작된다. 장안사 정전 안의 주위에 오십삼불이, 해장궁 안에 오십삼불과
법기보살(담무갈보살)이 봉안된 것은 당시 금강산 신앙을 대표하는 존재가
오십삼불과 담무갈보살이었기 때문이라 여겨진다. 금강산 신앙은 나말여초
에 담무갈보살 상주처常住處 관념으로 인해 생겨났는데, 고려후기로 가면서
이것에 오십삼불·문수보살 상주처 관념이 더해져 굳어졌던 것이다.

---

175) "凡爲屋以間計之 一百二十有奇, 佛殿經藏鍾樓三門僧寮客位 至於庖湢之微, 皆極其輪奐.
　　像設 則有毗盧遮那左右盧舍那釋迦文 巍然當中, 萬五千佛五十三佛 周匝圍繞, 居正殿焉.
　　觀音大士千手千眼 與文殊·普賢·彌勒·地藏 居禪室焉. 阿彌陁五十三佛法起菩薩 翊盧舍那
　　居海藏之宮. 皆極其莊嚴. 藏經凡四部, 其一銀書者 卽皇后所賜也, 華嚴三本 法華八卷 皆金
　　書, 亦極其賁餙"

　장안사 중흥비에 따르면, 장안사 '구유지전舊有之田'은 1050결結인데 성열현
成悅縣, 인의현仁義縣에 각기 200결이요, 부녕扶寧·행주幸州·백주白州에 각기
150결이요, 평주平州와 안산安山에 각기 100결이었다. 염분塩盆은 통주通州
임도현林道縣에 있는 것이 1소所였다. 경저京邸는 개성부開城府(도성내都城
內)176)에 있는 것이 1구區로 시전市廛에 있어 사肆로 만들어 사람들에게 빌려준
것이 30간間이었다. 그 외에 전곡錢穀·집기什器의 수數는 유사有司가 기재하지
않았다고 한다.

　기황후가 궁관宮官인 자정원사資政院使 용봉龍鳳(고룡보)에게 비석에 장안
사 중창 본말本末을 기재하게 하니 이곡에게 명해 비문을 짓도록 했다.
태정간泰定間 이래 중흥단월重興檀越은 중정사中政使 이홀독첩목아李忽篤怗木兒
제가諸家와 같은데 그 명씨名氏를 비음碑陰에 열거한다고 했다.177) 장안사
중창은 비구 굉변宏辨이 황후 기씨, 그녀의 측근인 고룡보, 중정사中政使
이홀독첩목아李忽篤怗木兒 등의 후원을 받아 완공할 수 있었다. 한편 장안사
완鋺에 "금강산 장안사 사시주捨施主 방타아적方朶兒赤이 지정至正 경인년庚寅年
동冬에 조造하다"고 새겨져 있으니,178) 방타아적方朶兒赤도 지정 10년 경인년
(1350, 충정왕 2) 겨울에 장안사를 후원했다.

　조선초에 남효온이 장안사를 구경했다. 이에 따르면, 장안사는 원조元朝
순제順帝와 기황후奇皇后가 중창重創했다. 문외門外에 천왕天王 이구二軀가 있으
며, 법당法堂(불전 의미)에 대불大佛 삼구三軀와 중불中佛 이구二軀가 있고 불전佛

---

176) 충렬왕 34년에 府(開城府)를 설치해 尹 以下官이 都城內를 관장했고, 別置된 開城縣이
　　城外를 관장했다. 『고려사』 권56, 지리지 王京開城府.

177) 銘에는 "有山露骨 嶄嵒突兀 名金剛兮, 貝書所著 菩薩住處 亞淸涼兮,…, 釋子卓菴 梯空架巖
　　遙相望兮, 長安精舍 居山之下 大道場兮, 肇基羅代 屢其成壞 時不常兮, 天啓聖神 世祖之孫
　　君萬方兮, 德洽好生 照濡含靈 慕空王兮, 於惟睿后 體坤之厚 承乾剛兮, 歸心身専 取彼妙福
　　奉我皇兮, 惟此福地 仙佛奧祕 紛産祥兮, 一人有慶 天其申命 壽無疆兮, 明兩作輝 永固鴻基
　　與天長兮, 后謂內臣 惟彼法身 其化彰兮, 旣新其宮 宜紀其庸 俾無忘兮,…"라고 했다. 금강산
　　이 청량(오대산)에 버금간다고 했지만 이는 담무갈이 문수에 버금간다는 의미이며
　　풍광은 금강산이 오대산보다 빼어나며, 고려말에는 금강산 인기가 강릉 오대산보다
　　높았다.

178) 『한국금석전문』長安寺鋺. 方朶兒赤은 宦者 方節(溫陽 출신)로 추정된다.

前에 '황제만만세皇帝萬萬世'라 적힌 금액金額이 있고 당堂의 사면四面에 소불小佛 일만오천구一萬五千軀가 있는데 모두 원제元帝에 의해 제작된 것이었다. 그 동측東側에 무진등無盡燈이 있어 등내燈內 사면四面이 모두 동경銅鏡이고 중中에 촉촉燭 하나를 두고 곁에 중승衆僧 형상을 세워 촉촉燭에 불을 붙이면 중승衆僧이 모두 촉촉燭을 잡은 것처럼 보이는데 역시 원제元帝에 의해 제작된 것이었다. 오왕불五王佛의 위에 또 복성정福城正에 의해 제작된 오중불五中佛이 있었다. 당堂(법당 : 불전)의 서당西堂에 달마진達摩眞이 있고, 동북 모퉁이에 나한전羅 漢殿이 있는데 당좌堂坐에 금불金佛 5구軀가 있고 좌우에 토나한土羅漢 16구軀(소 조 16나한)가 있고 나한의 곁에 각기 시봉승侍奉僧 2구軀가 있는데 기극정교技 極精巧했다. 나한전의 남쪽에 일실一室이 있고 실내室內에 대장경함大藏經函이 있는데 각목刻木해 삼층三層을 이루고 옥중屋中에 철구鐵臼가 있고 그 위에 철주鐵柱를 설치하고 위에 옥량屋樑을 부착하고 그 중中에 함函을 설치해, 옥屋 일우一隅를 잡고서 흔들면(움직이면) 삼층三層이 스스로 회전하여 완玩할 만한데 역시 원제元帝에 의해 제작된 것이었다.[179] 원 황실이 장안사에 후원 해 만든 작품들이 조선초기에도 잘 남아 있었던 것이다.

보현암普賢菴과 청련사靑蓮寺도 고려말기에 기능하고 있었다. 원조元朝 규장 공奎章公 사랄반沙剌班이 태정泰定 간년(충숙왕 11~14년에 해당)에 일로 인해 왕경王京(개경)에 이르렀다가 풍악을 유람해 여러 난야蘭若를 방문했는데, 마침 지견智堅이 보현암普賢菴을 수즙脩葺하고 있음을 알고 후원을 약속했다. 지원至元 병자년(1336, 충숙왕 후5)에 보현암의 비구 달정達正이 도都(원도元 都)에 들어가니 공공(규장공)이 기뻐하며 5천민千緡 남짓의 저폐楮幣를 내어 이포새伊蒲塞의 찬饌에 공供하게 하였고 계속해 시납하겠다고 약속했다. 그 해에 달정達正이 돌아와 명년明年 여름에 선열회禪悅會를 열기로 하고, 또한 금년에 더욱 치류緇流(승려) 300여餘를 모아 대불사大佛事를 개최했는데 4월 8일(석탄일)에 시작해 7월 15일(우란분재일)에 끝냈다. 본국本國(고려) 정순

그림 27. 정선 금강내산총도(국립중앙박물관 소장)

대부正順大夫 좌상시左常侍 기철奇轍이 사랄반沙剌班의 실室 기씨奇氏의 친親으로
이 법회를 주관했다. 지원 4년 무인년(1338, 충숙왕 후7) 8월 초하루에,
보현암주普賢菴主 지견智堅이 이곡을 찾아와 이러한 내력을 기록해 주기를
부탁했는데, 규장공奎章公 사랄반沙剌班은 당시 규장각대학사奎章閣大學士 한림
학사승지翰林學士承旨였다.[180] 보현암은 선열회禪悅會를 개최한 점으로 보아
선종 계열로 보인다. 병신년(1356, 공민왕 5)에 자정資正(자정원사) 강금강姜
金剛이 금강산에 강향降香할 적에 유숙에게 명해 그 행렬을 호송하게 했는데,
유숙은 금강산에 이르자 질병이 생겨 조금 머물고자 한다며 청련사靑蓮寺에
수개월 동안 거처하다가 공민왕이 부르니 부득이 환조還朝했다.[181] 금강산
청련사가 확인되는데 이 절의 내력은 알려진 바가 없다.

---

180) 『가정집』 권2, 金剛山普賢菴法會記. 기철의 보현암 법회 주관은 쌍성총관부와의 연결을
위한 포석이었을 수도 있다.

181) 유숙 묘지명. 5월에 奇氏의 難이 일어났는데 유숙이 密直提學이 되고 官制가 行해짐에
銀靑榮祿大夫 樞密院直學士 翰林學士承旨 上將軍에 제배되고 事가 定해짐에 安社功臣鐵
券을 하사받았다.

고려말기 금강산에 마하연, 장연사長淵寺, 유점사, 표훈사, 보덕관음굴(보
덕굴), 정양암(정양사), 신림암新林菴, 삼불암三佛菴, 장안사, 보현암, 청련사
등이 기능하고 있었음이 확인된다. 장안사와 표훈사는 금강산의 서쪽 입구
쪽에 자리 잡아 등산과 하산을 위한 휴식처로 이용되었다. 장안사는 『동국여
지승람』에 따르면 당전堂殿 및 불상佛像이 모두 중국 공인工人이 만든 것이라고
하는데[182] 원간섭기에 중창될 때 원의 기술자가 참여했기 때문일 것이다.
장안사, 마하연, 정양사正陽寺, 유점사楡岾寺, 보덕굴普德窟 등은 고려 초·중기
이래 기능해 온 사원이었다.

원간섭기에 금강산에 새로운 불교시설도 들어선다. 이곡의 「동유기」에
따르면, 천마령을 넘어 장양을 거쳐 금강산에 오르면 배점拜岾을 만나는데,
지정至正 정해년(1347, 충목왕 3)에 지금 자정원사資正院使 강금강姜金剛이 천자
의 명령을 받들어 와서 대종大鍾을 주조해 점岾(배점) 위에 각閣을 지어 매달고
그 옆에 려廬를 지어 상문桑門(승려)에게 종 치기를 주관하게 하니, 금벽金碧이
설산雪山에 광사光射해 산문山門의 한 장관壯觀이라고 했다. 이곡의 연복사신주
종명演福寺新鑄鍾銘에 따르면, 지정至正 6년(1346, 충목왕 2) 봄에 자정원사資政院
使 강금강姜金剛, 좌장고부사左藏庫副使 신예辛裔가 천자의 명령을 받들어 금폐金
幣를 가지고 와서 금강산에서 종鍾을 주조했다. 당시 산(금강산) 일대의
제군諸郡이 굶주렸는데 그 민民이 다투어 공역에 달려가 음식을 얻어 살아났
다고 한다.[183] 강금강에 의해 배점拜岾에 종각鍾閣이 건립되어 대종大鍾이
걸리게 되었고 종각 옆에 그것을 관리하는 건물도 건립되었던 것인데 지정
6년(1346)에 시작해 그 다음해인 지정 정해년(1347)에 완성된 것으로 보인다.

이곡의 도산사都山寺 창건 기문에 따르면,[184] 금강산의 서북에 령嶺이 있어

---

182) 『신증동국여지승람』 권47, 회양도호부 佛宇.
183) 『가정집』 권7, 演福寺新鑄鍾銘. 금강산 鍾이 완성되니 公(姜金剛)이 장차 歸朝하려함에,
　　國王(충목왕)과 公主(덕녕공주)가 臣僚에게 이르기를, 金剛山은 吾邦域 中에 있음에도
　　聖天子가 近臣을 파견해 佛事를 펼쳐 무궁하게 드리운 것이 이와 같은데 내가 絲毫도
　　도운 바가 없으니 어찌 도모해 報上하지 않으리오 했다. 모두 말하기를, 演福寺
　　大鍾이 오랫동안 廢해 사용되지 않았는데, 지금 巧冶의 옴으로 인해 다시 주조하면
　　上의 意를 體할 수 있다고 하니 公(강금강)에게 말하자 허락해 연복사종을 완성했다.

횡절준험橫截峻險하기가 등천登天하는 듯해 사람이 여기에 이르면 반드시 휴식하지만 궁벽해 거민居民이 매우 적어 혹 풍우風雨를 만나면 고통스럽게 노숙露宿해야 했다. 지원至元 기묘년(1339, 충숙왕 후8)에 쌍성총관雙城摠管 조후趙侯(조림趙琳)가 산승山僧 계청戒淸과 도모해 그 요충要衝인 임도현臨道縣의 땅 수경數頃을 매입해 불사佛寺를 창건해 축성도량祝聖道場으로 삼아 춘추春秋에 출입자를 먹이고 그 나머지를 산중山中 여러 난야蘭若에 흩어 동하식冬夏食에 자資하며 해마다 그렇게 했기 때문에 이름을 내걸기를 '도산都山'이라 했다. 조후趙侯가 이 절을 경영經營할 적에 그 경내境內 승도僧徒에게 돕기를 명령하니 그들이 다투어 자신의 기예를 발휘했고 조후趙侯가 가속家粟을 운반해 먹이고 옥와屋瓦를 철거해 절의 지붕을 덮게 하니 곧 완성되었다. 이곡은 말하기를, 임도臨道는 일산一山의 요해要害이기 때문에 이 절을 조영해 그 출입에 편하게 한 것이며, 쌍성雙城은 또한 일방一方의 요해要害여서 이 마음으로 그 정政을 행하면 인민人民에게 편함이 많다고 했다. 근래 동남변민東南邊民이 피경彼境(쌍성지역)에 유입流入하자 조후趙侯가 힐책詰責하며 들이지 않고 말하기를, "사람이 항심恒心이 없으면 어디에 간들 용납될 수 있으리오"라고 했다고 한다.

위 기문에 따르면 조후趙侯는 곧 조림趙琳인데, 일찍이 본국本國(고려)에 입사入仕해 선왕先王을 따라 도하都下에서 5년 동안 있었고 그 공로로 대호군大護軍을 거쳐 검교첨의평리檢校僉議評理로 승격했으며, 지금은 가업家業을 계승해 쌍성등처군민총관雙城等處軍民摠管이 되었는데, 성품이 유석儒釋(유교와 불교)을 좋아하고 유전游畋(사냥)을 좋아하지 않고 시서詩書에 통하고 예의禮義를 숭상해 사람들이 좋게 여긴다고 했다.『고려사』권130 조휘전에 따르면 조휘趙暉가 화주 이북을 몽골에 바쳐 설치된 쌍성총관부의 총관이 되었으며, 그 아들이 조량기趙良琪이고 조량기의 아들이 조돈趙暾이었다.『씨족원류』한양조씨에 따르면 조돈趙暾의 형이 바로 조림趙琳이었다.

기철은 요양행성 평장이 되면서 쌍성총관부 지역까지 관할하고 금강산

184)『가정집』권3, 刱置金剛都山寺記.

일대에 대한 영향력을 확대하고 황제 어향사御香使로 고려 동북면을 돌아보았
는데, 이는 고려와 공민왕에게 위협으로 다가왔다. 결국 공민왕은 치세
5년에 친위정변을 일으켜 기철 등 친원파를 제거하고 유인우에게 군대를
이끌고 가서 쌍성 지역을 수복하게 했다. 유인우가 쌍성 지역을 정벌할
때 천호千戶 탁도경卓都卿과 함께 저항한 마지막 雙城총관 조소생趙小生185)은
조림趙琳의 아들로 판단되며, 이때 쌍성총관부의 천호 이자춘은 고려에 내응
했다. 쌍성총관 조림趙琳은 금강산의 서북 령嶺에 땅을 매입해 도산사都山寺를
건립했는데 그 땅은 통주의 속현인 임도현186) 영역이었다. 조림이 고려의
영역인 금강산의 서북 고개에 도산사를 건립한 것은 쌍성에서 금강산으로
들어가는 루트를 다진 것인데, 원 황제를 위해 축수하고 왕래자에게 편의를
제공하기 위해서만이 아니라 금강산 일대, 나아가 영동嶺東(철령 동쪽) 강릉
도와 영서嶺西(철령 서쪽) 회양도(교주도) 일대에 대한 쌍성총관부 내지
원의 영향력을 강화하기 위한 조처로 여겨진다.

공민왕은 기철 등 친원파를 숙청한 직후인 5년 10월에 정당문학 이인복을
원에 파견해 숙청 배경과 요구 사항을 전달했다. 雙城삼살雙城三撒은 원래
소방小邦(고려)의 지경인데 충헌왕 무오년(1258, 고종 45)에 조휘趙暉·탁청卓
靑 등이 죄를 범해 주살될까 두려워 여진을 유치誘致해 관리를 주륙하고
남녀를 묶어 모두 노비로 삼으니 부로父老가 지금까지 말하며 눈물을 흘리고
혈수血讐라 지목한다고 했다. 근래 기철奇轍·노책盧頙·권겸權謙이 그 지역의
추장酋長과 교결交結해 포도逋逃를 불러 모아 반역 도모 때에 성원聲援하기를
약속했다가 기철 등이 죽자 지당支黨이 쌍성雙城 삼살三撒로 많이 달아났기
때문에 수색하도록 했는데, 쌍성雙城 삼살三撒이 오히려 용병用兵해 반역을
도움에 부득이 군대를 파견하자 그 총관인 조소생趙小生과 천호千戶인 탁도경
卓都卿이 도찬逃竄해 일을 만들까 걱정되니 아我(고려) 구강舊疆인 쌍성雙城
삼살三撒 이북을 돌려주어 관방關防 세우는 것을 허용하기를 요구했다.187)

---

185) 『고려사절요』 권26, 공민왕 5년 7월. 趙暾과 그 아들 조인벽도 고려에 내응했다.
186) 『고려사』 권58, 지리지 동계 금양현.

기철 등 친원세력은 쌍성총관부 및 금강산과 밀접한 관계를 형성해 왔기에 공민왕은 이를 우려해 쌍성 지역을 정벌했고 그 결과 금강산 일대에 대한 원의 영향력을 차단할 수 있었다. 그리고 신돈정권기에는 평양, 금강산, 충주를 삼소三蘇로 설정해 이곳에 순행해 머물러야 한다는 견해가 제기되었다.[188]

6. 금강산 불교의 특징

금강산 불교의 양상과 특징을 살펴보자. 금강산 사원에서 장안사, 유점사, 보덕굴, 정양사(정양암), 보현암, 송라서암은 선종 계열, 표훈사는 의상 계열의 표훈이 개창했기에 화엄종 계열, 발연사는 유가종(법상종) 계열이었다. 마하연은 분황종(원효종) 왕륜사의 금상 주조를 주도한 거빈巨貧과 교광皎光이 마하연과 관련을 맺은 점으로 보아 분황종 계열로 보인다. 그러하니 금강산은 선종의 지배력이 강했다.

정양사는 담무갈도량, 유점사는 53불佛도량 내지 문수도량, 보덕굴은 관음도량, 발연사는 미륵도량이었다.[189] 금강산을 대표하는 신앙은 원래 담무갈

---

187) 『고려사』권39 및 『고려사절요』권26, 공민왕 5년 10월. 三撒은 대개 北靑(北靑州)에 비정되고 있다. 한편 『고려사』권39, 공민왕 5년 5월조에 기철, 권겸, 노책이 謀反하다가 伏誅되었다고 되어 있지만 그들이 반역을 행동으로 실천했는지는 확실하지 않다. 공민왕은 그들의 권세가 너무 커지자 위협을 느껴 그들이 반역을 실천으로 옮기기 전에 선수를 친 것으로 보인다. 기황후의 오빠인 기철 등의 권력이 공민왕의 왕권에 위협으로 작용한 것은 사실이었기 때문에 공민왕으로서는 자신의 왕권을 지키기 위해 기철 등을 미연에 제거했다고 볼 수 있다.

188) 『고려사』권41, 공민왕 18년 7월과 8월 ; 『고려사』권132, 叛逆傳, 辛旽.

189) 17세기에 李景奭이 표훈사를 찾았을 때 이 사찰의 正堂(金堂)은 이름이 '般若'인데 曺友仁이 書했고, 堂上 佛座는 向西해 小金佛을 木作窟形의 中에 안치했고, 東僧堂 이름은 寂照이고 西禪堂 이름은 靜慮인데 韓石峯의 筆跡이고, 南에 門樓가 있고, 般若堂 後에 一小堂이 있고 層階上에 曇無竭金佛 一軀가 있어 合掌해 坐한데 長이 一丈이며, 좌우에 羅漢이 나열해 있다고 했다(『白軒先生集』권10, 楓嶽錄, 「登正陽寺歇惺樓 望一萬 二千峯」). 표훈사가 정전을 담무갈 봉안의 반야당(반야전)이라 한 것으로, 바로 위의 정양사가 모시는 담무갈이 금강산을 대표한 영향을 받았다고 하겠는데 그러한 구조가

신앙이었다가 나중에 53불·문수 신앙이 더해져 서로 쌍벽을 이루었다. 유점
사 53불 설화에는 석가불 신앙과 문수 신앙이 담겨 있었다. 정양암에는
법기(담무갈)보살상이 모셔졌다.

　정양사에는 신라 혹은 통일신라 제작의 석조여래좌상과 통일신라말기
혹은 고려초 제작의 4각 삼층석탑과 고려초기 제작의 6각 석등이 남아
있으니 이 사찰의 개창 시기는 통일신라시대까지 거슬러 올라갈 수 있다.
그런데 이 사찰은 조선시대 유람 기록을 보면 중심축이 석등－석탑－약사전
－반야전으로 나타나며, 약사전에 석조불상이 앉아 있고 불화가 그려져
있다고 되어 있다. 이른바 약사전에 석조여래좌상이 석조 육각대좌에 앉아
있는데 통일신라기 작품으로 평가되고 있다. 1525년 찬술「유금강서遊金剛序」
(작자 미상)에 정양사 약사전이 6면으로 결구되고 벽에 오도자가 그렸다는
40불상이 있고 육각전 뒤(앞의 착오)에 탑이 있다고 묘사되어 있으며, 권계權
啓는 1607년「정미동유록기丁未東遊錄記」에서 정양사에 담무갈의 전각이 있고
약사전은 육면에 불화가 있다고 했다.[190] 정엽鄭曄은 무오년(1618, 광해군
10)에 금강산을 유람해 정양사에 들어갔는데 이 사찰의 뒤에 나옹부도懶翁浮圖
가 있고 육면각六面閣이 당전堂前에 있다고 했다.[191] 구사맹은 16세기 후반(임
진왜란 직전)「정양사」시에서 "일산一山 정맥正脈으로 지형이 높아 여조麗祖
(고려태조) 당년當年에 창건했네, … 육면六面으로 전殿을 짓느라 힘썼거늘
말이 없네"라고 했고, 세주에 이 절은 여조麗祖가 창건했고 원조元朝가 하사한
금번錦幡 삼각三脚이 있고 법당法堂(금당에 해당) 앞에 육면약사전六面藥師殿이
있는데 역시 원제元帝가 지은 것으로 지극히 정교精巧하다고 했다.[192] 17세기
이경석은 정양사가 방광대放光臺 아래에 자리하는데, 정남향正南向 전殿 앞에

　　이미 고려시대에 생겨났을 수도 있다. 정양사가 원래 표훈사의 부속 암자였다가
　　독립했을 가능성도 있다.
190)　강병희,「정양사 약사전의 건축사적 변천」『건축역사연구』12-3(통권35), 2003.
191)　『守夢先生集』권3,「金剛錄」.
192)　『八谷先生集』권1,「正陽寺」. 구사맹은 그 행장과 신도비에 따르면 慶州府尹을 역임하고
　　나서 己丑(1589, 선조 22) 春에 江原道에 出按하고 庚寅 夏에 左承旨에 임명되니 이
　　「정양사」시는 1589년(선조 22) 봄~1590년 여름에 지은 것으로 여겨진다.

육면약사전六面藥師殿이 있어 석불石佛 일구一軀를 안치하고 벽상壁上 육면六面에 그림이 있는데 승배僧輩가 말하기를 오도자吳道子 화畵라고 하고, 불전佛殿 전정前庭에 오층부도五層浮屠(오층탑)가 있고 불전후벽佛殿後壁에 나옹영자懶翁影子를 걸었다고 했으며, 또한 석상石像으로 약사藥士가 있고 육면六面에 벽화를 그렸다고 했다.193) 17세기 이은상李殷相은 정양사에 들어가 먼저 법당法堂(금당에 해당)을 구경하고 나서 약사전藥師殿을 구경했는데, 약사전은 전우殿宇 육면六面이 매우 가지런하고, 안에 석불石佛로 이른바 약사상藥師像을 안치했고, 좌左에 채화彩畵 사십구四十軀가 있는데 오도자吳道子가 그린 것이라 한다고 했다.194) 허균은 선조말엽(17세기초)에 금강산 정양사에 들어가 「팔각전八角殿에서 화불畵佛을 보며」 시를 지었는데, 이 불화는 묘법妙法이 진실로 사랑스러워 모두 이르기를 오도현吳道玄 작품이라고 하는데 오도현(오도자) 작품이라 함은 믿을 수 없지만 신라 때 것이라고 했다.195) 김창협이 신해년(1671, 현종 12) 중추仲秋(8월)에 금강산을 유람해 정양사에 들어가 이른바 팔각전八角殿을 구경했는데 규제規制가 심히 기이하고 사벽四壁에 모두 불화가 그려져 있어 세전世傳에 오도자吳道子 화畵라고 하지만 옳지 않다고 했다.196)

이처럼 정양사 '약사전'의 형태에 대해 조선시대 유람객은 육면(육각) 혹은 팔각이라 묘사했다. 채지홍은 18세기초 경신년庚申年에 금강산을 유람해 정양사를 찾았는데, 제작이 지극히 교묘巧妙한 육면각六面閣이 있건만 고인古人에게 팔각八角이라 칭해지는 경우가 많다며, 어찌 혹 고古에 팔八이고 금今에 육六일까, 아니면 기자記者의 오류일까라고 했다.197) 이 '약사전'이 중창을 거치면서 육각 혹은 팔각으로 변했을 수도 있지만 원래는 육각형 건물이었을 것이다. 왜냐하면 북한에서 육각형 건물로 복원했는데 육각

---

193) 『白軒先生集』 권10, 詩稿, 楓嶽錄, 「登正陽寺歇惺樓 望一萬二千峯」 및 「楓嶽行」.
194) 『東里集』 권5, 詩.
195) 『惺所覆瓿稿』 권1, 詩部一, 楓嶽紀行, 「正陽西樓」·「八角殿看畵佛」.
196) 『農巖集』 권23, 東游記(金昌協).
197) 『鳳巖集』 권13, 東征記[庚申](蔡之洪).

기단에 바탕해 복원한 것으로 보이기 때문이다. 무엇보다도 내부에 석조여래좌상이 육각대좌에 앉아 있고 외부에 육각 석등이 서 있기 때문이다. 강원도 화천 계성리啓星里 절터에서 고려전기 육각형 건물(금당) 터가 발굴되었는데 계성사啓星寺의 유구로 보고 있다.[198] 최사위 묘지명에 의거하면, 고려 현종 무렵에 활약한 최사위가 창립創立 혹은 수영修營한 사사寺舍와 궁宮이 15곳이었는데 그 중에 낭천군狼川郡(화천) 개통사開通寺·계성사啓星寺와 개차근산皆次斤山(금강산) 정양사正陽寺가 포함되어 있었다. 최사위가 금강산 정양사를 중수한 것이고, 또한 낭천(화천) 계성사를 창건 혹은 중수한 것이었는데 두 사찰은 육각형 건물을 지녔다는 공통점이 있다.

금강산 정양사는 반야 내지 반야경을 상징하는 담무갈(법기)보살을 모신 사찰이었고 반야는 육바라밀六波羅蜜의 하나이니[199] 그곳의 육각형 건물은 육바라밀의 상징으로 여겨지고 낭천 계성사의 육각형 건물도 그러했으리라 짐작된다. 정양사의 육각형 불전은 조선시대 이래 '약사전'으로 불려왔지만 그곳의 석조여래좌상이 항마촉지인降魔觸地印을 하고 약함을 손에 지니지 않았기에 석가여래로 여겨지니 '약사전'은 원래 명칭이 아니었다. 이 육각형 불전의 원래 명칭은 '육바라밀전六波羅蜜殿'이라 추정하고 싶다. 그렇다면 정양사는 석가여래를 봉안한 육바라밀전과 담무갈보살을 봉안한 반야전의 두 정전(금당)으로 이루어진 가람이었고, 육바라밀, 특히 반야바라밀을 강조한 가람이었다고 할 수 있다.

원간섭기에 중창된 장안사의 배치는 당시 불교경향에 대해 시사하는 바가 많다. 정전에는 부처가, 선禪室에는 보살이, 해장궁海藏宮에는 부처와 보살이 모셔졌다. 정전에는 비로자나毗盧遮那와 그 좌우의 노사나盧舍那·석가문(석가모니)이 중앙에 자리하고 만오천불萬五千佛과 오십삼불五十三佛이 그 주위를 둘러쌌으니, 비로자나와 노사나와 석가문이 삼존불 내지 삼신불三身佛로 핵심이고 그중에서도 비로자나가 주존이었다. 만오천불은 기달산에 만이

---

198) 화천 계성리사지(한국고고학저널 : 문화재청 문화유산지식 e음).
199) 六波羅蜜은 布施, 持戒, 忍辱, 精進, 禪定, 般若 波羅蜜이다.

천 권속眷屬이 머문다는 60권 화엄경의 내용으로 인해 금강산 봉우리가
만이천으로 설정된 데에다가 삼천불 신앙이 덧붙여져 생겨난 것이 아닐까
싶다.200) 선실禪室에는 천수천안관음, 문수, 보현, 미륵, 지장이 모셔졌는데,
이 보살들은 수도하는 승려들의 지침이었을 것이다.201) 선실에 천수천안관
음이 모셔진 것은 자비와 구제의 표상인 그를 본받으려 한 점이 작용했겠지만
형태로 보아 밀교 내지 라마교의 영향으로도 보인다. 또한 관음이 선실에
모셔진 것은 고려말기에 제작된 선정禪定에 든 관음 불화의 사례202)가 보여주
듯이 관음이 참선의 지도자로도 인식되었기 때문일 것이다. 문수와 보현,
미륵과 지장은 짝을 이루는 경향이 반영되었을 것이다.

장안사 해장궁海藏宮은 해장海藏(용장龍藏) 즉 장경藏經을 위한 공간인데
이곳에 아미타阿彌陁, 오십삼불五十三佛, 법기보살法起菩薩이 노사나盧舍那를 익
翊하는(보좌하는) 구조로 장경藏經과 더불어 모셔졌다. 노사나불은 화엄경의
주존이니 화엄경이 대장경의 대표격으로 간주된 것이었다. 아미타불이 해장
궁에 모셔진 것은 그가 과거 구원겁久遠劫 전에 국왕으로 재임하다가 세자재
왕여래世自在王如來의 설법을 듣고 출가해 '법장法藏'이라는 사문(비구)이 되어
48대원大願을 내고 그 들은 바의 교법敎法을 호지護持해 취집聚集했다는 이야
기203) 때문으로 보인다. 금강산을 상징하는 법기보살 즉 담무갈보살도 해장

---

200) 김민구는 앞의 논문에서 장안사 정전에 53불상이 1만5천불과 함께 배치된 것은
53불과 만5천불이 결부된 三階敎의 7階禮佛法과 관련이 있다고 보았다.
201) 문수와 보현은 비로자나의 협시보살이자 석가의 협시보살이면서 차례대로 지혜와
行願을 상징해 승려의 표상이 되고 특히 문수는 승려의 지도자로 인식된 점, 미륵과
지장은 특히 유가종에서 숭배하지만 자비로 구제하는 존재여서 종파를 초월해 인기를
끌었고, 특히 지장은 승려 형태로 조성되듯이 나한 내지 승려의 이상적인 화신이면서
아미타삼존에서 대세지보살을 밀어내 아미타삼존의 하나를 차지할 정도로 그 신앙이
유행한 점이 작용했을 것이다.
202) 일본 개인 소장의 관음보살도(동국대 박물관, 『동국대학교 국보전』, 2006, 21쪽).
달마대사처럼 명상에 잠긴 듯한 관음으로 선종계 도상의 영향을 받은 듯하다고
했다. 통천군 답철면 화장사의 5층석탑 밑에서 발견되었다고 전하는 금동관음보살좌
상(도록『국립춘천박물관』, 2002)도 선정인을 한 채 명상에 잠겨 있는 모습으로
앞의 관음보살도와 형태 및 분위기가 비슷해 유사한 계열로 보인다.
203) 『불광사전』「法藏」;『무량수경』. 무량수불 즉 아미타불은 法藏 비구와 法藏 보살을

궁에 모셔졌는데 담무갈이 반야경의 설법사說法師이므로 이 공간에 어울리는 배치였다. 선종 사원인 장안사에 불교경전을 봉안하기 위해 독립된 주요 건물이 조영된 것은 당시 선종이 경전도 중시했음을 시사한다. 해장궁의 경전 중에 화엄삼본華嚴三本과 법화팔권法華八卷은 금서金書였으니 화엄경과 법화경이 선종에서 선호되었음을 알 수 있다. 53불이 정전과 해장궁에 모셔졌으니 유점사에서 유래한 53불이 금강산 일대에 퍼졌음을 말해준다. 53불은 석가불이고 법화경의 주존이 석가불이니 역시 해장궁에 어울린다.

선종 사원인 장안사의 선실禪室에 관음이, 해장궁에 아미타불이 모셔지고, 선종 사원인 보덕굴에 관음이 모셔진 것은 의미가 크다. 선종은 타력他力을 경시하고 자력自力을 중시하는 입장임에도 타력에 기대는 관음보살과 아미타불 신앙을 받아들였기 때문인데, 선종도 관음 신앙과 아미타불 신앙의 유행에 부응해야 했던 것이다. 특히 보덕굴은 선종이 고려 초·중기에 이미 관음 신앙을 일정하게 수용했음을 알려준다. 법장法藏이 출가해 비구가 되어 48대원을 실천해 아미타불이 되었다는 이야기, 『관무량수경』에 담긴 16관법觀法이 선종의 참선과 통하는 면이 있는 점, 선종이 염불선念佛禪을 통해 미타·관음과 관련된 염불신앙을 받아들이는 경향이 있던 점은 선종이 미타·관음 신앙을 수용한 배경으로 작용했을 것이다.

유점사의 핵심 신앙은 53불佛과 문수보살이었다. 민지閔漬 기문에 따르면, 문수대성이 불佛(석가)의 유촉遺囑을 받고 불佛 멸도滅度 후 화성化城에 머물던 중에, 불佛을 보지 못한 삼억가三億家에게 불상을 주조해 공양하도록 권해 그들이 만든 불상 중의 우수작품 53개를 골라 종鍾 안에 넣어 배에 띄워 보내며, "아본사我本師 석가釋迦 오십삼상五十三像이 인연이 있는 국토國土에 가서 거주하면 아我(문수) 역시 그 거주하는 곳을 따라 설법해 말세중생末世衆生을 도탈度脫시키겠다"고 축원했다고 한다. 또한 민지의 기문에, 이 산(금강산)은 본래 대성大聖 담무갈曇無竭 진신眞身의 주처住處로 이름이 대경大經(화엄경)에 기재되어 있어 실로 천하의 명산名山이며, 이 불佛(53불) 역시 문수대성

거쳐 成佛했다고 한다.

文殊大聖이 주조한 상像으로 멀리 천축天竺에서부터 이 산에 와서 거주하게 되었다고 한다. 야운野雲의 유점사기발楡岾寺記跋(민지 기記에 대한 발문跋文)에는, 금강산은 대성大聖 담무갈曇無竭이 상주常住 설법說法하는 곳이고 유점사楡岾寺는 범해泛海하여 서쪽에서 온 '오십삼五十三 석가금상釋迦金像'이 자점自占해 내주來住한 곳이라고 했다. 유점사 53불은 석가모니를 보지 못한 사람들을 위해 만들어졌다는 이야기와 '아본사我本師 석가釋迦 오십삼상五十三像', '오십삼五十三 석가금상釋迦金像'이 시사하듯이 석가의 53개의 다양한 모습을 형상화한 것으로 이 절의 금당에 주존으로 봉안되었다고 여겨진다. 이러한 설화로 인해 금강산은 유점사를 중심으로 53불과 문수보살의 거처로 신앙되었다.

유점사의 53불은 그 연기설화에 따라 과거의 마지막 부처 내지 현재 부처인 석가모니의 여러 모습을 53으로 구현한 것으로 보인다. 유점사의 53불은 곧 석가모니를 의미하기에 정전의 주존으로 모셔졌는데,[204] 이 절의 53불이 여래상, 보살상, 동자상, 탄생상 등 다양한 모습으로 구성된 것[205]은 석가의 생애와 그 전생前生을 구현한 것이라고 볼 수 있다. 장안사의 53불은 『관약왕약상이보살경』과 『무량수경』에 따른 과거불을 봉안한 것일 가능성도 있으니, 정전의 53불은 석가불 이전의 과거불을, 해장궁의 53불은 무량수불 이전의 과거불을 의미한 것일 수도 있다.[206]

---

204) 鄭樞가 「유점사」 시에서 '能仁'이 乾竺(天竺)에서 이르고 護法이 月氏에서 왔다고 했으며 (『원재집』 상권), 남효온의 「遊金剛山記」(『추강집』) 및 『신증동국여지승람』 권45, 고성군 불우에 따르면 유점사의 大殿은 '能仁殿'이었다. 대개 능인은 석가불을, 능인전은 석가불을 모시는 전각을 지칭한다. 유점사 大殿(正殿)을 能仁殿이라 하며 能仁 즉 석가를 주존으로 모신 것이니, 유점사의 금당 능인전에 주존으로 모신 53불이 곧 能仁(석가)임을 말해준다.

205) 김민구의 앞의 논문에 따르면, 유점사 53불에서 1912년 이전의 것이 확실한 50구는 통일신라 것이 여래상 38구, 보살상 5구, 僧像 1구로 도합 44구이고 고려시대의 것이 여래상 2구, 탄생불 1구, 보살상 2구, 동자상 1구로 도합 6구였다. 단, 김민구는 유점사 53불이 석가모니를 단일한 주제로 삼아 조성한 존재가 아니라 석가모니와 관계된 존재로 이해하고 『觀藥王藥上二菩薩經』과 『觀虛空藏菩薩經』에서 유래를 찾았다. 또한 그에 따르면, '53'이라는 수는 한 해를 구성하는 週의 횟수로 인도 曆法에서 유래했다. 中吉功은 유점사 53불이 『佛說觀藥王藥上二菩薩經』의 53불에서 기원했다는 설도 있지만 경전에 附會한 것이라고 했다. 「楡岾寺小金銅仏」 『新羅·高麗の佛像』(增訂版), 二玄社, 1973.

최해는 금강산 53불 이야기에 대해 비판적 시각을 견지했다. 그는 자신이
쓴 '송승선지유금강산送僧禪智遊金剛山 서序'에서 근래 보덕암승普德菴僧(보덕굴
승려)이 찬술한 금강산기金剛山記를 가져와 보이길래 읽어보니 모두 불경不經
하고 허탄虛誕한 설說이라 하나도 믿을 만한 것이 없었으며, 불금상佛金像
오십삼구五十三軀가 서역西域으로부터 부해浮海해 한평漢平(한漢 평제平帝) 원시
사년元始四年 갑자甲子(서기 4)에 산(금강산)에 이르자 절을 세웠다고 했는데
대단히 가소可笑롭다고 했다.207) 반면 이곡과 정추는 53불 이야기를 수용했
다. 이곡의 「동유기」에는, 외산外山(외금강)의 동남에 위치한 유점사楡岾寺에
대종大鍾과 오십삼불동상五十三佛銅像이 있는데, 사람들이 말하기를, 신라 때
에 오십삼불五十三佛이 이 종鍾을 타서 서천축西天竺으로부터 범해泛海하여
고성高城 해안에 정박했다가 유점楡岾에 이르러 머물렀다고 한다며, 고성高城
남쪽의 게방憇房(게방촌憇房村)으로부터 60리를 올라가면 유점楡岾에 이르게
된다고 했다. 정추鄭樞는 열산列山(烈山)에서 금강산 유점사楡岾寺로 가려고
구령狗嶺을 넘으면서 시를 지었는데 53불과 관련된 '구령狗嶺'과 '노준정盧偆井
(盧偆井)'을 언급했다. 또한 유점사에 도착해 '유점사楡岾寺' 시를 지었는데
신라 때 노대수盧大守(노준)가 지은 사찰로 원 황제가 사액賜額하니 황은皇恩이
무겁고 제비題碑하니 성덕聖德이 너그럽다고 읊었으며, 황원皇元이 '대보덕수
성사大報德壽聖寺'라 사액賜額했고 가뭄을 만나는 경우 절의 종鍾에 물을 부으면

---

206) 『觀藥王藥上二菩薩經』에는 藥上菩薩이 '過去五十三佛'의 이름을 普光佛(燃燈佛)부터 一
切法常滿王佛까지 부르자 '過去七佛' 중의 毘婆尸佛부터 迦葉如來까지 6불이 차례로
찬탄하며 五十三佛 이름을 듣거나 부르면 구제받는다고 했으며, 석가모니불(과거칠불
의 마지막 불이자 현재불)이 대중에게 말하기를 자신도 妙光佛 末法 中에 出家해
五十三佛 이름을 듣고 他人에게 聞持하도록 가르치니 그 他人이 서로 전해 三千이
成佛해 過去 千佛, 賢劫 千佛, 星宿劫 千佛이 되고 十方現在 諸佛善德如來들도 일찍이
五十三佛 이름을 들었기 때문에 成佛했다고 했다. 『무량수경』에는 '五十三佛'이라는
용어는 없지만 錠光如來(燃燈佛)부터 處世如來까지 53명의 부처가 53불을 구성하며
그 다음에 世自在王如來를 거쳐 무량수불(법장비구)로 이어진다. 장안사 정전은 비로
자나불과 노사나불과 석가모니불의 三身을 중앙에 모셨기에 과거 칠불(석가를 빼면
육불)을 통해 석가불과 연결되는 53불을 모셨을 수도 있고, 해장궁은 아미타불을
모셨기에 世自在王如來를 통해 아미타불과 연결되는 53불을 모셨을 수도 있다.
207) 『졸고천백』 권1, 送僧禪智遊金剛山序.

408

비가 내린다고 했다.208)

고려말기에 승려들은 금강산을 순례함은 물론 이곳에 거처하기를 좋아했 는데, 특히 선승禪僧 나옹 및 그와 관련된 승려들이 그러했다. 인도승려 지공指空은 인도에서 원을 거쳐 태정泰定 3년(1326, 충숙왕 13) 3월에 고려 왕경(개경)에 도착해 설법하다가 금강산에 갔고 이해 4월 하순에 그 산에서 개경으로 돌아왔다.209) 그는 고구려(고려)에 유람해 금강산 법기도량을 예배했다고 한다.210) 그는 반야경과 문수보살 신봉자였으니 반야의 화신인 법기(담무갈)보살과 문수보살·53불 성지인 금강산 순례가 그의 고려 방문의 주된 목적이었다고 볼 수 있다.

나옹 혜근은 공덕산에 들어가 출가하고 회암사에서 참선하다가 중국(원) 에 들어가 지공指空에게 배우고 평산에게 인증받더니 무술년(공민왕 7) 봄에 고려로 돌아와 평양, 동해 등을 편력하고 경자년(공민왕 9)에 대산臺山(오대 산)에 들어가고 신축년(공민왕 10) 겨울에 상上의 부름을 받아 개경으로 들어갔다가 신광사와 구월산을 거쳐 을사년(1366, 공민왕 14)에 개경으로 들어가고 용문산과 원적산元寂山을 유람하고는 병오년(공민왕 15) 3월에 금강산에 들어가 정양암正陽庵에 주석했으며, 정미년(공민왕 16) 가을에 청평 사淸平寺에 주석했고 기유년(공민왕 18)에 대산臺山(오대산)에 다시 들어갔 다.211) 나옹은 금강산에 머물고 있던 때에 진헐대眞歇臺(정양사 소속)를 주제

208) 『원재집』 상권, 詩, 「楡岾寺[皇元賜額大報德壽聖寺]」. "楡岾新羅寺 峯攢水屈盤, 肇基盧大守 雋起廢鄭中官[米薛里承旨], 賜額皇恩重 題碑聖德寬, 能仁乾竺至 護法月氏來, 烏啄[井名]寒 泉食 龍移寶殿開, 木魚懸撥刺 鐵鳳立氃氋, 茗椀留僧話 松窓抱佛眠, 灌鍾聞降雨[寺有鍾 遇旱 灌之卽雨] 繞塔覺撐天, 竹色黃昏後 溪聲翠密中, 周妻捐未得 慙愧徑山風". 유점사는 조선 崇禎紀元後庚申에 지은 「金剛山大聖壽報德寺香火事蹟記」(『유점사본말사지』)에 는 '大聖壽報德寺'로 표현되었다. 한편, 제주의 건입포 東岸에 자리한 萬壽寺(『신증동국 여지승람』 제주목 불우)도 원간섭기에 원황제의 萬壽를 기원해 원황제로부터 賜額받 은 사찰로 여겨진다.
209) 『指空和尙 禪要錄』(허흥식, 『고려로 옮긴 인도의 등불』, 일조각, 1997).
210) 『목은문고』 권14, 지공부도명. 지공은 법기(담무갈)보살의 常住處라는 정양사에 들렀 을 것이다.
211) 『나옹록』 나옹화상 行狀 ; 회암사 선각국사 비문.

로 시를 읊었고,[212] 보덕굴 관음에 예배해 시를 읊었다.[213] 『한국금석전문』
에 따르면 금강산 정양사正陽寺에 '삼한계조나옹지탑三韓繼祖懶翁之塔'이 세워졌
다. 나옹의 제자 각지覺持의 우왕 11년 발언에 따르면, 나옹의 연도燕都 개당開
堂 때에 원 황제가 하사한 가사袈裟 1벌과 마노불瑪瑙拂(마노불자) 1개가 금강
산 정양사에 있었고, 나옹의 제자 지림志林도 금강산에 거처했다.[214]

　조선 17세기에 윤선거가 금강산에 들어가 '나옹애상묘길상懶翁崖像妙吉祥'을
구경했다.[215] 조선초 남효온의 금강산 유람에 따르면, 금동金同(김동)은 려麗
(고려) 때 부인富人으로 평생 불佛에 아첨해 안양암安養庵 앞 심연深淵인 '울연鬱
淵' 상上에 암庵을 짓고 바위마다 불상佛像을 새기고 공불供佛 재승齋僧하고
미타米馱가 개경開京에 연속連屬했는데, 금강산을 찾은 지공指空이 금동金同을
외도外道라 하고 마하연에 들어가자 뇌우雷雨가 발생해 금동사金同寺가 수석水
石의 난격亂擊을 받아 금동과 이 사찰의 불佛·종鍾·승僧 등이 동시에 울연鬱淵에
함입陷入되었다고 하며, 울연 상上 리里 쯤에 금동사金同寺 터가 있다고 했
다.[216] 18세기에 김귀주金龜柱가 금강산에 들어갔는데 표훈사 승려가 말하기
를 배점령拜店嶺 꼭대기에 옛적에 금동거사金同居士가 암庵을 지어 사법詐法으
로 무학·나옹·지공의 원불願佛인 묘길상妙吉像을 넘어뜨리려고 하다가 석사
봉石獅峯과 화룡봉火龍峯과 석마봉石馬峯의 공격을 받아 암庵과 함께 명연鳴淵에
떨어졌다고 했고, 김귀주가 마하연摩訶衍으로부터 2리를 가서 이른바 묘길상

---

212) 『나옹록』「眞歇臺」. "眞歇臺中景幾般 群巒皆向此中間, 臺前臺後淸風拂 陰薄陰濃永日閑,
　　衲子雙雙來又去 靈禽兩兩去猶還, 幽岩宴坐通無礙 水色山光洗膽寒".
213) 『나옹록』「禮普德窟觀音」. "千岩洞裡獨嚴尊 奪夜光明日月昏, 度水穿雲來禮見 果將慈釰動
　　乾坤".
214) 묘향산 안심사 석종비. 今上(우왕) 守位 11년 5월에 覺持가 香山으로부터 개경에
　　와서 말하기를, 香山은 보현보살 住處로 金剛諸山과 並稱된다고 했으며, 志林이 金剛山
　　에, 勝明이 치악산에, 覺明이 소백산에, 覺寬이 사불산에, 志先이 용문산에, 勝哲이
　　구룡산에, 覺淸이 香山에, 妙覺은 舊基에 머무는데 스승 나옹의 法服이 鎭하는 곳이라고
　　했다. 한편 「懶翁和尙戒牒」과 「懶翁和尙袈裟」가 유점사에 봉안되어 있었다고 한다.
　　사찰문화연구원, 『북한사찰연구』, 사찰문화연구원 출판부, 1993, 122~123쪽.
215) 『魯西先生遺稿』續卷3, 雜著, 「巴東紀行[甲辰]」.
216) 『秋江集』 권5, 遊金剛山記.

妙吉像을 보았는데 이는 나옹원불懶翁願佛이라고 했다.[217] 18세기에 진재眞宰 김윤겸이 금강산의 '묘길상妙吉祥'을 그림으로 그리고 옆에 만사漫寫하여 '대옹 岱翁'을 받든다고 했는데, 금강산 '묘길상'을 '대옹岱翁' 즉 중국 대주岱州 오대산 의 노승형老僧形 문수보살로 인식한 것이었다. 이것들은 조선시대 사례이지 만 지공과 나옹이 묘길상妙吉祥 즉 문수보살을 숭배해 금강산에 문수 신앙을 고양했음을 알려주며, 만폭동 마하연 근처의 이른바 '묘길상' 마애상이 문수 보살임을 시사한다.

이색의 기문에 따르면, 나옹이 입적入寂한 후에 그를 기리기 위해 지은 윤필암潤筆菴이 7곳이었다. 금강산 선주암善住菴은 옥봉은 있지만 사람이 없는 지 30년에 가까웠거늘 보제普濟(나옹)가 일하一夏 동안 거처하며 돌을 쌓아 대臺를 만들어 중봉衆峯을 굽어보니 사람들이 일컫기를 '나옹대懶翁臺'라 했는 데, 나옹이 천하에 유游하며 산천을 편관徧觀하고 금강산에 들어와 봉방蜂房처 럼 많은 암거菴居 중에서 유독 이곳에 결제結制한 것은 반드시 취한 것이 있었기 때문이라 한다. 지림志林·찬여粲如·지옥志玉·신원信元·각봉覺鋒이 나옹 을 치경致敬하기를 도모해 그 상상(초상)을 드리워 조석朝夕으로 향화香火하고 반승飯僧 15인하고 불사佛事를 일으켜 좌선坐禪하며 오도悟道를 구求하여 사람 들이 모두 나옹이 되고자 분주奔走하고 틈나면 오직 화두話頭만을 생각해 놓지 않았다고 한다. 그러다가 지금 집기什器 부족으로 인해 경京(개경)에 와서 연화緣化하고 또한 옥벽屋壁에 걸어둘 기記를 구하니 이색이 기미년 (1379, 우왕 5) 윤5월에 기문을 찬술했다.[218] 나옹이 금강산 선주암에 거처했 고 이를 기념해 지림志林·찬여粲如·지옥志玉·신원信元·각봉覺鋒 등 제자들이 '윤필암潤筆菴'으로 개조해 나옹 초상화를 걸어놓고 참선하며 수행했던 것이

217) 『可庵遺稿』권17, 東遊記. 金同은 반야와 문수보살을 중시하지 않는 경향을 지녔던 것으로 보이는데 유가법상종의 미륵 신앙을 지녔지 않나 싶다. 지공의 승리와 金同의 패배 설화는 지공과 나옹으로 인해 금강산 불교에서 반야와 문수가 확고한 우위를 점하게 되었음을 시사한다.

218) 『牧隱文藁』권2, 金剛山潤筆菴記. 이 나옹 제자들은 坐禪千日會를 이미 去歲 3월 3일에 시작했는데 끝나면 다시 시작한다고 했다.

다. 나옹의 제자 무학無學(자초自超)도 임오년(1402, 조선 태종 2) 5월에 태종의 명령으로 회암사에 들어갔지만 다음해 정월에 금강산에 들어가 진불암眞佛菴에 거처하다가 을유년(1405, 태종 5) 4월에 금장암金藏菴으로 옮겼고 그해 9월 11일에 이곳에서 세상을 떴다.[219]

나옹의 주된 활동 무대는 오대산과 금강산이었고 금강산에서는 특히 그 정맥正脉에 위치한 담무갈도량인 정양사였다. 이로 보아 정양사는 선종사원이었고 나옹은 담무갈 신앙을 지녔다고 생각하는데 담무갈이 반야 공空의 화신이고 선종에서도 반야 공空을 중시했으므로 나옹도 담무갈 신앙을 이용해 수행하고 설법하지 않았을까 싶다. 나옹의 이러한 경향은 반야경과 문수보살을 중시한 스승 지공으로부터 영향을 받았을 것이다. 나옹의 제자들은 나옹이 거처했고 그 유품이 남아 있는 금강산을 나옹의 성지로 여겨 순례하거나 거처했다.[220]

고려말기에는 원이 금강산에 영향력을 행사하면서 장안사, 유점사, 표훈사, 보현암, 도산사 등의 사례처럼 원 황실·관료가 금강산 사원의 중창이나 창건이나 운영을 후원하는 경향이 강했다. 장안사가 금강산의 도회都會였는데, 쌍성총관 조림이 도산사都山寺를 창건해 그러한 역할을 침식해 금강산 사원에 재물을 뿌려 금강산 사원을 지배하려 했다. 금강산 일대는 고려와 쌍성총관부가 대립하는 요충지였다. 금강산이 신돈 집권기에 삼소三蘇의 하나로 떠오른 것[221]도 그러한 배경이 작용했을 것이다. 삼소 경영은 정지되

219) 『春亭先生續集』 권1, 朝鮮國王師妙嚴尊者塔銘. 금장암은 신라양식의 사자탑과 석등을 지니고 있어 고려시대, 나아가 나말여초에 이미 존재했을 가능성이 크다. 이 탑의 기단부에 4마리의 돌사자로 둘러싸인 가운데에 智拳印을 한 채 앉아 있는 인물석상은 승려형 문수보살로 추정된다.

220) 한편, 화엄 승려이면서 선종을 배운 千熙도 辛亥年(1371, 공민왕 20)에 金剛山에 遊했다가 그 가을에 치악으로 돌아왔다(贈諡 진각국사 碑銘).

221) 공민왕이 18년 7월 갑진일(12일)에 下敎하기를, 옛적에 태조가 매양 四仲年을 맞이할 때마다 三蘇에 巡駐했으니 자신도 장차 평양에 幸하고 금강산에 巡하고 충주에 駐駕하리라고 했다. 이에 앞서 신돈이 비밀리에 시중 이춘부로 하여금 충주에 移都하기를 요청하자 왕이 노하니 松京이 濱海에 위치해 海寇가 두려울만하다고 신돈이 托言함에 이 명령을 내린 것이었다. 이 명령에 따라 民을 징발해 除道함에 禾穀을 많이 손상했고

었지만 금강산이 국토의 세 축의 하나로 거론될 정도로 위상이 높아져 있었다. 고려가 쌍성지역을 정벌할 때 쌍성총관부의 관원 이자춘이 내응했으니 그 아들 이성계도 동참했을 것이다. 이후 이성계는 고려에서 출세를 거듭하다가 위화도에서 회군해 권력을 장악했다. 이성계와 그 세력은 다음 장에 언급하듯이 금강산에 사리를 봉안하면서 미륵하생과 왕조개창을 기원한다.

맺음말

양주(양양) 낙산사는 화엄 의상 혹은 그의 제자가 화엄 전파를 위해 개창한 사찰로 여겨진다. 이 사찰은 관음보살이 상주한다는 곳으로 믿어지고 의상과 원효의 연기설화가 전해져 사람들이 관음을 체현하고자 즐겨 찾았다. 영랑호는 영랑을 포함한 사선四仙의 유람지로 간주되었다. 고성 삼일포(삼일호)는 사선四仙이 노닐던 신선세계로 믿어지고 육자 단서丹書가 그 근거로 활용되었으며, 단서 근처 감실에 미륵상이 봉안되어 있었으니 사선 신앙과 미륵 신앙이 결합된 구조를 보였다. 통주(통천)의 경관과 신앙의 양대 중심은 금란굴과 총석정이었는데 금란굴은 관음이 상주한다는 곳, 사선봉과 총석정은 신선(특히 사선四仙)이 머물던 곳으로 인식되어 순례객과 유람객이 이어졌다.

금강산은 원래 상악霜岳, 풍악, 개골산 등으로 불리다가 불교경전에 담무갈(법기)보살이 거처한다는 곳과 연관 지어지면서 금강산이라는 명칭이 고려 후기에는 대세로 자리잡게 되었다. 개골산(풍악)은 신라 화랑이 즐겨 유람한 선산仙山이었는데 점차 불교의 세례를 받아 많은 사원이 건립되어 간다.

또 평양과 충주에 離宮 및 공주 魂殿을 지음에 儲峙供頓하느라 민이 심히 괴로워하니 判同天監事 陳永緖 등이 근래 태백성이 낮에 나타나고 흉년이 심하므로 靜하면 吉하고 動하면 凶하다고 하자 왕이 기뻐하며 이를 따랐다. 그래서 공민왕 18년 8월에 三蘇 巡駐의 논의를 정지했다. 『고려사』 권41, 공민왕 18년 7월 ; 『고려사절요』 권28, 공민왕 18년 8월.

고려시대 금강산에는 수많은 불교사찰이 존재했는데 내금강 지역의 장안사, 표훈사, 정양사, 보덕굴, 마하연 등의 사찰이, 외금강 지역의 발연수(발연사), 유점사 등의 사찰이 대표적이었다.

고려시대 금강산에서 장안사, 유점사, 보덕굴, 정양사, 송라서암, 보현암은 선종 계열, 표훈사는 화엄종 계열, 발연사는 유가종(법상종) 계열, 마하연은 분황종 계열이었으니 선종의 세력이 컸다. 금강산에 통일신라 때 표훈(의상 계통)이 표훈사를 건립해 금강산에 화엄을, 진표가 발연사를 건립해 유가유식을 심었지만 나말여초 이래 선종에게 밀린 것이었다.

담무갈 신앙의 중심인 정양사와 53불·문수 신앙의 중심인 유점사가 금강산 불교에서 두 핵심이었다. 보덕굴을 중심으로 하는 관음 신앙도 꽤 중요한 위상을 차지했다. 반면 미륵 신앙은 유가법상종 진표가 개창한 발연사가 기능하고 있었지만 그리 큰 비중을 차지하지는 못했다.

제7장
이성계의 금강산 미륵 불사

머리말

금강산에서 이성계 발원 사리갖춤이 발견되었는데, 이성계와 그 세력이 미륵하생을 기원하는 불사佛事를 금강산에서 거행한 내용이 담겨 있다. 이성계는 이 불사 거행 직후에 공양왕을 몰아내고 왕위에 올라 새 왕조를 개창한다. 고려시대 금강산은 담무갈(법기) 신앙, 53불佛·문수 신앙, 관음 신앙이 유행한 반면 미륵 신앙은 미약한 편이었는데, 갑자기 이성계와 그 세력이 금강산에서 미륵하생을 간절히 염원한 것이었다.

이곡은 「금강산장안사중흥비」에서, 금강산이 고려 동쪽에 있어 승경勝景이 천하에 이름날 뿐만 아니라 화엄경에 동북 해중海中에 금강산金剛山이 있어 담무갈보살曇無竭菩薩이 일만이천보살一萬二千菩薩과 더불어 반야般若를 상설常說한다고 했지만 동방인東方人은 이를 알지 못하고 '선산仙山'이라 일컬었다면서, 신라로부터 탑묘塔廟를 증식하니 선감禪龕이 가득 차게 되었다고 했다.[1] 금강산은 원래 '선산仙山'이라 했으니, 신라에서 신선 내지 화랑을 '미륵선화彌勒仙花'라 한 것[2]으로 보면 삼국시대와 통일신라 초기에는 풍악(금강산)에 신선 신앙, 미륵 신앙이 강했다고 여겨진다. 통일신라 때에는 유가법

---

1) 『稼亭先生文集』권6, 「金剛山長安寺重興碑」.
2) 『삼국유사』권3, 塔像, 彌勒仙花·未尸郎·眞慈師.

상종 진표가 미륵과 지장을 중시하더니 외금강에 발연수(발연사)를 건립했다.3) 그런데 고려시대에는 금강산에 정양사 중심의 담무갈 신앙, 보덕굴 중심의 관음 신앙, 유점사 중심의 53불佛·문수 신앙이 널리 깊숙이 퍼진 반면 미륵 신앙은 약화되었다.

그런데 이성계가 우왕과 최영의 명령을 거역하고 위화도에서 회군해 반란을 일으켜 권력을 장악하더니 공양왕 때 갑자기 금강산에 미륵하생 불사佛事를 일으켰으니 심상치 않은 일이었다. 이에 이 불사를 조명할 필요가 있는데, 먼저 이성계의 미륵 불사의 양상을 분석하고, 이어서 이성계 미륵 불사와 고려말 미륵 신앙을 고찰하려 한다.

1. 이성계의 미륵 불사의 양상

일제강점기인 1932년 12월에 금강산 월출봉의 화재방지를 위한 방화선 공사 중에 명문이 새겨진 이성계 발원 사리갖춤이 석함石函 속에서 발견되었다.4) 고려 공양왕 때 시중 이성계와 부인 강씨 등이 미륵하생을 기원하며 제작해 봉헌한 사리갖춤이 금강산 월출봉에서 발견된 것인데, 사리안유기에는 금강산 비로봉에 봉안한다고 되어 있다. 이성계와 그 세력이 금강산에서 미륵하생을 기원하는 불사佛事를 거행한 것이었다. 이 사리갖춤은 은제 탑모양 사리기 세트 2점, 동제 그릇 1점, 백자 그릇 4점(명문과 무명문 각 2점), 백자향로 1점, 은제 가느다란 도구 등으로 구성되었다.5) 여러 그릇과 그것에 새겨진 글을 소개하면 아래와 같다.6)

3) 「關東楓岳山鉢淵藪□□□眞表律師□骨藏□銘」.
4) 국립춘천박물관, 「강원으로 돌아온 태조 이성계의 염원」(전시회 팸플릿), 2009 ; 국립중앙박물관, 『사농공상의 나라 조선』(전시회 도록), 2010.
5) 서성호는 국립중앙박물관 큐레이터 추천 소장품 「이성계 발원 사리갖춤」 해설에서, 명문 없는 백자그릇은 명문 있는 백자 그릇을 덮은 뚜껑으로 보았다.
6) 국립춘천박물관, 「강원으로 돌아온 태조 이성계의 염원」(전시회 팸플릿), 2009 ; 국립

1. 경오년(1390,공양왕 2) 사리탑 세트 제작 :
   라마탑형 사리기 세트, 팔각탑형 사리기 세트

   〈은제도금 라마탑형 사리기舍利器〉
   〈은제도금 라마탑형 사리기의 원통은판 명문〉
   奮忠定難匡復變理佐命功臣 壁上三韓三重大匡 守門下侍中 李成桂
   三韓國大夫人康氏 勿其氏

   〈은제도금 팔각탑형 사리기〉
   〈은제도금 팔각탑형 사리기의 팔각은판 명문〉
   庚午三月日 造成舍利塔 奉持 衲子月菴
   施主 加伊氏安月 同知密直黃希釋 [朴氏福壽]
   樂浪郡夫人妙禪 康澤 江陽郡夫人李氏妙情 勝田宝德
   樂安郡夫人金氏 孝人希寬 □志 信南
   造 羅得富 李氏□龍 朴子靑
   / 領三司事洪永通 貞順宅主黃氏 興海郡夫人裵氏釋碑 (가로 형태)

2. 신미년(1391, 공양왕 3) 제작 구리그릇과 백자그릇
   〈동제銅製 합盒 명문〉
   洪武二十四年 辛未二月日
   造舍利盒 施主 信堅妙明朴龍

   〈백자白磁 합盒 명문〉
   大明洪武二十四年辛未 四月日 立願 同願砂슙7) 造此焔8)

중앙박물관, 『사농공상의 나라 조선』(전시회 도록), 2010 ; 주경미, 「이성계 발원 불사리장엄구의 연구」 『미술사학연구』 257, 2008, 부록(이성계 발원 불사리장엄구의 명문)을 기본으로 하면서 촬영 사진을 참고해 작성했다.

7) 砂 다음의 글자는 '슙' 혹은 '슖'으로 보이며, 砂슙 혹은 砂슖은 沙器匠 무리(집단)를 의미하는 듯하다. 한편, 砂 다음의 글자를 '슘'으로 판독하는 경향이 있지만 주경미는 앞의 글에서 '人'자 아래에 '心'자가 쓰인 글자로 앞의 砂와 합쳐 '砂念'이라는 인명일 가능성이 있다고 했다.

8) 此 다음 글자를 슘으로 판독하는 경향이 있지만, 주경미는 앞의 글에서 '火'변 아래에

自釋迦如來入滅 徑二千余年 大明洪武

隱月菴与松軒侍中 余万人 同發誓願 □藏金剛山 直待彌勒世

不遠三會時 重開瞻礼佛 此願堅固 佛祖證明

〈다른 백자 합盒의 굽 및 안 명문〉

〈굽에 새겨진 글〉

辛未四月日 防山砂器匠 沈龍 同發願 比丘信寬

〈안에 새겨진 글〉

'金剛山毗盧峯舍利安遊記'

自釋尊入滅 徑二千四百余年 大明洪武二十四辛未 五月日

月菴与今侍中李成桂万人 同發誓願 供藏金剛山

侍(待?)彌勒出世 奉以示人 助揚眞化 同成佛道 此願堅固 佛祖訂明

辛未五月日誌 同發願 野納月菴 同願施主 門下侍中李成桂

同願三韓國大夫人康氏 同願樂浪郡夫人金氏妙善

同願江陽郡夫人李氏妙情 同願樂安郡夫人金氏

同願興海郡夫人裵氏 同發願余數多人

不緣9)待彌勒三會 重□瞻礼 同成正覺

　　은제도금 라마탑형 사리기舍利器의 한 부분인 원통형 은판의 명문은 연대표기 없이 이성계 부부가 새겨져 있는데 후술하듯이 경오년 작품이었다. 은제도금 팔각탑형 사리기의 팔각은판 명문에는 경오庚午 삼월三月에 사리탑을 조성했다고 되어 있다. 동제銅製 그릇 명문에는 홍무이십사년洪武二十四年 신미辛未 이월二月에 사리합을 만들었다고 새겨져 있다. 백자 합盒 명문에는 홍무이

쓰인 '合'자로서 '盒'자의 이체로 추정된다고 했다. 관찰해 보면 위 '火' + 아래 '合'이 합쳐진 글자('盒'에서 '人'은 생략된 형태)인데, 焙의 이체자로 불에 구운 도자기 合(盒)을 의미하는 듯하다.

9) '緣'은 좌변이 '米'처럼 보이게 새겨져 있고 주경미도 그렇게 판독했는데, 『강원으로 돌아온 태조 이성계의 염원』 팸플릿에는 '緣'으로 판독되어 실려 있지만 '緣'의 이체자로 여겨진다.

십사년洪武二十四年 신미辛未 사월四月에 발원해 이 합盒을 만들었다고 새겨져 있다. 다른 백자 합盒의 굽에는 신미辛未 사월四月에 방산사기장防山砂器匠 심룡沈龍이 제작했다고 되어 있고, 안쪽에는 '금강산비로봉사리안유기金剛山毘盧峯舍利安遊記'가 새겨져 있는데 석존입멸釋尊入滅로부터 이천사백여년二千四百餘年이 지난 홍무이십사년洪武二十四 신미辛未 오월五月에 금강산에 사리를 장藏한다고 되어 있다.

경오庚午(1390, 공양왕 2) 3월에 작은 사리탑 세트 2개를 제작했고, 이를 담기 위해 그 다음해인 홍무이십사년大明洪武二十四年 신미辛未(1391, 공양왕 3) 2월에 청동합을, 4월에 백자합을 제작하고, 5월에 사리안유기를 새기고 사리탑 안에 사리를 넣어 완료했던 것이다. '신미辛未 사월 방산防山 사기장砂器匠 심룡沈龍'이라 새겨져 있으니 사리장엄구 제작이 신미辛未(1391, 공양왕 3) 4월에 일단 완료된 것이었다. 그런데 5월에 백자그릇 내부에 비밀스럽게 사리안유기가 새겨졌으니, 사리안유기는 계획에 없다가 갑자기 추가되었거나 계획에는 있었지만 고민하며 미루다가 추가되었다고 여겨진다. 이 사리장엄구를 열어서 관찰하기 전에는 이것의 제작에 참여한 사람들 다수의 명단이 눈에 띄지 않도록 한 조처가 아닌가 한다.

이성계는 라마탑형 사리기 세트에는 '분충정난광복섭리좌명공신奮忠定難匡復燮理佐命功臣 벽상삼한삼중대광壁上三韓三重大匡 수문하시중守門下侍中'으로, 홍무 24년 신미년(1391, 공양왕 3) 4월 제작한 백자 합盒 명문에는 '송헌시중松軒侍中'으로, 홍무 24년 신미년 5월에 기록한 '금강산비로봉사리안유기'에는 '금시중今侍中'으로 되어 있는데, 송헌松軒은 이성계의 호號였다.

이성계의 관력을 살펴보자. 우왕 14년(1388) 정월에 염흥방·임견미 세력을 숙청하면서[10] 최영이 문하시중, 이성계가 수문하시중에 임명되었으니 이성계는 이때 비로소 수시중에 임명된 것이지만 아직 좌명공신은 아니었다. 명의 철령위 설치시도에 우왕과 최영이 반발해 요동정벌군을 일으켰지만, 우군도통사 이성계가 우왕 14년(1388) 5월에 좌군도통사 조민수(창성부원

10) 『고려사』 권137, 列傳50, 辛禑.

군)를 압박해 함께 압록강에서 회군해 6월에 개경을 점령해 최영을 유배하고 우왕을 폐위해 권력을 장악했다. 조민수가 한산군 이색과 협력해 우왕의 아들 창昌을 옹립했다. 창왕은 즉위년(1388) 6월에 조민수를 좌시중에, 이성계를 우시중에 임명하고 이 둘에게 '충근양절선위동덕안사공신忠勤亮節宣威同德安社功臣' 칭호를 하사했다. 7월에 조민수가 유배되고 8월에 이색이 문하시중에, 이성계가 수시중에 임명되었다.[11] 창왕 원년(1389) 7월에 이색이 판문하부사에, 이림李琳이 문하시중에, 홍영통洪永通이 영삼사사領三司事에 임명되는데[12] 이성계는 여전히 수시중이었다. 창왕이 원년 9월에 이색李穡·이림李琳·이성계에게 명령해 칼을 차고 신발을 신은 채 전殿에 오르도록 허용하고 하교下敎해 한산부원군 이색, 문하시중 이림李琳, 수문하시중 이성계를 칭찬했다.[13] 이처럼 이성계는 위화도에서 회군해 권력을 장악해 우시중 혹은 수시중으로 활약했는데 아직 좌명공신은 아니었다.

창왕 원년(1389) 11월에 이성계가 판삼사사 심덕부沈德符, 찬성사 지용기池湧奇·정몽주, 정당문학 설장수偰長壽, 평리評理 성석린成石璘, 지문하부사 조준趙浚, 판자혜부사 박위朴葳, 밀직부사密直副使 정도전과 함께 공민왕 정비定妃 궁에 나아가 정비 교敎를 받들어 창왕을 폐위하고 정창부원군定昌府院君 요瑤(신왕神王 칠대손七代孫)를 왕으로 옹립했다. 이렇게 즉위한 공양왕은 원년(즉위년, 1389) 11월 경진일(16일)에 이색으로 판문하부사를, 변안렬로 영삼사사를, 심덕부로 문하시중을, 이성계로 수문하시중을 삼았다.[14] 원년(즉위년) 12월 계해일(29일)에 구공신九功臣에게 녹권錄券을 하사했는데, 이성계로 분충정난광복섭리좌명공신奮忠定難匡復燮理佐命功臣을 삼고 작爵으로 화녕군개국충의백和寧郡開國忠義伯 식읍일천호食邑一千戶 식실봉삼백호食實封三百戶를 삼

---

11) 『고려사』 권137, 列傳50, 辛禑 및 辛昌 ; 『고려사』 권126, 조민수전 ; 『고려사절요』 권33, 우왕 14년 6월(창왕 즉위년 6월).

12) 『고려사』 권137, 列傳50, 辛禑 附 辛昌 ; 『고려사절요 권34, 공양왕 원년(실제는 창왕 원년) 7월.

13) 『고려사』 권137, 列傳50, 辛禑 附 辛昌.

14) 『고려사』 권137, 列傳50, 辛禑 附 辛昌 ; 『고려사』 권45, 공양왕 원년 11월 ; 『고려사절요』 권34, 공양왕 원년 11월.

고 전田 이백결二百結, 노비 이십구二十口를 하사했다.15) 수시중 이성계가
공양왕 원년(즉위년, 1389) 12월 29일에 비로소 '분충정난광복섭리좌명공신'
이 된 것이었다.

공양왕 2년(1390) 정월에 왕이 이성계로 팔도군마八道軍馬를 거느리도록
했고, 급전도감給田都監이 비로소 각품各品 전적田籍을 반포했고, 왕이 시중
심덕부로 경기평양도京畿平壤道 병마도통제사兵馬都統制使를 삼았다. 2년 4월에
회군제신공回軍諸臣功을 문서로 기록했다. 이성계가 시중侍中(수시중)에서 물
러나기를 두, 세 번 요청하니 공양왕 2년(1390) 11월 갑오일(6일)에 이성계로
영삼사사領三司事를 삼고 정몽주로 수문하시중을 삼았다.16)

이성계가 수시중 '분충정난광복섭리좌명공신'으로 활동한 시기는 공양왕
원년(즉위년, 1389) 12월 계해일(29일)부터 2년(1390) 11월 갑오일(6일)까지
였다. 그러하니 '분충정난광복섭리좌명공신 벽상삼한삼중대광 수문하시중
이성계'라 새겨진 원통형 은판(라마탑형 사리기의 한 부분)의 제작 시기는
공양왕 2년(1390) 경오년이었으며, 나아가 라마탑형 사리기를 감싸는 팔각
탑형 사리기의 제작 연월인 경오년 3월과 동일했을 것이다. 이성계와 그
세력이 공양왕 2년(1390) 3월에 사리봉안 장치의 핵심인 라마탑형 사리탑과
팔각탑형 사리탑을 제작했으니, 이때 혹은 이 이전에 이성계가 미륵보살이
미륵불로 하생下生하듯이 이미 왕이 되기를 꿈꾸었음을 말해준다.17)

공양왕 2년(1390) 11월 신축일(13일)에 헌부憲府가 지금 중외군사中外軍事를
이미 영삼사사 이성계가 도총都摠하니 제원수諸元帥 인장印章을 모두 거두기를
요청하니 왕이 따랐고, 계묘일(15일)에 각도各道 장수將帥를 혁파해 군인軍人

---

15) 『고려사』 권45, 공양왕 원년 12월. 沈德符로 菁城郡忠義伯을 삼고 田 一百五十結,
　　奴婢 十五口를 하사하고, 鄭夢周·偰長壽 등 七人은 아울러 忠義君을 삼고 각각에게
　　田 一百結, 奴婢 十口를 하사하고, 그 錄券은 開國功臣 裵玄慶 例에 의거해 中興功臣을
　　칭했다.
16) 『고려사』 권45, 공양왕 2년 11월.
17) 이성계가 위화도에서 회군할 때 南誾이 趙仁沃 등과 推戴를 密議하고 돌아오자 殿下(이
　　방원)에게 고했다고 했으니(태조실록 권1, 총서), 이성계는 위화도에서 회군할 때
　　이미 왕위에 오르려 작정했다고 여겨진다.

을 놓아보냈고, 11월 무오일(30일)에 심덕부를 파직하고 이성계로 문하시중을 삼았다.[18] 이성계가 공양왕 2년(1390) 11월 갑오일(6일)에 수시중에서 물러나 영삼사사를 띠더니 11월 무오일(30일)에 문하시중에 오른 것이었는데, 그가 처음으로 문하시중을 띤 것이었다.

공양왕 3년(1391) 정월 을미일에 이성계로 삼군도총제사三軍都摠制使를, 배극렴裴克廉으로 중군총제사中軍摠制使를, 조준趙浚으로 좌군총제사左軍摠制使를, 정도전으로 우군총제사右軍摠制使를 삼았다. 3월에 이성계가 질병을 이유로 사직해 평주平州 온정溫井에 갔지만 왕은 이성계로 다시 문하시중을 삼았다.[19] 5월에 도평의사사都評議使司가 상서上書해 과전科田을 지급하는 법을 정하기를 요청하니 왕이 따랐는데,[20] 이른바 과전법이 이성계 세력의 주도로 시행된 것이었다. 7월 기해일(14일)에 이성계와 신덕왕후神德王后(처 강씨)가 (궁궐에 가서) 왕을 위해 연회를 마련했는데 밤이 되자 유만수柳曼殊가 문을 잠그니 아태종我太宗(이방원)이 이성계에게 몰래 말하여 나가기를 요청하자 이성계가 금직金直에게 명령해 문을 열도록 하여 집으로 돌아왔다고 한다. 8월 무인일(24일)에 아태종我太宗(이방원)이 신의왕후神懿王后(이성계 처 한씨) 질병으로 인해 우대언右代言에서 물러나기를 요청했지만 윤허하지 않았다.[21] 공양왕 3년(1391) 9월 정유일(13일)에 이성계가 사직을 요청하니 왕이 동생 우瑀로 영삼사사領三司事를, 이성계로 판문하부사判門下府事를, 심덕부沈德符로 문하시중을 삼았고, 정도전을 봉화현에 유배했다.[22] 이른바 이성계 발원 사리용구에, 이성계가 신미년(1391, 공양왕 3) 4월과 5월에 '시중'으로 기재된 것이 정확함이 확인된다. 이성계는 한씨와 강씨, 두 처妻를 두고 있었는데 정치사회적으로 활동한 아내는 강씨였고 금강산 미륵불사를 주도한 아내도 강씨였고 한씨는 생존해 있었음에도 불구하고 이 불사의 명단에

---

18) 『고려사』 권45, 공양왕 2년 11월. 심덕부는 12월에 兔山에 유배된다.
19) 『고려사』 권46, 공양왕 3년 정월·3월.
20) 『고려사』 권78, 식화지1, 田制.
21) 『고려사』 권46, 공양왕 3년 7월·8월.
22) 『고려사』 권46, 공양왕 3년 ; 『고려사절요』 권35, 공양왕 3년.

올라 있지 않다.

공양왕 3년 10월 정묘일에 이성계 및 정몽주·김사형金士衡으로 인물추변도 감제조관人物推辨都監提調官을 삼았고, 밀직부사密直副使 남은南誾이 칭질稱疾해 면직되었다. 12월 병자일(24일)에 이성계 및 심덕부·정몽주에게 안사공신安社功臣을, 설장수偰長壽·조준趙浚·성석린에게 정난공신定難功臣을 더해 하사했다. 4년(1392) 2월 갑인일에 수시중 정몽주가 찬술한 신정률新定律을 바치니 왕이 지신사知申事 이첨李詹에게 명해 진강進講하도록 하기를 무릇 6일 동안이었다. 3월 무술일(17일)에 동생 우瑀 및 이성계에게 명령해 황주黃州에 나가 세자를 맞이하도록 했는데, 이성계가 해주海州에서 사냥하다가 말에서 떨어져 병독病篤해 4월 계축일(2일)에 집으로 돌아왔다고 한다.

공양왕 4년(1392) 4월 을묘일(4일)에 판전객시사判典客寺事 조영규趙英珪 등이 수시중 정몽주를 죽였다. 4월 병진일(5일)에 조준 등을 소환했고, 정사일(6일)에 배극렴으로 수문하시중을 삼았고, 임신일(21일)에 남양부원군 홍영통이 왕을 대접하니 왕이 말 1필을 하사했다. 4월에 문하시중 심덕부와 수시중 배극렴이 제도관찰사諸道觀察使를 혁파해 안렴사按廉使를 회복하기 등을 요청했다. 4월 계유일(22일)에 심덕부로 판문하부사를, 이성계로 문하시중을 삼고, 아태종我太宗(이방원)을 기복起復해 밀직제학을 삼았다. 7월 신묘일(12일)에 왕이 북천동궁北泉洞宮에 있었는데, 우시중右侍中 배극렴裵克廉 등이 왕대비王大妃 교서를 받아내 시좌궁時坐宮에 가서 왕을 폐위했다.[23] 7월 을미일(16일)에 배극렴, 조준趙浚이 정도전, 김사형金士衡 등 대소신료大小臣僚 및 한량기로閑良耆老 등과 함께 국보國寶를 받들어 이성계 저택에 나아가 즉위를 요청하니, 병신일(17일)에 이성계가 수창궁에 나아가 즉위한다.[24] 이렇게 하여 이성계가 왕위에 오른 것이었는데, 금강산에 사리를 봉안하면서 발원한 소원을 성취한 셈이었다.

---

23) 『고려사』 권46, 공양왕 3년 및 4년 ; 『고려사절요』 권35, 공양왕 3년 및 4년. 공양왕 4년(1392) 4월 계유일(22일)에 아태종我太宗(이방원)을 기복起復해 밀직제학을 삼았으니, 이방원이 친모 한씨의 사망으로 인해 喪中에 있었음을 알 수 있다.
24) 『태조실록』 권1, 태조 1년 7월 병신(17일).

이성계 발원 사리장엄구에서 은제도금 라마탑형 사리기는 사리를 직접 넣은 유리병을 제외하면 가장 중요한 물건이고 그 다음이 이 라마탑형 사리기를 넣은 팔각탑형 사리기였다. 이 라마탑형 사리기의 한 부분인 원통형 은판에 "분충정난광복섭리좌명공신奮忠定難匡復燮理佐命功臣 벽상삼한삼중대광壁上三韓三重大匡 수문하시중守門下侍中 이성계李成桂, 삼한국대부인三韓國大夫人 강씨康氏 물기씨勿其氏"가 새겨져 있으니 수문하시중 이성계와 그의 아내 삼한국대부인 강씨가 이 사리장엄구 시납의 주인공이자 이 사리봉안 불사의 주인공이었다. 물기씨勿其氏는 강씨康氏의 별칭이면서 아칭雅稱, 존칭으로 여겨진다.[25]

은제도금 팔각탑형 사리기에는 경오庚午(1390, 공양왕 2) 삼월三月 일日에 사리탑舍利塔을 조성造成해 봉지奉持했는데, 납자衲子(승려)는 월암月菴이라 했다. 시주施主는 가이씨안월加伊氏安月 동지밀직同知密直 황희석黃希釋[박씨복수朴氏福壽], 낙랑군부인묘선樂浪郡夫人妙禪 강택康澤, 강양군부인이씨묘정江陽郡夫人李氏妙情 승전보덕勝田宝德, 낙안군부인김씨樂安郡夫人金氏 효인孝人 희관希寬·□지□志·신남信南이라 했다. 조造한 자는 나득부羅得富 이씨□롱(李氏□龍) 박자청朴子青이라 했다. 그리고 이 사리그릇 상단 모서리에 '영삼사사홍영통領三司事洪永通 정순택주황씨貞順宅主黃氏 흥해군부인배씨석비興海郡夫人裵氏釋碑'가 새겨져 있다. 이들이 이 팔각탑형 사리기를 시주한 사람들이었다. 후술하듯이 황희석黃希釋은 평해平海 사람인데 승려로 출가했다가 환속한 인물이었고,

---

25) 勿其氏는 이성계의 아내가 되는 康氏의 가문이 몽골 원으로부터 받은 성씨가 아닌가 한다. 이 강씨의 부친 강윤성과 숙부 강윤충 형제는 친원파였고, 특히 강윤충은 충혜왕의 왕비이자 충목왕의 모친인 몽골황실 덕녕공주의 측근이었기 때문이다. 고려출신 황후 奇氏가 원으로부터 '肅良合氏'를 받은 사례가 있다. 한편, 주경미는 「이성계 발원 불사리장엄구의 연구」(『미술사학연구』 257, 2008)에서, 勿其氏는 이름으로 볼 때 신분이 낮은 제작자일 가능성이 높다고 했다. 서성호는 국립중앙박물관 큐레이터 추천 소장품 「이성계 발원 사리갖춤」 해설에서, 勿其氏에 대해 누구인지 알 수 없다면서, 사리기 제작에 참여한 기술자일 가능성도 있으나 당대 최고의 지위에 있던 이성계 부부와 아무런 형식적 구분도 없이 장인의 이름을 이어 새겼을지 의문이라면서, 혹 이들 부부와 각별한 인연이 있는 인물일지도 모르고, 여진인과 같은 외국인일 가능성도 전혀 배제하기는 어렵다고 보았다.

강택은 이성계 처 강씨의 친족이었고, 박자청朴子靑은 영해군寧海郡 사람인데
황희석黃希碩 가인家人이며 내시內侍로 출신出身했다. 홍영통은 남양 사람인데
태조 이성계의 잠저시 고인故人(친구)이었다.[26] 낙랑군부인 묘선妙禪(妙善)은
후술하듯이 김씨이고 이 낙랑군이 경주의 별칭이었으니 경주 김씨로 여겨진
다. '박씨복수朴氏福壽'는 상대적으로 작은 글자로 새겨져 있는데 가이씨加伊氏
안월安月에 대한 부연 설명으로 보이니 가이씨 안월은 곧 박씨 복수福壽로
황희석의 아내로 여겨진다.[27]

경오년(1390, 공양왕 2) 사리보관용 사리탑 조성의 주역은 승려인 월암月菴,
평해 사람으로 이성계의 측근인 황희석, 곡산 사람으로 이성계 처 강씨의
친족인 강택, 영해 사람으로 황희석의 휘하이며 이성계의 측근인 박자청
등이었다. 월암月菴 즉 은월암隱月菴은 내력이 분명하지 않은 승려인데 이성계
및 그 처 강씨와 가까운 사이로 여겨진다. 조선 세종 4년 10월 25일에
상上(세종)이, 승僧 월암月菴이 일찍이 태조진太祖眞을 받아 황해도 강음현江陰
縣 쌍봉사雙鳳寺에 간직했다고 듣고, 환관宦官 조주趙珠를 파견해 모셔 와서
상의원尙衣院에 간직하게 했는데, 월암月菴은 태조(이성계) 잠저시潛邸時에
보호한 승僧이었다고 설명되어 있다.[28] 이 월암이 금강산 사리봉안의 주역
월암과 동일인일 가능성이 크며 이성계와 친밀한 사이였음을 시사한다.

황희석은 평해인平海人인데 승려 생활을 하다가 환속해 관직에 들어선
인물이었다.[29] 그는 이성계 휘하에서 오랫동안 활약하고 정몽주 세력을

26) 『고려사』 홍자번 첨부 홍영통전 ;『태조실록』 권7, 태조 4년 3월 계축(20일) ;『태조실
록』 권8, 태조 4년 10월 신축(11일). 홍영통은 無子였다.
27) 孝人 希寬·□志·신남信南은 樂安郡夫人 金氏의 자식으로 여겨지며 당시 낙안군부인
김씨는 과부로 보인다. 李氏□龍은 羅得富의 아내로 여겨진다.
28) 『세종실록』 권18, 세종 4년 10월 기유(25일). "上聞僧月菴曾受太祖眞, 藏於黃海道 江陰縣
雙鳳寺, 遣宦官趙珠奉來, 藏諸尙衣院, 月菴乃太祖潛邸時所護僧也"
29) 『태조실록』 권6, 태조 3년 8월 경오(3일) 황희석 卒記 ;『태종실록』 권25, 태종 13년
3월 갑신(5일). 權希達이 태종 13년 3월에 파직되었는데, 憲司가 상소하기를, "權希達이
黃象에게 욕하면서 말하기를, '너의 아버지 황희석은 僧으로 還俗해 그 근원을 알지
못하는 자인데 개국공신이 되었으니 人情에 맞지 않는다'고 했습니다. 황희석은
옛적에 태조 潛邸 때에 夙夜로 勤勞해 대중이 共知하는 바이기 때문에 개국공신이

426

제거하는 데 공로를 세워 조선개국 후 원종공신을 하사받는다.[30] 조선태조
가 치세 1년 11월 병신일(19일)에 상의중추원사商議中樞院事 황희석黃希碩에게
명령하기를, "내가 잠저潛邸에 있던 때 이래 항상 휘하麾下에 있어 한어捍禦의
공로가 있고 또한 전조前朝 정몽주鄭夢周 등이 국병國柄을 조롱操弄해 대간을
음유陰誘해 충량忠良을 함해陷害하는 때에 내가 바야흐로 말에서 떨어져 일어
나지 못해 간당姦黨의 화禍가 거의 나에게 미치려 하자 병졸兵卒을 선련繕鍊해
과궁寡躬을 익폐翼蔽해 그 간모姦謀를 최저摧沮 시켜 그 공로가 큰데, 문하좌시
중門下左侍中 배극렴裵克廉 등이 과궁寡躬을 추대推戴하는 때에 마침 부우父憂(부
상父喪)를 당해 비록 참모參謀하지 않았지만, 만약 황희석 한어捍禦의 힘이
없었다면 어찌 금일이 있으리오"라 하면서 황희석에게 개국이등공신開國二等
공신功臣을 하사했다.[31] 황희석은 태조 3년 8월 경오일(3일)에 지중추원사知中樞院
事 평해군平海君으로 졸卒했는데, 상上(이성계)의 잠저潛邸 이래 항상 휘하병麾
下兵을 관장해 공로가 있어 개국공신의 반열에 참여했고, 침질寢疾하자 상上
(태조)이 국의國醫로 하여금 치료하고 그 곁을 떠나지 말도록 하고 사使를
연이어 보내 문질問疾하고 졸卒하자 상上이 통도痛悼해 철조輟朝하고 의안백義
安伯 화和에게 명령해 가서 구전柩前에서 제사하게 하고 문하시랑찬성사를
추증하고 시호를 양무襄武라 하고 관官에서 장사葬事를 맡게 하고 후하게
부부賻했다.[32] 황희석은 이성계의 장군시절 이래 최측근이었던 것이다.

박자청朴子青은 영해군寧海郡 사람인데 황희석黃希碩 가인家人이 되고 내시內
侍로 출신出身해 낭장郎將에 임명된 인물이고, 황희석의 보종步從 출신으로

되었습니다"라면서 탄핵했기 때문이었다.

30) 조선 태조가 치세 1년 10월 정사(9일)에 도평의사사에 명령을 내려 "내가 將帥가
된 때 이래 오랫동안 麾下에 있으면서 服勞捍禦해 艱險을 피하지 않아 그 공로가
아까울만하고, 또한 鄭夢周 등이 國柄을 專弄해 臺諫을 陰誘해 禍亂을 謀扇해 장차
寡躬에게 미치려 하자 抗章해 정몽주 및 그 黨與에게 죄를 주기를 요청해 姦謀를
瓦解 시켜 今日을 있게 했으니 포상할만하다"라며 原從功臣의 칭호를 내렸는데(『태조
실록』권2), 이 원종공신에 商議中樞院事 황희석이 포함되었다.
31) 『태조실록』권2, 태조 1년 11월 병신(19일).
32) 『태조실록』권6, 태조 3년 8월 경오(3일) 황희석 卒記.

영선營繕에 부지런하여 현탁顯擢하기에 이른 인물이었다.33) 그는 임신년에 태조(이성계)가 보위에 오르자 중랑장中郞將을 거쳐 호군護軍에 임명되어 내상직內上直으로 유악帷幄의 외外를 숙위宿衛해 저녁부터 새벽까지 계속 순행巡行하여 잠시도 취침就枕하지 않아 친신親信을 받았으며, 갑술년에 선공소감繕工小監(繕工少監)으로 옮겼고 을해년에 원종공신原從功臣의 권券을 하사받고, 병자년에 호익사대장군虎翼司大將軍에 임명되어 동북면선위사東北面宣慰使가 되고, 임오년에 공조工曹·예조禮曹 전서典書에 임명되고, 병술년에 중군총제中軍摠制 겸선공감사兼繕工監事에 임명되는데 이로부터 항상 영선營繕을 관장했다.34) 그는 황희석의 측근이며 군졸로서 무반에 오른 인물인데 장기는 제작과 토목이었다.

강백澤康은 이성계 처 강씨康氏(현비 : 신덕왕후)의 친족이었다. 조선 태조 7년 8월에 왕자 이방원이 정변을 일으켜 세자 이방석과 정도전을 제거하고, 8월 26일에 상산군象山君 강계권康繼權(신덕왕후 강씨의 형제), 순녕군順寧君 지枝, 보성군寶城君 오몽을吳蒙乙, 지중추원사知中樞院事 정신의鄭臣義, 대장군 강택康澤, 정도전의 아들 정진鄭津 및 당여黨與를 순군巡軍에 가두더니 정진鄭津 및 강택康澤을 전라全羅 수군水軍에 충임했다.35) 9월 21일에 강계권康繼權, 한규韓珪, 정신의鄭臣義, 정진鄭津, 강택康澤, 이조李慥, 오몽을吳蒙乙, 이수李㻩, 신극공辛克恭, 장윤화張允和, 홍유룡洪有龍, 신극온辛克溫, 유은지柳隱之, 유연지柳

---

33) 『세종실록』 권22, 세종 5년 11월 병술(9일) 判右軍都摠制府事 朴子靑 卒記 ; 『태종실록』 권13, 태종 7년 5월 신유(8일) 조항.

34) 『세종실록』 권22, 세종 5년 11월 병술(9일) 判右軍都摠制府事 朴子靑 卒記. 박자청은 정해년에 文廟 및 文昭殿 건설을 감독하고, 무자년에 工曹判書로 齊陵과 健元陵의 役을 감독하고, 갑오년에 上國에 사신으로 가고, 무술년에 議政府參贊을 거쳐 判右軍都摠制府事에 오른다. 박자청은 사람됨이 苛刻 少恩하고 猜忌好勝하고 다른 異能 없이 단지 土木의 功을 監掌함으로 인해, 行伍로부터 나왔지만 位一品에 이르렀다고 한다. 세종 5년 11월 병술(9일)에 나이 67세로 卒하니 3일동안 輟朝하고 紙一百卷을 賻儀하고 官이 葬事를 맡고 시호를 翼魏라 했다. 물론 박자청에 대한 그러한 비판적 기록은 工(技術)을 천시한 儒者의 편협한 시각에 의한 것이다.

35) 『태조실록』 권14, 태조 7년 8월 기사(26일). 강윤성의 딸인 신덕왕후 강씨의 형제로 康繼權과 康有權이 있었다.

428

衍之, 박기朴耆, 강중경康仲卿 등에 대해 사첩謝貼을 거두고 전민田民을 속공屬公했다.36) 태종 2년 5월 29일에 덕천고별감德泉庫別監 강택康澤, 김온金穩, 정점鄭漸이 파직되었는데, 강택 등이 재우宰牛해(소를 도살해) 회음會飮했기 때문에 헌사憲司가 탄핵한 것이었다.37) 태종 9년 12월 임술(25일)에 판통례문사判通禮門事 강택康澤을 파직하고 정주定州에 부처付處했다. 사헌부가 상언上言해, "가만히 보건대 강택康澤은 본래 비천卑賤 무재無才했지만 강씨康氏의 족족族으로 이제李濟(신덕왕후 강씨의 사위)에게 아부해 역모逆謀에 참여해 마땅히 천주天誅를 당해야 했는데 행운으로 상은上恩을 입어 수령首領을 보존할 수 있어 지위가 삼품三品에 이르렀는데, 돌아보건대 음사淫邪 종일縱逸해 그 직책에 황태荒怠하니 이는 불충不忠이고, 모친이 정주定州(함경도 정평)에 있는데 광년曠年 불근不覲하고, 청주부사靑州府使에 임명됨에 미쳐 마땅히 곧바로 취임해 인연因하여 정성定省하는 것이 오로지 인자人子가 즐기는 바이건만 힘껏 사양해 구면求免하니 이는 불효不孝입니다"라면서 탄핵했기 때문이었다.38) 태종 16년 12월 병자(19일)에 총제摠制 강유신康有信을 폐폐廢하여 서인庶人으로 삼고 원방遠方에 자원부처自願付處했는데, 이전에 강유신이 재종재再從弟 강택康澤과 말하기를, "태조 잠저시潛邸時에 내가 현비顯妃(이성계의 배필 강씨康氏)의 친친親으로 항상 진퇴출입進退出入해, 현비顯妃의 자子 및 아전하我殿下(이방원)가 태조를 상시常侍하고 그 나머지 왕자王子는 진퇴進退할 수 없었거늘, 지금은 석일昔日에 본 것과 다르다"라 하자, 강택이 아뢰니 강유신을 의금부義禁府에 내려 국문鞫問해 유배한 것이었다.39) 강택은 현비 강씨의 형제(혹은 사촌형

36) 『태조실록』 권15, 태조 7년 9월 계사(21일).
37) 『태종실록』 권3, 태종 2년 5월 신해(29일).
38) 『태종실록』 권18, 태종 9년 12월 임술(25일). 한편 태종 13년 6월 무오(11일)에도 大司憲 尹向 등이 上疏해, "判繕工監事 康澤이 母가 定州에 거처해 연로하고 병들었는데 歸養하지 않은지 有年이라, 접때에 殿下가 母子의 情을 亮하여 近邑 靑州에 임명해 定省에 편하게 했지만, 강택이 上恩에 감동하지 않고 母가 있음을 몰라 多方으로 規免했으니 이는 不孝의 子라, 그 능히 전하에게 忠을 다할 수 있겠습니까, 원컨대 그를 鄕曲에 추방해 서용하지 마십시오"라고 했는데 청납하지 않았다(『태종실록』 권25, 태종 13년 6월 무오). 이 靑州는 함경도 北靑州였다.
39) 『태종실록』 권32, 태종 16년 12월 병자(19일).

제)로 보이는 강유신康有信의 재종제再從弟였던 것이다.

가이씨 안월 즉 박씨 복수福壽는 황희석의 아내로 여겨지는데 영해 박씨로 박자청의 친족일 가능성이 있다. 강양군부인江陽郡夫人 이씨李氏 묘정妙情은 승전勝田 보덕宝德40)의 아내가 아닐까 한다. 낙랑군부인樂浪郡夫人 김씨 묘선妙禪(妙善)은 강택의 아내로 여겨진다. '금강산비로봉金剛山毘盧峯 사리안유舍利安遊 기記'에 발원자로 문하시중 이성계 다음에 삼한국대부인강씨三韓國大夫人康氏, 낙랑군부인김씨樂浪郡夫人金氏 묘선妙善, 강양군부인이씨江陽郡夫人李氏 묘정妙情이 기재되었으니, 낙랑군부인 김씨 묘선이 사리봉안에서 이성계 부부 다음으로 중요한 역할을 담당했는데 강택(이성계 처 강씨의 친족)으로 인해서였을 것이다. 영삼사사領三司事 홍영통洪永通, 정순택주貞順宅主 황씨黃氏, 흥해군부인興海郡夫人 배씨裵氏 석비釋碑도 적극 후원했는데, 남양 사람인 홍영통41)은 공양왕 때 변안렬당으로 몰려 탄핵을 받지만 친구 이성계의 보호로 위기를 넘기고 그 과정에서 이 사리탑 조성을 후원해 이성계에 대한 충성을 보였다고 생각한다. 정순택주貞順宅主 황씨黃氏는 홍영통의 아내로, 흥해군부인興海郡夫人 배씨裵氏 석비釋碑는 황희석 혹은 박자청의 친인척으로 여겨진다. 『씨족원류』에 따르면 태조 이성계와 아내 강씨 사이에서 태어난 숙신옹주가 남양 홍해洪海와 혼인해 낳은 딸이 황희석의 아들인 황계조와 혼인한다.42) 이성계 및 그 처 강씨康氏와 친밀한 사람들이 이 사리탑 조성의 주역이었던 것인데, 강택康澤을 매개로 이성계 처 강씨의 영향력이 많이 작용했을 것이다.

동제銅製 합盒에는 홍무이십사년洪武二十四年 신미辛未 이월二月에 사리합舍利盒을 만들고 시주施主는 신견信堅·묘명妙明·박룡朴龍이라 새겨져 있다.43) 홍무

---

40) 勝田은 居士와 유사한 명칭으로 보인다.

41) 『씨족원류』에 따르면 남양홍씨 여러 계열에서 홍사윤계는 홍사윤 - 洪縉 - 洪奎 - 洪戎 (前室 나주 羅裕女, 後室 黃元吉女) - 홍언박, 洪彦修로 이어지고, 홍사윤 - 洪裔 - 홍자번 - 洪敬 - 홍승연 - 洪永通으로 이어진다.

42) 洪戎(洪奎의 아들, 명덕태후의 형제)의 前室은 나주 羅裕女, 後室은 黃元吉女인데 洪戎과 後室 黃元吉女 사이에서 태어난 洪彦修가 龍州 崔源女와 혼인해 洪海를 낳았다.

43) 서성호는 앞의 글에서 이 銅製 그릇이 盒으로 만들어졌다며 그 뚜껑이 있었지만 전하지 않는다고 보았다.

24년 신미년 2월 즉 1391년(공양왕 3) 2월에 구리로 사리용구를 넣는 합盒을 제작한 것이었다.

백자白磁 합盒에 새겨진 글에는, 대명홍무이십사년大明洪武二十四年 신미辛未 (1391, 공양왕 3) 사월四月에 원원을 세워, 동원同願 사기장砂器匠 집단이 이 사기砂器 합盒(盒)을 만들어, 석가여래釋迦如來 입멸入滅한 이래 이천여년二千余年 이 지난 대명홍무大明洪武에 은월암隱月菴과 송헌시중松軒侍中(이성계)과 여만 인余万人이 서원誓願을 함께 내어 금강산에 □장□藏하여 미륵세彌勒世를 직대直 待해 불원不遠한 삼회시三會時에 중개重開하여 불佛(미륵불)을 첨례瞻礼하기를 기원하면서, 이 원원은 견고해 불조佛祖가 증명證明하리라 했다.44)

다른 백자 합盒의 굽에는 신미辛未 사월四月에 제작자 방산사기장防山砂器匠 심룡沈龍과 동발원同發願한 비구比丘 신관信寬이 새겨져 있고, 안쪽에는 '금강산 비로봉金剛山毘盧峯 사리안유舍利安遊 기기記'라는 제목과 그 내용이 새겨져 있 다.45) 방산防山(方山)은 춘주春州 혹은 회양淮陽의 속현으로 강원도 양구에 해당하는데 양질의 자기가 제작된 곳이라고 한다. 이성계 세력은 금강산에 서 많이 멀지 않으면서 양질의 자기가 생산되고 그 세력의 일원인 사기장砂器 匠 심룡沈龍이 일하는 방산에 금강산 불사를 위한 사기(자기) 제작을 맡긴 것이었는데, 사기장 무리가 그릇 제작을 통해 이 불사에 참여했다.

금강산비로봉 사리안유기의 내용은 다음과 같다. "석존釋尊 입멸入滅 이래 이천사백여년二千四百余年이 지난 대명홍무이십사大明洪武二十四 신미辛未 오월 五月 일日에, 월암月菴과 금시중今侍中 이성계李成桂·만인万人이 서원誓願을 함께

---

44) 이 백자 盒에 대해 주경미는 「이성계 발원 불사리장엄구의 연구」(『미술사학연구』 257, 2008)에서, 그릇의 크기로 보아 사리봉안용기가 아니라 향목을 봉안한 香盒일 것이라고 했다.

45) 사리안유기가 새겨진 이 백자 盒은 주경미에 따르면 이 사리봉안용구에서 가장 바깥의 용기이며, 사리병 - 라마탑형 사리기 - 팔각탑형 사리기 - 銅製 사리기 - 사리 안유기 새긴 백자 사리기 순으로 결합되었다(「이성계 발원 불사리장엄구의 연구」 『미술사학연구』 257, 2008). 沈龍과 信寬에 대해, 주경미는 앞의 글에서, 沈龍은 「李原吉 開國原從功臣錄券」에 나오는 前郞將 沈龍과 동일 인물일 가능성이 크고, 信寬은 삼천포 매향비에 大化主로 등장하는 信寬과 동일 인물일 가능성이 있다고 했다.

그림 28. 이성계 발원 사리장엄구 일괄(국립중앙박물관 소장)

그림 29. 은제도금 라마탑형 사리기 세트(국립중앙박물관 소장). 원통형 은판에 이성계와 강씨 부부가 새겨져 있음

그림 30. 은제도금 팔각탑형 사리기 세트(국립중앙박물관 소장)

그림 31. 라마탑형 사리탑, 팔각탑형 사리탑, 구리 합, 내부명문 백자 합(국립중앙박물관 소장).
이 백자합 안쪽에 사리안유기가 새겨져 있음

내어 금강산에 (사리와 사리용구를) 공장供藏해 미륵彌勒 출세出世를 기다려 (미륵이 하생하면 이 사리함을 열어) 받들어 사람들에게 보여 진화眞化를 조양助揚하고 불도佛道를 함께 이루기를 기원하며, 이 원願은 견고해 불조佛祖가 정명訂明(증명證明)하리라. 신미辛未(1391) 오월五月 일日에 지誌한다. 동발원同發願은 야납野納 월암月菴이다. 동원同願 시주施主는 문하시중門下侍中 이성계李成桂이고, 동원同願 삼한국대부인三韓國大夫人 강씨康氏, 동원同願 낙랑군부인樂浪郡夫人 김씨金氏 묘선妙善, 동원同願 강양군부인江陽郡夫人 이씨李氏 묘정妙情, 동원同願 낙안군부인樂安郡夫人 김씨金氏, 동원同願 흥해군부인興海郡夫人 배씨裵氏이다. 동발원同發願 나머지 수다인數多人이다. 불연不緣해 미륵삼회彌勒三會를 기다려 (미륵이 하생하면) 중개重開해 첨례瞻礼하여 정각正覺을 함께 이루기를 기원한다".

월암(은월암)과 시중 이성계와 만인萬人이 발원해 사리를 그릇에 담아 금강산에 장藏하여 미륵彌勒 하생을 기원하며 미륵이 하생하면 이 사리함을 열어 불도佛道 내지 정각正覺을 이루겠다는 것이었다. 미륵이 하생해 새로운 세상이 열리는 것을 이성계가 왕위에 올라 새 왕조를 개창하는 것에 비유하며 기원한 사업으로 여겨지니 이성

그림 32. 외부명문 백자 합(국립중앙박물관 소장). 은월암, 송헌시중이 새겨져 있음

계의 역성혁명을 기원한 것으로 볼 수 있다. 미륵하생은 경전에 석가가 입멸한 후 56억년 후라고 되어 있지만 이 사업 참여자들은 미륵하생을 직대直待해 용화삼회가 멀지 않다며 곧바로 열리리라 믿고 있었다. 이 사업은 최소한 은제 도금 팔각탑 모양 사리그릇이 조성된 경오년(1390, 공양왕 2) 3월에 시작되고 홍무 24년 신미년(1391, 공양왕 3) 5월에 끝났으니 이

시기에 이성계가 정권과 군권을 장악해 새왕조를 개창할 준비를 갖추었음을 시사한다.

2. 이성계 미륵불사와 고려말 미륵 신앙

이성계와 그 지지자 만여명은 미륵하생을 기원하는 불사를 금강산에서 일으켰다. 미륵은 여러 대승경전에 담겨 있지만 특히 유가법상종에서 주존 으로 받들며 중시했으니 이 금강산 불사를 주도한 월암은 유가법상종 승려였 을 가능성이 있다. 유가법상종은 고려말기에 원에 사경승寫經僧을 대거 파견 해 잠시 중흥하기도 했지만 조계선종과 천태종에 밀려 대개 침체에 빠졌다. 미륵 신앙(특히 미륵하생 신앙)은 고려말기에도 해안가 매향埋香 행사를 위주로 꽤 유행했지만 유가법상종과 유리되는 현상이 깊어졌다.

월암은 최고 실력자인 이성계에 적극 협조함으로써 침체에 빠진 유가법상 종을 중흥시키려 했을 수 있다. 반면 동제 합을 시주한 신견信堅과 묘명妙明은 조계선종 나옹을 위한 신륵사 사업에 관여한 인물이었다.46) 신견信堅은 나옹의 문생門生으로 신륵사 향적당香積堂을 중창한 승려였고, 법명 묘명妙明 은 신륵사 나옹추모 사업을 후원한 여성 단월이었으니,47) 조계선종 계열이

---

46) 銅製 盒 시주자 信堅·妙明·朴龍에 대해, 주경미는 「이성계 발원 불사리장엄구의 연구」 『미술사학연구』 257, 2008에서, 信堅과 妙明은 신륵사 보제존자 석종비에 나오는 上黨郡李氏 妙明, 上洛郡金氏 妙明, 香積堂 信堅 등과 동일 인물일 가능성이 있어 나옹의 문도들로 추정되고, 박룡은 제작자일 가능성이 크다고 했다.

47) 神勒寺 普濟舍利石鐘記. 신륵사 추모사업을 후원한 여성 단월로 법명 妙明을 가진 자는 上黨郡李氏 妙明과 上洛郡金氏 妙明이었으니 이 둘 중의 하나가 이성계 부부의 금강산 불사에 참여했을 것이다. 상당군 이씨는 청주 이씨, 상락군 김씨는 상주 김씨로 판단된다. 한편 신륵사 추모사업을 후원한 여성 단월의 하나인 淑寧翁主金氏 妙善이 금강산비로봉 사리안유기에 기재된 樂浪郡夫人金氏 妙善과 동일 인물인지는 잘 알 수 없다. 나옹을 추모하기 위한 신륵사석종기와 안심사석종비에 각각 南陽君 洪永通과 南陽府院君 洪永通이, 안심사석종비에 完山府院君 이성계가 기재되어 있는데 이것만을 가지고 홍영통과 이성계의 신앙경향을 판단해서는 곤란하다. 왜냐하면 국사·왕사를 지낸 고승비에는 관직자들이 망라되어 기재되는 경향을 보이기 때문이

었다. 이성계는 천태종 및 조계선종과 친밀한 관계를 유지[48]한 반면 유가법
상종과는 별로 그러하지 않았고 개경 관음굴을 원찰로 삼은 것처럼[49] 관음
신앙을 지녔다. 그러했지만 미륵보살이 하생해 미륵부처가 된다는 것처럼
왕이 되고 싶은 강렬한 욕망이 그를 미륵하생 신앙으로 인도했으리라 짐작된
다. 이성계의 금강산 불사에 참여한 사람들은 이성계 자신을 포함해 대부분
이 유가법상종과 친근하지 않았고 미륵 신앙에 심취하지 않았음에도 불구하
고 미륵하생을 기원하는 불사를 행했던 것이니, 그들에게 이성계를 왕으로
만들고 싶어 하는 열망이 작용했던 것이다. 하지만 이성계가 왕이 되는
순간 더 이상 다른 인물이 미륵하생하는 것처럼 되기를 원하지 않았을
것이고 그래서 왕조개창 후에 유가법상종과 미륵 신앙을 가까이하지 않았던
것 같다.

　이 미륵하생 불사 발원자들은 사리를 금강산의 정상 '비로봉'에 봉안하려
고 했는데 사리함은 일제강점기에 금강산 월출봉의 땅속에서 발견되었다.
비로봉에 봉안하려다가 어떤 문제로 인해 월출봉에 묻은 것인지, 아니면
비로봉에 봉안했다가 이동해 월출봉에 묻은 것인지 수수께끼이다.[50] 미륵
신앙이 금강산 비로봉의 비로자나·문수 신앙과 갈등했을 수도 있고, 조선왕
조가 개창되자 발원이 이루어진 것으로 간주해 사리함을 열어 보이고 나서

다.

48) 원주 치악산 覺林寺를 기반으로 둔 천태승려 神照는 이성계 및 그 아들 이방원과
　친밀한 사이였고 각림사는 이성계와 이방원의 원찰이었다. 『耘谷行錄』 권5, 「寄奉福君
　神照大禪師」 ; 『양촌집』 권12, 水原萬義寺祝上華嚴法華會衆目記 ; 『연려실기술』 권1, 太
　祖朝故事本末 ; 『태종실록』 권20, 태종 10년 12월 壬子 ; 『동문선』 권81, 萬德山白蓮社重
　創記(尹淮) ; 『동문선』 권113, 原州覺林寺重創 慶讚法華法席疏(변계량). 조계선종의 무
　학 自超가 태조 이성계의 王師가 된다. 『태조실록』 권2, 태조 1년 10월 정사(9일) ;
　『춘정속집』 권1, 朝鮮國王師妙嚴尊者塔銘(변계량 찬술)

49) 이성계가 잠저시에 개경의 朴淵 上流의 관음굴을 重營하고 즉위 후에 또 중영했다.
　『신증동국여지승람』 권4, 개성부 上 불우 관음굴 ; 『양촌집』 권27, 觀音屈落成慶讚華嚴
　經疏(권근).

50) 승려 月菴 즉 隱月菴은 금강산 월출봉의 암자에 거처해 이로 인해 생겨난 호칭이었지
　않나 싶다. 월출봉에 거처한 승려 월암이 미륵 신앙을 금강산의 정상 비로봉에
　퍼뜨리고 이를 통해 금강산 일대에 확산하려 했으리라 짐작된다.

비로봉에서 월출봉으로 옮겨 땅에 묻었을 수 있다. 이성계가 새 왕조를 개창하자 자신처럼 미륵하생 신앙을 이용하는 것을 바라지 않아 이 사리용구를 폐기하도록 조처했을 수도 있다.

'금강산 비로봉'에 사리를 봉안하는 일이 홍무 24년 신미년(1391, 공양왕 3) 5월에 끝났으니 이 이전부터 금강산 최고 정상이 '비로봉'이라 불려 왔음을 알려주는데, '비로봉'은 비로자나불을 상징하는 봉우리였다. 비로자나불은 화엄종, 선종, 밀교에서 중시했고 강릉 오대산 신앙에 보이듯이 문수보살과 밀접하게 결합하는 경향을 지녔다. 문수보살은 반야 공空의 실천자로 믿어졌다. 금강산에 정양사 중심의 담무갈(반야) 신앙, 마하연·장안사 중심의 비로자나 신앙,[51] 유점사 중심의 문수 신앙이 유행하면서 금강산 정상이 비로자나불의 '비로봉'이라 불리게 되었으리라 생각한다.

백자 합의 안에 새겨진 '금강산비로봉 사리안유기'는 이 사리봉안 사업의 규모와 성격을 담고 있다. 홍무 24년 신미년(1391, 공양왕 3) 5월에 월암月菴과 시중侍中 이성계李成桂와 만인万人이 서원誓願을 함께 내어 금강산에 사리를 공장供藏해 미륵하생을 기원했는데, 함께 발원한 명단은 월암月菴과 문하시중 이성계 외에 삼한국대부인三韓國大夫人 강씨康氏(이성계 처), 낙랑군부인樂浪郡夫人 김씨金氏 묘선妙善, 강양군부인江陽郡夫人 이씨李氏 묘정妙情, 낙안군부인樂安郡夫人 김씨金氏, 홍해군부인興海郡夫人 배씨裵氏만 새겨져 있고 나머지는 '수다인數多人'이라고만 표기되고 구체적인 인적사항은 생략되었다. 이는 그릇 면적의 한계의 측면도 있지만 이성계의 처 강씨 및 그녀와 친밀한 여성들이 이 불사를 주도했음을 시사하는데 다른 이유도 숨어 있다고 생각한다.

---

51) 『동국이상국집』 권25, 王輪寺丈六金像靈驗收拾記에 따르면 성종 무렵에 개골산 마하연에 근거를 둔 巨貧과 皎光이 개경 왕륜사에 비로자나불 주조를 주도했으니, 마하연은 비로자나불을 숭배한 사찰로 여겨진다. 의상계통 표훈이 창건했다는 표훈사도 화엄사찰이니 비로자나불을 숭배했으리라 여겨진다. 한편 조선초 남효온이 금강산을 유람해 摩訶衍 前臺에 이르니 曇無竭 石像이 있는데 이 臺는 이 산의(금강산) 正中이고 曇無竭은 산(금강산)의 主佛이어서 僧俗이 이곳을 지나는 경우 손을 모아 절(拜)하면서 지나간다고 했다(『추강집』 권5, 遊金剛山記). 이로 보아 마하연이 담무갈 신앙을 중시했는데 고려시대에도 그러했을 것이다.

이 불사는 만명 정도가 발원하고 그 중의 다수가 금강산 법회에 참여했을 터이니 비밀리에 진행했다고 하더라도 이성계 반대 세력에게 포착될 가능성도 배제할 수 없었다. 이 불사가 혹시 역모로 의심받는 상황이 발생할 경우를 대비해 발원 참여자 만명의 인적사항은 대표적인 여성들 몇 명 위주로 새기고 대부분 생략된 것이 아닌가 한다.52) 사리안유기는 사리봉안용구의 가장 바깥에 자리한 백자합의 안쪽의 은밀한 면에 새기기 어려운 불편을 감수하면서까지 새겨졌는데, 이는 신성시되는 사리봉안용구를 열어보기 전에는 불사의 내막을 알지 못하도록 한 것이라 여겨진다. 이성계 가문은 안변(등주), 화주(영흥), 함흥 일대를 기반으로 동북면을 장악했는데 이곳과 거리가 가까우면서 불교성지인 금강산으로 세력을 뻗쳐 이 불사를 이곳에서 행했고 그래서 이 불사에 참여한 만명의 다수는 이성계 휘하 동북면 집단으로 여겨진다.

이성계 세력은 사전 혁파를 추진해 공양왕 3년 5월에 과전법을 단행해 경제적 우위를 차지하며, 또한 이 시기를 전후해 공양왕의 연복사탑 중건을 빌미로 고려왕조의 국시인 불교를 부정하는 운동을 전개하며 새왕조 개창 움직임이 수면 위로 떠올랐다. 이에 정몽주가 이성계 세력에서 이탈해 반격을 모색하는데 혹시 이 금강산 미륵불사의 정체를 알게 되어 그렇게 한 것은 아니었을까 한다. 이성계 세력은 한편으로는 정도전과 성균관을 중심으로 폐불廢佛 운동을 전개하고, 한편으로는 이성계 자신과 처 강씨를 중심으로 미륵하생 불사를 대대적으로 일으켰으니, 표리부동表裏不同이고 이율배반二律背反이며 그 폐불 운동이 얼마나 정치적인 것이었는지 알려준다. 물론 정도전은 유교 국가를 만들기 위해 그렇게 한 것이었고, 이성계는 왕이 되고 싶어 그렇게 한 것이었다.

---

52) 이성계 발원 사리장엄구에는 여성 참여자들이 많이 새겨져 있고 특히 妙禪(妙善), 妙明, 妙情 등 불교 法名이 등장해 주목되는데, 이는 당시 여성들이 사회적으로, 신앙적으로 활발히 활동했음을 시사한다. 여성 불교법명은 비구니는 물론 독실한 여성신자가 받는데('妙'자 돌림이 많음), 특히 나옹 비문에 집중적으로 등장하니 나옹이 여성들에게 인기가 많았음을 알려준다.

438

불교 미륵 신앙은 고려시대에도 유가법상종을 중심으로 광범위하게 퍼져 있었으므로 이성계가 미륵 신앙을 지녔다고 하더라도 특별히 이상한 것은 아니었다. 단, 만명이 발원해 모여서 이성계를 바라보며 참람한 구호를 외쳤다면 문제가 될 수 있었다. 또한 미륵이 몇 십억년 후가 아니라 곧바로 하생하기를 기원하면 역모로 의심받을 수도 있었다.

이성계보다 조금 앞서 미륵하생을 구현하려 한 사건들이 있었다. 우왕 7년(1381) 5월에 경도京都에 한 니尼(비구니)가 있어 자칭하기를 '미륵彌勒'이라 하자 사람들이 모두 믿어 다투어 미포米布를 시납하니 헌부憲府가 장류杖流했다.53) 『고려사』 천문지와 『고려사절요』에 따르면 우왕 8년 2월 갑술일(24일)에 태양(日)에 흑자黑子가 있어 크기가 계란雞卵같기를 3일 동안이었고,54) 『고려사절요』에 따르면 우왕 8년 2월에 사노私奴 무적無敵이 자칭하기를 '미륵화신彌勒化身'이라 했다가 복주伏誅되었다.55) 그런데 두 기사가 『고려사』 신우전에는 합쳐져 우왕 8년 2월 갑술일에 태양日에 흑자黑子가 있어 크기가 계란雞卵같기를 3일 동안이고 사노私奴 무적無敵이 자칭하기를 '미륵화신彌勒化身'이라 했다가 복주伏誅되었다56)고 되어 있어 태양의 흑점 발생이 사노 무적의 미륵화신 자칭으로 인한 것처럼 보이도록 편집되었다. 비구니와 사노가 미륵을 자칭했다가 처벌을 받은 것인데, 특히 이 비구니는 미륵을 자칭해 많은 사람들의 지지를 받았었다.

우왕 8년(1382) 5월에 '요민妖民' 이금伊金을 베어 죽였다. 이금伊金은 고성固城 '민民'('요민妖民')인데 자칭하기를 '미륵불彌勒佛'이라 하여 대중을 유혹해 말하기를, "나는 능히 석가불釋迦佛을 초치招致할 수 있나니, 무릇 신지神祇(신기神祇)에 도사禱祀하는 자, 마우馬牛 고기를 먹는 자, 화재貨財를 다른 사람에게 나눠주지 않는 자는 반드시 죽으리라, 만약 내 말을 믿지 않는다면 삼월三月에

53) 『고려사』 권134, 신우전 및 『고려사절요』 권31, 우왕 7년 5월.
54) 『고려사』 권47, 천문지1, 日薄食 暈 珥及日變 및 『고려사절요』 권31, 우왕 8년 2월.
55) 『고려사절요』 권31, 우왕 8년 2월.
56) 『고려사』 권134, 신우전 우왕 8년 2월.

이르러 일월日月에 빛이 없으리라" 했다. 또한 말하기를, "내가 작용作用하면 초발청화草發靑花하고 혹 목결곡실木結穀實하고 혹 일종一種 재예(재확再穫)하리라" 했다. '우민愚民'이 이를 믿고 다투어 미백米帛 금은金銀을 시납하고 우마牛馬가 죽으면 버리고 먹지 않았고, 화재貨財를 가진 자는 모두 다 그것을 다른 사람에게 주었다. 이금伊金이 또 말하기를, "내가 산천山川의 신神에게 칙勅하여 모두 다 일본日本에 파견하면 왜적倭賊을 쉽게 사로잡을 수 있다"고 했다. 이에 무격巫覡이 더욱 경신敬信하여 성황사묘城隍祠廟를 철거하고(성황사묘城隍祠廟에서 그 신神을 철거하고) 이금伊金을 불佛처럼 공경해 모시며 복리福利를 기원하고, 무뢰도無賴徒가 따라서 화하여 자칭하기를 '제자弟子'라 하며 서로 무광誣誑하고, 이금이 이른 주군州郡의 수령守令이 혹 출영出迎해 상사上舍에 머물도록 하는 경우가 있었다. 청주목사淸州牧使 권화權和(권희權僖의 아들이자 권근權近의 형)가 이금을 유치誘致하고 그 거수渠首 오인五人을 결박해 가두어 조정에 치보馳報하니 도당都堂이 제도諸道에 이첩移牒해 모두 체포해 베어 죽인 것이었다.[57] 고성固城 민民인 이금伊金은 미륵불을 자칭하며 경상도 해안가 고성에서 출발해 북상하면서 많은 사람들의 열렬한 호응을 받았는데 청주에서 목사 권화權和에 의해 체포되어 고려 관부에 의해 '요민妖民'으로 몰려 처형당했다. 그는 아마 수도 개경에까지 진입하려 했다고 여겨지는데 좌절당했다. 대중이 이금을 열렬히 숭배한 데에는 가진 자들이 이금의 발언으로 인해 재물을 나누어준 것이 많이 작용했을 것이다.

　우왕대는 왜구의 침략이 기승을 부린데다가 기근이 심하게 발생해 사람들

57) 『고려사절요』 권31, 우왕 8년 5월 ; 『고려사』 권107, 權㫜傳 첨부 權和. 前判事 楊元格이 평소 이금의 說을 信奉하다가 이 처벌조처가 행해지자 逃匿했지만 窮搜해 잡혀서 杖流되었는데 도중에 사망했다. 한편 固城妖民 伊金이 自稱하기를 '彌勒'이라 하며 대중을 유혹해 말하기를, "만약 내 말을 믿지 않으면 三月에 이르러 日月이 모두 빛이 없으리라" 하니, 僧 粲英이 말하기를, "伊金이 말한 것은 모두 荒唐無稽한 것이라, 그가 말한 '日月無光'은 더욱 可笑로운데 國人이 어찌 이처럼 믿는가" 했다. 정도전이 말하기를, "伊金과 釋迦는 그 말이 다름이 없고 다만 釋迦는 他生事를 遠言하여 사람들이 그 妄을 알지 못하지만 伊金은 三月事를 近言하니 虛妄을 서서 볼 수 있을 뿐이다"라고 했는데, 僧(찬영)이 嘿然했다고 한다. 『고려사』 권119, 정도전전.

의 생존이 심각하게 위협을 받았기 때문에 세상을 구제하러 미륵이 내려온다는 미륵하생 신앙이 유행했던 것으로 보인다. 이러한 분위기에서 어떤 비구니, 사노私奴 무적無敵, 민民 이금伊金 등이 미륵불을 자칭하다가 처벌받은 것인데, 어떤 비구니와 민民 이금伊金은 많은 사람들의 열렬한 지지를 받았다. 그들이 처벌받은 것은 고려왕조와 집권층에게 위협으로 다가왔기 때문일 것이며, 특히 사노 무적의 경우 양천 신분제에 대한 도전으로 인식되었기 때문일 것이다.

이러한 우왕대 사례는 여성 혹은 하층민이고 미륵불을 자칭했다는 점에서, 남성이며 최고권력자인 이성계가 미륵불을 자칭하지 않았다는 점과 다르다. 이성계는 태봉 궁예가 미륵불을 자처하다가 몰락한 사례를 교훈으로 삼았는지 미륵불을 자칭하는 대신에 은밀히 미륵하생에 기대어 새로운 법왕으로 내려오는 미륵처럼 자신도 새로운 왕이 되기를 소망하면서 지지자들을 결집했다고 여겨진다. 하지만 그가 왕위에 오른 순간부터 미륵하생 신앙은 그와 후계자에게 위협이 되는 모순이 발생하는 것이었다. 그는 위화도에서 회군하면서 이미 왕이 되기를 꿈꾸었다는 정황이 감지되지만 왕이 되는 과정은 공식 기록에서 선양禪讓으로 포장되었다. 그러하니 이성계의 이 미륵하생기원 불사佛事는 세상에 드러나서는 안되는 것이었는데, 우연히 발견되어 이성계의 즉위가 선양으로 인한 것이 아니었음을, '공양왕'이 이성계에게 '공양恭讓'한 것이 아니었음을 넌지시 알려준다.

맺음말

고려시대 금강산에는 담무갈 신앙(반야 신앙), 53불佛·문수 신앙, 관음 신앙이 유행한 반면 미륵 신앙은 유가법상종 진표가 개창한 발연사가 기능하고 있었지만 그리 큰 비중을 차지하지는 못했다. 그런데 공양왕대에 갑자기 이성계와 그 세력이 금강산에서 미륵하생을 기원하며 사리용구 제작을 후원했으니, 미륵보살이 하생下生해 미륵불이 되어 중생을 구제하듯이 이성계가 왕위에 올라 동방을 통치하고 싶은 욕구가 작용한 것이라 여겨진다.

이성계 발원 사리용구의 제작과 안치 과정을 보면, 경오庚午(1390, 공양왕 2) 3월에 작은 사리탑 세트 2개를 제작했고, 이를 담기 위해 그 다음해인 홍무이십사년大明洪武二十四年 신미辛未(1391, 공양왕 3) 2월에 청동합을, 4월에 백자합을 제작하고, 5월에 사리안유기를 새기고 사리탑 안에 사리를 넣어 완료했다. 미륵하생을 기원하는 사리봉안을 위한 사리탑 세트 2개가 공양왕 2년(1390) 3월에 제작되었으니 이성계는 이 이전에 이미 왕이 되려 했다고 여겨진다.

이성계와 그 처 강씨, 그리고 그들의 측근인 월암, 황희석, 박씨 복수, 박자청, 강택, 낙랑군부인 김씨 등이 이 미륵하생 불사佛事를 주도했다. 이 불사에는 만명 정도가 참여했다고 하지만 사리용구에는 주도자 소수의 이름이 새겨지고 여성이 앞세워져 있는데, 이 불사가 정계에 알려지면 혹시 반역으로 의심받는 상황을 우려한 측면도 작용했을 것이다. 땅 속에 묻혔다가 드러난 사리용구에 새겨진 글은 이성계의 즉위가 선양禪讓에 의한 것이 아니었음을 시사해 준다.

제8장
고려시대 매향과 삼일포 매향비

머리말

매향埋香은 향목香木 또는 특정 나무의 가지를 해안가에 묻는 행위를 지칭하는데,[1] 대개 미륵하생 신앙을 바탕에 깔고 있었다. 향목이 귀했기 때문에 특정한 나무의 가지를 묻어 향목이 되기를 기원하는 경우가 많았으며, 쉽게 부패하면 안되기 때문에 소금에 절여지는 바닷가에 묻어야 했다. 향 중에서도 침향沈香이 가장 귀하게 여겨졌는데 불교사회에서는 더욱 그러했다. 그런데 침향 나무는 중국 남부, 동남아 등 아열대 지역에서 자라고 우리나라에서는 원래 자라지 않아 비싼 가격으로 수입해야 했다. 그러하니 매향에 진짜 침향목을 사용한 경우는 거의 없었다.

조선 세종 24년 1월에 평안도관찰사에게 전지傳旨하기를, "우참찬右參贊 이숙치李叔時가 아뢰기를, '의주義州 야일포夜日浦 남쪽 장성長城 아래 암석巖石에 새겨진 글에, 「경인년庚寅年 십일월十一月 이십이일二十二日에 최순崔淳이 이 암석에서 내려가 남쪽 육십척六十尺에 장향藏香하다」라 되어 있습니다'라고 했으니, 경卿은 그것을 굴발掘發해 찾아내어 아뢰라"고 했다. 세종 24년 10월에, 평안도관찰사가 아뢰기를, "의주義州 야일포夜日浦 장성長城 아래 암산巖山

---

[1] 매향의 최적지는 山谷水와 海水가 만나는 內灣 添入 부분이라고 한다. 이해준, 「매향신앙과 그 주도집단의 성격」 『김철준박사화갑기념논총』, 1983.

에 매향埋한 목木은 향목香木아 아니라 송목松木 및 진목眞木이고 때에 아직
향香을 이루지 않았기 때문에 다시 그것을 매향埋했습니다"라고 하니, 상上이
관찰사에게 명령해 표標를 세워 후일 빙고憑考를 삼도록 했다.[2] 의주 야일포
에 매향된 목재는 향목香木이 아니라 소나무와 참나무 가지였으니, 그 당시
사람들은 소나무와 참나무 가지를 묻으면서 오랜 세월이 흐르면 향목, 나아
가 침향목이 되기를 기원하고 되리라 믿었던 것이다. 매향이라며 바닷가에
묻은 것이 세월이 흘러 침향으로 변화한 사례가 과연 얼마나 있었는지
궁금하다.

조선후기 실학자 이익은, "사람들이 전傳하기를, 상목橡木이 물에 들어가
천년을 지나면 향香을 이룬다고 했기 때문에 고인古人이 민民을 모아 약제約劑
해 많이 목木을 베어 물에 들이고(담그고) 비碑를 세워 증표로 삼았는데
대개 후인後人을 고려했기 때문이라 했다. 본초本草에 의거하건대 교주交州에
밀향수密香樹가 있어 그 밀향密香을 취하고자 하면 먼저 그 뿌리를 절단하고
(몸체가) 경년經年 후에 그 피간皮幹이 모두 후란朽爛하지만 목심木心과 지절枝節
(枝節)이 파괴되지 않은 것이 곧 향香인데, 세지細枝가 긴실緊實해 란爛하지
않은 것이 청계靑桂이고, 견흑堅黑해 몰입수沒入水하면(물에 가라앉혀 잠기면)
침향沉香이고, 반부半浮 반몰半沒해 수면水面과 평平한 것이 계골鷄骨이고, 가장
거칠은 것이 잔향棧香이며, 또한 모양이 계골鷄骨과 같은 것이 계골향鷄骨香이
고, 모양이 마제馬蹄와 같은 것이 마제향馬蹄香인데, 그러한 즉 침향沉香은
입수入水해 이루어진 것이 아니고 향香을 물에 던져(넣어) 몰沒하는(가라앉는)
것이 그것이라며, 아국我國은 본래 밀향수密香樹가 없으니 어찌 인공人功으로
써 그것을 조성造成할 수 있으리오" 했다.[3]

우리나라에는 침향沈香을 만들 수 있는 나무가 없다는 것이니 침향은
비싸게 수입할 수밖에 없어 귀하여 특정 나무의 가지를 해안가에 묻어

---

2) 『세종실록』 권95, 세종 24년 1월 기묘(17일) ; 『세종실록』 권98, 세종 24년 10월 병신(9
  일).
3) 『성호사설』 권12, 人事門, 香徒.

오래 기다리면 침향이 된다는 사고방식이 생겨났다. 이것이 미륵하생을 기다리는 신앙과 결합해 매향埋香 행위를 초래했다. 매향 행사는 고려시대와 조선초기에 유행했는데 종파를 초월하는 경향을 띠었다.

고려시대 매향 활동 중에서도 참여 범위가 가장 광범위한 사례가 충선왕 복위원년 강릉도의 매향으로 고성高城 삼일포에 그 내용을 새긴 비석이 건립되었다. 고성 삼일포의 매향비는 용화회주龍華會主 미륵의 하생下生을 기다리며 원간섭기 동계(강릉도)의 광범위한 곳에 매향한 사실을 알려준다. 삼일포 매향비는 강릉도존무사 이하 강릉 지사·판관, 양주 부사副使 등 지방 관들이 주도해 강릉 정동촌정正東村汀, 양주 덕산망德山望 등 동해안의 여러 곳에 매향한 기념비였는데, 현실적으로는 지역 안보와 민의 안집安集을 기원한 것이라고 한다.4) 삼일포의 매향비는 미륵하생 신앙의 산물인데, 삼일포의 미륵당 및 사선四仙 전승지傳承地와 더불어 미륵 신앙과 신선 신앙(특히 사선 신앙)의 결합을 보여주는 사례로 보이며, 강릉도의 사선四仙 유적이라 전해지는 곳들은 통주 총석정과 사선봉, 고성 삼일포, 간성 영랑호, 고성과 간성에 걸친 명사鳴沙, 강릉 경포대·사선비四仙碑·한송정寒松亭 등으로 동해안을 따라 분포하는데, 이는 신라의 북방 진출에 따라 신라 화랑이 동해안 루트를 따라 북쪽 변경까지 국토를 순례한 데에서 유래했을 가능성이 있다.5)

매향과 매향비는 우리나라 미륵 신앙(특히 미륵하생 신앙)의 특징을 보여줄 뿐만 아니라 지역 공동체의 존재양상, 결원結願 향도香徒의 활동을 알려주니 사상, 종교, 사회, 문화 등의 이해에 도움을 많이 줄 수 있는 자료이다. 특히 충선왕 복위원년 강릉도의 매향과 삼일포 매향비는 고려 강릉도(동계)의 독특한 여러 측면을 담고 있다. 그러면 고려시대와 조선초기 매향비를 살펴보고 나서 관동 매향과 삼일포 매향비를 조명해 보기로 한다.

---

4) 채웅석, 「여말선초 향촌사회의 변화와 매향활동」 『역사학보』 173, 2002, 95~123쪽.
5) 김창현, 「고려시대 금강산과 그 불교신앙」 『지역과 역사』 31, 2012, 252~256쪽. 관동의 四仙 관련 유적은 신라의 신선 신앙과 고려의 그것이 만나는 곳이었으므로 고려 신선 신앙의 성격을 밝히는 중요한 자료이다.

1. 고려시대와 조선초기 매향비

매향埋香 사례는 고려후기와 조선초기에 집중적으로 나타나니 이에 주목해 그러한 사례 경향을 여말선초의 왜구침략과 사회변화에 접목해 조명하려는 연구경향이 강하다. 고려초기의 매향으로는 나주 팔흠도八歆島(현재 신안군 팔금도)에서 통화統和 이십년二十年(1002, 고려 목종 5)에 만들어진 매향비가 조선 세종 때 발견된 사례가 있다.[6] 후술하듯이 의주 야일포의 매향과 당진의 매향(두 차례)이 고려중기에 이루어졌을 수 있다. 그리고 더 거슬러올라가 영암 정원명貞元銘 석비가 매향비임이 확인됨으로써[7] 정원이년貞元二年 즉 786년 통일신라 때 매향이 이미 행해졌음이 드러났다. 9세기 통일신라 때 건립된 진감선사 비문에 '해안海岸 식향植香'이라는 구절도 신라 하대에 매향이 행해졌음을 알려준다. 그러하니 매향은 통일신라 이래 행해지고 고려시대에 대중화된 행사였으니 여말선초를 지나치게 부각하는 것은 적절하지 않다고 생각한다.

매향埋香은 민중의 현실적인 위기 불안감에 바탕을 둔 구세救世 기복적 미륵하생 신앙과 연결되고 여말선초 왜구의 창궐에 대응해 이루어지고, 또한 매향은 그렇게 함으로써 얻어지는 침향沈香을 매개로 미륵의 용화회에 참석해 구원받고자 하는 의식이었다고 하는 견해가 있는데,[8] 매향 배경을 일방적으로 왜구 창궐과 관련짓는 것은 문제가 있다. 매향은 하층서민이 미륵 신앙을 바탕으로 하면서도 사회변혁이 아닌 온건한 표방을 했기 때문에 지배층에게 묵인되어 널리 확산될 수 있었고, 하층서민이 적극적 신앙주체로 현세지향적 성격을 지녔다고 하는 견해가 있는데,[9] 매향은 하층서민만이

---

6) 『세종실록』 권15, 세종 4년 2월 병진(29일).

7) 성윤길, 「현존 최고(最古)의 매향비(埋香碑) : 영암 정원명(貞元銘) 석비(石碑)」 『文化財』 제54권 1호, 2021.

8) 이해준, 「매향신앙과 그 주도집단의 성격」 『김철준박사화갑기념논총』, 1983. 이해준은 매향의 주도집단이나 조직은 지방관, 寶, 結契, 香徒이고 여기에 승려와 지방민이 함께 참여했고, 매향주도층은 어느 한 계층(집단)에 의해 완전 주도되기보다 복합적인 구성이라고 했다.

아니라 신분과 계층을 초월했다. 매향비가 전남의 해안지역이나 도서지역에 다수를 차지하고 있음은 이 지역이 역사적으로 미륵 신앙의 전통이 강한 지역이라는 사실도 영향을 주었을 것이라는 견해[10]가 있지만, 미륵 신앙은 백제 권역만이 아니라 신라 권역에도 유행했다. 매향비가 전라도 해안과 섬에서 다수 발견된 것은 이 지역이 잘 형성된 갯벌을 지녀 매향에 적합한데다가 근현대에 간척사업이 대거 진행되면서 매향 유적의 발견 사례가 늘었기 때문이다.

　매향에 대해 비밀결사적 행위가 아니라 공개된 행위였고, 연해지역 민들이 종교적으로 용화세계가 도래하기를 기원하면서 현실적으로 지역사회 공동체, 나아가 국가의 안녕과 발전을 기원했으며, 연해지역에서 행해진 특수성을 지녔고 대개 미륵 신앙에 기반했지만 미타 신앙과 관련된 사례도 있었다고 한다.[11] 매향이 미타 신앙과 관련된 사례로 미타계彌陀契가 주도한 영암 엄길리의 경우가 있지만 매향해 용화초회龍華初會에 공양하기를 기원했으니 미타 신앙의 미타계가 미륵하생 신앙을 수용한 것이었다. 해남 맹진리의 경우 미타향도가 매향을 주도했는데 역시 미륵하생을 기원하며 매향했으리라 짐작된다. 사천 흥사리의 경우 미륵하생 참여와 내원內院(도솔내원) 탄생을 기원했는데, 발원자들이 도솔내원에 임시로 탄생하고 궁극적으로 미륵하생 용화회에 참여하기를 기원한 것이니 초점은 미륵하생에 있었다. 그러하니 매향은 '향목香木' 부류를 해안가에 묻으면서 미륵이 하생下生하기를 기다리며 하생하면 용화회에 참여해 구원받기를 기원하는 행위였다고 할 수 있다. 매향은 '향목香木'이라며 묻은 나뭇가지가 향목香木, 나아가 침향목沈香木이 되기를 기다리는 믿음과 석가불 열반 후에 도솔천 미륵보살이 용화수 아래에 미륵불로 하생해 중생을 구제하기를 기다리는 믿음의 결합인 것이었고 대중성을 획득해 미륵 주존主尊의 유가법상종을 넘어 종파를 초월하게

9) 정경일, 「여말선초의 매향비 연구」, 한국교원대학교 석사논문, 1993.
10) 이준곤, 「한국 매향비의 내용 분석」 『불교문화연구』 11, 2009.
11) 채웅석, 「여말선초 향촌사회의 변화와 매향활동」 『역사학보』 173, 2002, 95~123쪽.

448

되었다.

향도香徒가 고려전기에는 기불祈佛 단체였다가 고려말 특히 조선초기에는 불교와 거리가 먼 기신祈神 단체로 변모했다는 견해가 있다.12) 향도가 고려전기까지 종교적 혹은 공동체적 기능을 증대시켜 오다가 고려후기로 가면서 점차 그 기능과 역할을 축소시켰고, 매향 주도집단이 시기가 내려올수록 기층사회로의 심도가 깊어지며 이는 향촌공동체 조직의 기능·역할의 변모와 관련이 있다는 견해가 있다.13) 고려말 조선초기 매향은 고려전기에 향리 주도하에 읍치 중심으로 이루어졌던 불사佛事와는 달라진 모습을 보이며, 고려전기 불사佛事보다 주도층, 공동체 규모 면에서 다양화되었으며 이는 향도의 변화에서도 확인되는 사실이라는 견해가 있다.14) 과연 이러한 견해가 타당한지 의문이 든다.

매향 내용과 참여자를 보면,15) 신안 팔금도의 경우 통화이십년統和二十年 (1002, 고려 목종 5년)에 도속道俗(승려·속인) 향도香徒 팔백여인八百餘人이 참여해 침수향沈水香 사업을 행했다.16) 평북 정주군定州郡 덕언면 침향동의 경우 원통元統 3년(1335, 고려 충숙왕 후4) 3월에 발원해 침향沈香 삼백조三百條를 묻었다.17) 의주義州 야일포夜日浦의 경우 경인년庚寅年 11월 22일에 최순崔淳이 장향藏香했는데,18) 이 경인년은 1290년이나 1350년으로 추정된다는 견해가 있다.19) 당진 안국사지 바위에 두 차례 매향한 일이 새겨져 있되, 한

---

12) 이태진, 「사림파의 유향소복위운동」『진단학보』 34·35, 1972·1973.
13) 이해준, 「매향신앙과 그 주도집단의 성격」『김철준박사화갑기념논총』, 1983.
14) 채웅석, 「여말선초 향촌사회의 변화와 매향활동」『역사학보』 173, 2002.
15) 매향비 사례는 채웅석, 「여말선초 사천 지방의 매향활동과 지역사회」『한국중세사연구』 20, 2006 ; 이준곤, 「한국 매향비의 내용 분석」『불교문화연구』 11, 2009에 잘 소개되어 있다.
16) 『세종실록』 권15, 세종 4년 2월 병진(29일).
17) 허흥식, 「定州 沉香石刻」『한국금석전문』, 아세아문화사, 1984 ; 채웅석, 「여말선초 향촌사회의 변화와 매향활동」『역사학보』 173, 2002 ; 이준곤, 「한국 매향비의 내용 분석」『불교문화연구』 11, 2009. 이 암각에 새겨진 매향은 盆州 伊彦이 발원했다고 되어 있는데, 채웅석에 따르면 盆州 伊彦은 평안도 定州에 속한 지명이었다.
18) 『세종실록』 권95, 세종 24년 1월 기묘(17일).

쪽에는 경술庚戌 10월에 염솔서촌鹽率西村 포구에 '□木'을 묻어둔다고 되어 있고, 다른 한 쪽에는 경오庚午 2월에 여미餘美 북쪽 포구에 매향하되 결원향도 結願香徒가 참여했다고 되어 있는데,[20] 여말선초에 행해진 것으로 보는 분위기이다. 의주 야일포와 당진 안국사지 매향비는 연대로 간지만 표기되었는데 간지 표기가 유행하는 고려중기인 예종말기~무인정권기[21]에 만들어졌을 가능성이 크다고 생각한다. 그렇다면 의주 야일포의 매향비는 1170년(의종 24) 혹은 1230년(고종 17) 경인년에, 당진 안국사 매향비는 한 쪽은 1130년(인종 8) 혹은 1190년(명종 20) 혹은 1250년(고종 37) 경술년, 다른 한 쪽은 1150년(의종 4) 혹은 1210년(희종 6) 혹은 1270년(원종 11) 경오년에 새겨졌을 수 있다. 의주 야일포에 매향한 최순崔淳은 안서安西(해주) 사람 최서崔瑞의 부친인 호부시랑 최순崔淳과 동일인으로 보이는데, 최서가 갑인甲寅(1254, 고종 41) 봄에 처음으로 강화판관江華判官에 임명되고 이해에 급제하고 중통원년中統元年(1260, 원종 1)에 처인현령處仁縣令에 임명되니,[22] 최순이 야일포에 매향한 경인년은 1230년(고종 17)에 해당하는 것으로, 그가 의주에 근무하면서 행한 것으로 판단된다. 예산 효교리의 경우 영락원년永樂元年 계미癸未(1403, 조선 태종 3) 3월에 이산伊山(이산현)·덕풍德豊(덕풍현)에서 결원향도 結願香徒가 당래當來 미륵을 기원하며 매향했다.[23] 홍성 용오리(어사리)의 경우 선덕宣德 2년 정미년(1427, 조선 세종 9) 8월 10일에 매향비를 세웠는데,

---

19) 채웅석,「여말선초 사천 지방의 매향활동과 지역사회」『한국중세사연구』20, 2006.
20) 餘美(餘美) 지명은 고려초부터 사용되고 조선 태종 7년(1407)에 海美로 바뀐다. 안국사지 매향비에 대해서는 오윤희,「內浦地方의 埋香碑」『사학연구』58·59, 1999 ; 채웅석,「여말선초 향촌사회의 변화와 매향활동」『역사학보』173, 2002 ; 채웅석,「향도의 변화와 새로운 향촌질서의 모색」『고려시대의 국가와 지방사회』, 2000이 참고된다. 경술년과 경오년의 이 매향을 채웅석은 여말선초에 행해진 것으로 보았다.
21) 예종 11년 4월에 公私文字에서 거란 연호를 정지하고 甲子만을 사용하도록 조처했으며, 무인정권기를 포함한 고려중기에 거란의 쇠락과 여진 금의 흥기로 인해 연호보다 간지 등을 선호하는 경향이 유행했다. 이에 대해서는 김창현,「고려시대 묘지명에 보이는 연대와 호칭 표기방식」『한국사학보』48, 2012 참조.
22) 崔瑞와 그 가족에 대해서는 崔瑞 묘지명 참조.
23) 효교리 매향에 대해서는 오윤희,「內浦地方의 埋香碑」『사학연구』58·59, 1999 ; 채웅석,「여말선초 향촌사회의 변화와 매향활동」『역사학보』173, 2002가 참고된다.

450

리里의 고로古老·남녀男女·유아幼兒가 매향해 내세來世에 미륵당래초회彌勒當來
初會(용화초회)에 태어나기를 기원했다.24)

영암 엄길리의 경우 석가여래 열반 후 이천삼백사십구년二千三百四十九年
甲申(1344, 충목왕 즉위) 8월 13일에 미타계내彌陀契內 천만인千萬人이 매향해
용화초회龍華初會에 공양하기를 기원했고25), 영암 채지리의 경우 선덕오년宣
德五年(1430, 세종 12) 12월 19일에 결형제結兄弟를 모아 이진포伊珎浦 오지午地
6리里 사이에 침향沈香을 묻어두었는데, 이들 미타계彌陀契와 결형제結兄弟는
향도였을 것이다. 영광 법성면 입암리의 경우 매향이 홍무사년洪武四年 신해辛
亥(1371, 고려 공민왕 20) 4월과 영락팔년永樂八年 경인庚寅(1410, 조선 태종
10) 8월에 도합 두 차례 행해졌는데, 홍무사년의 경우는 화주化主가 천우天雨
이고, 영락팔년의 경우는 결원結願 향도香徒가 참여하고 동량棟梁은 한공수韓公
守였다. 해남 맹진리의 경우 미타향도彌陀香徒 오십팔五十八과 상당上堂 일백천
인一百千人이 발원해 죽산현竹山縣 동촌東村 좌구포座具浦에 매향해 영락사년永樂
四年 병술丙戌(1406, 조선 태종 6) 3월 23일에 비문을 새겼다.26) 신안 암태도의
경우 영락삼년永樂三年(1405, 조선 태종 5) 4월 24일에 만불향도万仏香徒가
반사도伴巳島에 매향했는데 그 과정에서 음식을 조리한 숙반녀熟飯女가 둘이
었다. 장흥 덕암리의 경우 선덕십년宣德十年(1435, 세종 17)에 향도香徒 천인千

<hr>

24) 오윤희, 「內浦地方의 埋香碑」『사학연구』58·59, 1999. 이 비는 해미 매향비로 알려져
왔지만 원래 홍성 어사리에 있었던 것이라고 한다.
25) 이 '千萬人'의 千萬은 10,000,000이 아니라 千 내지 萬을 의미하며 많은 수를 상징한
것이었다. 영암 엄길리 암각매향비의 판독과 해석은 이준곤, 「영암엄길리암각매향비
의 비문판독과 해석」『목포해양대학교 논문집』9가 참고된다. 석가여래 열반 후
'二千三百四十九年(2349년) 甲申'이라 되어 있는데, 이준곤은 이해준의 글을 이용하여
1344년 충목왕 원년에 해당한다고 보았고, 「민중의 염원 매향비」(『남도 불교 천년의
증언』)에서는 우리나라에 알려진 석가모니 열반 시기인 기원전 949년으로 계산하면
1400년(신사년)이지만 甲申을 기준으로 하면 1404년에 해당한다고 보았다. 1344년은
충목왕 즉위년 내지 즉위원년이다.
26) 해남 맹진리 매향 암각비문은 다음과 같다. "竹山縣東」村座具浦」埋香置弥陀香」徒五十八
上堂一百」千人同發願碑文」永樂四年丙戌三月」二十三日立碑」主法覺因緣化」惠觀等衆小
明」五百步". 이 '一百千人'은 一百 내지 一千의 의미로 읽힌다. 竹山縣은 고려~조선초
전라남도 해남군 마산면 일원에 있었던 고을 이름이라고 한다(「민중의 염원 매향비」
『남도 불교 천년의 증언』).

人이 발원해 참여했다.27)

사천 홍사리의 경우 홍무洪武 20년 정묘丁卯(1387, 우왕 13) 8월에 빈도貧道와 천인千人이 결계結契해 발원하여 우바새優婆塞·우바이優婆夷·비구·비구니, 도계都計 사천일백인四千一百人(대화주大化主는 각선覺禪)이 매침향목埋沈香木하여 자씨하생慈氏下生(미륵하생) 용화삼회龍華三會를 기다려 이 향香을 미륵여래에게 공양하기를 기원하고 또한 발원해 인민人民이 내원內院에 태어나기를 기원하면서, 주상전하 만만세万万歲와 국태민안國泰民安을 기원했는데, 이 결계結契도 향도였을 것이다. 사천 향촌동의 경우 영락永樂 무술戊戌(1418, 태종 18) 2월에 매향비를 만들었는데, 시방十方 시주施主가 구량량仇良梁 용두초지龍頭初地를 수修하여 정유丁酉(1417) 2월 15일과 무술戊戌(1418, 태종 18) 2월 15일에 수륙무차대회水陸无遮大會를 개최하고 이 침향포沈香浦에 이르러 향목香木을 모아 침향沈香한 연후에 여러 비구比丘와 시방 시주를 뒤에 열거한다며 대시주大施主 전판사前判事 김수산金壽山, 진강군부인晋江郡夫人 강씨姜氏, 구량량仇良梁 만호万戶 윤담尹膽, 전사직前司直 김존상金存尙, 대선사大禪師 양욱良旭, 전사의前司議 정길상鄭吉祥, 대화주大化主 신관信寬 등이 기재되었다.28) 고성高城 삼일포 매향비에 기록된 매향은 고려 충선왕 복위원년에 강릉도 존무사와 그 휘하 관원이 주도하고 모든 낙선존비樂善尊卑가 참여해 강릉도(동북면)의 바닷가에 이루어졌으니 강릉도 사람들이 신분을 초월해 대거 참여했다.

매향埋香은 대개 향도香徒가 참여 내지 후원해 이루어졌고 매우 대중적이었는데, 고려 초·중기로 비정될 수 있는 사례도 꽤 발견된다. 발견된 매향 사례의 시기가 고려말과 조선초에 많이 해당한다고 해서 여말선초에 와서 향도의 성격이 기층적으로 변했다고 본다면 착시현상이라 하겠다. 일반적으

---

27) 전라도에서 발견되 매향비의 내용과 판독에 대해서는 남도불교문화연구회, 「민중의 염원 매향비」『남도 불교 천년의 증언』, 국립광주박물관, 2020이 참고된다.

28) 사천의 두 매향비와 그 판독에 대해서는 채웅석, 「여말선초 사천 지방의 매향활동과 지역사회」『한국중세사연구』20, 2006 ; 허흥식, 「사천매향비」『한국금석전문(중세 하), 1984가 참고된다. 한편 2월 15일에 수륙무차대회를 개최하고 매향한 것은 고려 상원연등회의 遺風과 관련이 있었을 것이다.

로 역사 자료는 고려전기前期와 그 이전으로 올라가면 당연히 적게 발견되기 때문이다. 단, 조선중기로 가면 매향 사례가 보이지 않는 것은 조선시대 불교 탄압의 효과가 나타나는 시기와 관련이 있다.

매향 주도 집단은 대개 향도香徒로 나타나는 경우가 많다. 그러면 향도香徒에 대해 알아보기로 하자.29) 마애반가상磨崖半跏像을 태평흥국太平興國 육년六年 신사辛巳(981, 고려 경종 6) 2월 13일에 도속향도道俗香徒 입인卄人(20인)이 조성했다.30) 대평흥국大平興國 7년 임오년(982, 성종 1)에 승려 성범成梵이 포산包山(비슬산)의 관기觀機·도성道成 두 성사聖師의 유허에 세운 사찰에 주지해 만일미타도량萬日彌陁道場을 여니 현풍호風 신사信士 20인 남짓이 해마다 결사結社해 향목香木을 주워서 이 사찰에 시납하되, 매양 산에 들어가 향香(향목)을 채취하여 쪼개고 씻어 박箔 위에 펼쳐 놓자 그 목木(향목)이 밤에 이르면 빛을 내어 촛불과 같으니 이로 말미암아 군郡 사람들이 그 향도香徒에게 크게 시주했다고 한다.31) 아미타 신자들이 결사結社해 향도香徒를 이루어 향목香木을 시납한 것인데 매향埋香과는 다른 방식의 신앙활동이었다. 통화統和 15년 정유년(997, 성종 16) 4월 27일에 장명사長命寺 오층석탑을 국태인안國泰人安을 기원하며 향도香徒가 건립했고 동량棟梁 대행명도大行明徒는 교위校尉 호장戶長 안제경安帝京, 창정倉正 최□, 박사博士 김위金位, 유장鍮匠 지미지只未知 등이었다.32) 경상도 예천 개심사開心寺 석탑의 건립은 상원갑자上元甲子 사십칠四十七 통화이십칠統和二十七 경술년(1010, 고려 현종 원년) 2월 1일에 시작

---

29) 고려시대와 조선초기 香徒에 대해서는 채웅석, 「향도에 반영된 본관제의 지배질서」·「향도의 변화와 새로운 향촌질서의 모색」(『고려시대의 국가와 지방사회』, 서울대학교출판부, 2000)이 참고되는데, 무신집권기~조선초기에는 향도의 성격이 다양화되고 향도의 구성원으로 볼 때 중앙 고관의 향도, 여성만의 향도, 향촌 '小民'들의 향도 등 사회 각 계층의 향도사례들을 찾아볼 수 있다고 했다.

30) 허흥식, 「利川 磨崖半跏像銘」『한국금석전문』中世上, 아세아문화사, 1984. 이천 장암리의 이 마애반가상은 머리에 보관을 쓴 보살인데 미륵보살인지, 관음보살인지 논란이 있다.

31) 『삼국유사』 권5, 避隱第八, 包山二聖.

32) 장명사 탑지석(국립중앙박물관 e뮤지엄). 장명사는 안성시 죽산읍 즉 고려시대 죽주에 있었다.

해, 신해년(1011, 현종 2) 4월 8일에 완성되었는데, 광군光軍, 승속낭僧俗娘
일만인一萬人, 미륵향도彌肋香徒, 추향도椎香徒, 선랑仙郎 등이 참여했고, 동량棟
梁으로 호장戶長 배융교위陪戎校尉 임장부林長富와 모주母主 등이 주도했다.
회진사迴眞寺 범종에는, 고려국高麗國 동경東京 내內 회진사迴眞寺의 불제자佛弟子
가 성수천장聖壽天長과 국태인안國泰人安을 기원해 널리 권유하니 인연 있는
자 삼천인三千人 남짓이 향도香徒에 들어와 포량布糧을 보시해 금종金鍾 하나를
경조敬造해 신해년 사월 팔일에 기記한다고 되어 있다.[33] 이 범종은 고려국
동경東京과 성수천장聖壽天長이라는 표현으로 보아 원간섭 이전의 작품으로
판단되며, 현종 2년(1011) 혹은 문종 25년(1071) 혹은 인종 9년(1131) 혹은
명종 21년(1191) 혹은 고종 38년(1251) 신해년에 해당할 것이다. 이처럼
고려 초·중기 향도는 광범위한 대중이 참여했으니 당연히 기층사회도 깊이
호응했다고 보아야 한다.

고려 인종 9년(1131) 6월에 음양회의소陰陽會議所가 아뢰기를, "근래 승속僧
俗 잡류雜類가 모여서 무리를 이루어 호칭하기를 '만불향도萬佛香徒'라 하는데
혹 염불念佛 독경讀經하며 궤탄詭誕을 만들고, 혹 내외內外 사사寺社 승도僧徒가
술과 파[蔥]를 팔고 혹 병기를 지녀 악惡을 행하고 용약踴躍해 유희遊戲해,
난상亂常 패속敗俗하니, 청컨대 어사대와 금오위金吾衛로 하여금 순검巡撿해
금지하도록 하십시오" 하니 조칙을 내려 그렇게 하도록 했다.[34] 고려중기
인종 때 승려와 속인이 무리를 이루어 만불향도萬佛香徒라 했으니 이 향도
역시 대중적인 것이었다.

지대사년至大四年 신해년(1311, 충선왕 3) 2월에 향도香徒 청신계녀淸信戒女
등이 약사암藥師菴 소종小鐘을 만들었는데,[35] 향도에 여성 불교신도들이 많았
음을 시사한다. 아미타불 신앙이 담긴 관경십육관변상도觀經十六觀變相圖를
□治三年(지치삼년) 계해년(1323, 충숙왕 10) 4월에 제작했는데, 동원同願

33) 「東京內 迴眞寺鐘」(황수영, 『한국금석유문』, 일지사, 1978).
34) 『고려사』 권85, 형법지2, 禁令, 인종 9년 6월 ;『고려사절요』 권9, 인종 9년 6월.
35) 「至大四年銘鐘」(황수영, 『한국금석유문』).

내시內侍 서지만徐智滿, 권선도인勸善道人 심환心幻, 동원同願 박성원朴性圓, 동원
同願 이씨李氏 등, 낙산하인洛山下人 승려 영훈英訓, 니승尼僧 모이某伊, 고용삼이남
古冗三伊男, 선재녀善財女 등, 양주접楊州接 □달이남□達伊男, 구지이녀仇之伊女
등, 중도접中道接 호장戶長 박영견朴永堅, 승려 석전石前, 박예이녀縛猊伊女 등,
시방시주十方施主 양주楊州 □향도□香徒가 참여했다.[36] 양주(한양) 일대의 남
녀 승려·속인이 대거 발원하고 후원했는데 양주 향도香徒로 수렴되었다.
개경의 내시內侍와 양주의 호장戶長이 간여했는데 이 내시 서지만은 양주에
연고를 지녔을 것이다. 낙산하인洛山下人 승려와 속인이 간여했는데 그들은
양주(한양) 낙산洛山 기슭에 위치해 낙산사 혹은 보문사 명칭을 지닌 사찰과
관련된 사람들로 여겨진다.

『고려사』 권85, 형법지2, 금령禁令에 따르면, (충숙왕) 후팔년後八年 오월五月
에 감찰사監察司가 방시榜示한 금령禁令에, 근년에 선교사원禪敎寺院 주지住持가
그 토생土生을 이롭게 여겨 오로지 쟁탈爭奪을 일삼아 사우寺宇 무너뜨림을
초래하고 심지어 범간犯奸해 더러운 짓을 해도 부끄러워하지 않으니 금후今後
에 금리禁理한다고 했다. 성중城中 부녀婦女가 존비尊卑 노소老少 구별 없이
결결結하여 향도香徒가 되어 설재設齋 점등點燈하고 산사山寺에 무리지어 가고
간혹 승인僧人과 사통私通하는 자가 있으니 그 제민齊民은 죄罪를 그 자子에게

---

36) 유마리, 「1323년 4월 作 觀經十六觀變相圖(일본 隣松寺藏)」『문화재』 28, 1995. 이
변상도의 발원 부분은 채웅석, 「향도의 변화와 새로운 향촌질서의 모색」『고려시대의
국가와 지방사회』, 서울대학교출판부, 2000에도 실려 있다. 內侍 徐智滿에 대해 유마리
는 환관으로 파악했지만 괜찮은 집안 출신으로 남성 기능을 지닌 궁중 직책자인
內侍로 여겨진다. 洛山下人의 洛山에 대해 유마리는 강원도 양양의 낙산(낙산사)으로
파악했지만 楊州(한양)의 洛山 내지 낙산사로 여겨진다. 조선 한양도성의 좌청룡
산이 駱山(駱駝山)으로 불리고 그 동쪽 기슭에 보문사·미타사가 위치하는데, 이 산은
원래 고려시대에 관음도량 보문사 내지 낙산사가 있어 '洛山'으로 불리다가 조선이
한양에 도읍하면서 불교색채를 지우기 위해 '駱山'이라 부르게 된 것으로 보인다.
서울 성북구 보문동의 보문사와 미타사(고려 석탑 지님)는 원래 하나의 사찰로
보문사 내지 낙산사라 불렸으리라 추정된다. 고려 숙종 7년 3월에 한양 남경의
경계를 동쪽으로 大峯, 남쪽으로 沙里, 서쪽으로 岐峯, 북쪽으로 面嶽까지로 정했는데
(『고려사』 권11), 이 大峯은 후대 한양도성의 駱山이 아니라 좀더 동쪽 개운산(개운사
소재) 일대에 해당하는 듯하다.

연좌하고 양반兩班의 가家는 죄를 그 부夫(남편)에게 연좌한다고 했다.[37] 이 금령은 충숙왕이 후8년(1339) 3월 계미일(24일)에 세상을 떴으므로 실제로는 충혜왕 복위년(1339) 5월에 내려진 것이었다. 여성들이 존비尊卑와 노소 구별없이 향도香徒가 되어 재齋를 개설하고 점등하고 산사山寺에 무리지어 왕래했음을 알려준다. 이 여성 향도의 죄는 제민(평민)은 자식에게, 양반은 남편에게 연좌를 시킨다고 했는데, 여성의 향도로서의 활동 자체를 죄로 보았다기보다 승려와 사통했을 경우에 죄를 묻는 조치로 여겨진다. 향도의 여성들이 승려와 사통하는 사례가 발생해 금령에 언급된 것이니, 고려말에도 향도에 남녀·존비·노소 구별 없이 많이 참여한 것으로 여겨진다.

송림사松林寺 향완香銃을 지정이년至正二年 임오년(1342, 충혜왕 후3) 3월 17일에 제작했는데 시주施主는 결원結願 향도香徒였으니,[38] 향도가 향완 제작을 후원한 것이었다. 충혜왕 후3년(1342) 6월 갑인일(15일)에 왕이 신효사神孝寺에 행차했는데, 등촉배燈燭輩가 향도香徒를 맺어 축수재祝壽齋를 이 사찰에 개설하니 왕이 재연齋筵에 압좌押座했다.[39] 등촉燈燭 무리가 향도를 조직해 충혜왕의 장수를 기원하는 축수재를 거행한 것인데 대중적인 행사였다.

이색이 정원재鄭圓齋(정추鄭樞)가 얻은 양은문兩恩門 시권詩卷 후後에 차운해 제題하기를, "소년이 탁식卓識해 삼책三策을 진陳하고 중세中歲에 고재高才해 양도兩都를 부부했으며, 지명知命(50세)에 가까운 나이로 동정肜庭에 환홀還笏하니 약로경권藥爐經卷이 향도香徒였네"라고 했다.[40] 이색과 정추(정공권)의

37) 『고려사』 권85, 형법지2, 禁令. 또한 公私賤口는 아울러 城中 乘馬를 허용하지 않는다고 했다. 또한 僧人이 閭里에 雜居하는 것과 願文을 가지고 亂行 勸化하는 것을 허용하지 않는다고 했다. 또한 古者에 葬에 遠日한 것은 禮葬하기 위한 까닭인데 지금 士大夫가 의례히 三日葬을 사용하니 특히 禮典이 아니고 또 廬墓를 자신이 하지 않고 奴로써 대신하게 함이 있어 孝가 될 수 없으니 아울러 禁해 마땅하며 犯者는 科罪한다고 했다.

38) 허흥식, 『韓國金石全文』 中世下, 아세아문화사, 1984.

39) 『고려사』 권36, 충혜왕 후3년 6월.

40) 『목은시고』 권28, 「次韻題鄭圓齋所得兩恩門詩卷後」. "少年卓識陳三策 中歲高才賦兩都, 還笏肜庭近知命 藥爐經卷是香徒". "少年卓識陳三策 中歲高才賦兩都"는 이제현에 대해, "還笏肜庭近知命 藥爐經卷是香徒"는 홍언박에 대해 읊은 것이다.

456

은문(좌주)인 이제현과 홍언박에[41] 대해 읊은 것인데, 홍언박이 흥왕사 정변 때 55세로 살해당하자[42] 향도香徒가 약로경卷爐經卷을 마련해 추모하고 명복을 빌었음을 알려준다. 살해당한 홍언박을 위한 이 향도에는 주로 관리들이 참여했을 것이다. 이색이 강릉 최상국崔相國에게 받들어 사례했는데 공公(최상국)이 이르기를, 향도香徒로서 염시중廉侍中(시중 염제신) 상上에 좌정하고 담암淡庵(백문보)과 바둑을 두었다고 했고 또 복僕(이색)에게 창화唱和가 있었기 때문에 시를 지어 언급한다며, "결사結社 당년當年에 시중侍中을 굴복시키고 담암淡菴과 바둑 두어 웅雄을 다투었네"라고 읊었다.[43] 최상국, 염시중(시중 염제신), 담암(백문보) 등이 결사結社한 향도는 관료들 위주로 구성되었을 것이다.

공양왕 때 낭장郎將 이연李延 집에서 향도香徒를 모아 술자리를 마련하니 노부老夫(이색)가 가서 그 사이에 참여했다가 조금 취醉하여 먼저 나오며 읊기를, "장단長湍 북리北里에 금퇴金堆가 있어 결사結社 소향燒香한지 세歲가 몇 번 돌았는가, 나아가 춘풍春風을 취하여 상좌上座에 참석하니 준주樽酒를 가져와 신배新醅를 따랐네, 누가 알았으리오 국상國相이 지금 동석同席함을, 나는 인옹鄰翁으로서 함께 잔을 들었네"라고 했다.[44] 낭장郎將 이연李延 집에서 열린 향도香徒 연회에는 실각한 원로 이색만이 아니라 국상國相도 참석했는데, 이 향도는 대개 문무 관료들로 이루어진 것으로 보인다.

향도香徒는 결사結社 혹은 결원結願해 소향燒香하는 무리로 고려 전기와 후기를 막론하고 귀천·남녀·노소 구별 없는 대중적인 조직으로 신분과 계층을 초월했으며, 남녀를 초월했는데 여성의 비중이 남성을 초월한 듯한 현상도 보였다. 우왕 때 밀직密直 박천상朴天常이 계림雞林(경주)을 지나가려

41) 이색은 공민왕 2년 5월에 金海君 李齊賢이 知貢擧로, 贊成事 洪彦博이 同知貢擧로 주관한 과거에 장원으로 급제했다. 『고려사』 선거지1, 과목 1, 凡選場. 鄭樞도 이 과거에 급제했다.
42) 『고려사』 권111, 홍언박전.
43) 『목은시고』 권16, 「奉謝江陵崔相國公云…」. 우왕 때 작품이다.
44) 『목은시고』 권35, 長湍吟, 「李郎將延家 會香徒設醴…」.

하니 계림부윤鷄林府尹 윤승순尹承順이 술자리를 마련해 위로했는데, 진사進士
이계분李桂芬 등 2인이 빈교賓校 환렬環列을 보고 기롱하기를 '향도연鄕徒宴'이라
했다. 윤승순 문하門士가 고하니 윤승순이 노하여 이계분 등을 가두었고
교대하게 됨에 그 일을 계림판관鷄林判官 심우경沈于慶에게 위촉하자 심우경이
족足을 찢고 포락炮烙하니 2인이 곧 죽자 윤승순이 이를 듣고 비참해하여
그 문사門士를 모두 내쫓았다. "국속國俗에 결계結契 소향燒香하는 것을 이름해
'향도香徒'라 하여 서로 돌아가며 연회宴會를 개설해 남녀男女 소장少長이 서좌序
坐해 공음共飮하여 이를 일컬어 '향도연香徒宴'이라 했다".[45] "국속國俗(고려
풍속)에 결계結契 소향燒香하는 것을 이름해 '향도香徒'라 하여 서로 돌아가며
연회宴會를 개설해 남녀男女 소장少長이 서좌序坐해 공음共飮하여 이를 일컬어
'향도연香徒宴'이라 했다"는 내용은 우왕 때만이 아니라 고려초기 이래의
풍속으로 보아야 한다.[46] 고려시대 향도는 남녀, 노소 구별 없이 결계結契
소향燒香하며 불교행사를 행하고 함께 연회를 열어 참석해 즐겼던 것이다.

　그런데 조선시대로 가면서 불교가 억압당하면서 향도香徒도 억제당한다.
조선 태조 2년 11월에 도평의사사都評議使司가 구폐사의救弊事宜로써 조진條陳
상언上言했는데, "금세今歲에 제도諸道가 가뭄으로 인해 흉년이니 만약 일찍
도모하지 않으면 기근飢饉이 거듭 이르리니, 무지無知의 민민이 후환後患을
돌아보지 않아 사신祀神하고 향도계내香徒契內 등 일에 경비를 씀이 작지
않고, 주군州郡 수령守令 역시 빈객영송賓客送迎으로 인해 경비 지출이 많으니,
원컨대 지금 겨울부터 공상供上 및 제초祭醮, 상국사신上國使臣 연향宴享 외에는
금주禁酒하도록 하십시오" 하니 상上이 따랐다.[47] 태조 7년 12월에 도당都堂이
각사各司 진언陳言을 채택해 아뢰기를, "외방外方의 민민이 그 부모父母 장일葬日
에 인리隣里 향도香徒를 모아 음주飮酒 가취歌吹해 애통哀痛해 하지 않아 예속禮俗

45) 『고려사』 권122, 酷吏, 沈于慶傳. 沈于慶은 宜寧縣 사람으로 성격이 매우 각박했는데
　　우왕 때 鷄林判官이 되었다.
46) 이 내용이 沈于慶 전기에 실린 것은 심우경의 포악한 여러 행위 중의 하나가 '향도연'과
　　관련되어 발생했기 때문이었다.
47) 『태조실록』 권4, 태조 2년 11월 己巳(28일).

에 누累함이 있으니 바라건대 지금부터 이전의 잘못을 답습하지 말도록 하고 어긴 자는 통리痛理하도록 하십시오" 하니 그대로 시행하도록 했다.[48] 세종 2년 11월 7일에 예조가 아뢰기를, "외방外方 인민人民이 부모 장일葬日에 인리隣里 향도香徒를 모아 음주飲酒 가취歌吹함은 특히 애통哀慟의 마음이 없어 예속禮俗에 누累함이 있으니 역시 모두 통렬히 금지하십시오" 하니 따랐다.[49] 향도의 행사를 제한하려 했고 특히 장례일에 향도의 음주 가취歌吹를 금지하는 조처를 내렸다.

조선시대에 불교를 탄압하고 향도를 억제한 결과 조선 중·후기로 가면서 향도는 원래의 기능을 상실하고 의미가 달라지게 된다. 조선후기 실학자 이익은 아국我國에 있는 향도香徒라는 자는 곧 상여喪輿를 메어 대가를 취하는 자라고 했다.[50] 유득공은 광대廣大 중에 무녀巫女의 부夫(남편)가 된 자를 '화랑花郎'이라 모칭冒稱한다며, 신라 귀유貴遊에 화랑花郎보다 숭상되는 존재가 없어 그 도중徒衆이 운집雲集해 산수山水를 즐겨 이 무리를 일컬어 '향도香徒'라 했는데, 지금의 상여喪轝를 메는 자는 사람들에게 천시되지만 역시 향도香徒를 모칭冒稱한다고 했다.[51] 향도香徒는 신라에서 유래해 고려시대에 전성기를 누리다가 조선시대로 가면서 억제당하더니 조선 중·후기에는 상여를 메는 자로 의미가 변질되었던 것이다.

매향埋香은 미륵하생 신앙과 결합해 통일신라 이래 행해져 왔고 고려시대는 물론 조선초까지 많은 사례를 보인다. 매향 활동은 신분과 계층을 초월해 이루어졌고 대개 향도香徒로서 참여했으니, 신분과 계층을 초월한 향도香徒의 활동과 밀접한 관계가 있었다. 매향은 승려와 속인 대중이 참여했는데, 사천 향촌동의 경우는 지역 품관과 만호가, 고성 삼일포에 새겨진 매향의

---

48) 『태조실록』권15, 태조 7년 12월 辛未(29일).
49) 『세종실록』권10, 세종 2년 11월 辛未(7일).
50) 『성호사설』권12, 人事門, 香徒. "我國有香徒者 卽舁喪取直者也".
51) 『고운당필기』권3, 花郎. 사람의 顴骨이 높은 것을 일컬어 '廣大骨'이라 하는데 廣大의 假面과 유사해 그렇게 일컬은 것이라 했다. '廣大骨' 즉 광대뼈의 명칭 유래를 광대의 가면과 연관지은 것이다.

경우는 강릉도의 관원이 주도하기도 했다. 대개 한, 두 고을 사람들이 해안가의 특정 장소에 향목을 묻고 그 인근의 비석 혹은 암석에 그 내용을 새겼는데, 삼일포에 새겨진 매향은 이와 다른 특징을 보인다. 그러면 고성 삼일포 매향비를 통해 관동의 매향을 살펴보기로 한다.

2. 관동 매향과 삼일포 매향비

고성高城 삼일포에 매향비가 있었는데 불교의 매향 신앙에 대한 중요한 내용을 담고 있다. 이 매향비석은 지금은 남아 있지 않고 비문의 탁본만 남아 있다. 『동국여지승람』에 따르면 고성 매향비埋香碑는 삼일포의 남쪽에 있는데, 원元 지대이년至大二年 기유己酉에 강릉도존무사江陵道存撫使 김천호金天皓 등이 산승山僧 지여志如와 함께 향목香木을 연해沿海 각관各官에 묻고 그 장소와 조수條數를 지誌하여 단서丹書의 옆에 세운 것이었다.[52] 원 지대 2년 기유년은 충선왕 1년(1309)에 해당한다. 조선초 남효온은 삼일포의 이 매향비를 '미륵불매향비彌勒佛埋香碑'라고 했다.[53]

삼일포 매향비를 살펴보기로 하자.[54] "고려국高麗國 강릉도존무사江陵道存撫使 김천호金天皓, 지강릉부사知江陵府事 박홍수朴洪秀·판관判官 김광보金光寶, 양주부사襄州副使 박전朴瑱, 등주부사登州副使 정연鄭椽, 통주부사通州副使 김용경金用卿, 흡곡현령歙谷縣令 성을신成乙臣, 간성현령杆城縣令 변유邊裕, 삼척현위三陟縣尉 조신주趙臣柱, 울진현령蔚珍縣令 권분權份, 정선감무旌善監務 박춘朴椿 등이 모든 낙선존비樂善尊卑와 더불어 신원信願을 함께 내어 삼가 향목香木 일천오백

---

52) 『신증동국여지승람』 고성 고적. "埋香碑 在三日浦之南 元至大二年己酉 江陵道存撫使金天皓等 與山僧志如 埋香木于沿海各官 誌其地與條數 豎於丹書之傍". 丹書는 '述郎徒南石行' 혹은 '永郎徒南石行'을 지칭한다.

53) 『추강집』 권5, 「遊金剛山記」(남효온).

54) 황수영의 『한국금석유문』과 허흥식의 『한국금석전문』을 기본으로 하면서 채웅석, 「여말선초 향촌사회의 변화와 매향 활동」 『역사학보』 173, 2002, 112~114쪽의 삼일포 매향비 분석을 참고했다.

그림 33. 관동십경 중 삼일포(18C 작품. 규장각한국학연구원 소장). 단서丹書와 매향비埋香碑가 마주해 있음

조一千五百條를 각포各浦에 묻어 용화회주龍華會主 미륵彌勒이 하생下生하는 때에 회하會下에 동생同生해 삼보三寶를 공양供養하는 것을 기다린다"고 했다. 원元 지대이년至大二年 기유己酉 팔월八月에 만들어 세운다고 했다.[55]

이 매향비의 음기陰記에는 개수開數가 새겨져 있는데, 평해군지平海郡地 해안 사동구海岸寺洞口에 일백조一百條를, 삼척현지三陟縣地 맹방촌정孟方村汀에 일백

---

55) "高麗國江陵道存撫使金天皓, 知江陵府事朴洪秀 判官金光寶, 襄州副使朴瑛, 登州副使鄭椽, 通州副使金用卿, 歙谷縣令成乙臣, 杆城縣令邊裕, 三陟縣尉趙臣柱, 蔚珍縣令權忿, 旌善監務 朴椿等, 與諸樂善尊卑 同發信願 謹以香木一千五百條 埋□各浦 開數于後 以待龍華會主彌勒 下生之□ 同生會下供養三寶者" 皆□元至大二年己酉八月日造". 『한국금석전문』은 趙臣柱 를 趙臣桂로 판독했다.

그림 34. 삼일포매향비 탁본(국립중앙박물관 소장)

오십조一百五十條를, 울진현지蔚珍縣地 두정豆汀에 이백조二百條를, 양주지襄州地 덕산망德山望에 일백조一百條를, 강릉지江陵地 정동촌정正東村汀에 삼백일십조三百一十條를, 동산현지洞山縣地 문사정文泗汀에 이백조二百條를, 간성현지杆城縣地 □□□에 일백일십조一百一十條를, 흡곡현지歙谷縣地 단말을短末乙에 이백일십조二百一十條를, 압융현押戎縣 학포□鶴浦□에 일백이십조一百二十條를 묻었다56)

---

56) "平海郡地海岸寺洞口埋一百條 三涉縣地孟方村汀埋一百五十條 蔚珍縣地豆汀埋二百條 襄州地德山望埋一百條 江陵地正東村汀埋三百一十條 洞山縣地文泗汀埋二百條 杆城縣地□□□埋一百一十條 歙谷縣地短末乙埋二百一十條 押戎縣鶴浦□埋一百二十條". 『한국금석전문』은 德山望을 德望山으로 판독했다. 한편 조선후기 삼척부사를 지낸 허목은 孟防에 埋香岸이 있는데 그 誌에 이르기를, "天元至正二年高麗忠宣二年 埋香二百五十株 三陟縣尉趙臣柱"라 되어 있다고 했는데(『記言』권37, 陟州記事 誌古蹟), '至正二年'은 至大二年의 誤讀이고 '高麗忠宣二年'은 부연첨가한 것이고, '埋香二百五十株'의 '二百五十'은 당시 강릉도 매향의 총계에 의거하건대 一百五十의 오류이다.

462

고 한다. 황제□임皇帝□稔과 국왕國王·궁주宮主 복수하장福壽遐長을 기원하며, 미륵전弥勒前 장등보長灯寶 관장자는 고성두목高城頭目이며 기유己酉(1309, 충선왕 1) 8월이라고 했다.57) 미륵□□□보弥勒□□□寶에 통주부사通州副使 김용경金用卿이 시납施納하고 양주부사襄州副使 박전朴琠이 시납했고, 양원대하평원답壤原代下坪員畓 이결二結은 진진이고[동북진답東北陳畓 대동음남도서大冬音南道西 백정우달기답白丁于達起畓], 북반이원답北反伊員畓 이결二結은 진진이고[동북주군東北州軍 진답陳畓, 남군서南軍西 미륵사답彌勒寺畓], 동원전同員田 이결二結은 진진[동남토서진지북東南吐西陳地北 종이천鍾伊川]이라고 했다.58)

매향을 발원해 향목香木 1500조條를 강릉도의 해당 포浦에 묻은 자는 고려국강릉도존무사 김천호金天皓 및 지강릉부사知江陵府事 박홍수朴洪秀 등 지방관과 모든 낙선존비樂善尊卑였다. 향목 1500조를 각 포浦에 묻어 용화회주龍華會主 미륵이 하생下生하는 때에 용화회에 동생同生해 공양하는 것을 기다린다고 했고, 원 황제와 국왕(충선왕)·궁주(계국공주)의 장수를 기원했다. 미륵전弥勒前 장등보長灯寶 관장자는 고성두목高城頭目이었고, '弥勒□□□寶' 즉 미륵전弥勒前 장등보長灯寶에 통주부사通州副使 김용경金用卿과 양주부사襄州副使 박전朴琠이 시납했다. 발원 관원에서 우두머리는 강릉도의 존무사인 김천호였고, 그 관할 지방관원인 강릉부 지사知事 박홍수와 판관 김광보, 양주부사襄州副使 박전朴琠, 등주부사登州副使 정연鄭椽, 통주부사通州副使 김용경, 흡곡현령 성을신, 간성현령 변유邊裕, 삼척현위 조신주, 울진현령 권분權份, 정선감무 박춘朴椿이 참여했다. 매향의 장소와 수량은 평해군 해안사海岸寺 동구洞口 100조條(가지), 삼척현 맹방촌정孟方村汀 150조條, 울진현 두정豆汀 200조條, 양주襄州 덕산망德山望 100조條, 강릉 정동촌정正東村汀 310조條, 동산현洞山縣 문사정文泗汀 200조條, 간성현 □□□ 110조條, 흡곡현 단말을短末乙 210조條, 압융현 학포□ 120조條였다. 이를 도표화하면 아래와 같다.

57) "皇帝□稔國王宮主福壽遐長, 弥勒前長灯寶□銀壹斤收管高城頭目」旹己酉八月日".
58) "弥勒□□□寶, 通州副使金用卿施納 襄州副使朴琠施納, 壤原代下坪員畓二結陳[東北陳畓 大冬音南道西 白丁于達起畓] 北反伊員畓二結陳[東北州軍陳畓 南軍西彌勒寺畓] 同員田二結 陳[東南吐西陳地北鍾伊川]".

강릉도 매향 참여관격과 장소·분량

참여관격	강릉부	양주	등주	통주	흡곡현	간성현
매향장소	正東村汀 310조	德山望 100	없음	없음	短末乙 210	□□□ 110
참여관격	삼척현	울진현	정선(현)	해당없음	해당없음	해당없음
매향장소	孟方村汀 150	豆汀 200	없음	평해군 海岸寺洞口 100	洞山縣 文泗汀 200	押戎縣 鶴浦 120

　매향 총량은 1500조條인데 향목香木을 묻었다고 하지만 과연 모두 향목이 었을까 의문이 가고 침향목이었을 가능성은 없어 보인다. 특정 나무의 가지를 '향목'이라며 묻으며 향목, 나아가 침향목이 되리라 믿으며 기원하지 않았을까 한다. 매향 분량은 많은 순으로 배열하면 강릉 정동촌정(310조條)〉흡곡현 단말을(210)〉울진현 두정(200)=동산현 문사정(200)〉삼척현 맹방촌정(150)〉압융현 학포(120)〉간성현 □□□(110)〉양주 덕산망(100)=평해군 해안사동구(100) 순이었다. 가장 많은 것은 강릉 정동촌정 310조였는데 강릉이 부府로서 강릉도의 중심지인데다가 정동촌이 고려 개경의 정동正東으로 인식되고 일출의 명소인 점이 작용했을 것이다.[59] 가장 적은 것은 양주 덕산망과 평해군 해안사동구 각각 100조였는데, 양주의 경우는 미륵전 장등보에 토지를 시납한 것을, 평해군의 경우는 몽골의 쌍성총관부 설치로 인해 동계가 축소된 것을 보충하기 위해 새로이 명주도(강릉도)에 편입된 것을 배려한 것이 아닌가 한다.

　삼일포 매향비는 고성에 위치하지만 고성의 관원은 이 매향 발원자에 포함되지 않았고 고성이 매향장소로 이용되지도 않았다. 삼일포(삼일호)는 동해에 가까이 위치하지만 퇴적물이 입구를 막아 바다와 분리된 석호潟湖여서 매향하기에 적절하지 않았지만 매향비가 이곳에 건립되었는데, 다른 매향비들이 대개 해안가 매향 장소의 인근에 자리한 것과 다르다. 삼일포에 매향비가 건립되었고 미륵彌勒 전前 장등보長灯寶(長燈寶) 관장자는 고성高城

---

59) 강릉의 正東村은 고려 개경의 正東으로 인식되어서 생겨난 지명으로 추정된다.

그림 35. 강릉 정동진(필자 촬영). 지대2년 매향 수량에서 정동촌이 가장 많음

두목頭目이었고 미륵 무슨 보寶(미륵전 장등보)를 위한 운영 밑천에 미륵사彌
勒寺 답畓이 포함되었다.[60] 이 미륵사는 바로 고성 삼일포의 미륵사였다.
강릉도의 이 매향은 미륵하생을 기원하며 행해진 것이었고 삼일포 미륵사가
그 중심의 위상을 지니며 그 운영을 위한 보寶가 조성되고 고성 두목이
담당하고 그래서 삼일포에 매향비를 세웠고 강릉도의 여러 고을이 고성
미륵사를 후원하는 형국이었으니, 굳이 고성에 매향할 필요가 적었기 때문일
것이다. 그러니까 고성은 매향의 장소가 아니었지만 고성 삼일포는 미륵사
와 매향비를 지녔으니 미륵 신앙과 매향 신앙의 중심지였던 것이다.

　평해군, 동산현洞山縣, 압융현은 매향 장소로 이용된 반면 매향 발원 관원에
는 포함되지 않는데 이들 군현의 위상 때문이었을 것이다. 평해군은 경상
도 소속이었다가 고종 46년에 화주和州·등주登州·정주定州·장주長州가 몽고에

---

60) 이해준은 삼일포 매향비에 기재된 長灯寶에 대해 미륵공양을 위한 지방사회의 공적기
　　구(조직)였던 것 같다고 했다. 「매향신앙과 그 주도집단의 성격」『김철준박사화갑기
　　년논총』, 1983.

몰後함으로 인해 명주도(강릉도) 소속으로 이동했다.[61] 동산현은 익령현(양
주)의 속현이었고,[62] 압융현은 화주和州(등주登州)의 속현이었다.[63] 등주,
통주, 정선은 매향 발원에는 포함되어 있는 반면 매향 장소로는 이용되지
않았다. 정선은 바다를 지니지 않았기에 매향 장소로는 이용될 수 없었다.
등주는 바다를 지녔지만[64] 적절한 곳이 부족하고 그 속현이면서 매향장소로
적절한 압융현이 매향장소로 이용되었기 때문일 것이다. 통주가 매향장소로
이용되지 않은 이유는 분명하지 않은데 미륵보에 시납한데다가 이웃 고을인
흡곡현·압융현과의 중복을 피하기 위한 것이 아니었을까 한다.

지대이년至大二年(1309, 충선왕 원년) 8월에 완료된 이 매향 사업에는 강릉
도존무사와 그 관할인 강릉도의 모든 고을이 참여해 미륵하생과 용화회
참여, 원 황제(무종)·국왕(충선)·궁주(계국공주) 장수를 기원했다. 심지어
바다가 없어 매향 장소로 이용되지 않은 정선조차 이 매향을 후원했다.
계수관 영역의 전체가 매향 사업을 진행한 유일한 사례이다. 동계의 후신인

61) 『고려사』 권57, 지리지2, 경상도.
62) 『고려사』 권58, 지리지3, 동계 익령현.
63) 『근재집』 권1, 「國島詩 幷序」. 國島가 和州 押戎縣의 동쪽 大海 中에, 해안에서 十餘里
거리에 위치하는데, 안축이 和州로부터 南行해 조망하며 지나가고 그 후에 風濤가
險阻함을 듣고 往觀하지 않고자 했지만 남쪽으로부터 和州로 돌아오자 和州守 金君이
押戎縣에서 郊迎해 안축에게 이 島를 방문하기를 권유했다. 이로 보아 압융현은
화주의 속현인데 이 화주는 당시 원래 화주가 몽골에 의해 쌍성총관부로 바뀌었으므로
등주로 이동한 화주로 판단된다. 압융현은 화주 내지 등주의 속현이었던 것이다.
등주의 속현으로 鶴浦縣(『고려사』 권58, 지리지 동계)이 있었다. 『신증동국여지승
람』 안변도호부에 따르면 屬縣으로 鶴浦縣이 府(안변) 동쪽 六十里에 위치하는데
본래 고구려 鵠浦縣이고 신라가 今名(학포)으로 고쳐 金壤郡(통천) 領縣으로 삼았고
고려 현종 9년에 안변(등주)에 來屬하고 本朝(조선)가 그대로 따랐다고 하며, 산천으로
壓戎串은 府(안변) 동쪽 五十五里에 위치하고, 봉수로 壓戎串烽燧가 府(안변) 동쪽
六十三里에 위치한다고 한다. 『大東地志』 안변 고읍 조항에 따르면, 鶴浦가 동쪽으로
60리에 위치하는데 본래 신라 鵠浦로 경덕왕 16년에 鶴浦로 고쳐 金壤郡 領縣이
되었다가 고려 성종이 이름을 押戎이라 정하고 현종 9년에 안변부(등주)에 來屬시켜
지금(조선시대)의 鶴浦社가 되었다고 한다. 이로 보아 등주의 속현인 鶴浦縣은 압융현
과 동일한 것이었을 수 있다.
64) 바다는 府(안변부 : 등주) 동쪽 三十里에, 또 府(안변부 : 등주) 북쪽 二十里에 위치했다.
『신증동국여지승람』 권49, 함경도, 安邊都護府.

강릉도가 존무사(병마사 후신)의 주도 하에 일체성 내지 정체성을 확립하기 위해 매향을 이용한 것으로 보인다. 충선왕 복위 원년이면 원간섭기 고려가 안정기에 접어든 시기이지만 강릉도는 화주 이북을 상실했을지라도 남북으로 긴 영역이고 정선은 오대산 - 태백산 산맥의 서쪽에 위치하고 평해는 새로 편입된 고을이어서 일체감이 부족할 수 있어 정체성을 강화하는 사업이 필요했던 것이다. 더구나 쌍성총관부 지역으로 유망流亡하는 고려인이 많아 그 접경 지역인 강릉도의 사람들이 동요하는 것을 방지할 사업이 필요했던 것이다. 충선왕 복위 원년 2월에 각염법이 시행되면서 염호鹽戶로 지정된 해안가의 민이 심히 괴로워했는데,[65] 특히 해안선이 길다란 강릉도에 염호가 많이 지정되어 반발이 심했을 터이니 매향을 통해서 그들의 반발을 완화할 필요가 있었을 것이다.

그런데 왜 매향비가 고성 삼일포 단서丹書 옆에 건립되었을까? 고성 삼일포에는 관동 일대에 사선四仙이 유상遊賞했다는 설화가 가장 풍부하게 전해져왔고 그와 관련이 있다는 글자가 새겨진 단서丹書가 남아 있었으며, 이 '단서' 옆에 미륵도량인 미륵사가 서 있었으니, 사선四仙 신앙과 미륵 신앙이 결합된 구조로 보인다.

사선四仙 신앙은 화랑에서 기원하는데 화랑과 미륵의 결합은 『삼국유사』에서 확인된다. 진흥왕은 법흥왕의 뜻을 계승해 일심으로 봉불奉佛하고 불사佛寺를 널리 일으키고 도인度人하여 승니僧尼로 삼고 또 천성天性이 풍미風味해 신선神仙을 많이 숭상해 인가낭자人家娘子 미염자美艷者를 선택해 원화原花로 삼았다. 원화 교정랑姣貞娘과 남모랑南毛娘이 질투로 인해 서로 죽임을 당하자 진흥대왕이 원화原花를 폐지했다. 몇 년 후에 왕이 또한 방국邦國을 흥기하고자 하면 모름지기 풍월도風月道를 먼저 해야 한다고 생각해 다시 양가남자良家男子 중에 덕행德行 지닌 자를 선발해 고쳐 화랑花娘(花郎)이라 하고 비로소 설원랑薛原郎을 받들어 국선國仙으로 삼으니 이는 화랑국선花郞國仙의 시작이었다. 때문에 비碑를 명주溟州에 세웠다. 이로부터 오상육예五常六藝와 삼사육

---

65) 『고려사』 권79, 식화지2, 塩法.

정三師六正이 대代에 널리 행해졌다고 한다.66) 신라에서 풍월도風月道로서
화랑花郎을 만들고 이 화랑을 국선國仙이라 했으니 화랑과 신선이 결합했다고
볼 수 있다.

진지왕대에 흥륜사興輪寺 승僧 진자眞慈[일작一作 정자貞慈]가 매양 당주堂主
미륵상彌勒像 앞에 나아가 발언해 서언誓言하기를, "원컨대 아대성我大聖(미륵)
이 화랑花郎으로 화작化作하여 세상에 출현하기를, 내가 항상 수용晬容을 친근
親近해 받들어 주선周旋하리라" 했다. 어느 저녁 몽夢에 승僧이 나타나 이르기
를, "그대가 웅천熊川[지금 공주公州] 수원사水源寺에 가면 미륵선화彌勒仙花를
만나볼 수 있소"라고 했다. 진자가 십일정十日程을 가서 그 사찰에 도달했는데
문 밖에 농섬濃纖 불상不爽한 한 랑郎이 있어 반천盼倩하게 맞이해 소문小門으로
인입引入해 빈헌賓軒에 이르렀다. 진자가 읍揖하며 말하기를, "어찌하여 대우
가 이처럼 은근殷勤하오" 하니, 랑郎이 말하기를, "나 역시 경사인京師人인데
사師가 고도高蹈 원계遠屆한 것을 보고 위로하러 왔을 뿐이오"라 하고는 이윽고
문을 나가 소재를 알지 못했다. 사승寺僧이 말하기를, "남쪽 이웃에 천산千山이
있어 자고自古로 현철賢哲이 우지寓止해 명감冥感이 많이 있으니 어찌 저기로
귀歸하여 거처하지 않으리오"하니 진자가 따라서 산 아래에 이르니 노인으로
변신한 산령山靈이 말하기를, "접때에 수원사水源寺의 문 밖에서 이미 미륵선
화彌勒仙花를 만나보았는데 다시 와서 무엇을 구求하는가" 했다. 진자가 듣고
놀라 땀을 흘리며 달려 본사本寺(흥륜사)로 돌아왔다.67) 진자가 진지왕의
명령을 받들어 도중徒衆을 모아 도성 안의 여염閭閻 사이에서 두루 물색物色해
미륵선화를 찾았다. 어떤 한 소낭자小郎子가 단홍제구斷紅齊具 미채수려眉彩秀麗
한 모습으로 영묘사靈妙寺의 동북로東北路 옆 나무 밑에서 파사婆娑하게 유遊했
는데 진자가 맞이해 놀라 말하기를, "이는 미륵선화彌勒仙花이다"라고 하고는

---

66) 『삼국유사』 권3, 塔像, 彌勒仙花·未尸郎·眞慈師. 國史에 眞智王 大建八年 庚申(丙申의
오류)에 비로소 花郎을 받들었다고 되어 있는데 史傳이 오류로 여겨진다고 했다.
명주(강릉)에 화랑국선 비석이 건립되었다고 했는데 한송정에 있었다는 四仙 비석이
그것일 수 있다.

67) 『삼국유사』 권3, 塔像, 彌勒仙花·未尸郎·眞慈師.

묻기를 "방씨芳氏를 듣기를 원합니다"라고 하니 랑郎이 답하기를, "아명我名은 '미시未尸'이오"라고 했다. 이에 견여肩輿에 태워 들어가 왕을 알현하자 왕이 경애敬愛하여 받들어 국선國仙으로 삼으니 자제子弟와 화목하고 예의풍교禮義風敎가 상常과 닮지 않아 풍류風流가 세상에 빛났는데 거의 칠년七年에 홀연히 사라졌다. 설자說者가 말하기를, 미未와 미彌는 소리가 상근相近하고, 시尸와 력力은 형形이 상류相類해, 이에 그 근사近似에 의탁해 상미相謎한 것이라고 했다. 지금(삼국유사 편찬시)까지 국인國人이 신선神仙을 칭하기를 '미륵선화彌勒仙花'라 하고, 무릇 인人에게 매계媒係가 있는 것을 '미시未尸'라 하는데 모두 자씨慈氏(미륵)의 유풍遺風이라 했다.[68]

신라에서 화랑 즉 국선國仙이 미륵과 결합해 '미륵선화彌勒仙花'라 불렸던 것이니 화랑의 근간에는 미륵 신앙이 흐르고 있었다. 김유신은 나이 15세에 화랑이 되자 당시 사람들이 흡연洽然히 복종해 '용화향도龍華香徒'라 불렸는데[69] 용화수龍華樹 아래에 하생한다는 미륵에 대한 믿음이 담겨 있었다. 삼국시대는 미륵보살반가사유상이 시사하듯이 미륵보살 도솔천에로의 상행上生 신앙이 유행했는데, 김유신의 용화향도가 보여주듯이 신라가 백제와 고구려의 반격으로 위기에 빠지는 진평왕대 이래 미륵불 하생下生 신앙이 점차 퍼져 간다. 이처럼 신라 화랑 국선이 미륵 신앙과 깊게 결합되었으니, 화랑 국선을 흠모하는 사선四仙 신앙이 미륵 신앙과 결합된 고성 삼일포에 매향비가 고려시대에 건립되었다고 생각한다.

강릉도의 사선四仙 유적이라 전해지는 곳들은 통주 총석정과 사선봉, 고성 삼일포, 간성 영랑호, 고성과 간성에 걸친 명사鳴沙, 강릉 경포대·사선비四仙碑·한송정寒松亭, 평해 월송정 등으로 동해안을 따라 분포한다.[70] 이는 신라의

---

68) 『삼국유사』 권3, 塔像, 彌勒仙花·未尸郎·眞慈師.

69) 『삼국사기』 권41, 열전1, 김유신 上. "公年十五歲爲花郎 時人洽然服從 號龍華香徒".

70) 郭東珣은 인종무렵 지은 「八關會仙郎賀表」(『동문선』 권31 ; 『파한집』 하권)에서, 月城의 四子가 叢石과 鳴沙를 유람했다고 했다. 이규보는 四仙이 각기 一千徒를 거느리고 鳴沙, 鏡浦, 叢石, 松亭(寒松亭)을 유람했다고 했다(『동국이상국후집』 권9, 次韻空空上人 贈朴少年五十韻). 鳴沙는 高城과 杆城에 걸쳐 있었다(『신증동국여지승람』 권45, 고성·간성). 안축은 총석정과 四仙峯에 대해 서술하면서 신라시대에 四仙이 항상 이 亭에

북방 진출에 따라 신라 화랑이 동해안 루트를 따라 북쪽 변경까지 국토를 순례한 데에서 유래했을 가능성이 있다. 신라 진평왕대에 제5 거열랑居烈郎, 제6 실처랑實處郎(혹은 돌처랑突處郎), 제7 보동랑寶同郎 등 삼화三花의 도徒가 풍악楓岳에 유람하려 하던 중에, 혜성彗星이 심대성心大星을 범하니 낭도郎徒가 가는 것을 그만두려 했는데, 융천사融天師가 노래를 지어 노래하자 성괴星怪가 소멸하고 일본병日本兵이 환국還國해 복경福慶을 이루니 대왕大王이 기뻐해 랑郎을 풍악楓岳에 유람하게 했다.71) 경문대왕 때 국선國仙 요원랑邀元郎·예흔랑譽昕郎·계원桂元·숙종랑叔宗郎 등이 금란金蘭에 유람했다.72) 천수天授(무측천 연호) 3년 임진년(692) 9월 7일에 효소왕孝昭王에 의해 국선國仙에 임명된 부예랑夫禮郎(대현大玄 살찬薩湌의 아들)이 천도千徒를 거느렸는데 안상安常을 더욱 친밀하게 대했다. 부예랑이 천수天授 4년(무측천 장수長壽 2) 계사년(693) 모춘暮春의 월月에 도徒를 거느리고 금란金蘭에 유람해 북명北溟의 지경에 도달했다가 적적狄賊에게 노략질당해 끌려가니 문객門客이 모두 실조失措해 돌아왔지만 오직 안상安常은 추적追迹했는데 3월 11일이었다. 세상에서 안상安常을 준영낭도俊永郎徒라고 하는데 자세히 알지 못하며, 영랑永郎의 도徒에서 오직 진재眞才·번완繁完 등이 저명하지만 모두 역시 잘 알지 못하는 사람이라고 했다.73)

유람해 그 徒가 碣石을 세워 그것을 기록했다며 石이 남아 있지만 字는 깎여 알아볼 수 없다고 했으며, 永郎浦를 유람해 '古仙若可作 於此從之遊'라 읊었고, 鏡浦新亭記를 지어 신라 때 永郎仙人을 회고했다(『근재집』권1, 關東瓦注「次叢石亭詩韻」·「叢石亭宴使臣有作」·「永郎浦泛舟」·「鏡浦新亭記」). 이곡도 총석정과 四仙峯을 구경했는데, 옛적에 碑가 崖上에 있었지만 지금은 趺만 남아 있고, 東峯에 古碣이 있는데 剝落磨滅해 一字도 알아볼 수 없다며, 신라 때에 永郎述郎徒南四仙童者가 있어 그 徒 三千人과 더불어 海上에서 遊했으니 이 碑碣은 그 徒가 세운 것이라고 사람들이 말한다고 했다(『가정집』東遊記). 경포대·四仙碑·寒松亭 등에 대해서는 이곡의 東遊記 참조. 永郎湖에 古亭基가 있는데 永郎仙徒의 遊賞地라고 한다. 『신증동국여지승람』권45, 간성군 산천.

71) 『삼국유사』권5, 感通, 融天師彗星歌 眞平王代.
72) 『삼국유사』권2, 紀異, 四十八景文大王.
73) 『삼국유사』권3, 塔像, 栢栗寺. 夫禮郎과 安常은 鷄林의 北岳 金剛嶺의 栢栗寺 大悲(관음)의 화신인 승려가 琴笛을 이용해 도움을 주어 돌아왔다고 하며, 6월 12일에 彗星이

신라 때 화랑들이 풍악, 금란金蘭 일대까지 유람하는 것이 관례였고 그 이야기가 고려시대에 전승된 것이 아닌가 싶다. 곽동순郭東珣은 인종무렵 지은 「팔관회선랑하표八關會仙郞賀表」에서, 월성月城의 사자四子가 총석叢石과 명사鳴沙를 유람했다고 했으니[74] 월성月城(경주 : 신라)의 사자四子 즉 사선四仙이 총석叢石과 명사鳴沙를 유람한 것으로 인식했다. 이규보는 사선四仙이 각기 일천도一千徒를 거느리고 명사鳴沙, 경포鏡浦, 총석叢石, 송정松亭(한송정寒松亭)을 유람했다고 했다.[75] 고려시대 팔관회에 분장한 사선四仙이 등장했으니[76] 사선 신앙이 경京으로 수렴된 것인데 강릉도의 사선四仙 전승과 밀접한 관련이 있었을 것이다. 신라 화랑이 미륵선화彌勒仙花 혹은 용화향도龍華香徒라 불릴 정도로 미륵 신앙과 결합되었고 그 전통이 고려로 이어져 사선과 미륵의 결합이 구현된 삼일포에 매향비가 건립되었다고 하겠다.

관동은 미륵 신앙과 문수 신앙이 격렬하게 충돌한 지역이었다. 삼국시대에는 유가법상의 미륵 신앙(미륵보살 도솔천에의 상생 위주)이 유행해 미륵보살반가사유상이 많이 제작되고 신라 화랑은 '미륵선화'라 불리게 되었다. 그러다가 7세기에 들어서면서 미륵 신앙이 서방정토(아미타불 극락) 신앙과 문수 신앙의 도전을 받게 되자 화랑 김유신의 무리가 용화향도龍華香徒라 불렸듯이 용화회龍華會 신앙 즉 미륵불 하생 신앙을 내세워 극복하려 했다. 자장은 당에서 오대산 문수 신앙을 경험하더니 그것을 신라에 적용하려고

東方에, 17일에 西方에 나타나자, 日官이 아뢰기를 琴笛의 瑞에 封爵하지 않았기 때문이라고 하니 神笛을 冊號하여 '萬萬波波息'이라 함에 혜성이 소멸했다고 한다.

74) 『파한집』 하권 및 『동문선』 권31, 「八關會仙郞賀表」(郭東珣).

75) 『동국이상국후집』 권9, 「次韻空空上人贈朴少年五十韻」(이규보).

76) 태조 이래 팔관회가 열리면 신라 故事에 따라 四仙·樂部가 등장했다(『고려사』 권1 및 『고려사절요』 권1, 태조 원년 11월 ; 『고려사』 권69, 예지 가례잡의 중동팔관회의). 『파한집』 하권에는, 雞林 舊俗에 男子 美風姿者를 선택해 珠翠로 장식해 花郞이라 하며 國人이 모두 받들었고 그 徒가 三千餘人에 이르렀지만 四仙 門徒가 가장 융성해 立碑할 수 있었는데, 我太祖(왕건)가 龍興하자 古國遺風을 계승해 冬月에 八關盛會를 개최하여 良家子 四人을 선발해 霓衣를 입혀 庭(毬庭)에서 列舞하게 했다고 한다. 『보한집』 상권에는, 東都는 본래 新羅였는데 古에 四仙이 있어서 각기 徒 千餘人을 거느려 歌法이 盛行했다고 한다.

강릉의 대관령 지닌 산(훗날 오대산), 수다사, 대송정大松汀(한송정) 및 태백산 갈반지(석남원 : 정암사)에서 문수보살을 친견親見하려 했지만 실패했다고 하는데, 이 지역에 강고하게 자리잡은 미륵·신선 신앙의 추종자들의 반격 때문이었을 것이다.

하지만 신라의 삼국통일 이후 문수 신앙과 비로자나불 신앙이 점차 퍼져 나가고 신라하대 이래 유행하니, 미륵 신앙은 하생신앙 위주로 변화했음에도 불구하고 상당히 타격을 입게 되었다. 강릉의 대관령을 품은 산은 보천·효명 태자에 의해 문수보살·비로자나불 중심의 '오대산'으로 굳어졌다. 굴산사 범일의 제자가 김유신의 신검을 녹여 범종을 주조하는 데 사용했고, 김유신 을 모시는 유신사庾信祠가 강릉 화부산에 있었다고 하는데, 이는 화랑이 숭배한 미륵이 오대산 권역에서 밀려났음을 이야기해준다. 사선四仙이 노닐 었다는 한송정은 미륵을 숭배한 미륵선화의 중심 중 하나였을 터인데, 문수 사가 건립되어 문수 신앙이 사선四仙 신앙을 흡수해 버렸다. 풍악(금강산)은 화랑이 종종 유람하고 '선산仙山'이라 불렸듯이 미륵선화의 성지였지만, 표훈 사가 화엄 의상계열 표훈에 의해 개창되었고, 정양사가 문수보살과 표리관계 인 반야(담무갈)의 도량으로 개창되어 금강산 신앙이 성립하더니 53불·문수 성지의 특징이 더해졌다. 그런데도 고성 삼일포는 사선四仙과 미륵 신앙을 고려시대는 물론 조선시대까지 유지했고 고려 충선왕 때 미륵하생을 기원하 는 매향비가 이곳에 건립되었으니, 가히 사선·미륵 신앙의 중심지라고 하겠 다.77)

---

77) 미륵은 유가법상종의 주존이지만 미륵 신앙은 유가법상종에만 국한되지는 않았고 종파를 초월하는 양상을 보이기도 했으며, 법화경·석가불과 화엄경·비로자나불은 각각 천태종과 화엄경의 기본이지만 종파를 초월해 애용되고 숭배되었다. 고려후기로 가면서 대개 조계선종과 천태종이 대세를 점하면서 교종 유가법상종은 화엄종과 함께 쇠퇴하지만 미륵 신앙(특히 하생신앙)은 埋香에 나타나듯이 여전히 유행했는데 종파를 초월했다.

472

맺음말

　매향埋香은 좋은 향香, 특히 침향沈香을 얻으려는 바람으로 인해 해안가에 이른바 '향목香木'을 묻는 행위를 의미하는데, 향香의 완성과 미륵의 하생을 기다리는 마음이 결합해 종파를 초월해 조선초까지 유행했다. 매향은 그 사례가 고려말~조선초에 많이 발견되지만 고려 초·중기에도 행해졌고 통일신라까지 거슬러 올라갈 수 있으니 발견된 빈도만 가지고 고려말~조선초에만 유행했다고 단정하면 곤란하다. 매향 참여자는 신분과 계층을 초월해 구성되었고, 대개 매향의 참여자로 나타나는 향도香徒도 그러했다.

　매향은 미륵하생을 기원했는데 대개 공개적인 사업으로 사회변혁을 추구하지는 않았다. 미륵 신앙이 삼국시대에는 반가사유상의 유행이 시사하듯이 미륵보살 도솔천에의 상행上生이 위주였지만 7세기에 접어들면서 아미타불 극락에게 밀리고 문수보살 신앙의 도전을 받으면서 미륵불의 용화수 하생下生 신앙이 점차 퍼져 나갔다. 그러더니 신라대 이래 미륵하생下生 위주로 변화했으니 미륵하생 신앙은 상하 귀천 없이 받아들여졌다. 간혹 미륵을 자칭해 처벌받은 사례가 있었지만 미륵하생 신앙 자체가 탄압받지는 않았다.

　매향은 대개 한 두 고을에 의해 해안가에 행해지고 매향비가 매향 장소 인근에 설치되었다. 그런데 고려 충선왕 복위 원년에 관동에서 행해지고 고성 삼일포에 기념비가 건립된 매향 사업은 이와는 꽤 다른 특징을 보인다. 고성 삼일포 매향비는 원간섭기 고려의 강릉도(동북면)에서 강릉도존무사와 그 예하 고을의 지방관이 선善한 일을 즐겨 행하는 존비尊卑 대중과 함께 발원해 관동의 동해안에 미륵하생을 기원하며 매향埋香하고 이를 기념해 건립한 것이었다. 계수관 소속 전체가 매향 사업에 참여하고 매향비가 매향 장소에서 멀고 바다에서 분리된 석호潟湖에 만들어져 특이한 사례인 것이다.

　충선왕 복위 원년에 강릉도에서 존무사와 예하 고을 관원이 대중과 함께 대대적으로 매향해 미륵하생을 기원한 데에는 다양한 배경이 깔려 있었으리라 여겨진다. 강릉도는 남북으로 길고 관동 서쪽의 정선이 행정단위에 포함되고 평해가 고종 말기 이래 새로 편입되어 흔들리는 일체성 내지 정체성을 확립할 필요성이 있었을 것이다. 또한 이 지역 사람들의 쌍성총관부로의 유망流亡 욕구를 줄일 필요성과 각염법 시행으로 인해 지정된 염호鹽戸의 불만을 달랠 필요성이 있었을 것이다. 관官이 때로 매향에 협조 혹은 간여해 미륵하생 신앙을 수렴함으로써 대중의 체제부정 욕구를 줄일 수 있었는데, 관동 내지 강릉도의 고을 전체가 대대적으로 참여한 충선왕 복위원년의 매향이 특히 그러했다고 생각한다.

제9장

유람기에 나타난 경관과 인식

머리말

고려시대 관동關東에 대한 인식에는 기본적으로 백두산−지리산 구도가 깔려 있었는데 근래 통용되어 온 백두대간 개념의 시발이었다. 고려인들은 대개 관동을 변두리 지대로 여기면서도 빼어난 경관을 지녔기에 유람하고 싶어 했다. 관원이 이 지역에 파견되는 것을 선호하지는 않았지만 이 지역 명승지를 구경하며 위안을 삼기도 했다.

고려시대 관동은 오늘날 영동에 해당해 남북으로 길고 동서로 좁은 지형을 지니고 산지와 평지의 기후 차이가 심한 지역이었다. 고려인들의 관동 유람 기록에는 생태적인 묘사도 일부 포함되어 있어 당시 관동의 환경과 생업의 일면을 엿볼 수 있다. 관동의 기후와 토양은 어떠했는지, 어떠한 작물이 재배되었는지, 어떠한 특산물이 생산되었는지 유추해 볼 수 있는 것이다. 관동의 빼어난 경관과 특수한 생산물은 이 지역 대중에게는 오히려 부담을 가중시켜 족쇄로 작용한 측면도 있었다.

그러면 먼저 백두산−지리산 구도의 형성을 살펴보려 한다. 그러고 나서 관동 경관인식 경향을 고찰하고, 다음에는 관동 경관의 생태적 특징을 조명하고, 다음으로 관동 경관의 이면을 살펴보려 한다. 관동 경관의 아름다움을 다각도로 조명하는 것도 의미가 있지만 그 이면을 제대로 들여다보는 것도 의미가 크기에 이러한 측면에 유의하려 한다.

1. 백두산 – 지리산 구도의 형성

이곡은 충정왕 때 금강산을 유람하고 나서 통구通溝와 회양부淮陽府를 거처 철령관鐵嶺關을 넘어 복령현福靈縣에서 숙박했는데, 철령鐵嶺은 국동國東의 요해要害로 이른바 일부一夫가 관關을 담당하면 만부萬夫가 열 수 없다는 곳이니 때문에 철령 동쪽 강릉江陵 제주諸州를 일러 '관동關東'이라 한다고 했다.[1] 정추는 공민왕 때 관동을 순찰하고 유람하다가 내사內舍 심동로沈東老와 삼화사三和寺 혜총장로惠聰長老에게 부친 시에서,[2] "관동關東 산수굴山水窟은 형승形勝이 사방四方에 전傳해졌나니, 분주奔走함이 비록 왕사王事이지만 오유遨遊하면 곧 지선地仙이라, 마음을 모아 항상 고삐를 어루만지고 험준함을 타면 선회하여 채찍으로 재촉하네, 날[日]은 반기半期로 삼백三百이고 사행沙行 노로路는 일천一千이네[평해平海부터 함주咸州까지 일천여리一千餘里]"라고 했다. 안축은 관동 유람 이후에 관동 누대산수樓臺山水의 아름다움이 극極해 지금부터 사방에서 칭찬하는 기승奇勝의 지지地는 용목容目함이 없으리라 생각해, 기성箕城(평해平海)에 이르자 단양丹陽(영해) 북루北樓의 아름다움을 칭찬하는 자가 있었지만 믿지 않았다고 했다. 그런데 금년 여름 4월에 기성箕城(평해)으로부터 상향桑鄉 즉 고향 순흥에 귀근歸覲할 때 도중에 단양丹陽(영해)에 들러 북루北樓를 방문하니 그 기관승치奇觀勝致가 모두 탐완貪翫할만해 관동과 다른 것이 적어서, 괴이하게 여겨 그 형세形勢를 관찰하니 대개 단양丹陽(영해)은 관동關東의 미尾에 위치해 지경이 서로 접接한데, 그 산수山水의 아름다움은 관동에 넘쳐 장차 남쪽으로 분돌奔突하려 하는 것을 단양丹陽(영해)이 늑지勒止

---

1) 『가정집』 권5, 記, 「東遊記」(이곡). 철령 동쪽 江陵 諸州는 江陵道(동북면)의 고을들을 지칭한다.
2) 『원재집』(정추) 상권 詩, 「寄贈沈內舍三和惠聰長老[東老]」.

하기 때문에 그 기세가 여기에서 웅반雄盤 장축壯畜해 감히 빠져나가지 않는다고 했다.3) 관동은 윤관의 9성을 제외하면 대개 정주定州에서 평해까지이고 남쪽 경계는 단양(영해)이었던 것인데, 공민왕 때 반원정책을 추진하면서 북쪽으로 함주咸州·길주吉州 일대까지를 포함했다.

고려시대 관동關東은 대개 철령관 동쪽을 의미했는데 이는 고려의 국토관과 밀접한 관련이 있었다. 이인로는 『파한집』에서, "지리산智異山은 혹은 이름이 두류頭留인데 북조北朝(금金) 백두산白頭山으로부터 시작해 일어나 화봉花峯과 심곡蕈谷이 면면히 이어져 대방군帶方郡(남원)에 이르러 반결磻結하기를 수천리數千里이고 환環하여 자리잡은 것이 십주十州 남짓이다"라고 했다.4) 무인정권기 이인로가 고려 산맥의 흐름을 백두산에서 시작해 뻗어내려 지리산(두류산)으로 완결된다는 인식을 지녔으니 이는 요즈음 이른바 백두대간의 관념이 고려중기에 이미 형성되어 있었음을 의미한다.

의종 때 김관의가 편찬한 『편년통록』에서 태조 왕건의 선대설화를 소개했는데5) '호경虎景'이라고 이름하는 자가 있어 스스로 '성골장군聖骨將軍'을 칭하며 백두산白頭山으로부터 유력遊歷해 부소산扶蘇山(송악산) 좌곡左谷에 이르러 취처娶妻해 거처했고, 강충康忠(호경의 아들)의 아들 보육寶育이 출가出家해 지리산智異山에 들어가 수도修道했다고 한다. 또한 용건(작제건의 아들)이 송악산 기슭 집의 남쪽에 새 집을 짓는데 도선道詵이 당唐에 들어가 일행一行 지리법地理法을 얻어 돌아오며 백두산白頭山에 오르더니 곡령鵠嶺(송악산)에 이르러 용건과 함께 곡령에 올라 산수山水의 맥脉을 궁구하고 위로 천문天文을, 아래로 시수時數를 관찰해 말하기를, "이 땅은 맥脉이 임방壬方 백두산白頭山으로부터 수모목간水母木幹으로 내려와 마두명당馬頭明堂에 떨어지는 곳이고

3) 『근재집』 권1, 「寄題丹陽北樓詩 幷序」. 이로부터 이남은 비록 漏脫한 것이 있더라도 모두 支流 餘裔여서 구경할만하지 않으며, 彼人 중에서 關東을 유람하지 않은 자가 이 樓(단양북루)를 南州의 최고라고 여김은 지나치지 않다고 했다.
4) 『파한집』 상권. "智異山或名頭留 始自北朝白頭山而起 花峯蕈谷縣縣聯聯 至帶方郡 磻結數千里 環而居者十餘州". 이인로는 '北朝 白頭山'이라 하여 당시 백두산을 북조(금)의 소속으로 인정하면서도 고려 산맥의 시작으로 인식한 것이었다.
5) 『高麗世系』에 인용된 편년통록.

그대 또한 수명水命이니 수水의 대수大數를 따라 집을 지으면 천지天地의 대수大數에 부응해 다음해에 반드시 성자聖子를 낳으리니 이름 짓기를 '왕건王建'이라 해야 한다"고 해서 그렇게 했다고 한다. 이는 왕건 고향의 송악산이 백두산으로부터 시작되어 뻗어와 형성된 곳이었다는 것이고, 성골장군 호경이 백두산으로부터 송악산에 왔고 보육이 지리산에 들어가 수도를 했다는 것으로 보아 백두산-지리산 지맥地脈 인식을 보여주는 것이다. 더구나 도선의 발언이라는 내용이 후술하듯이 공민왕 때 우필흥이 아국我國은 백두白頭에서 시작해 지리智異에서 끝나니 그 세勢가 수근목간水根木幹의 땅이라고 하는 것과 상통하기에 더욱 그러하다. 백두산-지리산 지맥 인식은 이미 의종대에 형성되어 있었던 것이다. 이승휴가 『제왕운기』에서 지리산천왕智異山天王인 성모聖母가 선사詵師(도선)에게 송악 명당明堂에 대해 설명했다고 노래했으니,[6] 고려인은 지리산을 성스러운 어머니로 믿었고, 그러한 지리산의 산신이 송악 명당을 지정해 주었다고 인식했다.

그런데 백두산-지리산 지맥 인식은 인종대 묘청에게 이미 보인다. 묘청은 인종 9년에 왕을 설득해 평양에 임원궁성林原宮城을 쌓고 대화궁(대화궐)을 건설해 그 안에 팔성당八聖堂을 설치했다. 8성聖은 ① 호국백두악태백선인護國白頭嶽太白仙人 실덕實德 문수사리보살文殊師利菩薩, ② 용위악육통존자龍圍嶽六通

---

6) 『제왕운기』 本朝君王世系年代. 지리산의 산신(산주)인 天王은 여성 신격으로 '聖母'라 불렸고 그래서 지리산 정상은 '천왕봉'으로 불려 왔다. 제주 한라산 영실의 존자암에서 '天母'銘 기와가 발견되었는데(제주대학교박물관, 『존자암지』, 1993), 이 '天母'는 天王聖母를 의미하며 한라산 산신(산주)으로 여겨진다. 지리산 天王聖母와 한라산 天母는 여성 산신이라는 점에서 통하는 면이 있다. 영실과 존자암에서 탐라국시조 제사로 보이는 國聖齋가 거행되었다. 고득종 「서세문」에 고을나 第一都는 한라산의 북쪽 一徒里 제주, 양을나 第二都는 한라산의 우익 남쪽 대정, 부을나 第三都는 한라산의 좌익 남쪽 토산리 정의라고 했고, 이형상 『탐라순력도』羔園訪古에 고둔과원이 王子舊址로 묘사되었으니, 고중세 탐라에서 星主 족속은 북쪽 일대를, 王子 족속은 남서쪽 일대를, 徒上(都上) 족속은 남동쪽 일대를 지배한 것으로 추정된다. 王子 족속은 해양 지향성이 강한 星主 족속에 비하여 한라산 지향성이 강해 영실과 존자암을 보다 더 중시했던 것으로 여겨지고, 한라산 남쪽 중산간의 법화사도 王子 족속의 원찰로 창건되고 중창되었을 수 있다. 이 법화사는 지원 6년(1269, 원종 10)~지원 16년(1279, 충렬왕 5)에 중창되었는데, 왕자족 출신의 星主 梁浩에 의해 중창되다가 탐라에 진주한 몽골 세력에 의해 다시 중창되었으리라 여겨진다.

尊者 실덕 석가불釋迦佛, ③ 월성악천선月城嶽天仙 실덕 대변천신大辨天神, ④ 구려평양선인駒麗平壤仙人 실덕 연등불燃燈佛, ⑤ 구려목멱선인駒麗木覓仙人 실덕 비바시불毗婆尸佛, ⑥ 송악진주거사松嶽震主居士 실덕 금강삭보살金剛索菩薩, ⑦ 증성악신인甑城嶽神人 실덕 늑차천왕勒叉天王, ⑧ 두악천녀頭嶽天女 실덕 부동우바이不動優婆夷였다.7)

　묘청은 8성의 시작을 백두악白頭嶽으로, 8성의 끝을 두악頭嶽으로 설정했다. ① 호국백두악護國白頭嶽(백두산), ② 용위악龍圍嶽(서경 평양), ③ 월성악月城嶽(동경 경주), ④ 구려평양선인駒麗平壤仙人(평양), ⑤ 구려목멱선인駒麗木覓仙人(평양), ⑥ 송악松嶽(개경), ⑦ 증성악甑城嶽(부여), ⑧ 두악頭嶽(두류산 : 지리산)이니, 백두악(백두산)과 두악(지리산)이 부모로서 역사적으로 지리적으로 평양 3곳, 경주 1곳, 부여(사비) 1곳, 개경 1곳을 낳는 구도이다.8) 그러니까 고려의 지맥이 백두산에서 시작해 지리산(두류산)에서 완결된다는 인식은 이미 고려 인종대에 형성되어 있었다.

　신라는 산천 제사에서 대사大祀 대상으로 삼산三山이 내력奈歷(나력 : 습비부習比部), 골화骨火(절야화군切也火郡), 혈례穴禮(대성군大城郡)였고, 중사中祀 대상으로 오악五岳이 동東 토함산吐含山(대성군大城郡), 남南 지리산地理山(청주菁州 : 진주), 서西 계룡산雞龍山(웅천주熊川州), 북北 태백산太伯山(나이군奈已郡), 중中 부악父岳(일운一云 공산公山, 압독군押督郡)이었고, 소사小祀 대상은 상악霜岳(고성군高城郡), 설악雪岳(수성군㳐城郡), 화악花岳(근평군斤平郡), 겸악鉗岳(감

7) 『고려사』 권127, 묘청전. '護國'은 白頭嶽을 수식하니 백두악(백두산)이 고려를 보호하는 護國의 대표로 인식되었음을 알려준다. 그런데 '護國'은 八聖 모두를 수식한다고도 볼 수 있으니 팔성 모두가 고려를 보호하는 역할을 했다고 간주될 수 있다.
8) 김창현, 「고려의 운수관과 도읍 경영」『새로운 질서를 향한 제국 질서의 해체』, 청어람미디어, 2004 ; 「고려의 운수관과 도읍경영」『한국사학보』 15, 2003. 한편 이병도는 頭嶽을 강화 마리산(마니산)에, 월성악을 황해도 금천군의 兎山(舊名 月城山)에 비정했지만(『고려시대의 연구』 개정판, 아세아문화사, 1980, 205~206쪽) 설득력이 부족하다. 頭嶽은 지리산의 별칭이 頭留山(頭流山)이라는 점, 두악 天女가 지리산 神이 여성이라는 것과 부합한다는 점에서 지리산으로 보아야 타당하다. 신라 왕경이었던 경주를 '월성月城'이라 부르는 사례는 많으며, 大辨天神(변재천 : 음악의 신)에 비유한 것은 신라 화랑이 음악 내지 風流로 인식되는 경향이 강했기 때문일 것이다. 부여에서 부소산성과 증산성이 마주하고 있는데 이 둘은 부여 내지 백제를 상징한다.

악 : 칠중성七重城), 부아악負兒岳(삼각산 : 북한산주北漢山州) 등이었다.[9] 신라
는 진흥왕 때 영토를 황초령, 마운령까지 개척한 적이 있지만 나당전쟁을
거치면서 대동강~원산만 라인으로 굳어진다. 5악 중에 북 태백산(삼척-봉
화 일대)이 여전히 중사中祀였고, 북쪽 개척한 곳은 상악霜岳(풍악楓嶽 : 금강
산), 설악雪岳, 화악花岳(가평)이 소사小祀에 그쳤다.

  그런데 묘청 팔성에서는 백두악白頭嶽 즉 백두산을 호국護國이라 관칭冠稱하
고 태백선인太白仙人이 머무는 곳으로 그 실덕은 보살 중의 으뜸인 문수보살로
정의했으니 신라의 오악 중의 북악北岳 태백산 인식을 극복한 것이었다.
이는 물론 고려가 후삼국을 통일하고 북진정책을 펴서 영토를 북쪽으로
확장한 결과였다. 호국백두악은 백두산으로 고려의 태조산이자 '호국'이
의미하듯이 고려를 지키는 최고 수호산으로 설정되었다. 고려 성종 10년
10월에 압록강鴨綠江 외外 여진女眞을 백두산白頭山 외外로 내쫓아 거주하도록
했으니,[10] 이때부터 고려가 압록강 상류의 백두산을 점유하게 된 것으로
보인다. 고려는 덕종~문종 무렵에 천리장성 너머 여진족을 많이 귀부시켰고
문종 때 여진족을 정벌했고 숙종과 예종 때 여진족을 정벌했다. 이러한
과정을 통해 고려가 백두산을 조산祖山으로 하는 인식 및 백두산-지리산
지맥地脈 인식이 생겨났다고 볼 수 있다. 무인정권기 이인로는 당시 백두산을
북조(금)의 영역으로 인정하면서도 고려 지맥이 백두산-지리산으로 흐른
다고 인식했다. 백두산이 고려 지경이든 금 지경이든 고려의 조산祖山으로
정착한 것이었고 백두산-지리산 인식이 정착한 것이었다.

  고려 초·중기에 자리잡은 그러한 백두산 인식, 백두산-지리산 인식은
고려후기로도 이어진다. 『삼국유사』는 「대산오만진신臺山五萬眞身」에서 이
산(오대산)은 백두산白頭山의 대맥大脈으로 각 대臺는 진신眞身 상주常住의 땅이
라고 했고,[11] 「명주오대산溟州五臺山 보질도태자전기寶叱徒太子傳記」에서 오대

  9) 『삼국사기』 권32, 雜志1, 祭祀·樂, 祭祀.
  10) 『고려사』 권3, 성종 10년 10월.
  11) 『삼국유사』 권3, 塔像, 臺山五萬眞身.

산五臺山은 백두白頭 대근맥大根脈으로 각 대臺에는 진신眞身이 상주常住한다고 했다.12) 오대산을 백두산의 대맥大脈 혹은 대근맥大根脈으로 본 것이었다. 이색은 「성거산문수사기聖居山文殊寺記」에서13) 산(성거산)의 내원來遠은 장백長白에서 근원해 완연蜿蜒하기를 천여리千餘里이고 동명東溟(동해)을 옆에 끼고 남주南走하기를 또 천리千里하여 정지해 최륭最隆한 것을 화악산華嶽山이라 하며, 화악華嶽을 경유해 남이南迤(서이西迤의 오류로 보임)하기를 수백리數百里하여 돌기突起한 것이 성거聖居인데 아我(고려) 국조國祖 성골장군聖骨將軍 호경대왕虎景大王의 사祠가 있어 이로 말미암아 이 이름을 얻었고, 신라성승新羅聖僧 의상義相이 여기에 거처했기 때문에 혹은 산의 이름이 이로 말미암아 생겨났다고도 한다고 했다. 개경 북쪽 성거산에 대해 장백산 즉 백두산에서 근원해 뻗어내려 화악산(가평 소재)을 거쳐 성거산을 만들었다고 본 것이었다. 오대산, 성거산 등의 근원을 백두산에서 찾았던 것이다.

공민왕 6년 윤9월 무신일에 사천소감司天少監 우필흥于必興이 상서上書하기를, "옥룡기玉龍記에 '아국我國은 백두白頭에서 시작해 지리智異에서 끝나니 그 형세가 수근목간水根木幹의 땅이어서 흑黑으로 부모를 삼고 청靑으로 신身(몸)을 삼나니, 만약 풍속風俗이 순토順土하면 창성하고 역토逆土하면 재앙이 발생한다'고 말했습니다. 풍속風俗이라는 것은 군신君臣 의복衣服·관개冠盖와 악조樂調·예기禮器가 이것이라, 지금부터 문무백관은 흑의黑衣와 청립靑笠을, 승僧은 흑건대관黑巾大冠을, 여女는 흑라黑羅를 착용하고, 또 제산諸山에 소나무를 무밀茂密하게 조성하고, 무릇 그릇은 유동와기鍮銅瓦器를 사용하여 토풍土風에 순응하도록 하십시오" 하니 왕이 따랐다.14) 옥룡기를 인용해 고려가 백두산에서 시작해 지리산에서 끝나니 그 형세가 수근목간水根木幹의 땅이어서 흑黑으로 부모를 삼고 청靑으로 신身(몸)을 삼는다고 한 것은 의종대 『편년통록』에서 이 땅의 맥脉이 임방壬方 백두산白頭山으로부터 수모목간水母

---

12) 『삼국유사』 권3, 塔像, 溟州五臺山寶叱徒太子傳記.
13) 『牧隱文藁』 권4, 聖居山文殊寺記.
14) 『고려사』 권39, 공민왕 6년 윤9월.

木幹으로 내려온다고 도선이 말했다는 내용을 되풀이한 것이었다. 고려 산맥이 백두산에서부터 지리산까지 이어진다는 인식은 고려 초·중기에 형성되어 고려말기까지 지속되었다고 볼 수 있다. 탐라 제주는 탐라국으로 존재해 오다가 고려 의종 초기 이후에 탐라현, 제주濟州로 편제되었다가 고려말기에 탐라국 혹은 제주목으로 존재했는데, 고려인에게 고려말기까지도 고려 산천으로 본격적으로 인식되지 않았다.[15]

묘청이 팔성의 하나로 언급한 두악천녀頭嶽天女의 두악은 지리산을 의미한다고 판단된다. 지리산의 별칭을 이인로는 앞에 언급했듯이 '두류산頭留山'이라 했고, 이곡은 '두류산頭流山'이라 했다.[16] 두류산頭留山은 백두산이 내려와 머무는 산이라는 의미를, 두류산頭流山은 백두산이 흘러내려온 산이라는 의미를 담았다고 여겨진다. 고려 지맥이 백두악白頭嶽(백두산)에서 흘러내려 두악頭嶽(두류산 : 지리산)에서 완결된다는 것이니, 두악頭嶽은 곧 남쪽의 백두악白頭嶽(백두산)인 것이다. 관동은 백두산-두류산의 동쪽 일대에 해당한다.

2. 관동 경관인식 경향

무인정권기 임춘林椿은 고려의 동쪽 지역을 유람하며 「동행기東行記」를 지었다,[17] 그는 관동을 유람하고 나서 술회하기를, "옛적에 사마태사司馬太史(사마천)가 일찍이 회계會稽를 유람해 우혈禹穴을 엿보고 천하의 장관壯觀을 다 보았으므로 기운이 더욱 기위奇偉해 그 문장이 자못 소탕疏蕩해 호장豪壯한 풍風이 있었나니, 대장부가 주유周遊하고 원람遠覽하며 팔극八極을 휘척揮斥하

---

15) 조선시대에 가서야 백두산 - 한라산 인식이 생겨난다.

16) 『가정집』 권8, 送水精長老序. 嶺南 壯觀은 東國에서 甲이고 頭流에 鍾하며, 頭流山中에서 水精(수정사)이 大叢林이라고 했다.

17) 『서하집』 권5 및 『동문선』 권65, 東行記(임춘).

면 그로써 장차 그 가슴속의 수기秀氣를 넓힐 수 있다고 했다. 내(임춘)가 만일 명검名檢의 안에 질곡桎梏처럼 얽매어 있었다면 그 기이한 것들을 궁구해서 아지雅志를 달성하지 반드시 못했을 것이니, 하늘이 나(임춘)를 후하게 대우했음을 볼 수 있다"고 했다.[18] 임춘은 사마천이 천하의 장관을 다 보아 호장豪壯한 풍조를 지녔던 것처럼 대장부가 주유周遊하고 원람遠覽하면 빼어난 기운을 넓힐 수 있다고 여긴 것인데 그가 관동 유람을 하고서 느낀 것이었다.

안축安軸이 강릉 경포대에 대해 기記하기를, "천하의 물物은 무릇 형체가 있는 것은 모두 리理가 있나니, 크게는 산수山水, 작게는 권석拳石과 촌목寸木에 이르기까지 모두 그러하지 않음이 없어, 인人의 유자游者가 이 물物을 람람覽하며 우흥寓興하고 인因하여 즐거워해, 이것이 누대樓臺·정사亭榭를 짓는 이유이다. … 공자孔子가 말하기를, '인자仁者는 산을 좋아하고 지자智者는 수水를 좋아한다'라고 했는데, 이는 그 기이함을 구경해 그 치우친 한쪽을 본 것이 아니라 대개 그 오묘함을 얻어 그 전체를 즐거워함을 일컬은 것이 아니리오"라고 했다.[19] 유游(遊)하는 사람이 천하의 사물(산수~작은 돌·나무)을 유람하며 감흥해 리理를 깨닫게 되는데, '인자仁者는 산을 좋아하고 지자智者는 수水를 좋아한다'라고 한 공자의 말을 따르려 하는 것이라 했다.

임춘은 「동행기東行記」에서 관동지역의 경치를 찬미했다. 세상에서 산수山水를 논하는 자는 '강동江東'으로 수지秀地를 삼지만 자신은 홀로 믿지 않아, 조물자造物者가 어찌 사적으로 일방一方에 편중하겠는가 말했다고 했다. 남국南國(남부지역)을 유람함에 미쳐 무릇 기승奇勝으로 절특絶特 자명自名한 것은 모두 다 깊숙이 찾아 실컷 본 바여서 천하의 기관奇觀은 거의 이에서 벗어나지 않는다고 생각했다고 했다. 또 떠나서 동東으로 갔는데 명주溟州·원주原州 지경부터는 풍토風土가 특변特變해 산이 더욱 높고 수水가 더욱 맑고 천봉千峯 만학萬壑이 기이함을 자랑하고 빼어남을 겨루며 민民이 그 사이에 거처해

---

18) 『서하집』 권5 및 『동문선』 권65, 東行記(임춘).
19) 『신증동국여지승람』 강릉 누정 경포대. 安軸記.

모두 경사지에서 경작하고 위태롭게 수확해 황연恍然히 일세계一世界를 별조別造한 것 같아, 저번에 편력한 곳은 마땅히 모두 손양遜讓 굴복屈伏해야 해 감히 더불어 겨룰 수 없나니, 그러한 후에 혼돈씨混沌氏가 청탁淸濁을 비로소 판별해 곤륜崑崙처럼 드높이 홀로 응결凝結해 이를 만들었음을 안다고 했다.20) 사람들이 고려 산수山水 중에서 '강동江東'으로 수지秀地를 삼지만 임춘은 믿지 않다가 동쪽으로 유람해 명주(강릉)·원주 지경으로 들어서면서 경관이 특별히 빼어나 비교할 곳이 없는 다른 세계임을 믿게 되었다고 한다. 여기 '강동江東'은 대개 고려의 수도 개경의 남동 일대를 흐르는 임진강의 동쪽을 의미한다. 명주(강릉)와 원주 지경은 치악산 일대를 지나 오대산 일대로 진입함을 의미한다. 임춘은 임진강의 동쪽 지역, 특히 관동지역이 고려 산천의 으뜸임을 체험을 통해 확인한 것이었다. 임춘은 익령翼嶺(양양)으로 가는 도중에 읊기를,21) "만리萬里 동오지東吳地는 가고 감에 수애水涯에 들어가네, 산천山川은 승지勝地가 많고 풍속은 화華(중화 : 중원)와 통하지 않네"라고 했으니, 관동지역을 중원과 구별되는 동오東吳 즉 중국의 강남지역에 비유하며 산천에 승지勝地가 많고 풍속이 개경 중심의 서쪽 일대와 다르다고 한 것이었다.

무인정권기 이규보는 관동關東에 봉사奉使하러 가는 전우군全右軍을 전송하는 서문22)에서, 자신이 듣건대 산수山水의 기수奇秀는 관동이 최상인데, 금란金蘭의 총석叢石·단혈丹穴, 고성高城의 삼일포三日浦, 익령翼嶺의 낙산洛山 같은 것은 눈으로 보지 못한 봉래蓬萊·방장方丈을 능가한다고 생각한다고 했다. 자신이 (관동을) 한 번 볼 수 있다면 비록 죽더라도 한恨이 없는데, 다만 참驂을 채찍질해 떠나기 어렵고 천리千里가 멀리 아득해 공허 울적하게 동쪽을 바라볼 뿐이라고 했다. 지금 족하足下가 용절龍節을 지니고 황화皇華를 빛내며 경장輕裝을 떨치며 간다고 말하니 술을 따라 전송한다고 했다.23)

---

20) 『서하집』 권5, 東行記(임춘). '崑崙磅礴'이 『동문선』에는 '混淪磅礴'으로 되어 있다.
21) 『서하집』 권3, 古律詩, 「翼嶺途中口占」.
22) 『東國李相國全集』 권21, 送全右軍奉使關東序.

이규보는 고려의 산수에서 관동이 최상인데 그 중에서도 금란金蘭의 총석叢石·단혈丹穴, 고성高城의 삼일포三日浦, 익령翼嶺의 낙산洛山을 대표로 꼽았다. 여기에는 금강산이 포함되지 않았는데 금강산 신앙이 당시에는 덜 유행했기 때문이었다. 금란(통주)의 총석·단혈 및 고성의 삼일포는 사선四仙 신앙과 관련이 있었고, 익령(양주襄州)의 낙산은 관음도량이었다. 금란의 이 단혈丹穴은 고성의 단혈과는 다른 곳으로 금란굴을 지칭한 것으로 여겨진다.

관동 일대에는 금란金蘭의 총석叢石·단혈丹穴 및 고성高城의 삼일포三日浦처럼 사선四仙 신앙과 관련된 곳이 유람의 주요 대상이었다. 최자崔滋의 외왕부外王父(외조부)가 고성高城 객루客樓를 주제로 시를 짓기를, "창窓을 닫아도 오히려 바다 기운이 있고 베개에 기대도 역시 파도 소리가 있네, 관개冠盖(높은 관료)가 사선四仙 자취를 찾는데 강호江湖는 '삼일三日(삼일포)'이라는 이름이네"라고 했다.24) 고성高城의 단혈丹穴은 군郡 남쪽 11리에 있는데, 속전俗傳에 사선四仙이 놀던 곳이라고 한다.25) 이인로는 이 단혈에 대해, "자연紫淵이 깊고 깊어 붉은 해가 목욕하고, 만장萬丈 광도光熖가 양곡暘谷에 뜨네, 새벽노을이 돌을 덥혀 무지개가 바위를 뚫고, 쪄서 만든 단사丹砂가 몇 곡斛이 됨을 알고, 곱고 고운 가을 물에 부용芙蓉이 나오고 달빛처럼 밝은 옥玉 평상에 화살촉이 드리웠네, 푸른 물결 다한 곳에 동문洞門이 열려, 작은 길 하나가 삼모三茅 앞을 둘러싸네, 하늘은 멀고 육지는 끊겨 난학鸞鶴이 먼데, 아득히 멀리서 금공琴笻으로 연주하는 선악仙樂이 들리네, … 선仙 자취를 세인世人이 알까 두려워 베개 안에 보록寶籙을 감췄네, 내가 일찍이 자하편紫霞篇(『황정경』편명)을 읽었나니 백병白柄을 가지고 황독黃獨(황약자黃藥子 : 둥근마) 찾은 것을 부끄러워하네, … 총총하게 말을 타고 갈 필요 없으니, 산중에서 몇 사람을 우연히 만나 보리오"라고 읊었다.26) 고성高城의 삼일포와 단혈에서

23) 관동 淸漪에 대해 시를 지어 바람 편에 부쳐 東海山水로 하여금 眼界에 森列할 수 있다면 足하니, 어찌 반드시 친히 감상해야만 하리오 하면서, 群子가 전별시를 짓고 자신이 序로써 冠한다고 했다.
24) 『보한집』 상권.
25) 『신증동국여지승람』 高城 산천.

486

사선四仙의 자취를 찾으려 했던 것이다.

관동지역의 북부에서 일찍부터 유람객에게 인기를 끈 곳은 금란굴과 총석정을 지닌 금양金壤(통주)이었다. 금란金蘭 총석정叢石亭에 대해 산인山人 혜소慧素가 기기記를 지었고 문열공文烈公(김부식)이 이 기문을 보았다.27) 무인 정권기 임춘은 익령翼嶺(양주襄州) 일대까지 유람하고는 간성捍城(杆城) 이북은 유력한 바가 아직 없어 세상에서 전전傳하는 총석叢石·명사鳴沙 같은 것은 모두 눈으로 보지 않았으니, 지금 강동江東에서 본 것은 진실로 대창大倉 곡식 중의 하나의 제패稊稗(피)일 뿐이라, 모두 다 본다면 비록 만곡萬斛의 껍질을 다하고 천토千兎의 한翰(붓)이 닳더라도 어찌 능히 기기紀하리오 했다.28) 무인정 권기 김극기가 금양현金壤縣(통주)의 총석정을 유람해 그것을 주제로 시 5개29)를 남길 정도로 총석정은 유람객이 매우 선호한 곳이었다.

고려중기 무렵이면 관동에서 금강산이 매력 지닌 유람지로 부상하고 있었다. 이인로가 개골皆骨은 관동 명산名山인데, 봉만峰巒 동학洞壑이 석석이 아닌 것이 없어 그것을 조망하면 먹[墨]을 뿌린 것과 같다고 하면서, 옥당玉堂 전치유田致儒가 장절杖節해 이 산을 경유하다가 읊기를, "초목草木이 미미하게 생겨나 대머리의 터럭같고, 연하烟霞가 절반 걷혀 어깨 드러낸 의복과 같아, 우뚝하게 모두 뼈[皆骨]여서 홀로 외롭고 깨끗해, 응당 육산肉山이 온통 대비大肥 한 것을 웃으리라"라 했다고 소개했으니,30) 의종대 전치유와 무인정권기

26) 『신증동국여지승람』高城 산천, 이인로 詩.

27) 『보한집』 상권.

28) 『서하집』 권5 및 『동문선』 권65, 東行記(임춘).

29) 『신증동국여지승람』 권45, 通川 樓亭 叢石亭 및 通川 題詠 ; 『동문선』 권13, 「叢石亭 李學士知深韻」.

30) 『파한집』 하권 ; 『신증동국여지승람』 淮陽 산천 금강산. 전치유가 이 시를 지은 때는 의종 24년 8월 이전, 더 나아가 의종 23년 정월 초하루 이전의 의종대였다, 의종 23년 정월 무오일 초하루에 왕이 朝賀를 받고 臣僚 賀正表를 代製해 宰樞와 近侍國學 文臣에게 宣示하니, 이에 禁內六官文臣 등이 奉表해 御製를 축하하자 왕이 기뻐해 酒果를 하사하고 行頭 直翰林院 田致儒를 內侍에 속하게 했다(『고려사』 권19 및 『고려사 절요』 권11, 의종 23년 정월). 의종 24년 8월에 무신정변이 발생하자 卒伍가 蜂起해 수색해 죽인 50餘人에 奉御(정6품) 田致儒가 포함되어 있다(『고려사절요』 권11, 의종 24년 8월 ; 『고려사』 권128, 정중부전).

이인로는 개골산(금강산)이 모두 암석으로 이루어졌다며 온통 뼈인 듯한 특징을 강조했다.

최자崔滋가 언급하기를, 풍악楓岳은 모든 뼈가 선 듯하여 흙이 없어 이로 인해 이름하여 '개골皆骨'이라 했고, 담무갈보살曇無竭菩薩 진신眞身이 거주하는 곳으로, 거승居僧이 비록 행행이 없더라도 역시 성도成道한다고 했다. 제주祭酒 이순우李純祐가 동북면병마사東北面兵馬使가 되어 이 산을 지나며 제제하여 1절絶을 지으니 최자의 외왕부外王父(외조부) 김례경金禮卿이 차운하기를, "위언韋偃이 당년當年에 괵산虢山에 묻혀 변하여 모두 골골이 되어 차가운 하늘에 기대었네, 가파르고 끊어진 형상을 높이 지탱하고 있어 바라보면 그림 같은데 응당 단청丹靑은 옛 필단筆端이리라", "무갈無竭(담무갈) 진신眞身이 이 산에 거주하고 환幻하여 장차 고골枯骨이 운단雲端에 걸리려 하고, 무행無行 거승居僧의 눈眼으로 하여금 아침·저녁으로 묘관妙觀에 들어가는 것을 서로 보고자 하게 하네"라 하였다.[31] 동북면병마사 이순우와 그 막료 김례경이 명종대에 풍악(개골산) 즉 금강산을 지나며 시를 읊었던 것이다. 최자는 풍악이 모든 뼈가 선 듯하여 '개골皆骨'이라는 이름을 얻었다고 했고, 최자의 외조부 김례경은 풍악(개골산)이 당唐의 화가로 산수화에 빼어난 위언韋偃이 죽어 변하여 모두 뼈가 된 듯하다며 찬미했고 또한 담무갈曇無竭보살이 주처해 무행無行 거승居僧도 묘관妙觀에 들어갈 수 있다고 읊었다. 금강산은 온통 뼈처럼 우뚝 솟은 경관에다가 담무갈보살의 거처라는 인식이 더해져 명승지로 인식되었던 것이다.

금강산을 유람지로 선호하는 경향은 고려말기에 폭발한다. 민지閔漬는 대덕大德 11년 정미년(1307, 충렬왕 33) 8월에 찬술한 「보개산석대기寶盖山石臺記」에서, 옛적에 풍악楓岳 도인장로道人長老 문일文日이 문도에게, "내가 일찍이 상국上國(원元)에 있을 때 여산廬山 경복사景福寺의 장로長老가 나에게 그대의 나라에 삼산三山이 있어 이곳에 거주하면 영원히 삼악도三惡途에 떨어지지 않는다고 했는데, 삼산三山은 보개寶盖·풍악楓岳·오대五臺가 그것이다"라고

---

31) 『보한집』 상권.

말했다고 한다.32) 풍악 즉 금강산이 보개산(연천-철원 소재), 오대산과 함께 삼악도三惡途에 떨어지지 않는 곳으로 알려져 있었다. 최해崔瀣는 천력天曆 기사년(1329, 충숙왕 16) 3월에 지은 「송승선지유금강산送僧禪智遊金剛山서序」에서, 어떤 자들은 사람들을 속여 유혹해 이르기를, 이 산(금강산)을 한 번 보면 죽어도 악도惡道에 떨어지지 않는다고 하니, 위로 공경公卿으로부터 아래로 사서士庶에 이르기까지 처자妻子를 이끌고 다투어 가서 예배해 유산遊山의 무리가 길에 실처럼 이어진다고 했고 사람들이 이 산을 사랑하는 것은 보살이 이곳에 거주한다고 믿기 때문이라 했다.33)

이곡은 해동 산수山水가 천하에 이름이 났는데 금강산의 기절奇絶은 그 중의 으뜸이고 또 불서佛書에 담무갈보살曇無竭菩薩이 거주하는 곳이라는 설說이 있어 세상에서 인간정토人間淨土라 여기니, 천자(원 황제)가 내린 향폐香幣를 가지고 온 사신이 길에 이어지고 사방四方에서 사녀士女가 천리千里를 멀다하지 않아 소와 말에 싣고 등에 지고 머리에 이고 불승佛僧을 공양供養하는 자가 서로 밟을 정도로 이어진다고 했다. 천마령 위에서 금강산을 바라보며 지은 시에서 천자가 해마다 강향降香하고, 사람들은 금강산을 한 번 바라보는 것이 평생의 마음이라고 했다.34) 또한 이곡은 일찍이 들건대 이 산은 이름이 불경佛經에 실려 천하에 알려지니 건축乾竺(천축天竺)처럼 절원絶遠한 지역의 사람도 때로 와서 구경하는 자가 있다고 했다. 대저 본 바는 들은 바와 같지 않은데, 동인東人(고려인) 중에 서촉西蜀 아미峨眉와 남월南越 보타補陁에 유람한 자가 모두 말하기를 들은 바와 같지 못하다고 한다며, 자신은

---

32) 『한국금석전문』寶盖山石臺記. 보개산은 松都의 동쪽 180리에 위치했다. 默軒子 法喜居士 閔漬가 記했는데, 立刻된 때는 세월이 꽤 흐른 元 延祐 7년 庚申(1320, 충숙왕 7) 8월이었다.

33) 『졸고천백』 권1, 「送僧禪智遊金剛山序」.

34) 『가정집』 권3, 栵置金剛都山寺記 ; 권19, 天磨嶺上望金剛山. 또한 이곡은 금강산의 뛰어난 경치는 천하에 이름이 났을 뿐만 아니라 실로 佛書에도 실려 있으니, 그 화엄경에 말하기를, '동북쪽 海中에 金剛山이 있어, 曇無竭菩薩이 1만 2천 보살과 함께 항상 般若를 설법한다고 했다(『가정집』 권6, 金剛山長安寺重興碑 ; 『신증동국여지승람』 淮陽 佛宇 長安寺).

비록 아미산과 보타산을 보지 못했지만 이 산(금강산)을 본 바는 실로 들은 바를 뛰어넘어 비록 교묘한 화사畵師와 능숙한 시인詩人이라도 비슷하게 형용할 수 없다고 했다.[35] 이곡은 금강산 풍광이 중국의 아미산이나 보타산보다 빼어나다고 했으니 세계 최고로 간주한 것이었다.

이처럼 금강산은 고려시대에 산천과 종교의 명승지로 각광받았으며, 특히 고려말기에 고려인이 남녀노소와 귀천을 가리지 않고 줄을 이어 찾음은 물론 외국인들까지 찾고 싶어 하는 곳으로 떠올랐는데, 경치가 빼어난데다가 담무갈보살이 거주한다는 불교성지로 자리매김했기 때문이었다.

관동 중부지역에서 익령翼嶺(양주襄州)의 낙산이 불교성지인데다가 경관이 빼어나 일찍부터 유람객에게 인기를 끌었다.[36] 고려 무인정권기 승려 익장益莊이 낙산사기를 남겼다.[37] 이 낙산사기에 따르면, 양주襄州 동북쪽 강선역降仙驛의 남리南里에 낙산사가 있고 이 절의 동쪽 수리數里 쯤 되는 해변에 굴이 있는데 관음대사(관음보살)가 머무는 곳이라고 하며, 신라 의상법사가 관음이 굴에서 뻗은 팔로부터 수정염주를, 용으로부터 여의주와 옥玉을 받고는 쌍죽雙竹이 솟아난 곳(관음의 정수리 위)에 전전殿을 창건해 그 옥으로 관음상을 만들어 봉안했다고 한다. 『삼국유사』 낙산 부분[38]에 따르면, 의상법사義湘法師가 당唐으로부터 돌아와 대비大悲(관음) 진신眞身이 이 해변 굴窟 안에 거주함을 듣고 인하여 명칭을 '낙산洛山'이라 하고 기원한 결과 공중으로부터 수정염주를, 동해룡으로부터 여의주를 받더니 관음 진용眞容을 만나보고는 쌍죽雙竹이 솟아난 곳에 금당金堂을 짓고 관음 소상塑像을 만들어 봉안했으며, 원효법사元曉法師가 관음을 첨례瞻禮하려고 이 지역으로 왔는데 한 백의여인白衣女人을 만났지만 관음인 줄 모르고 무시했다가 낙산사

---

35) 『가정집』 권5, 東遊記.

36) 襄陽의 洛山寺는 오봉산에 신라 중 義相이 건립했고, 殿上에 栴檀觀音像 하나를 봉안해 歷代로 崇奉했는데 자못 靈異가 있었다고 한다(『신증동국여지승람』 襄陽 佛宇).

37) 『신증동국여지승람』 襄陽 佛宇. 이규보가 「益莊·元伊·淡靈·大歇 各爲禪師 官誥」를 찬술했다(『동국이상국전집』 권34).

38) 『三國遺事』 권3, 塔像, 洛山二大聖.

490

에 도착해 관음상을 배알하면서 그 여인이 관음임을 알아채고 성굴聖窟에
들어가 관음진신을 다시 만나고자 했지만 이루지 못했다고 한다. 낙산은
관음보살이 머문다는 성지인데다가 고승 의상과 원효의 전설이 깃든 곳이어
서39) 고려 사람들의 마음과 유람객의 방문을 끌어들였다. 이러한 낙산
설화와 수월관음의 모습은 고려인들에게 깊은 인상을 주어 고려 불화의
주요 주제로 그려진다.

낙산사에 대해 김부의金富儀가 읊기를, "한번 높은 해안海岸에 등림登臨하고,
머리를 돌리니 다시는 예전 진로塵勞가 없어라, 대성大聖 원통圓通(관음보살)
의 이치를 알고자 해, 산근山根에 격노激怒하는 파도를 듣네"라고 하였다.40)
낙산사에 대해 유자량庾資諒이 읊기를 "바다 벼랑 고절高絶한 곳, 그 중에
낙가봉洛迦峯이 있다네, 대성大聖(관음)은 머물러도 머문 것이 아니고, 보문普
門은 봉封해도 봉한 것이 아니라네, 명주明珠는 내가 욕심내는 것 아니고,
청조靑鳥는 시인是人(적합한 사람)이 만나는 것이라, 다만 원컨대 큰 물결
위에서 친히 만월용滿月容(관음)을 우러러보기를"이라 하였다.41) 고려중기
김부의(김부철 : 김부식의 아우)와 유자량이 낙산사를 찾아 관음의 이치를
알거나 관음의 진신을 만나보고자 했다.

낭중郎中 함자진咸子眞(함순咸淳)이 낙산洛山을 주제로 사십사운四十四韻 시를
지었으니,42) 낙산은 함자진(임춘의 친우)이 사십사운四十四韻 시로 읊었을
정도로 빼어나고 이야기 거리가 많았던 것이다. 임춘은 명주(강릉)와 동산洞
山을 거쳐 익령翼嶺(양주)에 진입하며 풍광을 읊고 낙산에 이르렀는데, 동천洞
天이 유적幽寂해 운수雲水가 침침沉沉해 거의 인간人間의 지경이 아니고 선령仙靈

---

39) 益莊 「낙산사기」에는 의상이 관음을 親見하지 못했다고 한 반면 『삼국유사』에는
   의상이 관음을 친견했다고 하는데, 전자에서 후자로 인식이 변화했다고 여겨진다.
40) 『신증동국여지승람』 襄陽 佛宇 낙산사, 金富儀 시 ; 『동문선』 권19, 洛山寺.
41) 『신증동국여지승람』 襄陽 佛宇 낙산사. 庾資諒의 시. 이 시가 『동문선』 권9, 洛山寺에는
   釋益莊 시로 되어 있다.
42) 『보한집』 상권. 이 낙산은 양주(양양) 낙산사를 지칭한 것으로, 이 詩는 함순이 襄州에
   근무할 때 지은 것으로 판단된다. 咸淳은 恒陽人 咸有一의 아들이었다(『고려사』 함유일
   전).

의 거처여서 고사高士의 일적逸迹이 완연히 있다고 했으며, 옛적 신라 원효元曉
·의상義相 두 법사法師가 선굴仙窟 안에서 관음을 친히 알현한 것을 감동하면서
자신의 골골骨이 평범하고 기氣가 속俗되어 관음을 만나지 못하고 돌아감을
탄식한다고 했다.43) 낙산사에 대해 김극기가 읊기를, "다행히 묘경妙境을
찾아 부평浮萍처럼 떠돌다가 머무르니, 징려澄慮 명관冥觀해 만상萬想이 공空하
네, 물결 밑 달은 누가 상하를 구분하리, 봉우리 끝 구름은 스스로 서동西東을
점占하네, 금당金堂 속 가상假像을 문득 우러러 보지만, 석굴石窟 안 진신眞身을
이미 보았다네, 상사相師(의상대사)의 재재齋 칠일七日을 기다리지 않아도, 마음
은 원願에 응해 정定하여 먼저 통通하네"라고 하였다.44) 김극기가 익령현의
낙산사를 찾아 가상假像(관음상)을 금당金堂 안에서 우러러보고 진신眞身(관
음진신)을 석굴石窟 안에서 뵌다며 상사相師(의상義相)가 7일 동안 재계한
것보다 먼저 통하기를 기원한 것이었다.

　관동지역의 남부에서 유람객에게 인기를 끈 곳은 특히 명주(강릉)였다.
강릉의 별호는 임영臨瀛이었다.45) 태정泰定 병인년(1326, 충숙왕 13)에 박숙朴
淑이 관동에 장절杖節하고서 돌아와 안축을 만나 임영臨瀛 경포대鏡浦臺는
신라시대에 영랑선인永郎仙人이 노닐던 곳이라 소정小亭을 지었다며 기문을
찬술해 달라고 부탁하니 안축이 「경포신정기鏡浦新亭記」를 찬술했다.46) 안축
이 관동을 순시하며 임영공관臨瀛公館 동헌東軒 시詩와 임영공관 묵죽병墨竹屛
기記를 지었고,47) 관동을 찬미한 「관동별곡」에서 강릉에 대해 삼한三韓 예의禮
義와 천고千古 풍류風流의 '임영臨瀛 고읍古邑'이라 했다.48) 그가 임영공관臨瀛公
館 동헌東軒 시詩에 차운하기를, "호해湖海에 환유宦遊해 유년流年을 느끼고
은恩이 박薄해 누가 이천二天이 있다고 말하는가, 추원秋院은 허량虛涼해 귀연歸

43) 『서하집』 권5 및 『동문선』 권65, 東行記(임춘) ; 『서하집』 권3, 翼嶺途中口占.
44) 『신증동국여지승람』 권44, 襄陽 佛宇 낙산사. 김극기 시.
45) 『고려사』 지리지 3, 동계 강릉부.
46) 『謹齋先生集 권1, 關東瓦注.
47) 『謹齋先生集 권1, 關東瓦注.
48) 『謹齋先生集』 권2, 補遺, 歌辭.

燕 후後이고 모산暮山은 평원平遠해 단아斷鴉 변邊이네, 직기織機 심항深巷은 삼경三更에도 불이 켜 있고 어정漁艇 창파滄波는 만고萬古 안개이네, 경포鏡浦와 송정松亭(한송정)이 나를 용납해 머무르도록 하면 봉도蓬島에서 선仙을 다시 구求할 필요가 없으리"라고 했다. 이곡이 강릉 객사동헌客舍東軒 시詩에 차운하기를, "내가 가니(들르니) 가절佳節이고 풍년이라 임영臨瀛 별동천別洞天에 취하여 쓰러지네, 산은 북쪽으로부터 와서 푸름이 끝나지 않고 해海는 동극東極이 되어 커서 끝이 없네, 경호鏡湖에 술을 실으니 명월明月이 흔들리고 석조石竈에서 다茶를 달이니 자연紫烟이 날렸지, 다만 범보다 사나운 가정苛政을 만나지 않는다면 주민州民은 원래 한 무리의 선仙이네"라고 하고는 임영臨瀛은 강릉江陵 별호別號인데 경포鏡浦 및 한송정寒松亭에 모두 고선古仙의 전다煎茶 석조石竈가 있다고 했다.49) 김구용이 강릉에 대해 읊기를, "홍도洪壽가 땅을 말아오니 봉蓬·영瀛(봉래蓬萊와 영주瀛州[瀛洲])이 가깝고 준령峻嶺이 마천磨天하니 태화泰華(태산泰山과 화산華山)인듯 하네"라고 했다.50) 이렇듯이 강릉은 봉래 혹은 영주와 같은 신선세계로 묘사되었다. 강릉에 대해 김구용이 읊기를, "강릉 산수山水가 천하에 갑甲이네"라 했고, 안축이 기술하기를, "수水의 먼 것은 호한浩瀚한 창명滄溟(바다)이고 산의 먼 것은 천중千重의 동학洞壑이네"라고 했다.51) 강릉 지역에는 오대산, 한송정, 경포대 등 이름난 명승지가 많아 사람들의 유람을 자극했다. 김극기가 강릉을 유람하며 지은 시들 중에서 「녹균루綠筠樓」, 「한송정寒松亭」, 「경포대鏡浦臺」, 「굴산종崛山鐘」, 「안신계安神溪」, 「불화루佛華樓」, 「문수당文殊堂」, 「견조도堅造島」는 강릉 팔영八詠으로 알려져 회자되었다.52)

한송정寒松亭은 『동국여지승람』에 따르면 강릉부江陵府 동쪽 15리에 있는데, 동쪽으로 큰 바다에 임하고 푸른 소나무가 울창하고 정亭 반畔에 다천茶泉,

---

49) 『가정집』 권19, 律詩.
50) 『신증동국여지승람』 권44, 강릉 題詠. 김구용 詩.
51) 『신증동국여지승람』 강릉 형승. 金九容 詩·安軸 記.
52) 『신증동국여지승람』 권44, 강릉 題詠.

석조石竈, 석구石臼가 있는데 곧 술랑선도述郞仙徒가 노닐던 곳이라고 했다.[53]
『고려사』 악지에 '한송정寒松亭'이 실려 있는데, 세전世傳하기를, 이 가歌는
슬瑟 바닥에 서書해져 유流하여 강남江南에 이르렀지만 강남인江南人이 그
사詞를 이해하지 못했는데, 광종조光宗朝에 국인國人 '장진공張晉公'이 강남에
봉사奉使하니 강남인이 이것에 대해 묻자 장진공張晉公이 시詩를 지어 그것을
해석하기를, "달 밝은 한송寒松 밤, 물결 고요한 경포鏡浦의 가을, 슬피 울며
오고 또 가니 사립沙鴗(갈매기) 하나는 믿음이 있구나"라 했다고 한다.[54]
『동국여지승람』에는, 악부樂府에 '한송정곡寒松亭曲'이 있는데, 세상에 전하기
를, 이 곡曲이 바닥에 서書해진 슬瑟이 표류해 강남江南에 이르렀지만, 강남
사람이 그 사詞를 이해하지 못했거늘, 고려 광종조光宗朝 국인國人 '장진산張晉
山'이 강남에 사신으로 가니 강남 사람이 그것을 묻자, 장진산이 시를 지어
그것을 해석하기를, "달 밝은 한송寒松 밤, 물결 고요한 경포鏡浦의 가을,
슬피 울며 오고 또 가니 사구沙鷗(갈매기) 하나는 믿음이 있구나"라고 했다고
한다.[55] 장진산이 지은 이 시와 동일한 시가 『동문선』 권19, 오언절구에
제목이 「한송정곡寒松亭曲」으로, 작자는 장연우張延祐로 실려 있으니 장진산張
晉山(장진공張晉公)은 곧 장연우張延祐였다.[56] 장진산 즉 장연우가 사신으로
간 강남은 부친 장유張儒의 경력으로 보아 중국 강남, 구체적으로 오월吳越이
었을 것이다. 강릉의 한송정寒松亭과 경포鏡浦는 광종대 혹은 그 이전부터
노래로 불려질 정도로 사람들을 끌어들인 명승지였다.

　　고려중기(예종 무렵) 승려 계응과 혜소가 한송정에 대해 시를 남겼다.

---

53) 『신증동국여지승람』 강릉 누정, 한송정.
54) 『고려사』 권71, 악지2, 俗樂, 寒松亭. "月白寒松夜 波安鏡浦秋, 哀鳴來又去 有信一沙鴗".
55) 『신증동국여지승람』 강릉 누정, 한송정. "月白寒松夜 波安鏡浦秋, 哀鳴來又去 有信一沙鷗".
56) 『청장관전서』 권34, 淸脾錄3, 寒松亭曲에서도 張晉山과 張延祐를 동일 인물로 보았다.
　　한편 張延祐는 瀛州 尙質縣 사람인데, 부친 張儒는 신라말에 吳越에 避亂했다가 還國하니
　　華語 이해로 인해 광종이 누차 客省을 제수해 매양 中國使가 이를 때마다 반드시
　　張儒로 하여금 擯接하게 했다고 한다. 장연우는 현종 때 皇甫兪義와 함께 건의해
　　京軍 永業田을 빼앗아 祿俸에 충당하도록 했다가 상장군 崔質 등의 정변으로 유배당하
　　기도 했다. 『고려사』 권94, 皇甫兪義傳 및 附 張延祐.

계응이 읊기를, "옛적에 누구 집의 자子가 삼천三千으로 벽송碧松을 심었는가, 그 인골人骨은 이미 썩었지만 송엽松葉은 오히려 무성한 모습이네"라고 했다. 혜소가 이에 화和하여 읊기를, "천고千古 선유仙遊는 멀고 창창蒼蒼하게 홀로 송松이 있구나, 다만 남은 샘(泉) 밑의 달(月)에서 비슷하게 형용形容을 생각하네"라고 했다.[57] 무인정권기 이인로는 한송정이 옛적에 사선四仙이 유遊한 곳으로 그 도徒 삼천三千이 각기 소나무 한 그루를 심으니 지금까지 푸르게 무성해 불운拂雲하고 아래에 다정茶井이 있다고 했다.[58] 한송정은 사선이 노닐던 정자로, 이곳의 무성한 소나무는 사선과 그 무리가 심은 것으로 인식되었다.

김극기의 한송정에 대한 시에, "외로운 정자가 바다를 베개 삼아 봉래蓬萊를 배우고, 지경이 깨끗해 먼지 조각이 깃듦을 허용하지 않네, 길(逕)에 가득한 흰 모래는 걷노라면 눈(雪)이고, 소나무 소리는 패珮처럼 맑아 경괴瓊瑰(옥구슬)를 흔드는 듯하네, 이르기를 사선四仙이 종상縱賞한 곳이라 하는데, 지금도 남은 자취가 참으로 기이하구나, 주대酒臺는 기울어 푸른 풀에 묻혔고, 다조茶竈는 지금 락落해 푸른 이끼 끼어 황폐하네, 양쪽 언덕 야당野棠은 흐드러지게 피어 공空하고 누구를 향해 지고 누구를 향해 피나, 내가 여가에 탐력探歷해 그윽한 흥취를 놓아 종일 삼아배三雅盃를 질펀하게 기울이네, 앉아서 기機를 다 알아 이미 물物을 잊고, 갈매기가 사람 곁에 날아내려 오네"라고 했다.[59] 김극기가 강릉을 읊은 시에서, "사랑四郞이 지금 어디에 있는가, 진적陳迹이 다만 스스로 남았네, 선정仙亭이 계구溪口를 누르고 불우佛宇가 영두嶺頭에 솟았네"라고 했는데,[60] 이 선정仙亭은 한송정을, 이 불우佛宇는 문수당(문수사)을 지칭한 것으로 보인다. 안축(혹은 이인복)이 강릉에 대해 읊기를,

57) 『파한집』 중권.
58) 『파한집』 중권. 한편 익재 이제현이 至元三年 丁丑(1337, 충숙왕 후6) 秋夕에 찬술한 「妙蓮寺石池竈記」(『익재난고』 권6)에 따르면 三藏順菴法師(義旋 : 조인규의 아들)가 天子의 詔를 받들고 楓岳의 佛祠에서 祝釐하고 因하여 寒松之亭에 游했는데 그 上에 石池竈가 있어 土人에게 물으니 대개 昔人이 茗飮에 供한 것으로 何代에 만든 것인지 모른다고 했다고 한다.
59) 『신증동국여지승람』 권44, 강릉 樓亭 寒松亭, 김극기 시.
60) 『신증동국여지승람』 권44, 강릉대도호부, 題詠, 「並水穿沙洲」.

"호해湖海에서 환유宦遊해 흘러가는 해[年]를 느끼는데 은혜가 박薄하니 이천二
天이 있다고 누가 말했는가, 가을 원院은 제비가 돌아간 뒤에 허량虛凉하고
저녁 산은 갈까마귀가 날아간 가(끝)에 평원平遠하네, 직기織機하는 깊은
거리에는 삼경三更에도 불 밝히고 어정漁艇은 창파蒼波에 만고萬古 연연(안개)
으로 싸여 있네, 경포鏡浦와 송정松亭이 나를 용납해 머물게 한다면 봉도蓬島에
서 다시 신선을 구求할 필요가 없으리"라고 했다.[61] 경포와 송정(한송정)을
봉래산과 같은 신선세계로 인식했던 것이다.

강릉 한송정은 원래 문수사(문수당) 소속의 정자로 여겨지고 있다. 김극기
가 「문수당文殊堂」 시에서, "영상嶺上 문수당文殊堂은 능허凌虛해 화량畵梁을
일으켰구나, 해조海潮는 벼락처럼 묘후妙吼를 내고 산월山月은 물 흐르듯 자광
慈光을 비추네"라고 했다.[62] 『동국여지승람』은 문수사文殊寺가 부府(강릉부)
의 동쪽 해안에 있다고 하면서 김극기의 시 2개를 다음과 같이 소개했다.
"사찰을 두른 요계瑤溪는 옥잠玉岑과 더불어 청량淸凉 경계境界가 옛부터 지금
까지 같네, 공空을 찾아 직상直上하니 송성松性을 알고 물物에 응하여 장허長虛
하니 죽심竹心을 보네, … 사화使華가 해마다 유승幽勝을 찾아 연하煙霞에다가
땅이 깊더라도 상관하지 않네". "유인幽人이 보산寶山에 연좌宴坐해 한 심지[炷]
침연沈烟이 순궁舜躬을 축원하네, 천녀天女가 꽃을 흩뜨리니 향기가 땅을 덮고
야신夜神이 부수敷樹하니 그림자가 공중을 침범하네, 영월嶺月이 처마끝 주공
朱栱에 흐르고 계운溪雲이 침상枕上 벽롱碧櫳에 스며드네, 밤중에 동창東窓이
객몽客夢을 놀라게 하더니 금오金烏(태양)가 바다에서 용출해 하늘을 쏘며
붉네".[63] 문수사(문수당)는 동해 바닷가의 영상嶺上에 위치해 일출의 명소였
던 것이다.

경포대鏡浦臺는 『동국여지승람』에 따르면, 부府(강릉부) 동북 15리里에 있

---

61) 『근재집』 권1, 關東瓦注, 「次臨瀛公館東軒詩韻」. 동일한 내용의 시가 『신증동국여지승
　람』 강릉 題詠에 李仁復詩로 실려 있는데, 『동국여지승람』이 안축의 시를 이인복의
　시로 착각해 실은 듯하다.
62) 『신증동국여지승람』 권44, 강릉대도호부, 題詠.
63) 『신증동국여지승람』 권44, 강릉대도호부 佛宇, 문수사. 김극기 시.

496

고 포포浦의 둘레는 20리里이고 물 맑기가 거울(鏡)과 같고 깊지도 않고 얕지도
않아 겨우 사람의 견배肩背까지 잠길 정도이고 서안西岸에 봉峯이 있고 봉峯
위에 대臺가 있고 대臺 반畔에 연약煉藥 석구石臼가 있었다. 포포浦(경포)의 동구東
口에 판교板橋가 있어 '강문교江門橋'라 하고 이 다리 밖에 죽도竹島가 있고
이 섬 북쪽에 백사白沙가 있어 5리里를 뻗고 이 백사장 밖은 창해蒼海 만리萬里로
곧바로 일출日出을 조망하나니 가장 기승奇勝이고, 또한 (경포를)'경호鏡湖'라
하며 정亭이 있다고 했다.[64]

경포대에 대해, 김극기가 읊기를 "대臺를 쌓아 벽포碧浦를 베개 삼으니
올라가 조망함을 어찌 오래 사양하리, 부서지는 파도는 가선歌扇을 움직이게
하고 상서로운 폭풍은 무수舞袖를 회오리처럼 날리게 하네, 하河가 옥진玉塵을
기울여 담談하게 하고 해海가 은공銀舼을 넘쳐 술을 마시게 하네, 사선四仙
마음을 알지 못해, 금고今古에 서로 조照하는지 아닌지"라고 했다.[65] 또한
경포대에 대해 김극기가 읊기를 "허량虛涼한 경포대에 수석水石이 다투어
얽혀 도네, 유제柳堤는 청연靑煙과 합하고 사안沙岸은 백설白雪(흰눈 같은 모래)
이 쌓였네, 물고기는 상점象簟을 불며 가고 새[鳥]는 교반鮫盤을 떨어뜨리며
오네, 선유仙遊는 아득해 어디로 갔는가, 땅에 가득히 초록 이끼가 끼여
공空하네"라고 했다.[66] 이승휴는 강릉에 부임해 이상二霜이 장차 변變하려
하는데 관한官閑 사간事簡하고 진연塵緣 두절斗絶해 강산江山을 유상遊賞하러
다니다가 경포대 근처에서 후죽필병朽竹筆柄을 습득해 고조古調 1편篇을 지어
제공諸公 안하案下에게 부쳤다. 읊기를, "청강淸江이 출렁거려 넘치고 벽산碧山
이 첩첩하고 중中에 일봉一峯이 있어 봉집鳳戢하는 듯한데 행인行人이 가리키며
'경포대鏡浦臺'라고 말하네, 유월六月에 금풍金風이 삽삽하게 불고 낭간琅玕(대
나무)이 삼심森深해 울창하게 숲을 이루네, … 종횡縱橫으로 암석嵒石 사이에

---

64) 『신증동국여지승람』 강릉 누정 경포대. 我(조선) 太祖·世祖가 일찍이 巡幸해 이곳에
   駐駕했다고 한다.
65) 『신증동국여지승람』 권44, 강릉 樓亭 鏡浦臺. 김극기 詩.
66) 『신증동국여지승람』 권44, 강릉대도호부, 題詠 八詠. 김극기 詩. 김극기가 강릉 일대를
   읊은 시들 중의 8개는 특히 애송되어 강릉의 '八詠'으로 알려진다.

산척散擲하고 신물神物이 꾸짖는 것을 누가 습득하리오, 나는 지금 관한官閑해 하나의 일도 없어 수색水色 산광山光이 음흡飮吸을 더하고 기승奇勝을 찾고 선택해 감동해 돌아가기를 잊네, … 어주漁舟의 자子는 어느 곳에서 오는가, 사의蓑衣(도롱이)를 절반 벗고 약립蒻笠(삿갓)을 기울게 썼네, 서로 물을 희롱하며 가고 가서 유심幽尋해 우연히 도화桃花를 좇아 들어가니 선아仙娥가 맞이해 웃으며 추파秋波를 돌리네, 때에 금단金丹을 일립一粒씩 나누고 겸하여 동관彤管에게 증여하네"라고 했다.[67] 경포鏡浦와 경포대鏡浦臺의 빼어난 풍광, 그리고 경포에서의 고기잡이와 뱃놀이가 잘 묘사되어 있다. 안축은 경포대에 대해 지미至味가 한담閒淡(閑淡)의 중中에 있고 일상逸想이 기형奇形의 외外를 초월한다고 했다.[68] 경포대 일대는 기암괴석이 아니면서 호수와 모래사장과 숲이 어우러져 한담閑淡한 맛을 지닌 곳으로 인식되었다.

강릉 등명사燈明寺는 『동국여지승람』에 따르면 부(강릉부) 동쪽 30리에 있었는데[69] 고려시대에도 그러했을 것이다. 등명사에 대해 고려중기(무신정변 이전)에 김돈시金敦時가 읊기를, "사찰이 창파滄波를 눌러 멀리 아득한데, 올라 임臨하니 바다 중앙에 있는 듯하네, 주렴을 걷자 죽竹 그림자가 성기면서 빽빽하고, 베개에 비스듬히 기대니 여울 소리가 억抑하고 양揚하네, 밤에 경루經樓가 고요한데 향불이 식어가고 달이 빈탑賓榻에 밝아 갈건葛巾이 서늘하네, 좋은 경치에 머물 인연 없음을 아쉬워해, 종일토록 흐리게(어리석게) 구口를 위해(먹고 사느라) 바쁘네"라고 하였다.[70] 등명사에 대해 김극기가 읊기를, "금승金繩(금줄)의 도道가 벽련봉碧蓮峯을 두르고 복각複閣 층대層臺가 멀리 허공에 의지했네, 그윽한 나무는 결음結陰해 하시夏市를 맞이하고 늦은 꽃은 아름다움을 남겨 춘공春工을 돕네, 봉간鳳竿 그림자는 천 봉우리 달에

---

67) 『동안거사집』行錄 2, 朽竹筆柄 寄館翰諸公[幷序].

68) 『근재집』권1 關東瓦注, 「鏡浦新亭記」; 『동문선』권68 記, 「江陵府鏡浦臺記」; 『신증동국여지승람』강릉 樓亭 경포대, 안축 記.

69) 『신증동국여지승람』강릉 불우 등명사. 등명사는 현재 등명낙가사이다.

70) 『신증동국여지승람』강릉 불우 등명사. 김돈시는 무신정변 때 卒伍에 의해 죽임을 당하므로 무신정변 발생 이전에 이 시를 지었다.

걸리고, 어고魚鼓 소리는 만 골짜기 바람에 전하네, 고인高人이 설아雪夜 들음을 가장 추억하고 화로 재는 발백撥白해 불이 홍紅과 통하네"라고 했다.[71] 이곡은 한송정을 경유해 남쪽으로 나아가 안인역安仁驛에서 숙박하고 새벽에 등명사 燈明寺에 이르러 일출대日出臺를 구경했다.[72] 그가 등명사 시詩에 차운하기를, "가경佳景을 찾기 위해 위봉危峯을 넘으니 해활海闊 천장天長해 안계眼界(시야) 가 공空하네, … 대臺에서 출일日出에 임臨하니 부상扶桑이 밝아오고 사찰은 회암廻巖에 있어 고목古木에 바람 부네, 생각해 보건대 야심夜深에 승僧이 입정入定하면 용왕龍王이 와서 붉은 불등佛燈을 보리라[사찰에 관일대觀日臺가 있고 대臺 위에 석탑石塔이 있음]"라고 했다.[73] 이승휴가 등명사 판상板上 시에 차운하기를, "호사好事 금오金鰲가 옥봉玉峯을 대戴하고(이고) 용출하는 창파蒼波가 위로 솟구쳐 허공을 문지르네, … 닭이 울지 않은 때에 누樓가 해[日] 뜸을 얻고 신蜃(이무기)이 처음 뿜은 곳에 바다가 번풍飜風하네, 탑대塔臺 가 기치奇致해 서로 아는 것 같아 모름지기 아침 해가 만이홍萬峩紅함을 기다리 네"라고 했다.[74] 강릉 등명사는 바닷가 언덕에 자리잡아 풍광이 아름다우면 서도 특히 일출 구경 명소로 일출대日出臺(관일대觀日臺)를 지녀 유람해야할 명승지로 자리매김했던 것이다.

오대산五臺山은 『동국여지승람』에 따르면 부(강릉부) 서쪽 1백 40리에 있고, 동쪽이 만월滿月, 남쪽이 기린麒麟, 서쪽이 장령長嶺, 북쪽이 상왕象王, 가운데가 지로智爐인데, 오봉五峯이 환열環列하고 대소大小 균적均敵한 까닭에 오대라 이름했다.[75] 대관령大關嶺은 『동국여지승람』에 따르면 부(강릉부) 서쪽 45리에 있고 이 주州(강릉)의 진산鎭山인데, 여진女眞의 장백산長白山(백두 산)에서부터 구불구불 남쪽으로 뻗어내리면서 동해東海 가를 차지한 것이 몇인지 모르나 이 령嶺이 가장 높고, 부의 치소에서 50리 거리이며 대령大嶺이

---

71) 『신증동국여지승람』 강릉 불우 등명사, 김극시 시.
72) 『가정집』 권5, 記, 「東遊記」(이곡).
73) 『가정집』 권19, 律詩, 次江陵燈明寺詩韻.
74) 『동안거사집』 行錄 2. 次燈明寺板上韻.
75) 『신증동국여지승람』 강릉 산천.

라 부르기도 했다.[76] 오대산의 대관령은 순식順式이 본주本州 장군으로 태조가 신검神劍을 토벌할 때에 명주溟州로부터 그 병력을 거느리고 대현大峴(대관령)을 넘어 회전會戰해 신검을 격파했듯이,[77] 명주와 그 서쪽 방면을 연결하는 통로였다.

『삼국유사』에 따르면 범일梵日의 문인門人인 두타頭陀 신의信義가 오대산에 와서 장사藏師(자장慈藏) 휴게의 땅을 찾아 암庵을 창건해 거처했고, 신의信義가 졸卒하자 오랫동안 황폐화한 그 암庵을 수다사水多寺 장로長老 유연有緣이 중창해 거처해 점차 대사大寺를 이루었는데, '금今' 월정사月精寺가 그것이었고 이 절의 오류성중五類聖衆과 구층석탑九層石塔은 모두 성적聖跡이었다.[78] 김극기는 강릉을 읊은 시에서, 홀연히 나는 새를 바라보니 멀리 푸른 봉우리가 떠 있네, 물어 알았구나, 오대산이 공반空畔에 취규翠虯처럼 서려 있음을, 문수文殊는 부감浮鑒처럼 원圓하고 백월白月은 징류澄流처럼 비추네, 단심檀心이 건앙虔仰하면 일일이 구하는 바를 이루네, 어찌 영경靈境을 두드림을 사양하리, 임금의 천만세千萬歲를 축원하네"라고 했다.[79] 김극기는 오대산을 우러르며 문수보살을 찬미했던 것이다. 진보궐陳補闕(진화陳澕)이 오대산에 유遊하며 읊기를, "당년當年에 화畵 속에서 오대五臺를 보았을 때 구름 걷혀 창취蒼翠해 고저高低가 있더니, 지금 만학萬壑 쟁류처爭流處에 오니 도리어 구름 뚫은 길이 불미不迷해 기쁘네"라고 했다.[80] 진화가 오대산을 그림으로 보아 오다가 실제로 올라 느낀 점이 많았던 것인데, 오대산은 진화가 활동한 무인정권기에 오대산 그림이 그려져 유통되었을 정도로 명승지였다.

---

76) 『신증동국여지승람』 강릉 산천 大關嶺.
77) 『신증동국여지승람』 강릉 인물.
78) 『삼국유사』 권3, 塔像, 臺山五萬眞身 및 臺山月精寺五類聖衆.
79) 『신증동국여지승람』 권44, 강릉대도호부, 題詠, 「並水穿沙洲」.
80) 『보한집』 중권. "畵裡當年見五臺 掃雲蒼翠有高低 今來萬壑爭流處 却喜穿雲路不迷". 陳澕의 동일한 시가 『신증동국여지승람』 강릉의 산천에 五臺山 항목으로, 『동문선』 권20, 七言絶句에 '遊五臺山'으로 실려 있는데 '却喜穿雲路不迷'가 '自覺穿雲路不迷'로 되어 있다. 진화의 이 시는 『梅湖遺稿』 詩 七言絶句에도 '遊五臺山'이라는 제목으로 "畵裏當年見五臺 浮空蒼翠有高低 今來萬壑爭流處 自覺穿雲路不迷"라 실려 있는데, 당시 진화가 王事로 인해 關東에 가서 지은 것이라고 한다.

500

유람객이 삼척현에서 주로 찾은 곳은 죽서루였다.[81] 김극기가 죽서루에
대해 읊기를, "도기道氣가 온전히 훔쳐 장관長官을 정정하게 하니 관여官餘에
흥미興味가 가장 유한幽閑하네, 유루庾樓에 석월夕月이 상床 아래를 침투하고
등각滕閣에 조운朝雲이 동동棟 사이에서 일어나네, 학학鶴이 세차게 반회盤廻해
원도遠島에 투투하고 별두鼈頭가 세차게 층만層巒을 때리네"라 했다.[82] 그가
삼척현에 대해 읊기를, "객로客路가 험준해 파안破顔이 적다가 누樓에 오르니
기쁨을 얻어 편시片時로 한한閑하네, 땅은 정경靜境을 진사塵沙 외外로 나르고
하늘은 수석水石 사이에서 청유淸遊와 함께 하네, 넘실거리는 파도 빛은 아침
에 해[日]를 토하고 음음陰陰한 야기野氣는 저녁에 산에 가라앉네, 때가 맑아
다시 도두刀斗를 들지 않고 목적초가牧笛樵歌가 홀로 왕환往還하네", "수운水雲
이 한 군郡을 장장藏하니 진앙塵鞅 왕래가 드무네, 객관客館이 단학丹壑에 임臨하고
인가人家가 취미翠微에 거처하네, 빈蘋에 바람이 석석淅淅하게 불고 죽竹에
이슬이 미미霏霏하게 뿌려지는데, 한 조각 한한閑 중中의 한恨은 낙휘落暉를
매달(묶을) 새끼줄이 없음을"이라고 했다.[83] 이 또한 대개 죽서루에서 본
정경이었다.

이승휴가 원종 6년에 안집사安集使 병부시랑 진자사陳子俟를 모시고 진주부
眞珠府(삼척현) 서루西樓에 올라 판상板上 시에 차운했다.[84] 이 차운시에서
"반공半空 금벽金碧이 가파르게 가가駕하고 엄영掩映 운단雲端이 동영棟楹에서
춤추네, 취암翠嵒에 비스듬히 기대어 곡곡鵠이 날아오르는 것을 보고 단함丹檻에
서 구부려 숙여 물고기 가는 것을 세네, 산이 평야를 둘러싸 둥글게 계界를
이루고 현縣이 고루高樓를 만들어 별도로 명칭이 있네"라고 했다. 또한 "등림登

81) 『신증동국여지승람』삼척 樓亭에 따르면, 竹西樓는 客館 서쪽에 있는데 絶壁이 千仞이
고 奇巖이 叢列하고, 그 上에 架한 飛樓를 '竹西'라 하며 아래로 五十川에 臨하며
川이 匯하여 潭이 되고 물이 맑아 徹底하여 日光이 下透하면 游魚를 歷歷히 셀 수
있어 嶺東 絶景이라 했다.
82) 『신증동국여지승람』권44, 삼척 누정, 죽서루.
83) 『신증동국여지승람』권44, 삼척 題詠.
84) 『동안거사집』行錄 2, 陪安集使兵部侍郎陳(諱子俟) 登眞珠府西樓 次板上韻 公亦此府人也.
陳子俟 역시 이 府(眞珠府) 사람이었다.

臨하니 장기壯氣가 가파르게 두斗하고 권박卷箔 운연雲煙이 채영彩楹을 두르네,
벽랑碧浪이 파문破紋하니 물고기가 다투어 도약하고 백사白沙에 전篆을 이루며
새鳥가 한가로이 가네, 농사籠紗로 일찍이 춘지春池 구句를 걸고 장월杖鉞하여
도리어 주금晝錦 명名을 드리우네, 설염雪髥을 다 꼬아 써서 읊기 어려운데
도리어 사俟(진자사陳子俟)가 미명彌明을 기쁘게 대함이 부끄럽네"라고 했
다.[85] 김극기와 이승휴의 사례에 보이듯이 삼척에서는 절벽과 하천에 접한
객관 서루(죽서루)가 주된 유람 장소였다.

죽서루에 대해 정추鄭樞가 읊기를, "죽서竹西 첨영簷影이 청류淸流에 출렁이
고 담상潭上 산광山光이 소루小樓에 가득 차네, 가절佳節 원유遠遊는 감개感慨가
많아 사양斜陽에 떠나가려다가 다시 지류遲留하네, 일찍이 듣건대 어떤 객客이
황학黃鶴을 퇴槌했다고 하지만 지금은 한恨스러워 백구白鷗를 친압親狎할 사람
이 없음을, 협안夾岸 홍하紅霞가 춘春하고 또 노老하는데 각성角聲이 불어 진주眞
州(삼척현)를 찢고자 하네", "어떤 사람이 누樓를 일으켜 교목喬木을 굽어보게
했는지 황혼黃昏에 한번 웃으며 홀로 서네, 처마 앞 수죽脩竹은 수천간數千竿이
고 함檻 밖 징강澄江은 오십곡五十曲이네, 두타산頭陀山은 높아 황홀恍惚에 의지
하고 관음사觀音寺는 고古하여 총울蔥鬱이 많네, 장공長空에 담담淡淡히 새鳥가
왕래하고 미파微波가 환히 비쳐 물고기가 출몰出沒하네"라고 했다.[86] 죽서루
에 대해 안성安省이 읊기를, "돌올崒屼한 창애蒼崖의 백척루百尺樓여 화개花開
화락花落이 몇 춘추春秋인가, 삼천도三千徒가 풍운風雲과 더불어 흩어졌고 오십
천五十川은 세월歲月과 함께 흐르네, 화각畫角 일성一聲은 조모朝暮 한恨이고
연파煙波 만리萬里는 고금古今 시름이네"라고 했다.[87] 오십천五十川 연못 언덕

---

85) "半空金碧駕崢嶸 掩映雲端舞棟楹, 斜倚翠嵒看鵠擧 俯臨'丹'檻數魚行, 山圍平野圓成界 縣爲
高樓別有名, 便欲投簪聊送老 庶將螢燭助君明", "登臨壯氣斗崢嶸 卷箔雲煙繞彩楹, 碧浪破紋
魚競躍 白沙成篆鳥閑行, 籠紗曾掛春池句 杖鉞還垂晝錦銘, 撚盡雪髥難下筆 却慙俟喜對彌明
[公以監倉曾遊]". "俯臨'丹'檻數魚行"에서 '丹'은 모양이 애매해 '舟'처럼 보이기도 하는데
시 분위기상 '丹'이 아닐까 한다. "却慙'俟'喜對彌明"에서 '俟'는 '俟'일 수도 있다. 陳子俟는
監倉으로 일찍이 遊한 적이 있었다. 彌明은 韓愈의 「石鼎聯句詩序」에 따르면 衡山道士로
詩에 능했다고 하는데 이승휴 자신을 비유한 듯하다.
86) 『신증동국여지승람』 삼척 누정, 죽서루. 鄭樞 詩.

의 죽서루는 경관이 빼어나고 '삼천도三千徒' 즉 신라 화랑의 무리가 노닐었던 곳으로 여겨졌다.

삼척은 죽서루 팔경(팔영)으로 유명했다. 『세종실록』 지리지 삼척편에 죽서루竹西樓를 실었는데 읍성邑城 중에 위치하며 팔경八景이 있어 죽장고사竹藏古寺, 암공청담巖控靑潭, 의산촌사依山村舍, 와수목교臥水木橋, 우배목동牛背牧童, 농두엽부隴頭饁婦, 임류수어臨流數魚, 격장호승隔墻呼僧이고 전현前賢 제영題詠이 많다고 했다. 『동국여지승람』 삼척 편에는 이 8개의 경치가 제영詠詠 항목에 「팔경八景」이라는 제목 아래에 실리고 여러 작자의 시가 소개되어 있다. 신천辛蕆의 '의산촌사依山村舍'와 '와수목교臥水木橋'가 『동문선』 권21에, '와수목교臥水木橋'가 『신증동국여지승람』 강릉 제영에 실려 있다. 안축은 삼척으로 내려가 진주眞珠(삼척) 남강南江에서 뱃놀이를 하고 삼척 서루西樓를 찾아 「삼척서루팔영三陟西樓八詠」 시를 읊었다.[88] 이 죽서루 팔영八詠(팔경八景) 시는 신천과 안축을 거치면서 그 틀이 완성된 것으로 보이며 그 이후에 많은 유람객이 차운次韻했다. 이곡도 삼척현 서루西樓(죽서루)에 올라 이른바 '오십천팔영五十川八詠'이라는 것을 보고[89] 삼척서루팔영三陟西樓八詠 시詩에 차운했다.[90] 서루팔영은 오십천팔영으로도 불렸음을 알 수 있다.

안축은 삼척을 지나 선사군仙槎郡(울진)의 취운정翠雲亭(취운루翠雲樓)을 찾아 옛날을 회고했다.[91] 그는 황경皇慶 임자년(1312, 충선왕 4) 봄에 단기單騎로 선사군仙槎郡에 유遊할 적에 그 남쪽 백사평제白沙平堤에 정亭이 있으면 좋겠다고 생각했는데 태정泰定 병인년(1326, 충숙왕 13) 연간에 존무사存撫使 박공朴公(박숙朴淑)이 이곳에 신루新樓를 지은 덕분에 지금 다행히 이 방면에 출진出鎭

87) 『신증동국여지승람』 삼척 누정, 죽서루. 安省 詩.
88) 『謹齋先生集』 권1, 關東瓦注, 詩. 眞珠는 삼척의 별호였다(『고려사』 권58, 지리지 동계 삼척현).
89) 『가정집』 권5, 「東遊記」.
90) 『가정집』 권20, 律詩. 「次三陟西樓八詠詩韻」.
91) 『謹齋先生集』 권1, 關東瓦注, 詩. 仙槎는 蔚珍의 별칭이었다(『신증동국여지승람』 권45, 강원도 울진현).

해 이 누樓를 오르게 되었다고 기뻐하며 「취운정기翠雲亭記」를 찬술했다.
대저 누정樓亭을 짓는 것은 고광高曠에 있지 않으면 유심幽深에 있나니, 저것에
권태로우면 이것을 생각하고, 이것에 권태로우면 저것을 생각하는 것이
인정人情의 상常인데, 무릇 관동의 누대정사樓臺亭樹는 모두 고광高曠에 있기
때문에 인人의 유자遊者가 풍도風濤의 노怒에 눈[目]이 권태롭고 분무氛霧의
증烝에 몸이 피로한데 이 누樓(취운루)에 올라 청유淸幽의 정취를 얻으면
주광走壙 곤수困獸가 밀곡密谷에 들어가고 환공還空 권조倦鳥가 저 무림茂林에
투투投投하는 것과 같아 지락至樂이 존재한다고 했다.[92] 이곡이 울진객사蔚珍客舍
시에 차운하기를, "마수馬首를 관동關東으로 향하여 다녀 길이 다하려 하는데
기관奇觀이 눈을 스치고 돌며 공空을 이루네, 일등一燈 고관古館은 강江과 이어
지며 비 내리고 구월九月 황성荒城에 나무 잎을 떨어뜨리는 바람이 부네,
적막하게 구교舊交를 피리 속에서 듣고 세사世事에 어긋나 누樓 안에 기대네"[93]
라고 했다. 관동의 누대정사樓臺亭樹가 대개 고광高曠에 자리한 반면 울진
강가의 취운정(취운루)은 그렇지 않지만 청유淸幽와 지락至樂을 지닌 것으로
평가되었다.

안축은 울진에서 남하해 평해平海로 진입해 월송정越松亭에서 읊기를 "사事
는 거去하고 인人은 비非하고 물은 동쪽으로부터 흐르고 천금千金 유종遺種은
정송亭松에 있네"라 했다.[94] 그가 평해 망사정望槎亭에서 읊기를 "금벽金碧이
부공浮空해 물에 그림자가 비추고 등림登臨해 일망一望하니 진금塵襟을 씻네,
비 개인 녹수綠樹에 황리黃鸝가 말하고(지저귀고) 바람 부드러운 창파滄波에
백조白鳥가 심心하네, 팔월八月 선사仙槎가 상한上漢(은하수)과 통한다고 하고
백년百年 어점漁店이 전림前林과 격격隔隔하네, 아양峨洋을 만고인萬古人이 알아봄이

---

92) 『근재집』 권1, 關東瓦注, 記 「翠雲亭記」. 이 翠雲亭(翠雲樓)을 건립한 朴公은 경포대에
    新亭을 건립한 朴淑(『근재집』 권1, 鏡浦新亭記)과 동일인으로 판단된다.
93) 『稼亭集』 권20, 「次蔚珍客舍詩韻. 같은 내용의 시가 『동국여지승람』 울진에는 題詠에
    실려 있다.
94) 『謹齋先生集』 권1, 關東瓦注, 詩, 「次越松亭詩韻」. 월송정은 평해에 있었다(『신증동국여
    지승람』 권45, 평해).

없어 하늘이 아껴 비축秘蓄해 곧바로 지금까지 기다렸네"라 읊고, 세주에 달기를 읍남邑南에 구舊에 누樓가 없었다가 존무사 박공朴公이 비로소 누樓를 지었기 때문에 일컬은 것이라고 했다.[95] 평해 남쪽 망사정은 존무사 박공朴公 즉 박숙朴淑이 건립한 것이었다. 이곡이 월송정越松亭 시에 차운하기를, "방고 訪古하러 추풍秋風에 말 머리를 동쪽으로 향하더니 울창하게 우거진 정송亭松을 기쁘게 보네"라고 했다.[96] 망양정望洋亭은 『동국여지승람』에 따르면 군郡 (평해) 북쪽 40리里에 있어 동쪽으로 대해大海에 임했는데, 정추鄭樞가 읊기를, "망양정望洋亭 위에 오랫동안 서 있으니 춘만春晚이 가을과 같아 의意가 미迷해 지네, 알겠노라 해중海中 풍무風霧가 나빠 삼송杉松이 동쪽을 향해 가지 뻗어 자라지 못함을"이라 했고, "구름이 큰 물결(파도)에서 생겨 하늘을 다 감싸고 바람이 놀란 파도를 보내 안岸을 쳐(때려) 도네"라고 했다.[97] 월송정과 망사 정은 신선(특히 사선四仙)의 유적으로 인식되었고 망양정은 대양을 조망하기 위해 오르는 곳이었다.

관동 형승에 대한 인식은 안축의 경포대 기문[98]에 잘 드러나 있다. 안축은 이 기記에서 아래와 같이 언급했다.

"내가 관동을 유람하지 않은 때에 관동 형승을 논하는 자는 모두 국도國島 와 총석叢石을 말하고 경포대는 심하게 칭미稱美하지 않았다. 태정泰定 병인 년(1326, 충숙왕 13)에 지금 지추부知秋部 학사 박공숙朴公淑(박숙朴淑)이 관동에서 장절杖節했다가 돌아와서 나에게 말하기를, '임영臨瀛 경포대는 신라시대에 영랑선인永郎仙人이 노닐던 곳이라, 내가 이 대臺에 올라 산수의 아름다움을 보고 진심으로 즐거워해 지금까지도 권권惓惓해 잊은 적이

95) 『謹齋先生集』 권1, 關東瓦注, 詩, 「題平海望槎亭」. '八月仙槎'는 매해 8월마다 뗏목을 타서 은하수에 왕래했다는 古事에서 유래한 표현이다.
96) 『가정집』 권20, 「次越松亭詩韻」. 같은 내용의 시가 『신증동국여지승람』 평해 누정 월송정에도 실려 있다.
97) 『신증동국여지승람』 평해 누정 망양정.
98) 『謹齋集』 권1, 關東瓦注, 記, 「鏡浦新亭記」. 거의 동일한 내용이 『신증동국여지승람』 강릉 누정 경포대 조항에 安軸記로, 『동문선』 권68, 記에 江陵府鏡浦臺記로 실려 있다.

없는데, 대臺에 오래도록 정우亭宇가 없어 풍우風雨가 있으면 유람하는 자가 근심하므로, 내가 읍인邑人에게 명하여 그 위에 소정小亭을 지었으니, 그대는 나를 위하여 기문을 지어 주시오'라고 했다. 나는 이 말을 듣고 박공(박숙)이 본 것이 중인衆人이 논한 것과 같지 않음을 괴이하게 여겨 감히 망령되게 스스로 평품評品하지 못하고, 한번 유람한 후에 기문을 짓기로 생각했다. 지금 내가 다행히 왕명을 받들어 이 방면에 출진出鎭해 기승奇勝을 역관歷觀했다. 저 국도國島와 총석정叢石亭의 기암괴석奇巖怪石은 실로 인목人目을 놀라게 해 기형奇形의 일물一物인데, 이 대臺(경포대)에 오르니 담연淡然히 한광閑曠(閑曠)해 기괴이물怪異物이 사람 눈을 놀라게 하는 것이 없고 다만 멀고 가까운 산수山水일 뿐이라, 앉아 사방을 돌아보니, 물(水) 중에서 먼 것은 창명滄溟이 호한浩瀚하고 연랑煙浪이 가파르고, 가까운 것은 경포鏡浦가 징청澄清하고 풍의風漪가 용양溶漾하며, 산 중에서 먼 것은 동학洞壑이 천리이고 운하雲霞가 표묘縹緲하고, 가까운 것은 봉만峯巒이 십리이고 초수草樹가 청총青蔥한데, 항상 사구沙鷗와 수조水鳥가 부침浮沈 왕래하며 대臺 앞에서 용여容與하고, 그 춘추春秋 연월煙月과 아침·저녁 음청陰晴과 때에 따른 기상氣像이 끊임없이 변화하나니, 이것이 이 대臺의 대략이다. 내가 오랫동안 앉아 명수冥搜하다가 자신도 모르게 조용히 응신凝神했거늘, 지미至味는 한담閑淡(閑淡)의 중中에 있고 일상逸想은 기형奇形의 외外를 초월해, 마음으로 홀로 알면서도 입으로 형용하여 말하지 못하는 것이 있었다. 대저 그러한 연후에 박공朴公(박숙)이 즐거워한 것이 기괴奇怪 일물一物에 있지 않고 내가 말한 리理의 묘妙한 것을 얻었음을 알았으니, 옛적에 영랑永郎이 이 대臺에 노닌 것은 반드시 즐거워한 바가 있었을 것이니, 지금 박공(박숙)이 즐거워하는 것은 그 영랑永郎의 마음을 얻은 것인저".

안축은 국도國島와 총석정叢石亭은 기암괴석奇巖怪石의 기이한 형상으로 사람의 눈을 놀라게 한 반면 경포대는 담연淡然히 한광閑曠(閑曠)해 기이함을 초월한다고 품평하면서, 그는 경포대에서 노닌 영랑永郎의 마음을 박숙이 얻은 것이 아닐까 여겼다.

안축은 「관동별곡關東別曲」을 지어 관동의 아름다움을 아래처럼 노래했다.[99]

99) 『謹齋先生集』 권2, 補遺, 歌辭 關東別曲. "海千重山萬疊 關東別境 碧油幢紅蓮幕 兵馬營主

바다는 천중千重하고 산은 만첩萬疊한 관동별경關東別境인데 벽유당碧油幢과 홍련막紅蓮幕의 병마영주兵馬營主가 명사로鳴沙路에서 순찰巡察하는 광경이 어떠한가, 삭방민물朔方民物이 모의추풍慕義趣風해 아! 왕화중흥王化中興하는 광경이 어떠한가

학성鶴城 동쪽 원수대元帥臺와 천도穿島·국도國島는 삼산三山과 십주十洲를 금오金鼇 정상頂上에 옮겨 자무紫霧·홍람紅嵐을 수권收卷해 바람이 편안하고 물결이 고요한데 아! 올라서 창명滄溟을 조망하는 광경이 어떠한가, 계도桂棹 난주蘭舟에 홍분紅粉(기녀) 가취歌吹하며 아! 역방歷訪하는 광경이 어떠한가, 총석정叢石亭·금란굴金幱窟의 기암괴석奇巖怪石, 전도암顚倒巖·사선봉四仙峯 창태고갈蒼苔古碣, 아야족我也足·석암회石巖回 수형이상殊形異狀은 아! 사해천하四海天下에 없거늘 옥잠주리玉簪珠履의 삼천도객三千徒客이 아! 또 언제 오려나

삼일포三日浦 사선정四仙亭은 기관이적奇觀異迹이고 미륵당彌勒堂 안상저安祥渚 삼십육봉三十六峯은 밤이 깊고 파도는 넘실넘실한데 솔가지 끝 편월片月이여 아! 고운 모습이 난 비슷하오, 술랑도述郎徒의 육자단서六字丹書는 아! 만고천추萬古千秋에 아직 분명하네 / 선유담仙遊潭 영랑호永郎湖의 신청동神淸洞 안 녹하주綠荷洲 청요장靑瑤嶂은 풍연風煙 십리十里이고 향香은 부드럽고 취翠는 비비霏霏한데 유리수면琉璃水面에 아! 배를 띄운 광경이 어떠한가, 순갱노회蓴羹鱸膾 은사설루銀絲雪縷 아! 양락羊酪이여 어찌 참여하지 않으리

玉帶傾蓋 黑槊紅旗 鳴沙路 爲巡察 景幾何如, 朔方民物 慕義趣風 爲王化中興 景幾何如 / 鶴城東元帥臺 穿島國島 轉三山移十洲 金鼇頂上 收紫霧卷紅嵐 風恬浪靜 爲登望滄溟 景幾何如, 桂棹蘭舟紅粉歌吹 爲歷訪 景幾何如, 叢石亭金幱窟 奇巖怪石 顚倒巖四仙峯 蒼苔古碣 我也足石巖回 殊形異狀 爲四海天下無豈舍叱多 玉簪珠履 三千徒客 爲又來悉何奴日是古 / 三日浦四仙亭 奇觀異迹 彌勒堂安祥渚 三十六峯 夜深深波漱漱 松梢片月 爲古溫貌貌隱 伊西爲乎伊多 述郞徒矣 六字丹書 爲萬古千秋尙分明 / 仙遊潭永郞湖 神淸洞裏 綠荷洲靑瑤嶂 風煙十里 香冉冉翠霏霏 琉璃水面爲泛舟 景幾何如, 蓴羹鱸膾 銀絲雪縷 爲羊酪豈勿參爲里古 雪嶽東洛山西 襄陽風景 降仙亭祥雲亭 南北相望 騎紫鳳駕紅鸞 佳麗神仙 爲爭弄朱絃 景幾何如, 高陽酒徒 習家池館 爲四節遊伊沙伊多 / 三韓禮義 千古風流 臨瀛古邑 鏡浦臺寒松亭 明月淸風 海棠路菡萏池 春秋佳節 爲遊賞 景何如爲尼伊古, 燈明樓上 五更鍾後 爲日出 景幾何如 / 五十川竹西樓 西村八景 翠雲樓越松亭 十里靑松 吹玉篷弄瑤琴 淸歌緩舞 爲迎送佳賓 景何如 望槎亭上 滄波萬里 爲鷗伊鳧蘇(藩)甲豆斜羅 / 江十里壁千層 屛圍鏡澈 倚風巖滴水穴 飛龍頂上 傾綠蟻聳氷峯 六月淸風 爲避暑 景幾何如, 朱陳家世 武陵風物 爲傳子傳孫 景幾何如". 我也足은 '아야발', 石巖回는 '돌바회', 無豆舍叱多는 '업두샀다', 伊西爲乎伊多는 '이슷하다(비슷하다)'로 해석되고, 甲豆斜羅에서 蘇는 藩의 오류라고 한다(방종현, 「한림별곡 주해」 『한글』 108, 1949 ; 정우영, 「경기체가 〈관동별곡〉의 국어사적 검토」 『구결연구』 18). 朱陳家世에서 朱陳은 朱氏와 陳氏로 그들이 살았다는 마을을 의미한다.

오, 설악雪嶽 동쪽 낙산洛山 서쪽 양양풍경襄陽風景이며, 강선정降仙亭과 상운
정祥雲亭은 남북으로 서로 바라보는데 자봉홍란紫鳳紅鸞을 기가騎駕한 가려佳
麗 신선神仙이여 아! 다투어 주현朱絃을 연주하는 광경이 어떠한가, 고양주도
高陽酒徒의 습가習家 지관池館과 같은 곳에서 아! 사절四節에 노니십시다

삼한예의三韓禮義 천고풍류千古風流의 임영고읍臨瀛古邑에서 경포대鏡浦臺
와 한송정寒松亭의 명월明月 청풍淸風, 해당海棠 길, 연꽃 연못이여, 춘추가절春
秋佳節에 아! 유상遊賞하는 광경이 어떠하니잇고, 등명루燈明樓 위에서 오경五
更(새벽 5시 무렵) 종鍾친 후 아! 일출日出하는 광경이 어떠한가

오십천五十川 죽서루竹西樓(삼척)의 서촌팔경西村八景, 취운루翠雲樓(울진)
와 월송정越松亭(평해)의 십리청송十里靑松이여 옥적玉篴을 불고 요금瑤琴을
연주하고 청가淸歌 완무緩舞하며 아! 가빈佳賓을 영송迎送하는 광경이 어떠한
가, 망사정望槎亭(평해) 위에서 보니 창파만리滄波萬里인데 아! 구이조鷗伊鳥
(갈매기)가 반갑구나

강江 십리十里에 절벽이 천층千層으로 병풍처럼 두르고 물이 거울처럼
맑은데 풍암風巖에 의지하고 수혈水穴에 임臨한 비룡정飛龍頂 위에 녹의주綠蟻
酒를 기울이는데 빙봉氷峯이 솟아 유월六月에도 청풍淸風이 불어 피서避暑하
는 광경이 어떠한가, 주진朱陳 가세家世와 무릉武陵 풍물風物이여 아! 자손에게
전하는 광경이 어떠한가

안축의 「관동별곡」은 관동의 병마영이 있는 등주(화주)에서 출발해 해안
을 따라 순찰하며 학성鶴城 동쪽 원수대元帥臺(등주 학포현)와 천도穿島(흡곡
현)·국도國島(등주 학포현), 통주 총석정叢石亭·금란굴金幱窟·전도암顚倒巖·사
선봉四仙峯·아야족我也足·석암회石巖回, 고성의 삼일포三日浦 사선정四仙亭 미륵
당彌勒堂 안상저安祥渚 삼십육봉三十六峯, 간성의 선유담仙遊潭 영랑호永郎湖, 설
악雪嶽 동쪽 낙산洛山 서쪽의 양양襄陽 풍경風景과 강선정降仙亭과 상운정祥雲亭,
임영고읍臨瀛古邑(강릉)의 경포대鏡浦臺와 한송정寒松亭과 등명루燈明樓(등명사
루), 삼척현의 오십천五十川 죽서루竹西樓, 울진의 취운루翠雲樓, 평해의 월송정
越松亭과 망사정望槎亭, 그리고 정선의 풍암風巖과 수혈水穴 등을 유람해 그
경관을 찬미한 것이었다. 총석정叢石亭·금란굴金幱窟의 삼천도객三千徒客, 삼일

포 술랑도述郞徒의 육자단서六字丹書, 양양 강선정降仙亭과 상운정祥雲亭의 가려
佳麗 신선神仙을 거론한 것은 사선四仙 설화에 기반한 것이었다. 그는 관동에서
경관이 빼어나고 신선 등 종교설화가 깃든 곳을 방문했는데, 강릉도 존무사
로서 주로 해안을 따라 순찰하며 구경한 곳이 대상이었으므로 관동의 절경을
망라한 것은 아니었다. 이 노래에는 금강산도 포함되지 않았는데 그가 금강
산을 구경해 시를 남겼지만 내금강을 유람한 것은 아니어서 금강산의 진면목
을 보지 못했기 때문이었다. 정선은 태백산맥의 서쪽에 걸쳐 있어 관동으로
보기에 애매한 곳이지만 당시 행정구역상 동북면 내지 강릉도에 포함되어
있어 그의 순찰 대상이었기 때문에 들어간 것이었다. 그의 「관동별곡」은
훗날 관동 곡조의 모델로 작용하며 조선시대 관동팔경 형성에 영향을 미친다.

3. 관동 경관의 생태적 특징

관동지역은 태백산맥 동쪽에 남북으로 길게 형성된 곳이라서 남쪽 일대와
북쪽 일대가, 산지 일대와 해안 일대가 서로 기후와 환경의 차이가 많이
난다. 고려중기 인물인 권적權適이 풍악楓岳으로 가는 안선로安禪老를 전송하
면서 시를 읊기를, "강릉은 날이 따뜻해 꽃이 초발初發하지만 풍악은 날씨가
추워 눈이 아직 녹지 않았으리, 도리어 상인上人의 산수山水 벽癖을 웃나니,
능히 거처를 따라 소요逍遙하지 못함을"이라고 했다.[100] 권적이 예종말~인종
대에 강릉에서 풍악(금강산)으로 가는 안선로安禪老를 전송했던 것인데 초봄
에 강릉은 날씨가 따뜻해 꽃이 피기 시작한 반면 풍악(금강산)은 아직 추워
눈이 녹지 않았을 것이라 했다. 조선초『동국여지승람』에 따르면 설악雪嶽은
부府(양양부) 서북 50리에 있고 진산鎭山인데 지극히 고준高峻해 중추仲秋에
눈이 내리기 시작해 여름에 이르러야 녹기 때문에 그렇게 이름했다고 했는

---

100)『보한집』상권.

데,101) 설악산의 이러한 기후는 고려시대에도 그러했을 것이다.

강릉 대관령에 대해, 김극기金克己가 권적權迪(權適) 시에 차운하기를, "대관산大關山이 해동海東에 고벽高碧하고 만학萬壑에서 유출流出해 천봉千峯을 둘러싸네, … 가을에 서리는 기러기가 지나가기 전에 내리고 새벽에 해(태양)는 닭이 처음 우는 곳에 생겨나네, 절벽絶壁 홍하紅霞는 낮에서 밤으로 이어지고 유애幽崖 흑무黑霧는 음陰했다가 청청淸晴하네(개네)"라고 했다.102) 오대산의 대관령 일대는 날씨가 변화무쌍하고 추위가 일찍 찾아온다는 것인데 태백산맥 산간지대의 날씨가 대개 그러했다고 볼 수 있다. 이색이 강릉에 대해 읊기를, "땅이 부상扶桑에 가까워 하늘이 쉽게(빨리) 밝고 산이 장백長白(백두산)과 이어져 여름에도 춥네"라고 했는데,103) 강릉의 대관령과 오대산 지역은 여름에도 기후가 싸늘했던 것이다. 횡계역橫溪驛은 조선초기 『동국여지승람』에 따르면 대령大嶺(대관령) 위에 있고 부府(강릉부) 치소에서의 거리가 60리里인데 땅이 지극히 고상高爽해 겨울마다 눈이 쌓여 깊이가 수장數丈이고 3월에 녹기 시작하며 8월에 서리가 내려 거주하는 사람이 오직 구맥瞿麥을 심는다고 했는데104) 고려시대에도 그러했을 것이다. 정추鄭樞가 강릉 횡계역橫溪驛에 대해 읊기를, "일오日午에도 계정溪亭은 음기陰氣가 응결하고 사시四時마다 청녀靑女(서리)가 위릉威稜을 부리네, 산목山木이 봄인데도 잎이 없음이 괴이한데 사람이 말하기를 가지 끝에 밤마다 얼음이 언다고 하네"라고 했다. 권적權迪이 진부역珍富驛에 대해 읊기를, "고역古驛 이름이 진부珍富인데 진부珍富라 이름한 뜻이 무엇인가, 눈[雪]이 산에 쌓이니 옥玉이 가득 하고 류柳가 떠니 길에 금金(황금)이 많네"라고 했다.105) 대관령에 위치한 횡계역은 사시

101) 『신증동국여지승람』 양양부 산천. 한편 所冬羅嶺은 府(양양부) 서쪽 六十里에 있어 重巒疊嶂해 地勢가 險阻한데 舊에 路가 있어 京師와 통했지만 今廢라고 했다.
102) 『신증동국여지승람』 권44, 강릉 산천. 金克己次權迪詩.
103) 『신증동국여지승람』 권44, 강릉 題詠. 李穡詩.
104) 『신증동국여지승람』 권44, 강릉 驛院, 橫溪驛.
105) 『신증동국여지승람』 강릉 驛院, 橫溪驛 鄭樞詩 및 珍富驛 權迪詩 ; 『圓齋先生文稿』 상권 「題江陵橫溪驛」; 『보한집』 중권 권적 시.

510

사철에 서리가 내리고 봄이 늦게 찾아왔던 것이며, 이에 가까운 진부역 일대도 높은 곳에는 봄이 시작되어도 눈이 쌓인 반면 아래 쪽에는 버드나무 꽃이 황금색으로 피었던 것이다.

정선은 동북면에 속하면서도 태백산맥 서쪽 고원지대에 위치해 척박하고 한랭했다. 곽충룡郭狪龍(고려말기 인물)이 정선에 대해 읊기를 "백곡百曲 유천流川은 바다에 조조朝하기에 멀고 천층千層 절벽絶壁은 하늘에 기대어 가로질렀네"라고 했다.106) 정선 봉서루鳳棲樓(객관客館 북쪽에 위치함)에 대해 안축安軸이 읊기를, "준판峻坂을 굽이돌며 질어叱馭해 행행行하니 상마桑麻 십리十里가 황성荒城이네, 불모不毛 석치石齒에 규전圭田이 적고 측족側足 산허리에 선로線路가 가로지르네, … 풍암風巖과 수혈水穴은 인세人世가 아니어서 진흔塵痕을 다 씻어 골골骨이 이미 맑네"라고 했고, 허소유許少由가 읊기를 "땅이 궁벽하니 누가 능히 취차取次해 가리오마는 말을 몰아 달려 여러 날 걸려 강성江城에 도착했네, 견아犬牙같은 당로當路는 고단高丹(고단역)과 멀고 아대娥黛같은 부공浮空은 태백太白(태백산)이 가로질렀네, … 토양이 메마르고 부부賦가 무거워 두루 유망流亡하니 집에서 석밀청石蜜淸을 추출하는 것을 차마 보리오"라고 했다.107) 정선에 대해 안축이 읊기를 "은사隱士가 우경耦耕하니 '걸닉桀溺'인가 의심하고 산선散仙이 내과來過하니 '경상庚桑'인가 하네, 지대가 높아 서리가 일찍 내려 추화秋禾가 짧고 동洞이 밀密하고 음陰이 깊어 하목夏木이 길다랗네", "동洞이 끊기고 애崖가 무너져 가기 쉽지 않은데 구름속 위등危磴에 들어가 고성孤城에 접하네, 촌촌村을 감싸안은 필련匹練과 같은 한강寒江이 돌고 격안隔岸 층붕層棚은 취악翠嶽이 가로지르네, 금각琴閣의 정政이 관대해 애愛가 있음을 알고 송정訟庭의 사사詞가 졸졸拙하여 정정情이 없을까 두렵네, 나는 오자 빨리 서정西亭으로 달려가니 보기 좋게도 윤의淪漪가 거울 면面처럼 맑네"라고 했다.108) 정선에 대해 고려 한철충韓哲冲(고려말 인물)이 읊기를 "벼랑을

---

106) 『신증동국여지승람』 정선 形勝.
107) 『신증동국여지승람』 정선 樓亭 鳳棲樓. 安軸 詩 및 前人(許少由) 詩. 高丹驛은 강릉과 정선의 교차점에 위치한 역이었으니, 허소유는 강릉에서 고단역을 거쳐 정선으로 진입한 것으로 판단된다..

따라 은견隱見해 미행微行하니 고읍古邑이 산을 의지하고 산이 성城을 만들고, 메마른 자갈땅 석전石田은 눈[雪]을 일찍 맞이하고 험준한 송등松磴은 구름 속으로 가로질렀네"라고 했다.[109] 정선은 태백산맥 산간지대의 특징을 지녀 대개 험준하고 척박하고 한랭했던 것이다.

이제현은 강릉도江陵道 박안집朴安集과 고별告別하며 지은 시에서, "노로路는 교타굴蛟鼉窟을 굽어보고 산은 시호豺虎 무리에 이웃하네, 진흙을 이겨 만든 염분鹽盆에 백랑白浪을 끓여 소금 만들고 불을 질러 개간한 화전은 창운蒼雲을 띠네, 이 지역은 주主가 되기 힘든데 금년에 다행히 그대를 얻었네, 유민遺民이 아직도 눈물 흘리며 신장군愼將軍 피살을 원통해 하네"라고 했다.[110] 강릉도 즉 동계는 산간지대에는 화전火田 농사가, 해안지역에는 소금 제작이 발달했음을 알려준다.

임춘이 관동을 유람해 명주溟州 남령南嶺에 올라 북쪽으로 해반海畔으로 나가니 소성小城이 있어 '동산洞山'이라 했는데 인민취락人民聚落이 소연蕭然해 심히 궁벽했다. 그 성城에 올라 조망하니 저녁 무렵 어둡고 아득한데 길 옆 어사漁舍에 등화燈火 은현隱顯해 사람으로 하여금 회향거국懷鄕去國해 처연히 감극感極해 슬퍼지도록 하는 것이 있었다. 밤에 전사傳舍에 숙박했는데, 벽壁에 기대어 위좌危坐하니 강성江聲이 굉굉해 그치지 않고 천둥과 번개가 쳐서 사람의 모발毛髮을 서게 했다. 그래서 제시題詩하기를, "거민居民이 적막해 절반이 명도溟濤(바다 파도)에 있고 백장百丈 봉두峰頭에 고운 초譙(초루譙樓 : 망루)가 꽂혔네, 범영帆影이 가벼이 날아 어시魚市가 트이고 낭화浪花가 다투어 축蹙해 해문海門이 아득하네, 정안征鞍이 황혼월黃昏月을 냉대冷帶하고 객침客枕이 반야半夜 동안 조潮로 빈번히 시끄럽네, 오강정吳江亭 위 조망에

---

108) 『신증동국여지승람』 정선 題詠. 安軸詩·前人(安軸)詩. 桀溺과 庚桑은 중국의 은자였다.
109) 『신증동국여지승람』 정선 題詠, 高麗 韓哲冲 詩.
110) 『益齋亂稿』 권4, 詩, 「江陵道朴安集告別」. "路俯蛟鼉窟 山隣豺虎群, 和泥煮白浪 帶燒墾蒼雲, 此地難爲主 今年幸得君, 遺民尙流涕 恨殺愼將軍". 江陵道 朴安集은 강릉도안집사 朴淑으로 여겨진다. 愼將軍은 몽고군 침략 때 주민을 데리고 竹島에 피난했다가 趙暉와 卓靑 등에 의해 살해된 愼執平을 가리킨다. 이제현의 이 시는 『동국여지승람』 강릉 풍속에 "和泥煮白浪 帶燒墾蒼雲"으로 실려 있다.

못지않아 단풍丹楓과 녹귤綠橘이 장교長橋에 비추네"라고 했다.111) 동산洞山(강릉과 양양 사이에 위치)은 궁벽한 고을이었는데, 사람들 절반이 어로하러 바다에 나가고 어선이 돌아오면 어시魚市가 열렸을 정도로 어업에 많이 종사했다. 이 고을에 녹귤綠橘이 있는 것으로 묘사되었으니 날씨가 온난해 귤나무가 자라 열매가 열리기도 했던 것 같다.

임춘이 익령翼嶺(양양) 도중에 시를 짓기를, "만리萬里 동오지東吳地로 가고 가서 수애水涯에 들어가니, 산천이 승지勝地가 많고 풍속이 화華와 통하지 않네, 유계幽薊 봉강封疆이 멀고 방심房心(방수房宿와 심수心宿) 분야分野가 머네, 새벽에 가서 해시海市를 관람하고 포晡(해질녘)에 어가漁家에서 먹고 묵네, 말이 여위어 채찍을 많이 소모하고 봉峯이 많아 길[路]이 다시 아득하네, 천형天形이 거야巨野를 두르고 성세城勢가 포사襃斜를 베개 삼네, 험준을 타넘으며 비탈[坂]에 임臨함을 생각하고 위태를 타니 뗏목[槎]에 접하는 듯하네, 노루가 잠자며 밀록密麓에 웅크리고 새[鳥] 자취가 평사平沙에 도장처럼 찍혀 있네, 구름이 끊어져 산이 횡대橫黛하고 바람이 뒤집으니 물결이 추화皺花하네, 한림寒林에 처음으로 낙엽이 떨어지고 낙일落日에 어둠 속에 노을을 피우네, 유乳가 생겨나는 애崖는 혈穴이 많고 조潮가 뚫은 석石은 저절로 우묵하네, 황혼에 호시虎兕와 노닐고 대낮에 사슴과 조우하네, 누관樓觀이 오정鼇頂에 당當하고 교기郊圻가 견아犬牙와 접하네, 풍년에 신귀神鬼에 제사하고 진산珍産에 어하魚鰕가 풍부하네, 얕은 물에 추운 오리가 뜨고 그윽한 숲에 저녁 갈까마귀가 지저귀네, 요사妖祠에서 초무楚舞를 헌정하고 고수孤戍에 호가胡笳를 부네, 역역役役히 사향思鄕해 꿈꾸고 아득히 실로失路해 탄식하네"라고 했다.112) 익령(양주) 일대는 바다에 접해 해산물이 풍부하고 어촌과 해시海市가 발달했음을 알려준다.

---

111) 『서하집』 권5 및 『동문선』 권65, 東行記(임춘). 綠橘은 靑橘과 같은 종류가 아닌가 한다.

112) 『서하집』 권3, 翼嶺途中口占. 임춘은 翼嶺으로 부임하는 咸淳을 전송하는 서문을 지었으니(『서하집』 권5 및 『동문선』 권83, 送咸淳赴翼嶺序), 그의 관동 유람은 친우 咸淳의 익령 근무와 연관이 있었을 것이다.

이곡은 「동유기東遊記」에서 통주通州부터 고성高城까지 150여리餘里는 실로 풍악楓岳(금강산)의 배背(등)인데 그 산은 참암험절嶄嚴險絶해 사람들이 '외산外山'(외금강)이라 일컫는다며, 대개 내산內山(내금강)과 기괴奇怪를 다투며 그 동남에 유점사楡岾寺가 있다고 했다.[113] 고성高城에 대해 정추鄭樞가 읊기를 "공관空館이 빛나 잠들지 못하고 호광湖光이 밤새도록 밝네, 신하晨霞(새벽놀)가 원수遠水에서 생겨나고 욱일旭日이 동영東瀛에 떠오르네"라 했다. 고성에 대해 안축安軸이 읊기를, "해교海嶠에 혼음昏陰이 걷히고 촌허村墟에 제경霽景이 밝네, … 눈[雪] 속에 태암苔巖이 수수瘦하고 바람 앞에 맥롱麥壟이 평평하네, 조폐凋弊를 누차 겪은 읍邑이어서 민생民生을 구제할 술책이 없네"라 했고, 또한 그가 읊기를 "권유倦遊하느라 남북로南北路가 아득하고 내왕來往이 사梭(북)처럼 어찌 바쁜가. … 늙은 갈까마귀가 촌수村樹에 앉고 추연秋煙이 담淡하며, 수마瘦馬는 하제河堤에 있고 모초暮草가 누렇네, 폐군弊郡 잔민殘民은 진실로 가여워라 일년一年 생리生理인 농상農桑을 망쳤네"라고 했다.[114] 고성은 보리 농사를 많이 지었고 조폐凋弊를 누차 겪었음을 알 수 있다. 이첨李詹이 홍무洪武 4년(1371, 공민왕 20)에 지주사知州事로서 통주通州에 상평보常平寶를 세워 흉년에 대비했는데 그가 찬술한 「상평보기常平寶記」에 통주는 그 땅이 척로斥鹵해 농사를 지어도 굶주림을 면하기 어려워서 그 민民이 오직 어염漁鹽의 리利를 무역貿易하여 먹고 산다고 했다.[115] 통주(통천) 사람들은 농업보다 물고기와 소금으로써 교역해 생활했다는 것이다. 고성은 조선초기 『동국여지승람』에 따르면 마麻를 심어 방적紡績하지 않고 노(줄)를 꼬아 그물을 만들어 포어捕魚함을 업業으로 삼는다고 했는데,[116] 고려시대에도 통주처럼 어업을 주로 했을 것이다.

안축(혹은 이인복)이 강릉에 대해 읊기를, "직기織機하는 깊은 거리에는

---

113) 『가정집』 권5 및 『동문선』 권71, 「東遊記」(이곡). 『신증동국여지승람』 고성 산천에 따르면, 金剛山은 郡(고성) 서쪽 58里에 있고 淮陽 편에 상세히 보인다고 했다.
114) 『신증동국여지승람』 권45, 高城 「題詠」, 鄭樞 詩·安軸 詩·前人(안축) 詩.
115) 『신증동국여지승람』 권45, 통천군 名宦 및 풍속.
116) 『신증동국여지승람』 권45, 高城 풍속.

삼경三更에도 불 밝히고 어정漁艇은 창파蒼波에 만고萬古 연연(안개)이네"라고 했다.117) 『동국여지승람』에 따르면 강릉 낙풍역樂豊驛은 우계현羽溪縣 동쪽 5리里에 있는데, 정추鄭樞가 읊기를 "명사鳴沙에 말[馬] 가는 대로 느릿느릿 돌아가고 계풍溪風이 비를 불어 정의征衣를 적시네, 정亭 앞 유수流水는 바다에 멀지 않고 산 아래 두전豆田에 묘정苗正이 드무네"라고 했다.118) 강릉과 우계는 어로와 콩농사에 많이 종사했음을 시사한다.

『동국여지승람』에 따르면 삼척 교가역交柯驛은 부남府南 25리里에 있는데, 정추鄭樞가 읊기를 "사모紗帽를 봉두蓬頭에 눌러썼는데 정亭 앞 벽류碧流에 비치고, 수광水光은 산에 비 오려 하고 야색野色은 맥麥이 가을보다 앞서려 하네, 노마怒馬(駑馬)는 나이가 아직 장壯하고 정홍征鴻은 저물어도 쉬지 않네, 호탕浩蕩한 파도에 자유로워 누가 사구沙鷗를 길들일 수 있으리오"라고 했다.119) 삼척에서 보리농사를 많이 지었음을 알려준다.

삼척에서 「의산촌사依山村舍」(산에 의지한 촌사村舍)를 주제로 안축安軸이 읊기를 "산 옆 연화煙火는 고촌孤村을 베개삼고 죽竹 아래 붉은 삽살개는 누워 문을 지키네, 농사 힘쓰는 전부田夫는 모두 날[日]을 아껴 별[星]을 이고 복역服役해 어둠을 타서 돌아오네"라 했고, 이곡李穀이 읊기를 "강상江上 청산青山 산하촌山下村에 대평大平 연화煙火가 피어오르고 관문關門하지 않네, 거민居民이 어찌 강산江山 좋음을 알겠는가, 새벽 일찍 일어나 영생營生하고 저물 때까지 일하네"라고 했다.120) 「우배목동牛背牧童」(소 등에 탄 목동)을 주제로 안축이 읊기를, "공중을 우러러 피리불며 유쾌하게 헌미軒眉하고 소 등에 탄 몸은 정강이를 가리는 옷이 없네"라 했고, 이곡이 읊기를 "거가渠家 자매姊妹는 예쁜 눈썹이 있고 밤에 길쌈[績]을 신근辛勤하게 하며 가의嫁衣(혼례복)를

---

117) 『근재집』 권1, 「次臨瀛公館東軒詩韻」(안축) ; 『신증동국여지승람』 권44, 강릉 題詠, 李仁復詩.

118) 『신증동국여지승람』 권44, 강릉 역원, 樂豊驛. 鄭樞 詩.

119) 『신증동국여지승람』 권44, 삼척 역원, 交柯驛. 鄭樞詩 ; 『圓齋先生文稿』 상권 「題交柯驛」.

120) 『신증동국여지승람』 권44, 삼척 題詠 八景, 安軸 詩·李穀 詩. 한편 「依山村舍」를 주제로 李達衷은 "村舍依山山繞村 山前小徑接衡門, 波鳴石齒江流白 風過桑顚雨氣昏"라고 읊었다.

만드네, 사랑스럽게도 너(목동)는 본디[生來] 염려가 없어 도롱이를 입고 피리불며 소를 타서 돌아오는구나"라 했다.[121] 「농두엽부蘿頭饁婦」(이랑의 들밥 여인)를 주제로 안축이 읊기를 "부婦(아내)는 농찬農餐을 갖추고 자신은 먹지 않고 새벽이 오자 마음이 하휴夏畦 사이에 있네, 농두蘿頭로 일오日午에 가기를 재촉해 농부農夫(농부 남편)에게 먹이고 신보信步해 돌아오네"라고 했고, 이곡이 읊기를 "상사相思해 또다시 가찬加餐하기 권하나니 세간世間에서 부婦(아내)는 향餉하고 부夫(남편)는 경耕하네, 색色으로써 사인事人하다가 많이 버림받고 얼굴의 화려함은 한번 떠나가면 돌아온 적이 없다네"라 했고, 이달충李達衷이 읊기를 "부부夫婦는 신근辛勤해 소찬素餐하지(놀고먹지) 않고 경耕(농부 남편)을 먹이느라 초래草萊 사이에 둘러앉았네, 추확秋穫에 마음이 쓰여 서로 이야기하기를 바라건대 흠액欠額 년조年租를 갚을 수 있었으면"이라고 했다.[122] 삼척 농부는 농사짓느라 새벽에 나가서 어두워져야 돌아왔고 그 아내는 점심을 마련해 가지고 가서 그 남편을 먹였고 또한 여인들은 길쌈을 했는데 다른 고을의 경우도 비슷했을 것이다.

유람기록을 통해 관동지역이 땅은 대개 척박하고 보리와 콩 등을 주로 재배했음을 시사받고 동북면에 속하면서 태백산맥 서쪽인 정선은 특히 척박했음을 알 수 있는데, 단편적인 서술이라는 한계가 있다. 조선초기에 기록된 『세종실록』 지리지의 도움을 받아보기로 하자.

동북면 남부에 해당하는 지역의 경우, 『세종실록』 지리지에 따르면, 평해는 토土가 비척肥塉(비옥과 척박)이 서로 절반이고 풍기風氣가 난暖(온난)하고 속俗이 해착海錯(해산물)을 업業으로 하고 간전墾田이 940결結(수전水田이 2분의 1 넘음)이고, 토의土宜는 오곡五穀과 상桑(뽕)·마麻(삼)·리梨(배)·율栗(밤)·석류石榴·저楮(닥나무)·완莞(왕골)·시柿(감)이고, 토공土貢은 봉밀蜂蜜·황랍黃蠟·호도胡桃·지초芝草·상곽常藿(미역)·오배자五倍子·칠칠漆(옻)·석용石茸(석이버섯)·수어水魚·대구어大口魚·문어文魚·전포全鮑(전복)·홍합紅蛤·녹포鹿脯·호피

---

121) 『신증동국여지승람』 삼척 題詠 팔경. 安軸 詩·李穀 詩.
122) 『신증동국여지승람』 삼척 題詠 팔경. 安軸詩·李穀詩·李達衷詩.

狐皮·리피狸皮·해달피海獺皮·장피獐皮이고, 약재藥材는 오미자五味子·인삼人蔘· 당귀當歸·전호前胡(바디나물 뿌리)·백급白芨·복령茯苓·올눌제膃肭臍(해구신海 狗腎)이고, 토산土産은 소탕篠簜(조릿대와 왕대)이고, 염분鹽盆은 46이었다.[123] 울진은 토土가 비척肥塉 서로 절반이고 속俗이 해착海錯을 업業으로 하고, 간전墾田은 1351결(수전水田이 3분의 1)이고, 토의土宜는 오곡五穀과 상桑·마麻· 시柿·율栗·리梨·저楮이고, 토공土貢은 봉밀蜂蜜·황랍黃蠟·철철鐵·호도胡桃·석용石 茸(석이)·오배자五倍子·천초川椒·곽곽(미역)·칠칠漆·녹포鹿脯·호피狐皮·리피狸皮 ·장피獐皮·호피虎皮·저모猪毛·대구어大口魚·문어文魚·수어水魚·전포全鮑·홍합 紅蛤이고, 약재藥材는 복령茯苓·당귀當歸·전호前胡·백급白芨(자란紫蘭 뿌리)·오 미자五味子·인삼人蔘이고, 토산土産은 소탕篠簜이고, 염분鹽盆은 61이고, 자기소 磁器所는 1인데 현縣 북쪽 10리里 신곡리薪谷里에 있고 도기소陶器所는 1인데 현縣 북쪽 12리 감대리甘大里에 있는데 모두 품하品下였다.[124] 삼척은 토土가 척박하고 풍기風氣가 난暖(온난)하고 속俗에 해착海錯을 업業으로 삼고, 간전墾 田은 1998결結이고(수전水田은 8분의 1이 넘음), 토의土宜는 오곡五穀과 상桑·마 麻·저苧·완莞·시柿·율栗·리梨·목과木瓜·저楮·칠漆이고, 토공土貢은 봉밀蜂蜜·황 랍黃蠟·송자松子·정철正鐵·오배자五倍子·천초川椒·호도胡桃·지초芝草·석용石茸 (석이)·자단향紫檀香·녹포鹿脯·호피狐皮·리피狸皮·장피獐皮·웅모熊毛·저모猪毛 ·문어文魚·대구어大口魚·연어年魚·사어沙魚·수어水魚·전포全鮑·홍합紅蛤·곽곽 (미역)이고, 약재藥材는 당귀當歸·전호前胡(바디나물)·인삼人蔘·견우자牽牛子· 백급白芨·백화사白花蛇(최량最良 품질)·달담獺膽·녹각교鹿角膠·안식향安息香·석 결명石決明·오미자五味子이고, 토산土産으로 소탕篠簜이 있고, 사철沙鐵은 부府 동쪽 6리 포정浦汀에서 산출되고 백석白石은 부府 서쪽 22리쯤의 고천산古川山 에서 산출되는데 옥玉과 유사하고(흠이 있어 쓰지 않음), 염분鹽盆은 40이고, 도기소陶器所는 1인데 부府 북쪽 니리상동泥里上洞에 있었다(품하品下).[125] 강릉

---

123) 『세종실록』 지리지 평해군.
124) 『세종실록』 지리지 울진현.
125) 『세종실록』 지리지 삼척도호부.

은 토土가 많이 척박하고 간전墾田이 5766결結(수전水田은 6분의 2에 미치지 못함)이고, 토의土宜는 오곡五穀과 상桑·마麻·완莞·저苧(모시)·시枾(감)·율栗·목과木瓜·저楮(닥나무)·칠漆(옻)이고, 토공土貢은 봉밀蜂蜜·황랍黃蠟·정철正鐵·송자松子·호도胡桃·오배자吾倍子·곽藿(미역)·지초芝草·백단향白檀香·석용石茸(석이)·녹포鹿脯·호피狐皮·리피狸皮·장피獐皮·초피貂皮·문어文魚·수어水魚·대구어大口魚·사어沙魚·전포全鮑·홍합紅蛤이고, 약재藥材는 인삼人蔘·오미자五味子·당귀當歸·진구蓁艽·목단피牧丹皮·복신茯神·백급白芨·백화사白花蛇·백교향白膠香·안식향安息香·궁궁芎藭·석고石膏·석위石韋·웅담熊膽이고, 토산土産은 소탕篠蕩이고, 염분鹽盆은 23이고 연곡連谷 염분鹽盆은 5이고 우계羽溪 염분鹽盆은 20이고, 자기소磁器所는 1인데 부府 서쪽 보현촌普賢村에 있고, 도기소陶器所는 2인데 하나는 부府 서남 궤장촌机杖村에 있고 하나는 우계현羽溪縣 남쪽 마류사瑪瑠寺 동동洞에 있는데 모두 하품下品이었다.[126]

평해, 울진, 삼척은 기후가 온난했는데 삼척도 태백산 일대는 온난하지 않았다. 강릉은 기후가 바다 방면은 삼척과 비슷하게 온난했을 것이고 대관령과 오대산 방면은 한랭했을 것이다. 평해와 울진은 토양이 비옥과 척박이 절반씩이고 수전水田의 비중이 꽤 되었지만 간전墾田 즉 경작하는 토지가 매우 적었다. 삼척과 강릉은 토양이 척박하고 수전水田의 비중이 낮았으며, 간전墾田이 삼척의 경우 울진보다 조금 많은 정도에 불과하고 강릉의 경우 꽤 많은 편이었다. 평해, 울진, 삼척, 강릉 일대는 오곡 이외에도 산진山地에서 꿀·밀랍·짐승가죽·인삼 등이, 바다에서 미역·소금과 각종 물고기 등 해산물이 생산되었다.

정선은 동북면에 속하지만 태백산맥 서쪽에 위치해 태백산맥 동쪽의 삼척과 대비된다. 『세종실록』지리지에 따르면, 정선은 토土가 척박하고 풍기風氣가 많이 한랭하고 간전墾田은 1005결結(수전水田은 단지 1결結)이고, 토의土宜는 서黍(기장)·직稷(기장)·속粟(조)·두豆(콩)·맥麥(보리)·상桑·마麻·리梨·율栗·칠漆이고, 토공土貢은 자단향紫檀香·백단향白檀香·황랍黃蠟·봉밀蜂蜜

---

126)『세종실록』지리지 강릉대도호부.

518

·오배자五倍子·석용石茸(석이)·정철正鐵·지초芝草·칠漆·녹포鹿脯·장피獐皮·호피狐皮·리피狸皮·수달피水獺皮·저모猪毛·웅모熊毛이고, 약재藥材는 인삼人蔘·백급白芨·당귀當歸·람藍(쪽)·칠漆·궁궁芎藭·복령茯苓·안식향安息香·백교향白膠香·오미자五味子·영양각羚羊角·백화사白花蛇·녹각교鹿角膠·단유獺油이고, 토산土産으로 금金은 군郡 동쪽 30리 마주천馬周川 및 미천米川에서 산출되고, 석철石鐵은 군郡 남쪽 50리 쯤 능전산동能箭山洞에서 산출되고, 석종유石鍾乳는 군郡 서쪽 15리 쯤 모마어리毛亇於里 북산北山 석굴石窟에서 산출되고(옥玉과 유사함), 청석靑石은 군郡 서쪽 20리 쯤 벽파산동碧波山洞에서 산출되고(벼루를 만듦), 송이松茸와 산개山芥(백출白朮)도 있었다.127) 정선은 삼척과 위도가 비슷하지만 태백산맥 동쪽의 삼척과 달리 한랭하고 훨씬 더 척박하고 수전水田과 벼는 거의 없었다.

동북면 북부지역의 경우, 『세종실록』 지리지 기록에 따르면, 양양(양주)은 명산名山 설악雪嶽(부부 서쪽에 위치하고 신라 때 소사小祀였음)과 동해신東海神 사당祠堂(부부 동쪽에 위치하고 춘추春秋에 향축香祝을 내려보내 중사中祀로 제사지냄)을 지녔고, 그 토土는 많이 척박하고, 풍속은 해착海錯을 업業으로 하고, 간전墾田은 1833결結(수전水田은 5분의 2가 넘음)이고, 토의土宜는 오곡五穀과 상桑·마麻·완莞·시柹(감)·리梨·율栗·저猪(돼지)·칠漆이고, 토공土貢은 봉밀蜂蜜·황랍黃蠟·송자松子·호도胡桃·오배자五倍子·지초芝草·석용石茸(석이)·호피狐皮·리피狸皮·장피獐皮·대구어大口魚·문어文魚·사어沙魚·연어年魚·전포全鮑(전복)·홍합紅蛤·수어水魚·상곽常藿·석석席·정철正鐵이고, 약재藥材는 인삼人蔘·오미자五味子·당귀當歸·복령茯苓·안식향安息香·진구蓁艽·궁궁芎藭·백화사白花蛇·웅담熊膽·방풍防風·백교향白膠香·백급白芨·목단피牧丹皮이고, 토산土産으로 소전小篠(가는 대나무)가 있고 석철石鐵이 부부 서쪽 10리 철굴산鐵掘山에서 생산되고, 염분鹽盆은 22이고 동산현洞山縣 염분鹽盆은 18이었다.128) 간성은 토土가

127) 『세종실록』 지리지 정선군. 風穴이 郡 南川邊 大陰山麓에 있는데 '風岩'이라 불리고 옆에 倚風亭이 있고 그 아래에 얼음을 두면 여름이 지나도 녹지 않으며, 그 옆에 또 水穴이 있어 南江水가 나뉘어 地中으로 들어간다고 한다.

128) 『세종실록지리지』 양양도호부. 양양 四境은 東으로 海口와의 거리가 7里이고, 南으로

척박하고 풍기風氣가 한랭하고, 풍속이 해착海錯을 업業으로 하고, 간전墾田은 1302결結(수전水田은 2분의 1이 넘음)이고, 토의土宜는 오곡五穀과 상桑·마麻· 리梨·율栗·저楮·완莞이고, 토공土貢은 봉밀蜂蜜·황랍黃蠟·토토(토끼)·정철正鐵· 오배자五倍子·호도胡桃·지초芝草·진용眞茸(진이)·칠漆·호피狐皮·리피狸皮·장 피獐皮·어피魚皮·저모猪毛·문어文魚·대구어大口魚·수어水魚·사어沙魚·연어年魚· 전포全鮑·홍합紅蛤·포갑鮑甲·곽곽(미역)·천초川椒이고, 약재藥材는 오미자五味 子·복령茯苓·당귀當歸·전호前胡·견우자牽牛子(나팔꽃씨)·경삼릉京三稜(매자 기)·곤포昆布(다시마)·백교향白膠香·백급白芨·백화사白花蛇·오어골烏魚骨이고, 토산土産으로 소탕篠簜(가는 대나무 및 왕대)과 송이松茸가 있고, 염분鹽盆은 17이고 열산烈山 염분鹽盆은 6이었다.[129] 고성은 토土가 척박하고 풍기風氣가 난暖(온난)하고 풍속이 해착海錯을 업業으로 하고, 간전墾田은 1316결結(수전水 田은 370결에 그침)이고, 토의土宜는 오곡五穀과 상桑·마麻·리梨·율栗·저楮·완莞 이고, 토공土貢은 봉밀蜂蜜·황랍黃蠟·정철正鐵·오배자五倍子·지초芝草·진용眞茸 (진이)·석용石茸(석이)·전호前胡·도桃(복숭아)·칠漆·호피狐皮·리피狸皮·수달 피水獺皮·산달피山獺皮·저모猪毛(돼지털)·웅모熊毛·대구어大口魚·문어文魚·연 어年魚·사어沙魚·수어水魚·홍합紅蛤·전포全鮑·포갑鮑甲·곽곽(미역)이고, 약재藥 材는 인삼人蔘·복령茯苓·당귀當歸·전호前胡·오미자五味子·견우자牽牛子·백교향 白膠香·백급白芨·곤포昆布·백석영白石英·오어골烏魚骨이고, 염분鹽盆은 12이고 안창安昌 염분鹽盆은 11이었다.[130] 통천(통주)은 토土가 척박하고, 풍기風氣가 난暖(온난)하고, 간전墾田이 1810결結(수전水田은 4분의 1에 미치지 못함)이고, 토의土宜는 오곡五穀과 상桑·마麻·완莞·시枾(감)·리梨(배)·율栗·저楮·칠漆이고,

---

江陵任內 連谷과의 거리가 50里이고, 西로 麟蹄와의 거리가 36里이고, 北으로 杆城과의 거리가 33里였다.

129) 『세종실록』지리지 간성군. 莫只羅山이 郡西에 있어 郡人이 鎭山으로 삼았다. 四境은 東으로 海口와의 거리가 6里이고, 西로 麟蹄任內 瑞和와의 거리가 42里이고, 南으로 襄陽과의 거리가 40里이고, 北으로 高城任內 安昌과의 거리가 48里였다.

130) 『세종실록』지리지 고성군. 四境은 東으로 海口와의 거리가 9里이고, 西로 淮陽任內 長楊縣과의 거리가 55里이고, 南으로 杆城任內 烈山과의 거리가 33里이고, 北으로 通川과의 거리가 22里였다. 楡岾寺가 있는데 郡西 金剛山에 위치했다.

토공土貢은 봉밀蜂蜜·황랍黃蠟·정철正鐵·상곽常藿(미역)·오배자五倍子·호도胡桃·지초芝草·진용眞茸(진이)·석용石茸(석이)·천초川椒·초피貂皮(담비가죽)·리피狸皮·장피獐皮·수달피水獺皮·산달피山獺皮·문어文魚·수어水魚·대구어大口魚·연어年魚·사어沙魚·전포全鮑·홍합紅蛤·포갑鮑甲·저모猪毛이고, 약재藥材는 인삼人蔘·오미자五味子·복령茯苓·전호前胡·당귀當歸·견우자牽牛子·경삼릉京三稜·백급白芨·백교향白膠香·백화사白花蛇·수포석水泡石이고, 염분鹽盆은 36이고, 도기소陶器所는 하나로 군郡 남쪽 15리 용공동龍貢洞에 있는데 품하품下였다.[131]

흡곡현은 토土가 척박하고, 풍기風氣가 난暖(온난)하고, 풍속이 해착海錯을 업業으로 하고, 간전墾田은 623결結(수전水田은 3분의 1이 넘음)이고, 토의土宜는 오곡五穀과 상桑·마麻·시柿·리梨·율栗·완荒·저楮·칠漆이고, 토공土貢은 봉밀蜂蜜·황랍黃蠟·정철正鐵·상곽常藿·오배자五倍子·진용眞茸(진이)·천초川椒·포갑鮑甲·리피狸皮·장피獐皮·웅피熊皮·수달피水獺皮·문어文魚·대구어大口魚·사어沙魚·수어水魚·전포全鮑·홍합紅蛤이고, 약재藥材는 인삼人蔘·오미자五味子·전호前胡·당귀當歸·백급白芨·백교향白膠香이고, 염분鹽盆은 3이고, 도기소陶器所는 하나로 현縣 서쪽 10리 대곡리大谷里에 있는데 품하품下였다.[132]

고성, 통천(통주), 흡곡은 기후가 온난했는데 바다에 기대어 있었기 때문이었다. 양양(양주)도 설악산 일대를 제외하면 온난했을 것이다. 간성은 기후가 춥다고 했는데 양양과 고성 사이에 낀 지역이라 의아해할 수 있다. 이는 간성이 금강산과 설악산을 연결하는 미시령(미시파령) 일대까지 서쪽으로 깊숙이 차지하고 있었기 때문에 나온 것이니 바다 방면은 온난했을 것이다. 양양, 간성, 고성, 통천, 흡곡은 토양이 척박하고 오곡을 생산하고 간전墾田이 많지 않았는데 특히 흡곡은 간전이 적었으며, 양양·간성·통천·흡곡은 수전水田의 비중이 어느 정도 차지한 반면 고성은 수전水田이 370결結에

---

131) 『세종실록』 지리지 통천군. 四境은 東으로 海口와의 거리가 7里이고, 西로 和川縣과의 거리가 29里이고, 南으로 高城과의 거리가 62里이고, 北으로 歙谷과의 거리가 10里였다.

132) 『세종실록』 지리지 흡곡현. 四境은 東으로 海口와의 거리가 2里이고, 西·北으로 咸吉道 安邊任內 派川縣과의 거리가 西로 20里, 北으로 7里이고, 南으로 通川과의 거리가 13里였다. 穿島는 縣東 13里에 있었다.

불과했으며, 이 고을들 산지山地에서 꿀·밀랍·짐승가죽·약재 등이, 바다에서 미역·소금과 각종 물고기 등 해산물이 생산되었다. 고성이 간전도 많지 않고 수전도 적은 것은 그 서쪽 일대는 외금강을, 동쪽 일대는 해금강을 이루었기 때문이다.

　회양(교주)은 행정적으로 동북면에 속하지 않았지만 지리적으로 관동에 속하는 부분이 많았고 금강산을 고성과 공유했으므로 살펴보자. 그 토土는 척박하고 풍기風氣는 한랭하고 간전墾田은 4586결結(수전水田은 7결에 그침)이고, 토의土宜는 서黍(기장)·직稷(기장)·속粟(조)·두豆(콩)·교蕎(메밀)·맥麥(보리)·상桑·마麻·율栗이고, 토공土貢은 봉밀蜂蜜·황랍黃蠟·칠漆·송자松子·오배자五倍子·정철正鐵·지초芝草·진용眞茸(진이)·석용石茸(석이)·호피狐皮·리피狸皮·수달피水獺皮·장피獐皮(노루가죽)·표미豹尾·저미猪尾·웅모熊毛이고, 약재藥材는 오미자五味子·복령茯苓·당귀當歸·진구蓁艽·전호前胡·궁궁芎藭·견우자牽牛子·백급白芨·백교향白膠香·안식향安息香·목적木賊·자석磁石·담膽·영양각羚羊角·수유酥油·공청空靑·인삼人蔘이고, 토산土産은 금金이 부府 동쪽 30리 보리진菩堤津 천변川邊 및 부府 북쪽 5리의 임계사臨溪寺 아래 천변川邊에서 생산되고 도기소陶器所는 하나로 부府 동쪽 옹리瓮里에 있는데 하품下品이었다.[133] 고성은 바다에 접하고 금강산의 일부인 외금강을 차지한 반면 회양(교주)은 금강산의 내금강 일대를 차지해 날씨가 한랭하다고 표현되었다. 회양은 간전墾田이 많은 편이었지만 수전水田은 7결에 그쳐 벼 생산은 미미해 토의土宜는 기장·조·콩·메밀·보리였으며, 바다가 없고 산지가 발달했으므로 산지山地에서 꿀·밀랍·짐승가죽·약재 등이 많이 생산되었다.

---

133)『세종실록』지리지 회양도호부(交州). 金剛山이 있는데 長楊縣 동쪽 30리쯤에 위치하고 一云 '楓岳'이라 하고 혹은 '皆骨'이라 칭하는데, 海東山水가 천하에 이름났거늘 이 산은 千峯雪立하고 高峻奇絶해 또 冠이 되며, 또한 佛書에 曇無竭菩薩이 거주한다는 說이 있어 세상에서 人間淨土라 여기며, 諺傳에 中國人 역시 이르기를, "願生高麗國親見之"라고 했다고 한다. 四境은 東으로 通川과의 거리가 52里이고, 西로 平康과의 거리가 71里이고, 南으로 金城과의 거리가 38里이고, 北으로 咸吉道 安邊과의 거리가 30里였다. 要害로 鐵嶺이 府北 30里에 있고, 楸池嶺이 和川 東 14里에 있고, 洒嶺峴이 長楊 北 30里에 있었다. 表訓寺, 正陽寺, 長安寺가 있는데 모두 金剛山에 위치했다.

522

관동에서 통천(통주)과 흡곡에서 북쪽으로 더 올라가 안변(등주)과 그 이북을『세종실록』지리지에서 보면, 안변(등주)은 간전墾田이 13,957결結(수전水田은 10분의 1이 안됨)이고, 토의土宜는 서黍(기장)·직稷(기장)·숙菽(콩)·도稻(벼)·속粟(조)·마麻이고, 토공土貢은 표피豹皮·녹각鹿角·홍화紅花·지초芝草·황랍黃蠟·수유酥油이고, 약재藥材는 웅담熊膽·우황牛黃·목단피牧丹皮·안식향安息香·오미자五味子·복령茯苓·백급白芨·당귀當歸·방풍防風·백부자白附子·인삼人蔘이고, 토산土産은 금金(복령현福令縣 남쪽 15리 심천深川에서 산출)·황모黃毛·송어松魚·고도어古道魚·연어年魚·석화石花·해합海蛤·전포全鮑이고, 어량魚梁 1소所는 부부府 남천南川에 있고, 염분鹽盆은 24였다.134) 의천宜川(의주宜州)은 간전墾田이 4446결結(수전水田은 8분의 1이 안됨)이고, 토의土宜는 서黍(기장)·직稷(기장)·숙菽(콩)·도稻(벼)·속粟(조)·마麻이고, 토공土貢은 리피狸皮·호피狐皮·홍화紅花·지초芝草·황랍黃蠟·수유酥油이고, 약재藥材는 목단피牧丹皮·안식향安息香·백급白芨·백부자白附子·대황大黃이고, 토산土産은 황모黃毛·연어年魚·고도어古道魚·송어松魚·석화石花·해합海蛤이고, 염분鹽盆은 9이고, 도기소陶器所는 하나로 군郡 서쪽 무달동無達洞에 있는데 하품下品이었다.135) 문천군文川郡(문주文州)은 간전墾田은 3103결結(수전水田은 10분의 1이 넘음)이고, 토의土宜는 직稷(기장)·숙菽(콩)·도稻(벼)·속粟(조)·상桑·마麻이고, 토공土貢은 리피狸皮·호피狐皮·홍화紅花·지초芝草·황랍黃蠟·수유酥油이고, 약재藥材는 사향麝香·목단피牧丹皮·안식향安息香·백급白芨·인삼人蔘·복령茯苓이고, 토산土産은 사철沙鐵(군郡 서쪽 15리 두의산豆衣山에서 산출되는데 하품下品임)·황모黃毛·대구어大口魚·고도어古道魚·연어年魚이고, 자기소磁器所는 하나로 군郡 북쪽 화라리禾羅里에 있는데 하품下品이고, 도기소陶器所는 2인데 하나는 군郡 서쪽 자방동自方洞

134)『세종실록』지리지 안변도호부(등주). 四境은 東으로 江原道 歙谷縣과의 거리가 65里이고, 西로 平康縣 分水嶺과의 거리가 120里이고, 南으로 淮陽 鐵嶺과의 거리가 57里이고, 北으로 宜川과의 거리가 18里였다.
135)『세종실록』지리지 宜川郡(宜州). 四境은 東으로 大海와의 거리가 7里이고, 西로 永豐縣 馬息山과의 거리가 17里이고, 南으로 安邊 戌岵山과의 거리가 12里이고, 北으로 文川 琵琶池와의 거리가 20里이다. 鎭溟縣邑城은 周回가 332步이고, 驛은 2인데 鐵關과 朝東(鎭溟縣에 있음)이고, 要害는 鐵關山이다.

에 있고, 하나는 군郡 북쪽 화라리禾羅里에 있는데 모두 하품下品이었다.136)
용진현龍津縣은 간전墾田이 2067결結(수전水田은 10분의 1이 안됨)이고, 토의土
宜는 오곡五穀이고, 토공土貢은 리피狸皮·호피狐皮·홍화紅花·지초芝草·황랍黃蠟·
수유酥油이고, 약재藥材는 목단피牧丹皮·대극大戟·방풍防風이고, 토산土産은 연
어年魚·고도어古道魚이고, 주산主産은 석화石花(굴)이고, 염분鹽盆은 11이다.137)
고원군高原郡은 간전墾田이 5981결結(수전水田은 단지 300결)이고, 토의土宜는
오곡五穀과 상桑·마麻·리梨·림금林檎이고, 토공土貢은 리피狸皮·호피狐皮·홍화
紅花·지초芝草·황랍黃蠟이고, 약재藥材는 사향麝香·안식향安息香·목단피牧丹皮·
작약芍藥·대극大戟·인삼人蔘·백급白芨이고, 토산土産은 황포黃毛·연어年魚·대구
어大口魚·고도어古道魚·송어松魚·황어黃魚·과어瓜魚·석용石茸(석이)·백석白石
(군郡 남쪽 벌라산伐羅山 서쪽 12리 고동庫洞에 백석굴白石窟이 있는데 석유石乳
가 응결해 백석白石이 되어 캐어서 등燈을 만들 수 있음)이다.138) 영흥(화주和
州)은 간전墾田이 10,529결結(수전水田은 단지 570결)이고, 토의土宜는 오곡五穀
과 상桑·마麻이고, 토공土貢은 표피豹皮·리피狸皮·호피狐皮·홍화紅花·지초芝草
이고, 약재藥材는 사향麝香·목단피牧丹皮·오미자五味子·오배자五倍子·대황大黃·
당귀當歸·백급白芨·방풍防風·인삼人蔘이고, 토산土産은 금金(부부府 북쪽 25리 문
해령文解嶺의 동쪽 5리쯤 대동大洞에서 산출)·황포黃毛·대구어大口魚·연어年魚·
고도어古道魚이고, 염분鹽盆은 22였다.139) 예원군預原郡(예주豫州)은 간전墾田이

---

136) 『세종실록』 지리지 文川郡(文州). 四境은 東으로 龍津 石峴과의 거리가 12里이고,
西로 高原 臨守鎭 串餘大川과의 거리가 54里이고, 南으로 宜川과의 거리가 10里이고,
北으로 高原과의 거리가 21里였다.

137) 『세종실록』 지리지 龍津縣. 四境은 東으로 大海에 臨하고, 西로 文川 石峴과의 거리가
12里이고, 南으로 宜川 鐵關과의 거리가 24里이고, 北으로 高原 蛤灘과의 거리가
30里이다. 龍城山石城은 縣南에 있는데 周回가 五百四十六步이고 三面이 濱海하고
안에 軍倉이 있고 井이 하나인데 四時에 마르지 않는다. 驛은 하나로 長富이고, 烽火는
1곳으로 楡岾인데 北으로 永興鎭戍와 準하고, 南으로 宜川戍岾과 準한다. 島는 2개로
四訥島(縣東에 있는데 古牧馬處임)와 槌島(縣東에 있는데 農戶가 있음)인데 이 두
섬은 모두 連陸한다.

138) 『세종실록』 지리지 高原郡. 四境은 東으로 龍津 蛤灘과의 거리가 26里이고, 西로
平安道 陽德縣과의 거리가 77里이고, 南으로 文川 箭灘과의 거리가 26里이고, 北으로
永興 質城門과의 거리가 3里 쯤이었다.

524

3682결結(수전水田은 7분의 1이 안됨)이고, 토의土宜는 오곡五穀과 상桑·마麻이
고, 토공土貢은 표피豹皮·리피狸皮·호피狐皮·홍화紅花·지초芝草·황랍黃蠟이고,
약재藥材는 사향麝香·목단피牧丹皮·안식향安息香·인삼人蔘이고, 토산土産은 황
모黃毛·대구어大口魚·연어年魚·고도어古道魚·황어黃魚·송어松魚·행어行魚·전포
全鮑·생포生鮑·홍합紅蛤·세모細毛·우모牛毛이고, 염분鹽盆은 14이고, 도기소陶器
所는 하나로 군郡 서쪽 광성령廣城嶺 아래 옹동리瓮洞里에 있는데 하품下品이
다.140) 정평定平(정주定州)은 간전墾田이 10,647결結(수전水田은 9분의 1이 넘
음)이고, 토의土宜는 오곡五穀과 상桑·마麻이고, 토공土貢은 표피豹皮·리피狸皮·
호피狐皮·홍화紅花·지초芝草·황랍黃蠟이고, 약재藥材는 안식향安息香·목단피牧
丹皮이고, 토산土産은 황모黃毛·대구어大口魚·연어年魚·고도어古道魚·곽藿(미역)
이고, 주산主産은 과어瓜魚였다.141)

안변(등주), 의천宜川(의주宜州), 문천군文川郡(문주文州), 용진현龍津縣, 고원
군高原郡, 영흥(화주), 예원군預原郡(예주豫州), 정평定平(정주定州)은 간전墾田은
많은 편이었지만(단, 문천군文川郡과 용진현은 간전이 그리 많지 많았음),
수전水田은 많지 않았다(특히 고원군高原郡과 영흥이 수전水田이 적었음). 산간
지대에서 특산물이, 바다와 해안에서 소금과 각종 물고기 등 해산물이 생산

139) 『세종실록』 지리지 영흥대도호부(和州). 四境은 東으로 海와의 거리가 44里이고,
西로 平安道 孟山縣 長平大嶺과의 거리가 145里이고, 南으로 高原郡 沙朴只川과의
거리가 14里이고, 北으로 長谷縣 古城關門과의 거리가 17里이다.
140) 『세종실록』 지리지 預原郡(豫州). 四境은 東으로 道安浦와의 거리가 18里이고, 西로
定平所 要項과의 거리가 9里이고, 南으로 永興 廣城峴과의 거리가 12里이고, 北으로
定平 元化峴과의 거리가 8里이다. 古長城基가 郡南 德化峴 및 廣城峴에 있다(諺傳에
萬里長城이 道麟浦에 接하여 水中에 木柵을 나열했다고 하는데 그 遺根이 남아 있다.
浦[道麟浦] 동쪽으로 長城이 木柵과 連하여 跨山하기를 10里 쯤 하여 海涯에 이른다.
城南에 古倉基 3곳이 있는데 諺傳에 古元興·宣德鎭 守禦 때에 南道糧餉이 漕轉한 곳이라
고 한다).
141) 『세종실록』 지리지 定平都護府(定州). 四境이 東으로 微塵浦와의 거리가 23里이고,
西로 平安道 熙川 三歧源 剱山大嶺과의 거리가 65里이고, 南으로 永興郡 防垣과의
거리가 34里이고, 北으로 咸興府 平川院과의 거리가 25里이다. 邑石城은 周回 一千五百十
三步이고 안에 井 二와 泉 十一, 小池 二가 있어 四時에 마르지 않고, 이 城은 北으로
古長城에 의지했으며, 그 長城은 西로 大嶺을 넘고, 東으로 都連浦에 接하는데, 諺傳에
萬里長城으로 三周가 그 陛이었다고 하며, 옛적에 守禦 要害處였다.

되었다.

관동지역은 금강산, 설악산, 오대산 등 높은 산지를 제외하면 적어도
흡곡·통주 일대까지는 대개 날씨가 온난했다.[142] 관동지역에서 평해와 울진
은 토양이 비옥과 척박이 절반씩이고 수전水田의 비중이 꽤 되었지만 간전墾田
즉 경작하는 토지가 매우 적었다. 삼척과 강릉은 토양이 척박하고 수전水田의
비중이 낮았으며, 간전墾田이 삼척의 경우 울진보다 조금 많은 정도에 불과하
고 강릉의 경우 꽤 많은 편이었다. 양양, 간성, 고성, 통천, 흡곡은 토양이
척박하고 오곡을 생산하고 간전墾田이 많지 않았는데 특히 흡곡은 간전이
적었으며, 양양·간성·통천·흡곡은 수전水田의 비중이 어느 정도 차지한 반면
고성은 수전水田이 매우 적었다. 안변(등주), 의천宜川(의주宜州), 문천군文川郡
(문주文州), 용진현龍津縣, 고원군高原郡, 영흥(화주), 예원군預原郡(예주豫州),
정평定平(정주定州)은 간전墾田은 많은 편이었지만 수전水田은 적은 편이었다.
관동지역의 이들 고을은 산간과 바다 지대에서 각종 특산물을 생산했고,
바다를 끼고 있어 모두 염분鹽盆을 운영해 소금을 생산했는데 소금생산은
바닷가 주민에게는 고역이었다.

관동지역에도 고려후기로 가면서 개간이 늘어가고 있었다. 임민비林民庇
는 명주溟州에 출수出守해 준거濬渠하여 개전漑田했으니,[143] 고려중기 강릉에
관개시설 개선으로 경작지 특히 논이 늘어났던 것이다. 삼척의 경우, 이승휴
는 삼척현 두타산 기슭 외가 전래의 시지柴地로 이주해 이 시지柴地에 농사지
으며 생활했다. 그는 임자년(1252, 고종 39) 봄에 문청공(최자)의 문하에서
급제해 진주부眞珠府(삼척현)에 귀근歸覲했다가 그 다음해(1253, 고종 40)에
호병胡兵(몽골병)이 길을 막아 해마다 물러가지 않으니 경京(강화경 : 강도江

---

142) 崔孝孫(조선초 인물)이 함흥에 대해 읊기를, "咸平은 風氣가 南州와 유사해 二月 東風에
草가 절반 싹 텄네(咸平風氣似南州 二月東風草半抽)"라고 했으니(『신증동국여지승람』
권48, 함경도 함흥부 題詠), 정평(정주)·함평(함흥 : 함주) 일대까지도 기후가 비교적
온난해 농사지으며 생활하기에 꽤 적합했던 것으로 보인다. 그래서 여진족이 두만강
너머 함흥평야 일대를 차지하려 애썼다고 볼 수 있다.
143) 『신증동국여지승람』 강릉 名宦. 廉謹하다고 칭찬받고 들어와 大常府錄事가 되었다고
한다.

都)으로 돌아가지 못해 상향桑鄉(삼척현)에 고식姑息했는데, 문청공(최자)이
즉세卽世하고(최자 사망 : 1260, 원종 1년 7월) 원씨元氏(종조모從祖母로 대복
경大僕卿 임천부林天敷의 비妃인 북원군부인北原郡夫人 원씨)가 반진返眞하니
연하輦下(강도)에 반원攀援의 세勢가 없고 또한 동번東蕃 역적逆賊에게 노략질
을 당해 가자家資가 탕진蕩盡되었기 때문에 가지고 자진自振할 수 있는 것이
없어 이로 인하여 두타산록頭陀山麓 귀동龜洞 용계龍溪의 측側에 결모結茅해
집지어 거처해 궁경躬耕하여 어머니를 봉양했다고 한다.[144] 두타산 기슭
귀산동龜山洞의 중中에 서북西北으로부터 격격연激激然히 동남으로 파派하는
용계龍溪를 연沿한 양변兩邊에 있는 전田 이경二頃은 동안거사動安居士(이승휴)
외가外家가 전傳한 시지柴地인데 지지地가 비록 협박狹薄하지만 수구數口의 가家를
자資할 수 있었다.[145] 이승휴는 구관求官 운동을 적극적으로 펼쳐 관직에
진출하고 개경 환도를 맞이해 대간으로 활동하다가 지원 17년 경진년(1280,
충렬왕 6) 6월에 언사言事로 인해 파직되어 재향梓鄉(삼척현)의 귀동龜洞(귀산
동龜山洞) 구은舊隱으로 돌아와 용계龍溪 서전西田의 단원短原 위에 띠를 엮어
별도로 용안당容安堂을 지었다.[146]

　　삼척의 고려말기 인물로 심동로沈東老가 있었는데 그는 탁제擢第해 시문詩文
으로 명망이 있었고 관직이 내서사인內書舍人 지제교知製教에 이르렀다고 한
다.[147] 정추는 관동을 순찰하면서 삼척현에 들러 삼척 죽서루竹西樓에서

---

144) 『동안거사집』 行錄1, 病課詩.

145) 『동안거사집』 雜著, 「葆光亭記」.

146) 『동안거사집』 행록 및 雜著 「葆光亭記」 ; 『제왕운기』 「帝王韻紀進呈引表」 ; 『고려사』
　　권106, 이승휴전. 이승휴는 삼화사에 이웃한 이 용안당에서 삼화사 소장 불서(대장경)
　　를 빌려서 열람하고 『제왕운기』와 『내전록』 등을 저술했다.

147) 『신증동국여지승람』 삼척 인물. 고려 태조 13년에 內議舍人(내의성 소속)을 두었고,
　　성종 때 內史舍人(내사문하성 소속)으로 고쳤고, 문종 때 中書舍人(중서문하성 소속)으
　　로 고쳐 秩을 從四品으로 했고, 충렬왕 24년에 충선왕이 즉위해 都僉議舍人(都僉議使司
　　소속)으로 고쳐 正四品으로 승격했고, 공민왕 5년에 다시 中書舍人(중서문하성 소속)으
　　로 고쳐 從四品으로 내렸고, 11년에 內書舍人(都僉議府 소속)으로 고쳤고, 18년에
　　門下舍人(문하부 소속)으로 고쳤다(『고려사』 권76, 백관지1, 문하부). 공민왕 11년
　　3월에 관제를 고쳤다(『고려사』 권40). 그러하니 심동로는 공민왕 11년 3월 이후
　　都僉議府 소속의 諫官인 內書舍人(종4품)에 임명되었고 그 후에 퇴임해 고향 삼척현으

자옥산紫玉山 심내사沈內舍에게 주는 시를 지어 읊기를,[148] "강江 중中의 물은 청淸하고 련漣하며 강江 가의 안岸은 양전良田이 많네[한편으로 '강처럼 관개灌 溉해 양전良田으로 만들었네'라고도 함], 자옥수타紫玉首陁라는 말은 기릴 만하 지만 제방堤防이 계책을 잃으면 반드시 떠들썩하리"라고 했다. 차군此君(심내 사)은 '자옥수타紫玉首陁'라고 자칭했는데 '수타首陁'는 범언梵言이며 농부農夫를 의미한다고 했다. 정추가 심내사沈內舍·삼화혜총장로三和惠聰長老[東老]에게 부 치는 시를 지어[149] 매륜埋輪해 이로二老(심동로와 혜총장로)를 따라 낙도樂道 하며 종년終年하기를 희망했으니, 심내사沈內舍는 내사內舍(내서사인內書舍人) 를 역임한 심동로沈東老였다. 정추는 삼척에 들렀을 때 삼화사 혜총장로惠聰長 老 및 자옥수타紫玉首陁 심동로와 만나 회포를 풀었던 것인데, 당시 심동로는 고향 삼척현에 퇴거해 농업에 힘쓰고 있었다. 심동로는 자칭 자옥산의 수타首 陁(농부)라고 하면서 오십천五十川 주변에 관개시설을 설치해 이 일대를 양전 良田으로 많이 만들었는데, 제방이 터질 위험에 대비해야 한다는 조언으로 보아 오십천 주변에 제방을 쌓아 경작지를 확대하고 수로를 만들어 물을 대었다고 여겨진다.

고려시대 유람기록을 보면 관동 일대에서 대나무가 자주 등장한다. 대나 무는 조경용도, 생활용품과 무기(특히 죽전竹箭) 제작, 식용(죽순竹筍)으로 광범위하게 사용되어 쓸모가 많았다. 대나무는 따뜻한 지역에서 잘 자라므 로 남부지역에서 많이 생산되었으니 관동지역에서 재배되었다는 사실이 의아하게 다가올 수도 있지만 백두대간이 북서풍을 막아주고 바다를 지닌 해양성 기후여서 높은 산지를 제외하면 온난했기 때문일 것이다.

로 내려가 거주하게 된 것이었다. 정추는 공민왕 6년 9월에 중서문하성의 左司諫(종5 품)으로 나타나니, 심동로와 함께 중서문하성 내지 도첨의부에서 같이 근무했을 수 있는데, 서로 비슷한 官秩이었거나 심동로가 정추의 직속 상관이었을 수 있다. 정추 관동부임이 공민왕 13년 봄철이었으니, 심동로가 내서사인 지내다가 물러나 삼척현에 정착한 때는 공민왕 11년 3월~13년 봄철 사이인데 그의 토지 개간과 力農 상황으로 보아 공민왕 11년 3월~12년 사이로 여겨진다.

148) 『圓齋先生文稿』 상권, 詩 「三陟竹西樓 贈紫玉山沈內舍」.
149) 『圓齋先生文稿』 상권, 詩. 「寄贈沈內舍三和惠聰長老[東老]」.

528

안축은 평해 월송정을 읊은 시에서 "사事는 거去하고 인人은 비非하고 물은 동쪽으로부터 흐르는데 천년千年 남긴 자취는 정송亭松에 있네, 여라女蘿는 정합情合해 아교처럼 붙어 떼기 어렵고 제죽弟竹은 심친心親해 좁쌀이라도 찧을 수 있네"라 했다.150) 신천辛蔵은 평해에 대해 읊기를, "곽郭을 두른 장천長川은 고리故里와 같은데, 산을 의지한 수죽脩竹(길다란 대나무)은 누구의 원園인가"라고 했다.151) 이곡李穀이 평해객사平海客舍 시에 차운하기를, "강가 인가人家 죽외촌竹外村에, 기관奇觀 좌우에 평원을 만나네. 백발로 거듭 유람오니 친우를 놀라게 하고 수점數點 청산靑山은 고원古園을 격해 있네. 성城이 창명滄溟을 끌어당기니 바람이 자못 사납고, 땅이 해뜨는 곳에 이어지니 기氣가 항상 따뜻하네"라고 했다.152) 평해에 적어도 고려말기에 대나무가 무성했음을 알려준다. 『세종실록』 지리지에 평해 토산土産으로 소篠(가는 대)·탕蕩(왕대)이 있고, 『동국여지승람』에 평해에서 나는 토산물로 죽전竹箭이 소개되고 군郡 동남 산에서 산출된다고 했는데153) 고려시대에도 그러했으리라 여겨진다.

김극기가 울진에서 대나무에 대해 읊기를, "낭간琅玕(대나무)을 삼수三數 묘畝에 조만투晩에 비로소 이근移根하니, 두사杜舍에 처음으로 벽壁을 뚫고 한정韓亭에 점차 담장을 나오네, 물物이 생生함은 원래 자득自得하는 것이니 천의天意를 끝내 어찌 말하리오, 황홀하게 기수淇水에서 노니는 것과 흡사하고 초록이 아름답고 무성하게 원園에 가득 차네"라고 했다.154) 이로 보아 울진에는 대나무가 유명했던 것 같다. 『세종실록』 지리지에 울진 토산으로 소篠(가는 대)·탕蕩(왕대)이 있고, 『동국여지승람』에 죽변곶竹邊串은 고을 북쪽 20리에 있고 토산물로 죽전竹箭이 죽변곶竹邊串에서 산출된다155)고 했는데 고려시

150) 『신증동국여지승람』 권45, 평해 樓亭, 안축 시.
151) 『신증동국여지승람』 권45, 평해 題詠. "繞郭長川如故里 倚山脩竹問誰園"(辛蔵).
152) 『가정집』 권20, 「次平海客舍詩韻」(이곡). 같은 내용의 시가 『동국여지승람』 평해 題詠에도 있다.
153) 『신증동국여지승람』 평해 토산조.
154) 『신증동국여지승람』 권45, 울진 題詠, 金克己 詠竹詩.

그림 36. 삼척 삼장사(필자 촬영). 원래 죽장고사竹藏古寺였음. 온난한 곳이라 대숲이 무성했음

대에도 그러했으리라 여겨진다.

삼척은 대나무로 유명했고, 특히 삼척현 객관의 서쪽에 오십천五十川에 연沿한 서루西樓는 그 주위의 대나무로 인해 죽서루竹西樓로 불리기도 했다. 삼척에 대해 김극기가 읊기를, "물과 구름이 한 고을을 감춰서, 진세塵世 사람의 왕래가 드물고, 객관은 단학丹壑에 임하고 인가는 취미翠微에 거주하네, 빈蘋에 바람이 쏴쏴 불고 죽竹에 이슬이 살며시 뿌리네"라고 했다.156) 안축이 진주眞珠 남강南江(삼척 오십천)에 배를 띄워 읊기를, "소정小艇을 띄워 강을 가로지르는데 비 온 뒤에 깨끗하고 맑네, … 배를 타서 남탄南灘으로 내려가니 맑은 이슬에 소죽疎竹이 젖어 있네"라 했다.157) 정추가 삼척 죽서루

155) 『신증동국여지승람』 권45, 울진 산천 및 토산.
156) 『신증동국여지승람』 권44, 삼척 산천, 題詠. 김극기 시.
157) 『근재집』 권1, 關東瓦注, 詩, 「六月十三日 眞珠南江泛舟」 ; 『신증동국여지승람』 권44,

에서 자옥산紫玉山 심내사沈內舍(심동로)에게 주는 시158)에서 "어떤 사람이 누樓를 지어 교목喬木을 굽어보게 했는가, 황혼에 한바탕 웃으며 홀로 섰네, 처마 앞에 수죽脩竹이 수천 그루이고 함檻(난간) 외에 맑은 강물은 50굽이로 흘러왔네"라고 했다. 성석인成石因이 삼척에 대해 읊기를, "취죽翠竹과 단풍丹楓이 천장千嶂으로 합합하고 위봉危峯과 절벽絶壁은 하나의 천川으로 휘감겨 있네"라고 했다.159) 정구鄭矩가 오십천五十川에 대해 읊기를, "여러 겹 벼랑이 층루層樓를 끌어당기고 붉은 용마루는 징록澄綠을 굽어보네, 중학衆壑이 서쪽으로부터 오면서 얽히고 돌아 백곡百曲을 만들며 흐르네, … 발흥發興해 또한 높이 읊으며 청준淸樽을 들어 수죽脩竹을 마주하네"라고 했다.160) 삼척에 대나무가 무성한 정경이 눈앞에 펼쳐지는 듯하다.

삼척 팔경八景이 적어도 안축安軸 때 성립했는데 죽장고사竹藏古寺, 암공청담巖控淸潭, 의산촌사依山村舍, 와수목교臥水木橋, 우배목동牛背牧童, 농두엽부壟頭饁婦, 임류수어臨流數魚, 격장호승隔墻呼僧이다. 이 중에서 '죽장고사竹藏古寺'에 대해 안축이 읊기를, "수황脩篁(긴 대숲)이 세월이 오래어 이미 둘레를 이루고 손수 심은 거승居僧은 지금 이미 비非하네, 선탑禪榻 다헌茶軒은 깊숙해 보이지 않고 천림穿林 취우翠羽가 유독 돌아옴을 아네"라고 했다. 이곡이 읊기를, "죽竹을 사랑함에 어찌 모름지기 경위經圍를 물으리오마는 '차군此君'이라 칭해짐은 응당 비非가 아니리, 초제招提(사찰)는 취밀翠密해 장소를 알지 못하고 오직 사양斜陽(석양)에 승僧이 홀로 돌아옴을 볼 뿐이네"라고 했다.161) '의산촌사依山村舍'에 대해 안축이 읊기를, "산 옆 연화煙火 속 고촌孤村에서 베개하고 죽竹 아래에서 붉은 삽살개가 누워서 문을 지키네, 역색力穡(농사에

삼척 산천, 五十川, 安軸詩.

158) 『圓齋先生文稿』 상권 詩, 「三陟竹西樓 贈紫玉山沈內舍」 ; 『신증동국여지승람』 삼척 누정, 죽서루, 鄭樞詩.

159) 『신증동국여지승람』 권44, 삼척 산천, 題詠. 성석인 시.

160) 『신증동국여지승람』 권44, 삼척 산천, 五十川. 鄭矩詩.

161) 竹藏古寺 : 安軸 詩·李穀 詩. 한편 李達衷은 "森巖翠密幾重圍 遠訝蒼雲近却非, 忽聽鳴鍾知寺在 不妨散策訪僧歸"라고 읊었다.

힘쓰는) 전부田夫는 모두 날[日]을 아껴 별을 이고 역役하다가 황혼을 타고 돌아오네"라고 했다.[162] '격장호승隔墻呼僧'에 대해 안축이 읊기를, "용학聳壑 군루郡樓는 수부水府에 임하고 격장隔墻 선사禪舍는 암총巖叢에 의지하네, 애승愛僧 진취眞趣는 사람이 알지 못하고 십리十里 다연茶煙은 죽풍竹風에 날리네"라고 했고, 이곡이 읊기를, "관사官舍 승방僧房이 겨우 격벽隔壁하고 체화砌花와 창죽窓竹은 함께 떨기를 이루네, 누樓에 오름은 짝이 없어 서로 부른 것이지 전사顚師가 도풍道風이 있기 때문이 아니라네"라고 했다.[163] 이처럼 삼척현은 대나무로 유명했는데, 특히 치소(죽서루 포함)와 관음사 일대는 더욱 그러해 객관의 서루는 '죽서루竹西樓'로, 치소에 접한 관음사는 대숲에 감춰진 고찰이라 하여 '죽장고사竹藏古寺'로 애칭되었다. 『세종실록』 지리지에 삼척 토산으로 소篠·탕簜이 있고, 『동국여지승람』 삼척 편에 덕산도德山島는 부府 남쪽 23리 교가역交柯驛 동쪽 해상에 있고, 토산물로 죽전竹箭이 부 남쪽 덕산도에서 산출된다고 했는데,[164] 고려시대에도 그러했으리라 여겨진다.

강릉 등명사에 대해 김돈시金敦時가 읊기를, "사찰이 창파滄波를 눌러 멀리 아득하지만 등림登臨하니 바다 중앙에 있는 듯하네, 주렴을 거두니 죽영竹影이 소疎했다가 밀密하고 베개에 기대니 탄성灘聲이 억抑했다가 양揚하네"라고 했다.[165] 김구용이 강릉 도중에 읊기를, "정패旌旆가 앙앙央央하게 바다 물결에 비추이니 자고鷓鴣 새가 놀라 해당화海棠花를 까불리네, 백사白沙와 취죽翠竹이 어우러진 정주汀洲 반반畔은 의심컨대 송교松喬(신선 적송자赤松子와 왕자교王子喬) 제자弟子 집인가"라고 했다.[166] 강릉은 등명사를 포함해 여기저기에 대나무가 자라나 있었던 것이다. 『세종실록』 지리지에 따르면 강릉 토산으로 소篠·탕簜이 있었고, 『동국여지승람』에 따르면, 경포 동쪽 입구에 판교板橋가

---

162) 依山村舍 : 安軸 詩.

163) 隔墻呼僧 : 安軸 詩·李穀 詩.

164) 『신증동국여지승람』 삼척 산천 및 토산.

165) 『신증동국여지승람』 강릉 불우 등명사. 金敦時 詩.

166) 『惕若齋先生學吟集』 상권, 江陵途中 ; 『신증동국여지승람』 강릉 題詠. 前人(김구용) 詩.

532

있어 강문교江門橋라 하고 다리 밖은 죽도竹島이며, 강릉 토산물로 죽전竹箭이 강릉부 북쪽 증산甑山 및 강릉부 동북 강문도江門島에서 산출했는데,167) 고려 시대에도 그러했으리라 여겨진다.

정선 봉서루鳳棲樓는 객관客館 북쪽에 있는데 허소유許少由 시에, "누樓 위에 서 기관奇觀이 풍부해 지점指點 사이에 숲처럼 벌여 있네, … 바람 앞의 죽竹은 독纛(큰 깃발)처럼 어지럽고 비 갠 후의 산은 소라처럼 벌여 있네"라고 했다.168) 정선은 지리적으로는 관동이 아니지만 행정적으로 생활공간적으로 관동에 연결된 곳으로 대나무가 있었는데, 삼척현과 위도가 비슷함에도 산간의 추운 지대였지만 대나무가 그럭저럭 자라고 있었던 것 같다.

그런데 동북면 북부지역에도 대나무가 산출되었다. 안축安軸이 고성에 대해 읊기를, "죽우竹雨 내리고 송풍松風 부는 영반嶺半 누樓에 등림登臨하니 깊이 청유淸幽를 점해 있네"라고 했으니,169) 적어도 안축 이전에 고성에 대나무가 자라나 있었다. 안축이 양주공관襄州公館 시에 차운하기를 "명도名途 를 발길 가는대로 걸어 앞서기를 도모하지 않아 이 누樓에 내왕來往한지 이미 이년二年이네, 함함艦(난간)을 덮은 죽총竹叢은 상기爽氣를 나누고 문門을 덮은 용수榕樹는 창연蒼煙에 흔들리네"라고 했다.170) 이 시는『동국여지승람』 에 양양 객관客館 남쪽에 자리한 태평루太平樓를 읊은 항목에도 실려 있으 니,171) 안축은 양주 공관 중에서도 특히 태평루를 주제로 시를 지었으리라 여겨진다. 이곡이 동선역洞仙驛 관란정觀瀾亭 시에 차운하기를, "금포화극金鋪 畫戟 문門을 게으르게 밟아 취죽翠竹 백사촌白沙村을 한가롭게 찾네, 동명東溟 물결이 고요해 하늘이 더욱 푸르고 서새西塞 산이 높아 해가 쉽게(빨리)

167)『신증동국여지승람』강릉 누정 경포대 및 토산.
168)『신증동국여지승람』권46, 정선군 樓亭, 鳳棲樓. 許少由 詩.
169)『신증동국여지승람』권45 고성 題詠, 前人(안축) 詩. 이 시는『근재집』권3 增補에도 高城題詠으로 실려 있다.
170)『근재집』권1 관동와주, 次襄州公館詩韻 ;『동문선』권15, 次襄州公舘韻(안축).
171)『신증동국여지승람』권44, 襄陽 누정, 太平樓, 안축 詩. 단용'湧'金泉이 '涌金泉으로 되어 있다.

저무네"라고 했다.172) 이는 적어도 안축과 이곡 이전에 양주(양양)와 동산현
洞山縣(동선역 소재)에 대나무가 많이 자라났음을 알려준다. 고려승高麗僧
익장益莊 기記에 따르면, 양주襄州 동북 강선역降仙驛의 남리南里에 낙산사가
있어, 신라 의상법사義相法師가 관음보살의 발언대로 쌍죽雙竹이 솟아난 곳에
건물을 지은 데에서 유래했다고 하는데,173) 낙산사 일대의 대나무는 고려중
기 승려 익장 이전부터 존재했다고 볼 수 있다. 『세종실록』지리지에 따르면
양양 토산으로 소篠(가는 대나무)가 있고, 『동국여지승람』에 따르면 양양
죽도竹島는 부府(양양부) 남쪽 45리 관란정觀瀾亭 앞에 위치하며 이 섬에 가득
한 것이 모두 창죽蒼竹이고, 양양 토산물로 죽전竹箭이 죽도竹島에서 산출한다
고 했는데,174) 고려시대에도 그러했으리라 여겨진다.

『세종실록』지리지에 따르면 간성 토산으로 소篠·탕簜이 있고, 『동국여지
승람』에 따르면 간성 죽도竹島는 군郡 남쪽 20리에 있어 둘레 2리 쯤인데
이 섬에 영사營舍 고지古址가 있어 오동梧桐과 전죽箭竹이 그 위에 가득하다고
했으며, 무로도無路島는 청간역清澗驛 동쪽에 있고, 간성 토산물로 죽전竹箭이
죽도竹島 및 무로도無路島에서 산출된다고 했다.175) 이로 보아 적어도 고려말
기에도 간성에서 대나무가 재배되었을 것이다. 안변도호부(등주)에서 압융
곶壓戎串은 부府(안변부) 동쪽 55리에 있고 토산물로 죽전竹箭이 압융곶壓戎串
에서 산출된다고 했다.176) 문천군文川郡(문주文州 : 원산만 지님)에서 마도馬島
는 군郡 북쪽 40리에 있는데 죽竹을 심었고, 문천군 토산물로 죽전竹箭이

<hr>

172) 『稼亭集』권19, 次洞仙驛觀瀾亭詩韻. 이곡의 같은 내용의 시가 『동국여지승람』襄陽
　　누정. 觀瀾亭(洞山縣 동쪽 二里에 위치함) 항목에도 실려 있는데 두 首의 순서가
　　뒤바뀌어 있다.
173) 『신증동국여지승람』권44, 襄陽 불우, 낙산사.
174) 『신증동국여지승람』권44, 襄陽 산천 및 토산.
175) 『신증동국여지승람』권45, 간성 산천 및 토산. 한편 『신증』으로 猪島가 열산현 북쪽
　　30리에 있는데 箭竹이 난다고 했다.
176) 『신증동국여지승람』권49, 안변도호부(등주) 산천·토산·고적. 壓戎戌는 곧 壁戎串이
　　라 했다. 한편, 『大東地志』안변(등주) 고읍조에 鶴浦는 동쪽으로 60리로 본래 신라
　　鵠浦인데 경덕왕 16년에 鶴浦로 고쳐 金壤郡 領縣이 되도록 했고, 고려 성종이 이름을
　　押戎이라 정하고 현종 9년에 지금의 鶴浦社로 來屬시켰다고 되어 있다.

534

마도馬島에서 산출된다고 했다.177) 간성, 안변(등주), 문주 지역에 대나무가
재배되었는데 고려시대에도 그러했으리라 여겨진다. 조선초기『동국여지
승람』에 따르면 덕원도호부(용주湧州, 의주宜州)에서 죽도竹島는 부府 동쪽
15리에 위치하고 죽竹이 있는데, 고려 때 정주定州 이남 12성城 인물人物이
이 섬에 합입合入해 몽병蒙兵(몽골군)을 피했지만 조휘趙暉와 탁청卓靑이 여진女
眞 포지원布只員과 통모通謀하여 도병마사都兵馬使 신집평愼執平을 살해해 적敵을
맞이했다면서 관사館舍·민거民居 유지遺址가 여전히 존재했고, 덕원도호부
토산물로 죽전竹箭이 죽도竹島에서 산출된다고 했다.178) 덕원에서 죽전이
조선초기에 산출되고 있었는데 고려시대로 거슬러 올라갈 수 있고, 적어도
몽골과의 전쟁기에 대나무가 이 섬에서 생산되었다고 볼 수 있다.

이처럼 관동 남부지역에서는 대나무 재배가 왕성했고, 관동 북부지역에서
도 원산만 정도까지는 바닷가나 섬에서 대나무가 재배될 수 있었다. 영흥(화
주)에서 저도猪島는 부府 동쪽 70리 해중海中에 있고 영흥 토산물로 죽전竹箭이
생산되는데, 아세조我世祖(조선 세조) 때 강원도에서 배[舟]로 죽근竹根을 실어
다가 저도猪島에 심은 것이라고 한다.179) 조선초기에는 영흥지역의 섬에까지
대나무를 심었던 것이다.

동해안 소나무는 역사와 문화 측면만이 아니라 생태환경적인 측면에서도
주목해야 한다. 우리나라는 소나무가 최근 기후온난화 심화 이전에는 대개
어디에서나 잘 자라 왔다. 동해안의 해송은 요즘도 이어져 빼어난 경관을
자랑하는데 고려시대 관동 해안가에 우거진 해송이 거의 그 원조격이 아닌가
한다.

강릉의 동해 바닷가에 위치한 한송정寒松亭은 그 명칭이 시사하듯이 한寒

---

177)『신증동국여지승람』권49, 文川郡 산천 및 토산.
178)『신증동국여지승람』권49, 덕원도호부, 산천 竹島 및 토산. 江瑤柱는 龍津縣에서
산출되는데 採하는 것이 심히 어려워 邑民 五十餘戶가 그로 인해 失業해 거의 다
逃散했는데, 高麗 庚碩이 東北面兵馬使가 되어 일체 禁絶하니 流亡이 모두 다 돌아왔다고
한다.
179)『신증동국여지승람』권48, 영흥 산천 및 토산.

즉 차가운 바다와 송松 즉 푸른 소나무가 어우러진 정자였는데, 이곡이
한송정에 들렀을 때는 소나무는 야화野火로 인해 불타서 없는 상태였다.[180]
『동국여지승람』에는 한송정에 대해, 부府(강릉부) 동쪽 15리에 있고 동쪽으
로 대해大海에 임臨하고 창송蒼松이 울창하며, 정亭 반畔에 다천茶泉·석조石竈·
석구石臼가 있는데 곧 술랑선도述郞仙徒가 유遊한 곳이라고 했다.[181] 조선초기
에 『동국여지승람』을 편찬했을 때에는 한송정에 푸른 소나무가 울창했던
것이다.

고려중기(예종 무렵)에 대각국사의 제자 계응戒膺과 혜소惠素(慧素)가 한송
정을 노래했다. 도형道兄 계응이 한송정에 대해 읊기를, "옛적에 누구 집의
자子가 삼천三千으로 벽송碧松을 심었는가, 그 인골人骨은 이미 썩었지만 송엽松
葉은 오히려 무성한 모습이네"라고 했고, 도제道弟 혜소가 화和하여 읊기를,
"천고千古 선유仙遊는 멀고 창창蒼蒼하게 홀로 송松이 있구나(蒼蒼獨有松), 다만
남은 샘[泉] 밑 달[月]에서 비슷하게 형용形容을 생각하네"라고 했다.[182] 무인정
권기 이인로는 한송정에 대해 옛적에 사선四仙이 유遊한 곳으로 그 도徒
삼천三千이 각기 일주一株(소나무 한 그루)를 심으니 지금까지 푸르게 무성해
불운拂雲하고 아래에 다정茶井이 있다고 했다.[183] 한송정에 대해 무인정권기
김극기가 읊기를 "고정孤亭이 바다를 베개 삼아 봉래蓬萊를 배우고 지경이
깨끗해 편애片埃(조각 티끌) 깃드는 것을 허용하지 않네, 길[逕]에 가득 찬
백사白沙는 걸음마다 눈[雪]과 같고 송성松聲은 맑아 패패珮珮한 경괴瓊瑰(옥구슬)가
흔들리는 듯하네, 이곳이 사선四仙 종상지縱賞地라고 하는데 지금에 이르도록
자취가 남아 있어 진정 기이하도다"라고 했다.[184] 고려중기에 한송정 일대에
소나무가 무성해 있었음을 알려주는데, 이 무성한 소나무는 신라의 이른바

180) 『가정집』 권5, 「東遊記」.
181) 『신증동국여지승람』 권44, 강릉 누정.
182) 『파한집』 중권. '蒼蒼獨有松'은 한송정에 소나무가 한 그루 있음을 의미한 것이 아니라
    千古 仙(四仙)이 없이 소나무가 서 있는 상태를 묘사한 것이었다.
183) 『파한집』 중권.
184) 『신증동국여지승람』 권44, 강릉 누정, 한송정, 김극기 시.

사선四仙과 그 문도가 심은 것으로 인식되었다.

한송정에 대해 고려말 원간섭기에 권한공이 읊기를, "땅은 오래어 인연人煙은 멀고 차가운 조潮가 해문海門에서 울부짖네, 천주千株 송松은 이미 넘어졌지만 양안兩眼 정井은 아직 남아 있네"라 했고,[185] 안축이 읊기를, "사선四仙이 일찍이 여기에 모이니 객客이 맹상군孟嘗君 문門과 유사했네, 주리珠履는 구름처럼 자취가 없고 창관蒼官(푸른 소나무)은 불타 존재하지 않네"라 하고 송松이 근래 산화山火로 인해 불탔기 때문에 그렇게 이른 것이라 했다.[186] 권한공과 안축이 한송정을 찾았을 때에는 소나무가 남아 있지 않았는데 안축은 불탔다고 언급했고 권한공은 원래 소나무 천千 그루가 있었다고 언급했다. 그러니까 한송정 일대에는 고려중기에는 소나무가 울창했는데 원간섭기에는 불타 없어진 상태였고 이곡이 그러한 상태를 목격했던 것이다.

그런데 공민왕 무렵에 주로 활약한 이무방과 조선초에 활약한 류계문의 한송정 시에는 한송정 소나무가 등장한다. 고려 이무방이 읊기를, "정亭은 송록松麓에 의지해 단斷한데 동쪽으로 바다를 바라보니 문門이 없네"라고 했다. 류계문은 읊기를, "고선古仙이 낭유浪遊한 곳이라 다투어 사모해 객客이 문門을 메우네, … 머리를 돌려 유적遺迹을 찾았는데 오직 송松이 스스로 뿌리 내렸네"라고 했다.[187]

그러니까 한송정 일대는 소나무가 울창했다가 원간섭기 무렵에 불타 사라졌지만 공민왕 무렵에 다시 심어서 자라나 여말선초를 거치며 우거져 조선초기『동국여지승람』에 한송정이 실리는 때에는 울창한 상태였던 것이다. 한송정은 원래 소나무가 우거진 바닷가에 창건되었거나 창건되면서 동시에 소나무가 심어졌다고 할 수 있다.

월송정越松亭은 평해(현재 울진 소속)에 위치했는데 소나무가 울창했다.

『동국여지승람』에 따르면, 평해 월송정은 군郡의 동쪽 7리에 있고 창송蒼松이
만주萬株이고 백사白沙가 눈雪과 같은데 송松 사이에 누의螻蟻가 다니지 않고
금조禽鳥가 서식하지 않으며 언전諺傳에 신라선인新羅仙人 술랑述郞 등이 여기
에 유게遊憩했다고 한다.[188] 이곡이 관동을 유람하다가 울진을 거쳐 평해군에
도착했는데 평해군(치소)에 이르기 5리 전에 송松 만주萬株가 있고 그 중에
정亭이 있어 '월송越松'이라 한다며, 사선四仙이 유람하다가 우연히 이곳을
지났기 때문에 그렇게 이름했다고 한다.[189] 또한 이곡은 월송정에 대해
읊기를, "방고訪古하러 추풍秋風에 말머리를 동쪽으로 돌리니 울창하게 우거
진 정송亭松을 기쁘게 보네"라고 했다.[190] 이곡이 월송정을 들렀을 때 만
그루의 소나무가 울창하게 우거져 있었고 『동국여지승람』이 편찬되는 조선
초기에도 그러했던 것이다. 안축은 이곡에 앞서 월송정에 들러 읊기를,
"사事는 가고 인人은 아닌데(사선四仙이 유람했던 일은 아득한데) 물은 동쪽으
로부터 흐르고 천년千年 유종遺踵(사선의 자취)은 정송亭松에 있네, 여라女蘿는
정합情合해 아교처럼 붙어 풀기 어렵고 제죽弟竹은 좁쌀이라도 찧을 정도로
(형송兄松과) 심친心親하네"라 했다.[191] 안축이 월송정에 들렀을 때 이 정자는
사선四仙 유람 설화와 결합된 소나무가 대나무와 함께 서 있었는데 여라女蘿가
아교처럼 붙어 있었으니 오랜 세월을 거친 상태였다. 평해 월송정 소나무는
안축의 유람보다 훨씬 이전에 우거졌다고 여겨진다.

안축이 황경皇慶 임자년(1312, 충선왕 4) 봄에 단기單騎로 선사군仙槎郡(울
진)에 유람할 적에 군郡의 남쪽 백사평제白沙平堤에 치송稚松(어린 소나무)
수천여주數千餘株가 있어 동동童童하게 사랑스러워 돌아보며 동유同遊 읍인邑人
에게 말하기를, '송松의 성장을 기다려 여기에 정亭을 지으면 한寒·월越 이정二

188) 『신증동국여지승람』 권45, 평해 樓亭.
189) 『가정집』 권5, 記, 東遊記. 平海郡은 江陵道의 南界로, 北으로 鐵嶺으로부터 南으로
　　平海까지 대개 一千二百餘里이며, 平海 以南은 慶尙道의 界라고 했다.
190) 『가정집』 권20, 次越松亭詩韻(이곡). 같은 내용의 시가 『동국여지승람』 평해 누정
　　월송정에도 이곡의 시로 실려 있다.
191) 『신증동국여지승람』 평해 누정 월송정, 안축 詩. 女蘿는 이끼, 담쟁이, 겨우살이이다.

538

그림 37. 평해 월송정(필자 촬영). 솔이 울창하고 바다에 접해 있음. 원래 월송정은 이곳보다 약간 안쪽에 있었다고 함

亭(한송정과 월송정)과 서로 갑을甲乙하리라 했다. 그런데 태정泰定 병인년 (1326, 충숙왕 13) 연간에 존무사存撫使 박공朴公(박숙朴淑)이 선사군仙槎郡(울진)에 신루新樓를 지어 풍치風致가 가장 아름답다고 안축이 듣고 그 장소를 물으니 바로 자신이 이전에 본 치송稚松의 땅이었다. 지금 다행히 이 방면에 출진出鎮해 이 누樓에 다시 오르니 그 청유승치淸幽勝致가 진열塵熱 사이에 일찍이 본 적이 없는 것이었다고 했다. 대저 누정樓亭 만들기는 고광高曠에 있지 않으면 유심幽深에 있나니, 저것에 권태로우면 이것을 생각하고 이것에 권태로우면 저것을 생각하는 것이 인정人情의 상常이라, 무릇 관동 누대정사樓臺亭榭는 모두 고광高曠에 있기 때문에 인人의 유자遊者가 눈이 풍도風濤의 노怒에 권태롭고(피로하고) 몸이 분무氛霧의 증蒸에 피로한데(지친데), 이 누樓에 올라 청유淸幽의 정취를 얻으면 주광走壙해 피곤한 짐승[獸]이 밀곡密谷에 들어가고 환공還空해 권태로운(피로한) 새[鳥]가 저 무성한 숲에 투탁하는

것처럼 지락至樂이 존재하나니, 이것이 박공朴公이 누樓를 설치한 뜻인가 했다. 구유舊遊를 추념追念하건대, 지금에 이기二紀(24년)가 흘렀는데 송松의 치稚한(어린) 것이 모두 이미 장壯한지라, 대저 사람이 송松의 치稚한 것을 보고 또 그 장壯한 것을 보고 정情이 없을 수 있는가 했다. 비감悲感한 나머지 차마 묵과默過할 수 없어 서書하여 기記하며 겸하여 장구사운시長句四韻詩를 지어 박공朴公에게 서간으로 부친다고 했다.[192]

그래서 안축이 지은 「취운정翠雲亭」 시[193]는 아래와 같다.

성남城南에 일층 누樓를 새로 지었는데 재종栽種이 그늘을 만드니 땅이 그윽하구나
정오 태양이 공중을 불태워도 붉음이 새지 않고 여름 그늘이 농함籠檻하니 취翠가 흐르는 것 같네
고인故人이 멀리 있어 누구와 함께 감상하리오마는 일기馹騎가 가기를 재촉해도 조금 더 머무네
예전에 눈으로 보았던 치송稚松이 지금 이미 장壯한데 등림登臨해 석년昔年 유遊를 감념感念하네

안축이 황경皇慶 임자년(1312, 충선왕 4) 봄에 단기單騎로 선사군仙槎郡(울진)에 유람할 적에 군군의 남쪽 백사평제白沙平堤에 치송稚松 수천여주數千餘株가 있어 정亭을 지으면 한송정·월송정과 갑을甲乙하리라 했는데, 태정泰定 병인년(1326, 충숙왕 13) 연간에 존무사存撫使 박공朴公(박숙朴淑)이 그 자리에 신루新樓를 지었으며, 안축이 이 방면에 출진出鎭해 24년만에 이곳에 다시 들러 이 누樓에 올랐는데 그 어린 소나무는 이미 장壯해 있었다. 『동국여지승람』에는 울진 취운루翠雲樓가 현縣(울진현) 남쪽 8리에 있다며 안축安軸 기기와 시詩가 실려 있다.[194] 이 누정에 대해 『근재집』에는 제목은 '취운정翠雲亭'이라

192) 『謹齋先生集』 권1, 關東瓦注, 記「翠雲亭記」. 存撫使 朴公은 경포대에 新亭을 건립한 朴淑(『근재집』 권1, 경포신정기)과 동일인으로 판단된다.
193) 『謹齋集』 권1, 關東瓦注, 詩「翠雲亭」.

하고 내용은 누루樓로 나오며 「취운정」 시에서 성남城南 일층 누루樓로 표현되어 있으며, 안축의 「관동별곡」에는 '취운루翠雲樓'로 나온다. 이로 보아 울진군 성남(읍성 남쪽)의 이 누정은 아래가 터진 일층 누루樓였다고 여겨진다. 울진군 성남의 백사평白沙平에 인공적으로 제방이 쌓여지고 어린 소나무 수천數千 그루 남짓이 심어졌으니, 이는 하천과 바람으로부터 읍성과 주민을 보호하기 위한 사업이었다.

강릉 한송정은 소나무가 울창했고 울진 취운루와 평해 월송정은 안축이 「관동별곡」에서 "취운루翠雲樓와 월송정越松亭의 십리청송十里靑松"이라 찬미 했듯이 푸른 소나무가 십리에 뻗어 있었다. 강릉 한송정과 평해 월송정은 바다에 연沿한 곳에, 울진 취운루는 바다에 가까운 하천에 연沿한 곳에 자리했다. 이곳들에 조성된 소나무 군락은 사족士族의 흥취를 만족시키기 위한 측면도 있지만 바다·하천과 가까운 곳이라 물과 바람의 피해를 막고 침식을 예방하기 위한 측면이 더 컸다고 여겨진다. 관동지역 해안가와 하천가의 소나무 군락은 대개 풍재風災와 수재水災와 침식을 줄이기 위해 조성된 조림造林의 성격이 강했다고 볼 수 있다.

4. 관동 경관의 이면

기록은 작자의 주관과 시각이 반영되기 마련이어서 그대로 믿으면 오류를 범할 수도 있는데 유람 기록도 그러해 유의해야 한다. 학사 권적權迪이 강릉을 수守할 때에 수다사水多寺 벽상壁上에 걸려 있는 백의白衣(백의관음) 화정畫幀(화탱) 옆에 찬제贊題를 짓기를, "열흘 동안 우설雨雪이 내리고 광풍狂風이 부니 홀로 무료無聊하게 소각小閣 중에 앉아, 백의白衣 관자재觀自在에 의지해 일회一廻 첨례瞻禮하니 만연萬緣이 공空하네"라고 했다. 그 사자嗣子인

---

194) 『신증동국여지승람』 권45, 울진 古跡, 翠雲樓.

학사 권돈례權敦禮가 친의사襯衣使로 이곳에 이르러 발미跋尾하기를, "이 시詩는 대개 경계庚癸의 제際에 사대부士大夫가 궤수詭隨하지 않을 수 없었지만 홀로 가군家君(부친)이 일읍一邑(강릉)에서 충의忠義를 지켜 항상 스스로 마음에 관자재觀自在 연독緣督으로 경經을 삼아 비록 당시 혼란했지만 그 마음에 족尼히 묶임이 없었음을 지칭한 것이다"라고 했다. 이승휴가 원종 5년 11월에 강릉에서 강도를 향하는 도중에 눈을 맞으며 수다사에 들러 그 벽상壁上에 오도자吳道子의 진적眞迹인 백의白衣(관음) 화탱畫幀이 걸려 있는 것과 그것에 대한 권적의 글과 그 아들 권돈례의 글을 읽고 비개悲慨를 이기지 못해 차운해 두 편을 지었는데, "하늘에 넘치는 옥삼玉糝(눈 비유)을 가벼운 바람이 희롱하니 도리어 당시當時 일망중一望中과 흡사하고, 예禮가 끝나 고벽古壁 백의白衣를 보니 묵룡墨龍이 여전히 허공虛空에서 화化하려 하네"라고 했고, "다만 황권黃卷에 영풍英風이 포飽하니 어찌 다시 꿈속에서 주공周公을 보리오, 수월水月이 벽간壁間에 보묵寶墨으로 머무니 사람으로 하여금 우사遇事해 문득 관공觀空하도록 하네"라고 했다.[195]

권돈례는 부친 권적이 '경계庚癸의 정변 즉 경인년(1170, 의종 24)의 무신정변과 계사년(1173, 명종 3)의 김보당 정변 때 일읍一邑 즉 강릉에서 충의忠義를 지켰다고 찬미했던 것이고, 훗날 이승휴는 이를 믿고 비분강개해 동조하는 시를 지었던 것이다. 그런데 권적權適(權迪) 묘지명에 따르면, 권적이 황통오년皇統五年(1145, 인종 23)에 시국자제주試國子祭酒 한림학사 보문각학사 지제고知制誥로 옮기고 이 을축년(1145, 인종 23)에 서북면병마사를 거쳐 검교대자대보檢校大子大保에 임명되었으며, 향년 오십삼五十三으로 병인세丙寅歲(1146, 의종 즉위) 십이월十二月 이십일二十日에 집에서 졸卒했고, 자녀는 5남 4녀로 대방大方(국학國學 여택재생麗澤齋生), 발진發眞(흥왕사 학도學徒), 돈례敦禮(양온령동정良醞令同正), 돈신敦信(종불체락從佛剃落) 등이었다. 그러하니 권

195) 『동안거사집』行錄 1, 水多寺留題[并序]. 권돈례의 跋尾 글은 "此詩蓋指庚癸之際 士大夫莫不詭隨 獨家君守忠義於一邑 常以自心觀自在緣督爲經 雖當時擾攘 無足累其心尒"이다. '庚癸의 際'는 庚寅(1170, 의종 24년)의 무신 난과 癸巳(1173, 명종 3년)의 김보당 난을 의미한다. 周公은 권적을 비유한 듯하다.

적은 무신정변이 발생하기 훨씬 이전인 병인년(1146, 의종 즉위) 12월 20일에 세상을 뜬 것이었다. 권돈례가 부친 권적의 사망 시점을 모를 리가 없었을 터인데 부친이 경계庚癸의 정변 때 충의를 지켰다고 은근슬쩍 수다사 관음 옆에 적어 놓았고, 이승휴는 권돈례의 이 발미를 철석같이 믿고 차운하는 시를 지었다. 권돈례는 수많은 사람들을 기만했을 뿐만 아니라 관음에게 불경不敬을 저질렀던 것이다.

사족士族은 수양과 흥취를 위해 산수 유람을 한다는 경향을 지녔다. 안축安軸이 강릉 경포대에 대해 기술하기를, "천하의 물物은 무릇 형체가 있는 것은 모두 리理가 있나니, 크게는 산수山水, 작게는 권석拳石과 촌목寸木에 이르기까지 모두 그러하지 않음이 없어, '인人의 유자遊者'가 이 물物을 람람覽하며 우흥寓興하고 인因하여 즐거워해, 이것이 누대樓臺·정사亭榭를 짓는 이유이다. 대저 형形의 기자奇者는 현현에 있어 눈으로 완완玩하는 것이고, 리理의 묘자妙者는 미微에 숨어 마음으로 득得하는 것이라, 기형奇形을 목완目玩하는 자는 우愚·지智가 모두 함께 그 편偏을 보는 것이고, 묘리妙理를 심득心得하는 자는 군자君子가 그렇게 하여 그 전全을 즐거워한다고 했다. 공자孔子가 말하기를, '인자仁者는 산을 좋아하고 지자智者는 수水를 좋아한다'라고 했는데, 이는 그 기奇를 완완玩하여 그 편偏을 본 것이 아니라 대개 그 묘妙를 얻어 그 전全을 즐거워함을 일컬은 것이 아니리오"라고 했다.[196)]

여기서 '인人의 유자遊者'는 대개 사족士族 유람자를 의미한다. 경치를 보면서 '인人의 유자遊者'가 흥취를 일으켜 즐거워하기 때문에 누대樓臺와 정사亭榭를 짓는 것이라 했으니 사족 유람자가 즐기기 위해 명승지를 유람하고 또한 이를 위해 명승지에 누대樓臺와 정사亭榭를 짓는다는 것이니 피지배층의 즐거움과는 거리가 멀었다. 그러한 유람은 '인자仁者는 산을 좋아하고 지자智者는 수水를 좋아한다'라고 한 공자의 발언으로 합리화되었다.

최해崔瀣는 천력天曆 기사년(1329, 충숙왕 16) 3월에 지은 「송승선지유금강

---

196) 『謹齋集』 권1, 관동와주, 記「鏡浦新亭記」;『신증동국여지승람』 강릉 누정 경포대, 安軸記. 거의 같은 내용이 『동문선』 권68에 「江陵府鏡浦臺記」로 실려 있다.

산送僧禪智遊金剛山 서序」에서, 어떤 자들은 사람들을 속여 유혹해 이르기를, 이 산(금강산)을 한 번 보면 죽어도 악도惡道에 떨어지지 않는다고 하니, 위로 공경公卿으로부터 아래로 사서士庶에 이르기까지 처자妻子를 이끌고 다투어 가서 예배해, 유산遊山의 무리가 길에 실처럼 이어지고 과부寡婦·처녀 處女도 따라 가는 자가 있어 산중에 신숙信宿하니 추성醜聲이 들리지만 사람들 이 괴이함을 알지 못한다고 했다. 혹은 함명函命을 띤 근시近侍가 역마를 달려 강향降香이 세시歲時마다 끊이지 않는데 관리官吏가 세력을 두려워해 분주 하게 명령을 기다리니 공역供億의 비용이 많이 들어 이 산 일대 거민居民이 응접應接에 괴로워 심지어 분노해 말하기를, 산이 어찌 다른 지경地境에 있지 않은가 한다고 했다. 사람들이 이 산을 사랑하는 것은 보살이 이곳에 거주하기 때문이고, 보살을 경배하는 것은 사람에게 명명冥冥하게 복福을 주기 때문인데 그 명명冥冥의 복福은 인식할 수 없다면서, 머리 깎은 자가 이 산에서 죽粥을 팔아 스스로 온포溫飽를 도모하니 민民이 그 피해를 입는다고 했다. 이런 까닭으로 자신은 사부士夫가 유산遊山하려는 것을 보면 저지할 수는 없을지라 도 마음속으로 비루하게 여긴다고 했다.197) 안축은 금강산을 주제로 읊은 시에서, "골립봉만骨立峯巒이 검극劍戟처럼 명명한데 거승居僧은 재齋가 끝나니 앉은 채 경영함(일함)이 없네, 어찌하여 산(금강산) 아래 살아가는 민류民類는 첨망瞻望하며 때때로 눈살을 찌푸리며(矉頻) 가는가"라고 했다.198)

금강산을 한 번 보면 죽어도 악도惡道에 떨어지지 않는다고 하니 공경公卿으 로부터 사서士庶에 이르기까지 처자妻子를 이끌고 다투어 가서 예배하여, 유산遊山의 무리가 길에 실처럼 이어졌다는 것이다. 과부·처녀도 금강산을 유람하며 산중에서 숙박하니 추성醜聲이 들리지만 사람들이 괴이함을 알지 못했다는 것이다. 금강산 유람에 대한 유학자 최해의 이러한 비판적인 글을 통해 오히려 귀천 없이 남성은 물론 여성과 어린이도 금강산에 많이 유람했음

197) 『졸고천백』 권1, 「送僧禪智遊金剛山序」. 최해는 온건한 斥佛을 했다고 한다(송창한, 「최해의 척불론에 대하여 - 送僧禪智遊金剛山序를 중심으로 - 」『대구사학』 38, 1989).
198) 『근재집』 권1, 詩, 「金剛山」. "骨立峯巒劍戟明 居僧齋罷坐無營, 如何山下生民類 瞻望時時 矉頻行".

544

그림 38. 정선의 풍악 백천교(국립중앙박물관 소장). 백천교에서 견여肩輿와 말이 교대했음. 조선 승려는 유람 사족의 가마꾼으로 전락

을 알 수 있다. 남녀가 만나면 '추성' 즉 더러운 소문이 들린다는 것은 유학자의 고리타분한 사고방식이며 오히려 유람과 등산을 통해 남녀의 자유분방한 만남과 연애가 많이 이루어졌음을 알려준다. 금강산에 강향사降香使가 자주 왕래하고 승려가 음식을 팔아 넉넉하게 생활하니 이 일대에 거주하는 민民이 피해를 많이 입었다는 것이니, 금강산에의 여행객과 강향降香 증가는 민과 고려에게 많은 부담을 안기는 폐해를 초래하기도 했다. 이는 공민왕이 기철 등 친원파를 숙청한 직후인 5년 10월에 이인복을 원에 보내, 금강산 여러 사찰에 원이 해마다 두 번씩 강향降香해 민을 수고롭게 하고 일을 만들어 오히려 황제 구복求福의 뜻에 어긋나니 정파停罷하기를 요청한 데에도[199] 확인된다.

199) 『고려사』 권39 및 『고려사절요』 권26, 공민왕 5년 10월.

사족士族은 산에서 학업·수양하거나 산에 올라 수양하거나 명승名勝을 구경하기를 즐겼는데 대개 그곳에 있는 불교 사원과 승려의 도움을 받았다. 불교가 억압받은 조선시대에도 이러한 이유와 제사祭祀 지원장소로의 활용으로 인해 명산의 사찰이 상당히 유지되었으니 상호간 불평등한 기묘한 공존이었다. 불교 사원과 승려가 불교를 숭상한 고려시대에는 그러한 사족에게 자발적으로 도움을 준 측면이 컸다. 반면 불교를 억압한 조선시대에는 그러한 사족에게 억지로 도움을 줘야 한 측면이 컸으니 조선 사족은 산 속 불교사원을 자기 집처럼 이용하면서도 승려를 종처럼 부리곤 했다. 조선 사족의 명산名山 등산 열풍에는 강제된 사찰과 승려의 많은 희생이 깔려 있었다. 조선초 남효온이 금강산을 유람했을 때 마하연에 들어가 이곳 승려 나융懶融에게 만경대萬景臺 노로路를 요청하자 나융이 자못 싫어해 비로정상毗盧頂上은 밟아 오를 수 없다고 하니, 남효온이 나융과 작별하고 만회암萬灰庵에 이르러 만경대萬景臺에 올랐는데 만회암 승려 역시 싫어해 만류하면서 말하기를 길이 없어 (비로봉에) 올라갈 수 없다고 했다. 남효온이 금강산 승려의 도움 없이 비로봉에 오르기를 시도했지만 길을 잃어 포기한다.[200] 남효온은 사마시司馬試에 합격한 사족이지만 세조 즉위를 비판해 성종대에 벼슬하지 않은 유랑객이었다. 승려가 그러한 처지인 남효온의 무리한 요구를 거절한 것이지만 관료의 요구였다면 무리하더라도 거절하기 어려웠을 것이다.

사족의 명승지 유람은 그곳 사람들의 노고를 초래했다. 고려말기 안축安軸은 강릉도 존무사로 화주(옛 등주)에 머물 적에 그 일대의 명소를 유람했다. 그는 화주수和州守 김군金君의 권유에 따라 화주和州 압융현押戎縣의 동쪽 해안에서 10여리餘里 떨어진 곳에 위치한 국도國島를 구경했다. 만약 총석정叢石亭을 먼저 구경했다면 이 섬을 구경하지 않는 편이 좋다며 자신은 이미 이르고서 후회한다고 했으며, 호사자好事者가 모두 말하기를 관동 형승形勝에서 국도國島가 최고라 하니 유상자遊賞者로 하여금 주즙舟楫을 갖추고 주손酒飡과 기악妓樂을 싣도록 만들어 농사를 방해하고 민民을 해치니 일방一方이 괴로워

---

200) 『秋江集』 권5, 「遊金剛山記」(남효온).

546

한다고 했다. 이로 인해 장구육운시長句六韻詩 1편을 지어 후래자後來者의 경계(훈계)로 삼는다며 읊기를, "선도仙島가 멀리 아득해 육오六鰲를 탔는가 의심하고 망망하게 가는 길이 운도雲濤에 막혔네, … 노를 젓느라 지친 민民은 뜨거운 땀을 흘리고 연회 자리를 마련하느라 빈읍貧邑이 잔고殘膏를 짜니, 만약 동명수東溟水를 첨작添作할 수 있다면 기관奇觀을 다 침몰시켜 이 노고를 벗어나게 하리라"라 읊었다.201) 유상자遊賞者로 하여금 주즙舟楫을 갖추고 주손酒飧과 기악妓樂을 싣도록 만들었다고 했는데, 주즙舟楫을 갖추고 거기에 주손酒飧과 기악妓樂을 싣는 것을 부담한 자는 국도 일대의 관리와 주민이었다. 안축은 또한 천도穿島 시를 지었는데,202) 서문에서 천도穿島는 흡곡현歙谷縣 남쪽에 위치해 현縣과의 거리가 15리로 암석을 지니고 국도國島·총석叢石의 지예支裔인데 사람들이 찾아 노니는 것은 대개 그 복복腹(배)이 뚫려 있기 때문이라 했다. 시를 지어 읊기를, "사빈使賓이 멀리서 명성을 듣고 내왕來往하기를 시절時節 없이 하니 어찌 오직 주즙舟楫만 수고롭게 하리오, 역시 민民 고혈膏血을 빠는 것이네, 벼락이 이 섬을 손상시키지 않으면 이 해로움이 어느 때에 끊어지리오"라고 했다. 국도國島와 천도穿島의 기관奇觀은 유람객을 자주 많이 끌어들인 반면 그 일대의 주민과 뱃사공은 제대로 보상받지 못한 채 고된 노동과 접대에 시달려야 했던 것이다.

이곡은 배를 타고 통주(옛 금란현)의 금란굴을 관람했는데 배를 조종하는 자가 말하기를, "내가 여기에 거처한지 오래거늘 원조元朝 사화使華와 본국本國 경사卿士로 방면方面에 장절부부仗節剖符한 자로부터 아래로 유관遊觀하는 사람에 이르기까지 귀천貴賤을 물음이 없이 반드시 와서 구경하고자 하여 매양

201) 『근재집』권1, 關東瓦注, 詩, 國島詩 幷序. 한편 이곡이 관동을 유람할 때 鶴浦縣亭에 安謹齋(근재 안축) 詩가 있어 그 末句에 "若爲添得東溟水 沒盡奇觀免此勞"라는 부분이 있다면서 대개 游觀者가 勞民하기 때문이라 해석했다. '若爲添得東溟水'에서 '添得'은 『근재집』권1 國島詩에는 '添作'으로 되어 있다. 이곡은 그(안축) 뜻에 反하여 一絶을 지어 읊기를, "파리한 馬와 여윈 童(노예)으로 인해 路가 더욱 길어지고 孤村 破驛이 진정 荒凉하네, 만약 關東路가 富庶(부유하고 인구가 많음)하다면 奇觀을 만날 때마다 한바탕 술에 취하리라"라고 했다. 『稼亭集』권19, 律詩.
202) 『근재집』권1, 詩 穿島詩 幷序.

나의 배[舟]로 하여금 인도하게 하니 내가 실로 싫어합니다"라고 했다.203) 경관이 빼어난데다가 관음보살의 거주처로 알려진 통주해변 금란굴은 고려는 물론 세계적으로 알려진 명소로 관리와 유람객이 끊이지 않았지만 그들을 안내한 뱃사공은 제대로 보상도 받지 못한 채 고역에 시달렸던 것이다.

이곡이 아침 일찍 일어나 삼일포에 이르러 배를 타서 서남쪽 소서小嶼(작은 섬)에 이르렀는데 거석巨石 꼭대기에 석불을 지닌 석감石龕(미륵당)이 있고 그 벼랑의 동북면에 육자단서六字丹書('술랑도남석행述郎徒南石行')가 있었다. 이 육자단서에서 '술랑남석述郎南石' 네 글자는 매우 명확한 반면 그 아래 두 글자는 희미해 알 수 없는데 옛적에 주인州人이 그 유상遊賞에 공급供給하는 것을 괴로워하여 그것을 깎아냈다고 하니 지금 그 두 글자가 명확하지 않은 것은 대개 이 때문인가 했다. 배를 돌려 사선정四仙亭에 오르니 역시 호수 중의 한 섬으로 이른바 삼십육봉三十六峰이 호심湖心에 그림자를 거꾸로 비추는데, 사선정은 박숙朴淑이 존무存撫할 적에 설치한 것이라고 했다. 호수 는 100경頃인데 맑고 깊고 넓어 관동승경關東勝境으로 국도國島에 버금가는데, 사람들이 말하기를, 사선四仙이 유遊한 곳이라 삼십육봉三十六峯마다 비석이 있었지만 호종단胡宗旦이 모두 물에 가라앉혀 지금은 그 질跌만 남아 있다고 했다.204) 이곡이 묘사한 육자단서의 상태는 아래의 표와 같았으리라 짐작되 는데, 고성 사람들이 삼일포 유람객에 대한 부담과 시중을 괴로워해 이 육자단서를 깎았다는 것이다. 고성 사람들이 유람객으로 인한 부담을 피하

삼일포 六字丹書	
南 石 行	述 郎 徒

---

203) 「東遊記」(『가정집』 권5, 記).

548

기 위해 사선四仙 비석을 훼손하고는 호종단이 그랬다고 핑계를 대었을 수도 있다. 고성 삼일포는 관리와 지배층에게는 즐거움을 안겨준 명승지인 반면 고성 사람들에게는 그 유람객들에게 공급하느라 고통을 안겨준 곳이었으니 애증의 장소였다.

박숙朴淑이 관동에서 절월節鉞을 잡았을 때, 읍인邑人(강릉 사람)에게 명해 경포대에 정자를 짓도록 하니, 읍인邑人이 모두 말하기를 '영랑永郎이 이 대臺에서 노닐었지만 정우亭宇가 있다는 것을 들은 적이 없는데 지금 천재千載 (천년)가 흐른 후에 어찌 정자를 지으려 하는가' 하고, 음양기어陰陽忌語로써 고했다고 한다. 하지만 박공은 청납하지 않고 독명督命했는데 역자役者가 제토除土하다가 초체礎砌가 남아 있는 정후 구기舊基를 발견하니 읍인邑人이 이상하게 여기며 감히 반박하는 말이 없었다고 한다. 정후의 기적基迹이 이미 옛적과의 거리가 면원綿遠하고 인몰堙沒함에 이르니 읍인邑人이 알지 못했는데 지금 우연히 보게 되었으니 이 어찌 영랑永郎이 지금 부생復生한 것이 아님을 알리오 했다.205) 원간섭기에 관동에 파견된 박숙朴淑이 강릉 사람들을 동원해 경포대에 정자를 지으려 하자 강릉 사람들은 반발했지만 박숙이 강제로 강릉 사람들을 동원해 그 정자를 완공시켰던 것이다. 경관을 즐기려는 사족인 사절使節과 지방관과 유람객은 경포대 정자를 원했던 반면 부담에 시달려야 하는 강릉 사람들은 대부분 반대했던 것이다. 박숙은 강릉 도존무사로서 경포대 정자 외에도 고성 삼일포에 사선정을, 울진에 취운정 (취운루)을, 평해에 망사정을 건립했는데, 역시 사족의 유람과 휴식을 위한 시설이었을 터였고, 하층 사람들은 공역과 부담에 시달렸으면서 정작 혜택에서 소외되었을 것이다.

이곡은 연곡현連谷縣에서 숙박하고 다음날 강릉존무사江陵存撫使 성산星山 이군李君과 경포鏡浦에서 뱃놀이하고 경포대에 올랐으며, 이로 인해 1일 동안

204) 東遊記(『가정집』 권5, 記). 六字丹書 중에 명확하지 않다는 二字는 '徒'와 '行'에 해당한다.
205) 『근재집』 권1, 關東瓦注, 記, 鏡浦新亭記 ; 『신증동국여지승람』 강릉 누정 경포대, 안축 記. 泰定 병인년에 지금 知秋部 學士 朴淑이 관동에서 節鉞을 잡았다가 돌아와서 안축에게 경포대 정자건립 기문을 부탁했다.

머물고는 강성江城(남대천을 낀 강릉부 성)을 나와 문수당文殊堂을 관람했는
데 동쪽에 귀질龜趺만 남은 사선비四仙碑가 있고 사선四仙이 유遊한 곳인 한송정
寒松亭에서 음전飮餞했다. 군인군人(강릉 사람들)이 그 유상자遊賞者가 많음을
싫어해 옥룩을 철거했고 송松 역시 야화野火에 의해 불타 오직 석조石竈와
석지石池와 두 석정石井이 그 옆에 있는데 역시 사선四仙 다구茶具라고 했다.206)
강릉 문수당과 한송정은 문수보살 신앙과 사선 신앙으로 유명해 유람객이
이어지자 강릉 사람들이 부담으로 인해 괴로워해 옥룩을 철거해 버려 한송정
정도만 유지되고 있었다는 것이다. 이곳 소나무가 들불에 의해 불탔다고
하는데, 강릉 사람들이 유람객을 줄이기 위해 일부러 방화했을 수도 있다.

　한송정·총석정·삼일포 비석 등이 호종단에 의해 훼손되었다는 설이 있었
다. 이곡은 「동유기」에서, 호종단胡宗旦은 이승당李昇唐(남당南唐) 사람으로
본국本國(고려)에 와서 벼슬해 오도五道에 출순出巡해 이르는 곳마다 비갈碑碣
을 괄거刮去하거나 쇄쇄碎하거나 침沉하고 심지어 유명한 종경鍾磬을 모두 용철鎔
鐵했는데, 한송정寒松亭·총석정叢石亭·삼일포三日浦의 비碑, 계림부鷄林府 봉덕奉
德의 종鍾(봉덕사 종)과 같은 부류에서 볼 수 있다고 했다.207) 호종단이
고려 전국을 순시하면서 비석과 종경鍾磬을 파손했고 한송정·총석정·삼일포
비석도 그러한 사례라고 한 것이었다. 조선초 남효온이 마하연을 지나고
또 묘봉암妙峯庵·사자암獅子庵을 지나 사자항獅子項에 이르렀는데, 민지閔漬
유점기楡岾記(유점사기)에, 호종단이 금강산에 들어와 압壓하려 하자 사자獅子
가 이 항項에서 막으니 호종단이 들어갈 수 없었다고 실려 있다고 했다.208)

　호종단 설화는 탐라 제주에도 전해진다.『세종실록』지리지 제주목 영이靈

206)「東遊記」(『가정집』권5, 記).
207)「東遊記」(『가정집』권5, 記). 이곡은 호종단을 '李昇唐之人'이라 했는데 '李昇'은 '李昪'의
　　오류로 보인다. 李昪은 南唐의 건국자였다. 호종단은 宋 출신인데 이곡이 호종단을
　　李昪唐(李昇唐) 사람이라 한 것은 호종단이 강남 사람이었기 때문이라 여겨진다.
　　봉덕사종은 곧 성덕대왕신종인데 호종단에 의해 파손된 부분이 있는지 확인하기
　　어렵다.
208)『秋江集』권5, 遊金剛山記. 남효온과 동행한 雲山이 山頂 一石을 가리키며 獅子形이라고
　　하니 남효온이 詳視했지만 자못 獅子와 비슷하지 않고 頑然히 一圓石이라고 했다.

異 항목에, 언전諺傳에 이르기를 '한라산주신자계제漢拏山主神子季弟'가 태어나면서 성덕聖德을 지니고 몰沒하여 명신明神이 되었는데, 호종단胡宗旦이 이 토土를 진양鎭禳하고 배[舟]를 타서 강남江南으로 향하니, 신神이 응鷹(매)으로 변하여 장두檣頭에 비상飛上하자 북풍이 크게 불어 호종단의 배를 격쇄擊碎해 서경西境 비양도飛揚島 암석 사이에 침몰하도록 하니, '국가國家'가 그 영이靈異를 포상해 식읍食邑을 하사하고 책봉해 광양왕廣壤王으로 삼아 해마다 향폐香幣를 내려 제사했다고 한다. 『동국여지승람』 제주목 사묘祠廟에, 광양당廣壤堂이 주州 남쪽에 있어 한라호국신사漢拏護國神祠라며, 언전諺傳에 한라산신漢拏山神의 제弟가 태어나면서 성덕聖德을 지니고 몰歿하여 신神이 되었는데, 고려 때에 송 호종조胡宗朝(호종단胡宗旦)가 와서 이 토土를 압壓하고 부해浮海하여 돌아가자 신神이 응鷹으로 변화하여 장두檣頭에 비상飛上하니 북풍이 크게 불어 호종조(호종단)의 배를 격쇄擊碎해 서경西境 비양도 암석 사이에 침몰하게 하니, '조정朝廷'에서 그 영이靈異를 포상해 식읍을 하사하고 책봉해 광양왕廣壤王으로 삼아 해마다 향폐香幣를 내려 제사하고, 본조本朝(조선)는 본읍本邑으로 하여금 치제致祭하도록 했다고 한다.[209] 호종단이 탐라를 음양풍수로 진양鎭禳하고 돌아가려 하자 한라산신의 아들 혹은 아우가 매로 변하여 호종단의 배를 비양도 암석 사이에 침몰시키니 국가(세종실록지리지), 조정 (동국여지승람)이 포상해 광양당의 광양왕에 책봉했다는 내용인데, 이 국가 내지 조정은 탐라국으로 보아야 타당하다. 고려가 숙종 10년에 탁라(탐라)를 고쳐 탐라군으로 삼았다고 『고려사』 지리지에 되어 있지만 지군사知郡事를 파견하지 못해, 탐라가 여전히 독립국 상태였기 때문이다.

호종단은 송宋 복주인福州人으로 고려에 귀화해 주로 예종~인종대에 활동한 인물로 잡예雜藝에 능통해 압승술壓勝術을 건의하니 왕이 미혹했다고 한다.[210] 고려는 건국 이래 쌍기, 주저周佇, 유재劉載, 호종단 등 중국인을 귀화시

209) '漢拏山主神子季弟'는 漢拏山主의 神子 중 막내, 漢拏山主神의 子 중 막내, 漢拏山主의 神子(자식)와 막내동생, 漢拏山主神의 子와 季弟 등으로 해석된다. 광양당은 원래 탐라국의 護國神祠였을 것이다.

210) 『고려사』 권97, 劉載傳 附 胡宗旦.

켜 우대했는데,[211] 최승로, 서필(서희의 부친) 등 고려 관료들은 귀화 중국인
에 대한 지나친 우대를 비판하기도 했다.[212] 호종단은 중국 출신임에도
불구하고 고려왕조를 위해 복무했지만, 잡예에 능통한 것으로 인해 정통고수
유자儒者에게 비난을 받기도 했고, 중국 출신으로 고려풍高麗風을 해치려
한다는 의심을 받기도 했다.

　고려중기에 고려왕조의 운수가 쇠퇴해 운수를 연장하기 위한 조치를
해야 한다는 연기설延基說이 대두했으니 음양전문가인 호종단이 그러한 조치
에 종사했을 수 있다. 사선四仙은 신라 화랑의 대표자이니 사선 신앙이
신라의 부흥을 부추길 수 있다는 우려로 인해 사선 관련 기념물이 파손당했을
개연성은 있다. 한송정·총석정·삼일포 비석 등 명승지 기념물이 인위적으로
파손되었다면, 그 지역 사람들이 유람객 접대를 괴로워하여 파손하고는,
정통고수 유자儒者와 고려풍중시 사람들에게 비난받아 온 호종단을 끌어들
여 핑계로 삼았을 가능성도 있다고 생각한다. 호종단 설화는 사례에 따라
다양하게 해석해야 하리라 본다.

　안축은 충혜왕 원년(1331) 5월 25일에 화주를 출발해 남행南行했는데 비로
인해 흡곡歙谷 객관에 묵었고, 다음날(26일)에도 비로 인해 통주에 머물다가
비가 개자 옹천瓮遷 길을 거쳐 고성高城에 들어가 고성 객관에 묵었다. 고성
북쪽 7, 8리의 삼일포三日浦를 찾아 사선四仙의 자취를 더듬고, 남하하면서
29일에 마상馬上에서 수한水旱으로 인한 흉년을 근심하면서 간성杆城에 들어
가 객관客館에 묵고 나서 간성 남쪽 청간역清澗驛의 만경대萬景臺를 유람했다.
고성高城 객관客館과 삼일포三日浦를 거쳐 남하하며 5월 29일에 마상馬上에서
시를 읊더니 간성杆城 객관客館 시에 차운하고 백구白鷗(갈매기) 시를 짓고
청간역清澗驛 만경대萬景臺(간성 소재)를 주제로 허헌납許獻納 시에 차운하고
'염호鹽戶' 시를 짓고 말산末山 당두堂頭가 주리朱李(붉은 오얏)를 선물한 것에
답하는 시를 짓고 6월 13일에 진주眞珠(삼척) 남강南江에서 배를 띄워 놀았

211)『고려사』권93, 쌍기전 ;『고려사』권94, 주저전 ;『고려사』권97, 劉載傳 및 附 胡宗旦.
212)『고려사』권93, 서필전 및 최승로전.

다.213) 간성 일대에서 바닷가를 따라 삼척 방향으로 남하하면서 '염호' 시214)
를 지은 것인데 소개하면 아래와 같다.

내가 듣건대 옛날 성인聖人은 아침·저녁 밥 지으며 나라 다스려
생민生民은 단지 경착耕鑿하니 어찌 일찍이 제력帝力을 알았으리오
후세後世에 이문利門이 열리자 능신能臣이 다투어 계책을 올렸는데
각염権鹽은 어느 때에 생겨났는지 역대歷代에 따라서 개혁하지 않으며
본국本國(고려)은 법法(특히 각염법 지칭)이 가장 준엄하여 세과歲課가
가색稼穡을 넘네
내가 관동으로 나오면서부터 바닷가를 따라 가며 친히 독역督役하는데
누추한 거처는 미려榍廬(허름한 오두막)와 같고 봉문蓬門에는 석석席을 걸지
않았네
노옹老翁이 자손子孫을 거느려 촌각寸刻도 휴식하지 못하고 일하네
한랭한 추위에 창명滄溟을 길어 무겁게 지고 오느라 어깨와 등이 벌겋고
찌는 더위에 불을 때어 연매煙煤를 무릅쓰고 훈자熏煮하느라 미목眉目이
까맣구나
문 앞 십거十車의 시柴(땔나무)는 하루 저녁 불 때기에도 부족하고
날마다 백곡百斛 수水를 달여도 소금 일석一石을 채울 수 없네
만약 기정期程에 미치지 못하면 독리毒吏가 와서 분노하며 질책하고
관官에 운송하면 산처럼 쌓아놓아 전매轉賣하여 포백布帛을 마련해
군왕君王은 공신을 존중하여 아낌없이 상상賞으로 하사하는데
일인一人이 몸에 입은 옷은 만민萬民의 노고가 깊이 쌓인 것이라
슬프구나! 저 염호鹽戶여, 해진 옷이 등골도 가리지 못하는구나
괴로움을 견디지 못해 달아나 형적形跡을 감추네
만약 동해東海 파도를 응고시켜 설산雪山만큼 백白(소금)을 만들 수 있다면

213) 『근재집』 권1, 關東瓦注. 瓮遷은 통천군 남쪽 65리로 통주와 고성 사이에 위치했는데,
바다에 臨한 石山 절벽으로 말이 並行할 수 없을 정도로 좁고 구불구불한 길이
山腹을 휘감은 요해처였다(『신증동국여지승람』 권45, 통천군 산천). 淸澗驛은 간성군
남쪽 44리 海岸에 위치했고, 萬景樓는 淸澗驛 동쪽 數里의 突起한 石峯에 위치했다(『신증
동국여지승람』 권45, 간성 驛院 및 樓亭).
214) 『근재집』 권1, 關東瓦注, 詩, 鹽戶.

관가官家에서 마음대로 취용取用하고 민民과 함께 이익이 있으련만

그렇지 않으면 너희 생민生民을 구휼해 때때로 자애 은택을 쏟아부어야

하건만

이를 생각하면서 행참行驂을 멈추었지만 군문君門은 구중九重으로 격리되
어 있네

안축은 천력天曆 3년(1330, 충숙왕 17, 충혜왕 즉위)에 강릉도존무사江陵道存
撫使에 임명되어 다음해(충혜왕 1)에 동해안을 다니면서 염호鹽戶의 가혹한
노고를 목격하고도 중앙정부 시책에 따라 소금제작을 독려해야 하는 자신의
처지를 한탄하며 「염호鹽戶」 시를 지은 것이었다. 고려의 소금 법(특히 각염
법)이 가장 준엄해 세과歲課가 가색稼穡의 세금보다 무거웠다고 했다. 염호가
관동 바닷가를 따라 누추한 오두막에 거처하며, 노옹老翁이 자손과 함께
잠시도 쉬지 못한 채 일해야 했는데, 한랭한 추위에도 바닷물을 힘들게
길어서 지고 와서 찌는 더위에도 불을 때어 연기를 마시면서 소금을 만들어야
했고, 게다가 엄청난 양의 땔나무를 마련해 쌓아두어야 했다는 것이다.
이렇게 해도 기한과 할당량에 맞추기 어려워 독리毒吏의 질책을 받아야
한 반면 군왕은 이 소금을 전매轉賣해 포백布帛으로 바꾸어 공신에게 아낌없이
하사한 반면 고역을 견디다 못한 염호는 달아나곤 했다는 것이다.

충선왕이 복위원년 2월에 각염법榷鹽法을 제정해 염분塩盆을 관官에 몰수해
사람들에게 관官에 염가塩價를 지불해 소금을 구입하도록 하고, 비로소 군현郡
縣으로 하여금 민民을 징발해 염호塩戶로 삼고, 염창塩倉을 영치營置하니 민民이
심히 괴로워했다고 한다.[215] 안축은 충선왕이 만든 각염법이 폐해가 많은데
도 충혜왕대까지도 혁파되지 않고 존속해 염호에게 가혹한 부담을 지운
것을 비판한 셈이었다.[216]

---

215) 『고려사』 권79, 식화지2, 塩法. 각염법에 대해서는 권영국, 「14세기 각염제의 성립과
    운용」 『한국사론』 13, 1985 ; 최연주, 「고려후기의 각염법을 둘러싼 분쟁과 그 성격」
    『한국중세사연구』 6, 1999가 참고된다.

216) 안축이 「鹽戶」 시를 지은 직후인 충혜왕 원년 7월에 고려정부가 五道塩場別監을
    설치하지만 이윽고 혁파한다고 한다. 『고려사』 권79, 식화지2, 塩法.

안축의 이 '염호' 시는 충선왕이 제정한 각염법으로 인해 바닷가의 염호鹽戶
가 얼마나 고통을 많이 받고 있었는지 생생히 보여준다. 동해를 연漣한
관동 해안은 곳곳에 명승지를 지녀 지배층 유람자의 찬미를 받았지만 그곳에
사는 민民으로 하여금 과중한 응대와 공납을 부담하도록 만들었다. 관동의
각 고을은 『세종실록』 지리지에 따르면 모두 염분鹽盆을 지녔으니 이곳
해안가 사람들은 고려는 물론 조선시대까지 소금을 생산해 바치느라 엄청난
고생을 해야 했다.

맺음말

고려시대 관동은 철령 동쪽 일대를 의미했고 대개 동계(동북면)에 해당했
으니 고려의 산맥이 백두산에서 시작해 지리산으로 끝난다는 인식에 바탕하
고 있었다. 백두산-지리산 구도는 고려가 후삼국을 통일한 후에 형성되어
인종대 묘청의 8성당과 의종대 김관의의 『편년통록』에 반영되었다.

고려인들은 백두산-지리산 산맥의 철령, 대관령 등을 넘어 펼쳐지는
관동지역을 다른 세계로 여겼는데, 이 지역을 궁벽하고 척박하다고 생각하면
서도 빼어난 경관과 이상적 종교시설의 즐비로 인해 유람하고 싶어 했다.
관동지역은 남북으로 길어 남쪽 일대는 온난하고 북쪽 일대는 상대적으로
덜 온난했다. 또한 동쪽 해안지대와 서쪽 산간지대의 기후 차이가 심해
산간지대는 한랭한 반면 평지와 해안은 태백산맥이 북서풍을 막아주고
동해가 해양성 기후를 제공해 온난했다. 금강산 일대는 고성 방면을 제외하
면 한랭했고, 정선은 동북면에 속했지만 태백산맥의 서쪽 고지대에 위치해
한랭했다.

관동의 남부인 평해平海, 울진 일대는 수전과 한전이 절반씩이었지만 중부
와 북부로 올라가면서 수전은 적고 한전이 많아 곡식으로는 보리와 콩이
주된 생산물이었다. 관동의 바닷가는 어로활동과 소금 생산을 주로 했다.

대나무가 따뜻한 곳에서 잘 자라는데, 관동의 남부지역은 물론 북부지역에도 재배되었으니, 산간지대를 제외하면 기후가 온난했기 때문에 가능했다. 관동의 해안가와 그 인근에는 월송정, 한송정, 취운정 등의 사례처럼 소나무가 인공적으로 무성하도록 심어졌는데 아름다운 경관을 위한 측면도 있었지만 바람과 물과 침식 피해를 예방하기 위한 측면도 있었다.

　관동에는 금란굴, 국도, 금강산, 삼일포, 청간정, 영랑호, 경포대, 한송정, 오대산, 죽서루, 망양정, 월송정 등 명승지가 많아 유람객이 자주 찾아 즐겼다. 이렇게 즐긴 사람들은 대개 사족士族이었으니 이러한 명승지에 거처한 서민들은 그 유람객을 위해 온갖 시중을 하느라 고생해야 했다. 사족이 즐겨 찾은 관동의 명승지는 바닷가에 몰려 있었는데 바닷가 거주민들은 염호鹽戶로 지정되어 소금을 생산해 관청에 바치느라 등골이 휘도록 고역에 종사해야 했다. 관동의 명승지는 흥취를 불러일으킨 측면과 고생을 불러온 측면이 공존해 있었던 것이다.

결 론

고려시대 관동 내지 동북면 범위에서 남쪽 끝은 울진과 평해여서 명확한 반면 북쪽 끝은 불명확한 측면이 있다. 고려전기에 정주定州가 여진과의 관문關門으로 기능했던 시기가 많았지만 윤관이 9성을 개척하면서 그 북쪽으로 확장되었다. 윤관 군대가 쌓은 성과 돌려준 성이 차이가 나는 것은 여진과의 전쟁 과정에서 성의 축조와 운영에 변화가 생겼기 때문일 것이다. 9성을 여진에게 돌려준 후 정주定州가 다시 관문으로 기능했지만 몽골의 침략으로 북쪽 경계는 혼란을 거듭하다가 공민왕의 반원개혁 일환으로 쌍성총관부를 몰아내면서 길주 일대까지 확장했다.

고려 동북면의 행정 구조는 병마사, 감창사, 안변도호부사, 방어사, 진장鎭將, 현령 등으로 이루어졌다. 군사적 업무는 병마사와 분도장군과 안변도호부사가 주로 맡았고 방어사 등도 관여했다. 동북면 병마사가 동북면을 총괄하는 한편 안변도호부사도 계수관으로서 동북면에 대한 통제를 행사했다. 감창사도 본래의 분야인 재무를 중심으로 진휼, 포폄, 권농, 산천제사 등 다른 업무에도 관여했다. 분대어사(분사어사)는 병마사 예하에서 주로 감찰 업무를 담당했다. 병마사, 안변도호부사, 감창사, 분대어사, 분도장군은 서로 보완하는 관계이면서 견제하는 관계이기도 했는데, 무인정권기에는 분도장군이 월권을 행사하기도 했다.

관동 내지 동북면에서 북쪽 지역의 중심지는 안변도호부(화주 혹은 등주)

였고, 남쪽 지역의 중심지는 방어사 혹은 도호부 명주(강릉)였는데, 유람객은 오대산, 한송정, 경포, 등명사 등을 지닌 명주를 선호했다. 동북면 내지 관동에서 고성, 통주, 양주, 삼척 등은 행정적인 위상은 높지 않았지만, 고성은 금강산과 삼일포를, 통주는 금란굴과 총석을, 양주(양양)는 낙산사를, 삼척은 서루(죽서루)를 지녔기에 유람의 측면에서는 위상이 높았다.

고려 초·중기 관동 유람에 대해 살펴보면, 태조(왕건)가 금강산을 올랐을 때 담무갈曇無竭보살이 현신現身하자 예배하고 그 자리에 정양사正陽寺를 세웠다고 전해지는데, 정양사는 현종 무렵에 최사위崔士威에 의해 중창된다. 동북면병마사 이순우李純祐와 그 막료 김례경金禮卿이 풍악을 지나며 시를 주고받았는데, 특히 김례경은 풍악에 담무갈보살이 주처해 무행無行 거승居僧도 묘관妙觀에 들어갈 수 있다고 했다. 전치유田致儒도 장절杖節해 개골산을 경유하며 시를 지었다. 금강산 장안사는 성종 때 중창되었고, 마하연도 성종 무렵에 개경과 교류하고 있었다. 풍악산 발연수鉢淵藪(발연사)는 진표의 성지로 무인정권기에 각광받았는데 나말여초 내지 고려초에 이미 그러했을 수도 있었다. 유점사는 고려중기에 두 차례 정도 중창되었고 왕명을 받든 내시內侍 소경여가 이 절을 찾아 시 여러 편을 지었다. 금란굴과 총석정을 지닌 금양金壤(통주通州)도 유람객에게 인기를 끌어, 총석정에 대해 산인山人 혜소慧素가 기記를 지었고, 고조기가 금양金壤에서 시를 지었고, 이지심李知深이 총석정을 찾아 시를 지었으며, 김극기가 총석정을 유람해 그것을 주제로 시 여러 개를 남겼다. 익령翼嶺(양주襄州)도 낙산사를 지녀 유람객이 선호하는 곳인데, 승려 익장益莊이 낙산사기를 남겼다, 유자량庾資諒이 병마사로 관동에 나가 낙산을 들러 관음을 예배해 청조靑鳥 출현 설화를 남겼다. 김부의金富儀, 김극기, 함순咸淳, 김인경金仁鏡(김양경) 등이 낙산사를 찾아 관음을 예찬하였다.

명주(강릉)에서는 한송정, 경포, 등명사, 오대산 등이 사람들이 자주 찾는 명승지였다. 고려 광종대에 장진산張晉山(장연우張延祐)이 한송정곡寒松亭曲에서 한송정과 경포鏡浦를 노래했다. 고려중기에 승려 계응과 혜소가, 무인정권기에 이인로와 김극기가 한송정을 주제로 읊거나 언급했다. 김극기와 이승휴가 경포를 찾아 시를 지었다. 김돈시와 김극기와 이승휴가 등명사를 찾아 시를 지었다. 김극기가 굴산사와 문수당(문수사)에 대한 시를 남겼다. 권적은 명주에 나가 근무했는데 대관령과 진부역과 수다사水多寺에 들러 시를 지었고, 그 아들 권돈례도 수다사를 찾았다. 진화陳澕가 오대산도五臺山圖를 보고 나서 직접 오대산에 올라 풍경을 감상했다. 김극기와 이승휴도 오대산에 올라 시를 지었고, 이승휴는 횡계역과 수다사를 찾아 시를 짓기도 했다. 삼척현에서는 서루西樓(죽서루)가 가장 선호하는 명승지였는데, 김극기와 이승휴가 찾아 시를 남겼다. 두타산 삼화사三和寺는 통일신라 이래의 고찰古刹이었는데 이승휴가 그 이웃에 은거해 주변을 탐방했다. 이승휴가 두타산 중대동中臺洞을 찬미했는데, 중대사中臺寺가 노사나 철불로 보아 통일신라 이래 이곳에 있었다고 여겨진다.

임춘林椿은 고려의 동쪽 지역을 유람하며 「동행기東行記」를 지었다. 그는 남쪽 지역을 여행하다가 죽령竹嶺을 넘어 당진唐津을 유람하고 나서 명주溟州 남령南嶺을 넘어 북쪽으로 나아가 동산洞山에서 숙박하고 익령翼嶺의 낙산으로 진입했다. 김극기는 신종 3년 3~4월 무렵부터 다음해 3~4월 무렵까지 대략 1년간 동북면 병마사영兵馬使營을 중심으로 근무하면서 관할 지역을 순력했다. 그는 안변도호부 방면에서 남하해 간성, 익령(양주), 명주(강릉), 삼척, 울진 등을 순력했다가 북으로 돌아왔는데, 그 과정에서 대상 지역의 명승지를 유람해 많은 시를 남겨 관동 일대의 풍광과 실상을 알려준다. 이승휴는 과거에 급제했지만 몽골군의 침략으로 인해 외가 삼척에 은거하며 주변을 유람했고, 경흥도호부(강릉) 판관 겸 장서기掌書記에 임명되어 강릉에서 근무하면서 강릉, 삼척, 정선 일대를 순력 내지 유람했다.

고려말기 관동 유람에 대해 살펴보면, 안축安軸은 강릉도존무사로서, 정추鄭樞는 동북면병사영의 관원으로서 관동을 공무로 순시하면서 여가에 그 일대를 유람했다. 이곡은 청소년기에 삼척현의 죽서루와 두타산 중대사를 유람했다. 그는 재상을 지내다가 정치적 실각상태여서 사적으로 금강산과 관동을 유람하고는 경상도를 거쳐 고향 한주韓州로 돌아왔다. 원천석은 학생 신분으로 고향 원주에서 출발해 사적으로 금강산을 두 차례 여행했고, 국자시에 합격한 후에 여전히 원주에 머물다가 사적으로 경상도와 관동 남부를 여행했다. 나옹화상은 승려 신분으로 금강산, 동해東海 연안, 오대산 일대를 편력했다.

안축은 대략 2년 동안 존무사로서 강릉도를 시찰하며 국도國島, 죽도竹島, 학포鶴浦, 천도穿島, 총석정, 금란굴, 삼일포, 금강산, 영랑호, 만경대, 낙산사, 관란정, 경포, 한송정, 삼척 서루, 태백산, 취운정, 월송정, 망사정 등을 유람했다. 정추는 대략 1년 동안 동북면을 시찰하며 간성杆城 청간역淸澗驛의 만경대萬景臺, 통주 금란굴金蘭窟, 원수대元帥臺, 강릉 경포鏡浦, 오대산 금강담金剛潭·월정사·문수사, 삼척 죽서루竹西樓, 평해平海 망양정望洋亭, 금강산 유점사, 고성 삼일포, 양주襄州 낙산사 등을 유람했다.

이곡은 8월 14일에 송도를 출발하고 8월 21일에 통구를 지나 천마령을 오르면서 금강산 여행 내지 관동 여행을 본격적으로 시작해 9월 21일에 평해에 도착하면서 관동 여행을 끝냈으니 그의 관동 여행은 1개월 정도(개경 출발부터 포함하면 1개월 1주일 정도)였다. 그는 이 기간에 금강산(표훈사, 정양암, 신림암, 삼불암, 장안사), 학포, 국도國島, 총석정·사선봉, 금란굴, 삼일포 미륵당·사선정, 선유담, 만경대, 영랑호, 낙산사, 관란정, 경포, 문수당, 한송정, 등명사, 삼척 서루, 성류사·성류굴, 영희정, 월송정 등을 유람했다. 원천석이 금강산의 어떤 명승지를 유람했는지는 확인하기 어렵다. 그의 관동남부 여행은 원주를 떠나 죽령竹嶺을 넘어 순흥부順興府, 영주榮州, 안동, 영해寧海(단양丹陽)를 거쳐 평해平海에 진입해 시작했는데, 평해 망사정望槎亭과 월송정越松亭과 영희정迎曦亭, 울진 취운루翠雲樓와 임의정臨漪亭을 유람하고는 우계현羽溪縣에서 정선군으로 넘어와 광탄廣灘, 남강南江, 수혈水穴, 의풍정倚風亭을 유람하고 원주로 돌아왔다.

안축, 정추, 이곡, 원천석 등은 대개 경치가 빼어나거나 기이한 곳, 불교 시설이 있는 곳, 신선(특히 사선四仙)의 이야기가 전해지는 곳을 유람했다. 나옹은 원에 유학하고 귀국해 평양 일대로부터 동해로 가서 금강산과 양주襄

州 등을 편력하다가 오대산 상두암으로 들어와 거처했고, 개경과 해주 신광사 등에 머물다가 이동해 금강산 정양암, 춘주 청평사, 오대산 영감암靈感庵 등을 편력했다.

관동 여행의 교통과 숙박을 살펴보면, 관동 안에서 왕래하면서 밖으로도 연결되는 노선은 삭방도朔方道와 명주도溟州道였다. 관동 바깥에서 관동을 왕래하는 데 이용된 주된 노선은 도원도桃源道, 평구도平丘道, 운중도雲中道, 춘주도春州道, 경주도慶州道 등이었다. 이러한 교통 노선에는 역참이 설치되어 휴식과 숙박을 제공했다. 고려시대 역驛의 위상은 개경과 서경 사이에 설치된 것들이 가장 높고, 그 다음이 서북면에 설치된 것들인 반면 관동과 관련된 역驛들은 철관역鐵關驛, 덕령역德嶺驛, 통달역通達驛, 화원역和遠驛, 삭안역朔安驛 등이 제3과에 해당해 위상이 높지는 않았다.

임춘林椿은 급제하지 못한 상태에서 고려의 남쪽 지역을 여행하다가 죽령竹嶺을 넘어 당진唐津을 유람했고, 이후 명주溟州 남령南嶺을 넘어 북쪽으로 나아가 동산洞山에서 숙박하더니 익령翼嶺으로 들어가 낙산을 유람했다. 김극기는 신종 3년 3~4월 무렵부터 다음해 3~4월 무렵까지 대략 1년간 동북면 병마사영兵馬使營을 중심으로 근무하면서 관할지역을 순력했는데, 안변도호부(등주)와 금양(통주) 일대를 돌아보는 한편, 남하해 낭천, 양구, 간성, 익령(양주), 명주(강릉), 삼척, 울진 순으로 순력했다가 북으로 돌아왔다. 이승휴는 과거에 급제했음에도 불구하고 몽골군의 침략으로 인해 고향(외향) 삼척에 은거하다가 경흥도호부(강릉) 판관 겸 장서기에 임명되어 이곳에서 근무하면서 강릉, 삼척, 정선 일대를 순력하고 유람했다. 안축은 강릉도 존무사로서, 정추는 동북면병사영의 관원으로서 관동을 순시하며 유람했다. 이곡은 금강산 여행을 목표로 하고서 금강산과 관동 일대를 유람했다. 원천석은 원주에서 출발해 먼저 금강산 여행을, 나중에 관동 여행을 했다.

임춘, 김극기, 이승휴, 안축, 정추, 이곡, 원천석 등은 험한 곳을 오르거나 배를 타는 곳을 제외하면 말을 타서 이동했고, 호수·강·바다의 명승지를 유람할 때에는 배를 이용했다. 단, 원천석은 금강산 여행 때 나귀를 탄

적이 있었다. 이들 사족은 역참을 이용해 이동하고 역참이나 고을 객사客舍에서 숙박하고 산속에서는 사원에서 숙박했으며, 등산할 때에는 이곡의 사례처럼 승려의 안내를 받을 수 있었고, 험한 곳을 관람할 때에는 이곡의 사례처럼 승려와 원주민의 인도를 받을 수 있었다. 역참은 본래 공무를 수행하기 위해 이용하는 시설이었지만 이곡과 원천석의 사례를 볼 때 사족士族은 공무가 아니라도 역참을 이용하는 것이 현실이었는데, 원천석처럼 관직을 지낸 적이 없는 경우 역참에 숙박하기 어렵기도 했다. 역참과 고을 관사에는 누樓 혹은 정亭이 건립된 곳이 많아 올라서 회포를 풀고 피로를 달랠 수 있었다.

고려시대 사족士族이 관동을 여행하면서 음식을 구체적으로 어떻게 해결했는지는 잘 확인되지 않는다. 재상 이곡은 관동 명승지를 유람하면서 종종 소작小酌했는데 대개 해당 고을의 관리로부터 대접을 받았고 지인으로 보이는 강릉존무사 성산星山 이군李君으로부터는 경포鏡浦 선상에서 가무歌舞를 동반한 주연을 대접받기도 했다. 원천석은 관직자가 아니었지만 관동으로 가는 도중에 지인과 지방관의 대접을 받았다. 이러한 사례로 보건대 사족은 관동을 포함한 여행에서 대개 지인이나 지방관의 도움을 받으며 음식을 해결하는 경우가 많았다고 여겨지고 고위 관직자일수록 더욱 그러했을 것인데, 대동한 하인 혹은 노예가 음식을 장만하는 경우도 있었을 것이다.

안축은 개경을 출발해 4일 정도에 철령을 넘어 화주(등주)에 도착한 반면 이곡은 개경을 출발한 지 1주일 정도에 천마령을 넘어 금강산으로 진입했다. 이는 안축은 공무를 수행하는 신분이라 빠른 여정을 선택한 반면 이곡은 실각한 몸이라 느긋한 여정을 선택했기 때문일 것이다. 안축은 해금강을 경유해 고성 방면에서 금강산으로 진입한 반면 이곡과 원천석은 천마령을 경유했다. 이는 안축이 공무로 인해 철령을 넘어 본영이 있는 화주(등주)로 가서 본격적인 일정을 시작해야 했기 때문이고 그에게 금강산 구경이 부차적인 일이었기 때문이다. 그러하니 철령 서쪽 사람들은 금강산 일대를 여행하는 경우 천마령을 경유하는 것이 일반적이었다고 판단된다. 물론 관동 사람들은 반드시 그러할 필요는 없었고, 경상도 사람들은 동해안 루트를 이용해 북상하는 편이 나았다.

권적은 개경에서 강릉을 왕래할 때, 진화는 치악산 방면에서 오대산을 거쳐 관동으로 갈 때 대관령을 넘은 것으로 판단되며, 이승휴는 삼척이나 강릉에서 강도江都를 왕래할 때 대관령을 넘었다. 권적과 이승휴의 사례에 보이듯이 대관령을 왕래하는 여정에서 그 근처의 수다사水多寺가 휴게와 숙소로 이용되었다. 김극기가 양구에서 간성으로 진입할 때 소파령을 넘은 것으로 여겨진다. 임춘이 단산현(단양) 방면에서 강릉 남령으로 갈 때, 안축과 정추가 삼척현에서 정선군으로 진입할 때, 원천석이 관동남부 여행을 마치고 우계현 방면에서 정선군으로 진입할 때 백봉령을 넘은 것으로 판단된다.

관동에도 원院이 다수 존재했지만 임춘, 김극기, 이승휴, 안축, 정추, 이곡, 원천석 등이 관동편력 때 원院을 이용했는지는 잘 확인되지 않는다. 관동은 군사적으로 중요한 지역이라 대개 요충지마다 역참이 설치되고 김극기, 이승휴, 안축, 정추는 공무로 왕래하면서 간선 노선을 주로 다녀 역참을 선호했기 때문으로 보인다. 이곡은 공무는 아니었지만 재상을 지냈기에 역참을 이용해도 별 문제는 되지 않았다. 임춘과 원천석은 관직을 지낸 적이 없지만 명망이 높았기에 역참을 어느 정도 이용할 수 있었던 것 같고 이 둘의 관동 여행 기록이 자세하지 않아 원院을 이용했더라도 남은 기록에서 확인되지 않을 수도 있다. 원院은 주로 상인商人 등 일반인과 승려들이 이용했고 관원은 부득이한 경우가 아니면 원院을 이용할 필요성이 적었다고 여겨진다. 관원의 관동 시찰 혹은 유람은 대개 동해안을 따라 이루어졌기에 역참이 잘 갖추어진 간선 노선을 따라가면 되었으며, 금강산과 오대산 등 명산에 들어가면 그곳 사찰에서 쉬거나 묵으면 되었던 것이다.

관동 남부와 오대산 신앙을 살펴보면, 강릉은 신선이 노닐었다는 영주瀛州로 간주되어 별칭이 임영臨瀛이었고, 이곳의 경포鏡浦와 한송정寒松亭 등은 신선이 노닐었다고 믿어졌다. 경포대는 영랑선인永郎仙人이 유람한 곳으로 인식되었고, 한송정의 다천茶泉·석조石竈·석구石臼 등은 사선四仙, 특히 술랑선도술랑선도道述郎仙徒가 노닐던 증거로 인용되곤 했다. 한송정은 문수당 소속으로 전환된 것으로 여겨지는데 불교, 특히 문수 신앙이 사선四仙 신앙과 결합되었다고 볼 수 있다. 강릉 바닷가의 등명사燈明寺는 일출대日出臺(관일대觀日臺)를 지닌 일출구경 명소로 일출을 불등佛燈과 일체화하는 체험이 이루어졌다. 강릉 화부산에는 김유신을 모시는 유신사庾信祠가 건립되었는데 그의 신검神劍 설화와 관련이 있었다.

삼척현 죽서루 팔경 중에 「죽장고사竹藏古寺」와 「격장호승隔墻呼僧」은 삼척현 관사官舍와 접한 사찰과 그 승려를 읊은 시인데 이 사찰은 관음사로 추정된다. 두타산 일대에는 중대사, 삼화사 등이 자리했고 이승휴가 두타산 귀동(귀산동)에 은거해 경영한 별서別墅 용안당容安堂을 희사해 사찰로 만든 간장암(간장사)이 추가되었다. 중대사는 나말여초 작품으로 추정되는 철제 노사나불상이 발견됨으로써 그 시기 이래 존재해 왔는데 두타산에도 오대가 설정되었음을 시사한다. 이승휴가 중대동의 아름다운 경관을 찬미한 '십사관十四觀(웅관십사雄觀十四)' 시를 이곡이 중대사에서 목격했다. 이승휴는 신라 말 굴산문 개조 품일(범일)에 의해 창건된 삼화사에서 대장경을 빌려 연구하고 나서 『내전록』과 『제왕운기』를 찬술했다. 울진 성류굴은 화랑과 사선四仙 신앙과 불교의 연결고리를 보여주며 이 굴 앞에 성류사가 건립되어 불교 신앙으로 수렴되었다. 평해는 월송정과 망사정 등에 사선四仙 신앙이 깃들어 있었다.

오대산 일대는 자장이 오대산 신앙을 도입한 이래 오대 사찰, 월정사, 수다사, 굴산사, 지장선원 등 많은 불교사원이 자리했다. 오대 각각의 주존과 사원은 보천(보질도)과 효명태자에 의해 설정·건립되었으며 화엄중심적 특징을 지녔는데, 중국 오대산과는 달리 중대만 문수보살이 차지하고 나머지 4대는 다른 성중聖衆이 자리했다. 여러 종파와 신앙의 타협적인 모습을 띠었는데, 문수보살과 화엄 중심에 대한 반발을 의식한 결과로 오대산 신앙이 중국에 비해서는 약했기 때문이라 여겨진다. 월정사는 신효거사에 의해 본격적으로 모습을 드러냈고 굴산사는 범일에 의해 굴산문의 본찰로 자리매

김했다. 월정사는 신의두타(범일의 제자)와 수다사장로 유연을 거치면서
큰 규모로 성장했다. 오대산에 속한 보현산에 범일의 제자인 개청이 지장선
원을 경영했다. 화엄이 중심을 이루었던 오대산이 선승 범일과 그 문도들에
의해 장악되어 화엄에서 이탈해 갔다.

월정사 8각9층탑은 명주세력인 왕순식, 왕경, 왕예 등이 태조 왕건의
후삼국 통일에 기여해 명주가 동원경으로 승격되어 개경, 서경(평양)과
함께 삼경을 이루면서 건립된 것으로 추정된다. 서경 평양의 금강사와 그
소속의 거대한 8각탑(혹은 8각탑 터) 및 중흥사의 9층탑과 균형을 맞추기
위해 동원경 오대산의 월정사에 8각9층탑을 건립한 것이 아닐까 한다.

관동 북부와 금강산 신앙을 살펴보면, 양주(양양) 낙산사는 관음보살이
상주한다는 곳으로 믿어지고 의상과 원효의 연기설화가 전해져 사람들이
관음을 체현하고자 즐겨 찾았다. 영랑호는 영랑을 포함한 사선四仙의 유람지
로 간주되었다. 고성 삼일포는 사선四仙이 노닐던 신선세계로 믿어지고 육자
단서六字丹書가 그 근거로 활용되었으며, 단서 근처 감실에 미륵상이 봉안되어
있었으니 사선 신앙과 미륵 신앙이 결합된 구조를 보였다. 통주(통천)의
경관과 신앙의 양대 중심은 금란굴과 총석정이었는데 금란굴은 관음이
상주한다는 곳으로 믿어지고 사선봉과 총석정은 신선(특히 사선四仙)이 머물
던 곳으로 인식되어 순례객과 유람객이 이어졌다.

금강산은 원래 풍악, 개골산 등으로 불리다가 불교경전에 담무갈(법기)보
살이 거처한다는 곳과 연관 지어지면서 금강산이라는 명칭이 고려후기에는
대세로 자리잡게 되었다. 고려시대 금강산에는 수많은 불교사찰이 존재했는
데 내금강 지역의 장안사, 표훈사, 정양사, 보덕굴, 마하연 등 사찰이, 외금강
지역의 발연수(발연사), 유점사 등 사찰이 대표적이었다. 담무갈 신앙의
중심인 정양사와 53불·문수보살 신앙의 중심인 유점사가 금강산 불교에서
두 핵심이었다. 보덕굴을 중심으로 하는 관음 신앙도 꽤 중요한 위상을
차지했다. 반면 미륵 신앙은 유가법상종 진표가 개창한 발연사가 기능하고
있었지만 그리 큰 비중을 차지하지는 못했다.

공양왕대에 갑자기 이성계가 금강산에서 미륵하생을 기원하며 사리용구 제작을 후원했으니 왕위에 오르고 싶은 욕구가 작용한 것이라 여겨진다. 이성계와 그 처 강씨의 측근인 월암, 황희석, 박씨 복수, 박자청, 강택, 낙랑군부인 김씨 등이 이 불사를 주도했다. 땅 속에 묻혔다가 드러난 사리용구에 새겨진 글은 이성계의 즉위가 선양에 의한 것이 아니었음을 시사해 준다.

고성 삼일포 매향비는 원간섭기 동북면을 총괄한 강릉도의 존무사가 예하 고을의 지방관·주민과 함께 발원해 관동의 동해안에 미륵하생을 기원하며 매향埋香한 것을 기념해 건립한 것이었다. 미륵하생 기원 사업은 자칫하면 기존 체제를 부정하는 방향으로 흐를 수 있었는데 오히려 관官에서 주도해 수렴함으로써 체제부정 욕구를 줄일 수 있었다고 생각한다.

관동의 경관과 인식을 살펴보면, 고려시대 관동은 철령 동쪽 일대를 의미했고 대개 동계(동북면)에 해당했는데, 고려의 산맥이 백두산에서 시작해 지리산으로 완결한다는 인식에 바탕하고 있었다. 백두산−지리산 구도는 고려가 후삼국을 통일한 후에 형성되어 인종대 묘청의 8성당과 의종대 김관의의 편년통록에 반영되었다.

고려인들은 백두산−지리산 산맥의 철령, 대관령 등을 넘어 펼쳐지는 관동지역을 다른 세계로 여겼는데, 이 지역을 궁벽하고 척박하다고 생각하면서도 빼어난 경관과 이상적 종교시설의 즐비로 인해 유람하고 싶어 했다. 관동지역은 남북으로 길어 남쪽 일대는 온난하고 북쪽 일대는 상대적으로 덜 온난했다. 또한 동쪽 해안지대와 서쪽 산간지대의 기후 차이가 심해 산간지대는 한랭한 반면 평지와 해안은 태백산맥이 북서풍을 막아주고 동해가 해양성 기후를 제공해 온난했다. 금강산(특히 내금강), 설악산, 오대산 산지는 한랭했고, 정선은 동북면에 속했지만 태백산맥의 서쪽 고지대에 위치해 한랭했다.

관동의 남부인 평해平海, 울진 일대는 수전과 한전이 절반씩이었지만 중부와 북부로 올라가면서 수전은 적고 한전이 많아 곡식으로는 보리와 콩이 주된 생산물이었다. 관동의 바닷가는 어로활동과 소금 생산을 주로 했다. 따뜻한 곳에서 잘 자라는 대나무가 관동의 남부지역은 물론 북부지역에도 재배되었는데 산간지대를 제외하면 기후가 온난했기 때문에 가능했다. 관동의 해안가와 그 인근에는 월송정, 한송정, 취운정 등의 사례처럼 소나무가 인공적으로 무성하도록 심어졌는데 아름다운 경관을 위한 측면도 있었지만 바람과 물과 침식 피해를 예방하기 위한 환경적, 생태적 측면도 있었다.

　관동에는 금란굴, 국도, 금강산, 삼일포, 청간정, 영랑호, 경포대, 한송정, 오대산, 죽서루, 망양정, 월송정 등 명승지가 많아 유람객이 자주 찾아 즐겼다. 이렇게 즐긴 사람들은 대개 사족士族이었으니 이러한 명승지에 거처한 서민들은 그 유람객을 위해 온갖 시중을 하느라 고생해야 했다. 사족이 즐겨 찾은 관동의 명승지는 바닷가에 몰려 있었는데 바닷가 거주민들은 염호鹽戶로 지정되어 소금을 생산해 관청에 바치느라 고역에 종사해야 했다. 관동의 명승지는 흥취를 불러일으킨 측면과 고생을 불러온 측면이 공존해 있었던 것이다.

참고문헌

1. 자료

『고려사』,『고려사절요』,『균여전』,『대각국사문집』,『삼국사기』,『삼국유사』,
『오대산사적』,『파한집』,『보한집』,『서하집』,『동국이상국집』,『매호유고』,『동안거사집』,
『제왕운기』,『익재난고』,『졸고천백』,『東人之文四六』,『근재집』,『가정집』,『목은고』,
『원재집』,『제정집』,『釋迦如來行蹟頌』,『나옹록』,『祖堂集』,『元史』,『포은집』,
『척약재학음집』,『삼봉집』,『양촌집』,『운곡시사(운곡행록)』,『춘정집』,『독곡집』,
『매월당집』,『점필재집』,『추강집』,『무릉잡고』,『퇴계집』,『율곡집』,『拭疣集』,『三淵集』,
『여유당전서』,『세종실록』 지리지,『신증동국여지승람』,『동문선』,『조선왕조실록』,
『고려명현집』(성균관대),『한국문집총간』(민족문화추진회),『大正新修大藏經』,
『대동여지도』,『여지도서』,『동국여지지』,『씨족원류』,『연려실기술』,『청장관전서』,
『풍악도첩(정선)』,『해동지도』,『광여도』,『지승』,『임영지』,『유점사본말사지』,
『씨족원류』,『불광사전』,『조선금석총람』,『조선고적도보』(조선총독부),
『조선사찰사료』(조선총독부)

이능화,『조선불교통사』, 민속원, 2002.
이능화,『조선불교통사』, 신문관, 1918.
김용선 편,『고려묘지명집성』, 한림대 출판부, 1993.
이지관 편,『교감역주 역대고승비문』, 가산문고, 1994~1997.
황수영,『(증보) 한국금석유문』, 일지사, 1978.
허흥식,『한국금석전문』 중세 상·하, 아세아문화사, 1984.
아세아문화사,『건봉사본말사적·유점사본말사지』, 아세아문화사, 1977.
李 燦,『한국의 고지도』, 범우사, 1991.
국립중앙박물관,『우리 강산을 그리다』, 2019.
국립중앙박물관,『북녘의 문화유산』, 2006.
국립중앙박물관,『사농공상의 나라 조선』(전시회 도록), 2010.

국립춘천박물관, 『국립춘천박물관』, 2002.
국립춘천박물관, 「강원으로 돌아온 태조 이성계의 염원」(전시회 팸플릿), 2009.

2. 논저

강병희, 「문헌으로 본 월정사 팔각구층석탑」『월정사 팔각구층석탑의 재조명』, 월정사성
　　보박물관, 2000.
강은경, 「고려후기 호장층의 변동과 '양반향리호적'의 정리」『동방학지』 97, 1997.
고유섭, 『조선탑파의 연구』, 열화당, 2010.
국사편찬위원회, 「蔚州 川前里 刻石」『국사편찬위원회 한국사DB 한국고대금석문』.
권보경, 「고려전기 강릉일대 석조보살상 연구」『사림』 25, 2006.
권영국, 「14세기 각염제의 성립과 운용」『한국사론』 13, 1985.
金　鐸, 「금강산의 유래와 그 종교적 의미」『동양고전연구』 1, 1993.
金南允, 「眞表의 傳記資料 檢討」『國史館論叢』 78, 국사편찬위원회, 1997.
김갑동, 「고려시대의 도병마사」『역사학보』 141, 1994.
김갑동, 「나말려초 강릉호족의 성립배경과 존재양태」『강릉학보』 2, 2008.
김갑동, 『고려의 토속신앙』, 혜안, 2017.
김갑동, 『나말여초의 호족과 사회변동 연구』, 고려대 민족문화연구소, 1990.
김구진, 「공험진과 선춘령비」『백산학보』 21, 1976.
김남규, 「고려 양계의 감창사에 대하여」『사총』 17·18, 1973 ; 『고려양계지방사연구』, 새문
　　사, 1989.
김남규, 『고려양계지방사연구』, 새문사, 1989.
김동주 편역, 『금강산 유람기』, 전통문화연구회, 1999.
김두진, 「신라 하대의 오대산신앙과 화엄결사」『가산이지관스님화갑기념논총 - 한국불교
　　문화사(상)』, 가산불교문화진흥원, 1992.
김민구, 「유점사 오십삼불 연구」, 서울대학교 석사학위논문, 2005.
김복순, 「9~10세기 신라 유학승들의 중국 유학과 활동 반경」『역사와 현실』 56, 2005.
김복순, 「신라 오대산 사적의 형성」『강원불교사연구』, 소화, 1996.
김복순, 「신라 하대 화엄의 1례 - 오대산사적을 중심으로」『사총』 33, 1988.
김복순·김두진 등, 『강원불교사연구』, 소화, 1996.
김상현, 「삼화사철불과 화엄업 決言大大德」『문화사학』 11·12·13, 1999.
김상현, 『신라의 사상과 문화』, 일지사, 1999.
김성수, 「『오대산도』의 티벳 전파와 내륙아시아 불교세계 속에서 오대산의 위상」『역사교
　　육』 122, 2012.
김수연, 『고려시대 밀교사 연구』, 이화여대 박사논문, 2012.
김승호, 「당 오대산 설화의 신라적 수용과 변이」『어문연구』 71, 2012.

김아네스, 「고려초기 도호부와 도독부」, 『역사학보』 173, 2002.

김영미, 「자장의 불국토사상」, 『한국사시민강좌』 10, 일조각, 1992.

김영미, 「통일신라시대 아미타신앙의 역사적 성격」, 『한국사연구』 50·51, 1985.

김영옥 편, 『조선의 절 안내』, 평양 : 조선문화보존사, 2003.

김유범, 「동해시 삼화사 철불의 이두문」, 『구결연구』 31.

김창현, 「가정집 시 분석을 통한 이곡의 인생여정 탐색」, 『한국인물사연구』 22, 2014.

김창현, 「고려시대 금강산과 그 불교신앙」, 『지역과 역사』 31, 2012.

김창현, 「고려의 문인 김극기의 생애와 편력」, 『한국인물사연구』 20, 2013.

김창현, 「고려의 운수관과 도읍경영」, 『한국사학보』 15, 2003.

김창현, 「고려시대 묘지명에 보이는 연대와 호칭 표기방식」, 『한국사학보』 48, 2012.

김창현, 『한국 중세의 사상과 문화』, 경인문화사, 2022.

김창현, 「이승휴의 두타산 은거지에 대한 검토와 추론」, 『동해문화』 18, 2021.

김창현, 「고려말 불교의 경향과 문수 신앙의 대두」, 『한국사상사학』 23, 2004.

김창호, 「동해시 삼화사 철불 조상의 역사적 의미」, 『경주문화연구』 5, 2002.

김혜완, 「고려 현종대 최사위의 건축활동」, 『박물관지』 9, 2002.

김호동, 「중세 동해안 지역 통치 운영상에 있어서의 사원 역할」, 『전근대 동해안 지역사회
        의 운용과 양상』, 경인문화사, 2005.

김흥삼, 「나말여초 굴산문 개청과 정치세력」, 『한국중세사연구』 15, 2003.

김흥삼, 「나말여초 굴산문 신앙의 여러 모습」, 『역사와 현실』 41, 2001.

김흥삼, 『나말여초 굴산문 연구』, 강원대학교 박사논문, 2002.

김희경, 『한국의 미술 2 - 탑』, 열화당, 1982.

남도불교문화연구회, 「민중의 염원 매향비」, 『남도 불교 천년의 증언』, 국립광주박물관,
        2020.

남동신, 「자장의 불교사상과 불교치국책」, 『한국사연구』 76, 1992.

대한불교조계종 민족공동체추진본부, 『북한의 전통사찰』 강원도편, 2011.

대한불교진흥원, 『북한의 사찰』, 活불교문화단, 2009.

동국대학교 박물관, 『동국대학교 국보전』, 2006.

리화선, 『조선건축사 Ⅰ』, 발언, 1993.

문명대, 「魯英筆 아미타구존도 뒷면 불화의 재검토 - 고려 태조의 金剛山拜岾 담무갈(법기)
        보살 예배도 -」, 『고문화』 18, 1980.

문화성, 『북한의 주요 유적』, 한국문화사, 1999.

민족문화사, 『금강산의 역사와 문화』, 과학백과사전출판사, 1984.

박노준, 『당대 오대산 문수신앙과 그 동아시아적 전개에 관한 연구』, 성신여대 박사논문,
        1997.

박미선, 「신라 오대산신앙의 성립시기」, 『한국사상사학』 28, 2007.

박상국, 「상원사 문수동자상 복장발원문과 복장전적에 대해서」, 『한국불교학』 9-1, 1984.

박윤진, 「고려시대 불사 담당 '도감'의 조직과 특징」『역사교육』 121, 2012.

박은경, 『고려시대향촌사회연구』, 일조각, 1996.

박은순, 『금강산도 연구』, 일지사, 1997.

방동인, 「삼화사의 창건과 역사성 검토」『문화사학』 8, 1997.

방동인, 「윤관구성재고」『백산학보』 21, 1976.

방종현, 「한림별곡 주해」『한글』 108, 1949.

변동명, 「신라의 관음신앙과 바다」『한국학논총』 34, 2010.

변태섭, 「고려양계의 지배조직」『고려정치제도사연구』, 일조각, 1971.

북한 사회과학원 고고학연구소 편, 여남철·김흥규 역, 『高句麗の文化』, 同朋舍, 1982.

사찰문화연구원, 『북한사찰연구』, 사찰문화연구원 출판부, 1993.

서성호, 「이성계 발원 사리갖춤」, 국립중앙박물관 큐레이터 추천 소장품 해설.

석길암, 「나말여초 오대산 불교권의 재형성 과정」『한국사상사학』 46, 2014.

성윤길, 「현존 최고(最古)의 매향비(埋香碑) : 영암 정원명(貞元銘) 석비(石碑)」『文化財』
제54권 1호, 2021.

송용덕, 「고려전기 국경지역의 州鎭城編制」『한국사론』 51, 2005.

송은석, 「고려시대 정취보살 신앙과 정취보살도 - 보타락가산 신앙의 또 다른 측면」『태동
고전연구』 37, 2016.

송일기, 「오대산 월정사 팔각구층석탑 출토 전신사리경의 고찰」『한국도서관·정보학회
지』 33-3, 2002.

송창한, 「최해의 척불론에 대하여 - 送僧禪智遊金剛山序를 중심으로 - 」『대구사학』 38, 1989.

신동하, 「신라 오대산신앙의 구조」『인문과학연구』 3, 1997.

신안식, 「고려시대 양계의 성곽과 그 특징」『군사』 66, 2008.

신안식, 「고려전기 양계제와 변경」『한국중세사연구』 18, 2005.

신안식, 「고려전기의 북방정책과 성곽체제」『역사교육』 89, 2004.

신종원, 「신라 오대산사적과 성덕왕의 즉위배경」『최영희선생화갑기념 한국사학논총』,
탐구당, 1987.

신종원, 「자장의 불교사상에 대한 재검토 - 신라불교 초기 계율의 의의」『한국사연구』
39, 1982.

신종원, 『신라 최초의 고승들』, 민족사, 1998.

심현용, 「울진 성류굴 제8광장 신라 각석문 발견 보고」『목간과 문자』 22, 2019.

안병우, 『고려전기의 재정구조』, 서울대 출판부, 2002.

염중섭, 「'魯英 筆 고려 태조 담무갈보살 예배도'의 타당성 검토」『국학연구』 30, 2016.

염중섭, 「오대산사적기의 판본과 민지의 자장전기 자료 검토」『불교학연구』 46, 2016.

염중섭, 「한국오대산 오만진신신앙의 특징과 북대신앙의 변화」『불교학연구』 62, 2020.

오윤희, 「內浦地方의 埋香碑」『사학연구』 58·59, 1999.

월정사 성보박물관, 「사진으로 보는 100년 전 오대산의 성보문화재」『강원도 불교문화재의

종합적 검토』, 2001.

위은숙, 「고려전기 동계지역의 지배체제와 재정구조」『전근대 동해안 지역사회의 운용과 양상』, 경인문화사, 2005.

유마리, 「1323년 4월 作 觀經十六觀變相圖(일본 隣松寺藏)」『문화재』 28, 1995.

윤경진, 「고려말 조선초 동계의 운영체계 변화와 도의 재편」『한국중세사연구』 44, 2016.

윤경진, 「고려전기 동계 북부 지역 州鎭의 설치 과정」『한국중세사연구』 31, 2011.

윤경진, 「고려후기 동북면의 지방제도 변화 : 州鎭의 변화를 중심으로」『한국문화』 72, 2015.

윤무병, 「고려북계지리고」(상·하)『역사학보』 4·5, 1953.

윤용혁, 『고려대몽항쟁사연구』, 일지사, 1991.

이강한, 「1308~1310년 고려내 "牧·府 신설"의 내용과 의미」『한국사연구』 158, 2012.

이근화, 「고려전기의 북방축성」『역사와 담론』 15, 1987.

이기백, 「고려 양계의 주진군」『고려병제사연구』, 일조각, 1968.

이난영, 『高麗鏡 研究』, 신유, 2003.

이바른, 「고려 예종대 胡宗旦의 행적과 평가」『한국민족문화』 64, 2017.

이병도, 『고려시대의 연구』 개정판, 아세아문화사, 1980.

이병희, 『고려후기 사원경제 연구』, 경인문화사, 2008.

이병희, 「고려시기 院의 조성과 기능」『청람사학』 2, 1998.

이병희, 『고려시기 사원경제 연구』, 경인문화사, 2009.

이수건, 『한국중세사회사연구』, 일조각, 1985.

李 新, 「돈황석굴에서 발견된 고대 한반도 자료에 관한 연구 - 막고굴 제61굴 〈오대산도〉를 중심으로」『동아인문학』 20, 2011.

이유진, 「당대 구법승의 숙박시설 - 圓仁의『입당구법순례행기』를 중심으로」『숭실사학』 22, 2009.

이인재 엮음, 『지방지식인 원천석의 삶과 생각』, 혜안, 2007.

이정기, 「고려 양계 병마사의 성립과 기능」『한국중세사연구』 24, 2008.

이정기, 『고려시기 양계 통치체제 연구』, 숙명여자대학교 박사논문, 2012.

이정신, 「쌍성총관부의 설립과 그 성격」『한국사학보』 18, 2004.

이준곤, 「한국 매향비의 내용 분석」『불교문화연구』 11, 2009.

이준곤, 「영암엄길리암각매향비의 비문판독과 해석」『목포해양대학교 논문집』 9, 2001.

이진한, 『고려전기 관직과 녹봉의 관계 연구』, 일지사, 1999.

이창국, 「원간섭기 민지의 현실인식 - 불교기록을 중심으로」『민족문화논총』 24, 2001.

이태진, 「사림파의 유향소복위운동」『진단학보』 34·35, 1972·1973.

이해준, 「매향신앙과 그 주도집단의 성격」『김철준박사화갑기념논총』, 1983.

林韻柔, 「五臺山與文殊道場 - 中古佛敎聖山信仰的形成與發展」, 臺灣大學文學院歷史學系博士論文, 2009.

장동익,『고려후기외교사연구』, 일조각, 1994.

장동익,『일본고중세 고려자료 연구』, 서울대출판부, 2005.

정경일,「여말선초의 매향비 연구」, 한국교원대학교 석사논문, 1993.

정동락,「羅麗시대 襄陽지역의 불교문화 - 낙산사·진전사를 중심으로」『민족문화논총』 21, 2000.

정병조,『문수보살의 연구』, 한국불교연구원, 1988.

정요근,「고려시대 역 분포의 지역별 불균등성」『지역과 역사』 24, 2009.

정요근,『고려·조선초의 역로망과 역제 연구』, 서울대학교 박사논문, 2008.

정우영,「경기체가〈관동별곡〉의 국어사적 검토」『구결연구』 18, 2007.

정은우,『고려후기 불교조각 연구』, 문예출판사, 2007.

정치영,「'금강산유산기'를 통해 본 조선시대 사대부들의 여행 관행」『문화역사지리』 15-3, 2003.

정태혁·신법타,『북한의 절과 불교』, 민족사, 1990.

조계종,『북한의 전통사찰』, 강원도편, 2011.

조이옥,『통일신라의 북방진출 연구』, 서경문화사, 2001.

주경미,「이성계 발원 불사리장엄구의 연구」『미술사학연구』 257, 2008.

中吉功,「楡岾寺小金銅仏」『新羅·高麗の佛像』(增訂版), 二玄社, 1973.

中吉功,『新羅·高麗の佛像』(增訂版), 二玄社, 1973.

채상식,『고려후기불교사연구』, 일조각, 1991.

채웅석,「여말선초 향촌사회의 변화와 매향활동」『역사학보』 173, 2002.

채웅석,「여말선초 사천 지방의 매향활동과 지역사회」『한국중세사연구』 20, 2006.

채웅석,『고려시대의 국가와 지방사회』, 서울대학교출판부, 2000.

채희국,『고구려력사연구 - 평양천도와 고구려의 강성』, 김일성종합대학출판사, 1982.

최상익 등 편역,『조선시대 金剛山遊記』, 강원대 출판부, 2000.

최성은,「명주지방의 고려시대 석조보살상에 대한 연구」『불교미술』 5, 1980.

최성은,「명주지역 나말여초 불교조각과 굴산선문」『문화재』 45, 2012.

최연식,「삼국유사 소재 오대산 관련 항목들의 서술 양상 비교」『서강인문논총』 44, 2015.

최연주,「고려후기의 각염법을 둘러싼 분쟁과 그 성격」『한국중세사연구』 6, 1999.

최재진,「고려말 동북면의 통치와 이성계 세력 성장 : 쌍성총관부 수복 이후를 중심으로」 『사학지』 26, 1993.

최정환,「고려시대 5도 양계의 성립」『경북사학』 21, 1998.

최정환,「고려양계의 성립과정과 그 시기」『계명사학』 8, 1997.

최희림,「천리장성의 축성경위와 그 위치에 대하여」『력사과학』 1983-4.

최희림,「천리장성의 축성상 특징과 그 군사적 거점인 진성에 대하여(1)·(2)」『력사과학』 1986-2·4.

표영관,「신라 화랑도와 수행처 명주」『역사민속학』 47, 2015.

한국불교연구원, 「금강산의 불적」, 『북한의 사찰』, 일지사, 1978.

한국불교연구원, 『북한의 사찰』, 일지사, 1978.

한기문, 『고려사원의 구조와 기능』, 민족사, 1998.

한기문, 「고려시대 해로 사원과 해양불교신앙」, 『역사교육논집』 79, 2022.

한정훈, 「고려전기 양계의 교통로와 운송권역」, 『한국사연구』 141, 2008.

허인욱, 「고려 중기 동북계에 대한 고찰」, 『백산학보』 59, 2001.

허흥식, 『고려로 옮긴 인도의 등불』, 일조각, 1997.

허흥식, 『고려불교사연구』, 일조각, 1986.

허흥식, 『고려의 문화전통과 사회사상』, 집문당, 2004.

홍대한, 「월정사 팔각구층석탑의 조탑배경과 건립시기 연구」, 『한국선학』 38, 2014.

홍성익, 「낙가사에 소재한 고고자료의 종합적 검토」, 『인문과학연구』(강원대) 46, 2015.

황수영, 「楡岾寺 五十三佛」, 『불교학보』 6, 1969.

찾아보기

578

580

김 창 현 金昌賢

제주에서 나고 자람.
고려대학교 사학과에서 학사와 석사와 박사 학위를 받음.
성균관대학교와 성신여자대학교와 고려대학교 연구교수를 역임.
대표적 논저로『고려 개경의 구조와 그 이념』,『고려의 여성과 문화』,『고려후기 정치사』,
『고려 도읍과 동아시아 도읍의 비교연구』,『한국 중세의 사상과 문화』,『주제로 본 탐라국사』
등이 있음.

한국중세사학회 연구총서 12

고려시대 관동 유람과 문화

김 창 현 지음

초판 1쇄 발행 2023년 11월 30일

펴낸이 오일주
펴낸곳 도서출판 혜안

등록번호 제22-471호
등록일자 1993년 7월 30일

주소 (우) 04052 서울시 마포구 와우산로 35길 3(서교동) 102호
전화 3141-3711~2 / **팩스** 3141-3710
E-Mail hyeanpub@daum.net

ISBN 978-89-8494-711-5 93910

값 42,000 원

이 저서는 2019년 대한민국 교육부와 한국학중앙연구원(한국학진흥사업단)의
한국학 총서 사업 지원을 받아 수행된 연구임(AKS-2019-KSS-1130011).